高职高专教改新成果规划教材·会计

U0656929

Kuaiji Xinxihua Shiwu

（Caiwulianpian）

会计信息化实务

（财务链篇）

曾玲芳 / 主编

陈玲 张莹 / 副主编

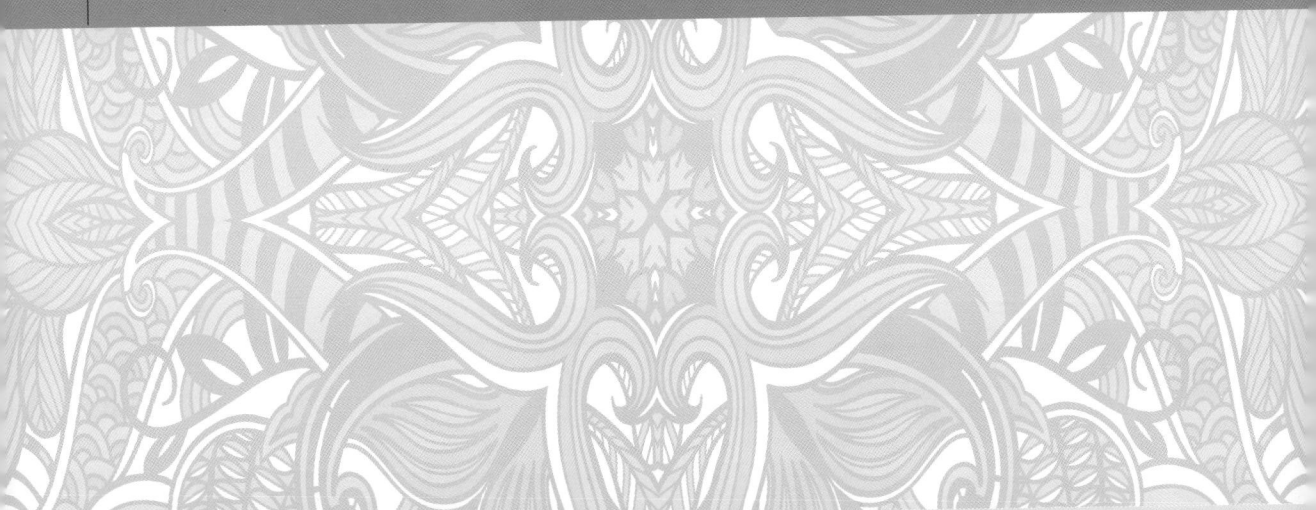

东北财经大学出版社
Dongbei University of Finance & Economics Press

大连

图书在版编目（CIP）数据

会计信息化实务（财务链篇）/曾玲芳主编 . —大连：东北财经大学出版社，2017.8

（高职高专教改新成果规划教材·会计）

ISBN 978-7-5654-2789-3

Ⅰ.会… Ⅱ.曾… Ⅲ.会计信息–财务管理系统–高等职业教育–教材 Ⅳ.F232

中国版本图书馆CIP数据核字（2017）第142268号

东北财经大学出版社出版

（大连市黑石礁尖山街217号 邮政编码 116025）

网 址：http://www.dufep.cn

读者信箱：dufep@dufe.edu.cn

大连永盛印业有限公司印刷 东北财经大学出版社发行

幅面尺寸：185mm×260mm 字数：549千字 印张：23.75 插页：1

2017年8月第1版 2017年8月第1次印刷

责任编辑：张旭凤 魏 巍 责任校对：思 齐

封面设计：冀贵收 版式设计：钟福建

定价：40.00元

"高职高专教改新成果规划教材·会计"编写委员会

（以下排名以姓氏笔画为序）

☆ **编委会主任委员**

张　亮　赵国明

☆ **编委会副主任委员**

刘彩霞　陈宏桥　何爱赟　苏　龙　罗银舫　周列平　曾玲芳
蒲　萍

☆ **丛书总主编**

郭　黎

☆ **编委会成员**

王建安　王艳霞　兰　霞　刘晓霞　孙雅丽　许海川　陈刚中
李银朋　张俐娟　国燕萍　周　敏　徐　珏　崔德志　黄海轮
谢荣军　廖海燕　潘　彦

迄今为止，我国高职高专院校总数已超过 1 200 所，在校学生人数亦接近 1 000 万人。高等职业教育已经成为我国高等教育体系中一种独立的教育类型，全国各地设立的高职院校风起云涌般出现在大众视野中，高职毕业生已成为我国就业大军中的一支生力军。

在过去的 10 余年中，社会各界人士、高职院校自身和教育管理部门对"高等职业教育"的办学性质和办学定位进行了大胆的探索和实践。起初，不少高职院校的主要想法是尽可能扩大招生规模，满足高等教育大众化的需求，至于应如何保障高等职业院校的教学质量以及实现长远发展等则众说纷纭、莫衷一是。直至 2006 年，教育部下发了《关于全面提高高等职业教育教学质量的若干意见》，提出了"以服务为宗旨，以就业为导向，走产学结合的发展道路，为社会主义现代化建设培养千百万高素质技能型专门人才"的高等职业教育发展战略，各高职院校才在这一具有里程碑意义的重要文件的引导下，集中力量在办学模式和教学模式等方面积极改革、锐意创新，逐渐树立了适合自身发展的人才培养模式。

当前，高职院校教学改革的核心任务依然是专业建设。专业建设是高职院校人才培养的重要依托，决定了人才培养的规格和办学水平，是一项涉及专业设置、课程建设、教学条件、教学内容、教学方法与教学手段改革的系统工程。《教育部　财政部关于进一步推进"国家示范性高等职业院校建设计划"实施工作的通知》（教高〔2010〕8 号）中强调，"主动适应区域产业结构升级需要，及时调整专业结构；深化订单培养、工学交替等多样化的人才培养模式改革，参照职业岗位任职要求制订培养方案，引入行业企业技术标准开发专业课程；推行任务驱动、项目导向的教学模式"，更是指明了今后高职院校专业建设的方向。

教材建设一直是专业建设中的一项重要内容。教材是教师传达教育理念、传播专业知识、指导实践活动的主要窗口，是学生了解和掌握专业知识与能力的最重要的平台。多年的高等职业教育实践表明，选择一本好的教材对于提高教学质量、提升专业建设水平至关重要。这一次我们武汉地区十余所高职院校联合编写"高职高专教改新成果规划教材·会计"系列教材，正是在对有关文件精神的学习和认真贯彻，以及多年教学实践经验总结的前提下的一次积极尝试。同时，我们也希望该系列教材的编写和出版，在一定程度上可以助推各高职院校会计专业课程的教学改革。

合作必须有基础，我们的这次合作既源于这十余所高职院校的会计专业教师有着多年的专业建设经历和课程建设经验，对高职院校会计专业学生的学习、就业情况比较熟悉，对区域经济和行业发展现状有着比较一致的认知，更在于我们主动相互学习、交流经验。在教材编写之前，针对课程标准与教材的关系、课程设计的基本思路、项目教学内容的选择及教学任务的构建与驱动、理实一体化等问题，我们进行了深入的研究和讨论。由于大家相互之间都比较熟悉，之前的交流机会比较多，认识相对统一，形成的一致意见也比较多。在编写和出版过程中，编委会在尊重各高职院校教学发展特点的基础上，适当考虑教材的普适性和可扩展性，尽可能做到协调一致、共同发展，正所谓"求大同存小异"，刚好与目前高等职业教育教学改革的实际情况相符。所以，我们认为该系列教材的出版是各院校教改思想交流与碰撞的新成果之一，体现出了武汉地区高职高专会计专业建设和课程建设的主要特色。

首先，我们力求在教材编写中融入课程设计的基本思想，以体现职业教育的特征。具有职业特征的课程应该是基于知识应用的课程，包含职业特征的教材应该体现基于工作过程的行动体系；课程设计就是对工作过程的系统化加工、整理过程，通过教学任务的排序、教学内容的选择和教学活动的设计，使学生得到"知识、能力、素质"的整体提升。本教材在编写过程中体现了工作过程系统化设计的思想，主要任务是构建学习领域、设计学习情境。编写老师们将多年以来进行教学改革和课程建设的经验和成果通过他们所编写的教材予以体现，特别是很多教材的主编老师经过了长期调研和工作过程分析以后，在学习情境的设计中采用了不同于以往的课程教学载体，如《基础会计实务》《企业纳税实务》等，使得系列教材特色鲜明、精彩纷呈。

其次，本系列教材采用的是不完全任务驱动教学模式。所谓"任务驱动"，是指学生在教师的帮助下紧紧围绕一个共同的任务活动中心，在强烈的问题动机的驱动下，通过对学习资源的积极主动应用，进行自主探索和互动协作的学习，并在完成既定任务的同时，适当进行实践活动。对于这种模式如何在会计专业课程中应用，大家的讨论还是比较激烈的。不过，编写老师们一致认为，这将是今后一段时期内高等职业教育教学改革的一个重要方面，只是由于目前的教育资源还不够充足，广泛应用这一模式的时机尚不成熟，而且我们也不认为所有的课程都适合，因而我们只是选择了一些目前相对具备可行条件的课程，如"财务会计实务""成本会计实务""审计基础与实务"等，鼓励编写老师们勇于面对难题，采用任务驱动的方式进行教材编写，但还有一部分课程的编写仍然采用其他模式。

在采用任务驱动模式编写的教材中，我们将项目中包含的每个任务分解为"任务描述""相关知识""任务实施""任务评价"四个部分，将以传授知识为主的传统教学理念，转变为以解决问题、完成任务为主的多维互动式教学理念，将"再现式教学"转变为"探究式学习"，使学生处于积极主动的学习状态，"做中学，学中做"，鼓励学生根据自己对当前问题的理解，运用共有的知识和自己特有的经验提出方案、解决问题，并在最后进行适当的评价总结。

最后，由于各高等职业院校会计专业的实训条件和实训设施的配备存在一定差异，所以在此次教材的编写过程中，我们将实践性教学内容尽可能予以一定的体现。其一，对于专门的会计综合模拟实训课程，我们单独对应编写了一本仿真性实训教材，即《会计综合模拟实训》；其二，对于实践性较强的课程，主编老师主动与教学软件的供应商合作，在得到授权后将这些教学软件中的一部分实践性教学内容呈现在教材中，我们认为这也是一种比较好的方式，如《企业纳税实务》、《会计信息化实务》（财务链篇）、《会计电算化实务》（供应链篇）等；其三，在实际教学中，有个别课程是将课堂练习与实训结合在一起的，所以我们单独编写了一些配套教材，如《基础会计实务同步训练》《财务会计实务同步训练》《成本会计实务同步训练》《财务管理实务同步训练》等，以便更好地满足实训需求。

在组织编写教材的过程中，我们得到了来自各高等职业院校的同仁、企业的会计工作者，以及会计职业教育领域的专家和学者的大力支持，尤其是东北财经大学出版社的编辑们在指导编写过程中所体现的责任心和专业水平令我们由衷钦佩，在此我们表示深深的感谢。当然，我们还要感谢武汉恒曦书业发展有限公司肖雯总经理及她的团队，是他们的组织协调以及始终如一的努力，才使得系列教材的编写得以顺利开展与实施。

在过去的10余年里，高等职业院校的教育工作者亲历了高等职业教育的发展和壮大过程，同时也体会到了变革所带来的迷茫、艰辛、苦涩、兴奋和满足。高等职业教育是具有中国特色的一种教育形式，教育部多年来通过办学水平评估、国家级示范高职院校建设和国家级骨干高职院校建设等方式，倡导高职院校通过加强内涵建设的方式提高办学水平、提升教育质量，迄今为止已经取得了为社会所公认的成就。但由于高等职业教育缺乏大家公认的、稳定的且比较完善的教育理论体系作为支撑，因而在高等职业教育领域中出现了相对较多的"流派"，高等职业院校的老师们走出校园，到企业调研、考察，院校之间相互学习，争相在办学定位、专业建设、教育教学方法和教学手段上推陈出新。形成了这样一种百家争鸣、百花齐放的局面，一方面说明了高等职业教育的年轻与活力；另一方面也说明了这种教育类型的不成熟，今后改革的空间仍然很大。因此，身处其中的我们感到任务依然很艰巨，我们只有不断进取，以只争朝夕的精神同心协力地推动高等职业教育的改革，才能够完成历史所赋予我们的使命。尽管我们在编写这套系列教材的过程中进行了不懈的探索，付出了努力和艰辛，但我们深感做得还远远不够，需要我们改进的地方还很多。加之时间仓促以及认识水平上的差异，这套系列教材不可避免地存在一些疏漏和不足，恳请广大读者和同行不吝赐教。

"高职高专教改新成果规划教材·会计"编写委员会

"会计信息化"课程包括财务链和供应链两部分。其中，财务链部分是财会类专业的核心必修课。为了贯彻落实国家关于大力发展高等职业教育、培养高素质技能型人才的战略部署，我们按照教育部16号文件的精神，在行业专家的指导下，从财经类专业人才培养的需要和一线教师多轮实践教学需求出发，编写了本教材。

本教材的编写具有以下几个特点：

1.体现目前高职教育的课改思路，以培养职业能力为核心，校企合作开发，以工作实践为主线，以工作过程（项目）为导向，用任务进行驱动，建立以行动（工作）体系为框架的现代课程结构，重新序化课程内容，将陈述性知识穿插于程序性知识之中，实现理论与实践一体化。

2.采用项目引领—任务驱动编写体例。突出"以学生为本"和"教、学、做"一体化教学理念。每个项目下通过"任务资料"和"任务要求"明确学习和操作目标；通过"知识导航"介绍与该任务相关的理论知识；通过"任务实施"和"特别提示"展现运用相关知识完成工作任务的过程，有利于教师进行较为流畅的课堂教学，也符合行动导向的认知规律。

3.匹配流行软件，校企合作开发。本教材以用友ERP-U8 V10.1版为蓝本，该软件是管理型软件中市场占有率较高的产品，也是目前高校中应用较为普遍的软件产品，软件更新及时，与会计制度改革同步，具有较强的实用性。本教材除了有长期工作在教学一线的教师参与编写之外，还邀请了用友新道科技有限公司湖北分公司的技术人员参与编写，从而使教材内容更贴近企业实际，并与行业资格考试相衔接。

4.课赛融合，以赛促教，以赛促学。本教材在业务选取上，紧密结合近年来"用友杯"全国大学生会计信息化技能大赛和全国职业院校会计技能大赛的考察内容，力争为学生参赛奠定良好基础，同时以赛促学、以赛促教。

本教材由武汉交通职业学院曾玲芳任主编，武汉交通职业学院陈玲、张莹任副主编，具体编写分工如下：项目一、二、三、十由曾玲芳编写；项目四、五由陈玲编写；项目六、七、八、九由张莹编写，用友新道科技有限公司湖北分公司胡仁杰参与实训资料审定。全书由曾玲芳负责总体架构设计、修改、补充和统纂定稿。

为了方便教师教学和学生自学，本教材配有教学课件、备份账套等配套资源，如有需要，欢迎访问东北财经大学出版社网站（www.dufep.cn）免费下载使用。

由于编者水平有限，书中不妥之处在所难免，恳请读者在使用过程中提出宝贵意见（联系邮箱为zlfwhw@126.com），以便修订时改进。

编　者
2017年5月

目录

会计信息化整体认知

任务一　　会计信息化发展概况

随着社会经济的发展和科学技术的进步，信息技术和网络技术越来越普遍地在会计实务中得以应用，计算机在许多方面可以替代或协助人工进行会计处理，会计信息系统已经演变为一个人机系统。

一、会计电算化

（一）概念

会计电算化有狭义和广义之分。狭义的会计电算化是指以计算机为主体的电子信息技术在会计工作中的应用。广义的会计电算化是指与实现会计电算化有关的所有工作，包括会计电算化软件的开发和应用、会计电算化人才的培训、会计电算化的规划与管理、会计电算化的制度建设、会计电算化软件市场的培育和发展等内容。

（二）发展过程

1979年，财政部决定将计算机应用于会计工作，并将长春"一汽"作为试点；1981年，中国会计学会召开"财务、会计、成本应用电子计算机专题讨论会"，总结"一汽"试点经验，并在会上提出"会计电算化"一词，将计算机在会计工作中的应用称为"会计电算化"，并解释为"由计算机代替人工记账、算账、报账，并能部分替代人脑完成会计信息的分析和判断的过程"。

随着现代信息技术的普遍应用，我国会计电算化的发展大体可分为以下四个阶段：

1.单项会计业务处理阶段

会计电算化的模拟手工记账是典型的单项会计业务处理阶段。其基本特征是采用相应的数据库管理系统，开发企业自身的"账务处理系统"。这一时期开发的会计核算软件，实质上是将计算机作为一个高级的计算工具应用于会计领域，系统开发的目标是使会计人员从复杂的手工劳动中解放出来，因而其在应用过程中还不能最大限度地实现数据共享，也无法实现会计信息系统与其他信息系统的有效融合，从而在企业内部造成了一个个信息"孤岛"。

2.会计业务综合处理阶段

进入20世纪90年代以后，企业对会计电算化有了更深的理解和更高的要求，开始将单项会计核算业务电算化扩展为全面电算化，会计电算化进入会计业务综合处理阶段。在这一阶段，企业积极研究对传统会计组织和业务处理流程的重整，以实现企业内部以会计核算系统为核心的信息集成化，其主要特征为在企业内部实现会计信息与业务信息的一体化，并在两者之间实现无缝连接，这样能够最大限度地实现信息的有效共享和利用。

3.管理信息系统处理阶段

企业以新的会计准则为指引，以《会计基础工作规范》等文件为准绳，在前期会计电算化工作成果的基础上，建立起了以会计电算化为核心的管理信息系统和ERP系统。由此，我国会计电算化发展到了管理信息系统阶段。企业和财务软件开发商在这一时期充分掌握了会计电算化紧密围绕会计准则和制度不断调整、渗透和融合的方法；同时，会计电算化也逐步完成了由单机应用向局域内应用的转变。然而，由于内部控制相关研究刚刚起步，企业在构建自身的ERP系统时指导思想还不清晰，尚不能自觉围绕内部控制关系理顺其会计信息系统。因此，这一阶段实质上仍停留在构建会计信息化系统的初、中级阶段。

4.ERP系统集成处理阶段

随着现代企业制度的建立和内部管理的现代化，单纯依赖会计控制已很难应对企业面对的内外部风险，会计控制必须向全面控制发展。同时，传统财务软件已不能完全满足单位会计信息化的需要，正逐步向与流程管理相结合的ERP企业资源计划方向发展。在此阶段，企业开始全面、系统地依托既有的会计电算化系统，构建与内部控制紧密结合的ERP系统，将企业的管理工作全面集成，从而实现会计管理与会计工作信息化。

（三）会计电算化的特征

与手工会计相比，会计电算化具有以下主要特征：

1.人机结合

在会计电算化方式下，会计人员填制电子会计凭证并审核后，执行"记账"功能，计算机将根据程序和指令在极短的时间内自动完成会计数据的分类、汇总、计算、传递及报告等工作。尽管许多会计核算工作已基本上实现了自动化，但会计数据的搜集、审核和输入等工作仍需要由人工完成，各种处理指令也需要由人工发出。

2.会计核算自动化、集中化

在会计电算化方式下，试算平衡、登记账簿等以往依靠人工完成的工作，都由计算机自动完成，这大大减轻了会计人员的工作量，提高了工作效率。计算机网络在会计电算化中的广泛应用，使得企业能够将分散的数据统一汇总到会计软件中进行集中处理，既提高了数据汇总的精度，又增强了企业集中管控的能力。

3.数据处理及时准确

利用计算机处理会计数据，可以在较短的时间内完成会计数据的分类、汇总、计算、传递和报告等工作。得益于计算机的运算优势，会计处理流程将更加简化，核算结果也将更为精确。此外，在会计电算化方式下，会计软件运用适当的处理程序和逻辑控制，能够避免在手工会计处理方式下出现的一些错误。

4.内部控制多样化

在会计电算化方式下，与会计工作相关的内部控制制度也将发生明显变化。内部控制由过去的纯粹人工控制发展为人工与计算机相结合的控制形式，一部分控制措施融入会计信息系统，使得内部控制的内容更加丰富、范围更加广泛、要求更加严格，进而使得内部控制更加有效。

二、会计信息化

（一）概念

在中国，会计信息化是不同于会计电算化的全新理念，如何准确把握其内涵，是会计界一直在探讨的课题。会计信息化可以说是从会计电算化、会计信息系统概念的基础上派生出来的。财政部印发的自2014年1月6日起施行的《企业会计信息化工作规范》中是这样表述的：

"本规范所称会计信息化，是指企业利用计算机、网络通信等现代信息技术手段开展会计核算，以及利用上述手段将会计核算与其他经营管理活动有机结合的过程。"

会计信息化是会计与信息技术的结合，是信息社会对企业财务信息管理提出的一个新要求，是企业会计顺应信息化浪潮做出的必要举措。会计信息化是网络环境下企业领导者获取信息的主要渠道，它有助于增强企业的竞争力，解决会计电算化存在的"孤岛"现象，提高会计管理决策能力和企业管理水平。

（二）特点

会计信息化的特点可以从以下四个方面理解：

1.普遍性

会计的所有领域，包括会计理论、会计工作、会计管理、会计教育等，都要全面运用现代信息技术。在上述领域中，后三个方面对现代信息技术都有不同程度的运用，虽然起步晚，还没有真正达到会计信息化的水平，但是发展快、成效大；会计理论方面对现代信息技术的运用则相对滞后。从会计信息化的要求来看，首先就是现代信息技术在会计理论、会计工作、会计管理、会计教育诸领域的广泛应用，并形成完整的应用体系。然而，现阶段我国会计信息化存在的基础还是传统的会计理论，既没有修正传统的会计理论体系，也没有构建起适应现代信息技术发展的完善的会计理论体系。

2.集成性

会计信息化将对传统会计组织和业务处理流程进行重整，以支持"虚拟企业""数据银行"等新的组织形式和管理模式。这一过程的出发点和终结点就是实现信息的集成。信息集成包括三个层面：一是在会计领域实现信息集成，即实现财务会计和管理会计之间的信息集成，协调和解决会计信息真实性和相关性的矛盾；二是在企业内部实现财务和业务的一体化，即集成财务信息和业务信息，在两者之间实现无缝连接，使财务信息和业务信息能够做到你中有我、我中有你；三是建立企业与外部利害关系人（客户、供应商、银行、税务、财政、审计等）的信息网络，实现企业内外信息系统的集成。信息集成的结果是信息共享。与企业有关的所有原始数据只要输入一次，就能做到分次利用或多次利用，这样既可以减少数据输入的工作量，又可以保证输入数据的一致性，还可以保证数据的共享性。建立在会计信息化基础上的21世纪会计信息系统是与企业内外信息系统有机整合的，高度数字化、多元化、实时化、个性化、动态化的信息系统，它具有极强的适应力。

3.动态性

动态性，又称实时性或同步性。会计信息化在时间上的动态性表现为：第一，会计数据的采集是动态的。无论是企业外部的数据（如发票、订单），还是企业内部的数据（如入库单、产量记录），无论是局域数据，还是广域数据，一旦发生，都将存入相应的服务器，并及时送到会计信息系统中等待处理。第二，会计数据的处理是实时的。在会计信息系统中，会计数据一旦输入系统，就会触发相应的处理模块，即对数据进行分类、计算、汇总、更新、分析等一系列操作，以保证信息能够实时反映企业的财务状况和经营成果。第三，会计数据采集和处理的实时化、动态化，使得会计信息的发布、传输和利用能够实时化、动态化，也使得会计信息的使用者能够及时做出管理决策。

4.渐进性

现代信息技术对会计模式的重构具有主观能动性，但是这种能动性的体现是一个渐进的过程。具体可分为三步：第一步，使现代信息技术适应传统会计模式，即建立核算型会计信息系统，实现会计核算的信息化。第二步，使现代信息技术与传统会计模式相互适应。这表现为：传统会计模式为适应现代信息技术而对会计理论、会计方法进行局部的小修小改；扩大技术的应用范围（从核算到管理），实现会计管理的信息化。第三步，用现代信息技术重构传统会计模式，以形成现代会计信息系统，实现包括会计核算信息化、会计管理信息化和会计决策支持信息化在内的会计信息化。

三、会计电算化与会计信息化的比较

传统的会计电算化，实质上并未突破手工会计核算的思想框架。会计电算化与会计信息化虽然都是利用现代科学技术处理会计业务，都提高了会计工作的效率和企业财务管理的水平，但是在企业信息化环境下，无论是在技术上还是在内容上，会计信息化都是一次质的飞跃，两者的内涵都大相径庭。

（一）历史背景不同

会计电算化产生于工业社会，随着工业化程度的提高，会计业务的处理量日渐增大，会计工作的处理方法日渐落后。为了适应企业的发展，增强企业的信息处理能力，企业逐渐开始采用计算机对会计业务进行处理。

会计信息化则产生于信息社会。信息社会中流行一个公式，即"企业的财富=经营+信息"，可见信息的重要性。信息社会要求社会信息化，企业是社会的细胞，社会信息化必然要求企业信息化，企业信息化必然导致会计信息化。

（二）目标不同

现行的会计电算化系统是基于手工会计系统发展而来的，其业务流程与手工操作方法基本一致，主要目的是减轻手工操作系统的重复性劳动，提高工作效率。

会计信息化系统是从管理者的角度进行设计的，它能够实现对会计业务的信息化管理，充分发挥会计工作在企业管理和决策中的核心作用。

（三）技术手段不同

现行的会计电算化系统由于开始设立时的环境束缚，因此主要是对单功能的计算机设立的，后来的会计电算化软件也是在此基础上设计的。

会计信息化系统是在网络环境下设立的，其实现的主要手段是计算机网络及现代通信技术等。

（四）功能范围和会计程序不同

会计电算化具有记账、转账和提供报表等功能。会计电算化是对手工会计系统的改进，是在手工会计的基础上产生的，因此其会计程序与手工会计的程序相似，也以记账凭证为起点。

会计信息化是适应时代要求，根据现代信息的及时性、准确性、实时性等特点而产生的。会计信息化从管理的角度进行设计，具有业务核算、会计信息管理和决策分析等功能。其会计程序是根据会计目标，按照信息管理原理和信息技术重整会计流程。

（五）信息输入输出的对象不同

会计电算化系统主要是为财务部门设立的，设计时只考虑了财务部门的需要，由财务部门输入会计信息，输出会计信息时也只能由财务部门打印后报送其他机构。

会计信息化系统是企业业务处理及管理信息系统的组成部分，其大量数据从企业内部或外部其他系统直接获取，输出会计信息时也是依靠网络由企业内部或外部的各机构、部门根据授权直接在系统中进行。

（六）系统的层次不同

会计电算化以事务处理层为主；会计信息化包括事务处理层、信息管理层、决策支持和决策层。会计电算化解决的是利用信息技术进行会计核算和报告工作的相关问题；会计信息化则是在会计电算化的基础上，以构建和实施有效的企业内部控制为指引，集成管理企业的各种资源和信息。

由此可见，会计电算化是会计信息化的初级阶段，是会计信息化的基础工作。会计信息化则是信息社会对企业财务信息管理提出的一个新要求，是在会计电算化基础上的一次质的飞跃。无论会计信息化发展到何种程度，会计电算化所做的会计基础工作，都是会计工作和会计信息化工作的主要内容。

任务二　　单位会计信息化的开展

会计信息化工作是在电算化会计信息系统的基础上开展的。电算化会计信息系统是管理信息系统的一个子系统，是以电子计算机网络和现代信息技术为基础，以人为主导，充分利用计算机硬件、软件、网络通信设备及其他办公设备，进行企事业单位会计业务数据的搜集、存储、传输和加工，输出会计信息，并将其反馈给各有关部门，从而为企业的经营活动和决策活动提供帮助，为投资者、债权人、政府部门提供财务信息的系统。它包含四大构成要素：人员、硬件、软件和运行规范。

单位实施会计信息化，应该在系统论思想的指导下总体规划，配置好人员、硬件和软件，同时建立起符合内部控制管理需要的运行规范，并将这些要素协同起来，有效运转电算化会计信息系统。

一、会计信息化的总体规划

会计信息化的总体规划，主要是确定单位会计信息化工作在一定时期内所要达到的目标，以及对怎样合理、有效、分阶段地实现这个目标进行规划。总体规划的好坏决定了单位会计信息系统建设的成败。为了保证总体规划具有客观性、科学性，并且切实可行，单位在制定总体规划时应从全局着手，将总体规划与单位的信息化战略目标结合起来。在此基础上，才能建立起符合现代企业管理要求的信息化系统。现在，以 ERP（Enterprise Resource Planning）为理念的企业管理信息系统正逐步在大、中型企业中得到应用；同时，国内各大软件公司也正在大力开发和推广 ERP 产品。

单位在制定会计信息化的总体规划时，要意识到电算化会计信息系统是管理信息系统的一个重要子系统，电算化会计信息系统的建立和发展必须遵从单位信息化的总体目标；同时，要根据单位的实际情况，明确单位需要什么样的电算化会计信息系统、目前单位能提供什么样的条件，以及电算化会计信息系统的建立应划分为几个阶段、每个阶段的具体目标是什么。这样，电算化会计信息系统的建立和开展才能够有序、顺利进行。

会计信息化总体规划的主要内容有：

1.明确会计信息化工作的目标

会计信息化工作的目标一般可以分为两类：一类是近期要达到的目标；另一类是远期要达到的目标。目前，单位会计信息化工作一般是按模块开展的。例如，有的单位当前只希望建立薪资核算模块，有的单位则希望建立账务核算和报表核算两个模块，也有的单位希望将薪资核算、固定资产核算、账务核算、报表核算、应收款核算、应付款核算和购销存核算等模块全部建立起来。近期目标建立以后，单位还应该制定远期目标。因为单位会计信息化的开展是一项长期工作，我国的会计信息化正在向管理信息化的方向发展，以发挥管理和决策的支持作用。会计信息化不仅能够将财会人员从繁重的手工劳动中解放出来，更重要的是，核算和管理手段的现代化能够提高会计信息处理的准确性和时效性，能够提高财会人员的分析和辅助决策能力，能够提高单位的管理水平和经济效益。所以，单位应从长期发展计划入手，据此确定会计信息化工作的远期目标。当前，用友和金蝶等大型软件公司设计的 ERP 软件为企业应用电算化会计信息系统提供了良好的机遇。

2.明确电算化会计信息系统建立的途径

建立电算化会计信息系统有许多种途径，其中，开发和购买商品化软件是两种基本的途径。开发一般分为自行开发、联合开发和委托开发等方式，每种方式各有优缺点。具体采用何种途径建立电算化会计信息系统，主要应考虑单位管理的需要和经济、技术、组织上的可行性。

3.明确电算化会计信息系统的总体结构

电算化会计信息系统的总体结构是指系统的总体规模、业务核算的范围、由哪些子系统构成，以及这些子系统之间的联系和界面划分。单位应从分析现有手工会计的实际情况入手，了解电算化会计信息系统的任务、业务处理的内容和范围，然后结合电算化会计信息系统的目标，最终确定电算化会计信息系统的总体结构。

4.明确会计信息化建设工作的管理体制和组织机构

一方面，单位会计信息化工作的开展涉及人、财、物多个方面及供、产、销多个环节，需要明确管理体制、统一协调，因此单位应在总体规划中明确规定会计信息化工作的管理体制和组织机构，以利于统一领导，从而高效率地完成系统的建设工作。另一方面，电算化会计信息系统的建立不仅会改变会计工作的操作方法，而且会引发会计业务工作流程、人员组织方式等多方面的一系列变革，因此单位在建立会计信息化管理体制和组织机构时，还应组织专门人员根据单位的实际情况制定一套新的工作流程、工作管理制度以及各类人员上岗标准等，从而使系统能够平稳、安全、有序运行。

二、会计信息化下的工作岗位

会计信息化下的工作岗位可以分为基本工作岗位和信息化会计岗位两种。

（一）基本工作岗位

基本工作岗位包括会计主管、出纳、会计核算人员、会计稽核人员和会计档案管理人员等。基本工作岗位与手工会计的各岗位相对应。

（二）信息化会计岗位

信息化会计岗位是指直接管理、操作和进行系统维护的岗位。岗位设置参考如下：

1.信息化主管

信息化主管的主要职责是：协调计算机及会计软件系统的运行。该岗位要求具备会计和计算机知识，以及相关的会计电算化组织与管理经验。信息化主管可以由会计主管兼任。

2.软件操作员

软件操作员的主要职责是：记账凭证和原始凭证等会计数据的输入，各种记账凭证、账簿、会计报表的输出，以及部分会计数据的处理。该岗位要求具备会计软件操作知识，达到会计信息化初级知识水平。

3.审核记账员

审核记账员的主要职责是：对输入计算机的会计数据进行审核，使用会计软件登记机内账簿，对打印输出的账簿、报表进行确认。该岗位要求具备会计和计算机知识，达到会计信息化初级知识水平。审核记账员可以由会计主管兼任。

4.系统维护员

系统维护员的主要职责是：保证计算机硬件、软件的正常运行，管理机内数据。该岗位要求具备计算机和会计知识，达到会计信息化中级知识水平。采用网络会计软件的单位可设立这一岗位。

5.电算审查员

电算审查员的主要职责是：监督计算机及会计软件系统的运行，防止利用计算机进行舞弊。该岗位要求具备计算机和会计知识，达到会计信息化中级知识水平。电算审查员可以由会计稽核人员兼任。

6.数据分析员

数据分析员的主要职责是：对计算机内的会计数据进行分析。该岗位要求具备计算机和会计知识，达到会计信息化中级知识水平。采用网络会计软件的单位可设立这一岗位。数据分析员可由会计主管兼任。

7.档案管理员

档案管理员的主要职责是：机内会计数据、软盘备份的会计数据，打印输出的凭证、账簿、会计报表，以及会计软件系统开发运行中编制的各种档案资料的保管和保密工作。

8.系统分析人员

系统分析是开发电算化会计信息系统的第一个阶段，也是最重要的一个阶段。系统分析人员的主要职责是：根据用户的需要，通过对现有手工会计信息系统的接口界面、数据流程和数据结构等进行全面的分析，确定电算化会计信息系统的目标，提出系统的逻辑模型。电算化会计信息系统是一个复杂的系统，它与企业其他管理信息子系统具有密切的联系，其内部业务的处理过程也十分复杂，因此系统分析人员不仅应熟练掌握会计知识和企业管理知识，而且应掌握系统分析技术和方法，如系统调查、可行性研究、数据流程分析、数据结构分析等。此外，由于逻辑模型是为系统设计提供依据的，因此系统分析人员还必须掌握系统开发的其他知识和技术，如设计技术、编程、计算机硬件及软件基本知识等，从而使设计的逻辑模型符合系统设计的要求。

9.系统设计人员

系统设计人员的主要职责是：将系统的逻辑模型转换为系统的物理模型，即确定系统的硬件资源及软件资源、系统结构模块的划分及功能，以及进行数据库设计等。如果说系统分析人员的工作是告诉系统"做什么"，那么系统设计人员的工作就是告诉系统"如何做"。系统设计人员应掌握系统开发技术和计算机知识；同时，为了更好、更快地理解系统逻辑模型，系统设计人员还应具备一定的会计知识和企业管理知识。系统设计人员设计的物理模型是系统程序员编制应用程序的依据。

10.系统程序员

系统程序员的主要职责是：以系统的物理模型为依据编制应用程序，并进行调试，检验程序的正确性。

实施会计信息化的单位可根据自身情况及信息化会计的特点划分工作岗位。如果单位的会计软件是购入的商品化软件，单位本身没有系统开发任务，那么单位可以不设置系统分析人员、系统设计人员和系统程序员等岗位。

三、会计信息化软件的配备方式

会计信息化软件的配备方式有直接购买、定制开发、购买与开发相结合等。其中，定制开发又包括自行开发、委托外部单位开发、与外部单位联合开发三种形式。

（一）直接购买

直接购买是单位配备会计信息化软件最重要和最常见的方式。随着我国会计信息化的逐步发展，我国已经形成了一个规模很大的信息化软件市场，并涌现出了一批质量较高的会计信息化软件，如市场占有率较高的用友、金蝶、新中大软件等。用友、金蝶、新中大等软件公司开发的软件正在由原来的单一会计核算发展到以会计核算为中心的ERP系统，并且正在向全面管理信息系统发展。例如，用友公司的ERP-NC、ERP-U8系列产品，以及金蝶公司的EAS、K/3产品，都是以企业绩效管理为核心，涵盖了企业内部资源管理、供应链管理、客户关系管理、知识管理等内容，并能实现企业间协作和电子商务应用集成的软件。图1-2-1是包含多种模块的会计信息系统。

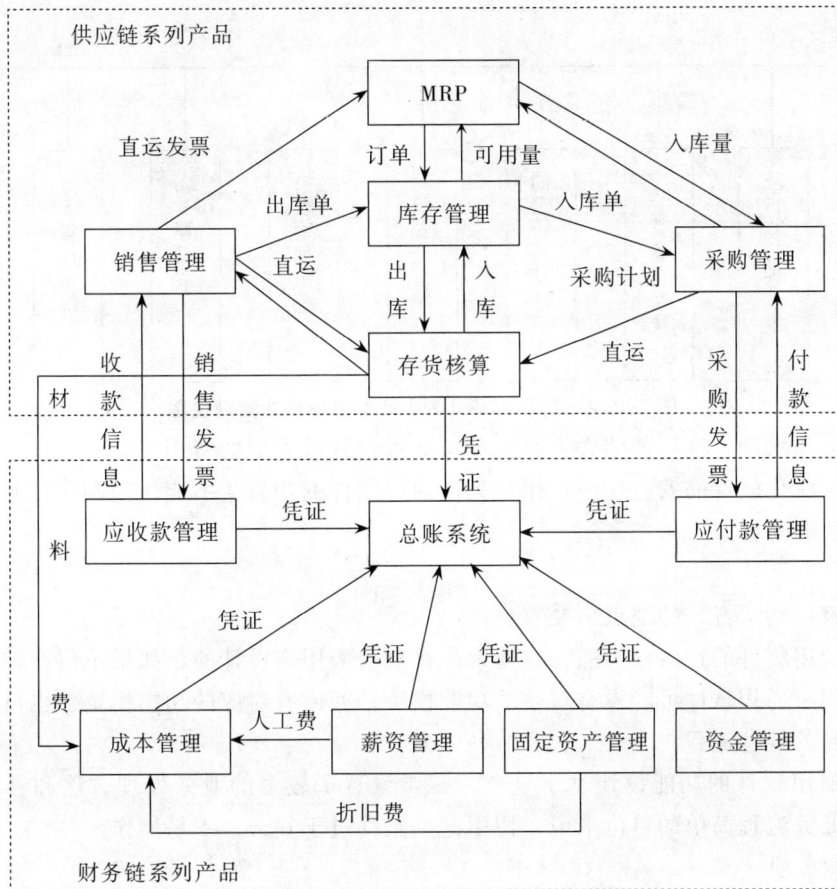

图 1-2-1 包含多种模块的会计信息系统

此外，中华人民共和国电子行业标准《企业信息化技术规范 第1部分：企业资源规划系统（ERP）规范》已经于2003年10月1日开始实施。此标准的制定耗时两年，中国生产力促进中心协会共调查了2 000多家企业和几十家IT厂商，并在100多家企业中进行试点，用友、神州数码、工大科软、利玛、新中大、博通、富士通等近20家IT厂商参与了本标准的制定工作。此标准的制定也为企业和事业单位通过购买商品化会计软件实现会计信息化提供了选择和评价的依据。

无论哪家公司设计的会计软件，一般都包括图1-2-2所示的功能模块。

1.优点

采用直接购买方式的优点主要有：

（1）投入少，见效快，实现信息化的过程简单。

（2）软件公司集中了计算机专业和会计专业的优秀人才，由他们共同研发的会计信息化软件性能稳定、质量可靠、运行效率高，能够满足单位的大部分需求。

（3）软件的维护和升级由软件公司负责，如果单位在使用软件的过程中遇到问题，可

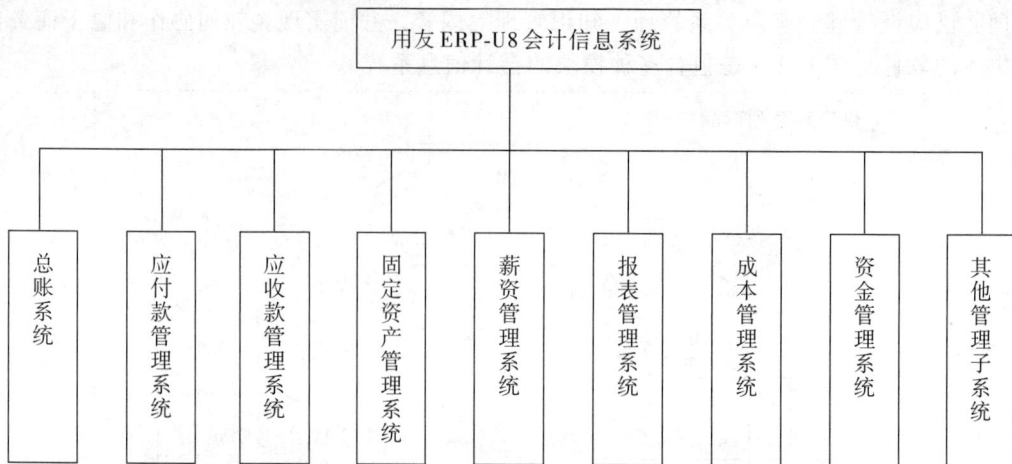

图1-2-2 用友ERP-U8会计信息系统功能模块图

以向软件公司求助，这样能够大大减少单位在维护软件方面的费用。

（4）商品化软件的安全性高，用户只能执行软件的功能，不能访问和修改源程序，软件不容易被恶意修改。

2.缺点

采用直接购买方式的缺点主要有：

（1）通用软件的针对性不强，它通常是针对一般用户设计的，如果单位有较为特殊的业务或流程，通用软件可能没有对应的功能模块，即使有对应的功能模块，也可能难以适应企业自身的处理流程。

（2）通用软件的功能设计过于复杂，常常设置了较多的业务处理方法和参数配置选项，对于业务流程简单的单位来说，使用这类软件过于复杂、不易操作。

3.注意事项

在选购会计信息化软件时应注意以下几个方面的问题：

（1）明确软件的运行环境

单位在选购会计信息化软件时，应考虑单位的实际情况，明确软件运行的硬件环境和软件环境。

①硬件环境

单位应了解会计信息化软件运行时要求计算机硬件应达到的标准，如硬盘的容量、显示器的型号、内存的大小以及对打印机的要求等。

②软件环境

会计信息化软件属于一种应用软件，需要在系统软件的基础上运行。所以，单位应明确会计信息化软件需要什么样的操作系统来支持、会计信息化软件使用的数据库管理系统有哪些等。

（2）了解会计信息化软件的基本情况

①会计信息化软件的技术性能

第一，操作使用是否简单易学。虽然在我国计算机的普及程度越来越高，但会计人员对计算机的熟悉程度仍然不是很高，仍然缺乏系统的计算机方面的知识和操作上的经验。如果软件操作过于复杂，学习起来很困难，就很容易引起会计人员的误操作，从而带来不必要的麻烦。因此，单位应尽可能选购简单易学的商品化会计软件。

第二，软件运行是否安全可靠。安全可靠是对会计信息化软件最重要的要求。软件的安全可靠性是指软件处理信息的准确性，以及防止会计信息被泄露和破坏的能力。这集中体现在软件的防错、纠错能力上，包括对操作权限的控制、操作错误的提示处理、计算机发生故障或强行关机等引起的数据破坏的恢复、程序及数据被篡改后的恢复等。

第三，文档资料是否齐全。最基本、最重要的文档资料是用户操作手册，又称使用说明书。用户操作手册应详细介绍软件的功能和用户的操作步骤，以帮助用户熟悉软件的使用，排除因操作不当产生的故障。文档资料中还应有软件运行时产生的凭证、账簿、报表等样本资料，这些资料可以帮助用户判断软件的功能是否能够满足需要。文档资料中最好还有对软件的测试方案，以帮助用户验证软件的功能与控制能力。此外，如果文档资料中还有软件的业务处理流程及数据结构说明书甚至程序清单，那就更完善了。

②会计信息化软件的实用性与先进性

在选购会计信息化软件时，单位应认真考察软件的优点和缺点，与其他会计信息化软件相比是否更加先进，并根据本行业、本单位的特点提出一些关键性的问题，看看软件能否满足单位的要求，对于单位来说是否具有很强的实用性。不同种类的会计信息化软件，其性能、水平各不相同，都在某些方面有自己的优点或缺点。例如，有的会计信息化软件在商品流通行业使用起来比较方便，而有的会计信息化软件在工业企业使用的效果更突出。

先进性是指软件在同类产品中的先进程度，包括安全性、可靠性、功能的完备性及运行效率等。由于各单位的财务制度、核算方法并不是一成不变的，并且使用软件后对单位信息处理的及时性和准确性有很高的要求，因此先进性也是单位选购商品化会计软件应考虑的重要因素之一。

（3）软件公司的信誉和售后服务情况

随着我国会计信息化事业的发展，软件公司和软件用户都越来越重视售后服务。一方面，对于软件公司来说，售后服务在公司业务中所占的比例越来越大，可以说，售后服务是软件公司的第二生命；另一方面，对于软件用户来说，优质的售后服务是单位电算化会计信息系统正常运行的保证。就我国而言，目前购买会计信息化软件的众多用户很难自己排除会计信息化软件在运行中发生的故障，主要还是依靠软件公司进行日常的维护工作。所以，单位在选购会计信息化软件时，必须对软件的开发和经销单位的信誉及售后服务情况进行考察。售后服务的内容主要包括对用户的操作培训和应用指导、会计软件的日常维护与维修、软件版本的更新等方面。除此之外，使用单位也可以针对自身的特点与软件公司商定售后服务方式，明确售后服务项目，明确哪些售后服务项目是无偿提供的以及哪些售后服务项目需要交纳服务费。

（4）软件的价格是否合理

目前，我国各软件公司推出的会计信息化软件的价格各不相同。所以，单位在购买软件时应对不同档次的会计信息化软件进行价格比较，选择能够满足单位需要且价格合理的软件；同时，要看软件价格中是否包括系统软件（如操作系统等）的价格，如果单位已经有了这些系统软件，便可将这部分费用扣除。

（5）会计信息化的发展趋势

会计信息化的发展趋势会对单位使用的会计信息化软件提出新的要求，因此，单位在选购会计信息化软件时应考虑这一因素。

（二）自行开发

自行开发是指单位自行组织人员进行软件开发，即根据项目预算，单位自行组织开发队伍完成软件的设计，并组织实施。采用自行开发方式，一般要求单位具有开发软件的基本条件，且技术力量比较雄厚。

1.优点

采用自行开发方式的优点主要有：

（1）能够在充分考虑单位生产经营特点和管理要求的基础上，设计最有针对性和适应性的会计信息化软件，避免了通用会计软件在功能上与单位需求不能完全匹配的不足。

（2）会计信息化软件在出现问题或需要改进时，由于单位内部员工对软件充分了解，因此单位能够快速反应，及时纠错或调整，从而保证了系统使用的流畅性。

2.缺点

采用自行开发方式的缺点主要有：

（1）软件开发的周期长、成本高，软件开发完成后，还需要较长时间的试运行。

（2）需要大量的计算机专业人才，普通单位难以维持一支稳定的高素质软件人才队伍。

（三）委托外部单位开发

委托外部单位开发是指单位委托科研单位或大专院校等外部单位进行会计信息化软件的开发。

1.优点

采用委托外部单位开发方式的优点主要有：

（1）软件的针对性较强，降低了用户的使用难度。

（2）对使用单位技术力量的要求不高。

2.缺点

采用委托外部单位开发方式的缺点主要有：

（1）委托开发费用高。

（2）由于开发人员大多是计算机专业人员，对会计业务不熟悉，因此他们需要花费大量的时间了解使用单位的业务流程和需求，从而会延长软件的开发时间。

（3）外部单位的售后服务不易做好，如果使用单位没有专业的软件维护人员，则该软件很难持久使用。所以，这种方式目前已经很少使用。

（四）与外部单位联合开发

与外部单位联合开发是指使用单位联合外部的科研院所或软件公司进行软件开发，即使用单位的财务部门和网络信息部门负责系统分析工作，外部单位负责系统设计和程序开发工作，软件开发完成后，对软件的重大修改由网络信息部门负责，日常维护工作由财务部门负责。

1.优点

采用与外部单位联合开发方式的优点主要有:

(1) 开发工作既考虑了企业自身的需求, 又利用了外部位的软件开发力量, 开发的软件质量较高。

(2) 企业内部人员参与开发, 对软件的结构和流程比较熟悉, 有利于日后软件的维护和升级。

2.缺点

采用与外部单位联合开发方式的缺点主要有:

(1) 外部技术人员与内部技术人员、会计人员之间需要进行充分的沟通, 软件开发的周期比较长。

(2) 支付给外部单位的开发费用相对较高。

四、会计信息化工作规范

2013 年 12 月 6 日, 财政部印发了《企业会计信息化工作规范》(财会〔2013〕20 号)。《企业会计信息化工作规范》分为总则、会计软件和服务、企业会计信息化、监督、附则共 5 章 49 条, 自 2014 年 1 月 6 日起施行。1994 年 6 月 30 日财政部发布的《商品化会计核算软件评审规则》(财会字〔1994〕27 号)、《会计电算化管理办法》(财会字〔1994〕27 号)同时废止。《企业会计信息化工作规范》的施行, 将为推动单位会计信息化、节约社会资源、提高会计软件和相关服务的质量、规范信息化环境下的会计工作起到非常重要的作用。现将《企业会计信息化工作规范》中与单位要求密切相关的部分内容摘录如下:

(一)会计信息化建设

(1) 企业应当充分重视会计信息化工作, 加强组织领导和人才培养, 不断推进会计信息化在本企业的应用。

(2) 企业开展会计信息化工作, 应当根据发展目标和实际需要, 合理确定建设内容, 避免投资浪费。

(3) 企业开展会计信息化工作, 应当注重信息系统与经营环境的契合, 通过信息化推动管理模式、组织架构、业务流程的优化与革新, 建立健全适应信息化工作环境的制度体系。

(4) 大型企业、企业集团开展会计信息化工作, 应当注重整体规划, 统一技术标准、编码规则和系统参数, 以实现各系统的有机整合, 消除信息孤岛。

(5) 企业配备会计软件, 应当根据自身技术力量以及业务需求, 考虑软件功能、安全性、稳定性、响应速度、可扩展性等要求, 合理选择购买、定制开发、购买与开发相结合等方式。

(6) 企业通过委托外部单位开发、购买等方式配备会计软件, 应当在有关合同中约定操作培训、软件升级、故障解决等服务事项, 以及软件供应商对企业信息安全的责任。

(7) 企业应当促进会计信息系统与业务信息系统的一体化, 通过业务的处理直接驱动会计记账, 减少人工操作, 提高业务数据与会计数据的一致性, 实现企业内部信息资源共享。

（8）企业应当根据实际情况，开展本企业信息系统与银行、供应商、客户等外部单位信息系统的互联，实现外部交易信息的集中自动处理。

（9）企业进行会计信息系统前端系统的建设和改造，应当安排负责会计信息化工作的专门机构或者岗位参与，充分考虑会计信息系统的数据需求。

（10）企业应当遵循企业内部控制规范体系要求，加强对会计信息系统规划、设计、开发、运行、维护全过程的控制，将控制过程和控制规则融入会计信息系统，实现对违反控制规则情况的自动防范和监控，提高内部控制水平。

（11）处于会计核算信息化阶段的企业，应当结合自身情况，逐步实现资金管理、资产管理、预算控制、成本管理等财务管理信息化。处于财务管理信息化阶段的企业，应当结合自身情况，逐步实现财务分析、全面预算管理、风险控制、绩效考核等决策支持信息化。

（二）会计信息化条件下的会计资料管理

（1）对于信息系统自动生成且具有明晰审核规则的会计凭证，可以将审核规则嵌入会计软件，由计算机自动审核。未经自动审核的会计凭证，应当先经人工审核再行后续处理。

（2）分公司、子公司数量多、分布广的大型企业、企业集团应当探索利用信息技术促进会计工作的集中，逐步建立财务共享服务中心。实行会计工作集中的企业以及企业分支机构，应当为外部会计监督机构及时查询和调阅异地储存的会计资料提供必要条件。

（3）外商投资企业使用的境外投资者指定的会计软件或者跨国企业集团统一部署的会计软件，应当符合会计软件和服务规范的要求。

（4）企业会计信息系统数据服务器的部署应当符合国家有关规定。

（5）企业会计资料中对经济业务事项的描述应当使用中文，可以同时使用外国或者少数民族文字对照。

（6）企业应当建立电子会计资料备份管理制度，确保会计资料的安全、完整和会计信息系统的持续、稳定运行。

（7）企业不得在非涉密信息系统中存储、处理和传输涉及国家秘密，关系国家经济信息安全的电子会计资料；未经有关主管部门批准，不得将其携带、寄运或者传输至境外。

（8）企业内部生成的会计凭证、账簿和辅助性会计资料，同时满足所记载的事项属于本企业重复发生的日常业务，由企业信息系统自动生成，可及时在企业信息系统中以人类可读形式查询和输出，企业信息系统具有防止相关数据被篡改的有效机制，企业对相关数据建立了电子备份制度且能有效防范自然灾害、意外事故和人为破坏的影响，企业对电子和纸面会计资料建立了完善的索引体系等条件的，可以不输出纸面资料。

（9）企业获得的需要外部单位或者个人证明的原始凭证和其他会计资料，同时满足会计资料附有外部单位或者个人的符合《中华人民共和国电子签名法》的可靠的电子签名，电子签名经符合《中华人民共和国电子签名法》的第三方认证，所记载的事项属于本企业重复发生的日常业务，可及时在企业信息系统中以人类可读形式查询和输出，企业对相关数据建立了电子备份制度且能有效防范自然害灾、意外事故和人为破坏的影响，企业对电子和纸面会计资料建立了完善的索引体系等条件的，可以不输出纸面资料。

（10）企业会计资料的归档管理，遵循国家有关会计档案管理的规定。

（11）实施企业会计准则通用分类标准的企业，应当按照有关要求向财政部报送XBRL财务报告。

在遵循《企业会计信息化工作规范》的基础上，单位还应该结合自身的实际情况，建立起适用于会计信息化条件下的岗位分工制度、操作管理制度、硬件管理制度、软件和会计数据管理制度、会计档案管理制度等一系列严格的内部管理制度。

五、电算化会计信息系统的试运行及替代手工记账

（一）试运行的目的

会计信息化软件与其他应用软件相比，具有自己的特殊性，它对数据的准确性、时效性有较高的要求，必须严格按照财务准则、会计制度来执行。单位不仅要保证软件的合法性，按照新系统的要求建立组织机构、进行人员分工，而且要保证手工会计系统下的数据能够安全、准确、可靠地转换到新系统中，因此软件必须经过一段时间的试运行。只有试运行成功，新系统才能正式投入使用。会计信息化软件的试运行是会计信息化软件使用的最初阶段，一般需要操作人员与计算机同时进行会计业务处理，因此试运行又称为人机并行阶段。试运行是单位从手工会计系统转换到电算化会计信息系统所必不可少的一个阶段，其目的是：检验核算结果和核算方法的正确性；检验人员分工的合理性；提高软件操作的熟练性。

（二）试运行的主要工作

1.购买计算机硬件与系统软件

计算机硬件的购买和安装是试运行的物质前提。单位应按照会计信息化的总体规划及需要创建的电算化会计信息系统的要求建设机房及购买计算机、打印机、空调等，并在试运行之前建设和安装完毕。在此基础上，单位应在计算机中安装好系统软件，从而为会计信息化软件的使用创造良好的运行环境。这一过程耗费的时间较长，资金投入较大，所以单位一定要进行具体、有效的规划，并且如期实施，以免影响电算化会计信息系统的实现进程。

2.会计业务的规范化

这主要是对会计业务进行一次全面清理，彻底解决遗留问题，从而为会计信息化软件正式运行做好准备。这项工作应当按照会计工作达标升级的办法进行，并特别注意以下几项内容：

（1）会计核算程序的规范化。实施会计信息化以后，单位应按照计算机数据处理的要求开展工作，明确会计核算程序，使会计工作的组织形式科学化，避免发生手工方式下多人处理、各自记账的情况。

（2）凭证格式的规范化。实施会计信息化以后，凭证的格式应该是统一的，单位应按照软件给出的凭证编号方式、凭证摘要的格式进行输入。

（3）科目、部门、人员等内容的编码应该规范化。

（4）成本核算方法的规范化。根据单位的实际情况，明确规定成本核算方法。

3.会计业务的检查和调整

在软件试运行时，单位应检查和调整以下各项工作：

（1）检查和调整各种核算方法的科学性和准确性。

（2）检查会计科目体系，看其是否完整，能否适应核算要求、报表要求、管理要求和会计制度要求，以及各种钩稽关系是否正常。

（3）检查已编制的各种方案、工作程序和各项管理制度是否完善，各个核算方案之间的组织安排是否合适，财务核算工作的程序是否得到执行。

（4）检查会计信息化软件的完善程度，对该软件的各种功能进行全面测试，充分暴露该软件存在的问题，向软件经销单位提出完善的要求，努力使财会工作思想与软件设计思想融为一体。

（5）检查是否按会计信息化工作正常的人员配置进行分工，明确不相容的岗位不允许由一个人担任。

（6）检查是否按日常会计核算的要求每日处理数据，是否有在月底集中输入、集中审核、集中记账的情况发生。

（7）检查错账的处理是否按规定的程序和方法进行处理，是否有凭证审核人员直接修改输入内容的情况发生。

（三）替代手工记账

替代手工记账是单位使用会计信息化软件应实现的目标之一。用计算机替代手工记账的单位应具备以下条件：

（1）配备了适用的会计信息化软件和相应的计算机硬件及网络设备。

（2）配备了相应的会计信息化工作人员，并且这些工作人员经过系统的操作培训。

（3）建立了严格的会计信息化内部管理制度。

根据规定，计算机与手工核算双轨运行3个月以上（一般不超过6个月），计算机与手工核算的数据相一致，并接受有关部门的监督审查后，才可以用计算机替代手工记账，进而开始会计信息化的建设和发展之路。

任务三　安装用友ERP-U8软件系统

▶ 任务要求

本任务主要了解用友ERP-U8软件系统正常运行的硬件环境和软件环境要求，掌握用友ERP-U8软件系统的安装流程及操作要领，为顺利学习财务链系统准备条件。

▶ 知识导航

在安装软件系统之前，必须了解用友ERP-U8软件的系统技术架构、系统运行环境和基本安装流程。

一、系统技术架构

用友ERP-U8软件采用三层技术架构，即数据库服务器、应用服务器和客户端。在物理上，用友ERP-U8软件有三种应用模式，即单机应用模式、网络应用模式（一台服务器）和网络应用模式（两台服务器）。

（一）单机应用模式

这是指将数据库服务器、应用服务器和客户端安装在一台计算机上。这也是学习用友软件最常用的模式。

（二）网络应用模式（一台服务器）

这是指将数据库服务器和应用服务器安装在一台计算机上，而将客户端安装在另一台计算机上。

（三）网络应用模式（两台服务器）

这是指将数据库服务器、应用服务器和客户端分别安装在三台计算机上。

如果采用 C/S 网络应用模式，则需要采用三层技术架构。采用三层技术架构，可以提高系统的工作效率与安全性，降低硬件投资成本。

二、系统运行环境

以单机应用模式为例，用友 ERP-U8 软件需要按以下要求配置硬件环境、准备系统软件，具体要求见表 1-3-1。

表 1-3-1　　　　　　**用友 ERP-U8 V10.1 操作系统要求（单机模式下）**

安装产品	操作系统及关键补丁	IE（默认）	IIS（默认）	是否推荐
单机模式	Windows XP + SP2（及以上版本补丁）	IE6.0 + SP1 （或 IE7.0、IE8.0、IE9.0）	IIS 5.1	是
	Windows 2003 Server +SP2（包括 R2，及以上版本补丁）	IE6.0 + SP1 （或 IE7.0、IE8.0、IE9.0）	IIS 6.0	是
	Windows Server 2003（X64）+ SP2（及以上版本补丁）	IE6.0 + SP1 （或 IE7.0、IE8.0、IE9.0）	IIS 6.0	
	Windows Server 2003（IA64）+ SP2（及以上版本补丁）	IE6.0 + SP1 （或 IE7.0、IE8.0、IE9.0）	IIS 6.0	
	Windows Vista + SP1（及以上版本补丁）	IE7.0 （或 IE8.0、IE9.0）	IIS 7.0	
	Windows Server 2008 + SP1（包括 R2，及以上版本补丁）	IE7.0 （或 IE8.0、IE9.0）	IIS 7.0	
	Windows 2008 R2（包括 SP1，及以上版本补丁）	IE7.0 （或 IE8.0、IE9.0）	IIS 7.0	
	Windows 7（包括 SP1，及以上版本补丁）	IE7.0 （或 IE8.0、IE9.0）	IIS 7.0	

数据库平台要求如下：

用友 ERP-U8 V10.1 支持 SQL Server 的标准版、企业版、开发版（包括简体中文、繁体中文和英文）。为了达到最佳效果，推荐使用 SQL Server 的企业版。SQL Server 的具体版本包括：

（1）SQL Server 2000+SP4。

（2）SQL Server 2005+SP2（及以上版本补丁）。

（3）SQL Server 2008+SP1（及以上版本补丁）。

注意：对于企业版操作系统，请搭配企业版 SQL Server 使用；对于企业版 SQL Server，也请搭配企业版操作系统使用。

▶ 任务实施

【操作步骤】

下面以 Windows7/Windows10 系统为例，简要介绍如何安装用友 ERP-U8 V10.1 软件系统。

1.安装操作系统

（1）对照"知识导航"部分操作系统的参数要求，通过"系统属性"查看。

（2）确认计算机上所安装的操作系统满足管理软件的要求，通常要求内存在 4GB 以上，使用 i5 以上处理器，系统盘剩余空间在 20GB 以上（少于 10GB 不建议安装）。

2.配置 IIS（互联网信息服务）

（1）通过"控制面板"→"程序和功能"→"打开或关闭 Windows 功能"配置，如图 1-3-1 所示。

图 1-3-1　IIS 配置 1

（2）将上述项目逐一点开进行勾选，直至如图 1-3-2 所示。

图 1-3-2　IIS 配置 2

（3）然后点击"确定"按钮，等待添加完成。

3.安装 SQL Server 2008 数据库软件

将 SQL Server 2008 数据库安装包下载完成后，拷贝到需要安装的电脑上并解压，手动双击"setup.exe"文件，进行安装。

（1）运行后出现"SQL Server 安装中心"，如图 1-3-3 所示。在左侧的目录中选择"安装"，在右侧的选择项中选择"全新安装或向现有安装添加功能"按钮，然后进入安装程序。

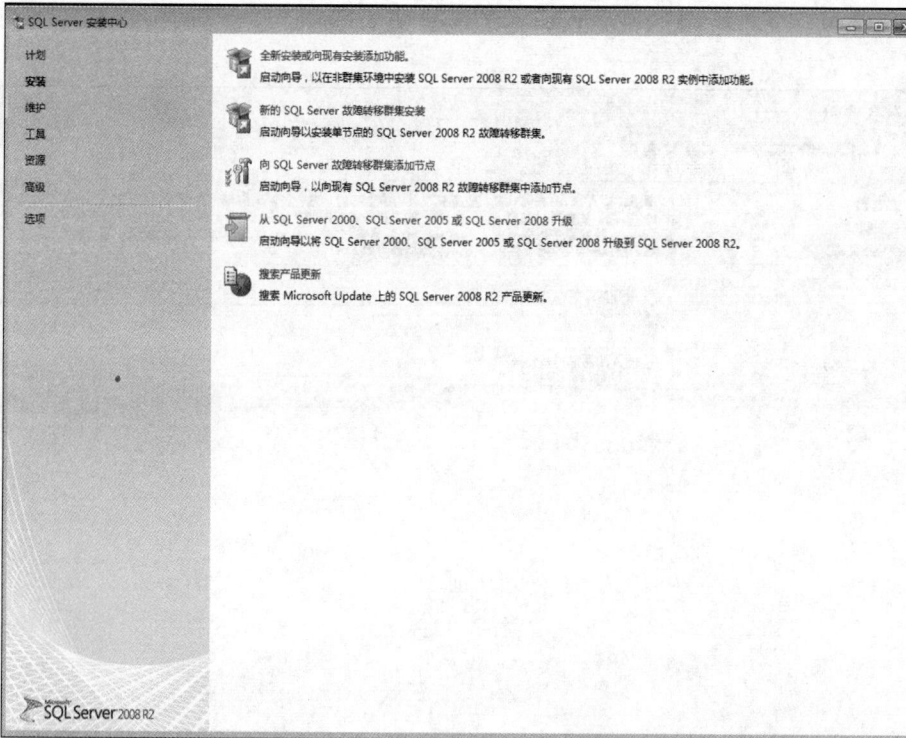

图 1-3-3　SQL Server安装中心

（2）进入"安装程序支持规则"窗口，如图1-3-4所示，全部通过，点击"确定"按钮。

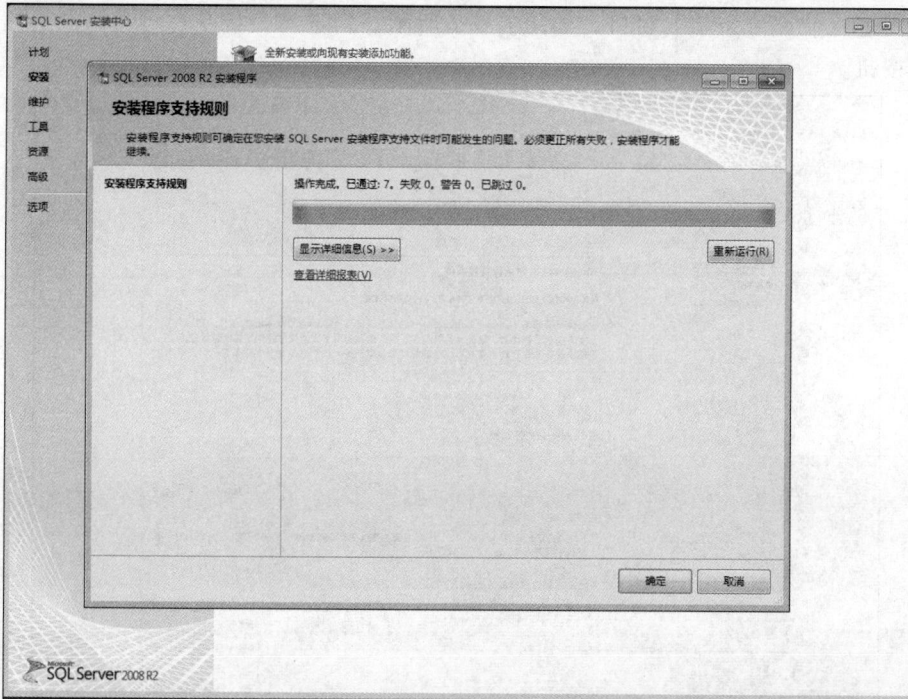

图 1-3-4　安装程序支持规则

（3）进入"产品密钥"窗口，输入产品密钥，如图1-3-5所示，点击"下一步"按钮。

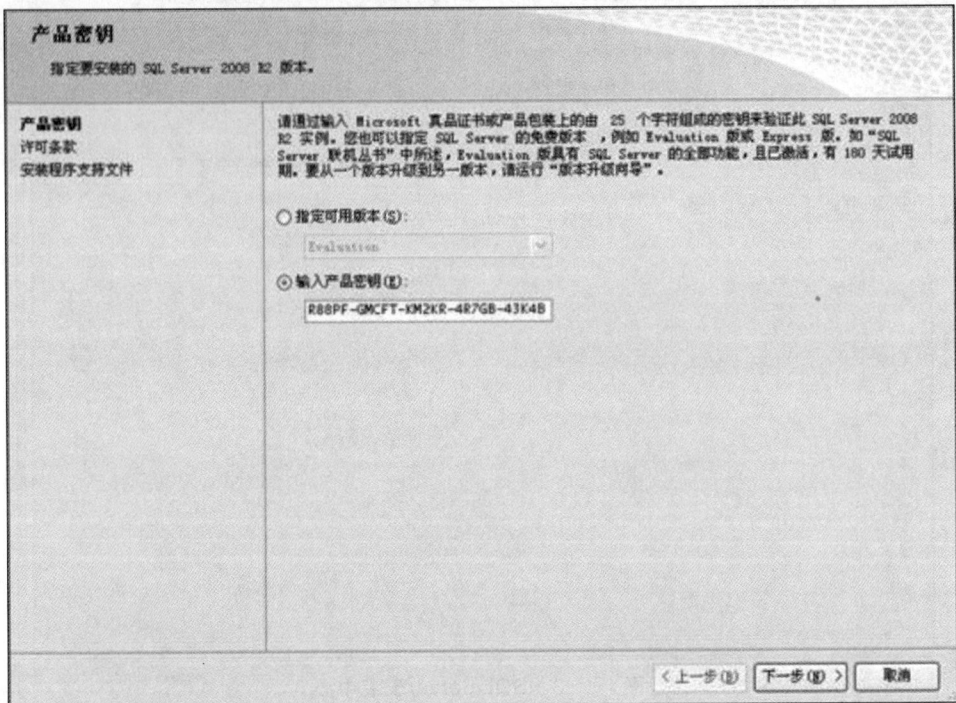

图1-3-5　产品密钥

（4）进入"许可条款"窗口，如图1-3-6所示，勾选"我接受许可条款"，点击"下一步"按钮。

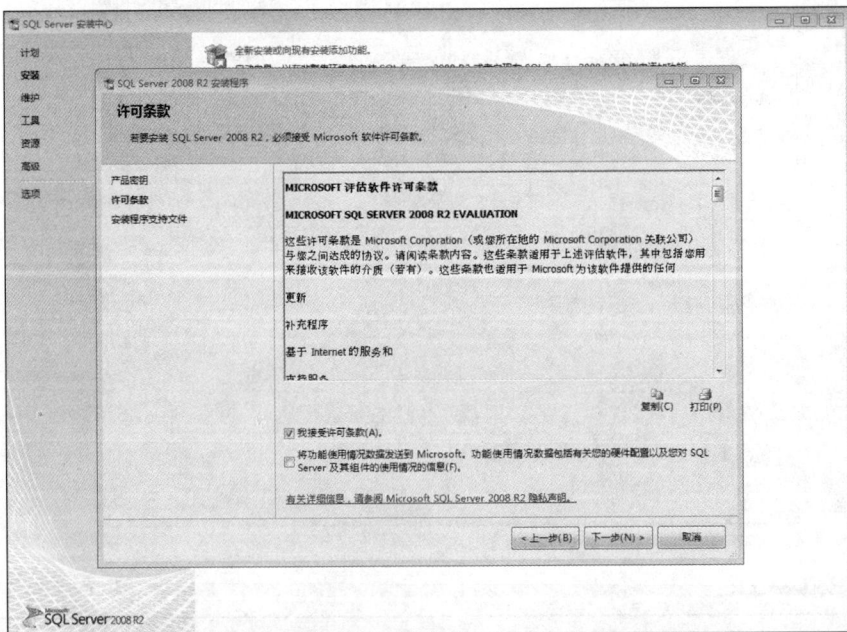

图1-3-6　许可条款

（5）进入"安装程序支持文件"窗口，如图1-3-7所示，运行完毕，点击"安装"按钮。

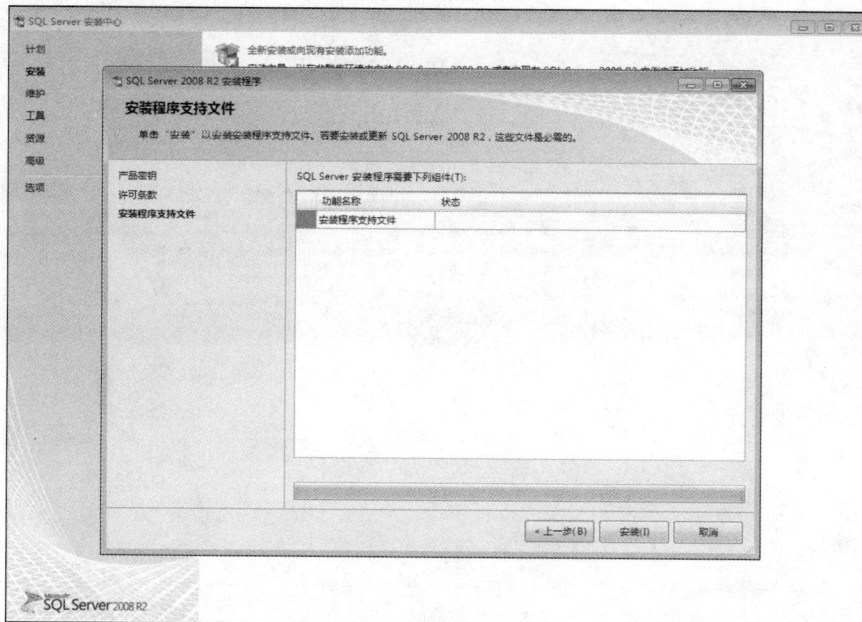

图1-3-7　安装程序支持文件

（6）进入"安装程序支持规则"窗口，如图1-3-8所示，运行通过，点击"下一步"按钮。

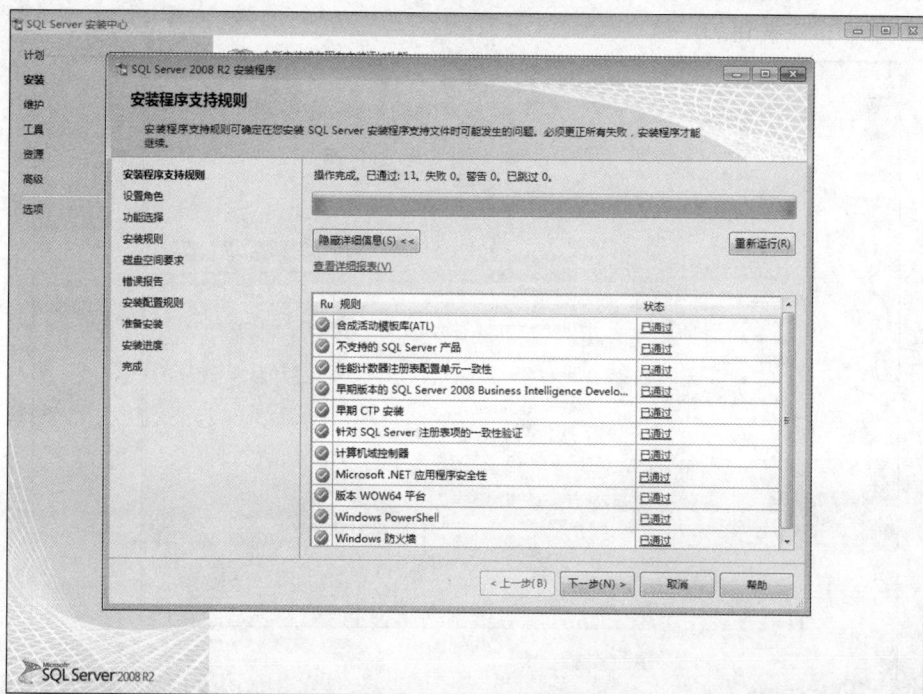

图1-3-8　安装程序支持规则

（7）进入"设置角色"窗口，如图1-3-9所示，选择"SQL Server功能安装"，点击"下一步"按钮。

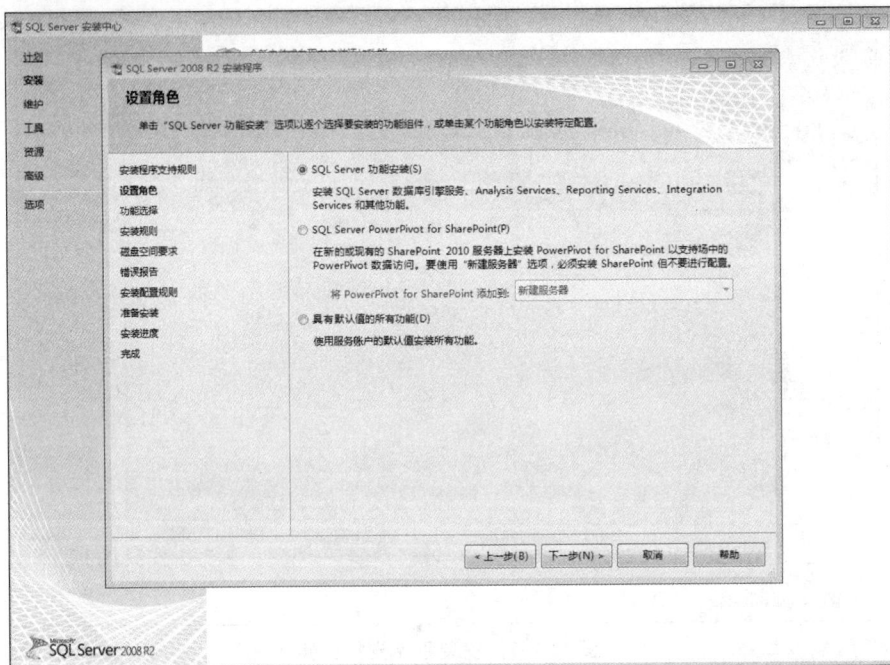

图1-3-9　设置角色

（8）进入"功能选择"窗口，如图1-3-10所示，点击"全选"按钮，全部选择，然后点击"下一步"按钮。

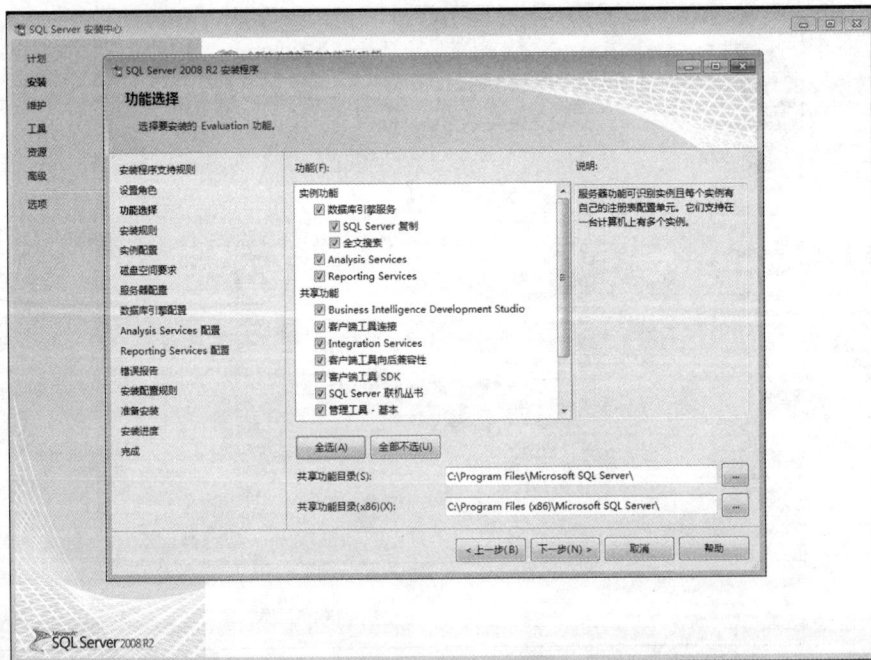

图1-3-10　功能选择

（9）进入"安装规则"窗口，如图1-3-11所示，运行通过，点击"下一步"按钮。

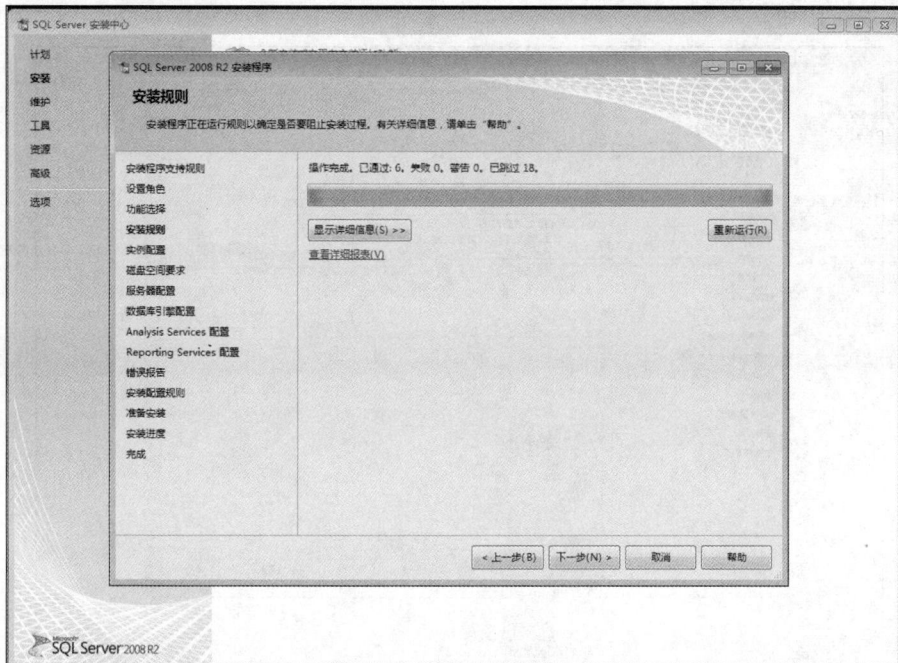

图1-3-11　安装规则

（10）进入"实例配置"窗口，如图1-3-12所示，选择"默认实例"，点击"下一步"按钮。

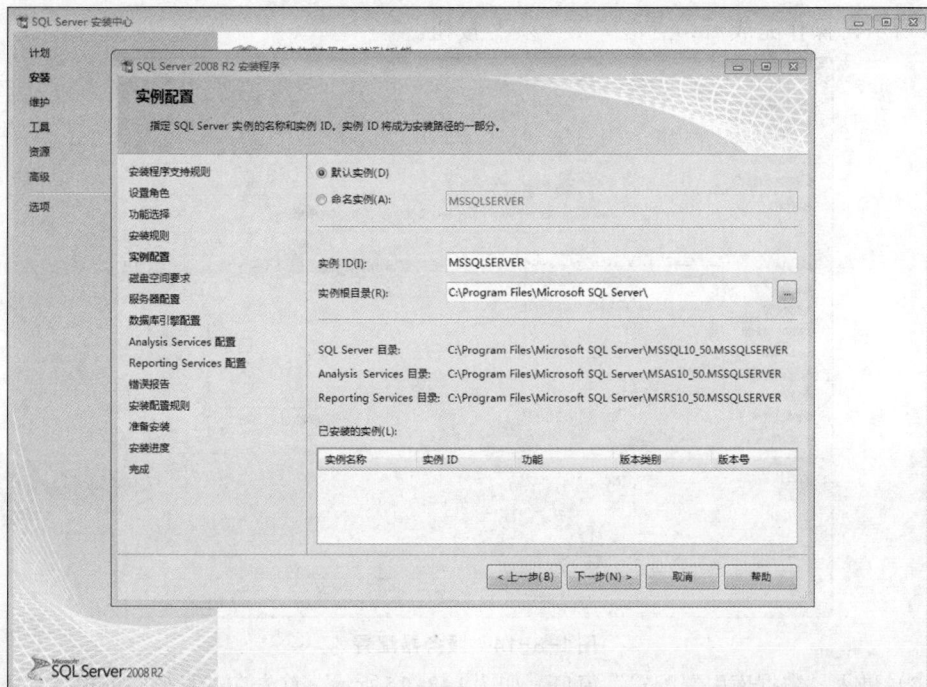

图1-3-12　实例配置

（11）进入"磁盘空间要求"窗口，如图1-3-13所示，显示安装所需空间的大小，点击"下一步"按钮。

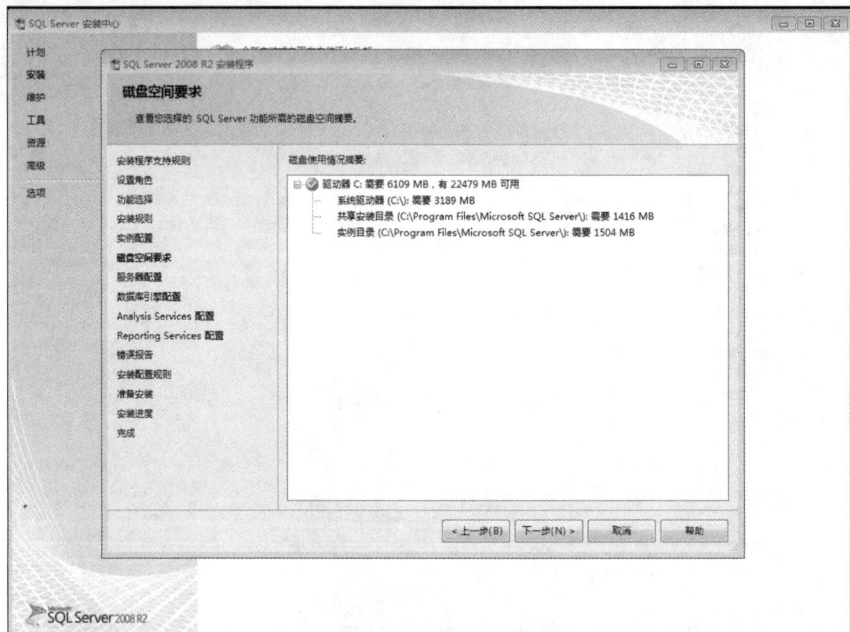

图1-3-13　磁盘空间要求

（12）进入"服务器配置"窗口，首先配置服务器的服务账户，即让操作系统用哪个账户启动相应的服务；然后选择"对所有SQL Server 2008 R2服务使用相同账户"，如图1-3-14所示；操作完成后，点击"下一步"按钮。

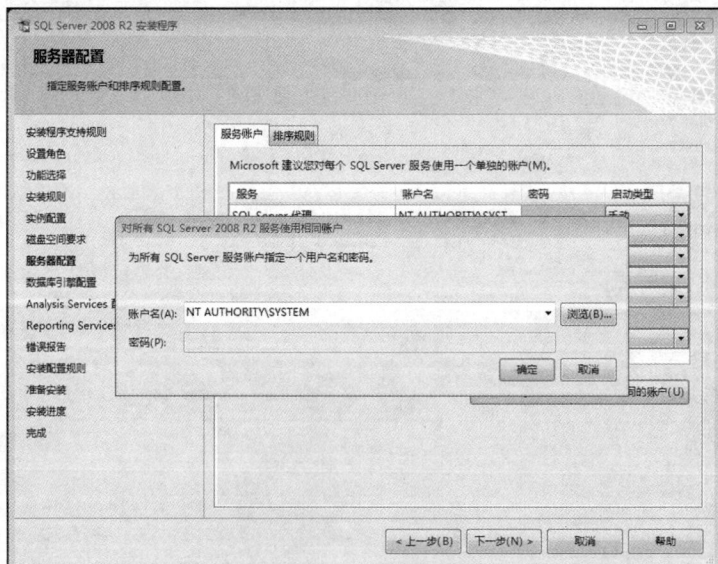

图1-3-14　服务器配置

（13）进入"数据库引擎配置"窗口，如图1-3-15所示。首先在"身份验证模式"下选择"混合模式（SQL Server身份验证和Windows身份验证）"，设置密码，并添加一个本地账户，方便管理即可；然后依次设置"数据目录"和"FILESTREAM"；最后点击"下一步"按钮。

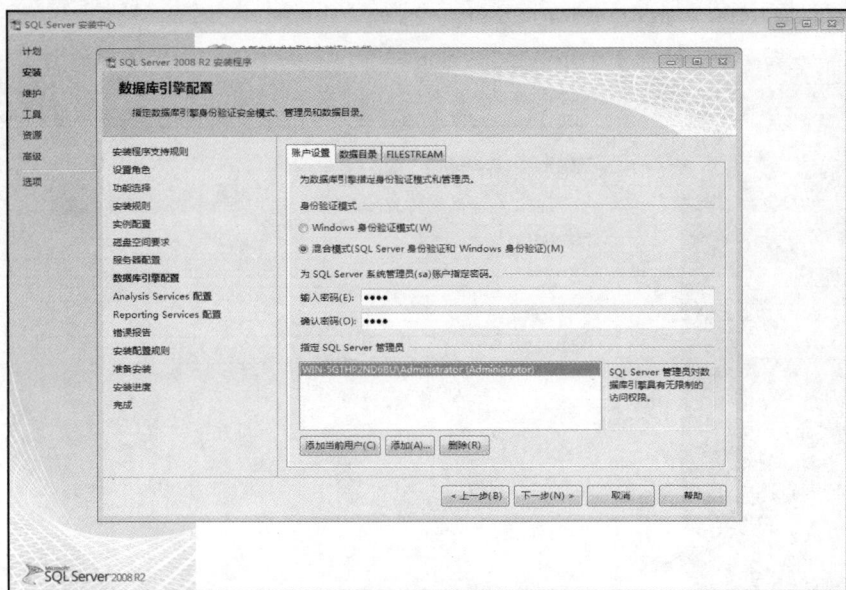

图1-3-15 数据库引擎配置

（14）下面的步骤比较简单，点击"下一步"按钮，等待安装即可。安装完成后，点击"关闭"按钮。

4.安装用友ERP-U8 V10.1软件

（1）将用友ERP-U8 V10.1软件安装包下载完成后，拷贝到需要安装的电脑上并解压，手动双击"setup.exe"文件，进行安装。

（2）点击"下一步"按钮，进入"许可证协议"窗口，如图1-3-16所示，选择"我接受许可证协议中的条款"，点击"下一步"按钮。

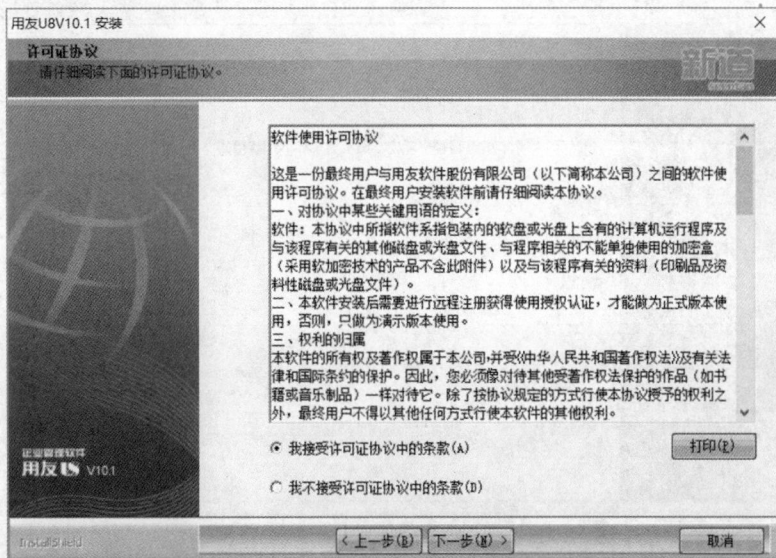

图1-3-16 许可证协议

（3）进入"客户信息"窗口，如图1-3-17所示，点击"下一步"按钮。

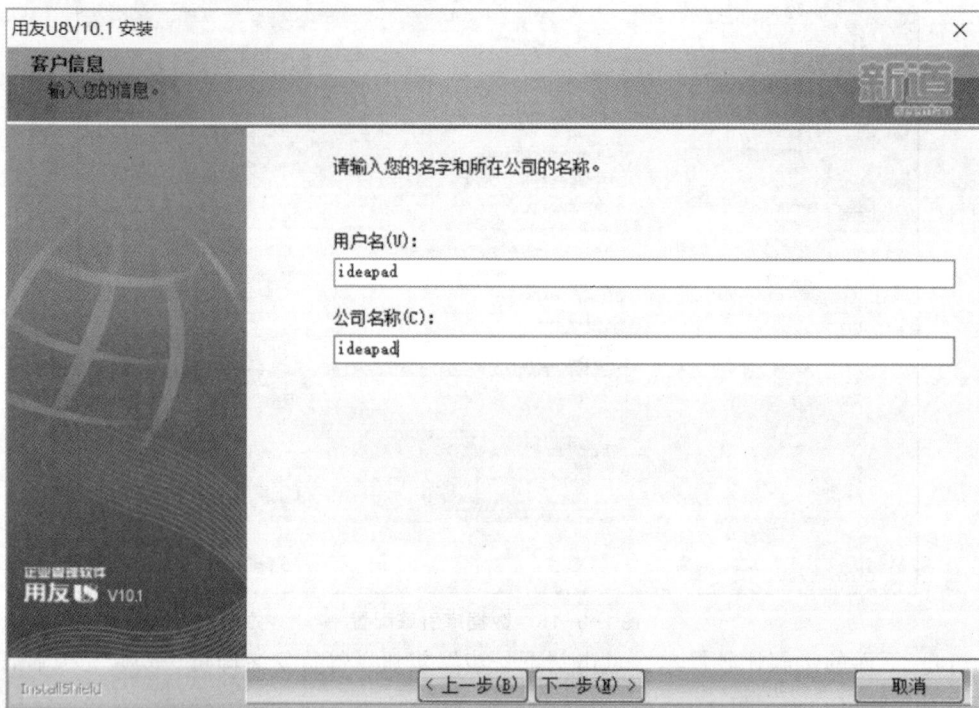

图1-3-17　客户信息

（4）进入"选择目的地位置"窗口，如图1-3-18所示，接受默认路径，点击"下一步"按钮。

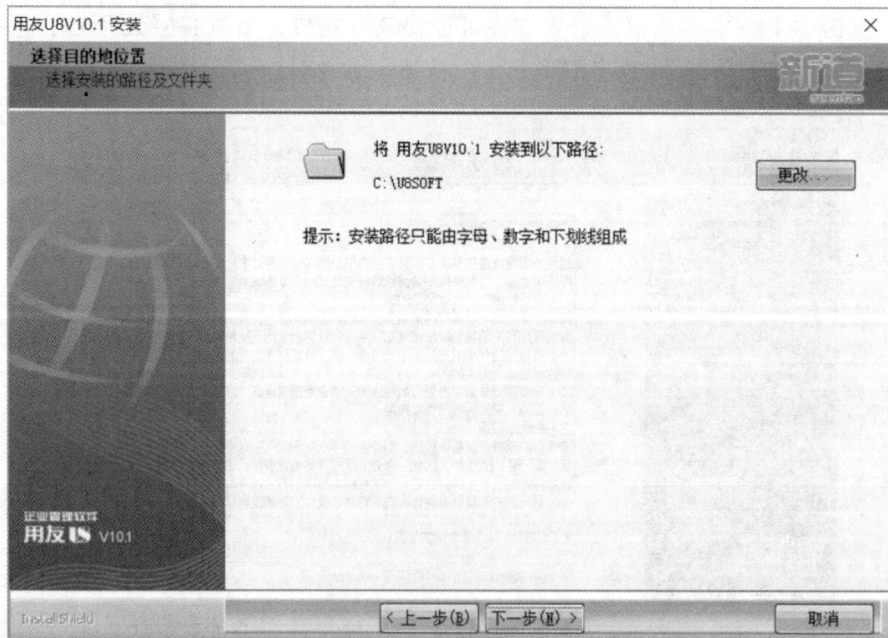

图1-3-18　选择目的地位置

（5）进入"安装类型"窗口，如图1-3-19所示，接受默认安装类型，点击"下一步"按钮。

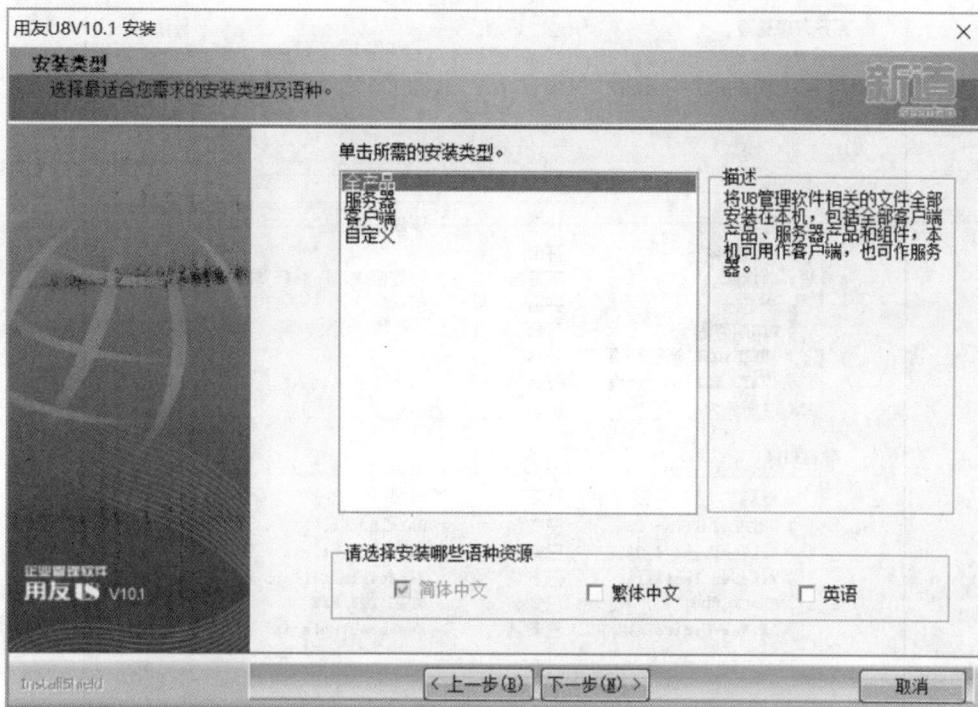

图1-3-19　安装类型

（6）进入"环境检测"窗口，如图1-3-20所示，点击"检测"按钮。

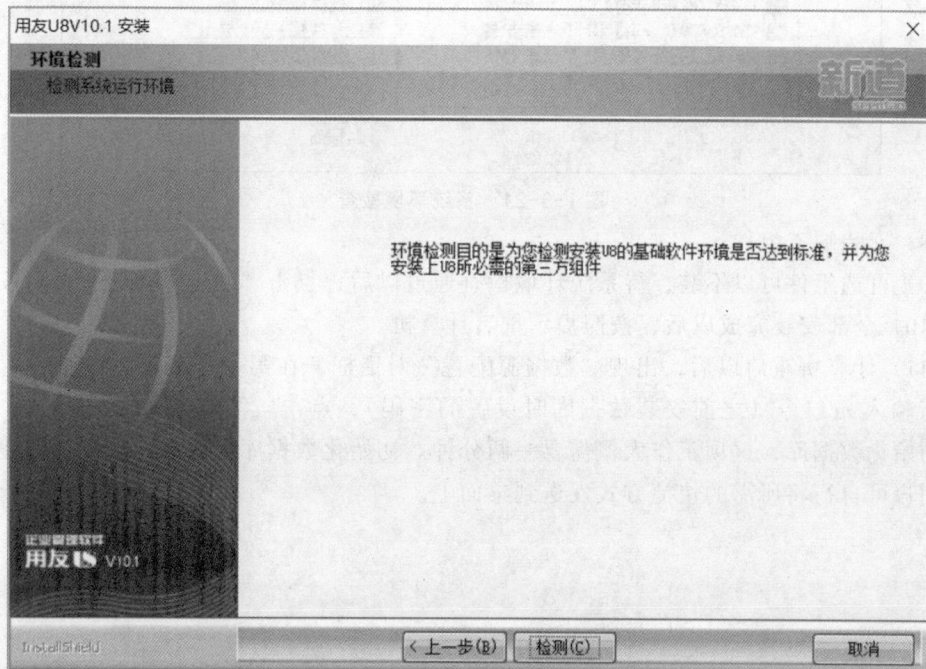

图1-3-20　环境检测

（7）进入"系统环境检查"窗口，如图1-3-21所示。

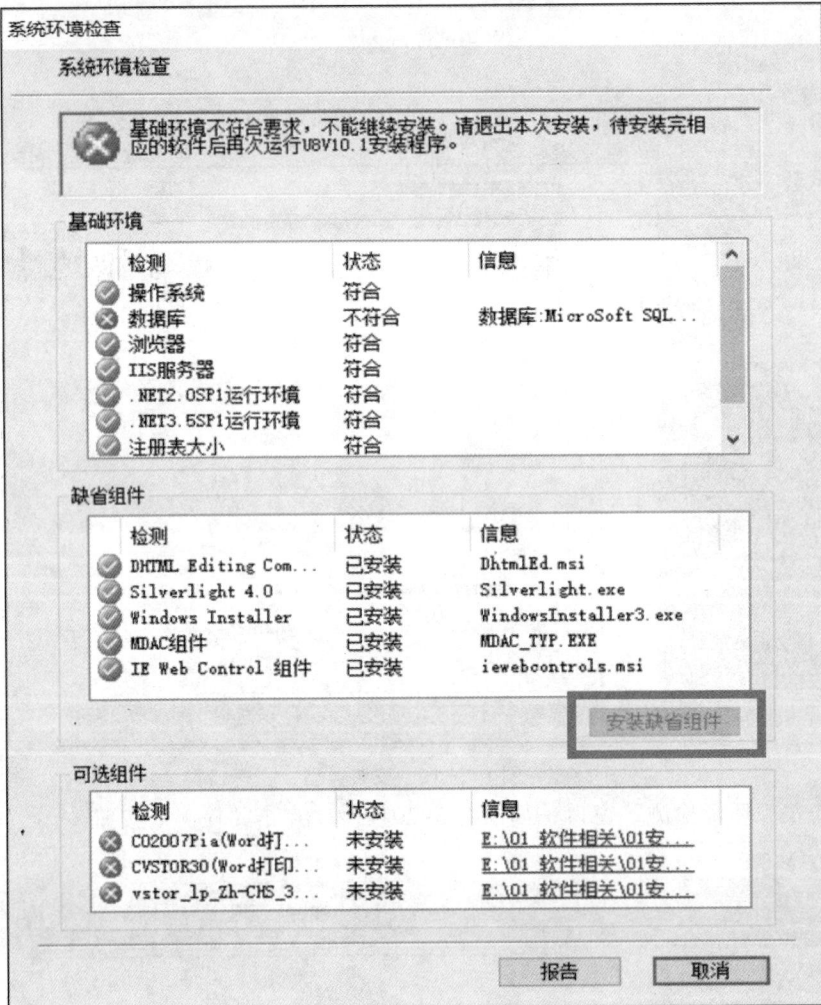

图1-3-21　系统环境检查

（8）安装缺省组件。

（9）可选组件可以不装，待系统环境检查通过以后，点击"确定"按钮，再行安装。

（10）全部安装完成以后，按照提示重启计算机。

（11）计算机重启以后，出现"数据源配置"对话框，在第一行输入"127.0.0.1"，在第二行输入sa口令（之前安装数据库时设置的密码），点击"测试连接"。连接成功后，即可初始化数据库，这项工作大概需要一两分钟。初始化数据库完成后，软件即可正常使用，用户可自行将所需的快捷方式发送到桌面上。

系统管理

知识目标

通过本项目的学习，了解系统管理模块的主要功能，了解用友ERP-U8的系统用户及其权限种类，了解账套数据备份的两种方式，理解进行财务分工的意义，理解系统管理模块在整个财务链管理系统中的作用。

能力目标

通过本项目的实训，掌握用友ERP-U8软件的用户设置、账套建立与参数修改、用户权限设置，以及账套数据输出、引入的操作技能。

任务一　　　　　　　用户管理

▶ 任务资料

表2-1-1为系统的用户资料。

表2-1-1　　　　　　　　　　　用户资料

编号	姓名	口令
201	张明	1
202	李伟	2
203	王刚	3
204	刘云	4
205	赵亮	5

▶ 任务要求

（1）根据所给资料，进行增加用户操作。

（2）选择某一用户进行删除操作，然后重新添加该用户。

▶ **知识导航**

用友ERP-U8财务链管理系统由多个子系统组成，各子系统既相互独立，又彼此联系，共同服务于企业的财务管理业务。各子系统共享基础信息和基础数据库，可以有效完成企业的财务管理工作。

系统管理是一个对用友软件多个功能系统的操作进行集中管理的控制平台，它为各子系统提供公共账套与年度账，提供各子系统所需的用户和权限，便于对各子系统进行统一操作管理和数据维护，能够随时掌握企业的信息系统状态。

一、系统管理的主要功能

（一）账套管理

账套是指一组相互关联的数据。一般来说，系统既可以为企业中的每个独立核算单位建立账套，也可以为多个企业分别建账，并且各账套之间相互独立、互不影响。系统最多可以建立999个账套。账套管理包括账套的建立、修改、引入、输出和删除。

（二）年度账管理

用友ERP-U8管理系统不仅可以为不同企业（部门）建立多个账套，每个账套中还可以存放不同年度的会计数据，称为年度账。年度账管理包括年度账的建立、引入、输出，以及清空年度数据和结转上年数据。

（三）用户及其操作权限的集中管理

为了保证系统的安全性及数据的保密性，系统管理提供了用户及其操作权限的集中管理功能。对不同用户的分工及其权限进行管理，一方面可以避免与业务无关的人员进入系统，另一方面可以对系统所包含的各子系统的操作进行协调，保证用户各负其责、分工明确。用户及其操作权限管理主要包括设置用户、定义角色及设置用户权限。

（四）设立统一的安全机制

系统管理提供了查看功能列表、上机日志、数据自动备份等安全机制，有权限的用户还可以适时进行异常任务的清除和单据锁定清除。

二、角色与用户管理

角色是指在企业管理中拥有某一类职能的组织。在实际工作中，角色可以理解为岗位（或职位）的名称（如会计和出纳）。

用户可以理解为具体的操作人员，因此用户也称为操作员。用友软件的用户根据其权限的不同可以分为以下三类：

（1）系统管理员。系统管理员名为"admin"，由系统预设，不能删除。系统管理员负责整个系统的管理与维护工作，可以建立、删除、引入和输出账套，设置用户及其权限，设置备份计划，监控系统运行过程，以及清除异常任务等。系统管理员只能进入系统管理模块，不能进入具体账套进行业务操作。

（2）账套主管。账套主管由系统管理员在建账时从普通用户中指定，或对某用户赋予账套主管权限。账套主管拥有所辖账套的所有权限，可以对所辖账套进行任何业务操作，如修改账套参数、进行账套（包括年度账）的管理，以及设置账套用户的操作权限等。账套主管既可以进入系统管理模块，也可以登录企业应用平台进入所主管的账套进行业务操作。

用友 ERP-U8 只允许以系统管理员和账套主管的身份注册进入系统管理。

（3）普通用户。普通用户由系统管理员增加，由系统管理员或账套主管赋予其具体操作权限。普通用户只能对有权限操作的业务进行处理。

用友软件中可以有多个用户，一个用户可以对多个账套进行权限范围内的操作。在不同账套中，用户的编号必须唯一。一个角色可以指派给多个用户，一个用户也可以对应多个角色。

设置好角色以后，就可以定义角色的权限，如果用户归属此角色，则该用户就会自动继承相应角色的权限。此功能的好处是方便控制操作员权限，可以依据职能统一进行权限的划分。用友软件的角色管理功能主要完成账套中角色的增加、删除、修改等工作。

设置好用户以后，系统对于登录操作要进行合法性检查，其作用类似于 Windows 操作系统的用户账号，只有设置了具体的用户之后，才能进行相关的操作。用友软件的用户管理功能主要完成本账套用户的增加、删除、修改等工作。

角色和用户的设置不分先后顺序，但对于自动传递权限来说，应该首先设置角色，然后分配权限，最后进行用户的设置。这样在设置用户的时候，用户归属哪个角色，则该用户自动拥有该角色的权限。

当然，也可以不启用角色管理功能，单独赋予用户权限，用户可以不归属任何角色。

▶ 任务实施

【操作步骤】

1.注册系统管理

（1）以系统管理员"admin"的身份，执行"开始"→"程序"→"用友 ERP-U8 V10.1"→"系统管理"命令，进入"系统管理"窗口，如图 2-1-1 所示。

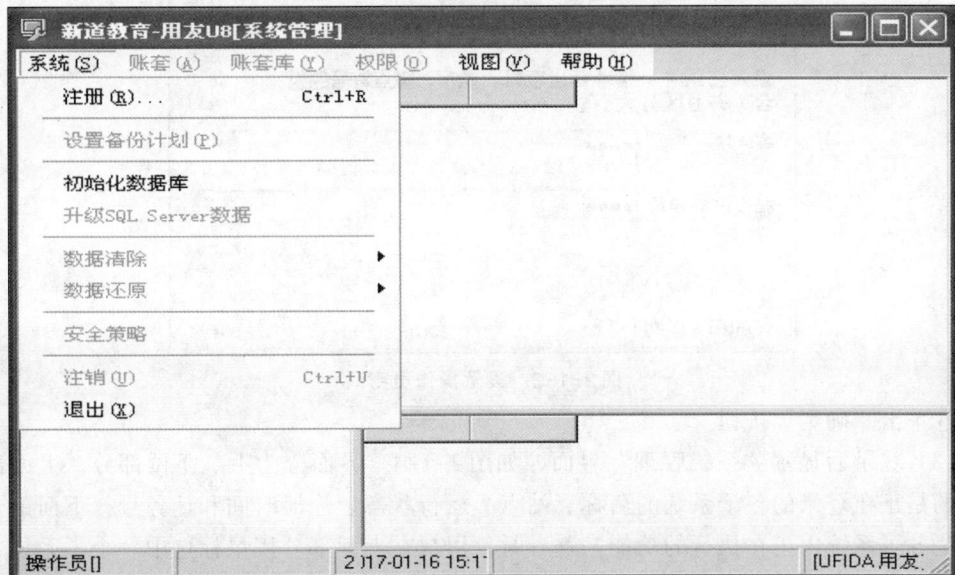

图 2-1-1　系统管理

（2）执行"系统"→"注册"命令，打开"登录"对话框，如图2-1-2所示。单击"登录"按钮，以系统管理员身份进入"系统管理"。

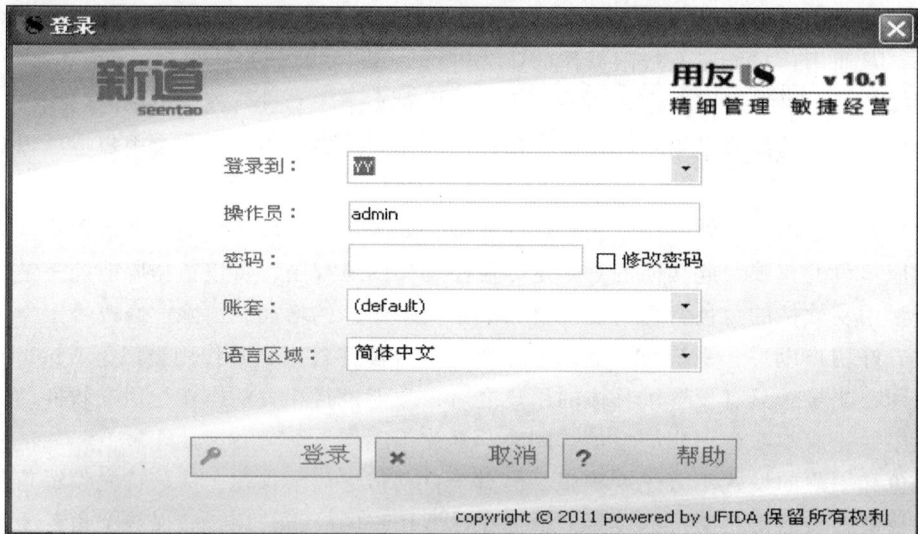

图2-1-2　系统管理登录

为了保证系统的安全性，在"登录"窗口中，可以设置或更改系统管理员的密码。例如，设置系统管理员密码为"1234"的操作步骤如下：

①选中"修改密码"复选框。

②单击"登录"按钮，打开"设置操作员密码"对话框，在"新密码"和"确认新密码"后面的输入区中均输入"1234"，如图2-1-3所示。

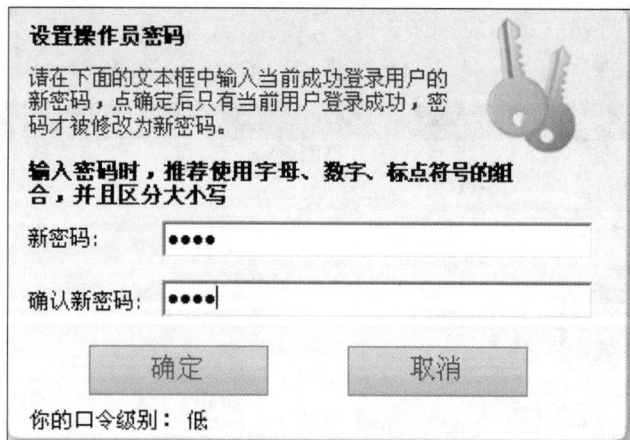

图2-1-3　设置操作员密码

③单击"确定"按钮。

（3）登录后显示"系统管理"界面，如图2-1-4。界面分为上、下两部分，上面部分列示的是正在登录的各子系统的名称、站点、运行状态、注册时间和任务号，下面部分列示的是各子系统中正在执行的功能。查看时，用户在上面部分用鼠标选中一个子系统，下面部分将自动列示出该子系统中正在执行的功能。这两部分的内容都是动态的，它们将根据系统的执行情况自动进行更新。

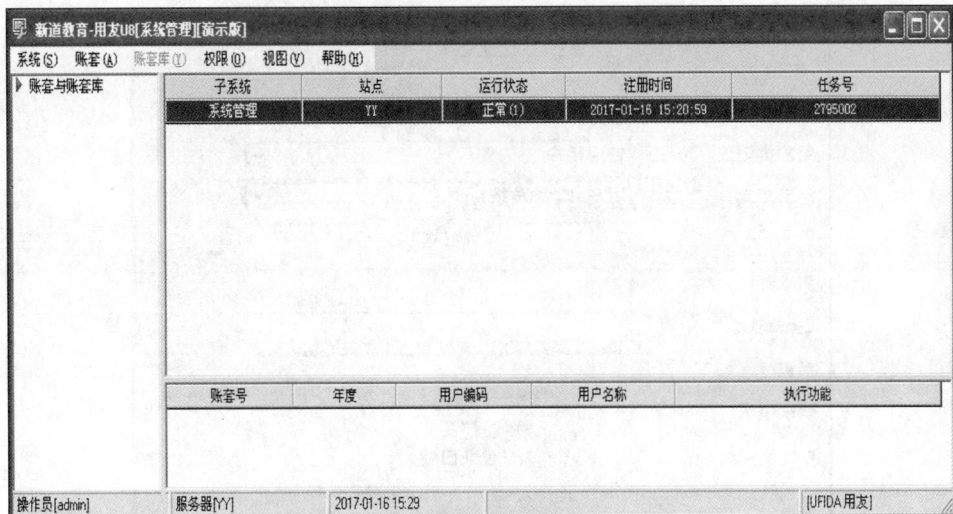

图2-1-4　系统管理

2.增加用户

（1）以系统管理员的身份登录"系统管理"，执行"权限"→"用户"命令，打开"用户管理"窗口，如图2-1-5所示。

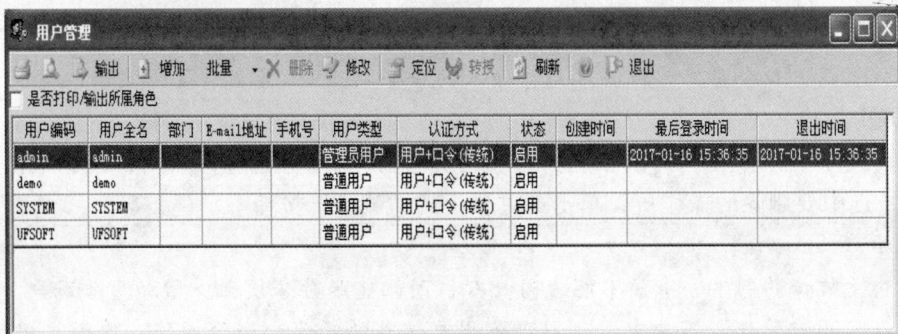

图2-1-5　用户管理

（2）单击工具栏上的"增加"按钮，打开"操作员详细情况"对话框，按"任务资料"填写"张明"的信息，即编号"201"、姓名"张明"、口令和确认口令"1"，如图2-

1-6所示。继续单击"增加"按钮，分别输入"李伟""王刚""刘云""赵亮"的信息。

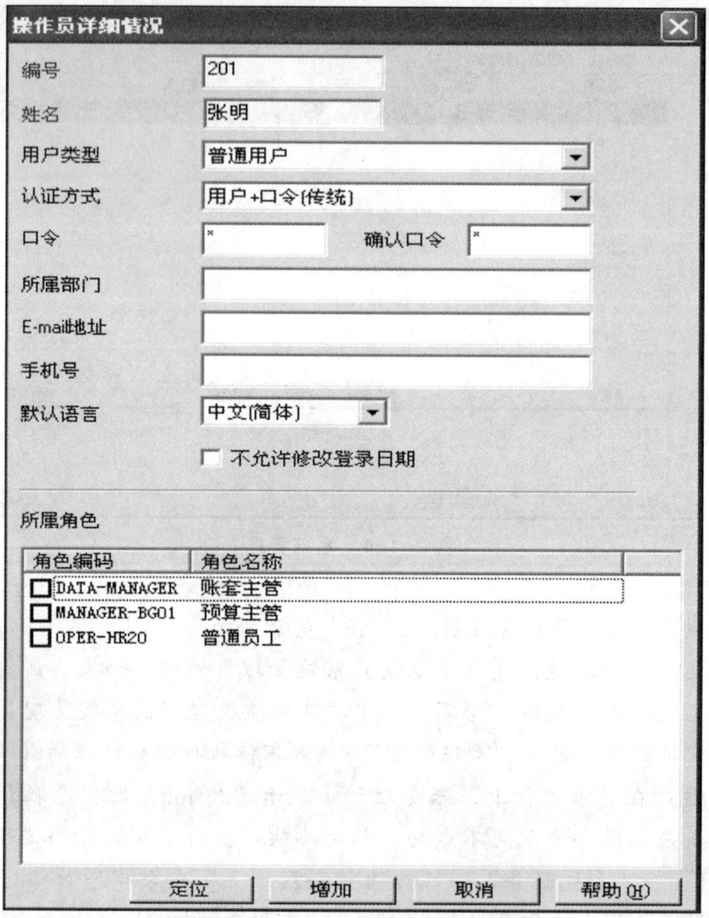

图 2-1-6　操作员详细情况

（3）输入结束后，单击"取消"按钮，返回"用户管理"窗口，所有操作员以列表方式显示。最后单击工具栏上的"退出"按钮，返回"系统管理"窗口。

特别提示：

①只有系统管理员才有权限设置角色或用户。

②设置用户口令时，为保密起见，输入的口令以"×"号在屏幕上显示。

3.减少用户

（1）执行"权限"→"用户"命令，打开"用户管理"窗口，如图2-1-5所示。

（2）选中要删除的操作员，单击工具栏上的"删除"按钮。

特别提示：

①由于凭证的制单和审核不能为同一人，因此建账时必须至少增加两个用户。

②在"用户管理"窗口中，可以进行用户信息的修改和删除操作，但已启用的用户不允许删除，必须在"操作员详细情况"窗口先取消相应角色或删除相关账套后，方可删除。

| 任务二 | 建立账套 |

▶ **任务资料**

1.账套信息

账套号：888；

账套名称：财务链分项；

账套路径：默认；

启用会计期：2017年1月；

会计期间设置：2017年1月1日至2017年12月31日。

2.单位信息

单位名称：武汉顺达科技有限公司；

单位简称：顺达科技；

单位地址：武汉市武昌区徐东路178号；

法人代表：李德宝；

邮政编码：430083；

联系电话及传真：027-88515678；

电子邮件：sdkj@126.com；

税号：111112222233333。

3.核算类型

记账本位币：人民币（RMB）；

企业类型：工业；

行业性质：2007年新会计制度科目；

账套主管：张明；

要求按行业性质预置会计科目。

4.基础信息

该企业无外币核算，进行经济业务处理时，需要对存货、客户、供应商进行分类。

5.分类编码方案

科目编码级次：4-2-2-2-2；

部门编码级次：1-2；

客户分类编码级次：1-2；

结算方式编码级次：1-2；

收发类别编码级次：1-1；

存货分类编码级次：2-2-2；

其他编码项目保持不变。

6.数据精度

该企业存货数量、单价的小数位数为2位。

▶ **任务要求**

（1）根据所给资料，建立公司账套。

（2）账套建立完毕，暂不启用各子系统。

（3）对该公司所建账套资料进行检查，如有错误，则进行修改。

▶ **知识导航**

在使用用友软件之前，必须将单位手工账建立在计算机系统中，形成电子账套，从而方便单位使用和管理。

一、账套与账套库

新建账套就是利用软件在计算机中为本单位建立一套独立完整的账簿核算体系，账套的建立标志着会计软件中已经有了一套专门为本单位服务的财务系统。

在系统管理功能中，与账套相联系的还有账套库。企业是持续经营的，因此企业的日常工作是一个连续性的工作，用友 ERP-U8 支持在一个账套库中保存连续多年的数据，理论上一个账套可以在一个账套库中一直使用下去，但是由于某些原因，如需要调整重要基础档案、调整组织机构、调整部分业务，或者一个账套库中的数据过多影响了业务处理性能，需要使用新的账套库并重置一些数据等，就需要新建账套库。单位在已有账套库的基础上，通过新账套库的建立，自动将老账套库的基本档案信息结转到新的账套库中，对于以前的产品余额等信息，则需要在新账套库初始化操作完成后，从老账套库自动转入新账套库的下年数据中。

使用账套及账套库的好处有：

第一，便于企业的管理，如进行账套的上报等。

第二，方便数据备份、输出和引入。

第三，减少数据的负担，提高数据应用效率。

二、账套与账套库的区别

在用友 ERP-U8 软件中，账套和账套库是有一定区别的，具体体现在以下方面：

第一，账套是账套库的上一级，由一个或多个账套库组成。一个账套对应一个经营实体或核算单位，账套中的某个账套库对应这个经营实体的某年度区间内的业务数据。例如，某单位建立"001 正式账套"后在 2009 年使用，2010 年年初建立 2010 年账套库继续使用，则"001 正式账套"有两个账套库，即"001 正式账套 2009 年"和"001 正式账套 2010 年"；如果希望连续使用也可以不建新账套库，直接录入 2010 年的数据，这时"001 正式账套"只有一个账套库，即"001 正式账套 2009—2010 年"。

第二，拥有多个核算单位的客户，可以拥有多个账套（最多可以拥有 999 个账套）。

三、编码方案

为了便于对经济业务数据进行分级核算、统计和管理，系统要求预先设置某些基础资料的编码规则，即规定各种编码的级次及各级的长度。这种设置编码级次和各级编码长度的方案即为编码方案。这里通常采用群码方案，这是一种分段组合编码，每一段都有固定的位数。编码的分段数称为级数，每段的固定位数称为级长，编码的总长度等于各段级长的总和。

编码级次及各级编码长度的设置，决定了核算单位如何对经济业务资料进行分级核算、统计和管理。例如，某企业会计科目编码规则为4-2-2，即科目级次为3级，一级科目编码为4位长，其余各级科目编码均为2位长，则编码"1002"代表一级科目"银行存款"，编码"100201"可代表二级科目"银行存款——工行存款"，编码"10020101"可代表"银行存款——工行存款——人民币存款"。

▶ 任务实施

【操作步骤】

1.建立账套

（1）以系统管理员"admin"的身份，在"系统管理"窗口执行"账套"→"建立"命令，打开"创建账套"对话框，显示"账套信息"。

（2）输入账套信息，如图2-2-1所示。

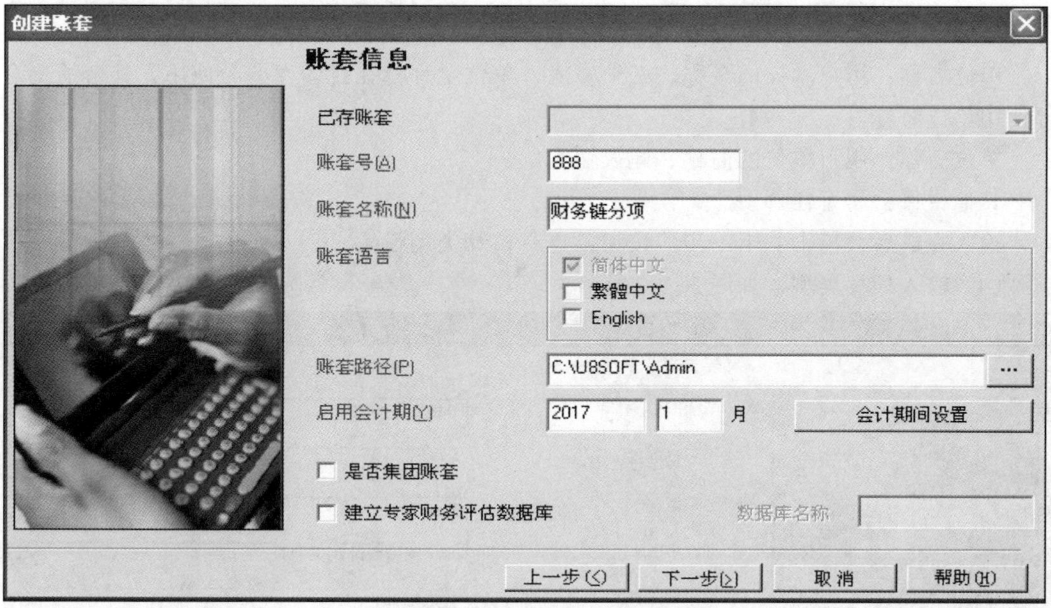

图2-2-1 创建账套——账套信息

已存账套：以下拉列表框形式显示，用户只能查看，不能输入或修改。

账套号：用来标识某账套，不允许与已存账套的账套号重复。

账套名称：用来标识某账套，它与账套号一起显示在系统正在运行的屏幕上。

账套路径：用来确定新建账套要被放置的位置，系统默认路径为C:\U8SOFT\Admin，用户可以利用"…"按钮参照修改。

启用会计期：必须输入。系统默认为计算机的系统日期。

输入完成后，单击"下一步"按钮，进行单位信息设置。

（3）输入单位信息，如图2-2-2所示。

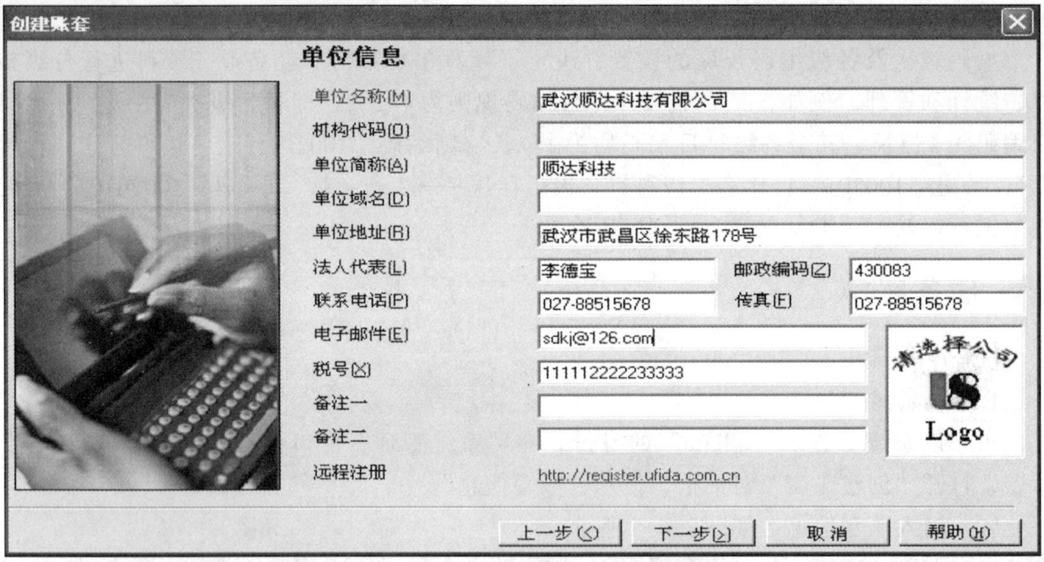

图2-2-2　创建账套——单位信息

单位名称：用户单位的全称，必须输入。单位全称只在打印发票时使用，其余情况全部使用单位简称。

单位简称：用户单位的简称，建议输入。

其他栏目：属于任选项。

输入完成后，单击"下一步"按钮，进行核算类型设置。

（4）输入核算类型，如图2-2-3所示。

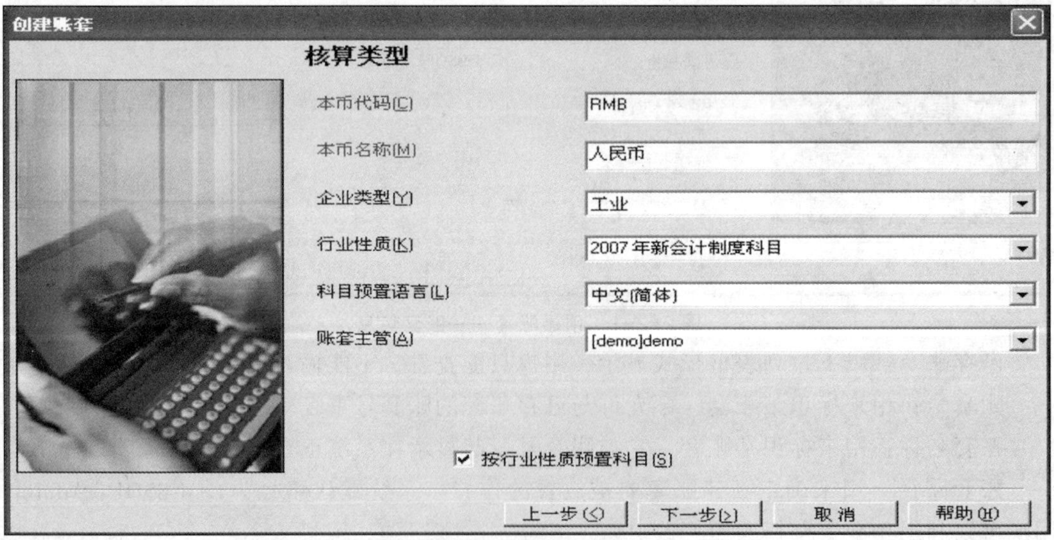

图2-2-3　创建账套——核算类型

本币代码：必须输入。系统默认值为"RMB"。

本币名称：必须输入。系统默认值为"人民币"。

企业类型：必须从下拉列表框中选择输入。系统提供了工业、商业、医药流通三种类型。如果选择"工业",则系统不能处理受托代销业务;如果选择"商业",则委托代销和受托代销业务都能处理。

行业性质:必须从下拉列表框中选择输入,系统按照所选择的行业性质预置科目,通常选择"2007年新会计制度科目"。

账套主管:系统默认为预设的用户"demo",也可以从下拉列表框中选择一人作为账套主管。

按行业性质预置科目:如果用户希望预置所属行业的会计科目,则选中该复选框。

单击"下一步"按钮,进行基础信息设置。

(5)确定基础信息,如图2-2-4所示。

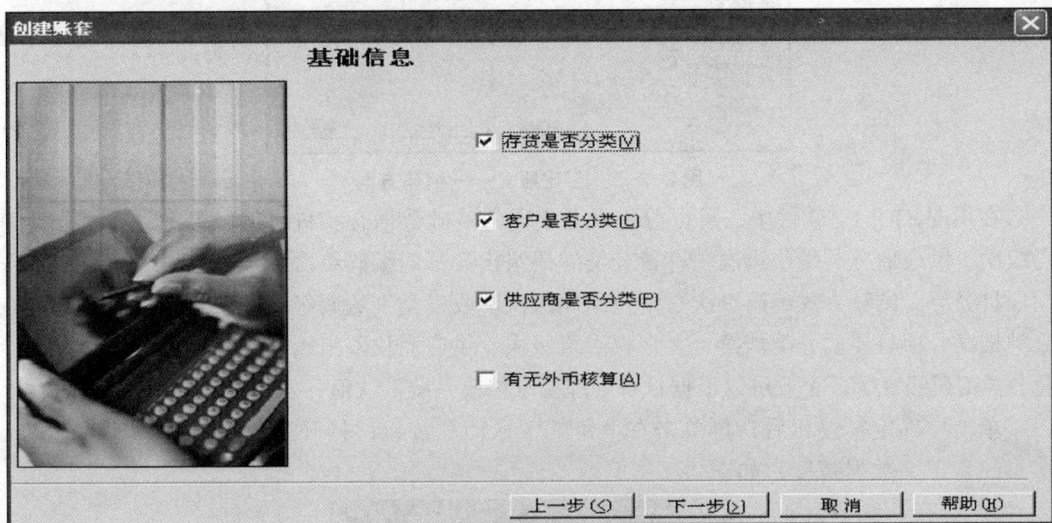

图2-2-4 创建账套——基础信息

存货是否分类:如果单位的存货较多,且类别繁多,可以选中"存货是否分类"复选框,表明要进行存货分类管理;如果单位的存货较少且类别单一,也可以选择不进行存货分类。

客户是否分类:如果单位的客户较多,且希望进行分类管理,可以选中"客户是否分类"复选框,表明要对客户进行分类管理;如果单位的客户较少,也可以选择不进行客户分类。

供应商是否分类:如果单位的供应商较多,且希望进行分类管理,可以选中"供应商是否分类"复选框,表明要对供应商进行分类管理;如果单位的供应商较少,也可以选择不进行供应商分类。

有无外币核算:如果单位有外币业务,可以选中此复选框;否则,可以不进行设置。

单击"下一步"按钮,进入"创建账套_开始"窗口,然后单击"完成"按钮,系统提示"可以创建账套了吗?",最后单击"是"按钮,进入"编码方案"窗口,设置企业编码方案。

(6)确定分类编码方案,如图2-2-5所示。

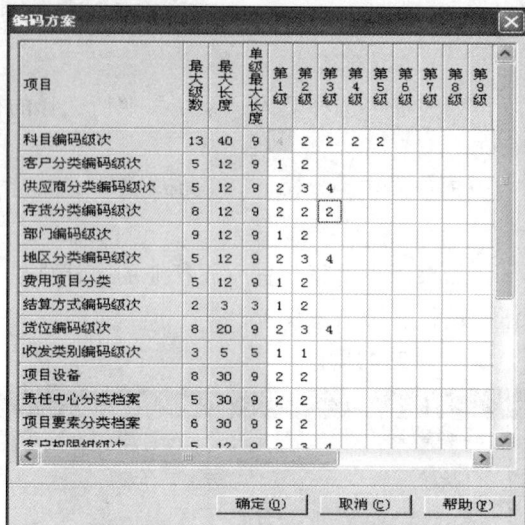

图2-2-5　创建账套——编码方案

在用友ERP-U8软件中，可以分级设置编码的基础数据有：科目编码级次、客户分类编码级次、供应商分类编码级次、存货分类编码级次、部门编码级次、地区分类编码级次、费用项目分类、结算方式编码级次、货位编码级次、收发类别编码级次、项目设备、责任中心分类档案、项目要素分类档案、客户权限组级次、供应商权限组级次、存货权限组级次和行业分类编码级次等。企业可以根据自身管理要求修改系统默认值，也可以参照默认值。

单击"确定"按钮后，再单击右上角的"取消"按钮，打开"数据精度"对话框。

（7）定义数据精度，如图2-2-6所示。

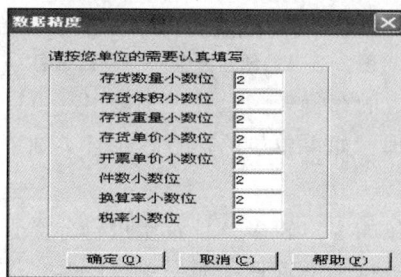

图2-2-6　创建账套——数据精度

定义数据精度即定义数据的小数位数，如果需要进行数量核算，则必须认真填写该项。

设置完成后，单击"确定"按钮，系统弹出"现在进行系统启用的设置？"提示框，如图2-2-7所示。

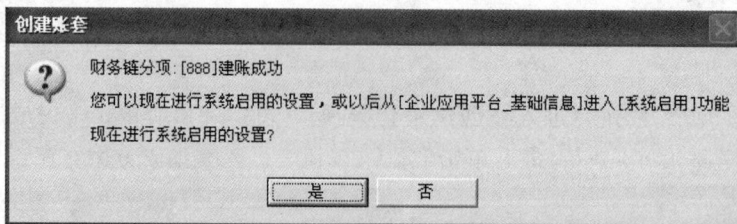

图2-2-7　创建账套——系统启用设置

单击"否"按钮，结束建账过程，系统弹出"请进入企业应用平台进行业务操作！"提示框，单击"确定"按钮返回"系统管理"窗口。

特别提示：

①建完账套后，账套信息中的账套号、账套路径、启用会计期及核算类型中除行业性质以外的信息不能修改。这些不能修改的信息如果设置错误，只能删除账套后再建。

②只有系统管理员才能建立账套。系统管理员建完账套后，在未使用相关信息的基础上，如果需要对某些信息进行修改或补充，可通过账套修改功能来完成。此功能还可帮助用户查看某个账套的信息。

③只有账套主管可以进行账套参数修改，系统管理员无权进行账套参数修改。

④系统启用可以由系统管理员在建账完毕时进行，也可以由账套主管注册企业应用平台后进行。

⑤如果编码方案或数据精度设置错误，那么在账套未使用的前提下，也可以由账套主管注册企业应用平台后在"基础设置"中修改。

2.建立账套库

（1）以账套主管的身份登录，选择需要建立账套库的账套和上年的时间，进入"系统管理"界面。例如，建立999演示账套的2011年账套库，就要登录999演示账套的包含2010年数据的账套库。

（2）在"系统管理"界面单击"账套库"→"建立"命令，进入"建立账套库"界面。

（3）在"建立账套库"界面，显示当前账套、将要建立的账套库的起始年度、本账套库内业务产品所在会计期间清单、建立账套库的主要步骤及进度。这些项目都是系统默认显示的内容，不可修改，便于用户确认建库的信息。如果需要调整账套库，则应点击"放弃"按钮，重新注册登录。如果确认可以建立账套库，则应点击"确定"按钮。

特别提示：

①只有具有账套主管权限的用户，才能进行有关账套库的操作。

②将要建立的账套库的起始年度，默认是"当前账套库所有业务产品中最大月结月所在年度"+1。

③只有账套中的最新账套库才能建立一个更新的账套库。

3.修改账套

以账套主管"201张明"的身份登录"系统管理"，执行"账套"→"修改"命令，浏览账套参数信息。如有错误，则进行相应的修改。

特别提示：

分类编码方案、数据精度、系统启用设置可以由账套主管在"企业应用平台"→"基础设置"→"基本信息"中进行修改。账套号、启用日期、账套路径等重要参数不得修改。

任务三　　　　财务分工

▶ 任务资料

1.账套主管——201张明

具有软件操作和管理的所有权限。

2.会计——202李伟

具有公用目录设置、总账系统、薪资管理系统、计件工资管理系统和固定资产管理系统的操作权限。

3.出纳——203王刚

具有总账系统凭证处理中出纳签字（三级）和出纳（二级）的全部权限。

4.操作员——204刘云

具有公用目录设置和应收款管理系统的全部权限。

5.操作员——205赵亮

具有公用目录设置和应付款管理系统的全部权限。

▶ 任务要求

（1）根据所给资料，为5位操作员进行财务分工。

（2）查看出纳员王刚的操作权限。

▶ 知识导航

随着经济的发展，会计信息化软件用户对权限管理的要求不断变化、提高，越来越多的信息表明，权限管理必须向更细、更深的方向发展。用友ERP-U8提供集中权限管理方案，除了提供用户对各模块操作的权限之外，还相应提供了金额的权限管理、对数据的字段级权限和记录级权限的控制等功能。

一、用友ERP-U8三个层次的权限管理

（一）功能级权限管理

功能级权限管理包括各功能模块相关业务的查看和权限分配。例如，赋予用户System对某账套拥有总账系统、薪资管理系统的全部权限。

（二）数据级权限管理

数据级权限管理包括两个方面：一是字段级权限控制；二是记录级权限控制。例如，设定用户张明只能录入某一种类别的凭证。

（三）金额级权限管理

金额级权限管理主要用于完善内部金额控制，实现对具体金额数量划分级别，对不同岗位和职位的操作员进行金额级别控制，限制他们制单时可以使用的金额数量，不涉及内部系统控制的不在管理范围内。例如，设定用户张明只能录入金额在10 000元以下的凭证。

二、权限的设置

功能级权限在"系统管理"→"权限"中设置,数据级权限和金额级权限由账套主管在"企业应用平台"→"系统服务"→"权限"中设置。数据级权限和金额级权限的设置必须在系统管理的功能级权限设置完成后才能进行。

▶ **任务实施**

【操作步骤】

1.功能级权限的设置

(1)系统管理员在"系统管理"窗口中执行"权限"→"权限"命令,进入"操作员权限"窗口。选择"201张明",单击"账套主管"前的复选框,系统提示"设置普通用户:[201]账套主管权限吗?",如图2-3-1所示。单击"是",系统将所有权限赋予张明。

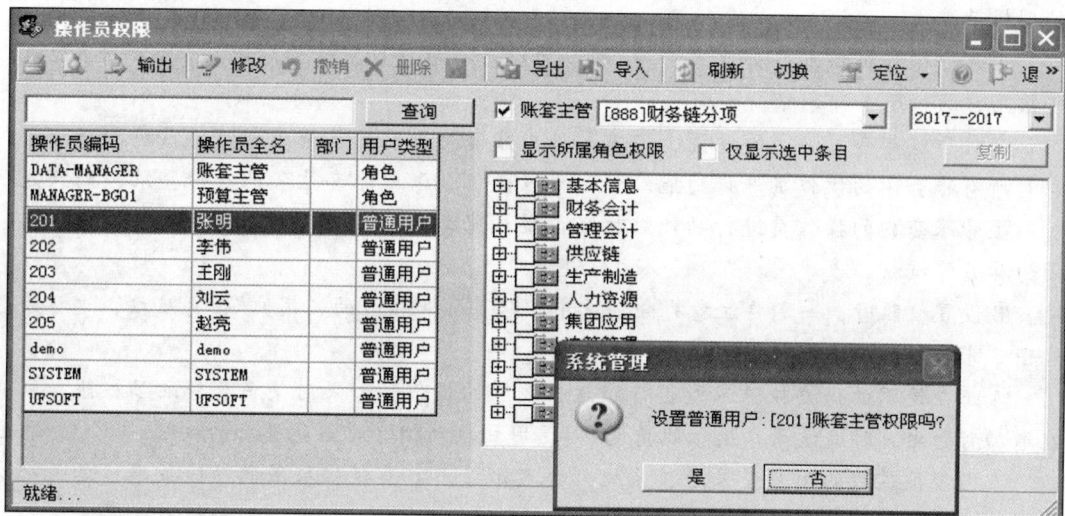

图2-3-1 账套主管权限设置

特别提示:

①一个账套可以设定多个账套主管。

②账套主管自动拥有该账套的所有权限。

(2)选择"202李伟",单击工具栏上的"修改"按钮,根据实训资料,在窗口右边的权限列表中找到相应的权限级次,勾选前面的复选框,单击窗口上方的"保存"按钮。

(3)按照上述方法,设置其他人的操作权限。

2.功能级权限的查看

在"操作员权限"窗口,选择"203王刚",单击工具栏上的"修改"按钮,可以查看之前为他设置的功能权限,如图2-3-2所示。如果有错误,可以进行修改。单击工具栏右上角的"退出"按钮,返回"系统管理"窗口。

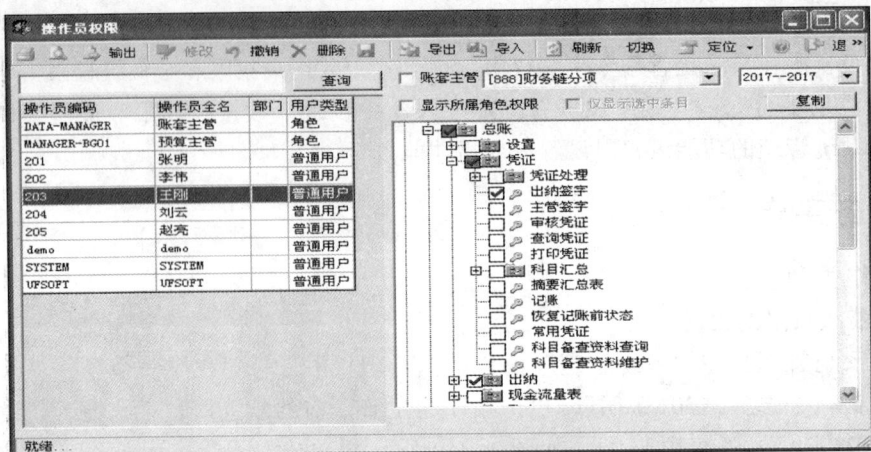

图2-3-2　操作员权限的查看

特别提示：

①在"操作员权限"窗口中，"修改"功能是对操作员权限的分配，"删除"功能是将该用户的权限全部删除。

②对于"账套主管"的设置，只需要选中账套主管前的复选框即可。系统管理员可以对所有账套中的操作员进行功能级权限设置，但如果以账套主管的身份登录，则只能对所主管账套内的操作员进行功能级权限设置。账套主管拥有所辖账套的所有权限，无须为其另外赋权。

③设置权限时，一定要注意先分别选中"账套"和相应的"用户"，再赋权，这样才能使"账套"和"用户"关联起来。

④正在使用的用户权限不能进行修改、删除的操作。如果对某角色分配了权限，则在增加新的用户时（该用户属于此角色），该用户自动拥有此角色具有的权限。

⑤已经被赋权的用户登录后，系统只会显示该用户有操作权限的功能菜单，其他功能则被屏蔽。

任务四　　数据的输出与引入

▶ **任务资料**

资料内容见前述任务。

▶ **任务要求**

（1）进行888账套数据的输出（手工备份），备份目录及文件夹名称："C:\账套备份\项目二系统管理"。

（2）进行888账套数据的自动备份操作，备份目录及文件夹名称："C:\账套自动备份"。

（3）进行888账套2017年年度账数据的输出，备份目录及文件夹名称："C:\账套备份\888账套2017账套库备份"。

（4）进行888账套数据的引入操作，引入目录为"C:\账套备份\项目二系统管理"。

▶ 知识导航

会计信息化软件数据存放的介质和路径与手工环境不同，为了确保数据的安全性，用户需要定期进行数据管理。账套数据管理包括账套数据的输出、引入、删除、结转和清空等操作。

一、账套输出与账套库输出

账套输出是指将所选的账套数据进行备份输出。定时对企业的数据进行备份并存储到不同的介质上（如软盘、光盘、网盘等），对于确保数据的安全性是非常重要的。如果企业受不可预知因素（如地震、火灾、计算机病毒、人为误操作等）的影响需要对数据进行恢复，此时备份数据就可以将企业的损失降到最小。当然，对于异地管理的企业来说，这种方法还可以解决审计和数据汇总方面的问题。

账套库输出的作用与账套输出的作用相同。账套库输出对于有多个异地单位的用户的及时、集中管理是很有好处的。例如，某单位总部在北京，其上海分公司每年需要将最新的数据传输到北京总部。首次操作时上海分公司需要将账套输出（备份），然后传输到北京进行引入（恢复备份），以后再需要传输数据时只需要将年度账进行输出（备份）然后引入（恢复备份）即可。其好处是传输的数据量小，便于提高传输效率和降低费用。

二、手工备份和系统自动备份

手工备份是账套输出的一种方式，是由系统管理员（账套）或账套主管（账套库）根据数据管理的需要，在系统管理模块执行账套输出或账套库输出功能，时间可以灵活安排，输出路径可以临时指定。手工备份一次只能输出一个账套或账套库的数据。

系统自动备份则需要预设置备份计划，由系统自动定时按备份计划对设置好的账套进行输出（备份）。系统自动备份的好处在于可以同时输出多个账套，这在很大程度上减轻了系统管理员的工作量，也可以更好地管理系统。

三、账套引入和账套库引入

账套引入也称账套恢复，是指将保存在光盘或磁盘上的数据恢复到硬盘的指定目录中，或将系统外某账套的数据引入本系统中。该功能的作用主要体现在以下两个方面：

第一，当系统账套数据遭到破坏时，将最近备份的账套数据引入本账套中。

第二，有利于集团公司的操作，子公司的账套数据可以定期引入母公司系统中，以便进行账套数据的分析、审核和合并。

账套库引入的含义与账套引入的含义基本相同，所不同的是账套库引入不是针对某个账套，而是针对账套中某年度区间的账套库进行的。账套库引入的操作与账套引入的操作基本一致。

四、清空账套库数据

有时，用户会发现某年度账中错误太多，或不希望将上一账套库的余额或其他信息全部转到下一年度，这时候便可使用清空年度数据的功能。"清空"并不是指将账套库中的数据全部清空，有些信息还是要保留的，如基础信息、系统预置的科目报表等。保留这些信息主要是为了方便用户使用清空后的账套库重新做账。

▶ **任务实施**

【操作步骤】

1.账套输出（手工备份）

（1）以系统管理员的身份注册进入"系统管理"。

（2）执行"账套"→"输出"命令，打开"账套输出"对话框，选择需要输出的账套，如图2-4-1所示。

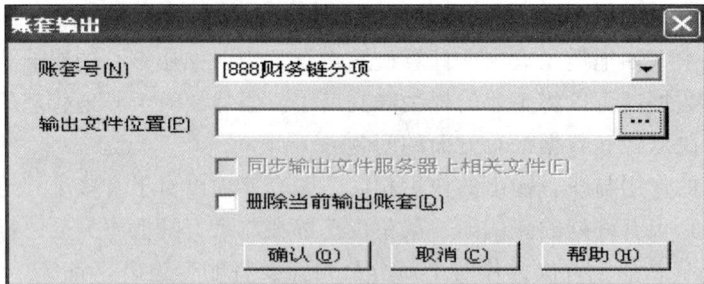

图2-4-1 账套输出

（3）点击"输出文件位置"栏的"…"按钮，系统弹出"请选择账套备份路径"对话框，选中C盘根目录，点击"新建文件夹"，建立"账套备份"文件夹，然后选中"账套备份"文件夹，继续点击"新建文件夹"，建立"项目二系统管理"文件夹，如图2-4-2所示。用户也可以选择指定路径后，按"确定"按钮完成输出，将输出的账套数据备份在新建的文件夹中。

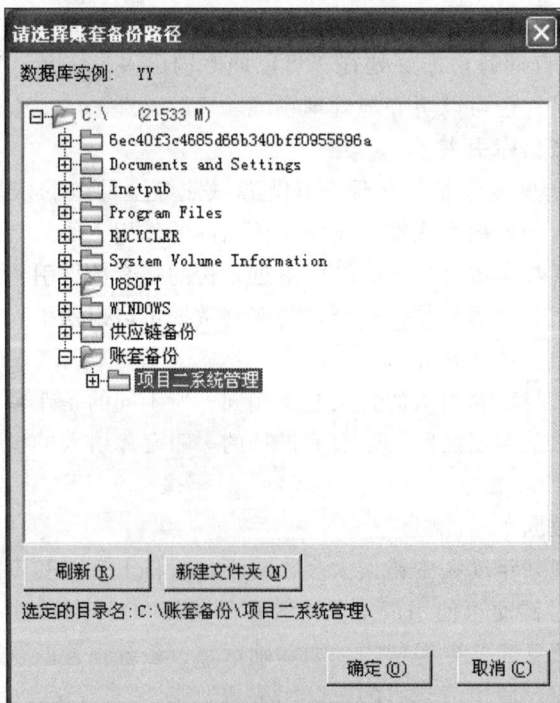

图2-4-2 选择账套备份路径

特别提示：

①账套输出时一定要双击打开选中的文件夹，否则输出完成后，文件夹是空的。输出后的账套文件有两个：一个是 UFDATA.BAK，存放账套数据；另一个是 UfErpAct. Lst，存放账套号、账套路径等基本参数。两个文件缺一不可。

②在"账套输出"对话框中，如果选中"删除当前输出账套"复选框，可同时删除当前的账套。

③正在使用的账套可以进行备份，但不允许删除。如果要删除账套，必须关闭所有系统模块。

2.账套输出（自动备份）

（1）以系统管理员的身份注册进入"系统管理"。

（2）执行"系统"→"设置备份计划"命令，打开"备份计划设置"对话框，单击"增加"按钮，系统弹出"备份计划详细情况"对话框，如图2-4-3所示。

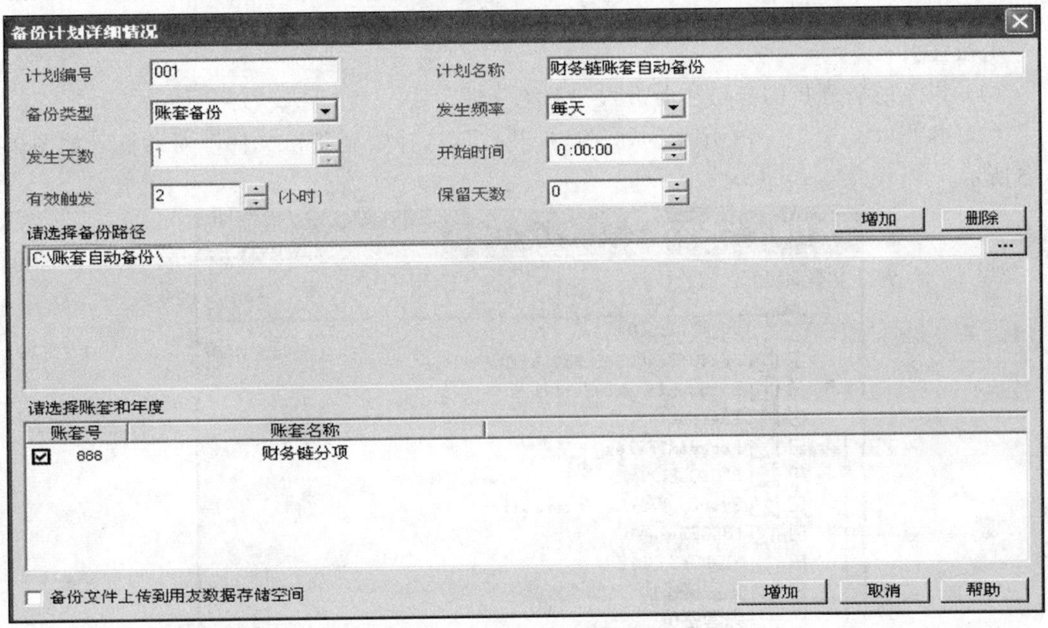

图2-4-3 备份计划详细情况

（3）选择要进行自动备份的账套（可选中多个账套同时备份），输入计划编号、计划名称、发生频率、开始时间等内容，单击"请选择备份路径"后的"增加"按钮，在C盘建立"账套自动备份"文件夹，确定自动备份的路径，选择窗口下方的"账套号"和"账套名称"，单击窗口下方的"增加"按钮，即可完成自动备份计划的设置。

（4）系统将按照备份计划中的时间和路径，自动备份指定账套。

3.账套库输出

（1）以账套主管的身份注册进入"系统管理"，执行"账套库"→"输出"命令，打开"输出账套库数据"对话框，如图2-4-4所示。

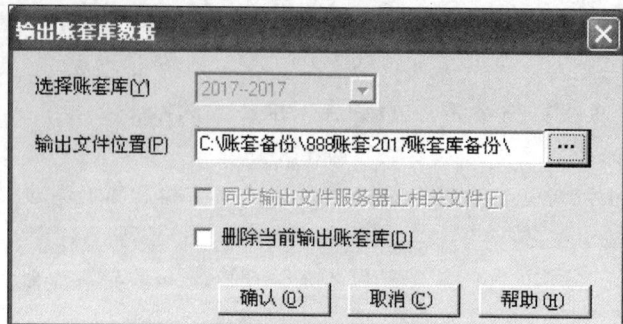

图 2-4-4　输出账套库数据

（2）在"选择账套库"处列示出需要输出的当前账套年度账的年份（为不可修改项）。

（3）系统提示选择输出的路径，选择后单击"确认"按钮，完成年度账输出过程。账套库输出结果包括两个文件，一个是 UFDATA.BAK，另一个是 UfErpYer.Lst，二者缺一不可。

4.账套引入

（1）以系统管理员的身份注册进入"系统管理"。

（2）执行"账套"→"引入"命令，打开"请选择账套备份文件"对话框，如图2-4-5所示。

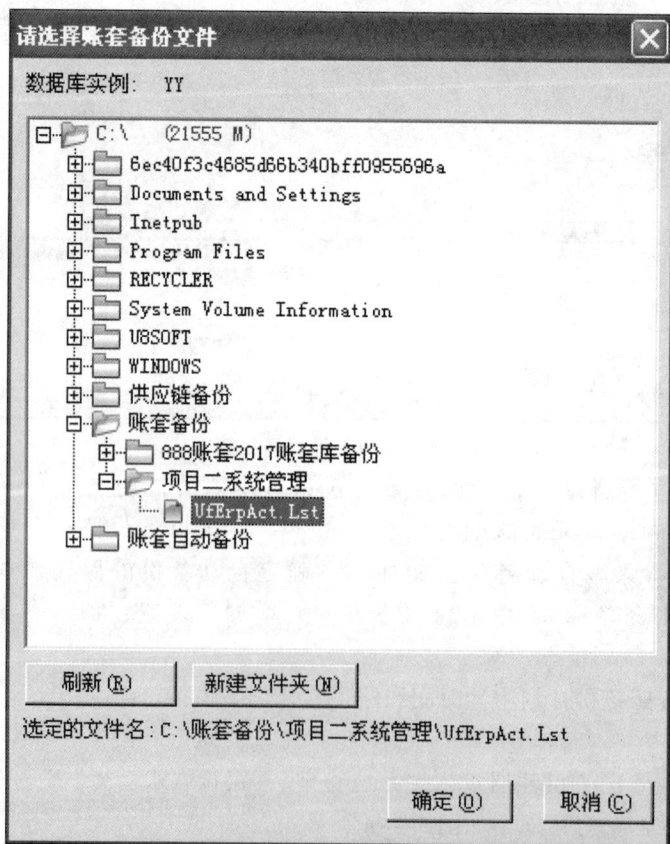

图 2-4-5　选择账套备份文件

（3）在"请选择账套备份文件"对话框中，选择要引入的账套备份文件，单击"确定"按钮，系统弹出"请选择账套引入的目录"对话框，单击"确定"按钮，即可引入数据，系统出现"账套引入成功"提示框。

特别提示：

①如果引入的账套编号与系统中已存的账套号重复，则系统会提示"此项操作将覆盖账套当前的所有信息，继续吗?"，然后选择覆盖或放弃。

②账套引入时最好先关闭杀毒软件。

③账套库引入的操作与账套引入的操作基本一致，不同之处在于：账套引入由系统管理员操作，引入的默认文件名是UfErpAct.Lst；账套库引入则由账套主管操作，引入的默认文件名是UfErpYer.Lst。

基础设置

知识目标

通过本项目的学习，理解基础设置在整个财务链管理系统中的作用，掌握用友 ERP-U8 V10.1 中系统启用设置的方法，掌握用友 ERP-U8 V10.1 中基础档案设置的方法，掌握用友 ERP-U8 V10.1 中数据权限设置的方法。

能力目标

通过本项目的实训，能够结合企业实际，进行系统启用设置、基础档案设置和数据权限设置。

任务一　　系统启用设置

▶ **任务资料**

（1）需要启用的系统有总账系统、薪资管理系统、计件工资管理系统、固定资产管理系统、应收款管理系统和应付款管理系统。

（2）各系统的启用日期均为 2017 年 1 月 1 日。

▶ **任务要求**

（1）登录企业应用平台。

（2）根据所给资料进行各系统启用操作。

▶ **知识导航**

用友 ERP-U8 管理系统分为财务会计、管理会计、供应链、生产制造、人力资源、集团应用、决策支持和企业应用集成等产品组，每个产品组又包含若干个模块，大多数模块既可以独立运行，又可以集成应用。一方面，企业可以根据自身的管理特点选购不同的子系统；另一方面，企业可以采取循序渐进的策略有计划地先启用一些模块，一段时间以后再启用另外一些模块。

有两种方法可以进行系统启用设置：一种是在建账完成后由系统管理员在"系统管理"中进行系统启用设置；另一种是在建账结束后由账套主管在"企业应用平台"→"基

础设置"→"基本信息"中进行系统启用设置。

　　企业应用平台是用友ERP-U8管理软件的唯一入口,实现了用友ERP-U8管理软件中各产品统一登录、统一管理的功能。企业员工可以通过企业应用平台了解本企业的各种信息,定义自己的业务工作,设计自己的工作流程。

　　在企业应用平台的桌面上,系统设置了3张选项卡,即"基础设置"、"系统服务"和"业务工作"。操作员可通过选择不同的功能单元,进入有权限的相关模块进行工作。"基础设置"是为系统的日常运行做好基础工作,主要包括"基本信息"、"基础档案"、"个人参数"和"单据设置"等细项。在"基本信息"中,用户可以对建账过程中确定的编码方案和数据精度进行修改,并进行系统启用设置。

▶ 任务实施

1. 以账套主管"201张明"的身份登录企业应用平台

　　(1)执行"开始"→"程序"→"用友ERP-U8 V10.1"→"企业应用平台"命令,进入企业应用平台登录窗口,如图3-1-1所示。

图3-1-1　企业应用平台登录

　　(2)输入操作员"201"或"张明",输入密码"1",在"账套"下拉列表框中选择"[888](default)财务链分项",输入操作日期"2017-01-01"。

特别提示:

　　①操作员的角色和权限决定了其是否有权登录系统,是否可以使用企业应用平台中的各功能。

　　②输入完操作员和密码后,如果账套显示栏为空白,单击后提示"读取数据源出错:不存在的用户或已被注销!",则表示该用户不是此账套的操作员,应返回"操作员权限"窗口检查并修改。

　　③登录进入企业应用平台的操作日期必须在企业账套启用日期之后,否则系统会提示"不存在的年度"。

（3）单击"登录"按钮，登录到企业应用平台，可以依次了解"基础设置"、"系统服务"和"业务工作"3张业务卡所包含的操作功能，如图3-1-2所示。

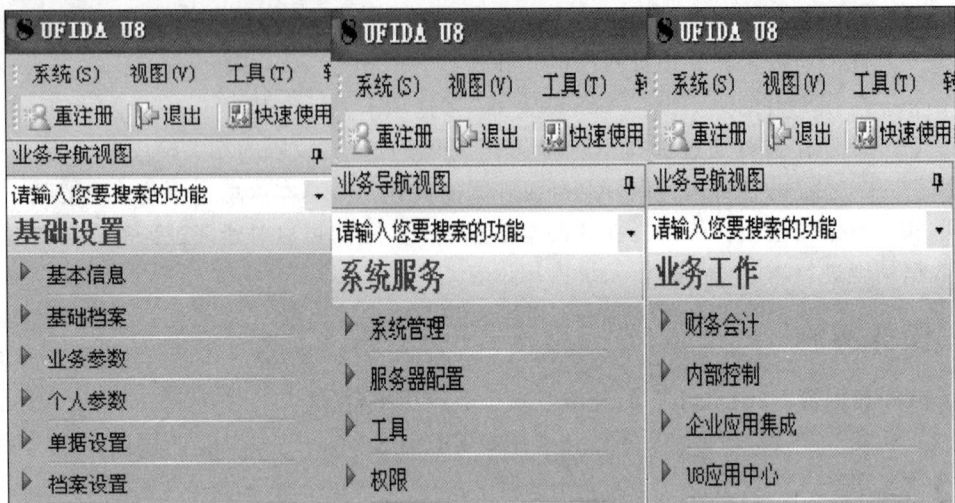

图3-1-2 企业应用平台功能

2.以账套主管"201张明"的身份在"基础设置"中启用各系统

（1）在"基础设置"选项卡中，执行"基本信息"→"系统启用"命令，打开"系统启用"对话框。

（2）选中"GL总账"前的复选框，弹出"日历"对话框。

（3）选择"日历"对话框中的2017年1月1日，如图3-1-3所示。

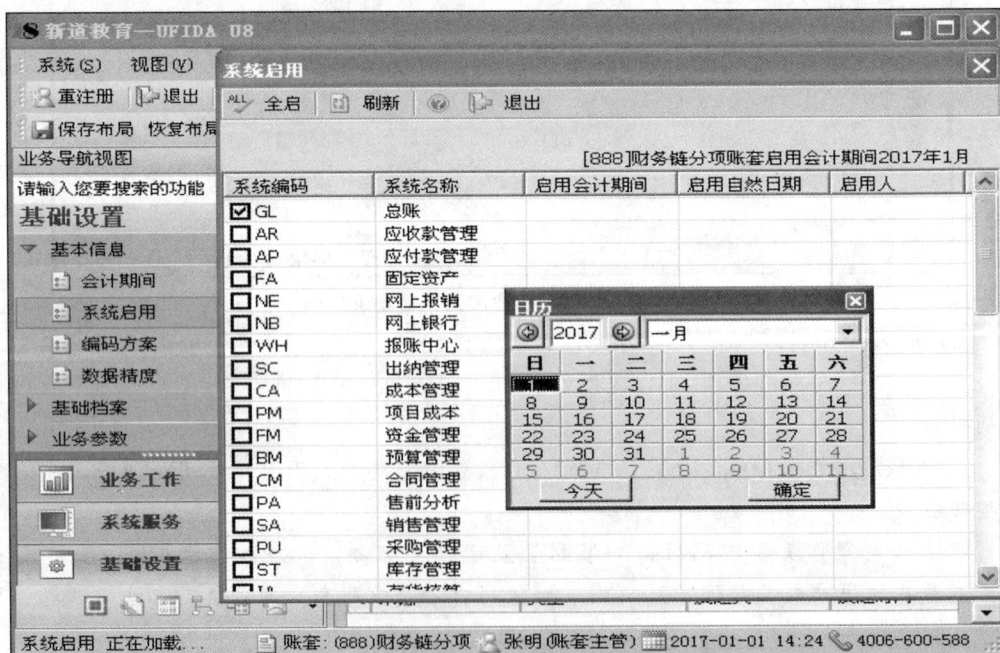

图3-1-3 系统启用

（4）单击"确定"按钮，系统弹出"确实要启用当前系统吗？"提示框，单击"是"

按钮，完成总账系统的启用。

（5）以此类推，分别启用应收款管理系统、应付款管理系统、固定资产管理系统、薪资管理系统、计件工资管理系统，启用日期均为2017年1月1日。

特别提示：

①只有安装过的系统才能进行启用设置，只有启用过的系统才可以登录。

②各系统的启用日期必须大于或等于账套的启用时间。

任务二　基础档案设置

▶ 任务资料

资料一：机构人员档案

1.部门档案（见表3-2-1）

表3-2-1　　　　　　　　　　　　　部门档案

部门编码	部门名称	部门属性
1	管理部	管理部门
101	经理办公室	综合管理
102	人事部	人事管理
2	财务部	财务管理
3	销售部	市场营销
301	销售一部	专售成品
302	销售二部	专售配套件
4	采购部	采购供应
5	组装部	成品组装

2.人员类别（见表3-2-2）

表3-2-2　　　　　　　　　　　　　人员类别

人员类别编码	人员类别名称
101	在职人员
10101	管理人员
10102	生产人员
10103	采购人员
10104	销售人员

3.在职人员档案（见表3-2-3）

表3-2-3　　　　　　　　在职人员档案

职员编号	人员姓名	性别	是否操作员	是否业务员	所属部门	人员类别
101	李德宝	男		是	经理办公室	管理人员
102	何林	女		是	人事部	管理人员
201	张明	男	是	是	财务部	管理人员
202	李伟	女	是	是	财务部	管理人员
203	王刚	男	是	是	财务部	管理人员
204	刘云	男	是	是	财务部	管理人员
205	赵亮	男	是	是	财务部	管理人员
301	赵军	男		是	销售一部	销售人员
302	宋飞	女		是	销售二部	销售人员
401	周军	男		是	采购部	采购人员
501	孙朋	男		是	组装部	生产人员
502	张军	男		是	组装部	生产人员
503	王强	男		是	组装部	生产人员

资料二：客商基础档案

1.客户分类（见表3-2-4）

表3-2-4　　　　　　　　　客户分类

类别编码	类别名称
1	批发客户
101	成品客户
102	配件客户
2	代销客户
3	零售客户

2.客户档案（表3-2-5）

表3-2-5　　　　　　　　　客户档案

客户编码	客户名称	客户简称	所属分类	税号	开户银行	银行账号	地址	邮政编码
001	武汉精益公司	武汉精益	101	11111	工行	73853654	武汉市武昌区中北路1号	430011
002	武汉利群公司	武汉利群	101	22222	建行	69325581	武汉市洪山区武珞路2号	430022
003	黄石讯达商城	讯达商城	102	33333	建行	36542234	黄石市下陆区天平路3号	420011
004	武汉美联商行	美联商行	2	44444	中行	43810587	武汉市青山区厂前路4号	430033
005	零散客户	零散客户	3					

3.供应商分类（见表3-2-6）

表3-2-6　　　　　　　　　　供应商分类

类别编码	类别名称
01	成品供应商
01001	批发商
01002	代销商
02	配件供应商
02001	批发商
02002	代销商

4.供应商档案（见表3-2-7）

表3-2-7　　　　　　　　　　供应商档案

供应商编码	供应商名称	供应商简称	所属分类	税号	开户银行	银行账号	地 址	邮政编码
001	武汉兴隆公司	武汉兴隆	01001	55555	建行	48723367	武汉市武昌区徐东路5号	430044
002	北京方正公司	北京方正	01001	66666	建行	76473293	北京市海淀区小营路6号	100033
003	武汉明盛公司	武汉明盛	02001	77777	工行	55561275	武汉市武昌区东湖路7号	430055
004	武汉伟达公司	武汉伟达	02001	88888	工行	85115076	武汉市汉阳区琴台路8号	430066
005	上海光明公司	上海光明	02002	99999	工行	64224567	上海市徐汇区和平路3号	200088

资料三：财务档案

1.会计科目（见表3-2-8）

表3-2-8　　　　　　　　　　会计科目

科目编码	科目名称	方向	辅助核算
1001	库存现金	借	日记账
1002	银行存款	借	日记账、银行账
100201	工行存款	借	日记账、银行账
1012	其他货币资金	借	
1121	应收票据	借	客户往来、应收系统受控科目
1122	应收账款	借	客户往来、应收系统受控科目
1123	预付账款	借	供应商往来、应付系统受控科目

科目编码	科目名称	方向	辅助核算
1131	应收股利	借	
1132	应收利息	借	
1221	其他应收款	借	个人往来
1231	坏账准备	贷	
1402	在途物资	借	
1403	原材料	借	
140301	CPU	借	数量核算（盒）
140302	内存条	借	数量核算（盒）
140303	硬盘	借	数量核算（盒）
140304	主板	借	数量核算（盒）
140305	显卡	借	数量核算（盒）
140306	光驱	借	数量核算（盒）
140307	机箱	借	数量核算（台）
140308	电源	借	数量核算（只）
140309	显示器	借	数量核算（台）
140310	键盘	借	数量核算（只）
140311	鼠标	借	数量核算（只）
1405	库存商品	借	
140501	计算机	借	数量核算（台）
140502	打印机	借	数量核算（台）
1411	周转材料	借	
141101	包装物	借	
141102	低值易耗品	借	
1511	长期股权投资	借	
1601	固定资产	借	
1602	累计折旧	贷	
1604	在建工程	借	
1605	工程物资	借	

科目编码	科目名称	方向	辅助核算
1606	固定资产清理	借	
1701	无形资产	借	
1801	长期待摊费用	借	
1901	待处理财产损溢	借	
190101	待处理流动资产损溢	借	
190102	待处理固定资产损溢	借	
2001	短期借款	贷	
2201	应付票据	贷	供应商往来、应付系统受控科目
2202	应付账款	贷	供应商往来、应付系统受控科目
2203	预收账款	贷	客户往来、应收系统受控科目
2211	应付职工薪酬	贷	
221101	应付工资	贷	
221102	应付福利费	贷	
221103	应付社保	贷	
221104	其他	贷	
2221	应交税费	贷	
222101	应交增值税	贷	
22210101	进项税额	贷	
22210105	销项税额	贷	
22210103	转出未交增值税	贷	
22210109	转出多交增值税	贷	
222102	未交增值税	贷	
222106	应交所得税	贷	
2231	应付利息	贷	
2232	应付股利	贷	
2241	其他应付款	贷	
2501	长期借款	贷	
2502	应付债券	贷	

科目编码	科目名称	方向	辅助核算
4001	实收资本	贷	
4002	资本公积	贷	
4101	盈余公积	贷	
4103	本年利润	贷	
4104	利润分配	贷	
410401	提取法定盈余公积	贷	
410402	提取任意盈余公积	贷	
410403	未分配利润	贷	
410404	其他	贷	
5001	生产成本	借	
500101	直接材料	借	项目核算
500102	直接人工	借	项目核算
500103	制造费用	借	项目核算
5101	制造费用	借	
6001	主营业务收入	贷	
600101	计算机	贷	
600102	打印机	贷	
6051	其他业务收入	贷	
6111	投资收益	贷	
6301	营业外收入	贷	
6401	主营业务成本	借	
640101	计算机	借	
640102	打印机	借	
6402	其他业务成本	借	
6403	税金及附加	借	
6601	销售费用	借	
660101	办公费用	借	
660102	工资费用	借	

科目编码	科目名称	方向	辅助核算
660103	折旧费用	借	
660104	其他	借	
6602	管理费用	借	
660201	工资费用	借	部门核算
660202	办公费用	借	部门核算
660203	差旅费用	借	部门核算
660204	折旧费用	借	部门核算
660205	其他	借	部门核算
6603	财务费用	借	
660301	利息支出	借	
660302	其他	借	
6711	营业外支出	借	
6801	所得税费用	借	
6901	以前年度损益调整	借	

注：指定"1001库存现金"为现金总账科目、"1002银行存款"为银行总账科目。

2.凭证类别（见表3-2-9）

表3-2-9 凭证类别

凭证类别	限制类型	限制科目
收款凭证	借方必有	1001，100201
付款凭证	贷方必有	1001，100201
转账凭证	凭证必无	1001，100201

3.项目目录档案

项目大类：生产成本

核算科目：500101 直接材料

500102 直接人工

500103 制造费用

项目分类：1自行加工

2委托加工

项目目录见表3-2-10。

表3-2-10 项目目录

项目编号	项目名称	是否结算	所属分类码
1	计算机		1
2	打印机		1

资料四：收付结算档案

1.结算方式（见表3-2-11）

表3-2-11 结算方式

结算方式编码	结算方式名称	票据管理
1	现金	否
2	支票	是
201	现金支票	是
202	转账支票	是
3	汇票	是
4	其他	否

2.开户银行

编码：01

开户银行：工商银行湖北分行徐东支行

账号：831657788234

资料五：存货基础档案

1.计量单位组（见表3-2-12）

表3-2-12 计量单位组

计量单位组编号	计量单位组名称	计量单位组类别
01	无换算关系	无换算率

2.计量单位（见表3-2-13）

表3-2-13 计量单位

计量单位编码	计量单位名称	所属计量单位组名称
01	盒	无换算关系
02	台	无换算关系
03	只	无换算关系
04	条	无换算关系
05	千米	无换算关系

3.存货分类（见表3-2-14）

表3-2-14 存货分类

存货类别编码	存货类别名称
01	成品
0101	计算机
0102	打印机
02	配套件
0201	主机
0202	显示器
0203	键盘
0204	鼠标
03	应税行为

4.存货档案（见表3-2-15）

表3-2-15 存货档案

存货编码	存货名称	所属类别	计量单位	税率	存货属性
001	奔腾CPU	0201	盒	17%	外购、生产耗用、外销、内销
002	金邦内存条	0201	盒	17%	外购、生产耗用、外销、内销
003	西部数据硬盘	0201	盒	17%	外购、生产耗用、外销、内销
004	华硕主板	0201	盒	17%	外购、生产耗用、外销、内销
005	华硕显卡	0201	盒	17%	外购、生产耗用、外销、内销
006	三星光驱	0201	盒	17%	外购、生产耗用、外销、内销
007	航嘉机箱	0201	台	17%	外购、生产耗用、外销、内销
008	长城电源	0201	只	17%	外购、生产耗用、外销、内销
009	三星显示器	0202	台	17%	外购、生产耗用、外销、内销
010	键盘	0203	只	17%	外购、生产耗用、外销、内销
011	鼠标	0204	只	17%	外购、生产耗用、外销、内销
012	计算机	0101	台	17%	外购、内销、外销、自制
013	惠普打印机	0102	台	17%	外购、内销、外销
014	运输费	03	千米	11%	外购、外销、应税行为

▶ **任务要求**

（1）根据资料一，进行机构人员基础档案设置。

（2）根据资料二，进行客商基础档案设置。

（3）根据资料三，进行财务基础档案设置，并进行出纳会计科目指定设置。

（4）根据资料四，进行收付结算基础档案设置。

（5）根据资料五，进行存货基础档案设置。

▶ **知识导航**

基础档案是系统日常业务处理时必需的基础资料，是系统运行的基石。一个账套由若干个子系统构成，这些子系统共享公用的基础档案信息。在启用新账套之前，操作员应根据企业的实际情况，结合系统基础档案设置的要求，事先做好基础数据的准备工作。一般情况下，企业需要整理的基础档案见表3-2-16。

表3-2-16 　　　　　　　　　　　　　 **企业需要整理的基础档案**

基础档案分类	基础档案目录	档案用途	前提条件
机构设置	部门档案	设置与企业财务核算和管理有关的部门	先设置部门编码方案
	人员档案	设置企业的各个职能部门中需要进行核算和业务管理的职工信息	先设置部门档案，然后在其下增加职员
往来单位	客户分类	便于进行业务数据的统计、分析	先进行客户分类，然后确定编码方案
	客户档案	便于进行客户管理和业务数据的录入、统计、分析	先建立客户分类档案
	供应商分类	便于进行业务数据的统计、分析	先进行供应商分类，然后确定编码方案
	供应商档案	便于进行供应商管理和业务数据的录入、统计、分析	先建立供应商分类档案
	地区分类	针对客户/供应商所属地区进行分类，便于进行业务数据的统计、分析	
财务	会计科目	设置企业核算的会计科目	先设置科目编码方案及外币
	凭证类别	设置企业核算的凭证类型	
	外币	设置企业用到的外币种类及汇率	
	项目管理	设置企业需要进行核算和管理的对象、目录	可将存货、成本对象、现金流量直接作为核算的项目目录
收付结算	结算方式	设置资金收付业务中用到的结算方式	
	付款条件	设置企业与往来单位协议规定的收、付款折扣优惠方法	
	开户银行	设置企业在收付结算中对应的开户银行信息	
存货	存货分类	便于进行业务数据的统计、分析	先对存货分类，然后确定编码方案
	存货档案	便于存货核算、统计、分析和实物管理	先建立存货分类档案

任务实施

1.机构人员基础档案设置

（1）设置机构人员——部门档案

①在"基础设置"选项卡中，执行"基础档案"→"机构人员"→"部门档案"命令，进入"部门档案"窗口。

②单击"增加"按钮，录入部门编码"1"、部门名称"管理部"、部门属性"管理部门"，单击"保存"按钮，窗口左边会以树形结构目录显示。

③以此类推，录入其他部门档案，如图3-2-1所示。

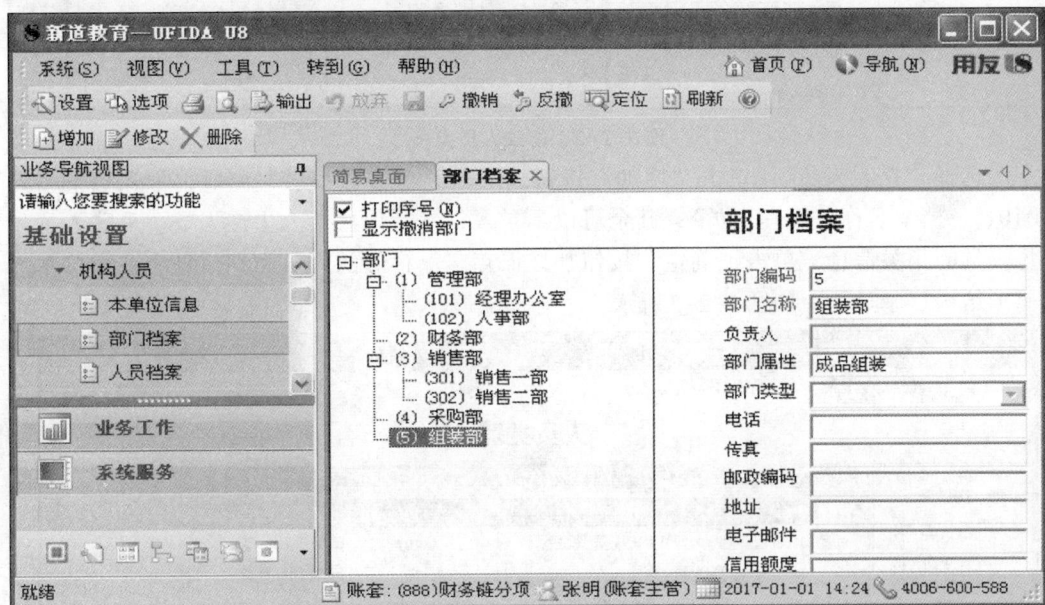

图3-2-1 部门档案

特别提示：

①部门档案既可以在企业应用平台的"基础档案"中设置，也可以在使用部门档案的其他系统中进行设置，系统中的基础档案信息是共享的。

②部门编码必须符合编码规则。如果在此发现编码方案不适合，则可以在部门档案数据为空时修改部门编码方案。修改方法有两种：一种方法是在"系统管理"中修改账套参数中的编码方案；另一种方法是在企业应用平台的"基本信息"中修改编码方案。

③部门编码及部门名称必须录入，其他内容可以为空。建立部门档案时，应先从上级部门开始输入，再建立下级部门档案。

④由于此时还未设置人员档案，因此部门中的负责人暂时不能设置。如果需要设置，必须在完成人员档案设置后，再回到部门档案中以修改的方式补充设置。

（2）设置机构人员——人员类别

①在"基础设置"选项卡中，执行"基础档案"→"机构人员"→"人员类别"命令，进入"人员类别"窗口。

②选择"正式工"，单击"修改"按钮，进入"修改档案项"窗口，修改档案名称为"在职人员"，其余可以不录入，如图3-2-2所示。

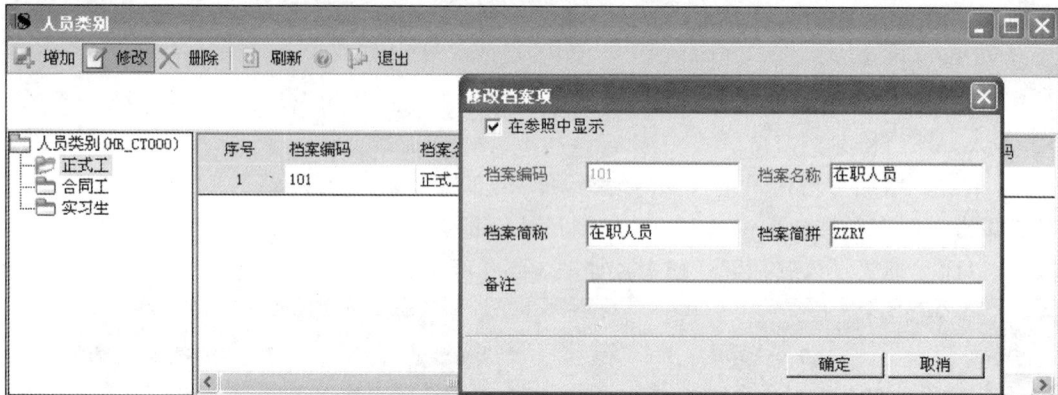

图3-2-2　修改人员类别

③选择"在职人员"，单击"增加"按钮，进入"增加档案项"窗口，录入档案编码"10101"、档案名称"管理人员"，其余可以不录入，然后依次录入生产人员、采购人员和销售人员的相关信息，单击"确定"按钮加以保存。保存好的人员类别信息会在窗口左边以树形结构目录显示，如图3-2-3所示。

图3-2-3　人员类别目录

特别提示：

①人员类别与工资费用分摊有关，工资费用分摊是薪资管理的一项重要功能。人员类别设置是为了在生成工资分摊凭证时，按不同人员类别选择不同的入账科目。

②人员类别是人员档案中的必录项目，需要在人员档案建立之前设置。如果未先设置人员类别，而将人员档案所属类别选为"正式工"加以保存，则不能再在"正式工"下增设人员类别。

（3）设置机构人员——在职人员档案

①在"基础设置"选项卡中，执行"基础档案"→"机构人员"→"人员档案"命令，进入"人员列表"窗口。

②单击左边窗口中"部门分类"下的"经理办公室"，然后单击"增加"按钮，进入

"人员档案"窗口，在"基本"选项卡中，按任务资料录入人员编码"101"、人员姓名"李德宝"，性别选择"男"，人员类别选择"管理人员"，雇佣状态选择"在职"，勾选"是否业务员"，其余可以不录入，如图3-2-4所示。

图3-2-4 人员档案录入

③单击"保存"按钮。同理，输入其他人员档案信息，录入完成后可以查看"人员列表"，如图3-2-5所示。

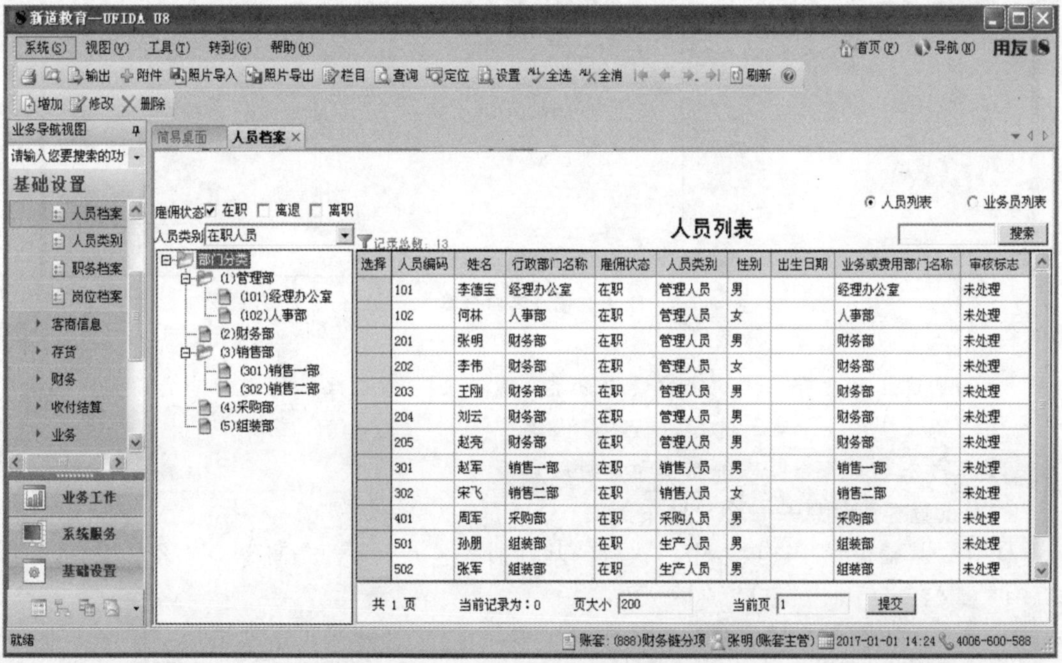

图3-2-5 人员档案列表

特别提示：

①设置人员档案之前必须先设置部门档案，否则"管理部""销售部"下拉框中无内容。

②人员编码必须唯一，管理部和销售部只能选择末级部门。如果部门选错了，需要重新选择，必须先将错误的部门删除，否则无法显示其他部门的内容。

如果该员工需要在其他档案或其他单据的"业务员"中被参照，则应选中"是否业务员"复选框。否则，业务员列表中将不显示此人的信息。

2.客商基础档案设置

（1）设置客商信息——客户分类

①在"基础设置"选项卡中，执行"基础档案"→"客商信息"→"客户分类"命令，进入"客户分类"窗口。

②单击"增加"按钮，按任务资料录入分类编码"1"、分类名称"批发客户"，单击"保存"按钮。

③同理，输入其他客户分类信息。录入的客户类别信息以树形结构目录在窗口左边列示，如图3-2-6所示。

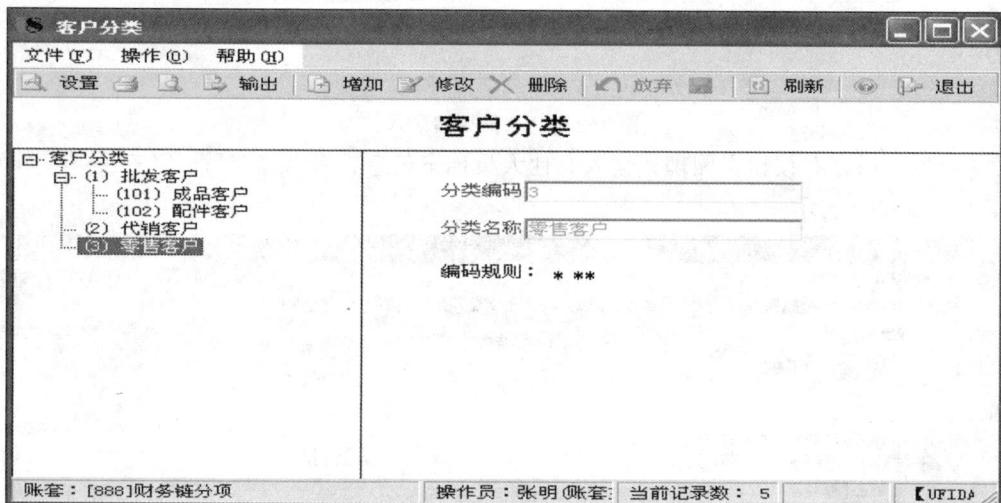

图3-2-6　客户分类

特别提示：

①如果建账时没有选中"客户是否分类"复选框，则在此不能进行分类设置，可由账套主管登录"系统管理"进行账套参数修改。

②客户分类编码必须符合编码方案的规定。

（2）设置客商信息——客户档案

①在"基础设置"选项卡中，执行"基础档案"→"客商信息"→"客户档案"命令，进入"客户档案"窗口。

②单击左边窗口中"客户分类"下的"成品客户"，然后单击"增加"按钮，进入"增加客户档案"窗口，在"基本"选项卡中，按任务资料录入客户编码"001"、客户名

称"武汉精益公司"、客户简称"武汉精益"、税号"11111",其余可以不录入,如图3-2-7所示。

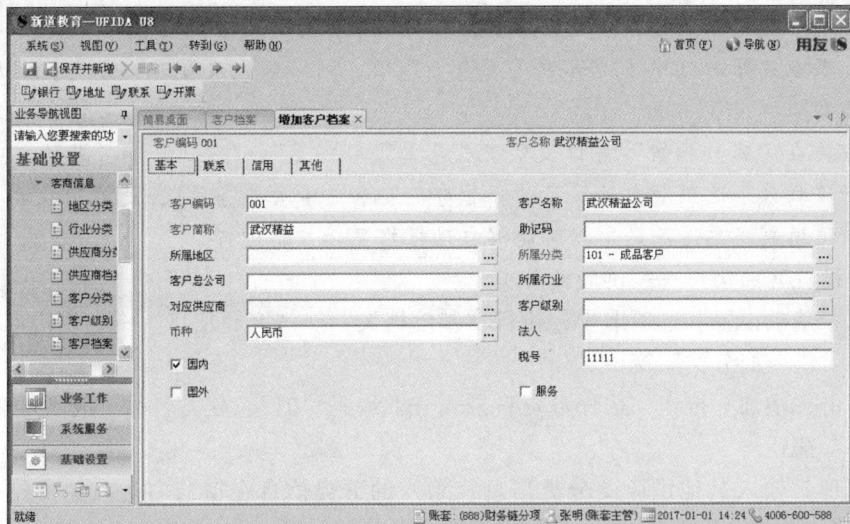

图 3-2-7 增加客户档案

③单击窗口上方的"银行"按钮,进入"客户银行档案"窗口,单击"增加"按钮,按任务资料选择所属银行"中国工商银行",开户银行录入"工行",银行账号录入"73853654",账户名称录入"武汉精益公司",默认值选择"是",如图3-2-8所示。单击"保存"按钮,然后退出"客户银行档案"窗口。

图 3-2-8 客户银行档案

④在"联系"选项卡中,按任务资料录入邮政编码"430011",地址"武汉市武昌区中北路1号"。

⑤单击"保存并新增"按钮。同理,输入其他客户档案信息。录入完成后单击"保存"按钮,回到"客户档案"窗口,如图3-2-9所示。

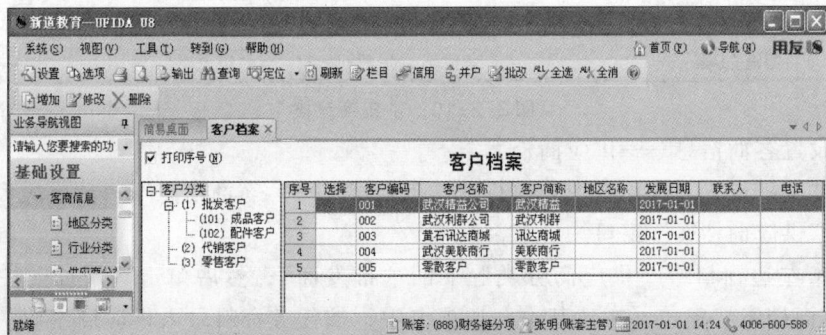

图 3-2-9 客户档案

特别提示：

①客户编码必须唯一。

②如果账套中并未对客户进行分类，则所属分类为"无分类"。

③如果在建账时选中了"客户是否分类"项，则必须先设置客户分类，然后才能编辑客户档案。

④系统在"客户档案"窗口设置了"基本"、"联系"、"信用"和"其他"四张选项卡，其中"联系"选项卡中设置了"分管部门"和"专管业务员"，是为了在应收、应付款管理系统填制发票等原始单据时能够自动根据显示信息进行。

（3）设置客商信息——供应商分类

①在"基础设置"选项卡中，执行"基础档案"→"客商信息"→"供应商分类"命令，进入"供应商分类"窗口。

②单击"增加"按钮，按任务资料录入分类编码"01"、分类名称"成品供应商"，单击"保存"按钮。

③同理，输入其他供应商分类信息。录入的分类信息在窗口左边以树形结构目录显示，如图3-2-10所示。

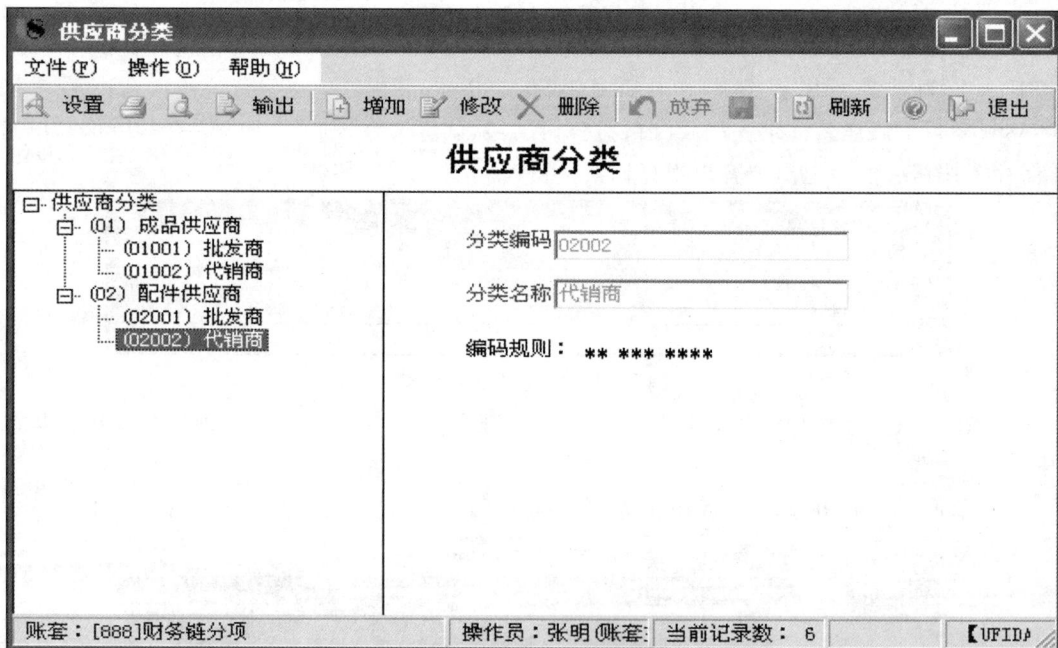

图3-2-10　供应商分类

（4）设置客商信息——供应商档案

①在"基础设置"选项卡中，执行"基础档案"→"客商信息"→"供应商档案"命令，进入"供应商档案"窗口。

②单击左边窗口中"供应商分类"下的"批发商"，然后单击"增加"按钮，进入"增加供应商档案"窗口，在"基本"选项卡中，按任务资料录入供应商编码"001"、供应商名称"武汉兴隆公司"、供应商简称"武汉兴隆"、税号"55555"、开户银行"建

行"、账号"48723367",其余可以不录入,如图3-2-11所示。

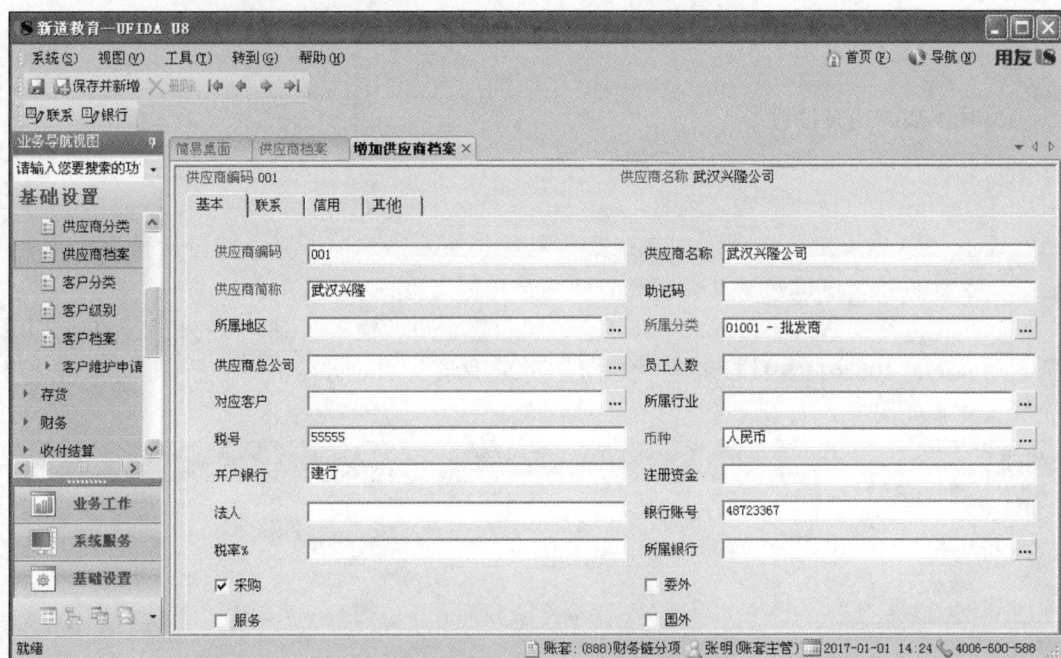

图3-2-11 增加供应商档案

③在"联系"选项卡中,按任务资料录入邮政编码"430044",地址"武汉市武昌区徐东路5号",单击"保存并新增"按钮。

④同理,输入其他供应商档案信息,录入信息如图3-2-12所示。

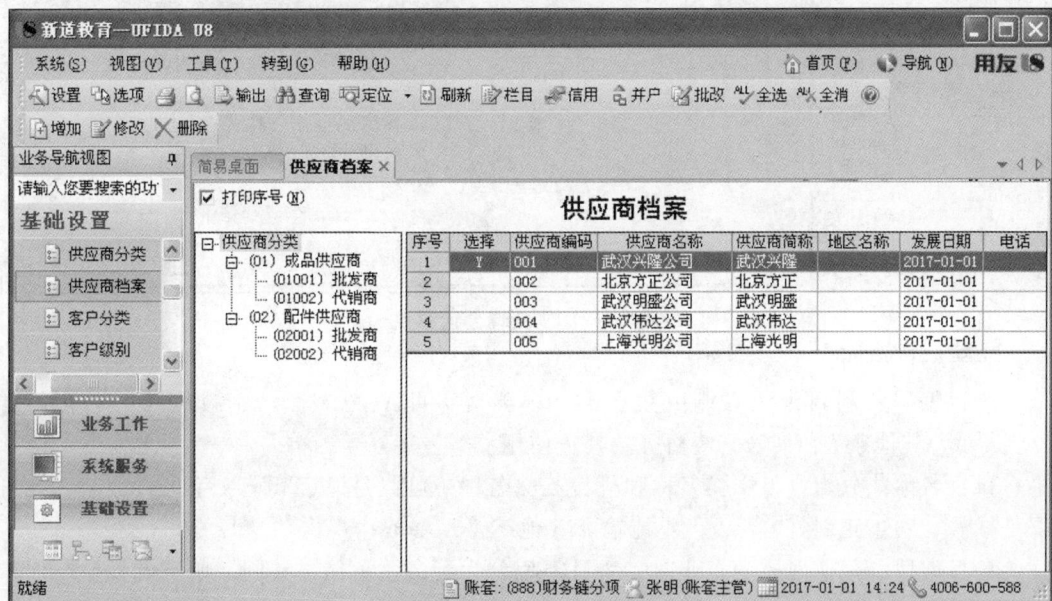

图3-2-12 供应商档案

3.财务基础档案设置

（1）设置财务信息——会计科目

①增加会计科目

A.在"基础设置"选项卡中，执行"基础档案"→"财务"→"会计科目"命令，进入"会计科目"窗口，显示所有2007年新会计制度科目。

B.单击"增加"按钮，进入"新增会计科目"窗口，输入明细科目的相关内容，如输入科目编码"100201"、科目名称"工行存款"；选择"日记账"和"银行账"，单击"确定"按钮，如图3-2-13所示。

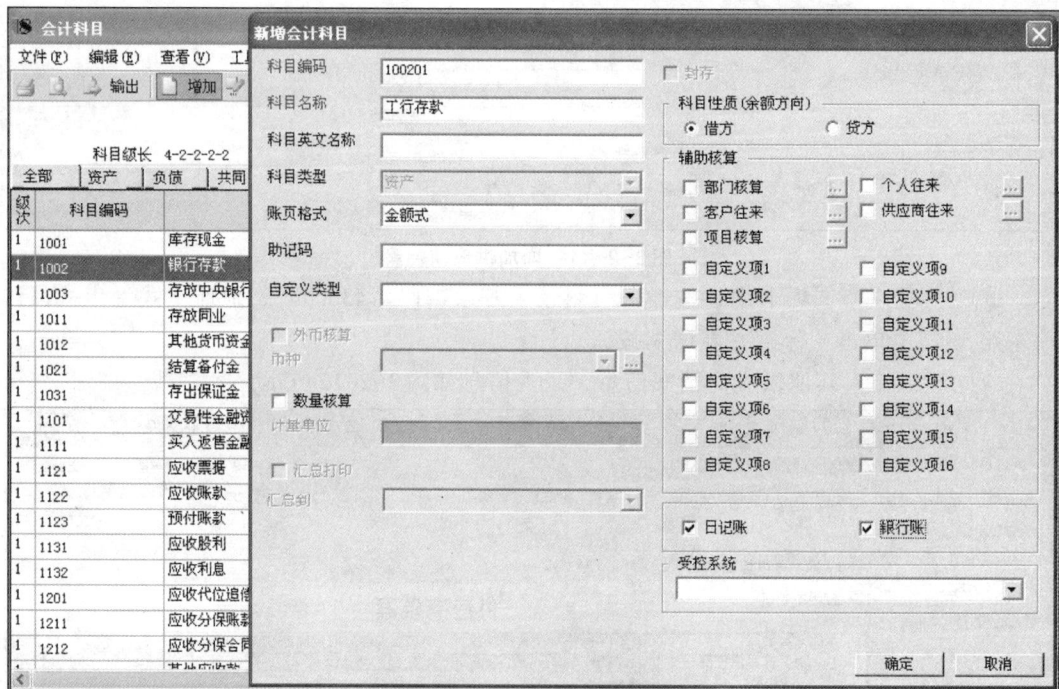

图3-2-13　新增会计科目

主要栏目说明：

科目编码：科目编码只能由数字0~9、英文字母A~Z或a~z、减号（-）、正斜杠（/）表示，其他字符（如&、空格等）禁止使用。

科目名称：分为科目中文名称和科目英文名称，可以是汉字、英文字母或数字，也可以是减号（-）、正斜杠（/），但不能输入其他字符。

科目类型：行业性质为企业时，科目类型分为资产、负债、共同、所有者权益、成本和损益六类。

账页格式：系统提供了金额式、外币金额时、数量金额式、外币数量式四种账页格式供选择，用于定义该科目在账簿打印时的默认打印格式。

辅助核算：也叫辅助账类。用于说明本科目是否有其他核算要求，系统除了完成一般的总账、明细账核算外，还提供了部门核算、个人往来、客户往来、供应商往来和项目核算供企业选择。凡是设置有辅助核算内容的会计科目，在录入期初余额或填制凭证时，都需要录入相应的辅助核算内容。

日记账、银行账：选择了"日记账"的科目可以生成日记账数据供查询，选择了"银行账"的科目可以执行银行对账等功能。

受控系统：如果设置某科目为受控科目，受控于某一系统，则使用该科目制单时只能在该受控系统中进行，而不能在总账系统中进行。例如，"应收账款"可设置为受控于"应收系统"，"应付账款"可设置为受控于"应付系统"。

C.单击"增加"按钮，进入"新增会计科目"窗口，输入明细科目相关内容，如输入科目编码"140301"、科目名称"CPU"；通过下拉框将账页格式由"金额式"改为"数量金额式"，再选中"数量核算"复选框，在计量单位栏录入"盒"，单击"确定"按钮，如图3-2-14所示。

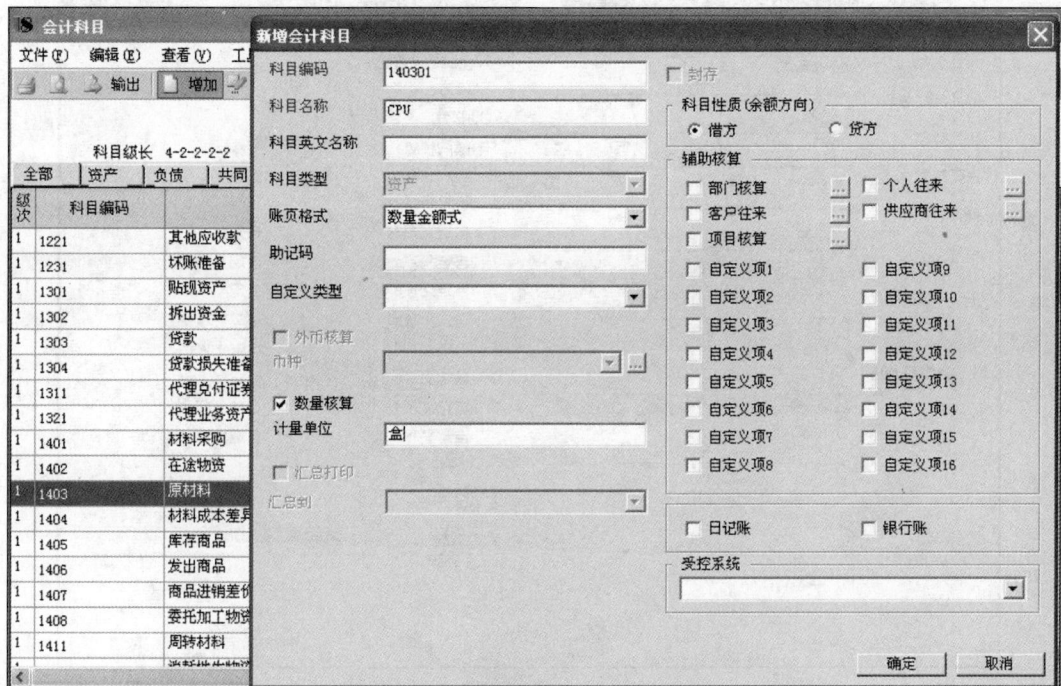

图3-2-14　新增会计科目——数量核算

D.继续单击"增加"按钮，输入任务资料中其他明细科目的相关内容。

E.全部输完后，单击"关闭"按钮。

特别提示：

①在会计科目使用前，一定要先检查系统预置的会计科目是否能够满足需要，如果不能满足需要，则以增加或修改的方式进行调整。如果有一些会计科目是不需要的，也可以删除。

②增加会计科目时，必须遵循自上而下的原则，即先增加上级科目，再增加下级科

目；会计科目编码要符合编码规则；编码不能重复。

③会计科目如果需要进行外币核算，应选中"外币核算"复选框（如果在建账时没有选中"有无外币核算"，则该复选框将不被激活），并选择其核算的币种（必须在"基础设置"中事先进行过"外币设置"），否则不能进行外币核算。

④会计科目如果要进行数量核算，应选中"数量核算"复选框，并设置相应的计量单位。以后在录入该科目的期初余额和用该科目制单时，不仅要录入金额，还要录入物品数量。

②修改会计科目

A.在"会计科目"窗口，双击"1122应收账款"，或在选中"1122应收账款"后单击"修改"按钮，打开"会计科目_修改"对话框。

B.选中"客户往来"前的复选框，此时，右下角受控系统显示为"应收系统"，如图3-2-15所示。

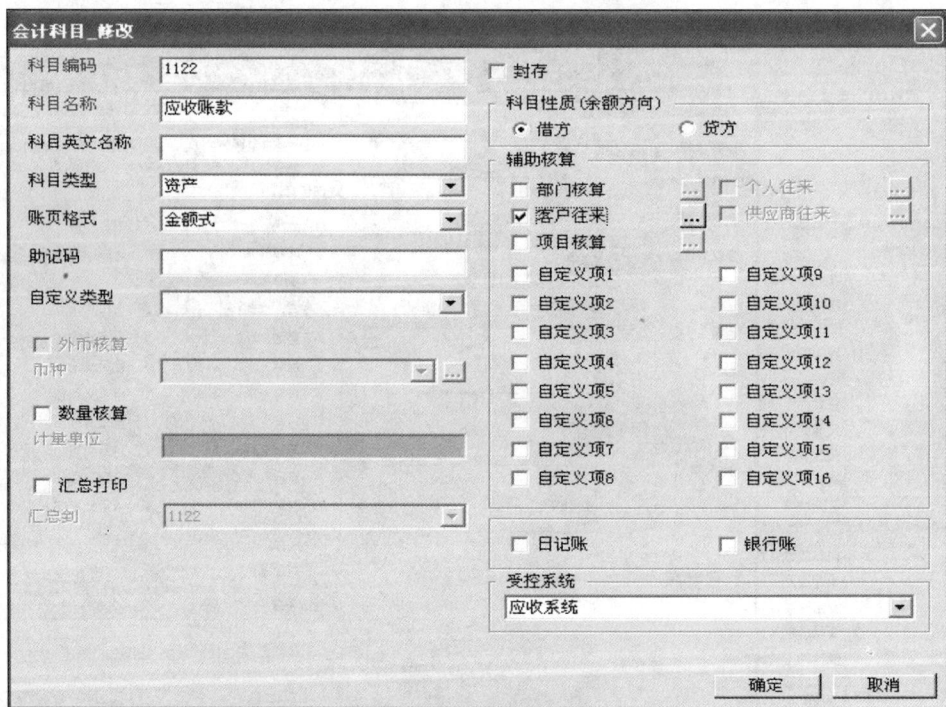

图3-2-15　修改会计科目——辅助核算

C.单击"确定"按钮。

D.同理，修改任务资料中其他会计科目。

特别提示：

①只有处于修改状态，才能设置汇总打印和封存。

②已有数据的会计科目不能修改其科目性质。

③在修改"应收账款"会计科目时，如果通过下拉框将右下角受控系统显示为空白，则该应收往来业务可以在总账系统中进行制单。

③指定会计科目

A.在"会计科目"窗口执行"编辑"→"指定科目"命令，如图3-2-16所示。

图3-2-16　编辑会计科目——指定科目

B.进入"指定科目"对话框，选择左边"现金科目"单选按钮，单击">"按钮，将"1001库存现金"从"待选科目"窗口选入"已选科目"窗口，如图3-2-17所示，然后单击"确定"按钮。

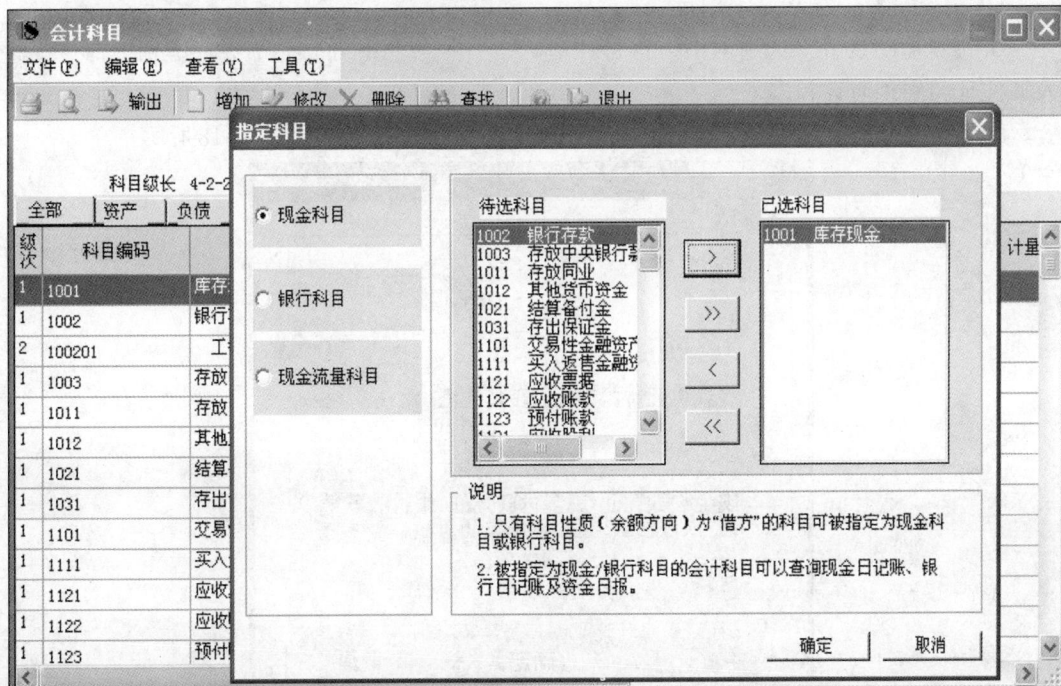

图3-2-17　指定会计科目

C.同理，选择左边"银行科目"单选按钮，单击">"按钮，将"1002银行存款"从

"待选科目"窗口选入"已选科目"窗口，然后单击"确定"按钮。

特别提示：

①指定会计科目是指指定出纳的专管科目。只有指定会计科目后，才能执行出纳签字，才能查看库存现金、银行存款日记账。

②被指定的"现金科目"和"银行科目"必须是一级科目。

③如果企业需要利用总账中的现金流量辅助核算功能编制现金流量表，则可以对涉及现金流量的科目进行指定。

④删除会计科目

A.在"会计科目"窗口，选择要删除的会计科目。

B.单击"删除"按钮，系统显示"记录删除后不能修复！真的删除此记录吗？"提示框。

C.单击"确定"按钮，即可删除该科目。

特别提示：

①如果要删除已设置有明细科目的会计科目，应自下而上操作，先删除明细科目，再删除一级科目。

②如果科目已录入期初余额或已制单，则不能删除，必须先删除余额或凭证后，才能进行相应操作。

③被指定为现金科目或银行科目的会计科目不能删除；若想删除，必须先取消指定。

（2）设置财务信息——凭证类别

①在"基础设置"选项卡中，执行"基础档案"→"财务"→"凭证类别"命令，进入"凭证类别预置"窗口。

②选中"收款凭证 付款凭证 转账凭证"前的单选按钮，如图3-2-18所示。

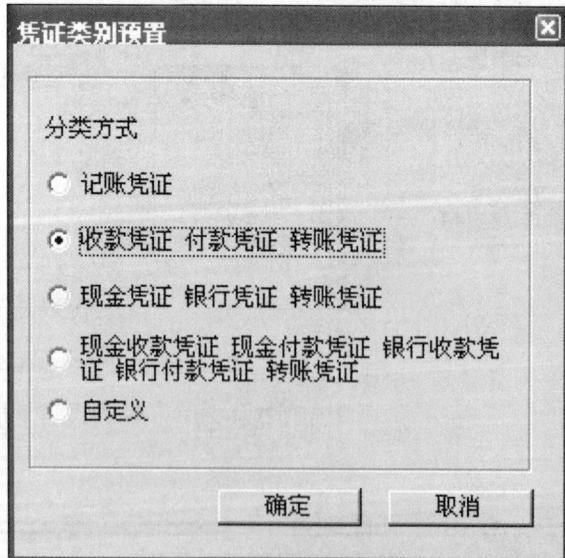

图3-2-18 凭证类别预置

③单击"确定"按钮，打开"凭证类别"对话框。

④单击"修改"按钮，双击"收款凭证"所在行的"限制类型"栏，出现倒三角按钮，从下拉框中选择"借方必有"，在"限制科目"栏录入"1001,100201"，或单击参照按钮，分别选择"1001"及"100201"。同理，完成对付款凭证和转账凭证的设置，如图3-2-19所示。

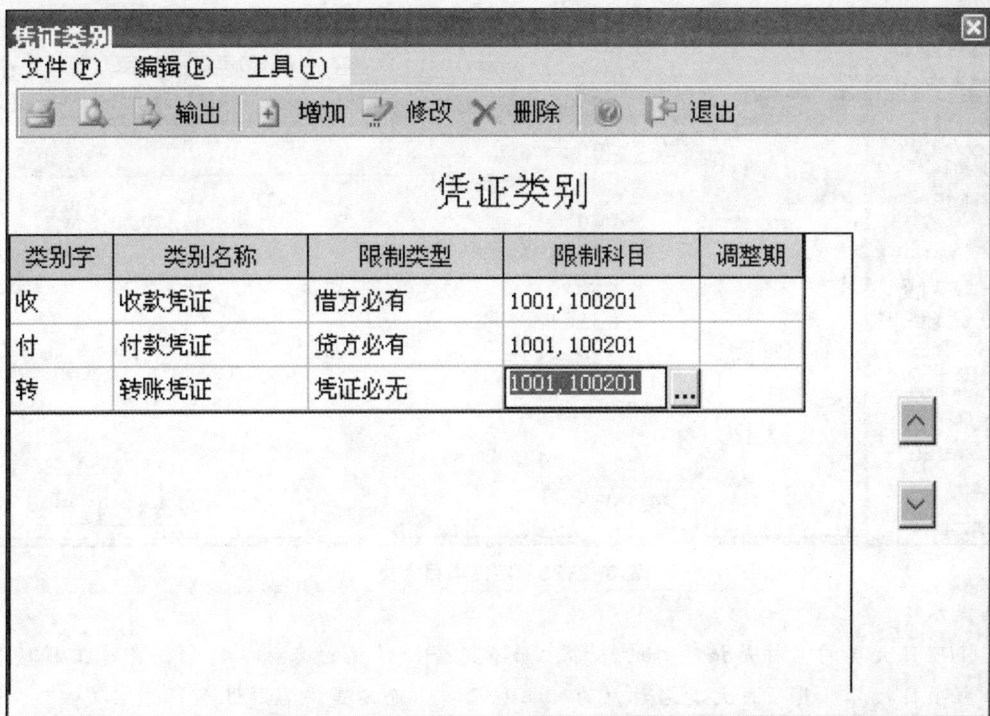

类别字	类别名称	限制类型	限制科目	调整期
收	收款凭证	借方必有	1001,100201	
付	付款凭证	贷方必有	1001,100201	
转	转账凭证	凭证必无	1001,100201	

图3-2-19 设置凭证类别

特别提示：

①限制科目之间的逗号要在英文状态下输入，否则系统会提示科目编码有误。

②已使用的凭证类别不能删除，也不能修改类别字。

③系统提示的限制类型有借方必有、贷方必有、凭证必无、凭证必有、借方必无、贷方必无、无限制七种。

④如果收款凭证的限制类型为借方必有"1001,100201"，则在填制凭证时系统要求收款凭证的借方科目至少有一个是"1001"或"100201"；否则，系统会判断该凭证"不满足借方必有条件"，不允许保存。付款凭证及转账凭证也应满足相应的要求。

⑤凭证类别的排列顺序会影响账簿查询中凭证类别的排列顺序，可通过凭证类别表右侧的上下箭头进行调整。

（3）设置财务信息——项目目录

①定义项目大类

A.在"基础设置"选项卡中，执行"基础档案"→"财务"→"项目目录"命令，进入"项目档案"窗口。

B.单击"增加"按钮，打开"项目大类定义_增加"对话框。

C.录入新项目大类名称"生产成本"，如图3-2-20所示。

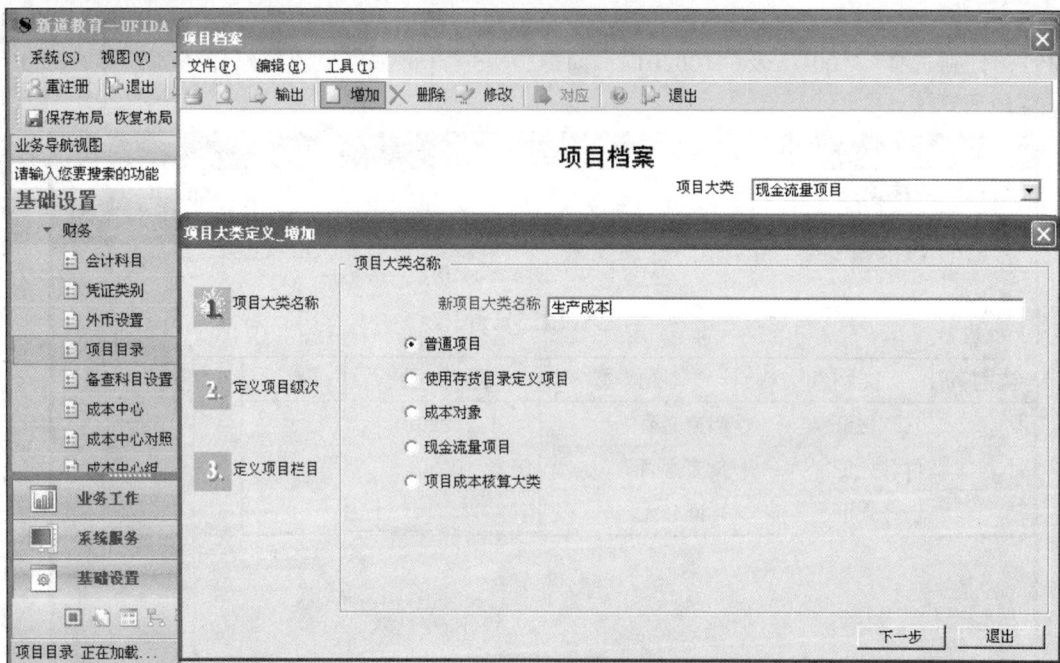

图3-2-20 定义项目大类

特别提示：

①项目大类的名称是该项目的总称，而不是会计科目的名称。例如，在建工程按具体工程项目核算，其项目大类名称应为"工程项目"而不是"在建工程"。

②系统预设了"现金流量项目"和"项目管理"两个大类，企业可根据需要增设大类。

D.单击"下一步"按钮，打开"定义项目级次"对话框，如图3-2-21所示。

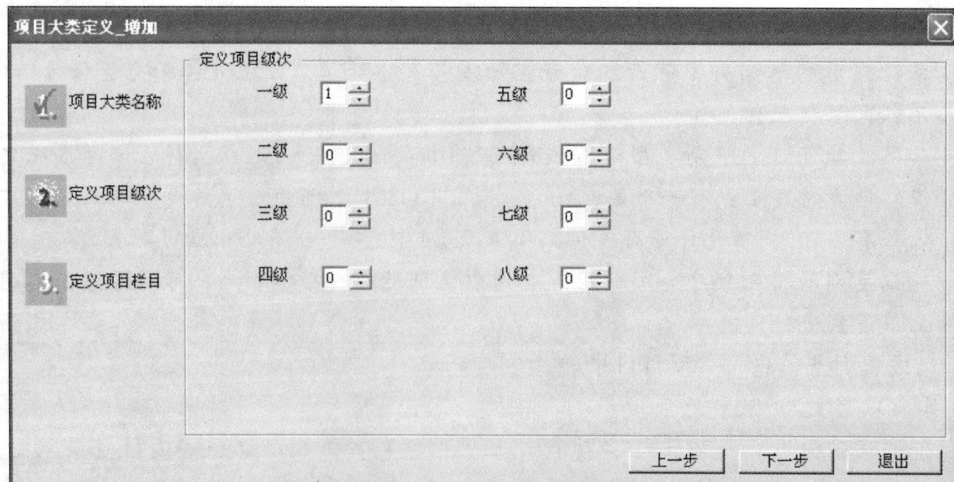

图3-2-21 定义项目级次

E.默认系统设置，单击"下一步"按钮，打开"定义项目栏目"对话框，如图3-2-22所示。

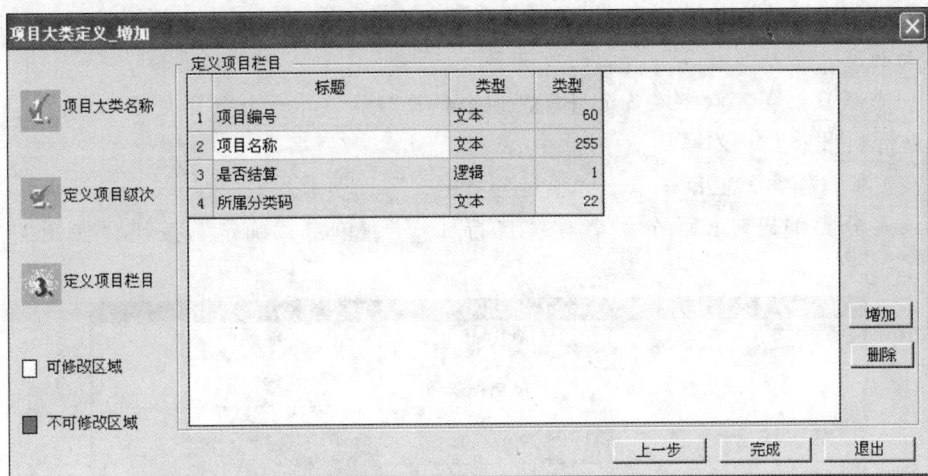

图 3-2-22　定义项目栏目

F.在"定义项目栏目"对话框中，单击"完成"按钮，返回"项目档案"窗口。

②指定项目核算科目

A.在"项目档案"窗口，单击"项目大类"栏的倒三角按钮，选择"生产成本"项目大类。

B.单击"核算项目"选项卡。

C.单击">"按钮，将"直接材料"、"直接人工"和"制造费用"科目从"待选科目"列表中选入"已选科目"列表，如图3-2-23所示。

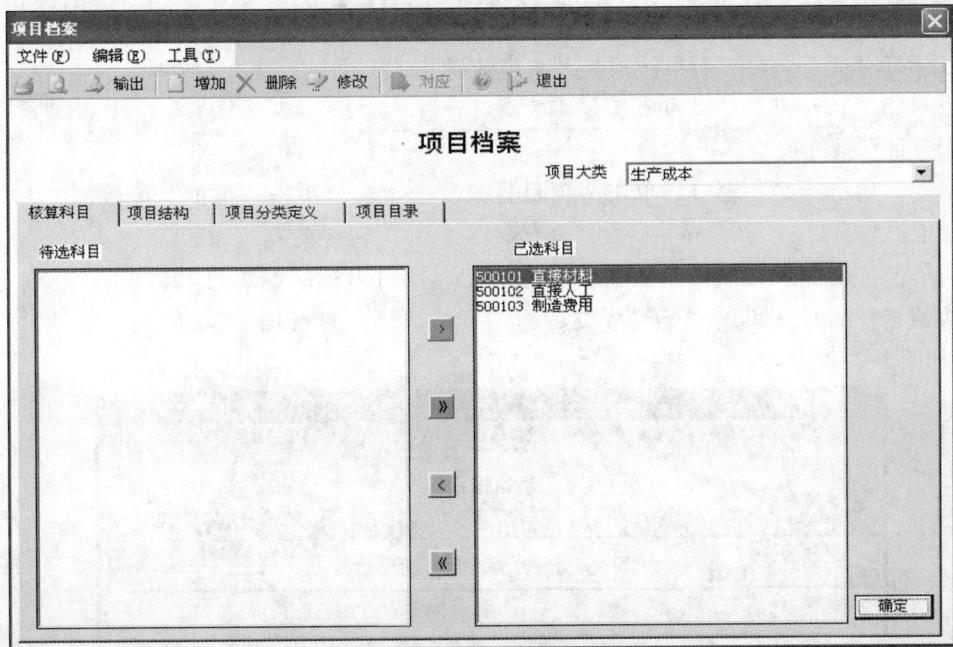

图 3-2-23　指定核算科目

D.单击"确定"按钮。

特别提示：

①在"项目档案"窗口中，"核算项目"选项卡中的"待选科目"是指设置科目时选择了辅助核算中"项目核算"功能的所有科目。

②一个项目大类可以指定多个科目，一个科目只能核算一个项目大类。

③进行项目分类定义

A.在"项目档案"窗口，单击"项目分类定义"选项卡。

B.录入分类编码"1"、分类名称"自行加工"，单击"确定"按钮，如图3-2-24所示。

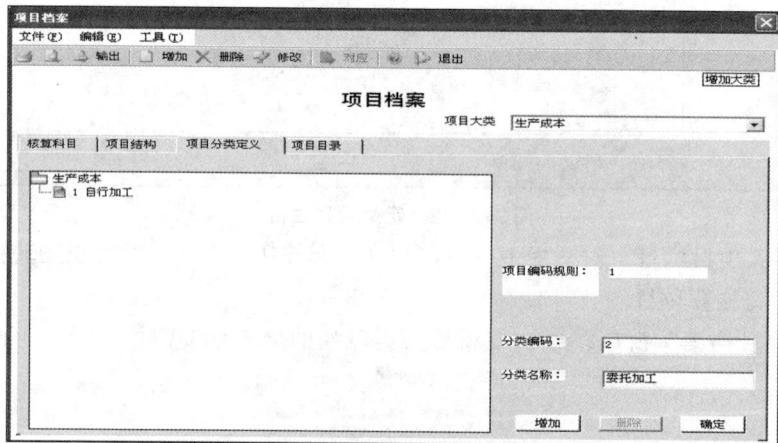

图3-2-24 项目分类定义

C.同理，增加"委托加工"分类，单击"确定"按钮。

特别提示：

①为了便于统计，可对同一项目大类下的项目进一步划分，即定义项目分类。

②显示"已使用"标记的项目分类不能删除。

④项目目录维护

A.在"项目档案"窗口，单击"项目目录"选项卡，单击"维护"按钮，进入"项目目录维护"窗口。

B.单击"增加"按钮，录入项目编号"1"、项目名称"计算机"，单击"所属分类码"按钮选择"1"，单击"所属分类名称"按钮选择"自行加工"。同理，增加"打印机"，如图3-2-25所示。

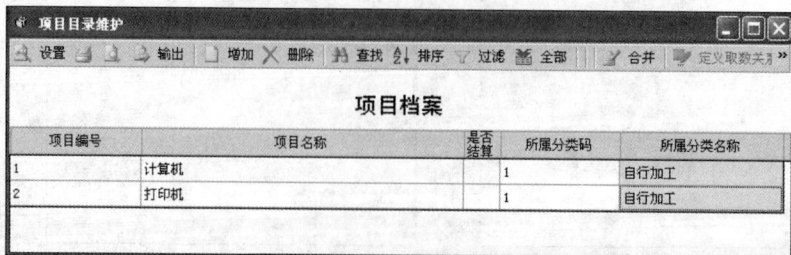

图3-2-25 项目目录维护

C.单击"退出"按钮。

特别提示：

①如果在"项目目录维护"对话框中多拉出一行，退出时系统会出现"项目编码不能为空"提示框，这时可按"Esc"键退出。

②标识结算后的项目将不能再使用。

③项目目录设置好之后，在录入凭证时，如果会计科目为项目辅助核算的会计科目，则系统会自动提示输入项目名称。

4.收付结算基础档案设置

（1）设置收付结算——结算方式

①在"基础设置"选项卡中，执行"基础档案"→"收付结算"→"结算方式"命令，进入"结算方式"窗口。

②单击"增加"按钮，录入结算方式编码"1"，结算方式名称"现金结算"，单击"保存"按钮。

③依次输入其他结算方式资料，如图3-2-26所示。其中，"现金支票"、"转账支票"和"汇票"要选中"是否票据管理"复选框。

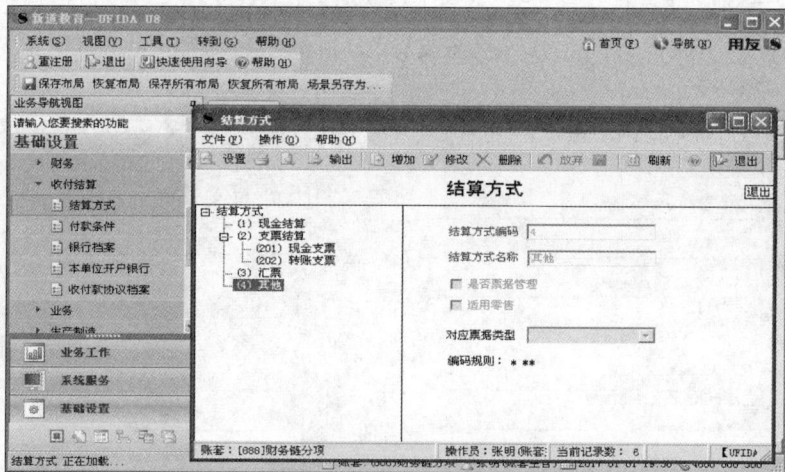

图3-2-26 结算方式

④设置完成后，单击"退出"按钮。

特别提示：

①如果选中"是否票据管理"复选框，则在执行该种结算方式时，系统会提示记录发生该笔业务的票据信息，否则不会提示。

②在总账系统中，结算方式会在使用"银行账"类科目填制凭证时使用，并可作为银行对账的一个参数。

③结算方式必须符合编码规则。结算方式最多设置为两级。

④结算方式一旦被使用，就不能进行修改和删除操作。

（2）设置收付结算——本单位开户银行

①在"基础设置"选项卡中，执行"基础档案"→"收付结算"→"本单位开户银

行"命令，进入"本单位开户银行"窗口，如图3-2-27所示。

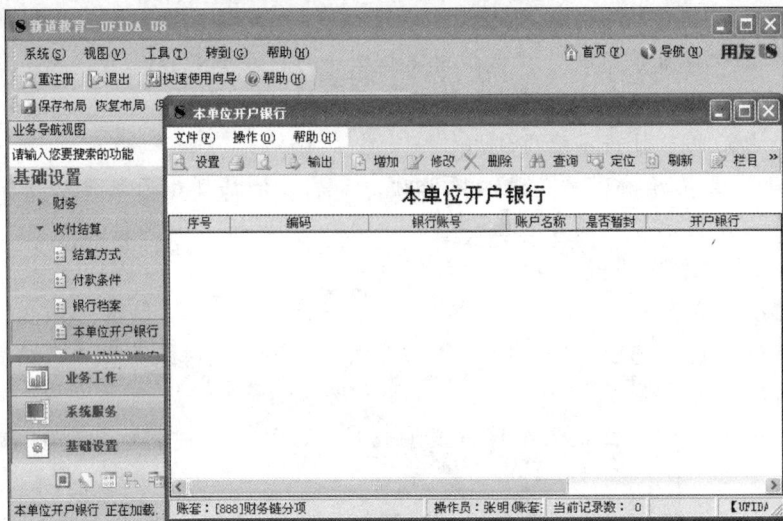

图3-2-27　本单位开户银行

②单击"增加"按钮，录入编码"01"，银行账号"831657788234"，币种"人民币"，开户银行"工商银行湖北分行徐东支行"，所属银行编码"01"，单击"保存"按钮，如图3-2-28所示。

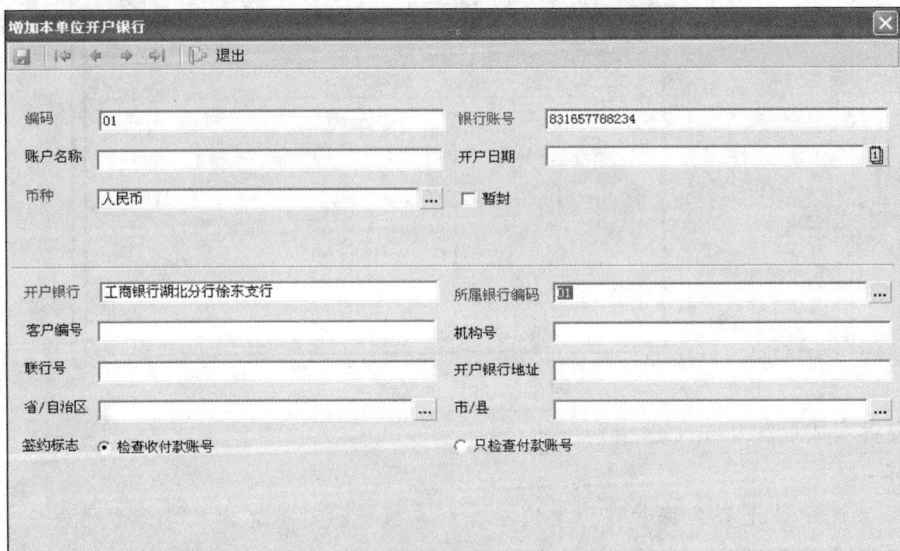

图3-2-28　增加本单位开户银行

5.存货基础档案设置

（1）设置存货——计量单位组

①在"基础设置"选项卡中，执行"基础档案"→"存货"→"计量单位"命令，进入"计量单位-计量单位组"窗口。

②单击"分组"按钮，进入"计量单位组"窗口，单击"增加"按钮，录入计量单位组编码"01"，计量单位组名称"无换算关系"，计量单位组类别通过下拉菜单选择"无换

算率",单击"保存"按钮,如图3-2-29所示。

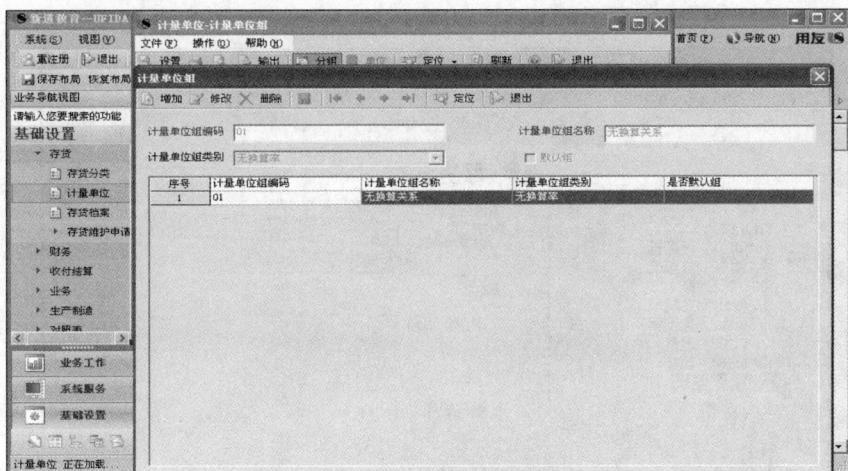

图3-2-29　计量单位组

③单击左边窗口中计量单位组分类下的"01无换算关系<无换算率>",单击"单位"按钮,进入"计量单位"窗口。

④单击"增加"按钮,录入计量单位编码"01",计量单位名称"盒",单击"保存"按钮。同理,依次输入其他计量单位资料,如图3-30所示。

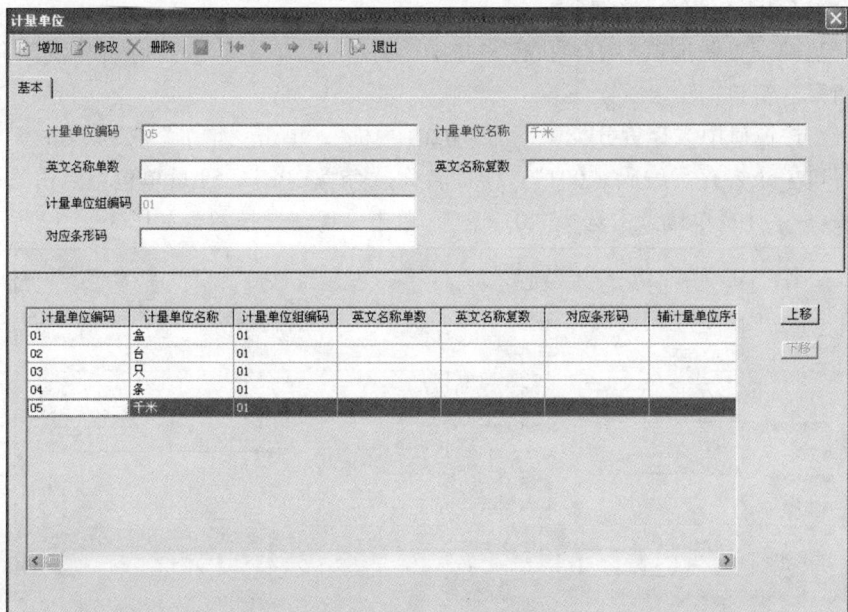

图3-2-30　计量单位

⑤设置完成后,单击"退出"按钮。

(2)设置存货——存货分类

①在"基础设置"选项卡中,执行"基础档案"→"存货"→"存货分类"命令,进入"存货分类"窗口。

②单击"增加"按钮，录入存货分类编码"01"，分类名称"成品"，单击"保存"按钮。同理，依次输入其他存货分类资料，如图3-2-31所示。

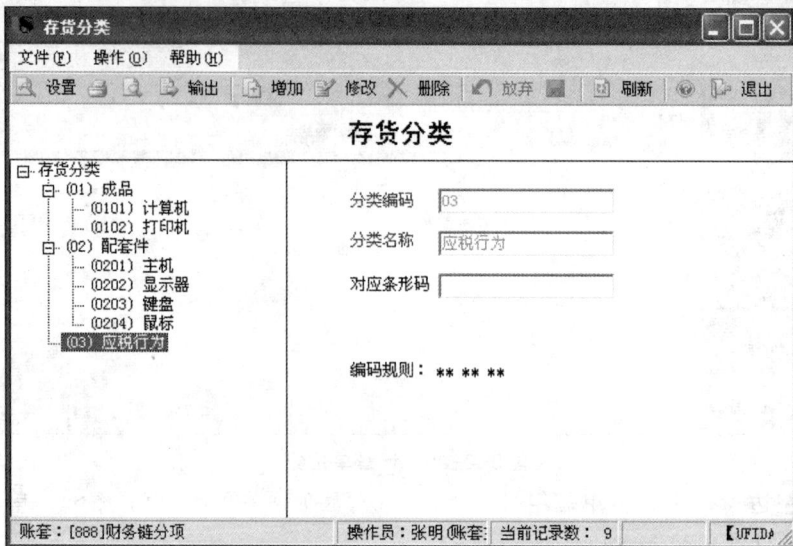

图3-2-31　存货分类

③设置完成后，单击"退出"按钮。

（3）设置存货——存货档案

①在"基础设置"选项卡中，执行"基础档案"→"存货"→"存货档案"命令，进入"存货档案"窗口。

②单击左边窗口中"存货分类"下的"0201主机"，单击"增加"按钮，进入"增加存货档案"窗口。录入存货编码"001"；存货名称"奔腾CPU"，计量单位组点击选择"01-无换算关系"，主计量单位点击选择"01-盒"，单击"保存"按钮，如图3-2-32所示。

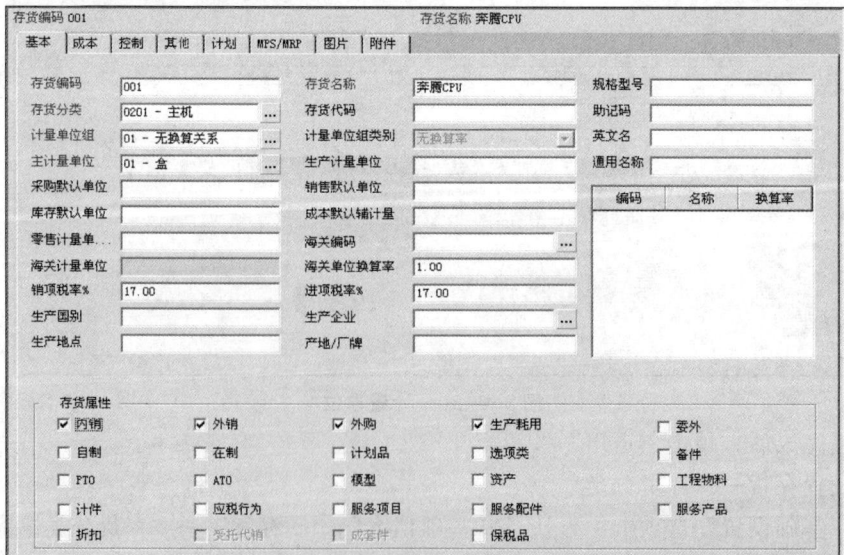

图3-2-32　存货档案

③依次输入其他存货档案资料。

④设置完成后，单击"退出"按钮。

任务三　　数据权限设置

▶ 任务资料

1.操作员"李伟"

对所有科目明细账的制单、查询权限，对所有部门的查询和录入权限，对本人所填制的单据进行查询、删改、审核、弃审、撤销、关闭的权限。

2.操作员"王刚"

对"库存现金"、"银行存款"和"银行存款——工行存款"三个科目的制单、查询权限。

3.操作员"刘云"

对"应收账款""应收票据"两个科目明细账的查询权限，对所有部门的查询和录入权限，对本人所填制的单据进行查询、删改、审核、弃审、撤销、关闭的权限。

4.操作员"赵亮"

对本人所填制的单据进行查询、删改、审核、弃审、撤销、关闭的权限。

▶ 任务要求

根据所给资料，对操作员"李伟""王刚""刘云""赵亮"进行数据权限设置。

▶ 知识导航

一、三种权限管理

用友ERP-U8管理软件提供了三个层次的权限管理，即功能级权限管理、数据级权限管理和金额级权限管理。

二、数据权限控制设置

本功能是数据权限设置的前提。用户可以根据需要先在数据权限默认设置表中选择需要进行权限控制的对象，数据权限的控制分为记录级和字段级两个层次，对应系统中的两个页签为"记录级"和"字段级"，系统将自动根据该表中的选择在数据权限设置中显示所选对象。

三、数据权限设置

用户必须先在"系统管理"中定义角色，然后分配功能权限，最后才能进行数据权限分配。

数据权限分配的内容包括记录权限分配和字段权限分配。

（一）记录权限分配

记录权限分配是指对具体业务对象进行权限分配。其使用前提是在"数据权限控制设置"中选择控制至少一个记录级业务对象。

（二）字段权限分配

字段权限分配是指对单据中包含的字段进行权限分配。目前，出于安全性和保密性的考虑，有的用户提出一些单据或者列表中的有些栏目应设置查看权限，如限制仓库保管员看到出入库单据上有关产品（商品）价格的信息。其使用前提是在"数据权限控制设置"中选择控制至少一个字段级业务对象。

四、金额权限设置

金额权限设置即设置用户可使用的金额级别，如采购订单的金额审核额度、科目的制单金额额度。

金额级别总共分为六级。当对一个用户设置了一个级别后，相当于该用户对所有科目均具有相同的级别；若该科目没有设置金额级别，则表示该科目不受金额级别控制。

▶ 任务实施

1.数据权限控制设置

（1）在企业应用平台的"系统服务"选项卡中，执行"权限"→"数据权限控制设置"命令，进入"数据权限控制设置"对话框。

（2）在"记录级"列表中选择"部门"、"科目"和"用户"，单击"确定"按钮，如图3-3-1所示。

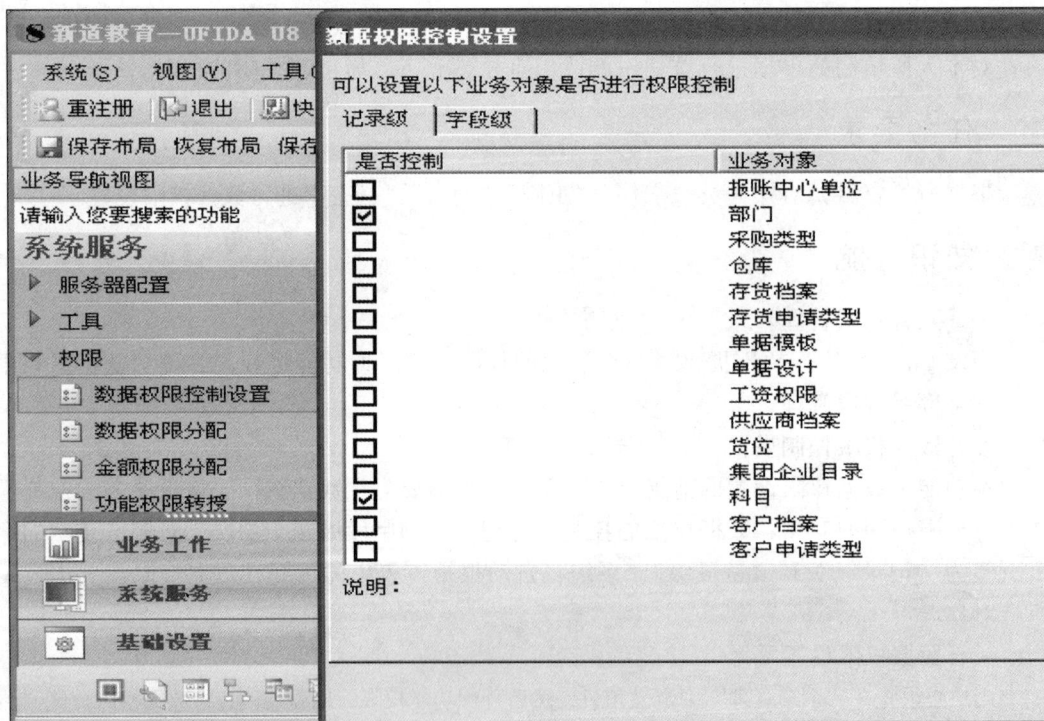

图3-3-1 数据权限控制设置

2.数据权限设置

（1）在企业应用平台的"系统服务"选项卡中，执行"权限"→"数据权限分配"命令，进入"权限浏览"窗口，从"用户及角色"列表中选择"203王刚"，从记录权限业务对象下拉框中选择"科目"，如图3-3-2所示。

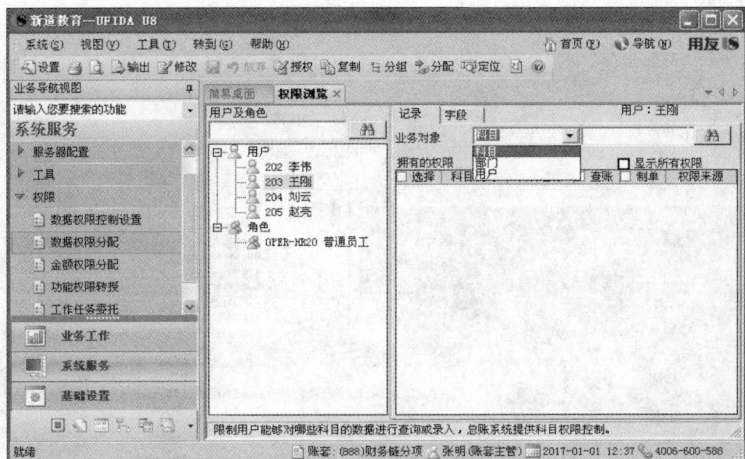

图 3-3-2　权限浏览

（2）单击工具栏上的"授权"按钮，打开"记录权限设置"窗口。

（3）分别将"库存现金"、"银行存款"和"工行存款"科目通过点击">"按钮，从"禁用"列表框中选入"可用"列表框中。

（4）单击"保存"按钮，系统弹出"保存成功，重新登录门户，此配置才能生效！"提示框，如图 3-3-3 所示。

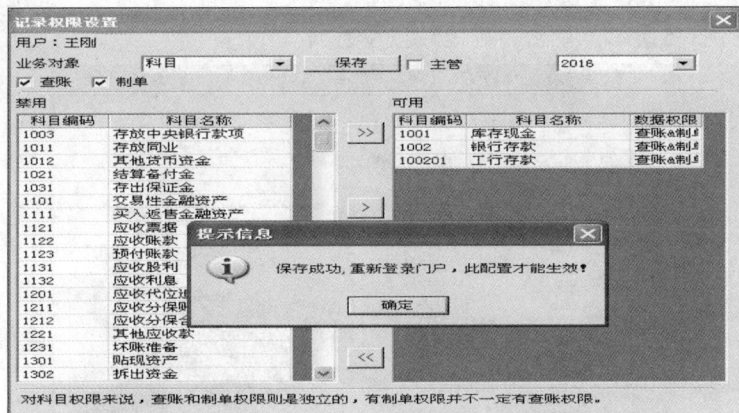

图 3-3-3　记录权限设置——科目设置

（5）单击"确定"按钮，返回"记录权限设置"窗口。

（6）按照同样的操作步骤，在企业应用平台的"系统服务"选项卡中，执行"权限"→"数据权限分配"命令，完成对操作员"刘云"的权限设置，注意取消"制单"复选框中的"√"。单击"保存"按钮，系统弹出"保存成功，重新登录门户，此配置才能生效！"提示框，单击"确定"按钮返回。

（7）在"业务对象"下拉列表框中选择"部门"，单击工具栏上的"授权"按钮，打开"记录权限设置"窗口，单击">>"按钮，将所有部门从"禁用"列表框中选入"可用"列表框中。

（8）单击"保存"按钮，系统弹出"保存成功，重新登录门户，此配置才能生效！"

提示框，如图3-3-4所示，单击"确定"按钮返回。

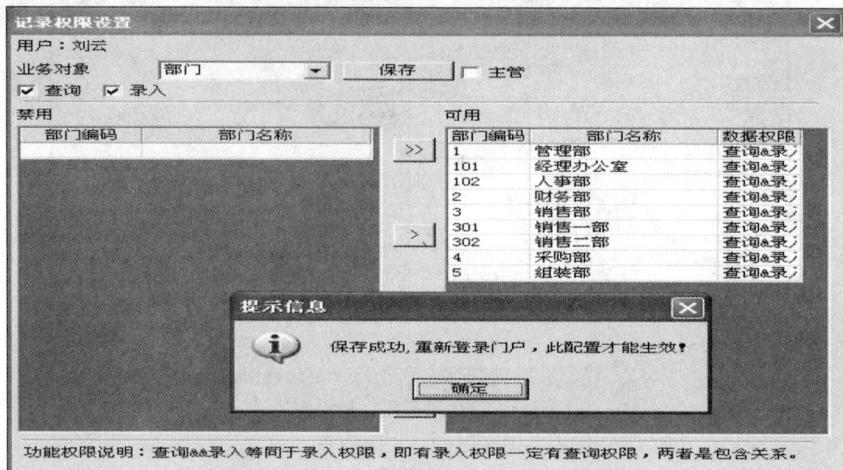

图3-3-4　记录权限设置——部门设置

（9）在"业务对象"下拉列表框中选择"用户"，单击工具栏上的"授权"按钮，打开"记录权限设置"窗口，单击">"按钮，将用户从"禁用"列表框中选入"可用"列表框中。

（10）单击"保存"按钮，系统弹出"保存成功，重新登录门户，此配置才能生效！"提示框，如图3-3-5所示，单击"确定"按钮返回。

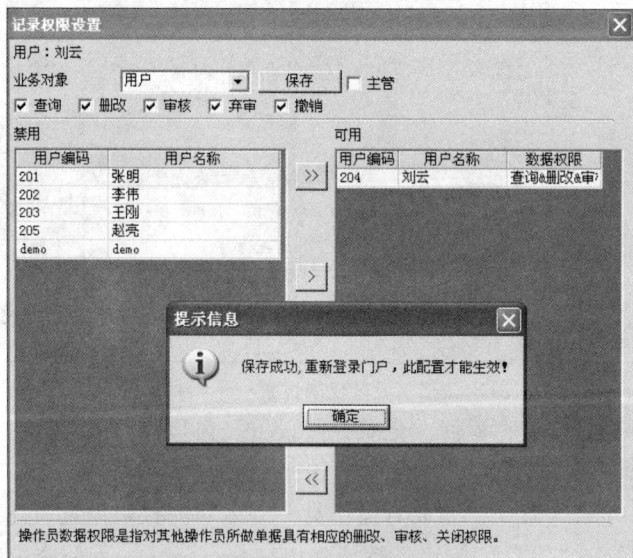

图3-3-5　记录权限设置——用户设置

（11）以此类推，完成操作员"赵亮"和"李伟"的数据权限分配。

特别提示：

　　在"数据权限控制设置"窗口中有"记录级"和"字段级"两个标签，"字段级"是GSP质量管理需要控制的项目，"记录级"是会计核算和企业管理需要控制的项目。

总账系统

知识目标

通过本项目的学习，了解总账系统的功能结构，掌握总账系统的应用流程，掌握总账系统初始化选项设置和录入期初余额的方法，掌握总账系统日常业务中凭证处理和账簿管理的方法，掌握出纳管理的内容和处理方法，掌握期末业务处理的内容和方法。

能力目标

通过本项目的实训，能够结合企业实际进行总账控制参数设置、期初余额录入，以及填制凭证、修改凭证、审核凭证、账簿查询、出纳管理、期末自动转账及结账。

任务一　　　　　　　　　　初始设置

▶ 任务资料

资料一：总账控制参数（见表 4-1-1）

表 4-1-1　　　　　　　　　　　　　　　总账控制参数

选项卡	参数设置
凭证	制单序时控制 支票控制 赤字控制：资金及往来科目 赤字控制方式：提示 可以使用应收、应付受控科目 凭证编号方式采用系统编号
账簿	账簿打印位数、每页打印行数按标准设定 明细账打印按年排页
凭证打印	打印凭证的制单、出纳、审核、记账等人员姓名
预算控制	超出预算允许保存
权限	不允许修改、作废他人填制的凭证 凭证审核控制到操作员 出纳凭证必须由出纳签字 明细账查询权限控制到科目
会计日历	会计日历为 1 月 1 日—12 月 31 日 数量小数位和单价小数位设置为 2
其他	外汇核算采用固定汇率 部门、个人、项目按编码方式排序

注：其余参数按系统默认设置。

资料二：期初余额

1.武汉顺达科技有限公司2017年1月会计账户期初余额表（见表4-1-2）

表4-1-2 会计账户期初余额表 金额单位：元

科目编码	科目名称	方向	辅助核算	期初余额
1001	库存现金	借	日记账	2 900.00
1002	银行存款	借	日记账、银行账	187 540.00
100201	工行存款	借	日记账、银行账	187 540.00
1122	应收账款	借	客户往来、应收系统受控科目	154 000.00
1221	其他应收款	借	个人往来	5 000.00
1231	坏账准备	贷		2 600.00
1402	在途物资	借		2 000.00
1403	原材料	借		414 400.00
140301	CPU	借	数量核算（盒）	48 000.00（100盒）
140302	内存条	借	数量核算（盒）	24 000.00（150盒）
140303	硬盘	借	数量核算（盒）	200 000.00（250盒）
140304	主板	借	数量核算（盒）	62 400.00（80盒）
140305	显卡	借	数量核算（盒）	30 000.00（50盒）
140306	光驱	借	数量核算（盒）	7 500.00（50盒）
140309	显示器	借	数量核算（台）	36 000.00（20台）
140310	键盘	借	数量核算（只）	4 000.00（40只）
140311	鼠标	借	数量核算（只）	2 500.00（50只）
1405	库存商品	借		156 000.00
140501	计算机	借	数量核算（台）	120 000.00（30台）
140502	打印机	借	数量核算（台）	36 000.00（20台）
1411	周转材料	借		19 700.00
141101	包装物	借		14 700.00
141102	低值易耗品	借		5 000.00
1601	固定资产	借		312 400.00
1602	累计折旧	贷		101 202.00
1701	无形资产	借		20 000.00

金额单位：元

科目编码	科目名称	方向	辅助核算	期初余额
2001	短期借款	贷		160 000.00
2202	应付账款	贷	供应商往来、应付系统受控科目	165 000.00
2211	应付职工薪酬	贷		28 000.00
221101	应付工资	贷		18 000.00
221102	应付福利费	贷		10 000.00
2221	应交税费	贷		25 640.00
222102	未交增值税	贷		21 840.00
222106	应交所得税	贷		3 800.00
2241	其他应付款	贷		3 000.00
2231	应付利息	贷		10 000.00
4001	实收资本	贷		550 000.00
4104	利润分配	贷		239 998.00
410403	未分配利润	贷		239 998.00
5001	生产成本	借		11 500.00
500101	直接材料	借	项目核算	8 000.00
500102	直接人工	借	项目核算	2 000.00
500103	制造费用	借	项目核算	1 500.00

注："生产成本"期初数据系因加工计算机项目而发生。

2."应收账款（1122）"辅助账期初余额表（见表4-1-3）

表4-1-3　　　　　　　应收账款（1122）辅助账期初余额表

日期	凭证号数	客户	摘要	方向	金额（元）	业务员
2016-11-12	转-26	讯达商城	赊销计算机10台，含税单价5 265元，并代垫运费5 350元	借	58 000.00	赵军
2016-12-12	转-35	武汉精益	销售CPU200盒，含税单价480元	借	96 000.00	宋飞

3."其他应收款（1221）"辅助账期初余额表（见表4-1-4）

表4-1-4　　　　　　　其他应收款（1221）辅助账期初余额表

日期	凭证号数	部门名称	个人名称	摘要	方向	金额（元）
2016-10-28	转-25	采购部	周军	出差借款	借	5 000.00

4. "应付账款（2202）" 辅助账期初余额表（见表4-1-5）

表4-1-5 应付账款（2202）辅助账期初余额表

日期	凭证号数	供应商	摘要	方向	金额（元）	业务员	票号	票据日期
2016-11-18	转-37	武汉兴隆	购买物资	贷	165 000.00	周军	C51	

▶ 任务要求

（1）根据所给资料，进行总账系统参数设置。

（2）根据所给资料，录入总账系统期初余额。

（3）进行总账期初余额试算平衡操作。

▶ 知识导航

总账管理系统又称账务处理系统、总账系统，主要完成从记账凭证输入到记账、从记账到账簿输出等账务处理工作。总账管理系统是会计信息系统中的核心子系统，它与其他子系统之间有着大量的数据传递关系。总账管理系统的主要功能包括初始设置、凭证管理、出纳管理、账簿管理、辅助核算管理以及期末处理。

总账管理系统的应用流程如图4-1所示，可分为三个阶段：初始设置、日常业务处理和期末处理。

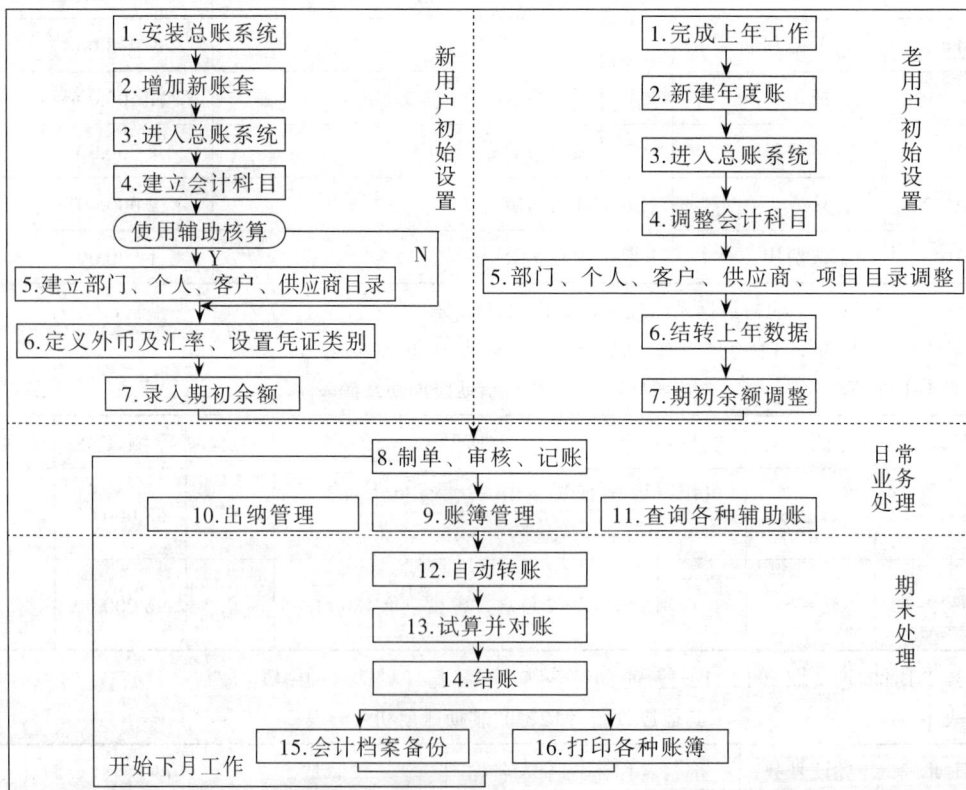

图4-1-1 总账管理子系统的应用流程

总账管理系统初始设置是由企业根据自身的行业特性和管理需求，将通用的总账管理系统设置为适合企业自身特点的专用系统的过程。总账管理系统初始设置主要包括会计科目设置、凭证类别设置、项目目录设置、系统选项设置和期初数据录入等内容。其中，会计科目设置、凭证类别设置、项目目录设置属于基础档案设置内容，前文已经涉及，本项目只介绍系统选项设置和期初数据录入等内容。

一、系统选项设置

系统在建立新账套后由于具体情况需要，或业务变更需要，会发生一些账套信息与核算内容不符的情况，这时可以通过系统选项设置对账簿选项进行调整。用户可对"凭证选项""账簿选项""凭证打印""预算控制""权限选项""会计日历""其他选项""自定义项核算"八部分内容的操作控制选项进行修改。

二、期初数据录入

建立好账套以后，用户还需要在系统中建立基础档案和各账户的余额数据。总账管理系统需要输入的期初数据包括期初余额和累计发生额，企业建账的时间不同，输入的期初数据也会不同。

（一）年初建账

如果选择年初建账，则只需要准备各账户上年年末的余额作为新一年的期初余额，且年初余额和月初余额是相同的。比如，某企业 2017 年 1 月开始启用总账管理系统，则只需要整理该企业 2016 年 12 月末各账户的期末余额作为 2017 年 1 月初的期初余额，因为 2017 年没有累计数据发生，所以 2017 年 1 月的月初余额也是 2017 年的年初余额。

（二）年中建账

如果选择年中建账，那么用户不仅要准备各账户启用会计期间上一期的期末余额作为启用期的期初余额，而且要整理自本年度开始至启用期的各账户累计发生数据。比如，某企业 2017 年 3 月开始启用总账管理系统，则应将企业 2017 年 2 月末各账户的期末余额以及 1 月和 2 月的借、贷方累计发生额整理出来，作为计算机系统的期初数据录入总账管理系统中，系统自动计算年初余额。

▶ **任务实施**

【操作步骤】

1.以账套主管"201张明"的身份登录总账系统

（1）执行"开始"→"程序"→"用友 ERP-U8 V10.1"→"企业应用平台"命令，弹出系统"登录"对话框，选择相关账套、操作员及操作日期，进入企业应用平台。

（2）在企业应用平台的"业务工作"选项卡中，执行"财务会计"→"总账"命令，打开总账系统，如图 4-1-2 所示。

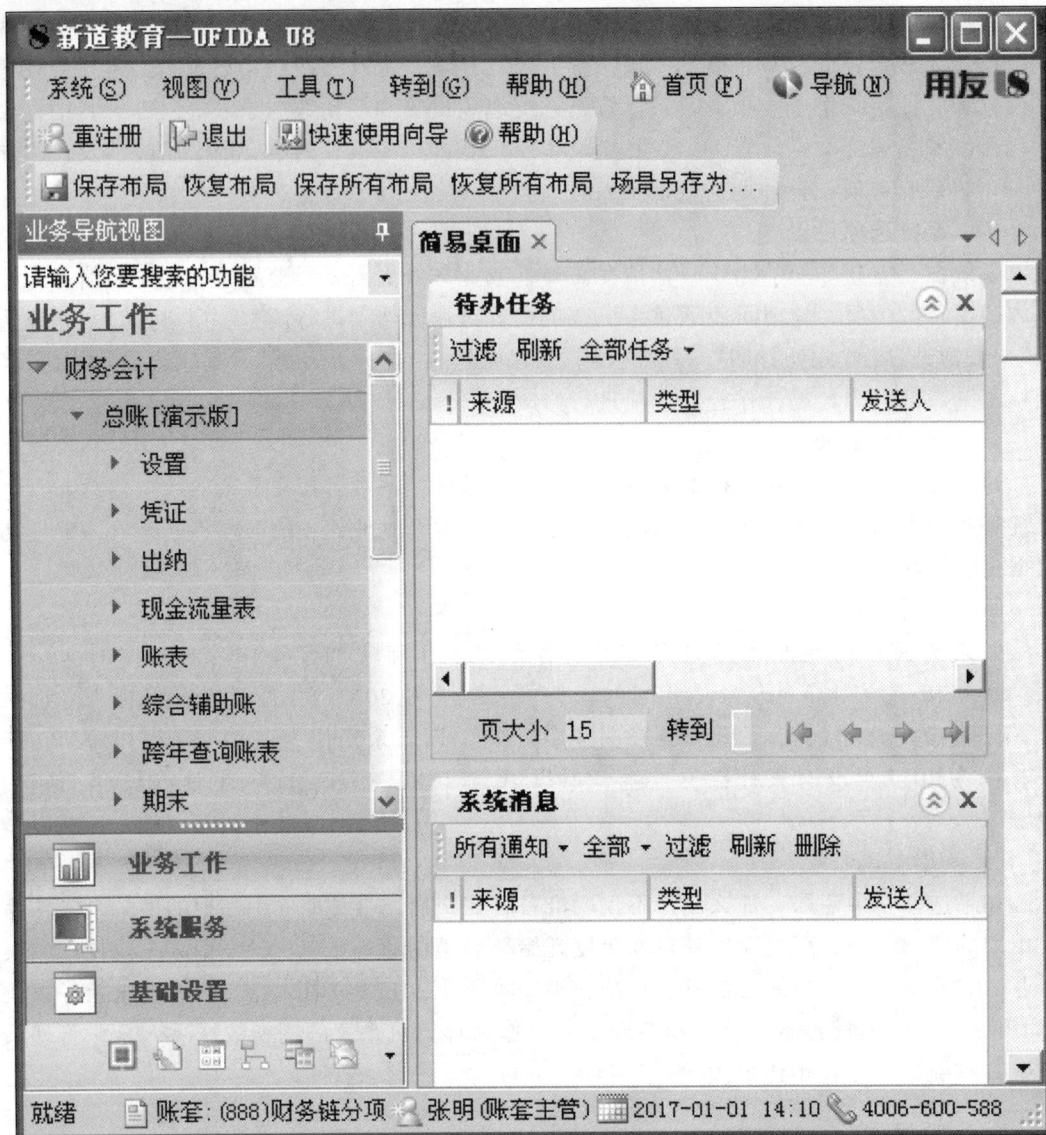

图4-1-2　启动总账系统

特别提示：

①如果在"财务会计"下没有显示"总账"系统，则表示该系统尚未启用，应先启用再注册（启动）。

②登录总账系统的操作员应是具有相应账套操作权限的操作员，系统管理员无权进入企业应用平台对任一账套进行操作。

③输入完操作员和密码后，如果账套显示栏为空白，单击后提示"读取数据源出错：口令不正确！"，则应返回"系统管理"窗口，检查该操作员和密码输入是否正确。

④操作日期必须在总账系统启用日期之后，否则系统会提示"不存在的年度"。

2.选项设置

（1）在总账系统中，单击"设置"→"选项"命令，打开"选项"对话框。

（2）单击"编辑"按钮，进入选项编辑状态。

（3）分别打开"凭证"、"账簿"、"凭证打印"、"预算控制"、"权限"、"会计日历"和"其他"选项卡，按照任务资料的要求进行相应的设置，如图4-1-3所示，最后单击"确定"按钮保存设置。

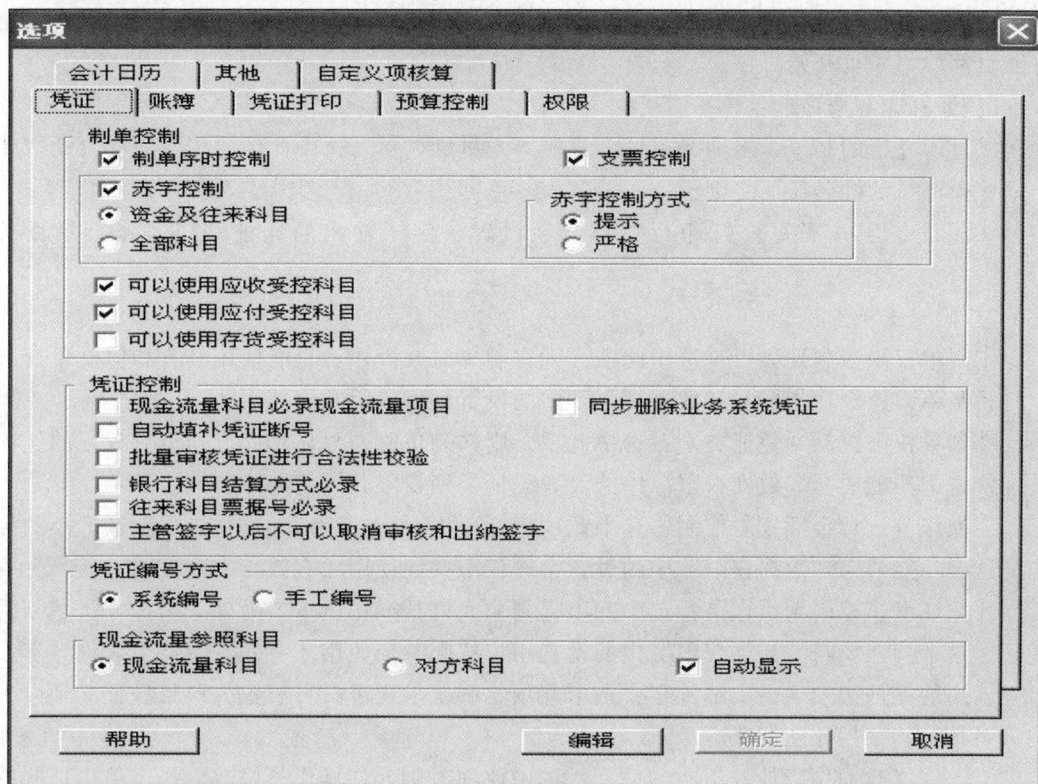

图 4-1-3　总账系统选项设置

主要选项说明：

"凭证"选项卡：

①制单序时控制：选中该复选框，则制单日期只能由前往后填。例如，填制了2017年1月8日的凭证，就不能再填制2017年1月7日及之前日期的凭证了。

②支票控制：选中该复选框，则在使用银行科目编制凭证时，如果录入了未在支票登记簿中登记的支票号，系统将提供登记支票登记簿的功能。

③赤字控制：表示在科目制单时，如果最新余额出现负数，系统将予以提示；控制方式可以选择显示提示或者严格控制（不能再制单）。

④可以使用应收、应付和存货受控科目：通常情况下，对于受控于其他系统的科目，为了防止重复制单，只允许其受控系统使用此科目制单，总账系统则不能使用此科目制单。所以，如果需要在总账系统中使用这些科目制单，则应选择该复选框。

⑤现金流量科目必录现金流量项目：选中该复选框，则在录入凭证时如果使用现金流

量科目，就必须输入现金流量项目及金额，反之则不选中。

⑥凭证编号方式：若选中"系统编号"，则凭证编号自动生成，不受人工干预。

"账簿"选项卡：

①打印位数宽度：在此可定义正式账簿打印时各栏目的宽度。

②凭证、账簿套打：套打是用友公司专门为用友软件用户设计的，适合于用各种打印机输出管理用表单和账簿。

③明细账按年排页：全年账页统一排序，即只有一个第一页。若选择按月排页，则每月账页都从第一页开始排序。

"凭证打印"选项卡：

①打印凭证的制单、出纳、审核、记账等人员姓名：若选中此项，则系统会自动打印出这些操作员的姓名，反之则不打印。

②凭证、正式账每页打印行数：此项设置决定了输出的凭证和正式账页每页的行数。

"权限"选项卡：

①制单权限控制到科目：选中此项，则在制单时，操作员只能使用具有相应制单权限的科目制单，这个功能要与"数据权限"中的设置科目权限共同使用才有效。

②制单权限控制到凭证类别：选中此项，则在制单时，只显示此操作员有权限的凭证类别，这个功能要与"数据权限"中的设置凭证类别权限共同使用才有效。

③操作员进行金额权限控制：选中此项，则可以对不同级别的人员进行金额大小的控制，这个功能要与"数据权限"中的设置金额权限共同使用才有效。

④凭证审核控制到操作员：选中此项，则只允许某操作员审核另外某个操作员填制的凭证，这个功能要与"数据权限"中的设置用户权限共同使用才有效。

⑤出纳凭证必须经由出纳签字：选中此项，则要求现金科目、银行科目凭证必须由出纳人员核对签字后才能记账。

⑥允许修改、作废他人填制的凭证：选中此项，则允许操作员修改、作废他人填制的凭证。如选择"控制到操作员"，则要与"数据权限"中的设置用户权限共同使用才有效。

⑦可查询他人凭证：选中此项，则允许操作员查询他人填制的凭证。如选择"控制到操作员"，则要与"数据权限"中的设置用户权限共同使用才有效。

⑧明细账查询权限控制到科目：这是权限控制的开关，在数据权限设置中设置明细账查询权限，必须在总账系统的"选项"窗口中打开此项，才能起到控制作用。

特别提示：

总账系统的参数将决定总账系统的输入控制、处理方式、数据流向、输出格式等，设置后一般不能随意改变。

3.录入期初余额

在总账系统中，执行"设置"→"期初余额"命令，进入期初余额录入窗口。

（1）末级科目录入（白色区域）：光标定位，直接输入末级科目的期初余额，如在"库存现金"栏录入"2 900"，如图4-1-4所示。"坏账准备"和"固定资产"等科目的录入方法与此相同。

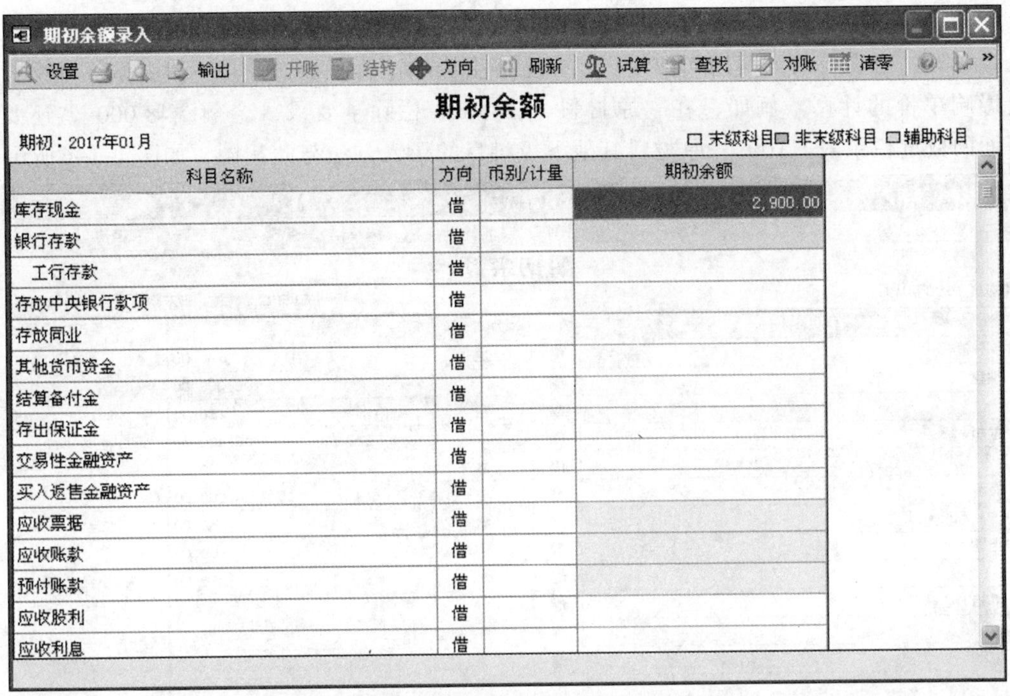

科目名称	方向	币别/计量	期初余额
库存现金	借		2,900.00
银行存款	借		
工行存款	借		
存放中央银行款项	借		
存放同业	借		
其他货币资金	借		
结算备付金	借		
存出保证金	借		
交易性金融资产	借		
买入返售金融资产	借		
应收票据	借		
应收账款	借		
预付账款	借		
应收股利	借		
应收利息	借		

图 4-1-4 期初余额录入——末级科目

（2）非末级科目录入（灰色区域）：非末级科目的期初余额由其下级科目汇总生成，不能直接录入，需要先录入其下级科目期初余额。例如，不能直接录入“银行存款”的期初余额，而应该先在“银行存款——工行存款”这个末级科目处录入“187 540”，则系统会将“银行存款”所属下级科目余额自动汇总并加以显示，如图 4-1-5 所示。“周转材料”和“应付职工薪酬”等科目的录入方法与此相同。

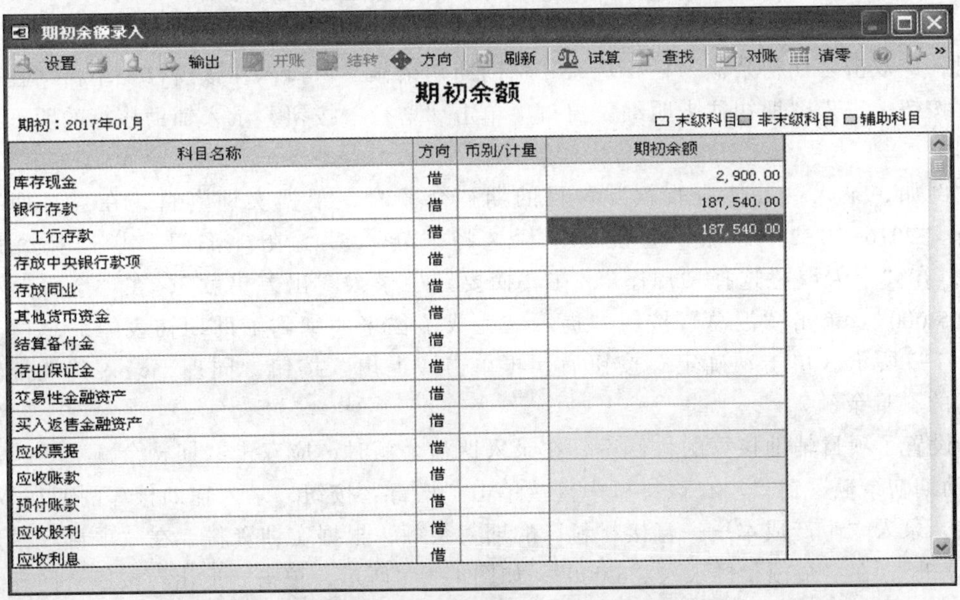

科目名称	方向	币别/计量	期初余额
库存现金	借		2,900.00
银行存款	借		187,540.00
工行存款	借		187,540.00
存放中央银行款项	借		
存放同业	借		
其他货币资金	借		
结算备付金	借		
存出保证金	借		
交易性金融资产	借		
买入返售金融资产	借		
应收票据	借		
应收账款	借		
预付账款	借		
应收股利	借		
应收利息	借		

图 4-1-5 期初余额录入——非末级科目

如果非末级科目下属科目还设置了数量金额核算要求，则除了按上述方法录入末级科目金额外，还需要录入其期初数量，所录金额会影响试算平衡，数量不影响试算平衡，但会影响单价的计算。例如，在"原材料——CPU"栏除了要录入金额"48 000"，还要在下面的数量栏录入"100"，原材料其他下级科目的录入方法与此相同，如图4-1-6所示。

科目名称	方向	币别/计量	期初余额
	借	盒	150.00
硬盘	借		200,000.00
	借	盒	250.00
主板	借		62,400.00
	借	盒	80.00
显卡	借		30,000.00
	借	盒	50.00
光驱	借		7,500.00
	借	盒	50.00
机箱	借		
	借	台	
电源	借		
	借	只	
显示器	借		36,000.00
	借	台	20.00
键盘	借		4,000.00
	借	只	40.00
鼠标	借		2,500.00
	借	只	50.00

图4-1-6 期初余额录入——非末级数量金额核算科目

（3）辅助核算科目录入（黄色区域）：设置了辅助核算的往来科目后，在期初余额录入时，应双击"期初余额"栏，进入"辅助期初余额"窗口。在该窗口中单击"往来明细"按钮，进入"期初往来明细"窗口。单击"增行"按钮，录入辅助核算的明细期初数据。

例如，录入"其他应收款"科目的期初余额时，根据实训资料，在"日期"栏选择"2016-10-28"，在"凭证号"栏选择"转-25"，在"部门"栏选择"采购部"，在"个人"栏选择"周军"，在"摘要"栏录入"出差借款"，在"金额"栏录入"5 000"。单击"汇总"按钮，提示"完成了往来明细到辅助期初表的汇总！"，如图4-1-7所示。单击"确定"按钮后，再单击"退出"按钮。同理，录入其他带辅助核算的科目余额。

设置了项目辅助核算的科目后，在录入期初余额时，应双击"期初余额"栏，进入"辅助期初余额"窗口。在该窗口中直接单击"增行"按钮，录入辅助核算的期初数据。例如，录入"生产成本——直接材料"的期初余额，根据实训资料，在"项目"栏选择"计算机"，在"金额"栏录入"8 000"，如图4-1-8所示，单击"退出"按钮。同理，录入"生产成本——直接人工"和"生产成本——制造费用"的期初余额。

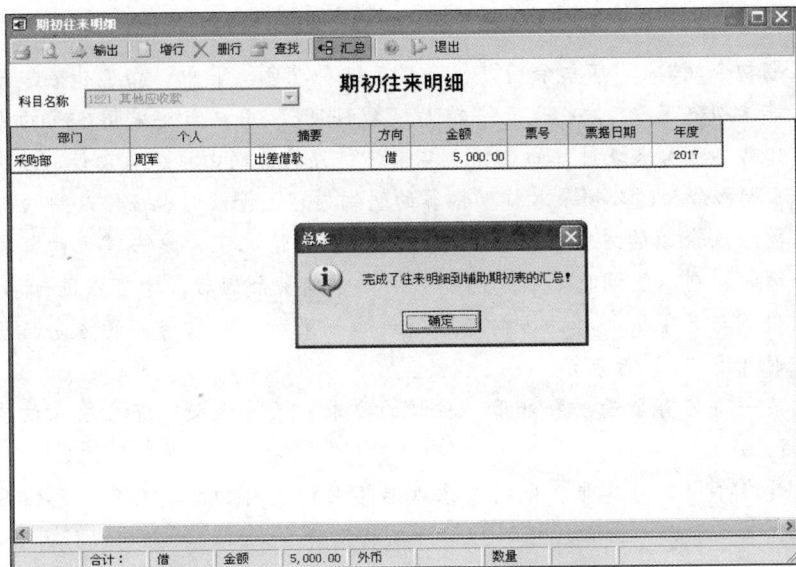

图 4-1-7　期初余额录入——辅助核算科目

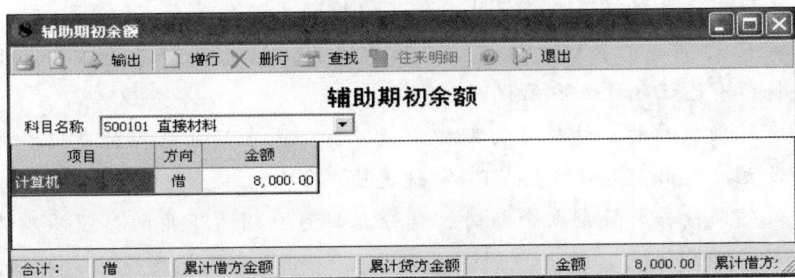

图 4-1-8　期初余额录入——项目辅助核算科目

（4）期初余额试算平衡：在期初余额录入窗口，单击上方的"试算"按钮，系统进行试算平衡，试算结果如图 4-1-9 所示，然后单击"确定"按钮。

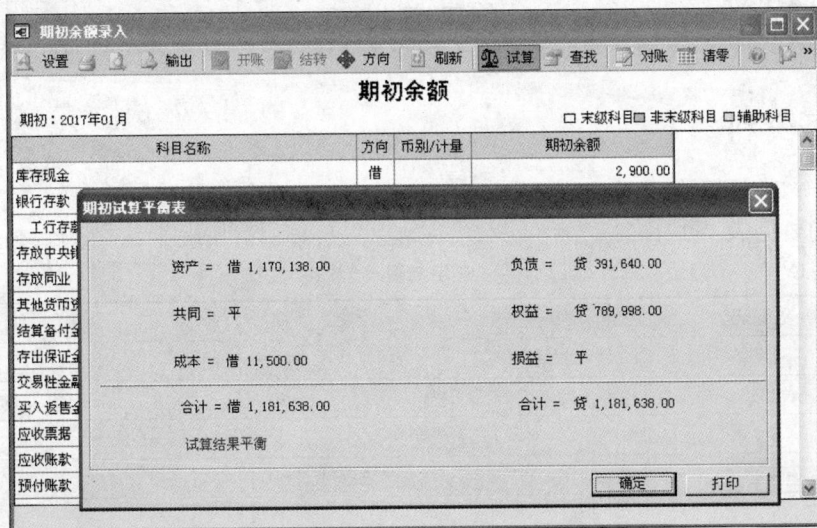

图 4-1-9　期初试算平衡

特别提示：

①录入期初余额时，"期初余额"栏会显示三种颜色。其中，白色代表"末级科目"，灰色代表"非末级科目"，黄色代表"辅助核算科目"，用户需要采用不同的方法进行录入。操作员只需要录入末级科目的余额，非末级科目的余额由系统自动计算生成；辅助核算科目在录入期初余额时必须录入辅助核算的明细内容，修改时也应修改明细内容。

②如果要修改余额的方向，可以在未录入余额的情况下，单击"方向"按钮。已经录入期初余额的，则不能调整余额方向，必须删除期初余额后，才可以进行调整。

③总账科目与其下级科目的方向必须一致。如果所录明细余额的方向与总账余额的方向相反，则可用"－"号表示。

④如果某一科目有数量（或外币）核算的要求，录入余额时还应输入该余额的数量（或外币金额）。

⑤如果是在年中某月建账，则需要录入启用月份的月初余额及年初到该月的借贷方累计发生额，而年初余额由系统根据月初余额及借贷方累计发生额自动计算生成。

⑥系统只能对月初余额的平衡关系进行试算，而不能对年初余额进行试算。如果期初余额试算不平衡，系统将不允许记账，但可以填制凭证。

⑦凭证记账后，期初余额变为浏览、只读状态，只可以查询或打印。如果需要修改，则需要将所有已记账凭证取消记账。

⑧录入有辅助核算的会计科目的期初余额时，如果在期初录入窗口中多拉出一个空白行，而导致无法退出，这时可按"Esc"键退出。

⑨在录入辅助核算科目期初余额时，部分栏目可利用右下角的参照功能调用基础档案内容，如果参照中无内容，则应到"基础设置"→"基础档案"中完善信息。例如，如果不显示对应的个人档案信息（或录入人员编码时，系统提示"人员非法"），则原因可能是未录入"人员档案"信息，或在"人员档案"设置中没有选中"是否业务员"项。

任务二　　凭证处理

▶ 任务资料

资料一：常用摘要

常用摘要见表4-2-1。

表4-2-1　　　　　　　　　　常用摘要

摘要编码	摘要内容
1	购买办公用品
2	购买材料
3	生产领料
4	报销差旅费
5	销售商品
6	完工入库

资料二：发生经济业务

2017年1月武汉顺达科技有限公司发生以下经济业务（薪资业务与固定资产业务见项目六和项目七）：

（1）1日，采购部周军购买500元的办公用品，以现金支付，附普通发票1张。

借：销售费用——办公费用　　　　　　　　　　　　　　　　　500.00

　　贷：库存现金　　　　　　　　　　　　　　　　　　　　　　　500.00

（2）2日，财务部出纳王刚开出1张现金支票2 000元，去银行提现备用，支票号X0011。

借：库存现金　　　　　　　　　　　　　　　　　　　　　　2 000.00

　　贷：银行存款——工行存款　　　　　　　　　　　　　　　2 000.00

（3）3日，组装部为加工计算机领用硬盘30盒，单价800元；领用CPU30盒，单价480元。共计38 400元。

借：生产成本——直接材料　　　　　　　　　　　　　　　38 400.00

　　贷：原材料——硬盘　　　　　　　　　　　　　　　　　24 000.00

　　　　　　——CPU　　　　　　　　　　　　　　　　　14 400.00

（4）3日，业务员周军向武汉伟达公司购买鼠标300只，单价50元，验收入配套件库，并收到采购专用发票1张，票号150011。向武汉伟达公司签发并承兑不带息商业承兑汇票1张，票号H123，用以支付货款，到期日为13日。

借：原材料——鼠标　　　　　　　　　　　　　　　　　　15 000.00

　　应交税费——应交增值税（进项税额）　　　　　　　　　2 550.00

　　贷：应付票据——武汉伟达　　　　　　　　　　　　　　17 550.00

（5）4日，采购部周军出差归来，报销差旅费4 460.00元。

借：管理费用——差旅费用　　　　　　　　　　　　　　　　4 460.00

　　库存现金　　　　　　　　　　　　　　　　　　　　　　　540.00

　　贷：其他应收款——周军　　　　　　　　　　　　　　　　5 000.00

（6）5日，成品库收到组装部加工的10台计算机，完工成本每台4 000元，根据成本计算单，每台材料费3700元、人工费200元、制造费用100元。

借：库存商品——计算机　　　　　　　　　　　　　　　　40 000.00

　　贷：生产成本——直接材料　　　　　　　　　　　　　　37 000.00

　　　　　　——直接人工　　　　　　　　　　　　　　　　2 000.00

　　　　　　——制造费用　　　　　　　　　　　　　　　　1 000.00

（7）7日，业务员周军向武汉伟达公司采购键盘250只，单价100元，将所收到的键盘验收入配套件库。当日收到该货物的专用发票1张，票号150022。采购部将采购发票交给财务部门，财务部门据此确认应付账款和采购成本。

借：原材料——键盘　　　　　　　　　　　　　　　　　　25 000.00

　　应交税费——应交增值税（进项税额）　　　　　　　　　4 250.00

　　贷：应付账款——武汉伟达　　　　　　　　　　　　　　29 250.00

（8）8日，向武汉伟达公司购买内存条100盒，单价180元，验收入配套件库。收到专用发票 1 张，票号 150033。另外，在采购过程中，由天达运输公司承运，武汉伟达先代垫运费。收到天达运输公司开出运费发票 1 张，不含税运费 500 元，票号 150044。

借：原材料——内存条   18 000.00
    应交税费——应交增值税（进项税额）   3 060.00
  贷：应付账款——武汉伟达   21 060.00
借：原材料——内存条   500.00
    应交税费——应交增值税（进项税额）   55.00
  贷：应付账款——武汉伟达   555.00

（9）10 日，发现 7 日从武汉伟达公司购入的键盘质量有问题，退回 10 只，单价 100 元，同时收到票号为 150055 的红字专用发票 1 张。

借：原材料——键盘   -1 000.00
    应交税费——应交增值税（进项税额）   -170.00
  贷：应付账款——武汉伟达   -1 170.00

（10）12 日，以转账支票支付武汉兴隆公司前期货款 165 000 元（票号 C51），转账支票号 Z0011。

借：应付账款——武汉兴隆   165 000.00
  贷：银行存款——工行存款   165 000.00

（11）13 日，将 3 日向武汉伟达公司签发并承兑的不带息商业承兑汇票（票号 H123）结算。

借：应付票据——武汉伟达   17 550.00
  贷：银行存款——工行存款   17 550.00

（12）15 日，销售一部向武汉精益公司出售计算机 10 台，无税单价 4 500 元，货物从成品库发出。当日根据上述发货单开具专用发票 1 张，票号 250011。

借：应收账款——武汉精益   52 650.00
  贷：主营业务收入——计算机   45 000.00
    应交税费——应交增值税（销项税额）   7 650.00

（13）18 日，销售一部从成品库向武汉利群公司销售 10 台计算机，无税单价 4 500 元，发出其所购货物，并据此开具专用发票 1 张，票号 250022。销售一部将销售发票交给财务部，财务部据此确认收入。当日收到武汉利群公司开出不带息商业承兑汇票 1 张支付货款，票号 HP123，到期日为 28 日。

借：应收账款——武汉利群   52 650.00
  贷：主营业务收入——计算机   45 000.00
    应交税费——应交增值税（销项税额）   7 650.00
借：应收票据——武汉利群   52 650.00
  贷：应收账款——武汉利群   52 650.00

（14）20 日，销售二部向黄石讯达商城出售硬盘 50 盒，无税单价 950 元，货物从配套件库发出。当日，根据上述发货单开具专用发票 1 张，票号 250033。同时，以现金支付了一笔代垫的运费 500 元。客户尚未支付该笔款项。

借：应收账款——讯达商城 55 575.00

  贷：其他业务收入 47 500.00

    应交税费——应交增值税（销项税额） 8 075.00

借：应收账款——讯达商城 500.00

  贷：库存现金 500.00

（15）24日，销售二部向黄石讯达商城出售硬盘20盒，无税单价900元，货物从配套件库发出。当日，根据上述发货单开具专用发票1张，票号250044。

借：应收账款——讯达商城 21 060.00

  贷：其他业务收入 18 000.00

    应交税费——应交增值税（销项税额） 3 060.00

（16）25日，发现1月15日向武汉精益公司出售计算机10台的号码为250011的专用发票的无税单价为4 300元。同时，收到客户开出的不带息商业承兑汇票支付全部货款，票号为HP124，到期日为4月25日。

借：应收账款——武汉精益 50 310.00

  贷：主营业务收入——计算机 43 000.00

    应交税费——应交增值税（销项税额） 7 310.00

（上述是对15日的凭证进行无痕迹修改）

借：应收票据——武汉精益 50 310.00

  贷：应收账款——武汉精益 50 310.00

（17）26日，发现24日向黄石讯达商城出售硬盘20盒、无税单价900元、增值税税率17%、号码为250044的专用发票填制错误，应该删除。

（18）27日，收到武汉精益公司以转账支票支付原欠款项96 000元，支票号ZP0011。

借：银行存款——工行存款 96 000.00

  贷：应收账款——武汉精益 96 000.00

（19）28日，将18日收到的武汉利群公司签发并承兑的商业承兑汇票（票号HP123）进行结算。

借：银行存款——工行存款 52 650.00

  贷：应收票据——武汉利群 52 650.00

（20）29日，收到黄石讯达商城以转账支票方式支付前欠款项58 000元，支票号ZP0022。

借：银行存款——工行存款 58 000.00

  贷：应收账款——讯达商城 58 000.00

（21）30日，将收到的武汉精益公司签发并承兑的商业承兑汇票（票号HP124）送银行贴现，贴现率为5%。

借：银行存款——工行存款 49 716.06

  财务费用——利息支出 593.94

  贷：应收票据——武汉精益 50 310.00

（22）31日，确认本月20日为黄石讯达商城代垫的运费500元，作为坏账处理。

```
借：坏账准备                                      500.00
    贷：应收账款——讯达商城                              500.00
```

（23）31日，计提坏账准备（应收账款余额百分比法，计提比例为0.5%）。

```
借：资产减值损失                                    7.87
    贷：坏账准备                                        7.87
```

（24）31日，结转当日销售20台计算机和50盒硬盘的销售成本，计算机每台4 000元，硬盘每盒800元，附单据1张。

```
借：主营业务成本——计算机                        80 000.00
    其他业务成本                                 40 000.00
    贷：库存商品——计算机                              80 000.00
        原材料——硬盘                                  40 000.00
```

说明：上述第（4）、（7）~（11）笔业务也可以在应付款管理系统中进行处理，第（12）~（23）笔业务也可以在应收款管理系统中进行处理。

▶ 任务要求

（1）根据资料一，设置常用摘要。

（2）根据资料二，进行上述经济业务的凭证填制。

（3）将付字0002号提现业务生成常用凭证，代号为"01"，说明为"提现"，并调用生成的常用凭证，进行本月31日从工行提现1 000元的业务操作。

（4）对调用常用凭证生成的提现凭证进行凭证作废、整理操作。

（5）由出纳王刚对收、付凭证进行出纳签字、审核操作。

（6）由张明对全部凭证进行审核及取消审核操作。

（7）由张明查询本月未记账的转账第1号凭证。

（8）由张明对全部凭证进行记账→取消记账→记账操作。

（9）记账后发现第一笔付款业务的会计科目有误，用红字冲销法进行错账更正，并由相关操作员进行出纳签字、凭证审核和记账。

（10）查询本月全部已记账凭证。

▶ 知识导航

凭证是记录企业发生的各项经济业务的载体，是总账系统数据的唯一来源。凭证处理是总账系统的核心功能，主要包括填制凭证、审核凭证、凭证记账等。

一、填制凭证

在实际工作中，用户可以直接在计算机上根据审核无误准予报销的原始凭证填制记账凭证（即前台处理），也可以先由人工制单，然后集中输入（即后台处理）。企业采用哪种方式，应根据本单位的实际情况决定。一般来说，业务量不多或者基础较好的企业可以采用前台处理方式；如果是第一年使用，或处于人机并行阶段，则比较适合采用后台处理方式。

（一）增加凭证

记账凭证的内容一般包括两部分：一是凭证头部分（凭证类别、凭证编号、制单日期、附单据数）；二是凭证正文部分（摘要、科目、辅助信息、金额）。

（二）生成和调用常用凭证

用户可以将某张凭证作为常用凭证保存，以后可按代号调用这张常用凭证。

在填制一张与常用凭证类似或完全相同的凭证时，用户可调用此常用凭证，这样会加快凭证的录入速度。

（三）修改凭证

在填制凭证的过程中，通过翻页查找或输入查询条件，可以找到要修改的凭证，这时将光标移到需要修改的地方即可进行修改。可修改的内容包括摘要、科目、辅助项、金额及方向等。

外部系统传递过来的凭证不能在总账系统中修改，只能在生成该凭证的系统中修改。

（四）作废/恢复凭证

当某张凭证不想要或者出现不便修改的错误时，可以将其作废。凭证上显示"作废"字样，表示已将该凭证作废，作废凭证仍保留凭证内容及凭证编号。

若当前凭证已作废，还可执行"作废/恢复"命令，取消作废标志，并将其恢复为有效凭证。

（五）整理凭证

整理凭证就是删除所有作废凭证，并对未记账凭证重新编号。若本月已有凭证记账，那么本月最后一张已记账凭证之前的凭证将不能进行凭证整理，只能对其后面的未记账凭证进行凭证整理。

（六）制作红字冲销凭证

对于已记账的凭证，若发现有错误，则可以通过执行"冲销凭证"命令制作一张红字冲销凭证。通过红字冲销法生成的凭证，应视同正常凭证进行保存管理。

（七）查看凭证的有关信息

总账系统的填制凭证功能不仅是各账簿数据的输入口，而且具有强大的信息查询功能。通过这一功能，用户可以查询符合条件的凭证信息。

二、审核凭证

为了确保登记到账簿的每一笔经济业务的准确性和可靠性，制单员填制的每一张凭证都必须经过审核员的审核。审核凭证主要包括出纳签字、主管签字和凭证审核三个方面的工作。

（一）出纳签字

出纳人员可通过出纳签字功能对制单员填制的带有现金科目、银行科目的凭证进行检查核对，主要核对出纳凭证的出纳科目及金额是否正确。审查后认为错误或者有异议的凭证，应交由制单员修改后再核对。

（二）主管签字

为了加强对制单的管理，系统还提供了"主管签字"功能供用户选择。选择该功能后，制单员填制的凭证必须经主管签字才能记账。

（三）凭证审核

凭证审核是由具有审核权限的操作员根据财会制度，对制单员填制的记账凭证进行检查核对，主要审核记账凭证是否与原始凭证相符、会计分录是否正确等。审核后认为有错误或者有异议的凭证，应交由填制人员修改后再审核。

三、凭证记账

记账凭证经审核签字后，即可用来登记总账、明细账、日记账、部门账、往来账及项目账等。记账工作由计算机自动进行，不用人工干预。

▶ 任务实施

【操作步骤】

1.设置常用摘要

（1）以"201张明"的身份注册进入企业应用平台，选中"基础设置"选项卡，执行"基础档案"→"其他"→"常用摘要"命令，进入"常用摘要"对话框。

（2）单击"增加"按钮，在"摘要编码"栏录入"1"，在"摘要内容"栏录入"购买办公用品"，继续单击"增加"按钮，录入其他内容，如图4-2-1所示。

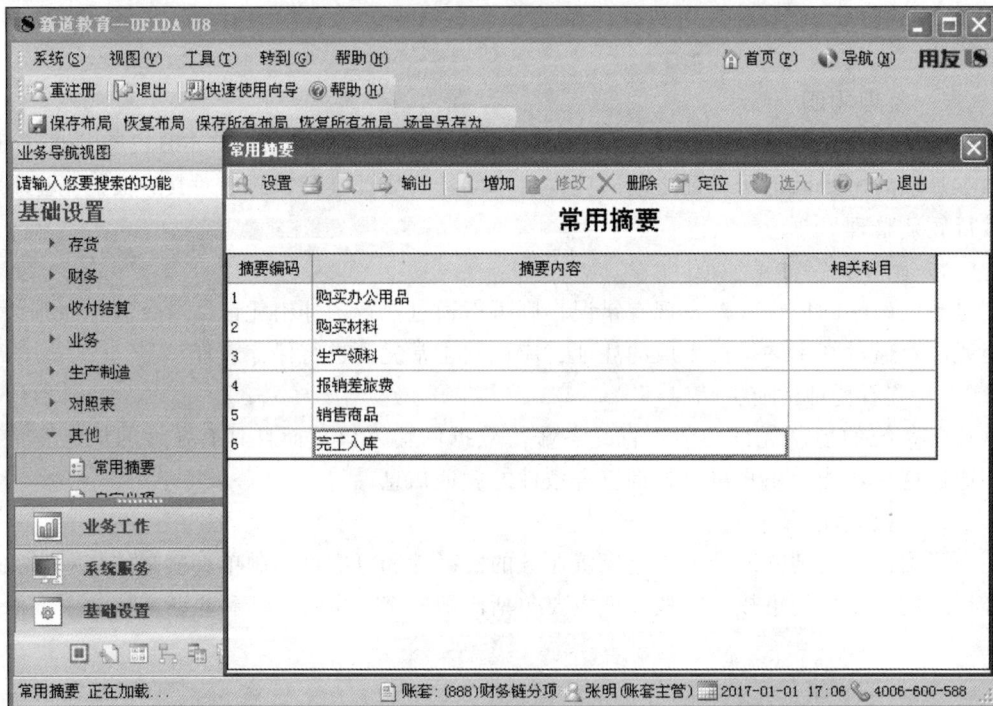

图4-2-1　设置常用摘要

（3）单击"退出"按钮。

特别提示：

①账套主管有权限设置常用摘要。一般操作员需要在"系统管理"中进行"常用摘要"功能权限设置后，方可进行此项操作，如图4-2-2所示。

②设置常用摘要后，可以在填制凭证时调用，以提高凭证的录入速度，但是制单员也必须具有"常用摘要"功能权限，设置方法如图4-2-2所示。

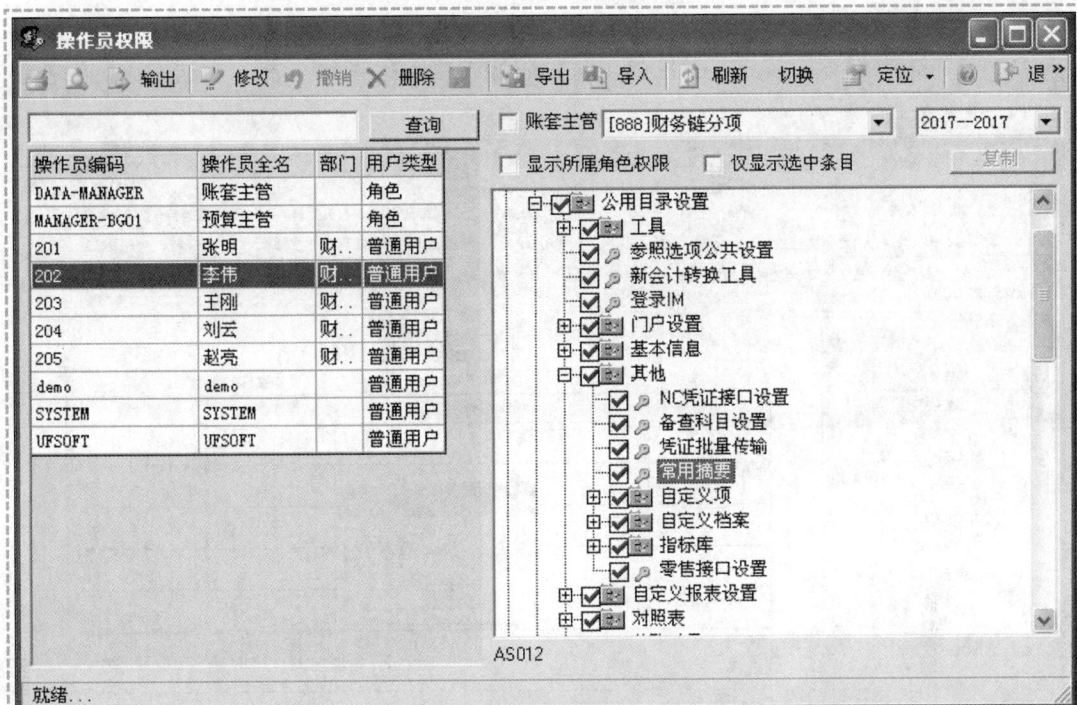

图 4-2-2　设置常用摘要功能权限

③常用摘要的"相关科目"是指使用该摘要时通常使用的相关科目。如果设置相关科目，则在调用该常用摘要时，系统会将相关科目一并列出。

2. 填制记账凭证

业务 1：无辅助核算业务（有意设错，便于练习红字冲销）

（1）以"202 李伟"的身份注册进入企业应用平台。若已经以其他操作员的身份进入企业应用平台，则需要单击左上角的"重注册"按钮。

（2）选中"业务工作"选项卡，执行"总账"→"凭证"→"填制凭证"命令，进入"填制凭证"窗口。

（3）单击"增加"按钮或者按"F5"快捷键。

（4）单击凭证类别的参照按钮，选择"付款凭证"。

（5）修改制单日期为"2017.01.01"。

（6）在"摘要栏"直接录入"购买办公用品"，或者在"摘要栏"录入"1"，按回车键调用第 1 号常用摘要，或者单击"摘要栏"的参照按钮，选择第 1 号常用摘要。

（7）在"科目名称"栏录入科目名称"销售费用/办公费用"，或者录入科目代码"660101"，或者单击参照按钮（或按"F2"快捷键），选择损益类科目"660101 销售费用/办公费用"。

（8）在"借方金额"栏录入"500"。

（9）按回车键复制上一行摘要，在"科目名称"栏录入科目名称"库存现金"，或者录入科目代码"1001"，或者单击参照按钮（或按"F2"快捷键），选择资产类科目"1001 库存现金"。

（10）在"贷方金额"栏录入"500"，或者直接按"＝"键，进行借贷自动平衡。

（11）单击"保存"按钮，系统弹出"凭证已成功保存！"提示框，单击"确定"按钮返回，如图4-2-3所示。

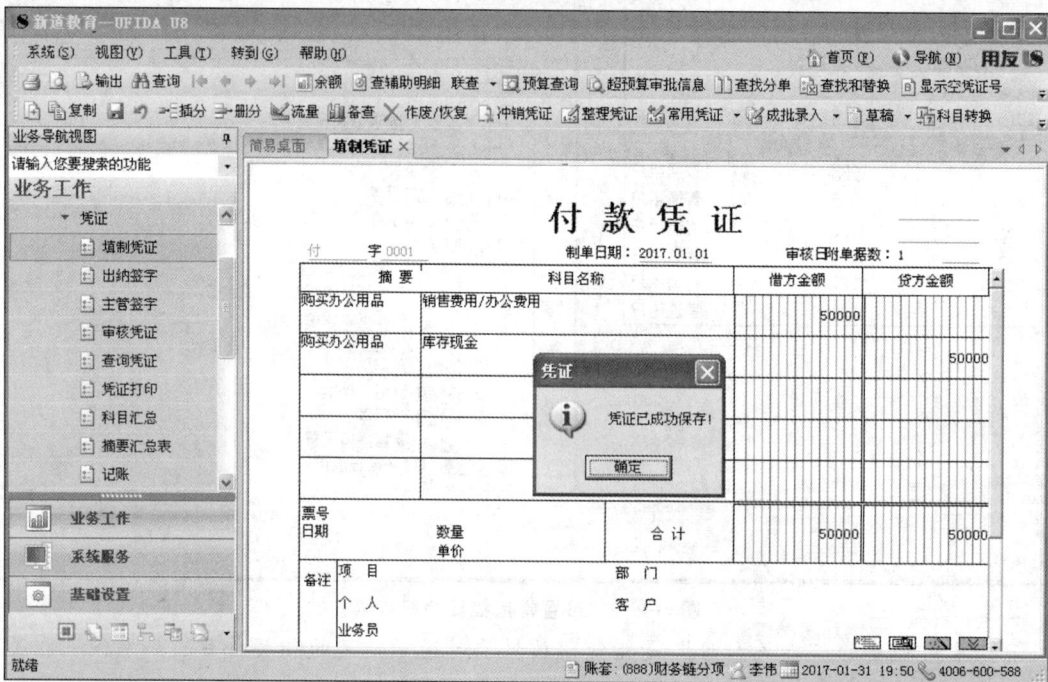

图4-2-3　填制业务1凭证

特别提示：

①填制凭证时，应首先检查当前操作员是否为财务分工中应该进行制单的操作员，否则应以重新注册方式进行更换。

②凭证日期应大于等于总账系统启用日期，并小于等于计算机系统日期。如果录入日期后系统提示"日期不能超前建账日期"，则需要在"基础设置"选项卡的"基本信息"→"系统启用"中检查总账系统启用日期；如果录入日期后系统提示"日期不能滞后系统日期"，则需要检查计算机系统日期。

③凭证体中不同行的摘要可以相同也可以不同，但不能为空。每行摘要都必须随相应的会计科目在明细账、日记账中出现。

④输入的科目名称或科目编码必须是最末级科目。

⑤分录中的金额不能为零，但可以为红字，即如果金额是负数，则在金额处按"－"，系统会显示金额为红字，但在打印凭证时，该金额前会打印出"－"。如果凭证的金额录错了方向，可以按"空格"键改变借贷方向。

⑥在总账选项中，系统规定每页凭证可以有5行，当某张凭证超过5行时，系统将自动在凭证号后标上几分之一，如付0001号0002/0003表示付款凭证第0001号凭证共有3张分单，当前光标所在分录是在第二张分单上。

⑦凭证填制完成后，在未审核前可以直接进行修改。

⑧凭证填制完成后，可以单击"保存"按钮保存凭证，也可以单击"增加"按钮保存并新增一张空白凭证。保存凭证时，如果借贷不平，系统会给出提示，并不予保存。凭证一旦保存，其凭证类别、凭证编号将不能再修改。

⑨如果在设置凭证类别时已经设置了不同种类凭证的限制类型及限制科目，则在填制凭证时，如果凭证类别选择错误，那么在保存凭证时，系统会提示凭证不能满足的条件，此时应根据业务类型重新选择凭证类别。

业务2：辅助核算业务——银行账辅助核算

（1）参照业务1凭证填制过程，录入本业务凭证头信息、摘要栏信息、借方"库存现金"科目及金额信息。

（2）在凭证体第二行录入科目名称"银行存款/工行存款"，或者录入科目代码"100201"，或者单击参照按钮（或按"F2"快捷键），选择资产类科目"100201银行存款/工行存款"。

（3）按回车键，出现"辅助项"对话框，在"结算方式"栏单击参照按钮，双击"现金支票"或直接录入现金支票的编码"201"，在"票号"栏录入"X0011"，单击"确定"按钮，如图4-2-4所示。

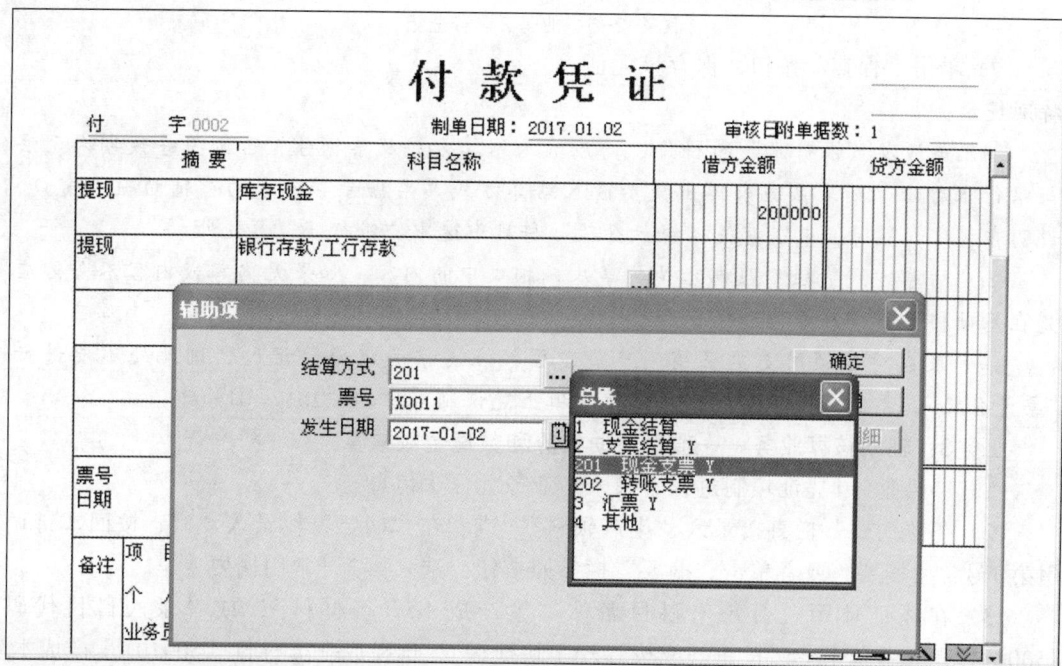

图4-2-4　业务2结算方式录入

（4）凭证输入完成后，若此张支票尚未登记，则系统弹出"此支票尚未登记，是否登记？"对话框。

（5）单击"是"按钮，弹出"票号登记"对话框。

（6）输入领用日期"2017-01-02"，领用部门"2-财务部"，限额"2 000"，用途"提现备用"等内容，如图4-2-5所示，单击"确定"按钮，所登记内容在支票登记簿中可查看。

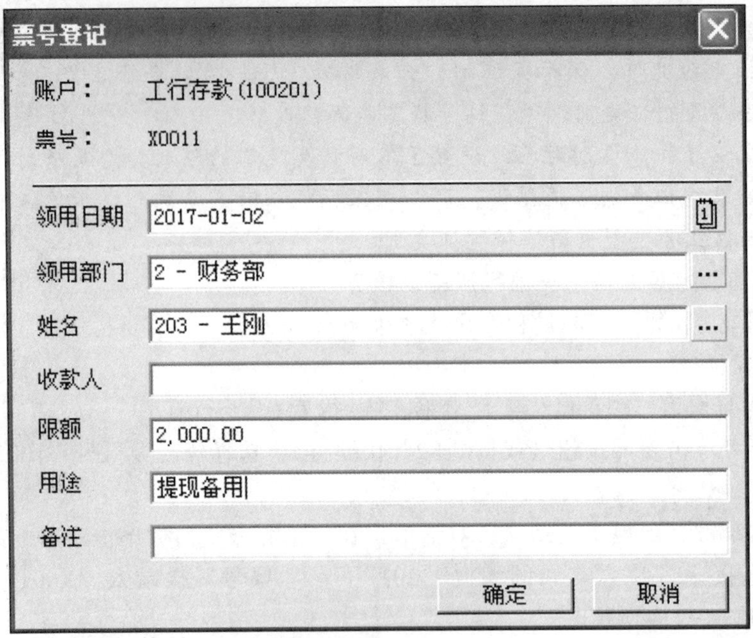

图 4-2-5　业务 2 票号登记

（7）单击"保存"按钮，保存该凭证。

特别提示：

①凡是涉及"银行账"的科目，均应输入结算方式及票据号，否则将导致期末无法与银行账对账。如果系统未弹出提示输入结算方式、票据号等内容的"辅助项"窗口，说明在科目设置时，未在有关"银行存款"科目中选中"银行账"复选框。

②"结算方式"栏参照内容是共享基础档案中的内容，如果无内容或内容不全，应先在基础档案中完善后再选择。

③如果在对已领用支票报销制单前，已经在支票登记簿登记过，则此处不要进行"票号登记"，系统会自动在支票登记簿中填上凭证制单日期"2017-01-02"。

业务 3：辅助核算业务——项目辅助核算和数量金额核算

（1）参照业务 1 凭证填制过程，录入本业务凭证头信息。

（2）在"摘要"栏直接录入"生产领料"，或者在"摘要"栏录入"3"，按回车键调用第 3 号常用摘要，或者单击"摘要"栏参照按钮，选入第 3 号常用摘要。

（3）在凭证体第一行录入科目名称"生产成本/直接材料"，或者录入科目代码"500101"，或者单击参照按钮（或按"F2"快捷键），选择成本类科目"500101生产成本/直接材料"，弹出"辅助项"对话框。

（4）输入项目编号"1"，或者单击参照按钮，双击选择"计算机"项目，单击"确定"按钮，如图 4-2-6 所示。

（5）在"借方金额"栏录入"38400"，然后按回车键。

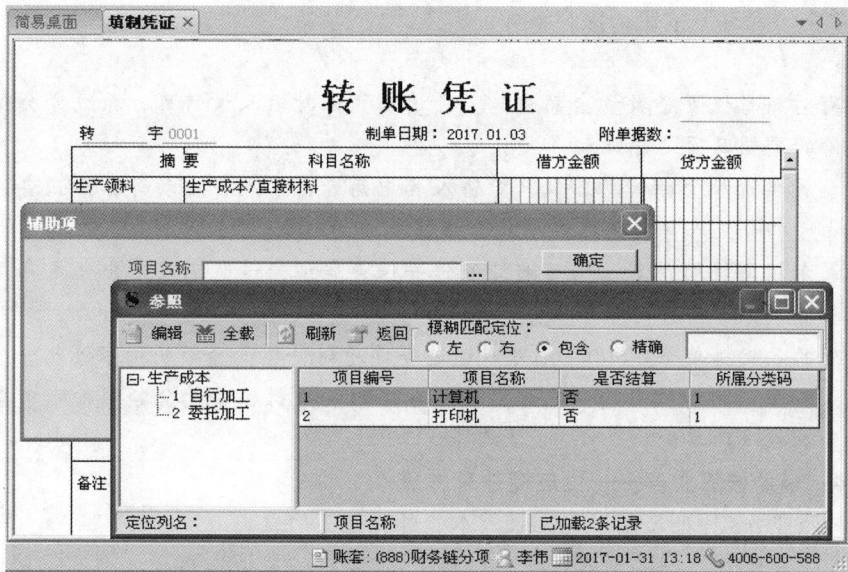

图 4-2-6　业务 3 辅助核算——项目名称录入

特别提示：

①录入项目核算信息的前提是已经在"基础档案"中进行了项目大类、项目核算科目、项目目录维护等设置。

②在录入时，将生产成本数据及时归集到对应的科目，便于准确计算完工产品和在产品的生产成本。

（6）在凭证体第二行录入科目名称"原材料/硬盘"，或者录入科目代码"140303"，弹出"辅助项"对话框。输入数量"30"，单价"800"，单击"确定"按钮，如图 4-2-7 所示。系统会自动将金额信息显示在凭证体"借方金额"栏，所录信息会显示在凭证体下方。

（7）第三行的录入过程同第二行。

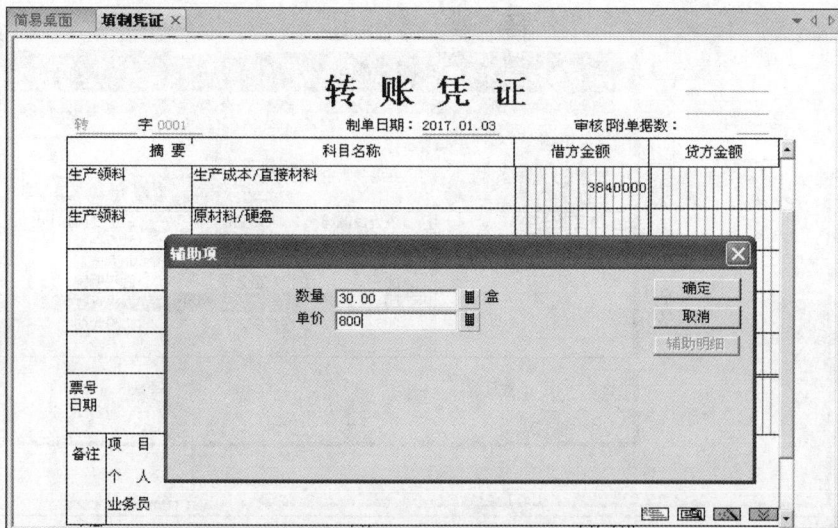

图 4-2-7　业务 3 辅助核算——数量金额录入

（8）单击"保存"按钮，保存该凭证。

特别提示：

①只有对科目设置了数量金额核算，在填制凭证时输入该科目，系统才会弹出输入数量和单价的"辅助项"窗口。

②数量、单价和金额信息三者只能输入其中两者，系统会自动计算第三者，否则可能会出现由于四舍五入导致总账和明细账数据不平的现象。

③如果不填写辅助信息，仍可继续操作并保存凭证，这时不显示出错信息，但有可能导致数量金额核算科目对账不平。

④此处的原材料单价"800"元可以通过查询原材料数量金额明细账（包含未记账凭证）获取。如果采用加权平均法，那么企业也可以在原材料数量金额明细账中查看系统自动算出的加权平均单价。

业务4：辅助核算业务——供应商往来核算

（1）参照业务1凭证填制过程，录入本业务凭证头信息。

（2）在"摘要"栏直接录入"购买材料"，或者在"摘要"栏录入"2"，按回车键调用第2号常用摘要，或者单击"摘要"栏参照按钮，选入第2号常用摘要。

（3）在凭证体第一行录入或参照选择科目名称"原材料/鼠标"，在弹出的辅助项窗口录入数量"300"，单价"50"，在"借方金额"栏自动生成"15000"，然后按回车键。

（4）在凭证体第二行录入或参照录入科目名称"应交税费/应交增值税/进项税额"，或者录入科目代码"22210101"，在"借方金额"栏录入"2550"，然后按回车键。

（5）在凭证体第三行录入或参照录入科目名称"应付票据"，或者录入科目代码"2201"，系统会弹出"辅助项"对话框。在"供应商档案基本参照"窗口选择"武汉伟达公司"，如图4-2-8所示。在业务员参照窗口选择"周军"，票号录入"150011"。

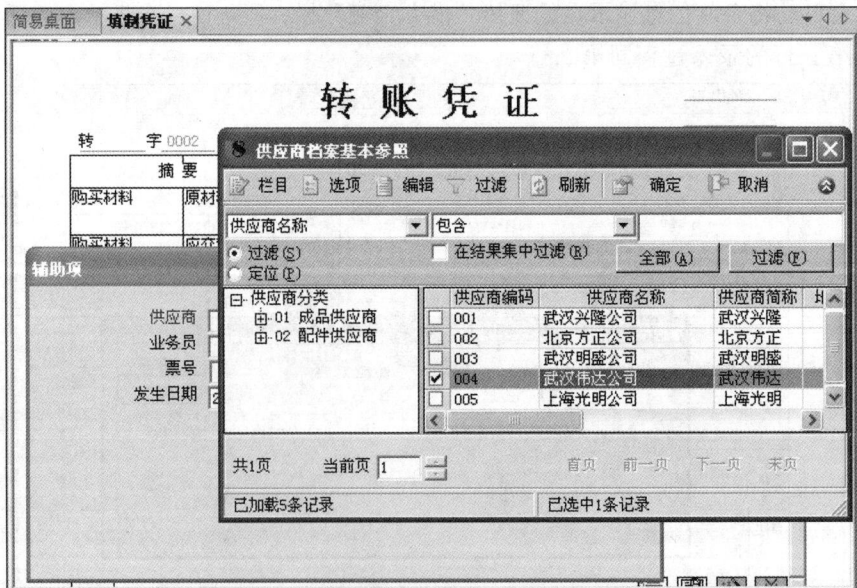

图4-2-8 业务4辅助核算——供应商往来录入

（6）单击"保存"按钮，保存该凭证。

特别提示：

①只有对科目设置了辅助核算，在填制凭证时输入该科目，系统才会弹出"辅助项"窗口。

②在填制凭证时如果使用设置了辅助核算的会计科目，则除了要录入金额信息，还应录入其辅助信息。如果不填辅助信息，仍可继续操作，这时不会显示出错信息，但不能查询到辅助账的相关资料。

③如果同时启用应付款管理系统，"应付票据""应付账款"等往来科目又设置为供应商往来辅助核算，则相应的应付业务一般在应付款管理系统中处理，在总账系统中不必处理该类业务。如果在启用应付款管理系统的同时，仍然在总账系统中处理应付业务，则需要在总账系统的选项设置中勾选"可以使用应付受控科目"。本教材为了让学生了解两种不同的做法，在总账系统中对应付业务也进行了处理。

业务5：辅助核算业务——部门核算和个人往来辅助核算

（1）参照业务1凭证填制过程，录入本业务凭证头信息。

（2）在"摘要"栏直接录入"报销差旅费"，或者在"摘要"栏录入"4"，按回车键调用第4号常用摘要，或者单击摘要栏参照按钮，选入第4号常用摘要。

（3）在凭证体第一行"科目名称"栏录入科目名称"管理费用/差旅费用"，或者录入科目代码"660203"，或者单击参照按钮（或按"F2"快捷键），选择损益类科目"660203管理费用/差旅费用"。

（4）按回车键，出现"辅助项"对话框，单击参照按钮，选择"采购部"或直接录入采购部的编码"4"，如图4-2-9所示，单击"确定"按钮。

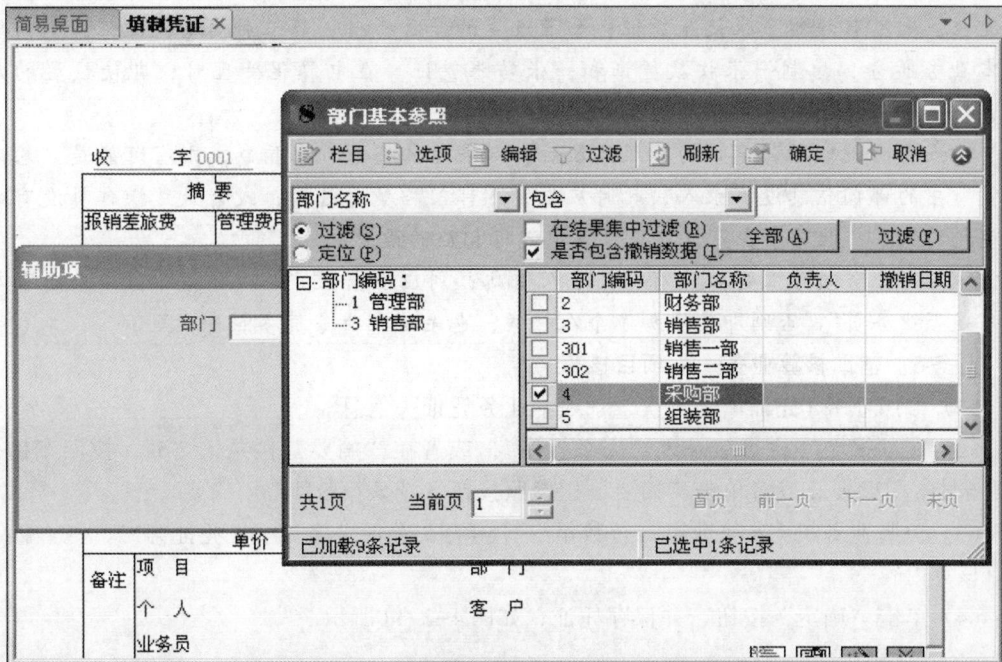

图4-2-9　业务5辅助核算——部门核算录入

（5）在凭证体第二行录入科目名称"库存现金"，或者录入科目代码"1001"，在借方金额栏录入"540"。

（6）在凭证体第三行录入科目名称"其他应收款"，或者录入科目代码"1221"，系统弹出"辅助项"对话框。录入或选择部门"采购部"，个人"周军"，如图4-2-10所示。

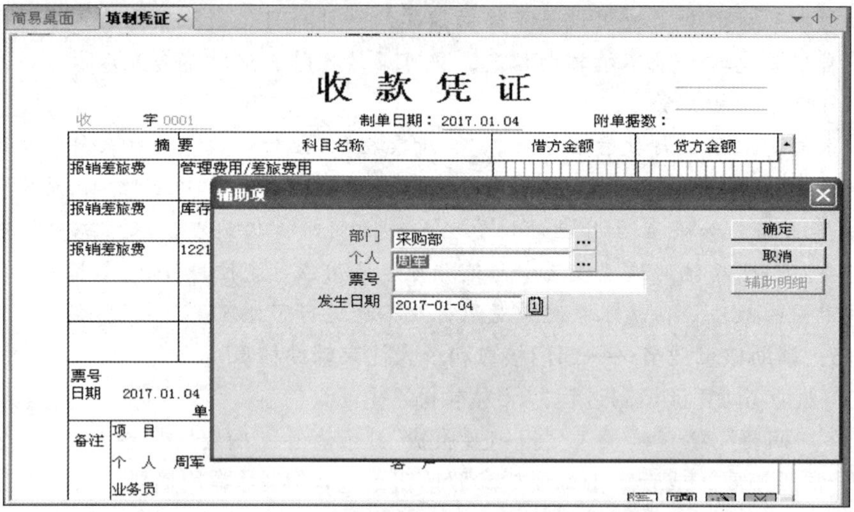

图4-2-10　业务5辅助核算——个人往来辅助核算录入

（7）单击"确定"按钮，并保存凭证。

特别提示：

①本业务中借方会计科目有两个，即"库存现金"和"管理费用/差旅费"；贷方科目只有一个，即"其他应收款/周军"。在手工处理中，如果设置凭证类别时选用的是记账凭证，则可只填制一张记账凭证；如果设置的是收、付、转三种类型的凭证，则需要将本业务拆分，填制一张收款凭证和一张转账凭证。在电算化处理时，即使设置的是收、付、转三种类型的凭证，也可只填制一张收款凭证。

②点击"辅助项"窗口的参照按钮后，如果无法查看部门信息，则有可能是"基础档案"中的部门信息没有录入，此时应先完善部门档案再选择；或者是该操作员没有部门查询的权限，此时应在数据权限设置中进行相应的设置。

③如果业务员参照窗口没有相关个人信息，则应检查在"个人档案"窗口中是否勾选"是否业务员"，否则即使添加了个人档案，也无法在业务员参照窗口显示。

业务6：辅助核算业务——项目核算

（1）参照业务1凭证填制过程，录入本业务凭证头信息。

（2）在"摘要"栏直接录入"完工入库"，或者在"摘要"栏录入"6"，按回车键调用第6号常用摘要，或者单击"摘要"栏参照按钮，选入第6号常用摘要。

（3）参照业务3录入凭证第一行数量核算内容，参照业务3录入凭证第二、三、四行项目核算内容。

（4）单击"确定"按钮，并保存凭证，如图4-2-11所示。

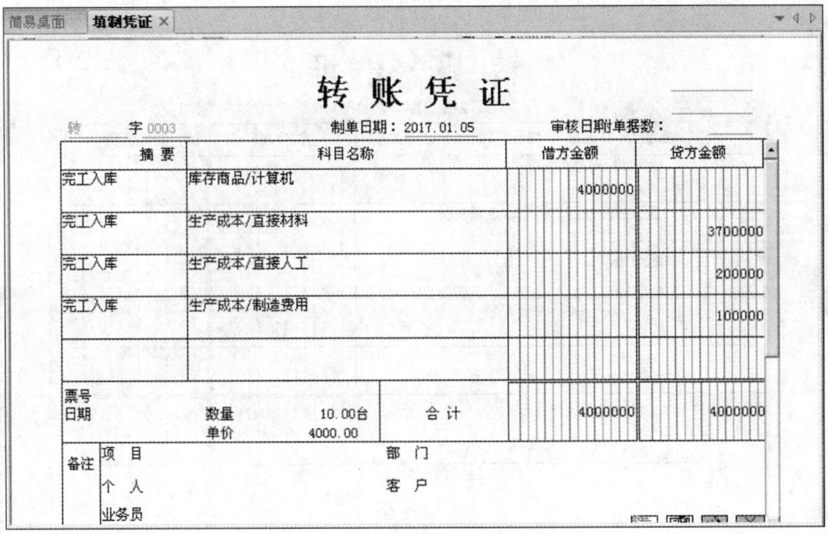

图4-2-11 业务6凭证录入

业务7：辅助核算业务——供应商往来核算

（1）参照业务3录入凭证第一行数量核算内容。参照业务4录入凭证第三行供应商往来内容。

（2）其他录入同业务1，不再赘述。

（3）单击"确定"按钮，并保存凭证，如图4-2-12所示。

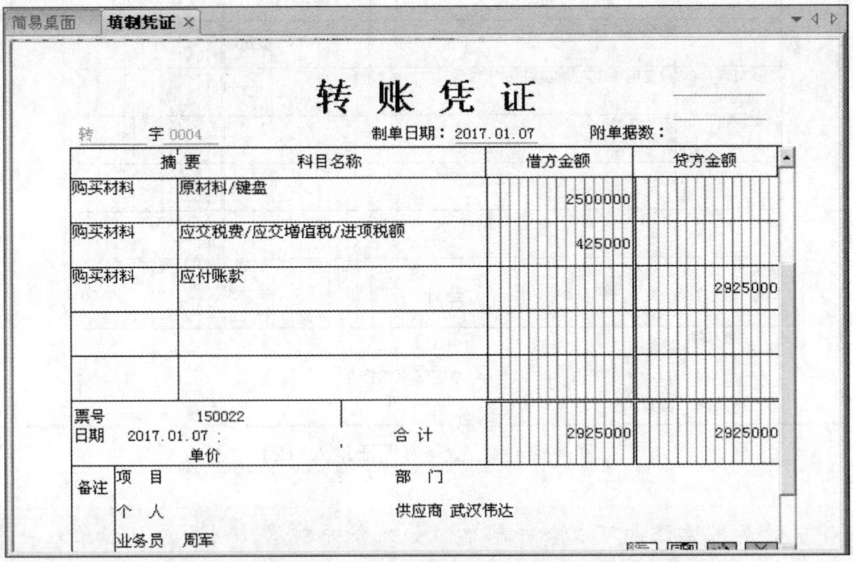

图4-2-12 业务7凭证录入

业务8：辅助核算业务——供应商往来核算

（1）参照业务3录入凭证第一行数量核算内容，参照业务4录入凭证第三行供应商往来内容。

（2）其他录入同业务1，不再赘述。

（3）单击"确定"按钮，并保存凭证，如图4-2-13所示。

图4-2-13　业务8凭证录入（1）

（4）同理录入运费凭证，如图4-2-14所示。

图4-2-14　业务8凭证录入（2）

特别提示：

　　本业务中的两张凭证也可以合并制单，如果合并制单，则票号只能录入一个。如果分开制单，注意凭证中"原材料/内存条"的数量必须为空。此处的供应商"武汉伟达"实际上是运费的代垫商。

　　业务9：辅助核算业务——供应商往来核算（红字业务）

　　（1）参照业务3录入凭证第一行数量核算内容，注意此处的数量应录入"−10"，系统将"−1000"自动显示为红字"1000"。参照业务4录入第三行供应商往来内容。

　　（2）其他录入同业务1，不再赘述。

（3）单击"确定"按钮，并保存凭证，如图4-2-15所示。

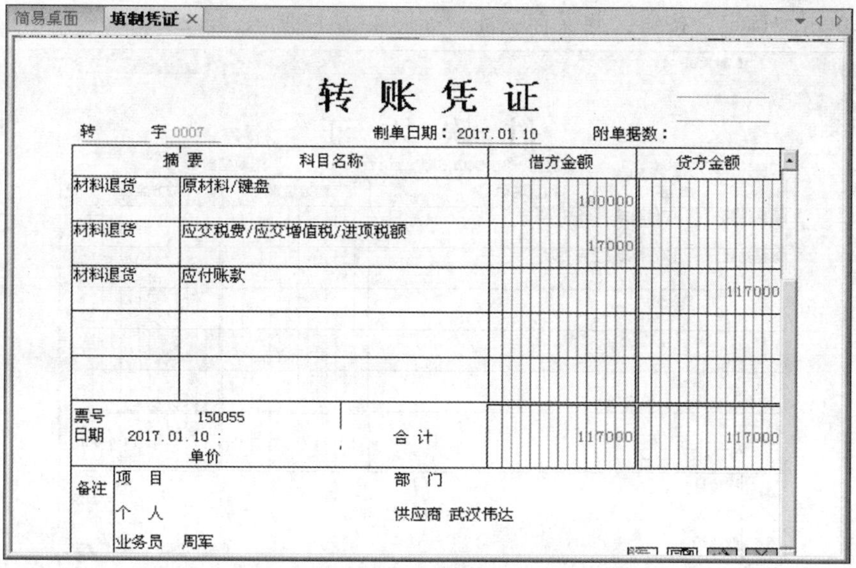

转 账 凭 证

转　字 0007　　制单日期：2017.01.10　　附单据数：

摘　要	科目名称	借方金额	贷方金额
材料退货	原材料/键盘	100000	
材料退货	应交税费/应交增值税/进项税额	17000	
材料退货	应付账款		117000

票号　150055
日期　2017.01.10：　　合　计　　117000　　117000
　　　单价

备注
项　目　　　　部　门
个　人　　　　供应商　武汉伟达
业务员　周军

图4-2-15　业务9凭证录入

业务10：辅助核算业务——向供应商采购付款业务

（1）参照业务3录入凭证第一行供应商核算内容，此处录入票号应为C51。参照业务2录入第二行银行账核算内容，此处录入票号应为Z0011。

（2）其他录入同业务1，不再赘述。

（3）单击"确定"按钮，并保存凭证，如图4-2-16所示。

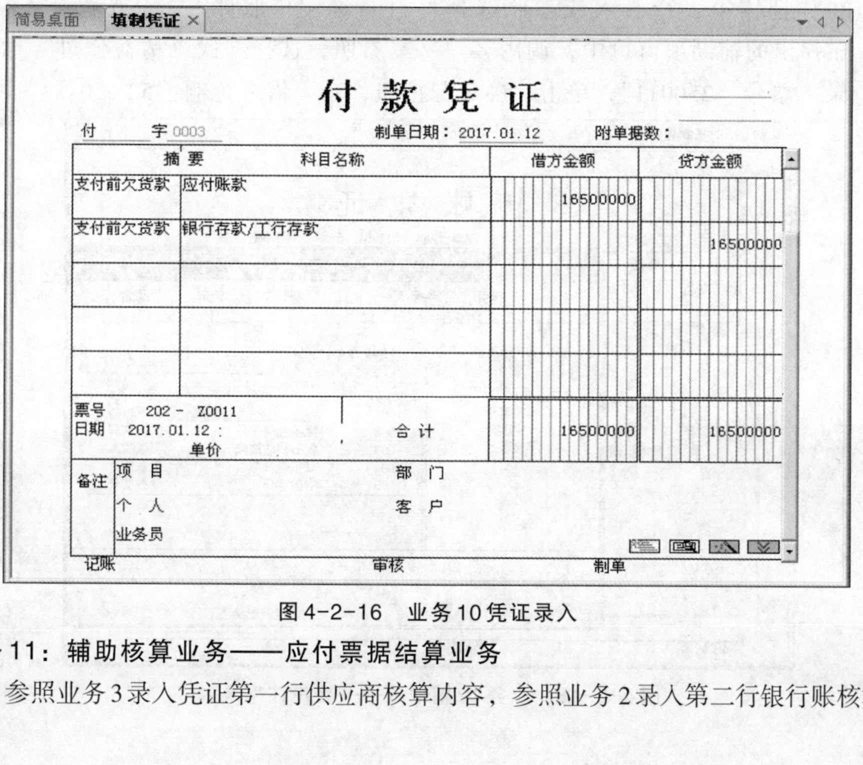

付 款 凭 证

付　字 0003　　制单日期：2017.01.12　　附单据数：

摘　要	科目名称	借方金额	贷方金额
支付前欠货款	应付账款	16500000	
支付前欠货款	银行存款/工行存款		16500000

票号　202 - Z0011
日期　2017.01.12：　　合　计　　16500000　　16500000
　　　单价

备注
项　目　　　　部　门
个　人　　　　客　户
业务员

记账　　　　审核　　　　制单

图4-2-16　业务10凭证录入

业务11：辅助核算业务——应付票据结算业务

（1）参照业务3录入凭证第一行供应商核算内容，参照业务2录入第二行银行账核算内容。

（2）其他录入同业务1，不再赘述。

（3）单击"确定"按钮，并保存凭证，如图4-2-17所示。

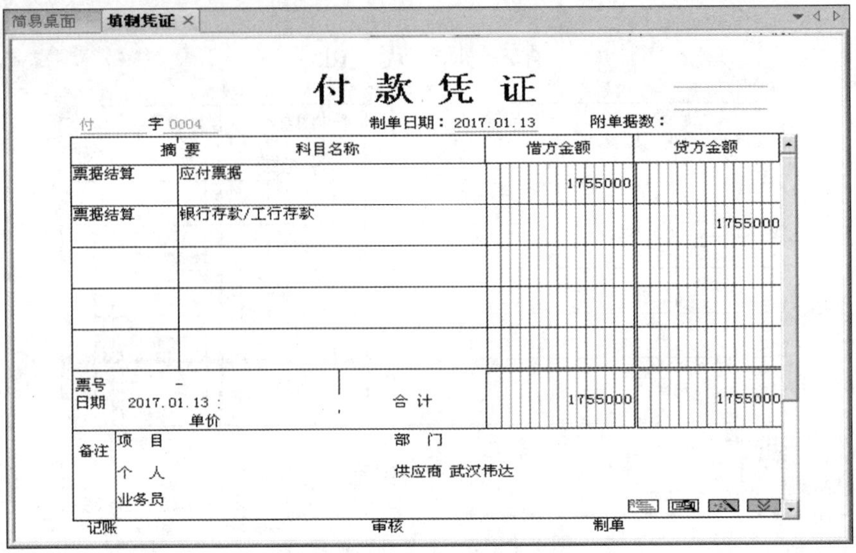

图4-2-17　业务11凭证录入

业务12：辅助核算业务——客户往来核算

（1）参照业务1凭证填制过程，录入本业务凭证头信息。

（2）在"摘要"栏直接录入"销售商品"，或者在摘要栏录入"5"，按回车键调用第5号常用摘要，或者单击"摘要"栏参照按钮，选入第5号常用摘要。

（3）在凭证体第一行录入或参照选择科目名称"应收账款"，或者录入科目代码"1122"，在弹出的辅助项窗口中，调用客户基本参照，选择"武汉精益公司"，如图4-2-18所示。录入票号"250011"，单击"确定"按钮，录入借方金额"52 650"。

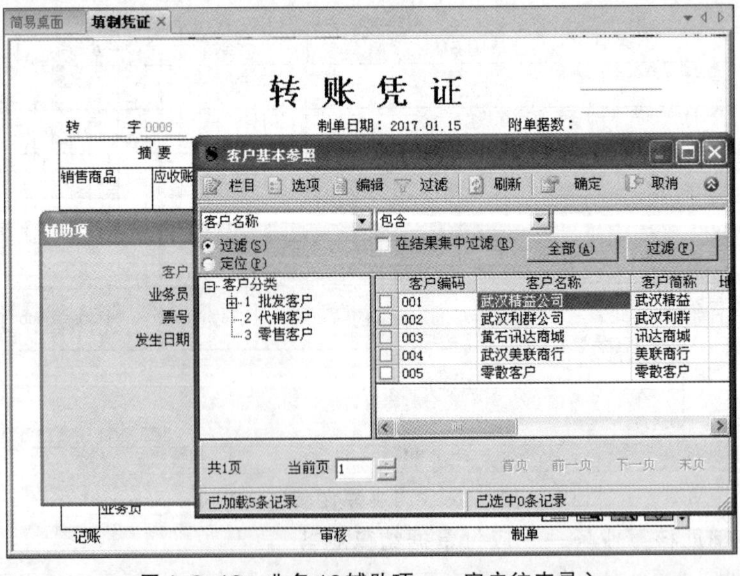

图4-2-18　业务12辅助项——客户往来录入

（4）在凭证体第二行录入或参照录入科目名称"主营业务收入/计算机"，或者录入科目代码"600101"，贷方金额录入"45000"，按回车键。

（5）在凭证体第三行录入或参照录入科目名称"应交税费/应交增值税/销项税额"，或者录入科目代码"22210105"，录入贷方金额"7650"。

（6）单击"保存"按钮，保存该凭证，如图4-2-19所示。

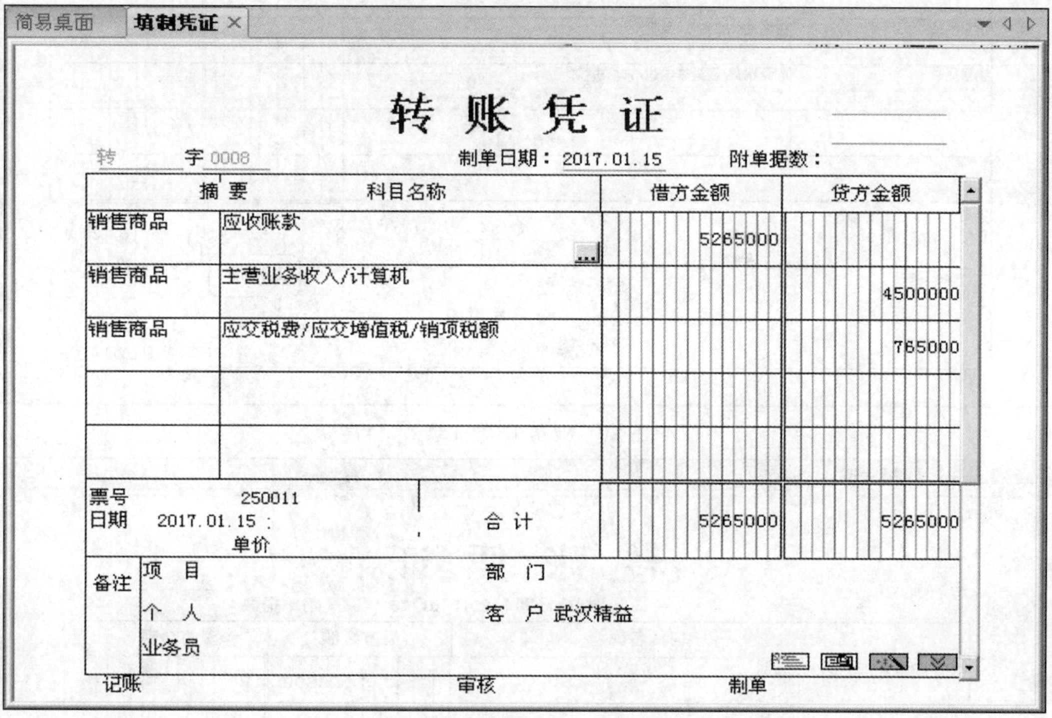

图4-2-19 业务12凭证录入

特别提示：

如果同时启用应收款管理系统，"应收票据""应收账款"等往来科目又设置为客户往来辅助核算，则相应的应收业务一般在应收款管理系统中处理，在总账系统中不必处理该类业务。如果在启用应收款管理系统的同时，仍然在总账系统中处理应收业务，则需要在总账系统的选项设置中勾选"可以使用应收受控科目"。本教材为了让学生了解两种不同的做法，在总账系统中对应收业务也进行了处理。

业务13：辅助核算业务——客户往来核算（收到票据）

（1）参照业务12录入客户往来内容，其他录入同业务1，不再赘述。

（2）单击"确定"按钮，并保存凭证，如图4-2-20所示。

（3）继续处理收到商业汇票业务，参照业务12录入客户往来内容，其他录入同业务1，单击"确定"按钮，并保存凭证，如图4-2-21所示。

业务14：辅助核算业务——客户往来核算（代垫运费）

（1）参照业务12录入客户往来内容，其他录入同业务1，不再赘述。

（2）单击"确定"按钮，并保存凭证，如图4-2-22所示。

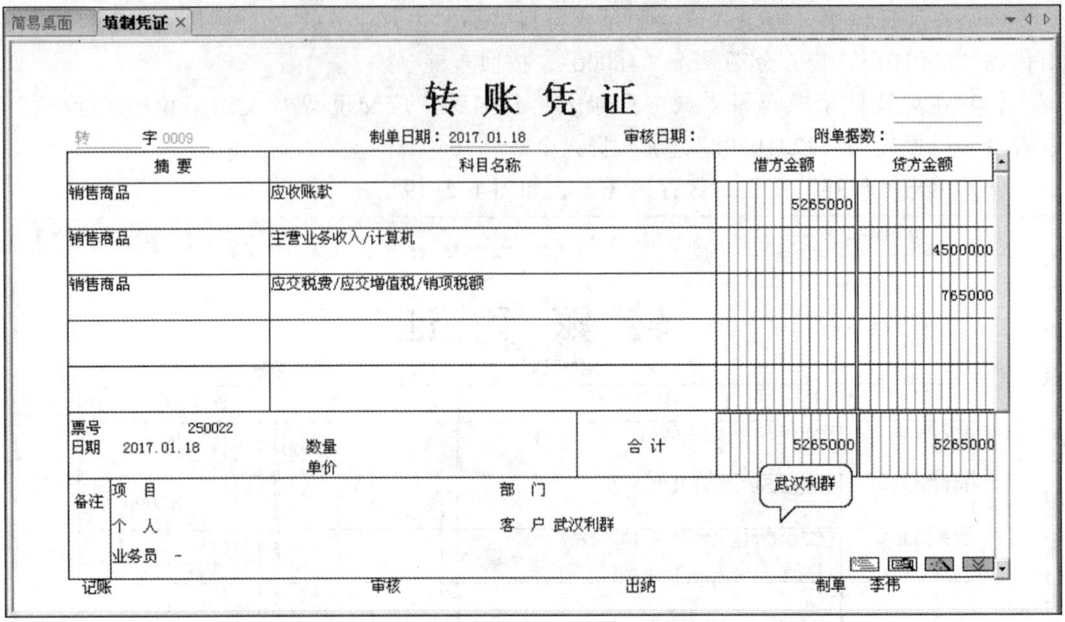

简易桌面　填制凭证 ×

转 账 凭 证

转　字 0009　　制单日期：2017.01.18　　审核日期：　　附单据数：

摘 要	科目名称	借方金额	贷方金额
销售商品	应收账款	5265000	
销售商品	主营业务收入/计算机		4500000
销售商品	应交税费/应交增值税/销项税额		765000
票号 250022 日期 2017.01.18 数量 单价	合 计	5265000	5265000

备注　项 目　　部 门
　　　个 人　　客 户 武汉利群
　　　业务员 -

武汉利群

记账　审核　出纳　制单 李伟

图 4-2-20　业务 13 凭证录入（1）

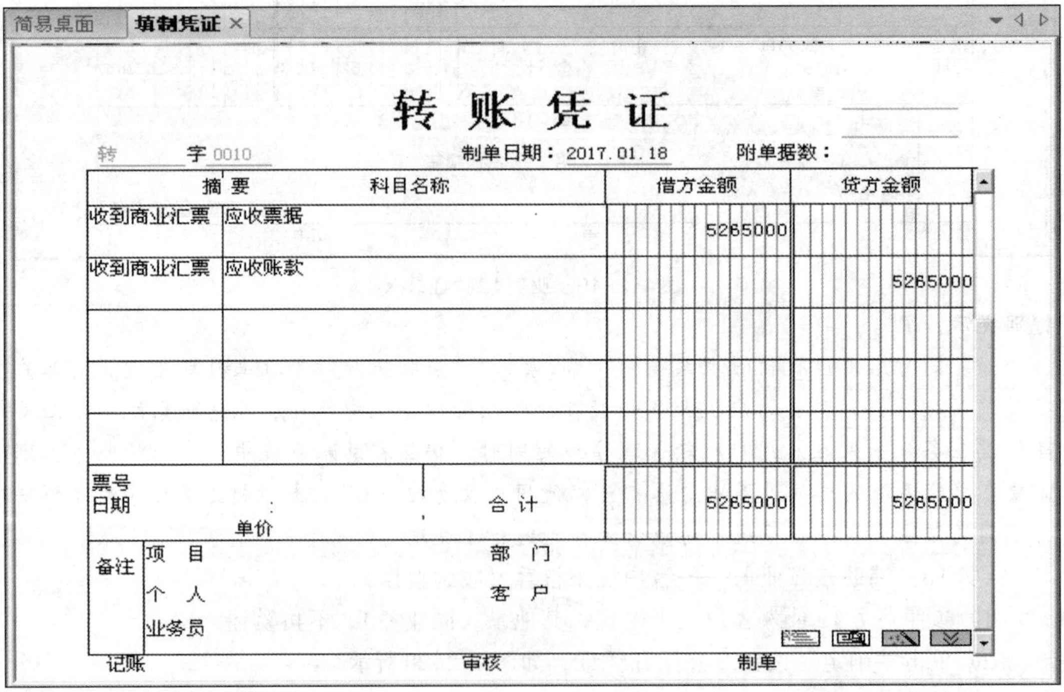

简易桌面　填制凭证 ×

转 账 凭 证

转　字 0010　　制单日期：2017.01.18　　附单据数：

摘 要	科目名称	借方金额	贷方金额
收到商业汇票	应收票据	5265000	
收到商业汇票	应收账款		5265000
票号 日期 单价	合 计	5265000	5265000

备注　项 目　　部 门
　　　个 人　　客 户
　　　业务员

记账　审核　制单

图 4-2-21　业务 13 凭证录入（2）

（3）继续处理代垫运费业务，参照业务 12 录入客户往来内容，其他录入同业务 1，单击“确定”按钮，并保存凭证，如图 4-2-23 所示。

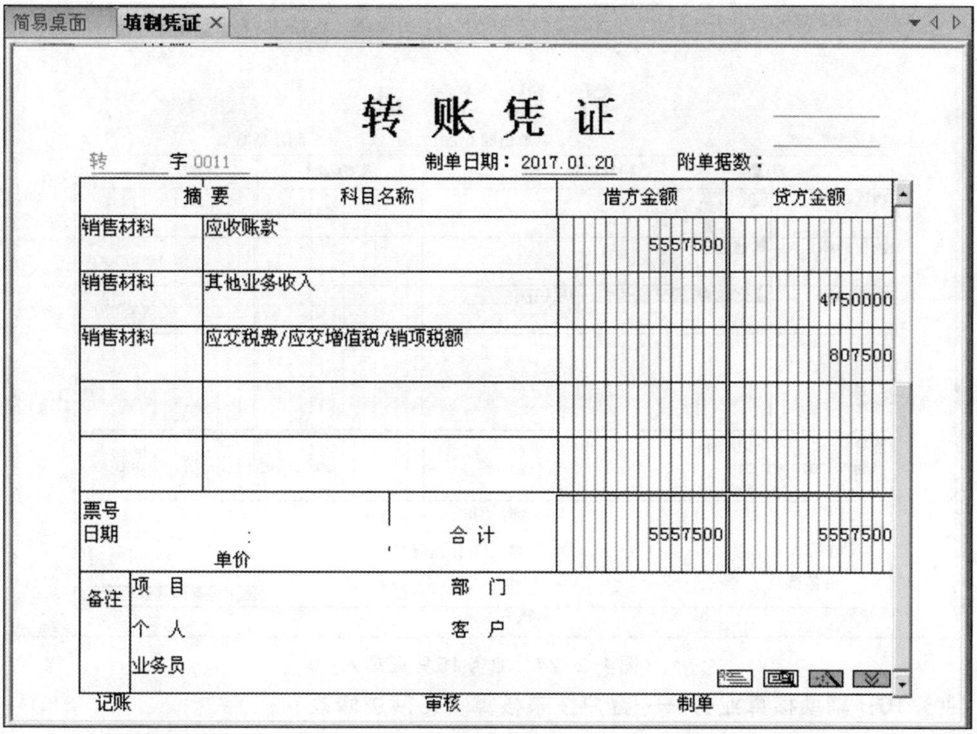
简易桌面 填制凭证

转 账 凭 证

转 字 0011 制单日期：2017.01.20 附单据数：

摘要	科目名称	借方金额	贷方金额
销售材料	应收账款	5557500	
销售材料	其他业务收入		4750000
销售材料	应交税费/应交增值税/销项税额		807500
票号 日期 单价	合计	5557500	5557500

备注 项目 部门 个人 客户 业务员

记账 审核 制单

图4-2-22 业务14凭证录入（1）

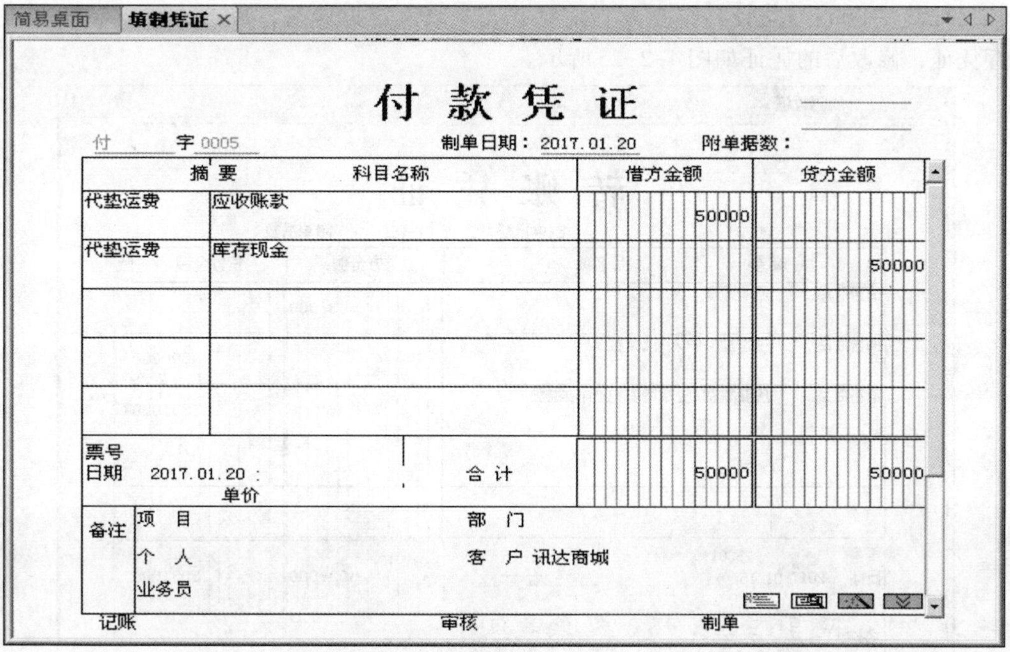
简易桌面 填制凭证

付 款 凭 证

付 字 0005 制单日期：2017.01.20 附单据数：

摘要	科目名称	借方金额	贷方金额
代垫运费	应收账款	50000	
代垫运费	库存现金		50000
票号 日期 2017.01.20 单价	合计	50000	50000

备注 项目 部门 个人 客户 讯达商城 业务员

记账 审核 制单

图4-2-23 业务14凭证录入（2）

业务15：辅助核算业务——客户往来核算

（1）参照业务12录入客户往来内容，其他录入同业务1，不再赘述。

（2）单击“确定”按钮，并保存凭证，如图4-2-24所示。

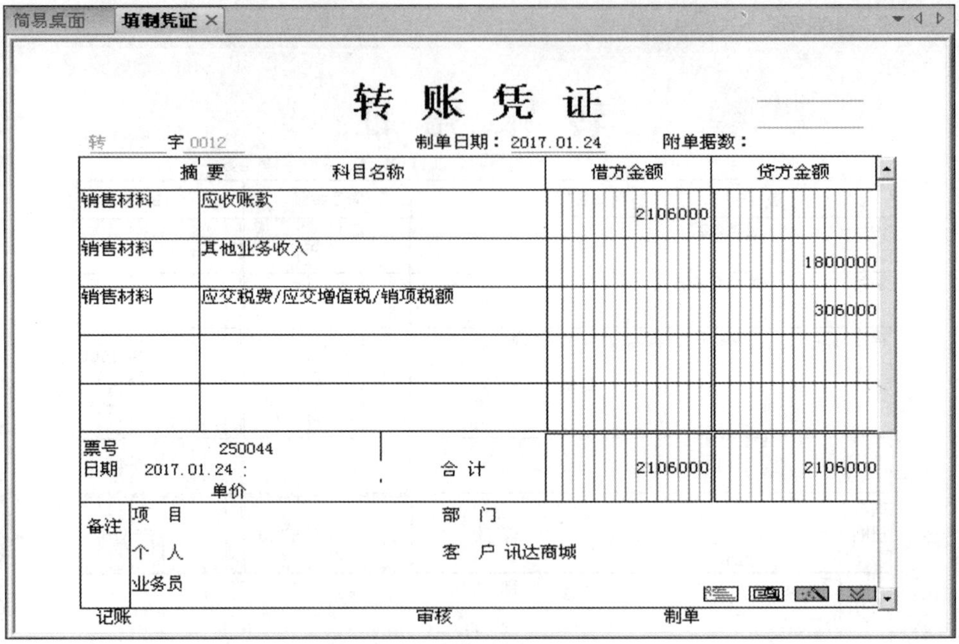

图4-2-24　业务15凭证录入

业务16：辅助核算业务——客户往来核算（无痕迹修改）

（1）在填制凭证窗口，通过"■"按钮找到1月15日，发票号为250011的销售业务凭证，即转字0008号凭证，根据此处信息，光标直接定位修改，单击"确定"按钮，并保存凭证，修改后的凭证如图4-2-25所示。

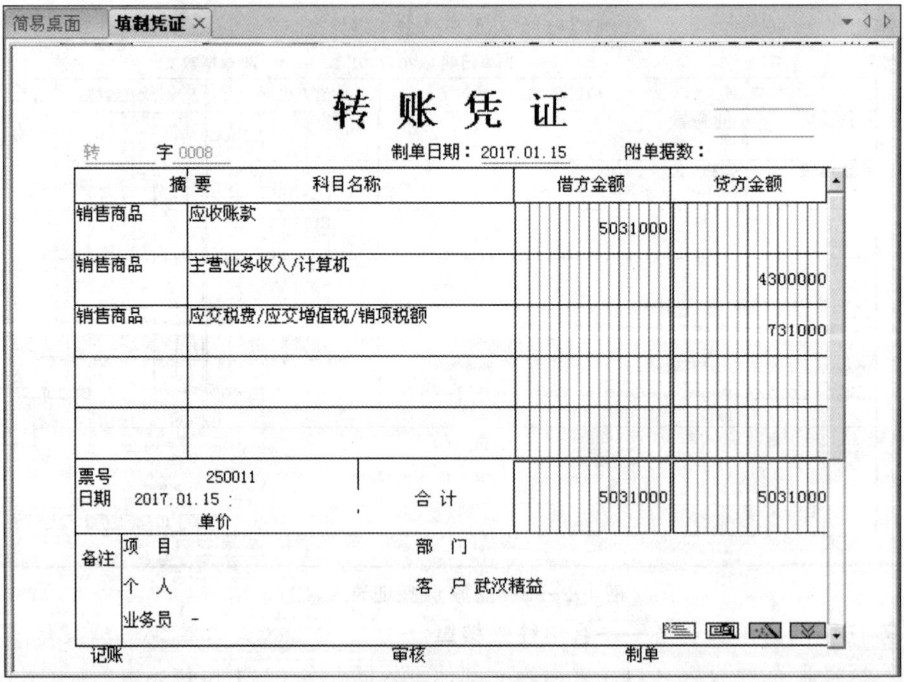

图4-2-25　业务16无痕迹修改凭证

（2）继续处理收到商业汇票业务，参照业务12录入客户往来内容，其他录入同业务1，单击"确定"按钮，并保存凭证，如图4-2-26所示。

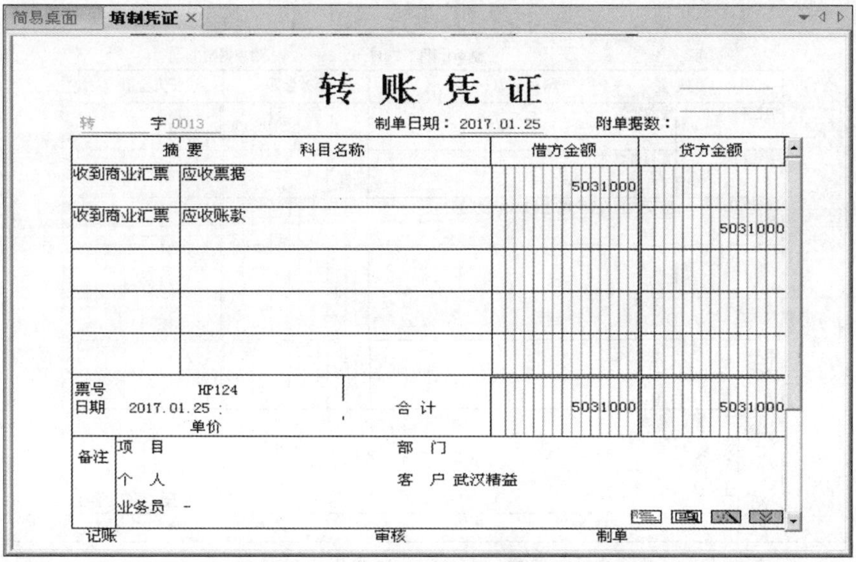

图4-2-26 业务16收到商业汇票凭证

特别提示：

①如果在总账系统的选项中选中"允许修改、作废他人填制的凭证"，则可由非原制单人修改或作废他人填制的凭证，被修改凭证的制单人将被修改为现在修改凭证的人。

②如果在总账系统的选项中没有选中"允许修改、作废他人填制的凭证"，则只能由原制单人修改或作废其填制的凭证。

③对于未出纳签字或审核签字的凭证，可以在填制凭证界面直接进行修改，但是凭证类别不能被修改。

④如果已经由出纳或审核人签字的凭证出错而需要修改，则必须先取消签字再进行修改。

⑤凭证的辅助项内容如果有错误，可以在单击含有错误辅助项的会计科目后，将鼠标移到错误的辅助项信息处，当出现笔头状光标时双击此处，弹出"辅助项录入"窗口，直接修改辅助项的内容，或者按"Ctrl+S"键调出辅助项录入窗口后修改。

⑥外部系统传递到总账系统中的凭证，不能在总账系统中修改，只能在生成该凭证的系统中进行修改。

⑦对于尚未记账的凭证，由于其修改后在系统中并没有留下痕迹，因此又称为"无痕迹修改"。

业务17：辅助核算业务——客户往来核算（凭证删除）

（1）在填制凭证窗口，通过"←"按钮找到1月24日发票号为250044的销售业务凭证，即转字0012号凭证，单击窗口上方的"╳ 作废/恢复"按钮，对本凭证进行作废处理。修改后的凭证如图4-2-27所示。

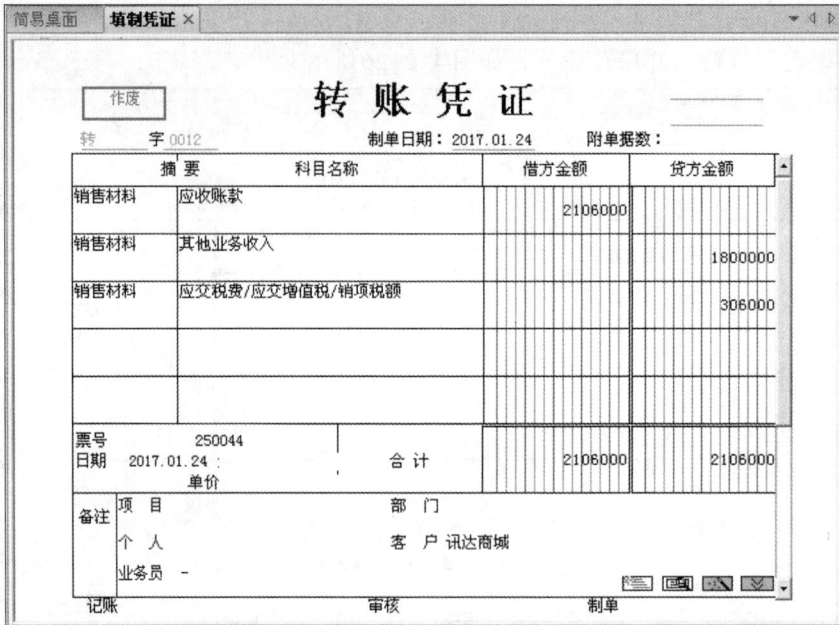

图 4-2-27　业务 17 凭证作废操作

（2）单击窗口上方的"　整理凭证　"按钮，在"凭证期间选择"窗口选择"2017.01"，单击确定按钮，进入"作废凭证表"窗口，在所要删除凭证栏双击"删除？"，如图 4-2-28 所示。

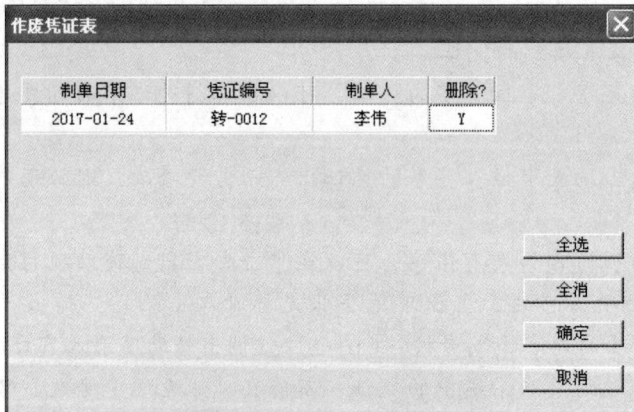

图 4-2-28　业务 17 作废凭证选择

（3）单击"确定"按钮，系统提示"是否还需整理凭证断号"，如图 4-2-29 所示。

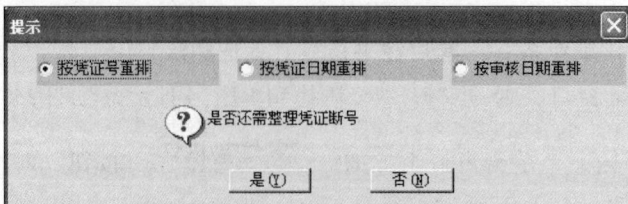

图 4-2-29　业务 17 整理凭证断号选择

（4）单击"是"按钮，系统将此张凭证号释放出来，后面的凭证依次往前顺号。

特别提示：

①在用友ERP-U8中，若要删除凭证，必须分两步进行操作，即先进行"作废"操作，然后进行"整理"操作，这样才能删除凭证。

②未审核签字的凭证可以直接删除，已审核或出纳签字的凭证，必须在取消签字以后才能删除。

③只能对未记账凭证进行凭证整理。对已记账凭证进行整理，应先取消记账及审核签字，然后才能进行凭证整理。

④在对作废凭证进行整理时，如果选择了不整理断号，但在总账系统的选项设置中选中了"自动填补凭证断号"及"系统编号"复选框，那么在填制凭证时，可以由系统自动填补断号。否则，将会出现凭证断号。

⑤对于作废凭证，可以单击"作废/恢复"命令，取消"作废"标记。

⑥作废凭证不能修改、不能审核，但可参与记账，并且不对作废凭证进行数据处理，相当于一张空凭证。账簿查询时，查不到作废凭证的数据。

业务18：辅助核算业务——收到客户货款

（1）参照业务2录入凭证第一行银行账内容，此处录入票号应为ZP0011；参照业务12录入第二行客户往来核算内容。

（2）其他录入同业务1，不再赘述。

（3）单击"确定"按钮，并保存凭证，如图4-2-30所示。

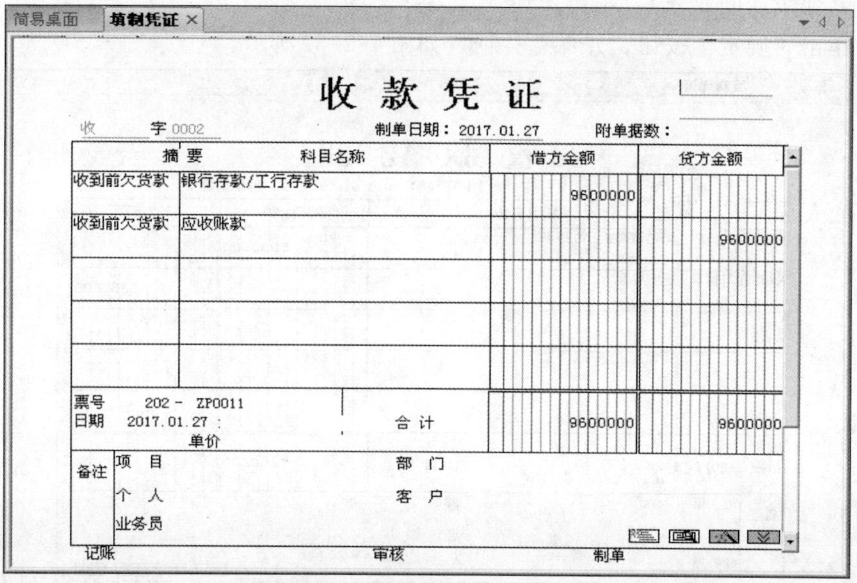

图4-2-30　业务18凭证录入

业务19：辅助核算业务——客户票据结算

（1）参照业务2录入凭证第一行银行账内容，此处录入票号应为HP123；参照业务12录入第二行客户往来核算内容。

（2）其他录入同业务1，不再赘述。

（3）单击"确定"按钮，并保存凭证，如图4-2-31所示。

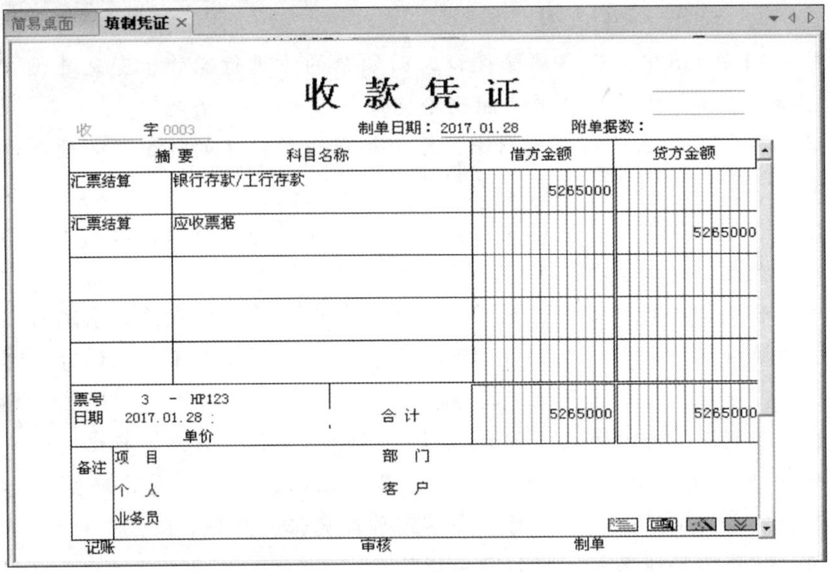

图4-2-31　业务19凭证录入

业务20：辅助核算业务——收到客户货款

（1）参照业务2录入凭证第一行银行账内容，此处录入票号应为ZP0022；参照业务12录入第二行客户往来核算内容。

（2）其他录入同业务1，不再赘述。

（3）单击"确定"按钮，并保存凭证，如图4-2-32所示。

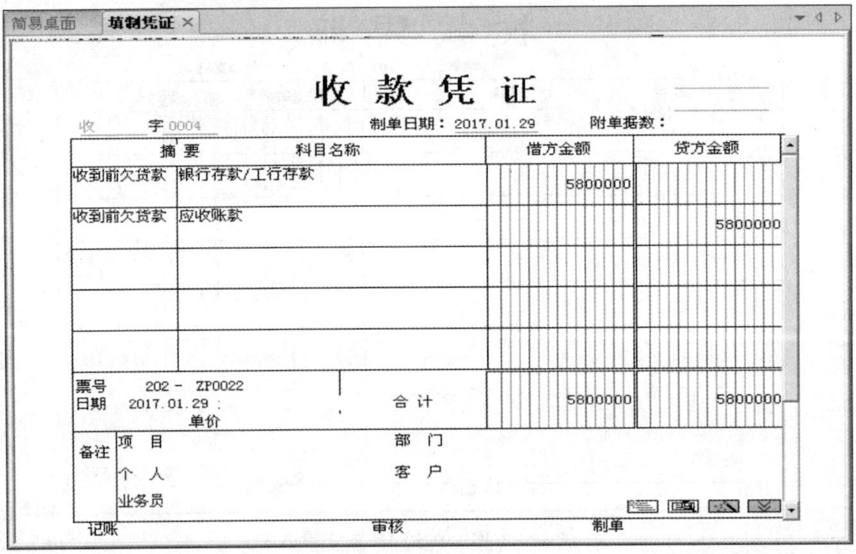

图4-2-32　业务20凭证录入

业务21：辅助核算业务——票据贴现

（1）参照业务2录入凭证第一行银行账内容，此处录入票号应为HP124；参照业务12录入第三行客户往来核算内容。

（2）其他录入同业务1，不再赘述。

（3）单击“确定”按钮，并保存凭证，如图4-2-33所示。

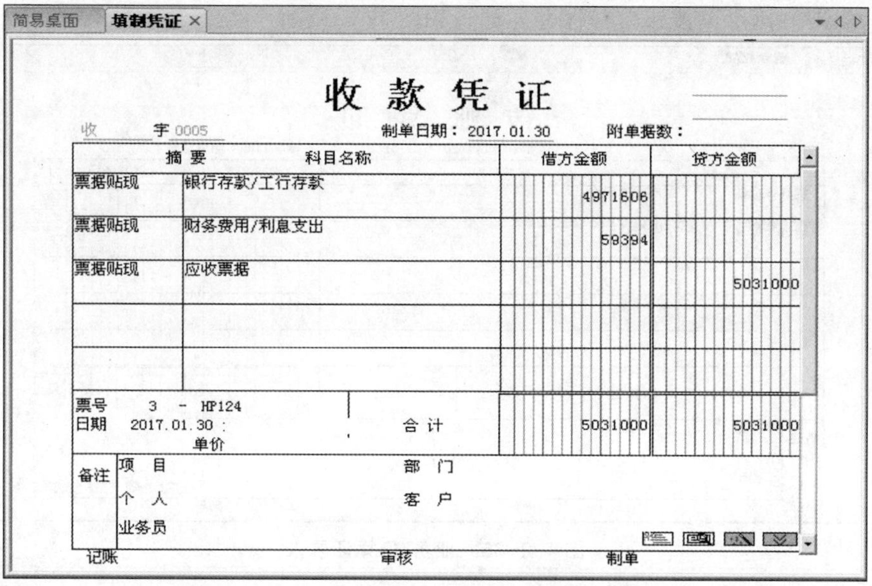

简易桌面 填制凭证

收款凭证

收 字 0005 制单日期：2017.01.30 附单据数：

摘要	科目名称	借方金额	贷方金额
票据贴现	银行存款/工行存款	4971606	
票据贴现	财务费用/利息支出	59394	
票据贴现	应收票据		5031000
票号 3 - HP124 日期 2017.01.30 单价	合计	5031000	5031000

备注 项目 部门 个人 客户 业务员

记账 审核 制单

图4-2-33 业务21凭证录入

特别提示：

本业务需要手工计算票据贴现利息和贴现所得款项。如果在应收系统中处理此笔业务，则系统会自动计算票据贴现利息并生成凭证。

业务22：辅助核算业务——坏账发生

（1）参照业务2录入凭证第一行银行账内容，参照业务12录入第二行客户往来核算内容。

（2）其他录入同业务1，不再赘述。

（3）单击“确定”按钮，并保存凭证，如图4-2-34所示。

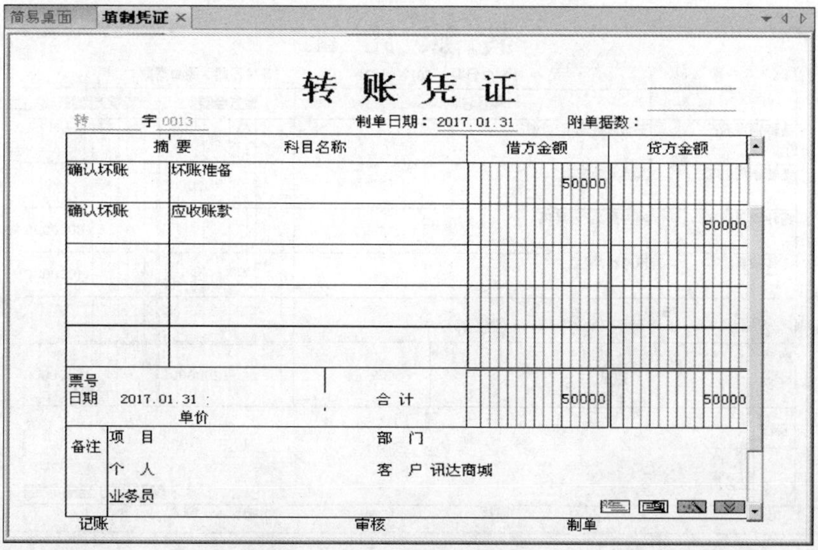

简易桌面 填制凭证

转账凭证

转 字 0013 制单日期：2017.01.31 附单据数：

摘要	科目名称	借方金额	贷方金额
确认坏账	坏账准备	50000	
确认坏账	应收账款		50000
票号 日期 2017.01.31 单价	合计	50000	50000

备注 项目 部门 个人 客户 讯达商城 业务员

记账 审核 制单

图4-2-34 业务22凭证录入

业务23：计提坏账准备

（1）本业务借贷方录入方法同业务1，不再赘述。

（2）单击"确定"按钮，并保存凭证，如图4-2-35所示。

转 账 凭 证

转 字 0014		制单日期：2017.01.31	审核日期：附单据数：	
摘 要	科目名称		借方金额	贷方金额
计提坏账准备	资产减值损失		787	
计提坏账准备	坏账准备			787
票号 日期	数量 单价	合 计	787	787
备注 项 目 个 人 业务员		部 门 客 户		
记账		审核	出纳	制单 伟

图4-2-35 业务23凭证录入

特别提示：

本业务需要通过查询"应收账款"和"坏账准备"两个科目明细账，根据应收账款余额百分比法，计算出本期应计提或冲销的坏账准备金额，明细账查询方法见本项目任务四。

业务24：结转销售成本

（1）本业务借方录入方法同业务1，不再赘述，贷方数量金额录入参见业务3。

（2）单击"确定"按钮，并保存凭证，如图4-2-36所示。

转 账 凭 证

转 字 0015		制单日期：2017.01.31	审核日期：附单据数：	
摘 要	科目名称		借方金额	贷方金额
结转销售成本	主营业务成本/计算机		8000000	
结转销售成本	其他业务成本		4000000	
结转销售成本	库存商品/计算机			8000000
结转销售成本	原材料/硬盘			4000000
票号 日期	数量 单价	合 计	12000000	12000000
备注 项 目 个 人 业务员		部 门 客 户		
记账		审核	出纳	制单 伟

图4-2-36 业务24凭证录入

3.常用凭证的保存与调用

（1）在"填制凭证"界面，通过"←"按钮找到付字0002号凭证。

（2）在当前界面，单击"常用凭证"→"生成常用凭证"命令，系统弹出"常用凭证生成"对话框，输入代号"01"，说明"提现"，单击"确认"按钮保存为常用凭证，如图4-2-37所示。

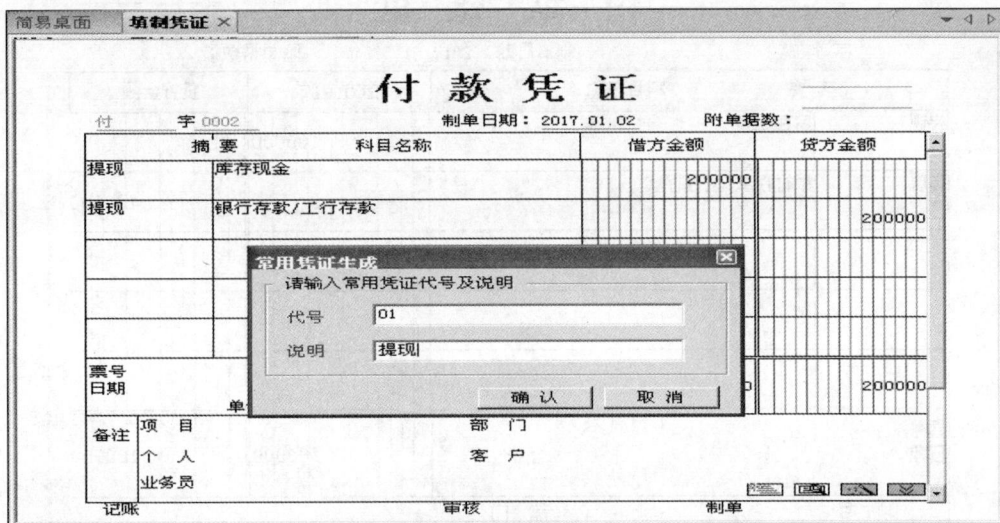

图4-2-37 常用凭证生成

（3）在"填制凭证"界面，单击"常用凭证"→"调用常用凭证"命令，系统弹出"调用常用凭证"对话框，输入编码"01"，或在"常用凭证窗口"选入"01"号常用凭证，如图4-2-38所示。

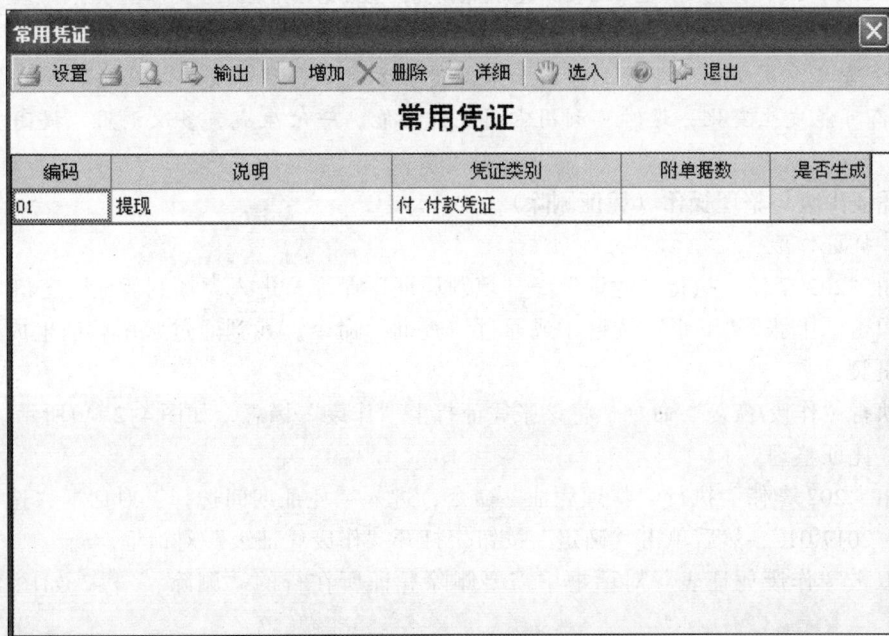

图4-2-38 常用凭证调用

（4）系统自动生成一张付字0006号凭证，将业务日期改为"2017.01.31"，金额改为"1000"，然后保存，如图4-2-39所示。

付 款 凭 证

| 付　字 0006 | 制单日期：2017.01.31 | 附单据数： |

摘　要	科目名称	借方金额	贷方金额
提现	库存现金	100000	
提现	银行存款/工行存款		100000
票号日期	合　计	100000	100000
单价			
备注　项　目	部　门		
个　人	客　户		
业务员			
记账	审核	制单	

图4-2-39　调用常用凭证生成记账凭证

特别提示：

对于每月重复发生的会计业务，如果其借贷方对应科目不变，只是每次业务的日期和金额有可能发生变化，这时可利用常用凭证功能，一次生成，多次调用，提高凭证录入速度。

4.凭证作废与整理操作（凭证删除）

（1）凭证作废

①由"202李伟"执行"凭证"→"填制凭证"命令，进入"填制凭证"窗口。

②单击"上张""下张"按钮，或通过"查询"命令，找到通过常用凭证生成的付字0006号凭证。

③执行"作废/恢复"命令，将该张凭证打上"作废"标志，如图4-2-40所示。

（2）凭证整理

①由"202李伟"执行"整理凭证"命令，进入"凭证期间选择"对话框，选择凭证期间为"2017.01"，然后单击"确定"按钮，打开"作废凭证表"对话框。

②双击"作废凭证表"对话框中需要删除凭证所在行的"删除？"栏，如图4-2-41所示。

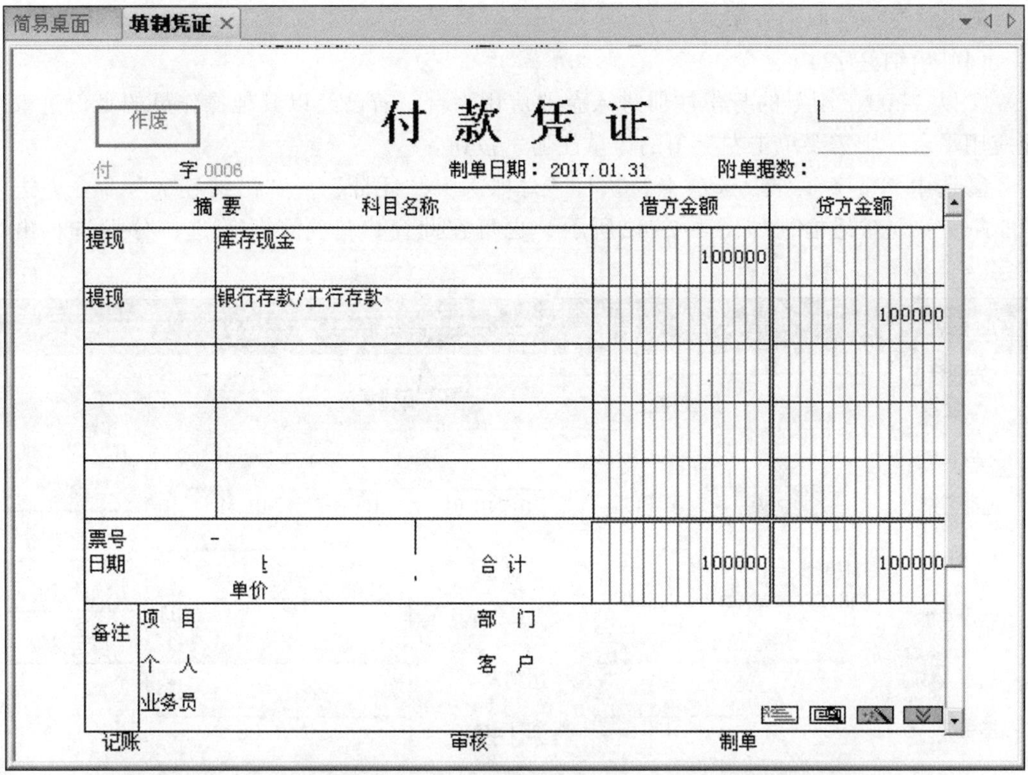

| 简易桌面 | 填制凭证 × | ▼ ◁ ▷ |

付 款 凭 证

作废

付 字 0006   制单日期：2017.01.31   附单据数：

摘 要	科目名称	借方金额	贷方金额
提现	库存现金	100000	
提现	银行存款/工行存款		100000
票号	-	合 计	100000	100000
日期	单价			

备注	项 目	部 门
	个 人	客 户
	业务员	

记账   审核   制单

图 4-2-40　删除凭证——作废凭证

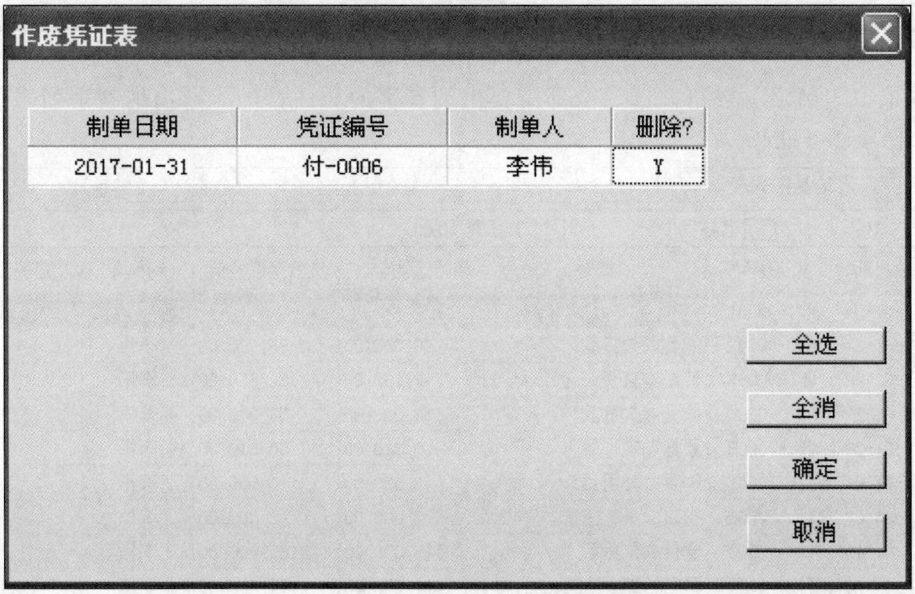

作废凭证表

制单日期	凭证编号	制单人	删除？
2017-01-31	付-0006	李伟	Y

全选

全消

确定

取消

图 4-2-41　删除凭证——作废凭证表

③单击"确定"按钮，系统弹出"是否还需整理凭证断号"提示框，并提供三种断号整理方式："按凭证号重排""按凭证日期重排""按审核日期重排"。

④选择"按凭证号重排"，单击"是"，系统完成对凭证号的重新整理。

5.出纳签字与取消签字

（1）出纳签字

①以"203王刚"的身份注册进入企业应用平台。若已经以其他操作员的身份进入企业应用平台，则需要单击左上角的"重注册"按钮。

②选中"业务工作"选项卡，执行"总账"→"凭证"→"出纳签字"命令，进入"出纳签字"对话框，如图4-2-42所示，也可在此窗口进行条件筛选，分批进行出纳签字。

图4-2-42　出纳签字查询条件

③单击"确定"按钮，选定全部需要出纳签字的凭证，进入"出纳签字列表"对话框，如图4-2-43所示。

制单日期	凭证编号	摘要	借方金额合计	贷方金额合计	制单人	签字人
2017-01-04	收 - 0001	报销差旅费	5,000.00	5,000.00	李伟	
2017-01-27	收 - 0002	收到前欠货款	96,000.00	96,000.00	李伟	
2017-01-28	收 - 0003	汇票结算	52,650.00	52,650.00	李伟	
2017-01-29	收 - 0004	收到前欠货款	58,000.00	58,000.00	李伟	
2017-01-30	收 - 0005	票据贴现	50,310.00	50,310.00	李伟	
2017-01-01	付 - 0001	购买办公用品	500.00	500.00	李伟	
2017-01-02	付 - 0002	提现	2,000.00	2,000.00	李伟	
2017-01-12	付 - 0003	支付前欠货款	165,000.00	165,000.00	李伟	
2017-01-13	付 - 0004	票据结算	17,550.00	17,550.00	李伟	
2017-01-20	付 - 0005	代垫运费	500.00	500.00	李伟	

图4-2-43　出纳签字列表

④双击某一要签字的凭证，进入"出纳签字"窗口。

⑤单击"签字"按钮，凭证底部的"出纳"位置被自动签上出纳人姓名，如图4-2-44所示。

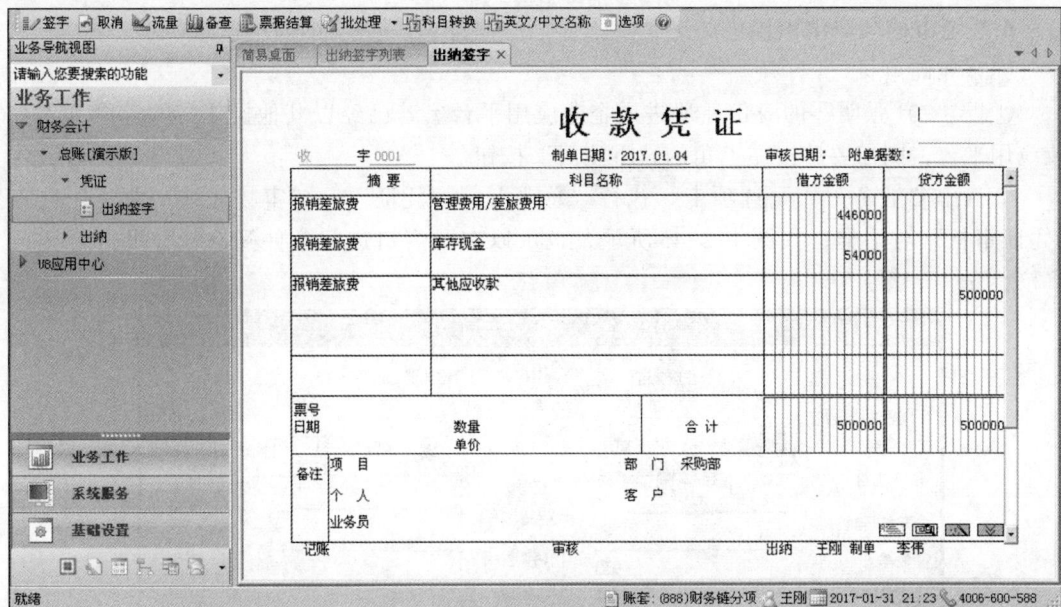

图4-2-44 单张出纳签字窗口

⑥单击"下张"按钮，依次对其他凭证进行签字，最后单击"关闭"按钮退出。

（2）取消出纳签字

①依上述出纳签字的操作步骤，执行"总账"→"凭证"→"出纳签字"命令，进入"出纳签字"的签字窗口。

②单击"取消"按钮，凭证底部"出纳"位置的出纳人姓名会自动消失。

③单击"下张"按钮，依次对其他凭证取消签字，最后单击"关闭"按钮退出。

特别提示：

①出纳凭证是指涉及现金科目和银行科目的凭证。出纳签字是指由出纳人员通过"出纳签字"功能对制单员填制的凭证进行检查核对，核对的主要内容是出纳凭证的出纳科目金额是否正确。

②进行出纳签字的操作员应是已在"系统管理"中赋予了出纳签字权限的操作员。

③只有指定为现金科目和银行科目的凭证才需要出纳签字。

④出纳签字并非审核凭证的必要步骤，即出纳签字的操作既可以在"凭证审核"前进行，也可以在"凭证审核"后进行。若在设置总账参数时，不选择"出纳凭证必须经由出纳签字"，则可以不执行"出纳签字"功能。

⑤为了提高效率，除单张签字或单张取消签字外，也可以执行"批处理"→"成批出纳签字"或"批处理"→"成批取消签字"，即一次完成对所有收付凭证的出纳签字或取消签字。

⑥如果在出纳签字时，发现凭证有错，且系统又"不允许修改、作废他人填制的凭

证"，则应交由制单人修改后再签字。

⑦凭证一经签字，就不能被修改或删除，只有取消签字后才可以修改或删除。取消签字只能由出纳自己进行。

6.凭证审核与取消审核

（1）凭证审核

①以"201张明"的身份注册进入企业应用平台。若已经以其他操作员的身份进入企业应用平台，则需要单击左上角的"重注册"按钮。

②选中"业务工作"选项卡，执行"总账"→"凭证"→"审核凭证"命令，进入"凭证审核"对话框，如图4-2-45所示，也可以在此窗口进行条件筛选，分批进行凭证审核。

图4-2-45　凭证审核查询条件

③单击"确定"按钮，选定全部需要审核的凭证，进入"凭证审核列表"对话框，如图4-2-46所示。

制单日期	凭证编号	摘要	借方金额合计	贷方金额合计	制单人	审核人
2017-01-04	收 - 0001	报销差旅费	5,000.00	5,000.00	李伟	
2017-01-27	收 - 0002	收到前欠货款	96,000.00	96,000.00	李伟	
2017-01-28	收 - 0003	汇票结算	52,650.00	52,650.00	李伟	
2017-01-29	收 - 0004	收到前欠货款	58,000.00	58,000.00	李伟	
2017-01-30	收 - 0005	票据贴现	50,310.00	50,310.00	李伟	
2017-01-01	付 - 0001	购买办公用品	500.00	500.00	李伟	
2017-01-02	付 - 0002	提现	2,000.00	2,000.00	李伟	
2017-01-12	付 - 0003	支付前欠货款	165,000.00	165,000.00	李伟	
2017-01-13	付 - 0004	票据结算	17,550.00	17,550.00	李伟	
2017-01-20	付 - 0005	代垫运费	500.00	500.00	李伟	
2017-01-03	转 - 0001	生产领料	38,400.00	38,400.00	李伟	
2017-01-03	转 - 0002	购买材料	17,550.00	17,550.00	李伟	
2017-01-05	转 - 0003	完工入库	40,000.00	40,000.00	李伟	
2017-01-07	转 - 0004	购买材料	29,250.00	29,250.00	李伟	
2017-01-08	转 - 0005	购买材料	21,060.00	21,060.00	李伟	
2017-01-08	转 - 0006	购买材料	555.00	555.00	李伟	
2017-01-10	转 - 0007	材料退货	-1,170.00	-1,170.00	李伟	

图4-2-46　凭证审核列表

④双击某一张要审核的凭证，进入"审核凭证"窗口。

⑤单击"审核"按钮，系统会在凭证底部的"审核"位置自动签上审核人姓名，并自动进入下一张需要审核的凭证，如图4-2-47所示。

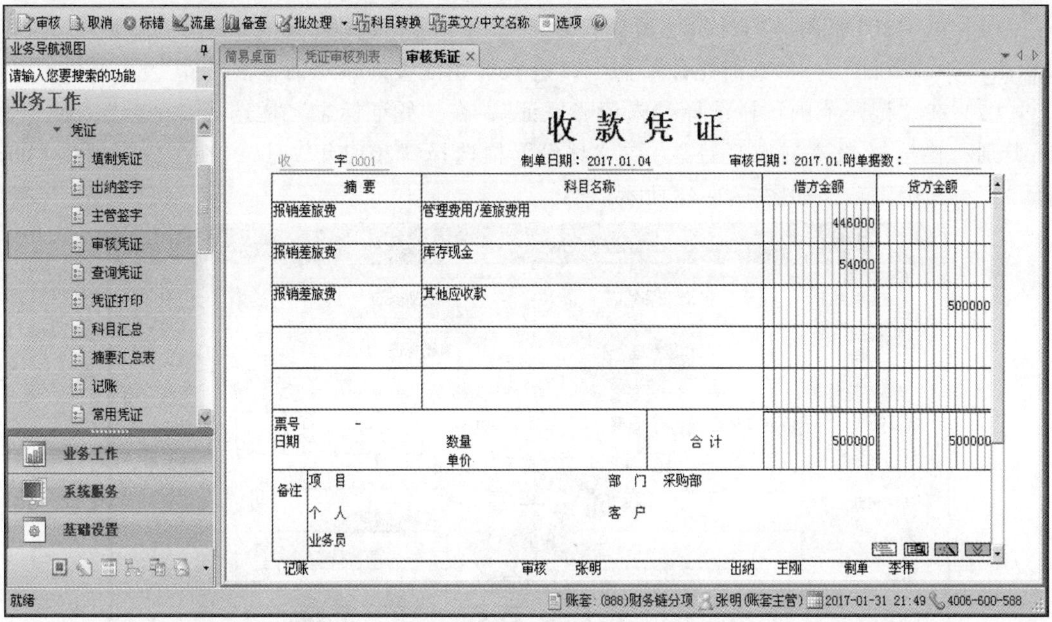

图4-2-47　审核凭证

⑥单击"关闭"按钮退出。

（2）取消凭证审核

①依上述凭证审核操作步骤，执行"总账"→"凭证"→"审核凭证"命令，进入"审核凭证"的签字窗口。

②单击"取消"按钮，凭证底部"审核"位置的审核人姓名会自动消失。

③单击"下张"按钮，依次对其他凭证取消审核，最后单击"关闭"按钮退出。

特别提示：

①凭证审核主要审核记账凭证是否与原始凭证相符、会计分录是否正确。审核人员认为错误或有异议的凭证，应由制单人进行修改后再进行审核。

②凭证审核的操作权限应首先在"系统管理"的权限中进行设置，其次要注意在总账系统中是否选中"凭证审核控制到操作员"复选框，如果设置了该选项，则应继续设置审核的明细权限，即"数据权限"中的"用户"权限。只有在"数据权限"中设置了某一用户审核另外某一用户所填制的凭证的权限，该用户才真正拥有了审核凭证的权限。

③系统要求审核人与制单人不能为同一人，因此在审核前必须确保当前操作员不是制单人。

④在审核凭证的功能中，还可以对有错误的凭证进行"标错"。标错凭证不能被审核，必须取消标错后才能审核。

⑤为了提高效率，除单张审核或单张取消审核外，也可以执行"批处理"→"成批审核凭证"或"批处理"→"成批取消审核"，即一次完成对所有凭证的审核或取消审核。

⑥凭证一经审核签字，就不能被修改或删除，只有取消签字后才可以修改或删除。取消签字只能由审核人自己进行。

7.查询未记账的转账第1号凭证

（1）以"201张明"的身份注册进入企业应用平台，选中"业务工作"选项卡，执行"总账"→"凭证"→"查询凭证"命令，进入"凭证查询"对话框。

（2）在"记账范围"栏选择"未记账凭证"，在"凭证标志"栏选择"全部"，在"凭证类别"栏选择"转 转账凭证"，在"月份"栏选择"2017年1月"，在"凭证号"栏选择"1"，其余默认，如图4-2-48所示。

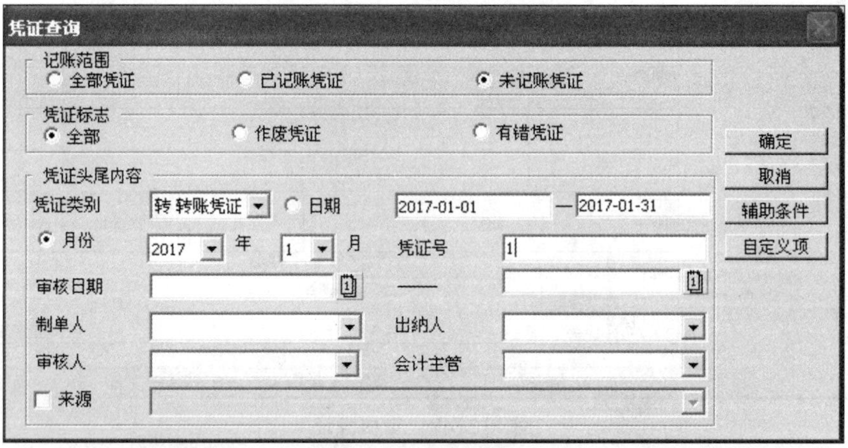

图4-2-48　凭证查询范围

（3）单击"确定"按钮，进入"查询凭证列表"对话框，定位所要查询的凭证行，双击该凭证行，系统会显示所要查询的未记账凭证信息，如图4-2-49所示。

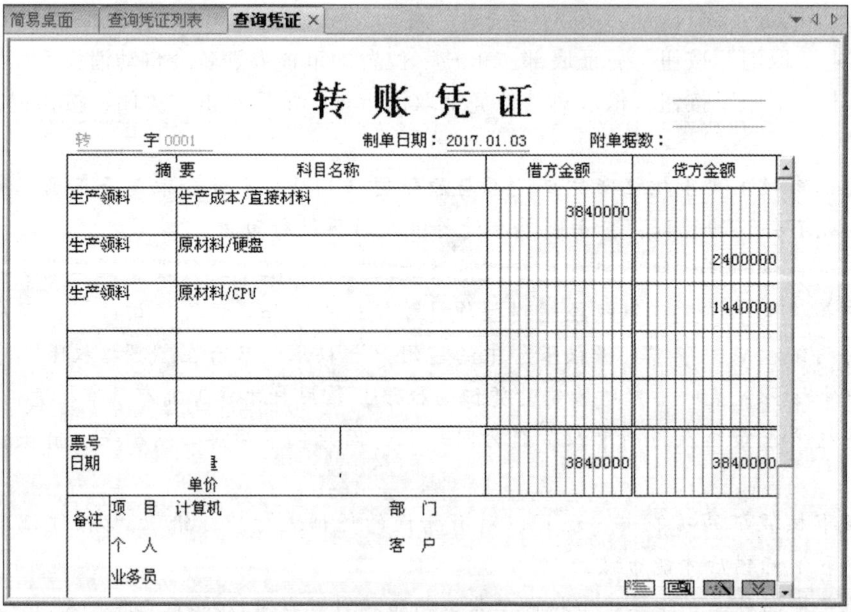

图4-2-49　查询凭证

（4）查询完毕后，单击"关闭"按钮退出。

8.凭证记账与取消记账

（1）凭证记账

①以"201张明"的身份注册进入企业应用平台。

②选中"业务工作"选项卡，执行"总账"→"凭证"→"记账"命令，进入"记账"窗口，选择"2017.01月份凭证"，"记账范围"为全选，如图4-2-50所示。

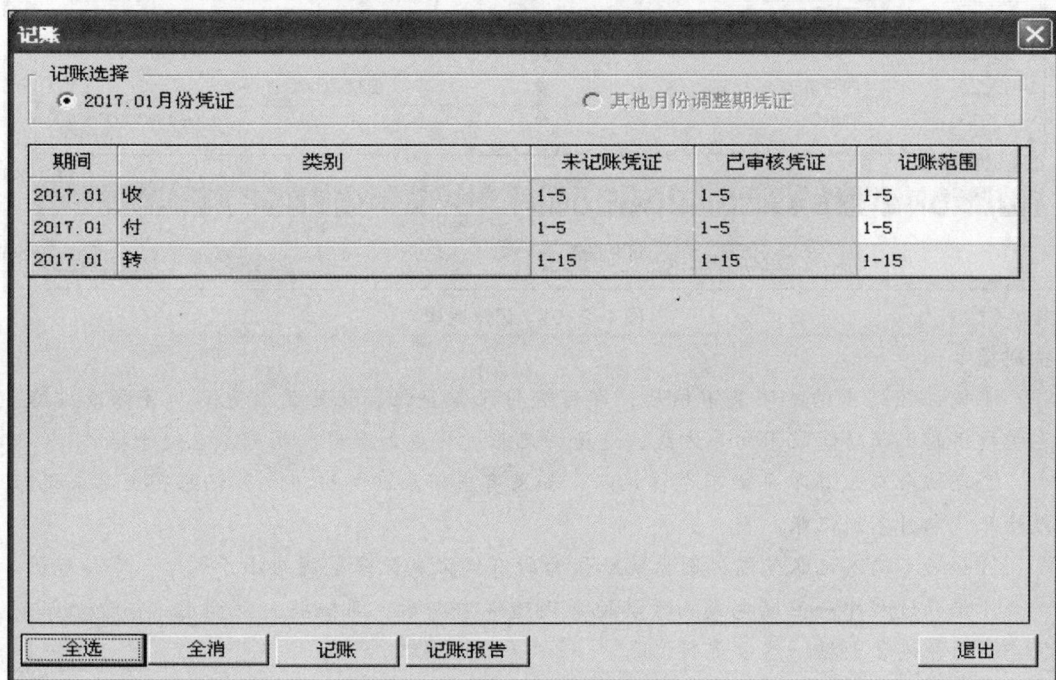

期间	类别	未记账凭证	已审核凭证	记账范围
2017.01	收	1-5	1-5	1-5
2017.01	付	1-5	1-5	1-5
2017.01	转	1-15	1-15	1-15

记账选择　●2017.01月份凭证　○其他月份调整期凭证

[全选] [全消] [记账] [记账报告] [退出]

图4-2-50　选择记账范围

③单击"记账"按钮，打开"期初试算平衡表"窗口。

④单击"确定"按钮，系统自动进行记账，记账完毕后，系统弹出"记账完毕！"提示框，如图4-2-51所示。

⑤单击"确定"按钮，系统显示科目汇总表信息，可进行"预览"、"打印"或"输出"。单击"退出"按钮，记账完毕。

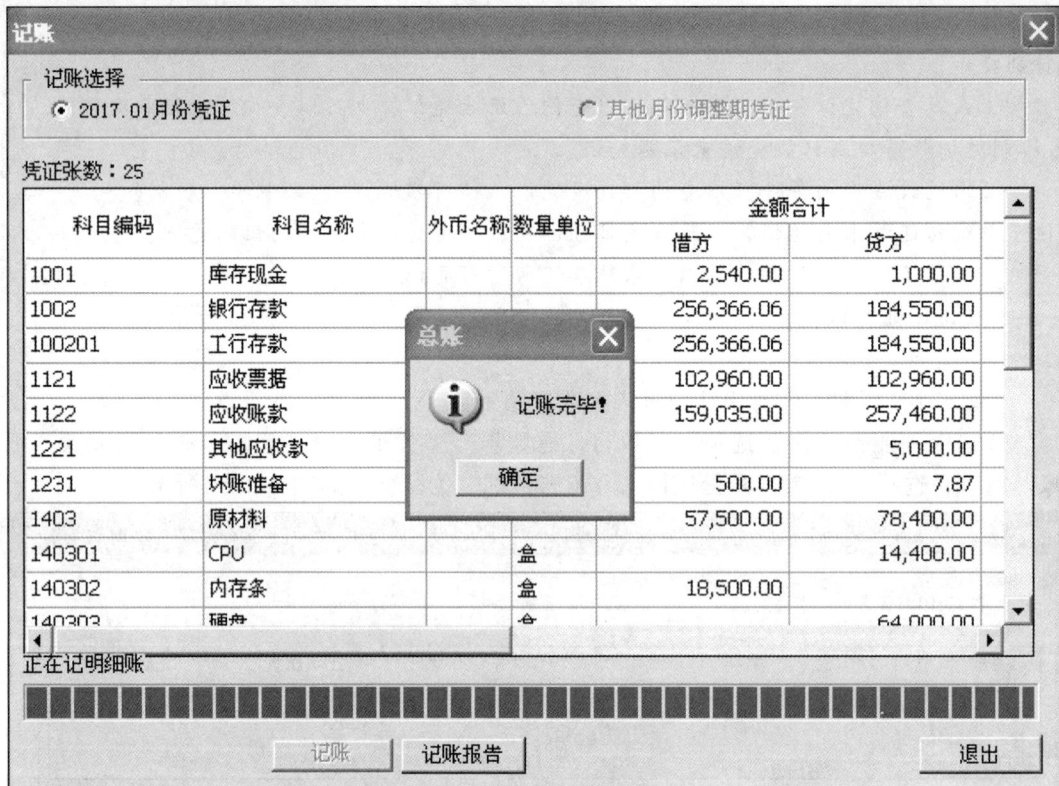

图4-2-51 记账完毕

特别提示：

①凭证经过出纳签字及审核后，即可进行账簿登记，记账通常也称为登账或过账。系统提供的记账功能采用向导方式，这使得记账过程更加直观、明确，也便于操作。

②期初余额试算不平衡不允许记账；如果有未审核的凭证不允许记账；上月未记账或结账，本月不能记账。

③如果不输入记账范围，则系统默认为所有凭证。记账范围应小于等于已审核范围。

④记账过程中一旦断电或由于其他原因造成中断后，系统将自动调用"恢复记账前状态"功能恢复数据，然后重新记账。

（2）取消记账

①选中"业务工作"选项卡，执行"总账"→"期末"→"对账"命令，进入"对账"窗口。

②按"Ctrl+H"键，系统弹出"恢复记账前状态功能已被激活。"提示框，同时，在屏幕左边"凭证"菜单下显示"恢复记账前状态功能"菜单项，如图4-2-52所示。

③单击"确定"按钮，然后单击工具栏上的"退出"按钮。

④执行"凭证"→"恢复记账前状态"命令，打开"恢复记账前状态"对话框。

⑤从选择一种恢复方式，如选择"最近一次记账前状态"按钮。

⑥单击"确定"按钮，系统弹出"输入"窗口，输入口令"1"，如图4-2-53所示。

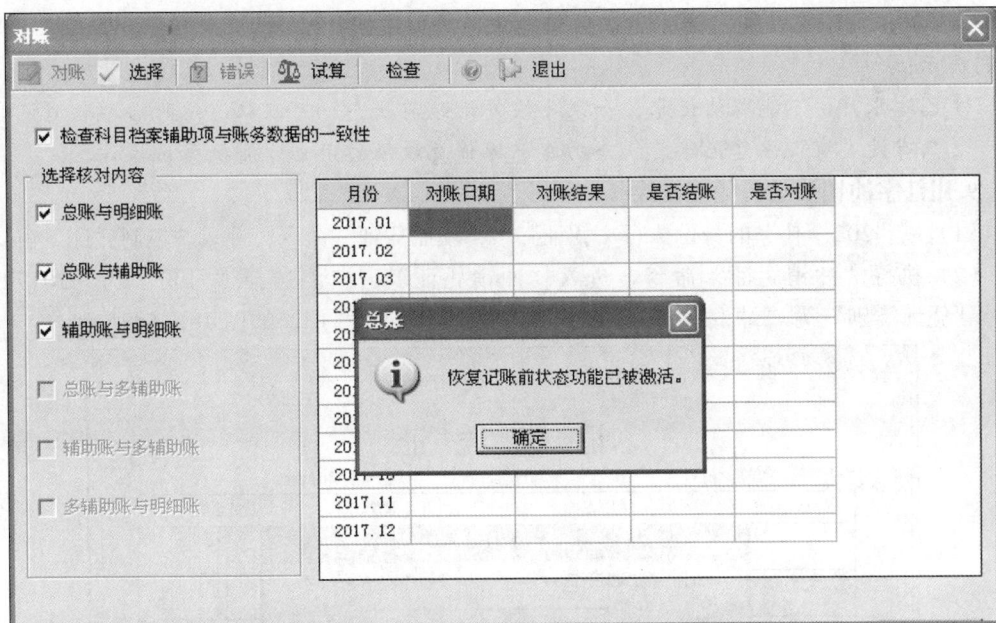

图 4-2-52　恢复记账前状态

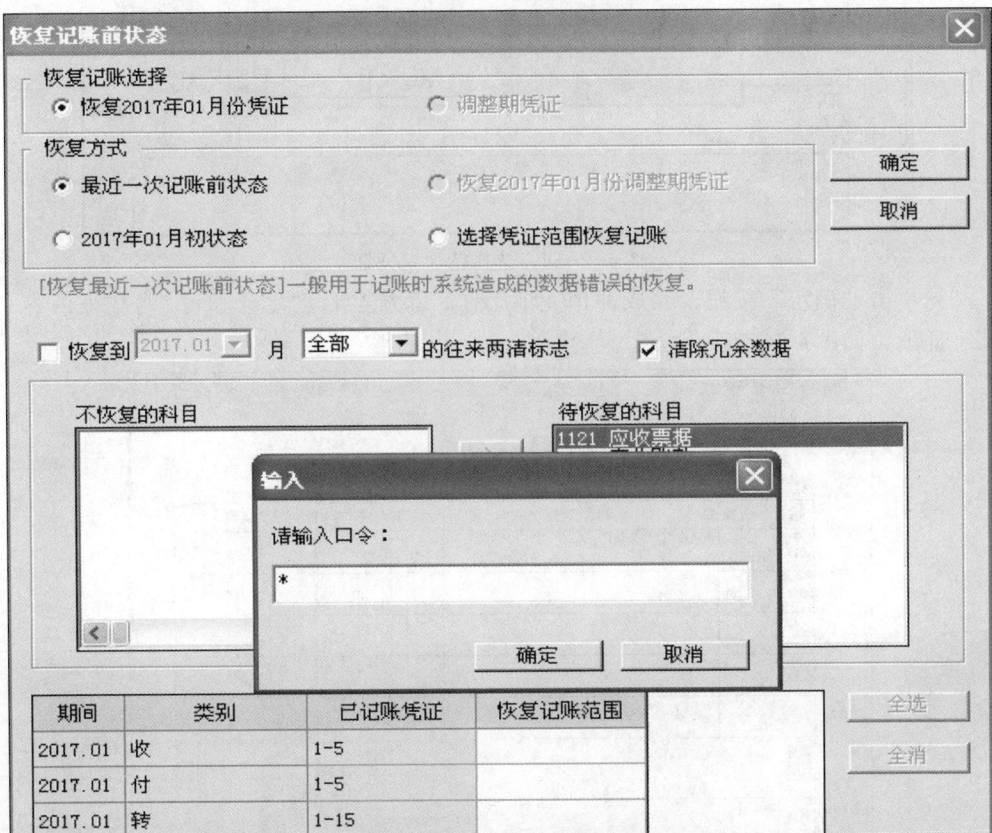

图 4-2-53　选择恢复记账方式

⑦单击"确定"按钮，系统弹出"恢复记账完毕!"提示框，单击"确定"按钮。

⑧再次执行记账功能，记账完毕后单击“退出”按钮。

特别提示：

①已结账月份不能取消记账，如果要恢复记账前状态，可以取消结账后再取消记账。

②只有设置有“恢复记账前状态功能”操作员权限的用户才能执行该操作。

9.用红字冲销法进行凭证修改

（1）以“202李伟”的身份执行“凭证”→“填制凭证”命令，进入“填制凭证”窗口。

（2）执行“冲销凭证”命令，进入“冲销凭证”窗口。选择“月份”为“2017.01，选择“凭证类别”为“付 付款凭证”，选择“凭证号”为“1”，如图4-2-54所示。

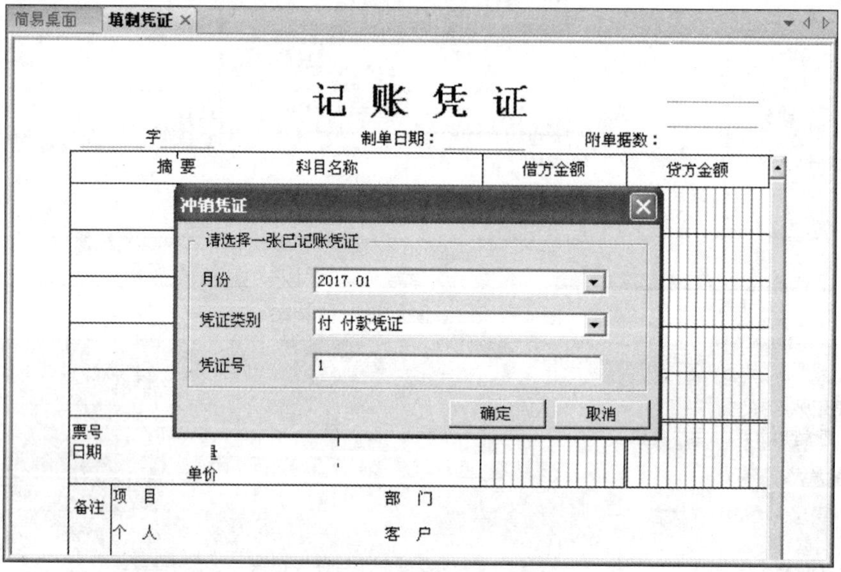

图4-2-54 选择待冲销凭证

（3）单击“确定”按钮，完成冲销凭证工作，系统会自动生成和付1号凭证内容一样的红字凭证，如图4-2-55所示。

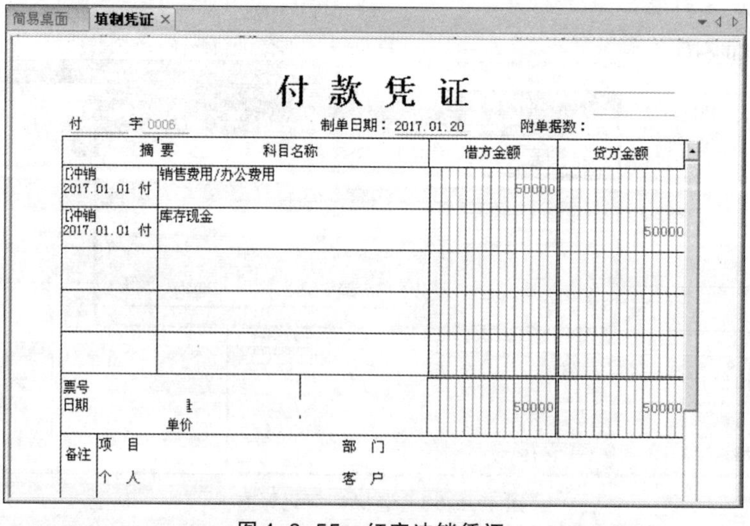

图4-2-55 红字冲销凭证

（4）单击"保存"按钮。

（5）单击"增加"按钮，按前面所述方法，填制一张正确的付款凭证，如图4-2-56所示，保存后退出该窗口。

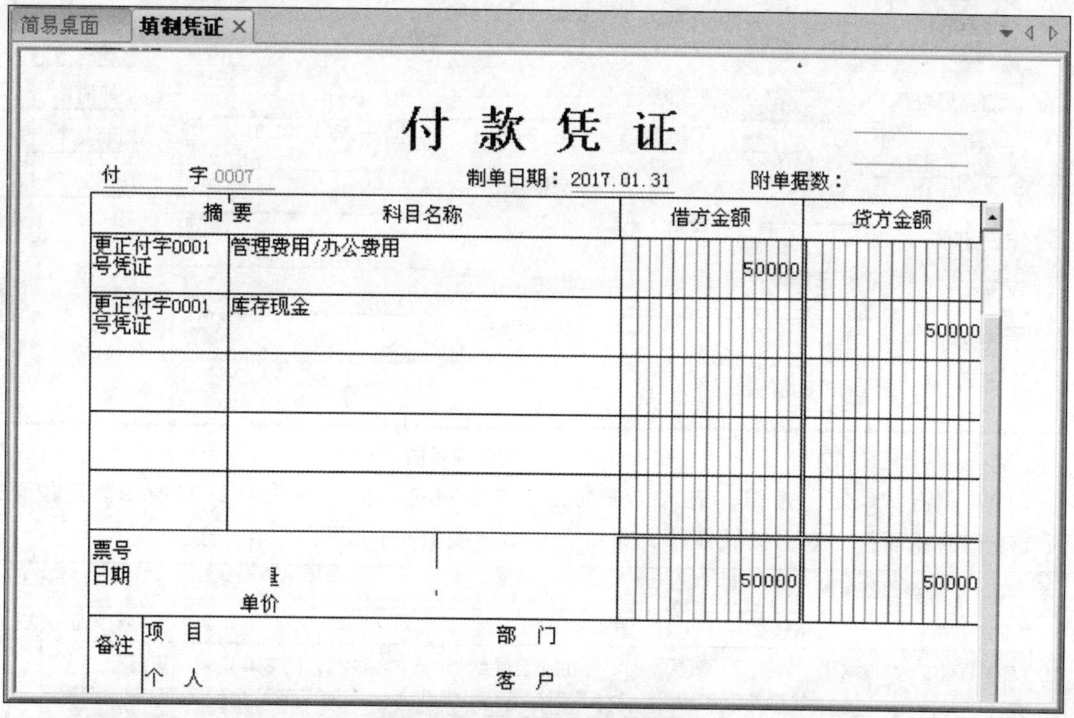

图4-2-56 更正已冲销凭证

（6）以"203王刚"的身份"重注册"，执行"凭证"→"出纳签字"命令，进行冲销凭证和新填制凭证的审核。

（7）以"201张明"的身份"重注册"，执行"凭证"→"审核凭证"命令，进行冲销凭证和新填制凭证的审核。

（8）以"201张明"的身份，执行"凭证"→"记账"命令，进行未记账凭证的记账工作。

特别提示：

①冲销凭证是针对已记账凭证由系统自动生成与冲销凭证内容一样的一张红字凭证。

②制作红字冲销凭证将错误凭证冲销后，需要再填制一张正确的凭证进行更正。

③冲销凭证和新填制的正确凭证仍需要出纳签字、审核和记账。

10.查询本月已记账的全部凭证

（1）选中"业务工作"选项卡中，执行"总账"→"凭证"→"查询凭证"命令，进入"凭证查询"对话框。

（2）在"记账范围"栏选择"已记账凭证"，在"凭证标志"栏选择"全部"，其余默认，如图4-2-57所示。

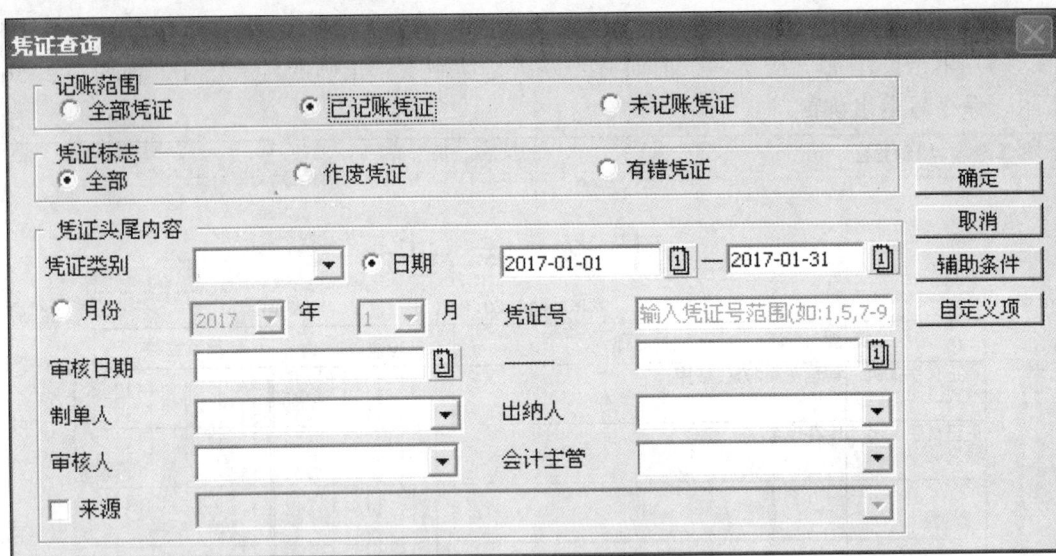

图4-2-57 凭证查询范围

（3）单击"确定"按钮，进入"查询凭证列表"对话框，如图4-2-58所示。定位至所要查询的凭证行，双击该凭证行，系统会显示所要查询的记账凭证信息。

制单日期	凭证编号	摘要	借方金额合计	贷方金额合计	制单人	审核人
2017-01-04	收 - 0001	报销差旅费	5,000.00	5,000.00	李伟	张明
2017-01-27	收 - 0002	收到前欠货款	96,000.00	96,000.00	李伟	张明
2017-01-28	收 - 0003	汇票结算	52,650.00	52,650.00	李伟	张明
2017-01-29	收 - 0004	收到前欠货款	58,000.00	58,000.00	李伟	张明
2017-01-30	收 - 0005	票据贴现	50,310.00	50,310.00	李伟	张明
2017-01-01	付 - 0001	购买办公用品	500.00	500.00	李伟	张明
2017-01-02	付 - 0002	提现	2,000.00	2,000.00	李伟	张明
2017-01-12	付 - 0003	支付前欠货款	165,000.00	165,000.00	李伟	张明
2017-01-13	付 - 0004	票据结算	17,550.00	17,550.00	李伟	张明
2017-01-20	付 - 0005	代垫运费	500.00	500.00	李伟	张明
2017-01-20	付 - 0006	[冲销2017.01.01 付-00]	-500.00	-500.00	李伟	张明
2017-01-31	付 - 0007	更正付字0001号凭证	500.00	500.00	李伟	张明
2017-01-03	转 - 0001	生产领料	38,400.00	38,400.00	李伟	张明
2017-01-03	转 - 0002	购买材料	17,550.00	17,550.00	李伟	张明
2017-01-05	转 - 0003	完工入库	40,000.00	40,000.00	李伟	张明

图4-2-58 查询凭证列表

（4）查询完毕后，单击"关闭"按钮退出。

特别提示：

在已记账凭证查询界面，定位某会计科目可以联查账簿资料。在查询账簿资料时，也可以联查的方式查询记账凭证。

140

任务三　　　　　出纳管理

任务资料

资料一：支付办公费用

10日，经理办公室领用转账支票支付办公费用，限额2 000元，支票号码为Z0022。

资料二：银行对账资料

1. 银行对账期初

顺达科技银行账启用日期为2017年1月1日，工行人民币户企业日记账调整前余额为187 540元，银行对账单调整前余额为207 540元，未达账项1笔，系2016年12月30日银行已收企业未收款20 000元。

2. 银行对账单

本月银行对账单见表4-3-1。

表4-3-1　　　　　　　　　　　　银行对账单　　　　　　　　　　　单位：元

日期	结算方式	票号	借方金额	贷方金额	余额
2017.01.02	201	X0011		2 000.00	205 540.00
2017.01.12			15 000.00		220 540.00
2017.01.12				165 000.00	55 540.00
2017.01.13	3	H123		17 550.00	37 990.00
2017.01.27	202	ZP0011	96 000.00		133 990.00
2017.01.28	3	HP123	52 650.00		186 640.00
2017.01.29	202	ZP0022	58 000.00		244 640.00

任务要求

（1）查询2017年1月库存现金日记账。

（2）查询2017年1月银行存款日记账。

（3）查询2017年1月2日资金日报表。

（4）根据资料一，进行支票登记簿登记。

（5）根据资料二，进行本月银行对账工作，并查看银行存款余额调节表。

知识导航

资金收付的核算与管理是企业的重要日常工作，也是出纳的一项重要工作内容。总账系统中的出纳管理为出纳人员提供了一个集成办公环境，可以完成库存现金日记账、银行存款日记账的查询和打印，可以随时输出最新的资金日报表，进行银行对账并生成银行存款余额调节表。

一、日记账

日记账包括库存现金日记账及银行存款日记账。日记账由计算机登记，日记账的作用只是输出数据。在建立会计科目时，只要在"日记账"选项打上"√"标志，即表明该科目要登记日记账。

二、资金日报表

资金日报表是反映"库存现金"科目和"银行存款"科目当日借贷方发生额及余额情况的报表。在手工方式下，资金日报表由出纳员逐日填写，反映当天营业终止时"库存现金"科目和"银行存款"科目的收支情况及余额；在电算化方式下，资金日报表提供当日借、贷金额合计和余额，以及发生的业务量等信息。

三、支票登记簿

总账系统为出纳员提供了支票登记簿功能，以供其详细登记支票领用人、领用日期、支票用途、是否报销等情况。

四、银行对账

银行对账是出纳员在月末应进行的一项工作。企业为了了解未达账项的情况，通常会定期与开户银行进行对账。在电算化方式下，银行对账的程序为：

（一）录入银行对账期初数据

第一次利用总账系统进行银行对账前，应该录入银行对账启用日期时的单位日记账及银行对账单的期初数据，包括期初余额及期初未达账项。银行对账启用日期是指使用银行对账功能前最后一次手工对账的截止日期，银行对账不一定和总账系统同时启用，银行对账的启用日期可以晚于总账系统的启用日期。录入期初数据后，应保证单位日记账的调整后余额等于银行对账单的调整后余额，否则会影响以后的银行对账。

（二）录入银行对账单

在开始对账前，必须将银行开出的银行对账单录入系统中，以便将其与企业银行存款日记账进行核对。

（三）进行银行对账

银行对账采用自动对账与手工对账相结合的方式。

自动对账即由计算机根据对账依据将银行日记账未达账项与银行对账单进行自动核对、勾销。对账依据通常是"结算方式+结算号+方向+金额"或"方向+金额"。对于已核对上的银行业务，系统将自动在银行存款日记账和银行对账单双方写上两清标志，并视为已达账项；否则，视其为未达账项。

手工对账是对自动对账的补充。采用自动对账功能后，可能还有一些特殊的已达账项没有核对出来，而被视为未达账项。为了保证对账更彻底、正确，可通过手工对账进行调整。

（四）余额调节表的查询和输出

在对银行对账进行两清勾对后，计算机会自动整理汇总出未达账和已达账，生成银行存款余额调节表，以检查对账是否正确。该余额调节表为截至对账截止日期的余额调节表，若无对账截止日期，则为最新余额调节表。

任务实施

1.查询2017年1月库存现金日记账

（1）以"203王刚"的身份注册进入企业应用平台。

（2）在"业务工作"选项卡中，执行"财务会计"→"总账"→"出纳"→"现金日记账"命令，打开"现金日记账查询条件"对话框，如图4-3-1所示。

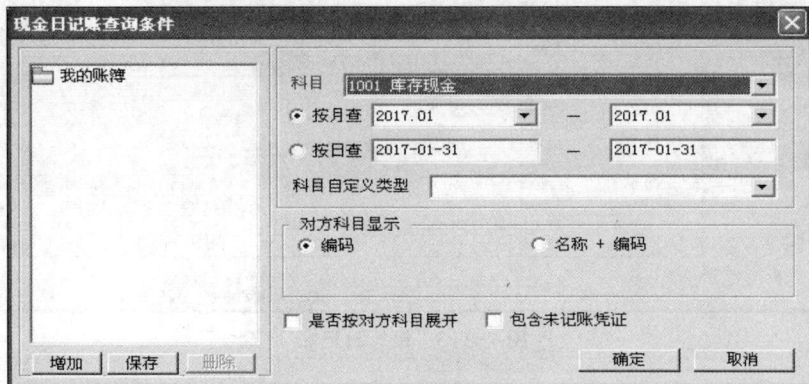

图4-3-1　现金日记账查询条件

（3）单击"确定"按钮，打开"现金日记账"窗口，如图4-3-2所示。

图4-3-2　现金日记账

（4）单击"关闭"按钮退出。

特别提示：

　　①在库存现金日记账查询界面，单击工具栏的"总账"按钮，可查看此科目的三栏式总账。

　　②将光标置于某业务行，单击工具栏的"凭证"按钮，可查看相应的凭证。

2.查询2017年1月银行存款日记账

银行存款日记账查询的步骤同库存现金日记账，只是查询结果多出了"结算号"信息，用于期末银行对账，如图4-3-3所示。

图 4-3-3 银行日记账

特别提示：

①只有在"会计科目"功能中使用"指定科目"功能指定现金总账科目及银行总账科目，才能查询"库存现金日记账"和"银行存款日记账"。

②查询日记账时可以查询包含未记账凭证的日记账。

3.查询2017年1月2日资金日报表

（1）在总账系统中，执行"出纳"→"资金日报"命令，打开"资金日报表查询条件"对话框。

（2）选择日期"2017.01.02"，其余默认，单击"确定"按钮，进入"资金日报表"窗口，如图4-3-4所示。

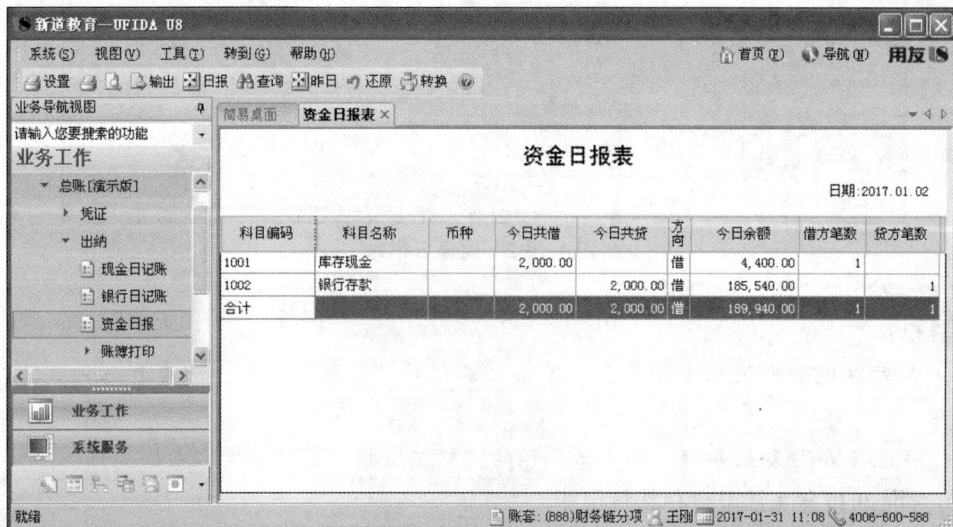

图 4-3-4 资金日报表

（3）单击"关闭"按钮退出。

特别提示：

①使用"资金日报"功能可以查询"库存现金"科目和"银行存款"科目某日的发生额及余额。

②如果在"资金日报表查询条件"窗口中选中"有余额无发生额也显示"，则即使"库存现金"科目或"银行存款"科目在查询日没有业务发生、只有余额也显示。

4.登记支票登记簿

（1）在总账系统中，执行"出纳"→"支票登记簿"命令，打开"银行科目选择"对话框。

（2）选择科目"工行存款（100201）"，单击"确定"按钮，进入"支票登记簿"窗口。

（3）单击工具栏的"增加"按钮。

（4）录入或选择领用日期"2017.01.10"，领用部门"经理办公室"，支票号"Z0022"，预计金额"2 000"，用途"支付办公费用"，如图4-3-5所示，单击"保存"按钮。

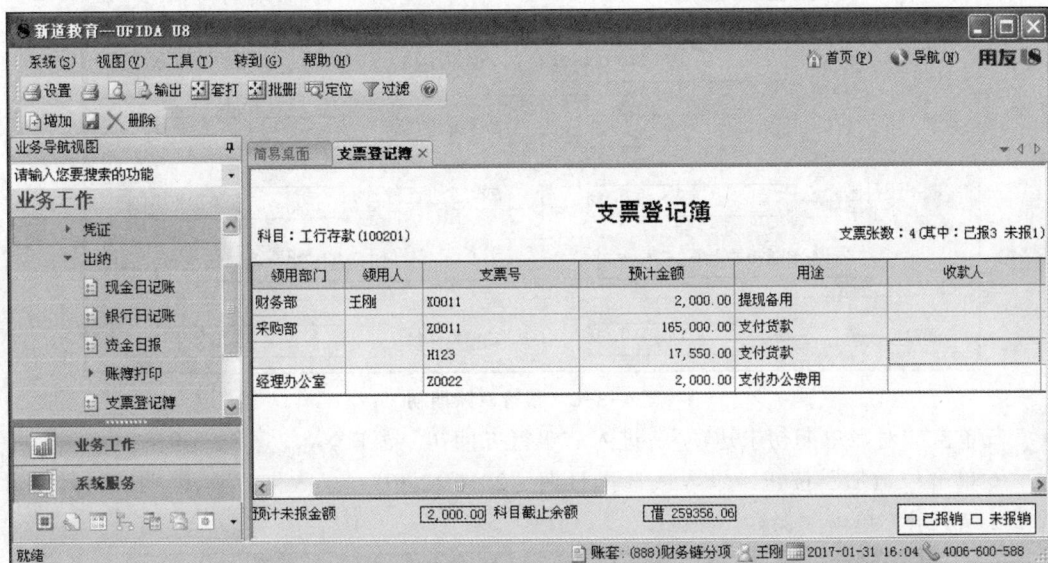

图4-3-5 支票登记簿

（5）单击"关闭"按钮退出。

特别提示：

①只有在总账系统的初始设置选项中已选择"支票控制"，并在结算方式设置中已设置"票据结算"标志，在"会计科目"中已指定银行账的科目，才能使用支票登记簿。

②支票登记簿中的报销日期为空时，表示该支票未报销，否则系统认为该支票已报销。

③支票支出后，在填制凭证时输入该支票的结算方式和结算号，系统会自动在支票登记簿中将该支票写上报销日期，该支票即为已报销。

④单击"批删"按钮，可对已报销的支票进行成批删除。

5.银行对账

（1）输入银行对账期初数据

①在总账系统中，执行"出纳"→"银行对账"→"银行对账期初录入"命令，打开"银行科目选择"对话框。

②选择科目"工行存款（100201）"，单击"确定"按钮，进入"银行对账期初"窗口。

③确定启用日期"2017.01.01"。

④输入单位日记账的调整前余额"187 540"；输入银行对账单的调整前余额"207 540"，如图4-3-6所示。

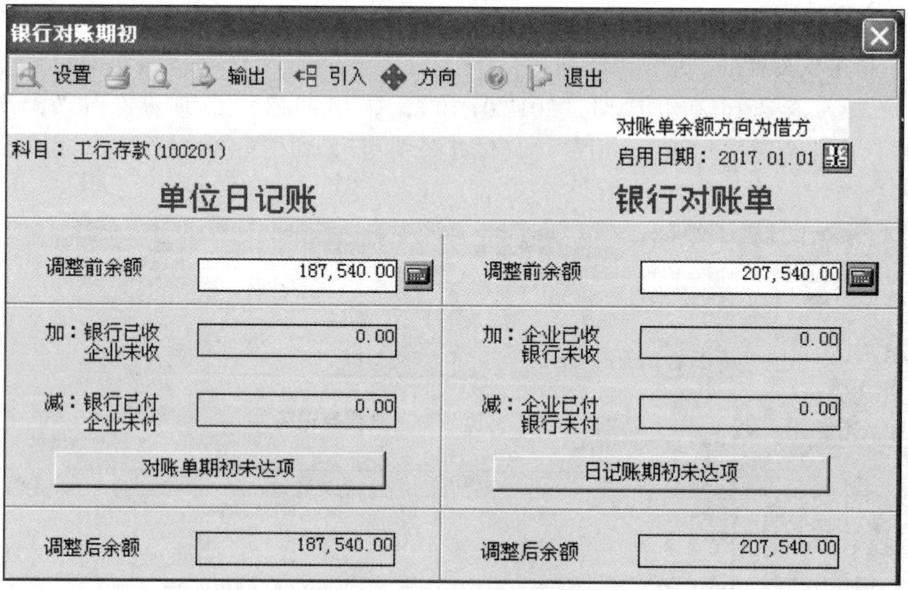

图4-3-6 银行对账期初

⑤单击"对账单期初未达项"，进入"银行方期初"窗口。

⑥单击"增加"按钮，录入或选择日期"2016.12.30"，录入借方金额"20 000"，如图4-3-7所示，单击"保存"按钮。

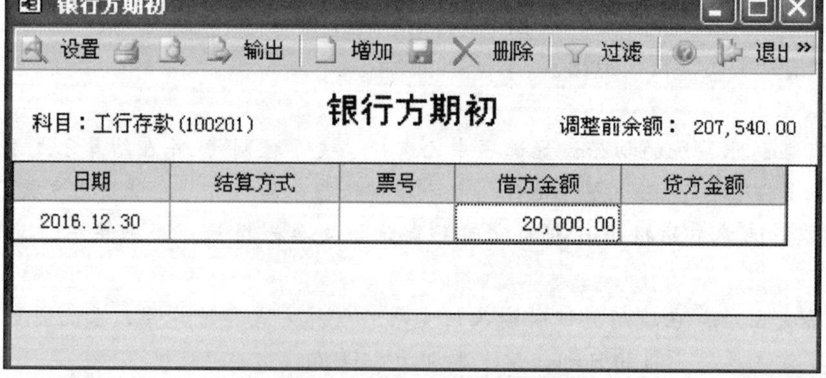

图4-3-7 银行方期初

⑦单击"退出"按钮，返回"银行对账期初"窗口，如图4-3-8所示。

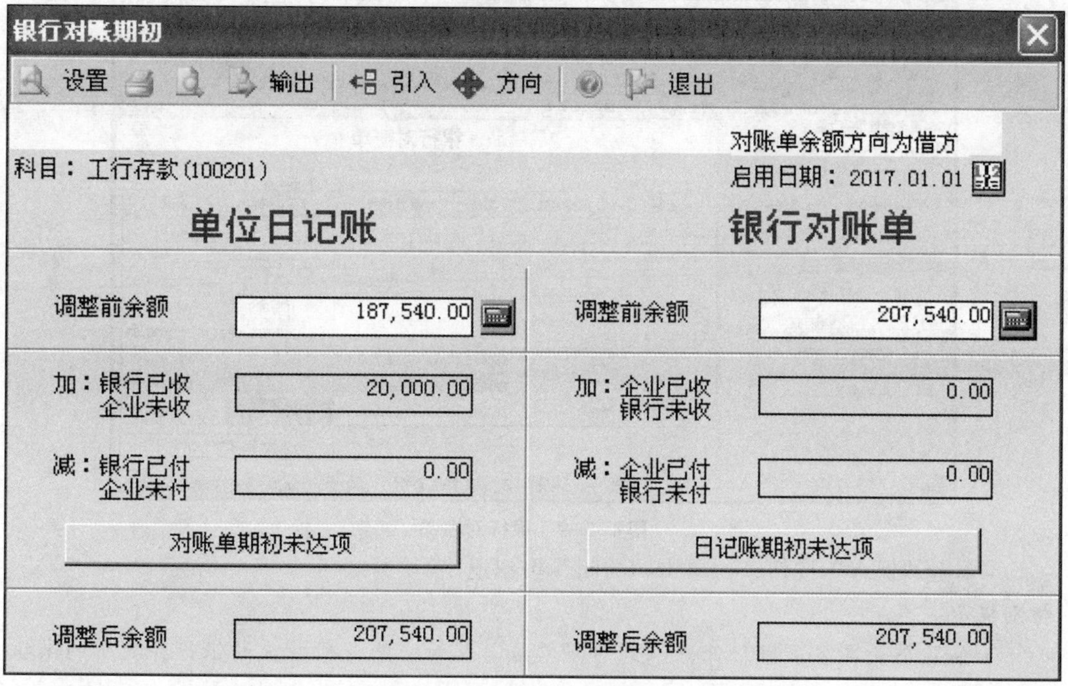

银行对账期初

设置　输出　引入　方向　退出

科目：工行存款(100201)

对账单余额方向为借方
启用日期：2017.01.01

单位日记账　　　　　　　银行对账单

| 调整前余额 | 187,540.00 | | 调整前余额 | 207,540.00 |

加：银行已收 企业未收　20,000.00　　　加：企业已收 银行未收　0.00

减：银行已付 企业未付　0.00　　　减：企业已付 银行未付　0.00

对账单期初未达项　　　　　日记账期初未达项

调整后余额　207,540.00　　　调整后余额　207,540.00

图4-3-8　录入未达账项后的银行对账期初

⑧单击"退出"按钮。

特别提示：

①第一次使用银行对账功能时，应录入单位日记账及银行对账单的期初数据，包括期初余额及期初未达账项。

②银行对账启用日期可以是总账系统启用当日，也可以在此日期之后，但录入完期初对账数据之后，请不要随意调整启用日期，尤其是向前调，这样可能会造成启用日期后的期初数不能参与对账。

③系统默认银行对账单余额方向为借方，即银行对账单借方发生额为银行存款增加，贷方发生额为银行存款减少。按"方向"按钮可以调整银行对账单余额方向。

④系统会根据调整前余额及期初未达项自动计算出银行对账单与单位日记账的调整后余额，二者应该一致。

（2）录入本期银行对账单

①在总账系统中，执行"出纳"→"银行对账"→"银行对账单"命令，打开"银行科目选择"对话框。

②选择科目"工行存款（100201）"，月份选择"2017.01"至"2017.01"，单击"确定"按钮，进入"银行对账单"窗口。

③单击"增加"，输入或选择日期"2017.01.02"，结算方式"201现金支票"，票号"X0011"，贷方金额"2 000"，再单击"增加"按钮或者按回车键，依次录入其他对账单信息，如图4-3-9所示。

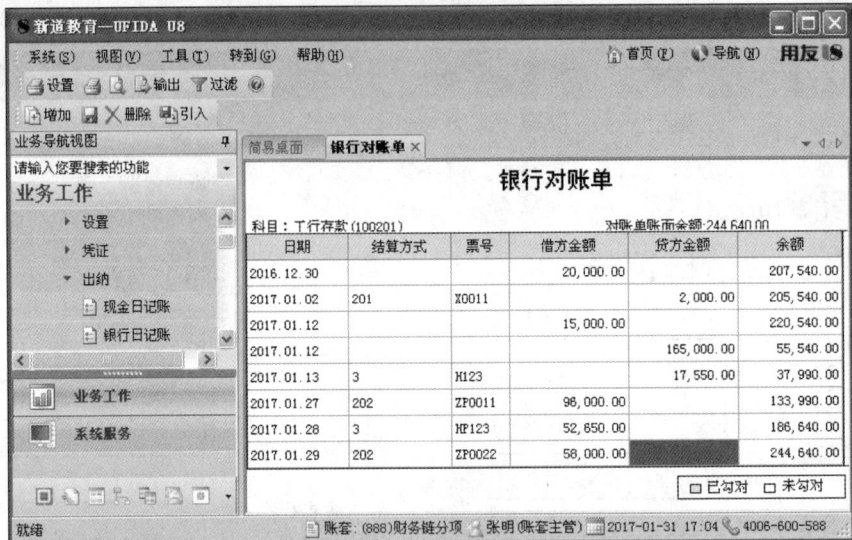

图 4-3-9　银行对账单

④单击"保存"按钮，再单击"关闭"按钮退出。

特别提示：

①如果企业在多家银行开户，则对账单应与其对应账号所对应的银行存款下的末级科目一致。

②录入银行对账单时，其余额由系统根据银行对账期初数自动计算生成。

（3）银行对账

①在总账系统中，执行"出纳"→"银行对账"→"银行对账"命令，打开"银行科目选择"对话框。

②选择科目"100201（工行存款）"，月份选择"2017.01"至"2017.01"，单击"确定"按钮，进入"银行对账"窗口。

③单击工具栏的"对账"按钮，出现"自动对账"对话框。选择截止日期"2017-01-31"，默认其他对账条件，如图4-3-10所示。

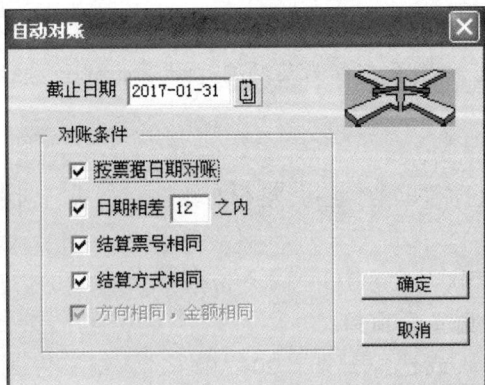

图 4-3-10　自动对账条件

④再单击"确定"按钮，系统自动在符合对账条件的记录行打上"两清"标志"○"。

⑤如果对账单中有与日记账相对应却未选中的已达账记录，则可以进行手工对账，即分别双击银行对账单和单位日记账的"两清"栏，标上两清标志"√"，如图4-3-11所示。

		单位日记账							银行对账单				
票据日期	结算方式	票号	方向	金额	两清	凭证号数	日期	结算方式	票号	方向	金额	两清
2017.01.27	202	ZP0011	借	96,000.00	○	收-0002	2016.12.30			借	20,000.00	
2017.01.28	3	HP123	借	52,650.00	○	收-0003	2017.01.02	201	X0011	贷	2,000.00	○
2017.01.29	202	ZP0022	借	58,000.00	○	收-0004	2017.01.12			借	15,000.00	
2017.01.30	3	HP124	借	49,716.06	○	收-0005	2017.01.12			贷	165,000.00	√
2017.01.02	201	X0011	贷	2,000.00	○	付-0002	2017.01.13	3	H123	贷	17,550.00	○
2017.01.12	202	Z0011	贷	165,000.00	√	付-0003	2017.01.27	202	ZP0011	借	96,000.00	○
2017.01.13	3	H123	贷	17,550.00	○	付-0004	2017.01.28	3	HP123	借	52,650.00	○
							2017.01.29	202	ZP0022	借	58,000.00	○

科目：100201(工行存款)

图4-3-11 手工对账

⑥单击"保存"按钮，对账完毕，单击"检查"按钮，检查平衡结果，如图4-3-12所示。单击"确定"按钮返回"银行对账"窗口。

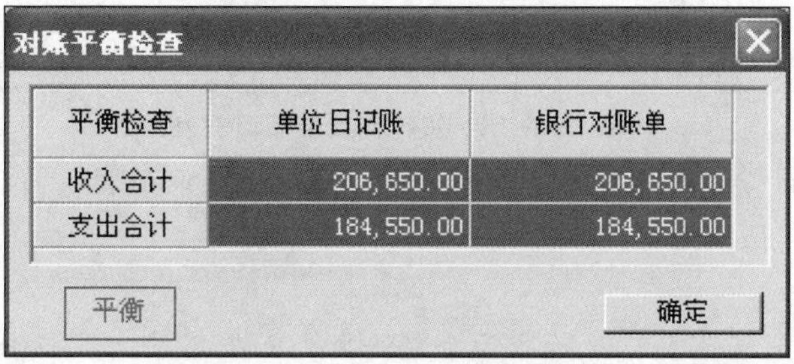

平衡检查	单位日记账	银行对账单
收入合计	206,650.00	206,650.00
支出合计	184,550.00	184,550.00

对账平衡检查

平衡　　　　　　　　确定

图4-3-12 对账平衡检查

⑦单击"关闭"按钮退出。

特别提示：

①银行对账包括自动对账和手工对账两种形式。自动对账是系统根据对账依据自动进行核对、勾销；手工对账是对自动对账的补充。

②如果在"银行对账期初"中默认对账方向为借方，则对账条件为方向相同、金额相同的日记账与对账单进行勾对。如果在"银行对账期初"中将银行对账单的余额方向修改为贷方，则对账条件为方向相反、金额相同的日记账与对账单进行勾对。

③系统默认的自动对账的条件为"日期相差12天""结算方式相同""结算票号相同"，单击每一项对账条件前的复选框，可以取消相应的对账条件，即在对账时不考虑相应的对账条件。

④如果在对账单中有两笔以上记录同日记账对应，则所有对应的对账单都应标上"两清"标记。

⑤如果想取消对账，可以采用自动取消和手工取消两种方式。单击"取消"按钮，可以自动取消所有"两清"标记；如果要手工取消，则可以双击要取消对账标志业务的"两清"栏，取消"两清"标记。

（4）输出余额调节表

①在总账系统中，执行"出纳"→"银行对账"→"余额调节表查询"命令，进入

"银行存款余额调节表"窗口。

②单击"查看"按钮，进入"银行存款余额调节表"窗口，如图4-3-13所示。

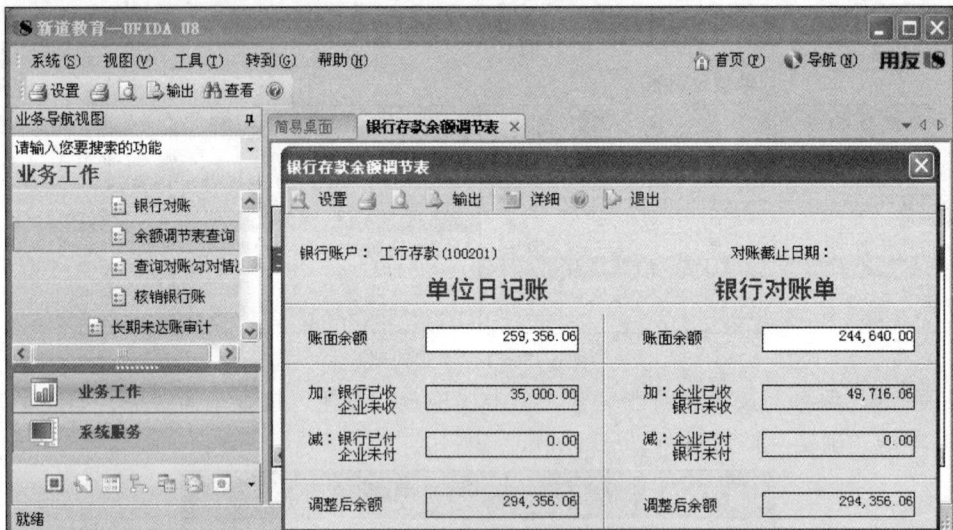

图4-3-13　银行存款余额调节表

③单击工具栏的"退出"按钮，返回"银行存款余额调节表"窗口。

④单击"关闭"按钮退出。

特别提示：

①银行存款余额调节表应显示账面余额平衡，如果不平衡，应分别查看银行对账期初、银行对账单及银行对账是否正确。

②在银行对账之后，可以查询对账勾对情况。如果确认银行对账结果是正确的，则可以使用"核销银行账"功能核销已达账；如果对账结果不平衡，则不要使用该功能，以免造成以后对账错误。

任务四　　账簿管理

▶ **任务资料**

资料内容见前述项目。

▶ **任务要求**

（1）查询"6602管理费用"总账并联查明细账和凭证。

（2）查询"1403原材料"数量金额式明细账并联查总账和凭证。

（3）查询全部科目本期发生额及余额表。

（4）定义并查询"222101应交税费——应交增值税"多栏账。

（5）查询"1122应收账款"客户往来明细账，并进行客户往来两清、往来催款单生成、往来账龄分析。

（6）查询"4采购部"部门总账、部门多栏式明细账，并进行所有部门的收支分析。

（7）查询"1计算机"项目总账、多栏式明细账，并进行项目统计分析。

▶ 知识导航

企业发生的经济业务，经过制单、审核、记账等程序后，就形成了正式的会计账簿，除了前面介绍的日记账的查询和输出外，账簿管理还包括基本会计核算账簿的查询、输出和各种辅助账的查询、输出。

一、基本会计核算账簿管理

总账系统提供了强大的账证查询功能，可以查询打印总账、发生额余额表、明细账、序时账、多栏账等；不仅可以查询已记账凭证的数据，而且可以查询包含未记账凭证的数据；可以轻松实现总账、明细账和凭证的联查。

二、各种辅助核算账簿管理

为了细化企业的核算与管理，总账系统还提供了辅助核算管理功能。辅助类型主要包括以下几种：客户往来核算、供应商往来核算、项目核算、部门核算和个人往来核算。利用辅助核算功能，可以使专项信息的查询更便捷。

▶ 任务实施

1. 查询"6602管理费用"总账并联查明细账和凭证

（1）以"201张明"的身份注册进入企业应用平台。

（2）在"业务工作"选项卡中，选择"总账"，执行"财务会计"→"总账"→"账表"→"科目账"→"总账"命令，进入"总账查询条件"对话框。

（3）直接录入或选择科目编码"6602"，单击"确定"按钮，进入"管理费用总账"窗口，如图4-4-1所示。

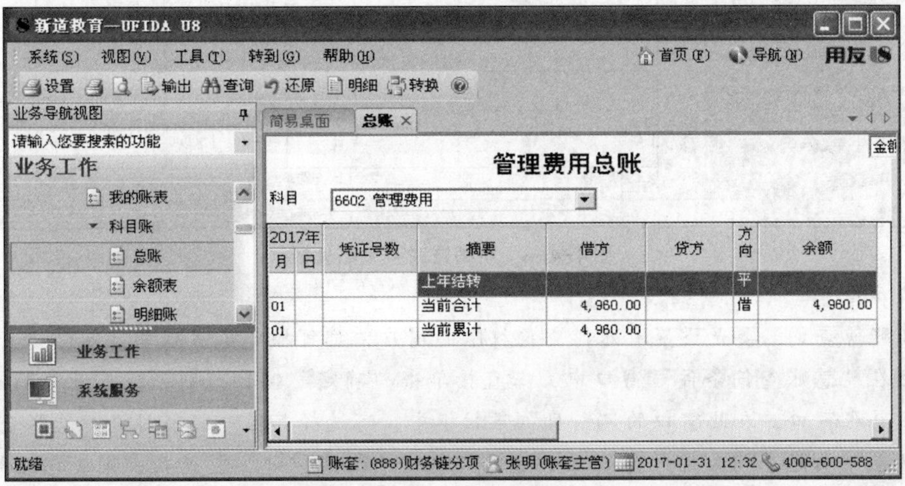

图4-4-1 管理费用总账

（4）将光标定位在"当前合计"栏，单击工具栏中的"明细"按钮，进入"管理费用明细账"窗口，如图4-4-2所示。

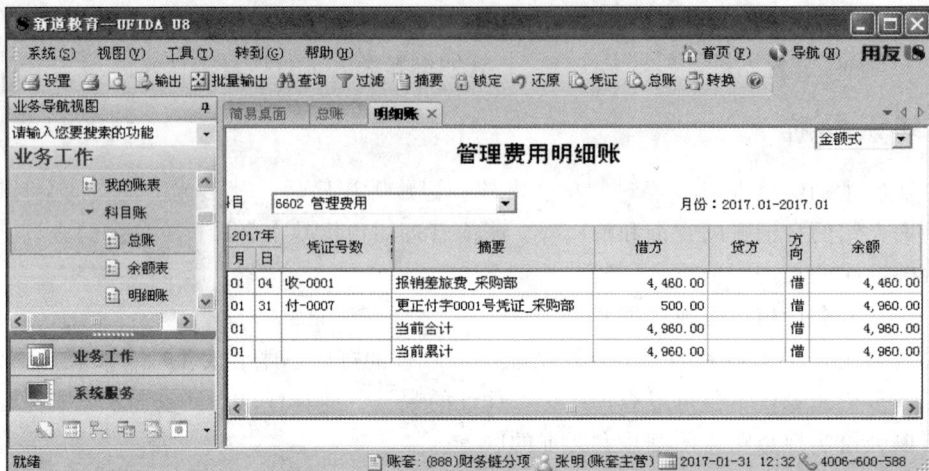

图4-4-2　管理费用总账联查明细账

（5）在"管理费用明细账"窗口，定位某业务行，单击工具栏的"凭证"按钮，进入"联查凭证"窗口，系统显示该笔业务的记账凭证，如图4-4-3所示。

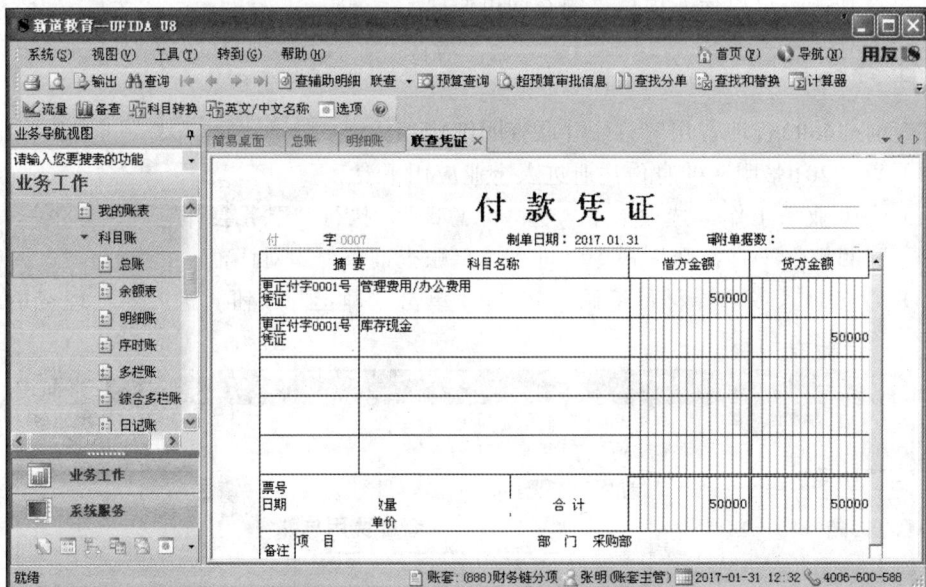

图4-4-3　明细账联查记账凭证

特别提示：

①账簿查询只要是设置有账簿查询权限的用户，都可操作账簿查询。

②在"总账查询条件"窗口中，若直接单击"确定"按钮，则系统将进入第一个会计科目总账窗口，在此窗口的"科目"下拉框中，可选择其他一级科目进行总账查询。

③在"总账查询条件"窗口，若选择"包含未记账凭证"复选框，则查询结果包含未记账的会计数据，此项功能提高了会计信息的时效性。

2.查询"1403原材料"数量金额式明细账并联查总账和凭证

（1）在总账系统中，执行"账表"→"科目账"→"明细账"命令，进入"明细账查询条件”对话框。

（2）直接录入或选择科目编码“1403”，单击“确定”按钮，进入“原材料明细账”窗口。

（3）在右上角下拉框中选择“数量金额式”，进入数量金额式“原材料明细账”窗口，系统除了列示该账户的借方、贷方、余额等金额信息，还显示数量、单价等信息，如图4-4-4所示。

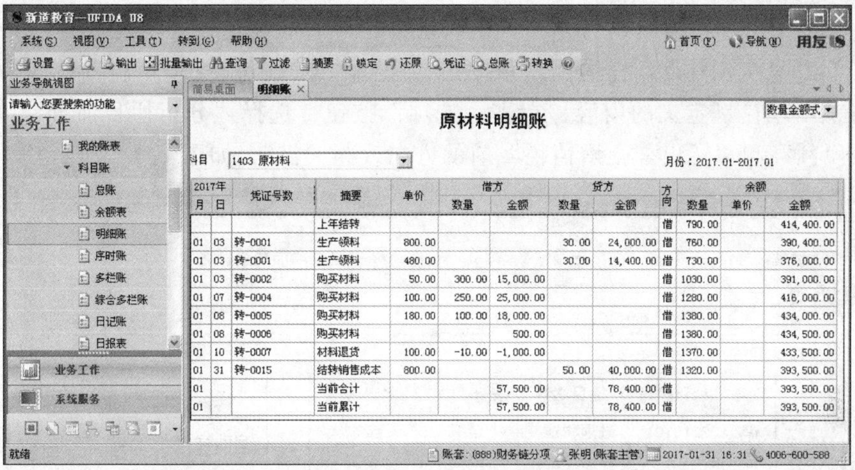

原材料明细账

科目 1403 原材料　　月份：2017.01-2017.01

2017年月	日	凭证号数	摘要	单价	借方数量	借方金额	贷方数量	贷方金额	方向	余额数量	余额单价	余额金额
			上年结转						借	790.00		414,400.00
01	03	转-0001	生产领料	800.00			30.00	24,000.00	借	760.00		390,400.00
01	03	转-0001	生产领料	480.00			30.00	14,400.00	借	730.00		376,000.00
01	03	转-0002	购买材料	50.00	300.00	15,000.00			借	1030.00		391,000.00
01	07	转-0004	购买材料	100.00	250.00	25,000.00			借	1280.00		416,000.00
01	08	转-0005	购买材料	180.00	100.00	18,000.00			借	1380.00		434,000.00
01	08	转-0006	购买材料			500.00			借	1380.00		434,500.00
01	10	转-0007	材料退货	100.00	-10.00	-1,000.00			借	1370.00		433,500.00
01	31	转-0015	结转销售成本	800.00			50.00	40,000.00	借	1320.00		393,500.00
01			当前合计			57,500.00		78,400.00	借			393,500.00
01			当前累计			57,500.00		78,400.00	借			393,500.00

图4-4-4　数量金额式明细账

（4）在“原材料明细账”窗口，定位至某业务行，单击工具栏的“凭证”按钮，进入“联查凭证”窗口，系统显示该笔业务的记账凭证。

（5）单击工具栏中的“总账”按钮，进入“原材料总账”窗口，在右上角下拉框中选择“金额式”，系统显示“原材料总账”。

3.查询全部科目本期发生额及余额表

（1）在总账系统中，执行“账表”→“科目账”→“余额表”命令，打开“发生额及余额查询条件”对话框。

（2）单击“确定”按钮，进入“发生额及余额表”窗口，如图4-4-5所示。

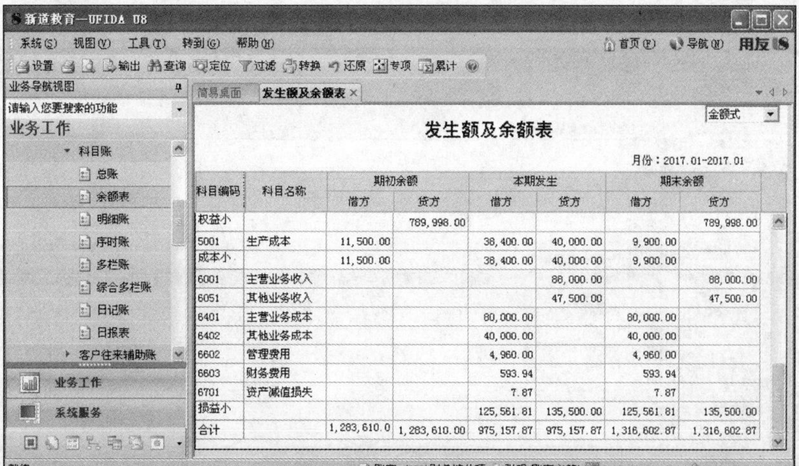

发生额及余额表

月份：2017.01-2017.01

科目编码	科目名称	期初余额借方	期初余额贷方	本期发生借方	本期发生贷方	期末余额借方	期末余额贷方
权益小			789,998.00				789,998.00
5001	生产成本	11,500.00		38,400.00	40,000.00	9,900.00	
成本小		11,500.00		38,400.00	40,000.00	9,900.00	
6001	主营业务收入				88,000.00		88,000.00
6051	其他业务收入				47,500.00		47,500.00
6401	主营业务成本			80,000.00		80,000.00	
6402	其他业务成本			40,000.00		40,000.00	
6602	管理费用			4,960.00		4,960.00	
6603	财务费用			593.94		593.94	
6701	资产减值损失			7.87		7.87	
损益小				125,561.81	135,500.00	125,561.81	135,500.00
合计		1,283,610.0	1,283,610.00	975,157.87	975,157.87	1,316,602.87	1,316,602.87

图4-4-5　发生额及余额表

特别提示：

①在余额表查询功能中，可以查询各级科目的本月期初余额、本期发生额及期末余额。

②在发生额及余额表中，单击"专项"按钮，可以查询带有辅助核算内容的辅助资料。

4.定义并查询"222101应交税费——应交增值税"多栏账

（1）在总账系统中，执行"账表"→"科目账"→"多栏账"命令，进入"多栏账"窗口。

（2）单击"增加"按钮，打开"多栏账定义"对话框。

（3）单击"核算科目"栏的倒三角按钮，选择"222101应交增值税"，单击"自动编制"按钮，出现栏目定义的内容，单击"选项"按钮，选择"分析栏目前置"，将栏目名称"进项税额"和"转出未交增值税"前的方向改为"借"，如图4-4-6所示。

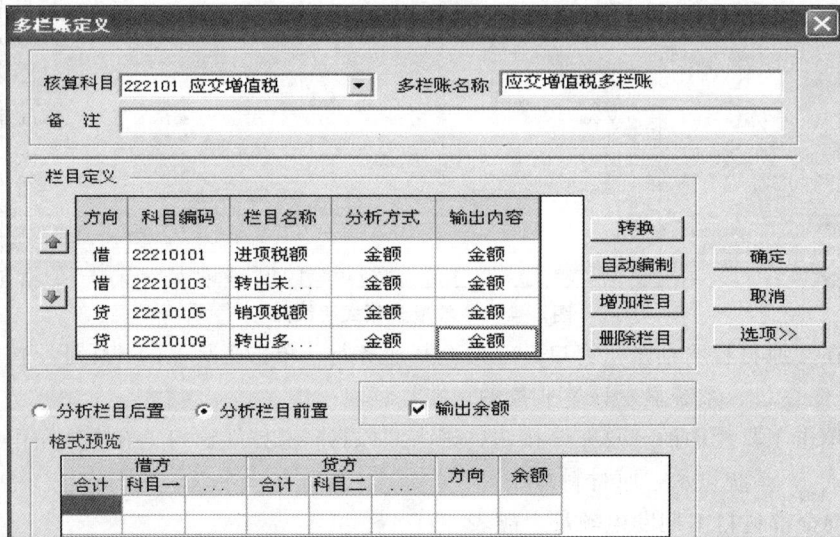

图4-4-6 多栏账定义

（4）单击"确定"按钮，完成"222101应交税费——应交增值税"多栏账的设置。

（5）单击"查询"按钮，打开"多栏账查询"对话框。单击"确定"按钮，显示"应交增值税多栏账"，如图4-4-7所示。

图4-4-7 应交增值税多栏账

特别提示：

①在总账系统中，普通多栏账由系统将要分析科目的下级科目自动生成“多栏账”。

②多栏账的栏目可以自定义，可以对栏目的分析方向、分析内容、输出内容进行定义，也可以定义多栏账格式。

5.查询“1122应收账款”客户往来明细账，并进行客户往来两清、往来催款单生成、往来账龄分析

（1）查询“1122应收账款”客户往来明细账

①在总账系统中，执行“账表”→“客户往来辅助账”→“客户往来明细账”→“客户科目明细账”命令，打开“客户科目明细账查询条件”对话框。

②在“科目”栏选择“1122应收账款”，单击“确定”按钮，打开“科目明细账”窗口，如图4-4-8所示。

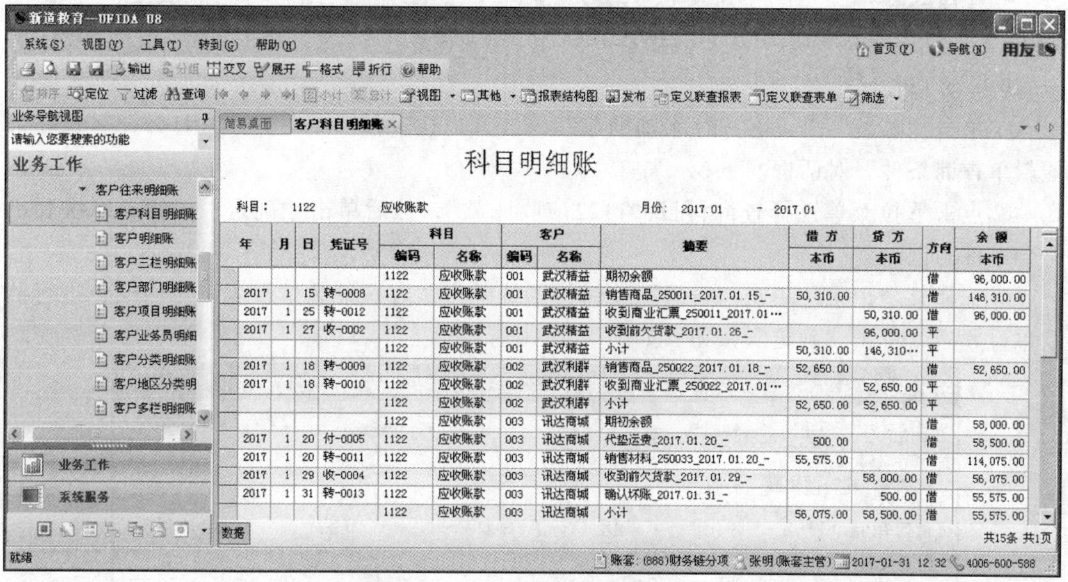

科目明细账

科目： 1122 应收账款　　月份： 2017.01 - 2017.01

年	月	日	凭证号	科目 编码	科目 名称	客户 编码	客户 名称	摘要	借方 本币	贷方 本币	方向	余额 本币
				1122	应收账款	001	武汉精益	期初余额			借	96,000.00
2017	1	15	转-0008	1122	应收账款	001	武汉精益	销售商品_250011_2017.01.15_-	50,310.00		借	146,310.00
2017	1	25	转-0012	1122	应收账款	001	武汉精益	收到商业汇票_250011_2017.01…		50,310.00	借	96,000.00
2017	1	27	收-0002	1122	应收账款	001	武汉精益	收到前欠货款_2017.01.26_-		96,000.00	平	
				1122	应收账款	001	武汉精益	小计	50,310.00	146,310…	平	
2017	1	18	转-0009	1122	应收账款	002	武汉利群	销售商品_250022_2017.01.18_-	52,650.00		借	52,650.00
2017	1	18	转-0010	1122	应收账款	002	武汉利群	收到商业汇票_250022_2017.01…		52,650.00	平	
				1122	应收账款	002	武汉利群	小计	52,650.00	52,650.00	平	
				1122	应收账款	003	讯达商城	期初余额			借	58,000.00
2017	1	20	付-0005	1122	应收账款	003	讯达商城	代垫运费_2017.01.20_-	500.00		借	58,500.00
2017	1	20	转-0011	1122	应收账款	003	讯达商城	销售材料_250033_2017.01.20_-	55,575.00		借	114,075.00
2017	1	29	收-0004	1122	应收账款	003	讯达商城	收到前欠货款_2017.01.29_-		58,000.00	借	56,075.00
2017	1	31	转-0013	1122	应收账款	003	讯达商城	确认坏账_2017.01.31_-		500.00	借	55,575.00
				1122	应收账款	003	讯达商城	小计	56,075.00	58,500.00	借	55,575.00

共15条 共1页

图4-4-8　客户科目明细账

③单击“关闭”按钮退出。

（2）客户往来两清

①单击“账表”→“客户往来辅助账”→“客户往来两清”命令，打开“客户往来两清查询条件”对话框。

②在“科目”栏选择“1122应收账款”，单击“确定”按钮，系统列出查询结果。

③单击工具栏的“自动”按钮，系统可一次性或逐个客户进行勾对。如果发现应该勾对而没有勾对的记录，可双击“两清”栏，进行手工勾对。单击“检查”按钮，可进行两清平衡检查，如图4-4-9所示。

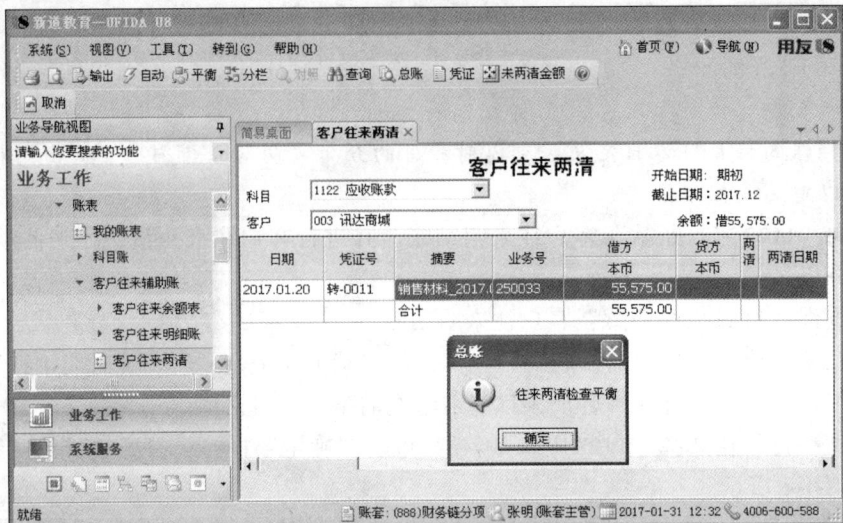

图 4-4-9 客户往来两清

（3）客户往来催款单生成

①单击"账表"→"客户往来辅助账"→"客户往来催款单"命令，打开"客户往来催款单查询条件"对话框。

②点击下拉菜单选择查询科目"1122应收账款"，然后单击"确定"按钮，系统列出符合条件的记录。

③选择某个记录，单击"设置"按钮，系统弹出"客户催款单设置"对话框，进行催款单设置后，单击"确定"按钮，如图4-4-10所示。

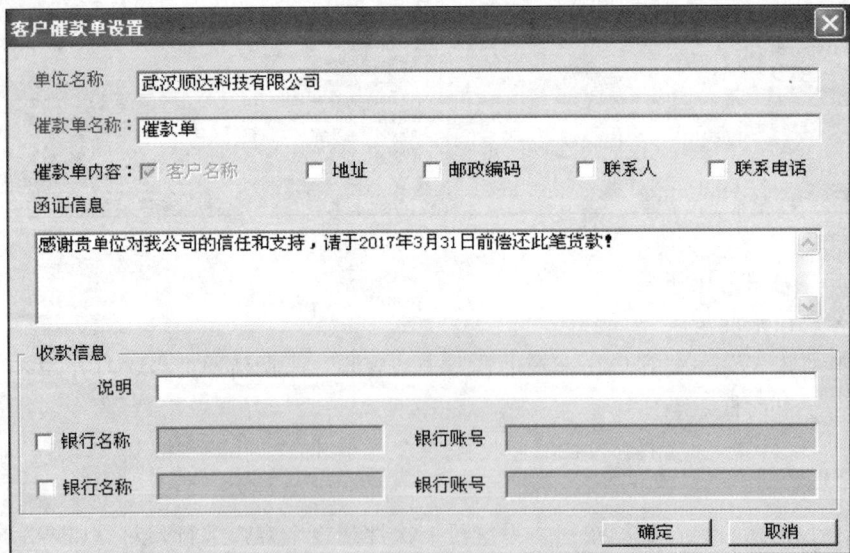

图 4-4-10 客户往来催款单设置

（4）客户往来账龄分析

①单击"账表"→"客户往来辅助账"→"客户往来账龄分析"命令，打开"客户往来账龄查询条件"对话框。

②点击下拉菜单选择查询科目"1122应收账款",然后单击"确定"按钮,系统列出符合条件的账龄分析结果。

③单击工具栏的"详细"按钮,系统列出所有客户往来账龄分析结果;单击工具栏的"比率"按钮,系统除列示每个账龄区间的金额外,还列示其所占百分比,如图4-4-11所示。

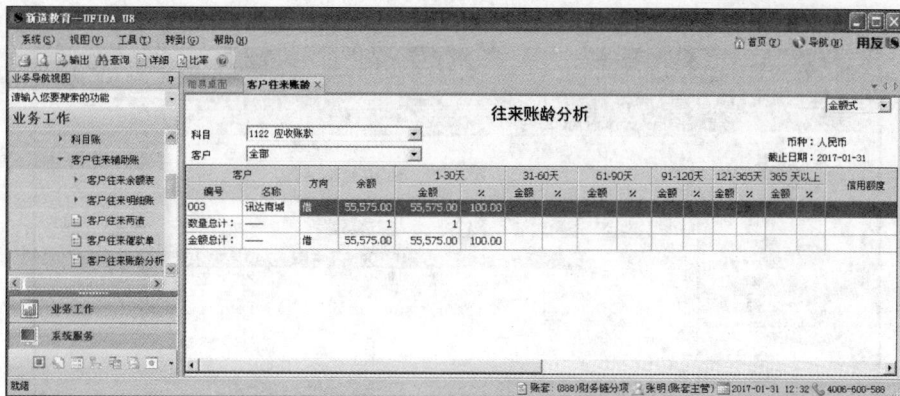

图4-4-11　客户往来账龄分析

特别提示:

①在"客户科目明细账"功能中,可以查询所有辅助核算内容为"客户往来"的科目明细账。

②可以查询多个客户、各个月份的客户科目明细账,可以查询包含未记账凭证的客户科目明细账。

6.查询"4采购部"部门总账、部门多栏式明细账,并进行所有部门的收支分析

(1)查询"4采购部"部门总账

①在总账系统中,执行"账表"→"部门辅助账"→"部门总账"→"部门总账"命令,打开"部门总账条件"窗口。

②在科目栏点击选择"采购部",单击"确定"按钮,打开"部门总账"窗口,显示查询结果,如图4-4-12所示。

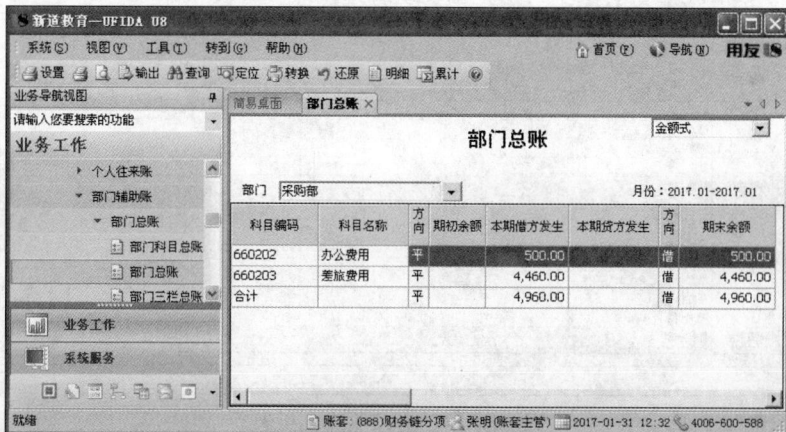

图4-4-12　部门总账

③将光标置于总账的某笔业务上，单击工具栏的"明细"按钮，可以联查明细账。

（2）查询"4采购部"部门多栏式明细账

①在总账系统中，执行"账表"→"部门辅助账"→"部门明细账"→"部门多栏式明细账"命令，进入"部门多栏明细账条件"窗口。

②选择科目"6602管理费用"，部门"采购部"，分析方式"金额式"，单击"确认"按钮，显示查询结果，如图4-4-13所示。

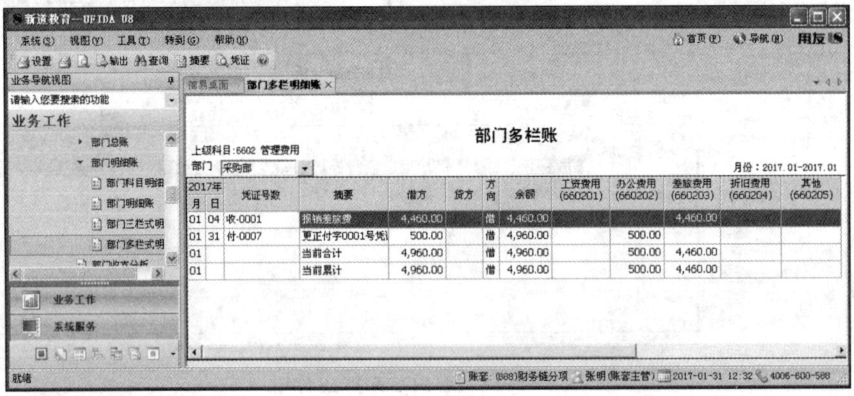

图4-4-13　部门多栏账

③将光标置于多栏账的某笔业务上，单击工具栏的"凭证"按钮，可以联查该笔业务的凭证。

（3）所有部门的收支分析

①在总账系统中，执行"账表"→"部门辅助账"→"部门收支分析"命令，进入"部门收支分析条件"窗口。

②选择分析科目：选择所有的部门核算科目，单击"下一步"按钮。

③选择分析部门：选择所有的部门，单击"下一步"按钮。

④选择分析月份：起止月份"2017.01—2017.01"，单击"完成"按钮，显示查询结果，如图4-4-14所示。

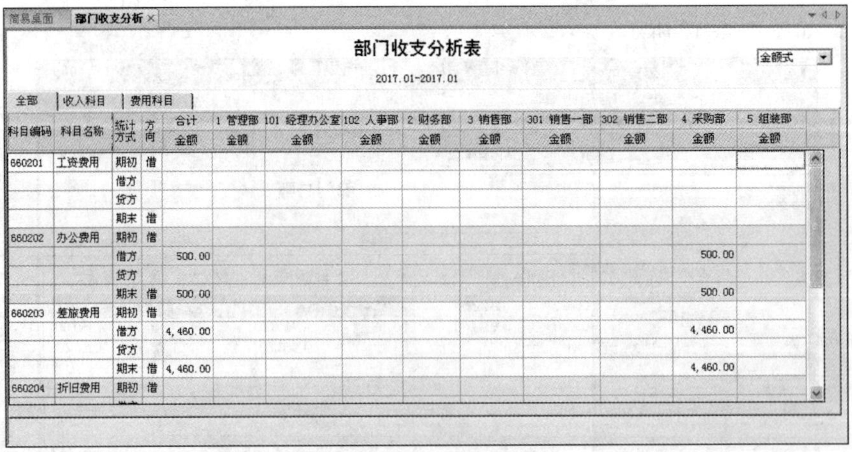

图4-4-14　部门收支分析表

7.查询"1计算机"项目总账、多栏式明细账,并进行项目统计分析

(1)查询"1计算机"项目总账

①在总账系统中,执行"账表"→"项目辅助账"→"项目总账"→"项目总账"命令,打开"项目总账条件"窗口。

②"项目大类"栏选择"生产成本","项目"栏选择"1计算机",单击"确定"按钮,打开"项目总账(详细)"窗口,显示查询结果,如图4-4-15所示。

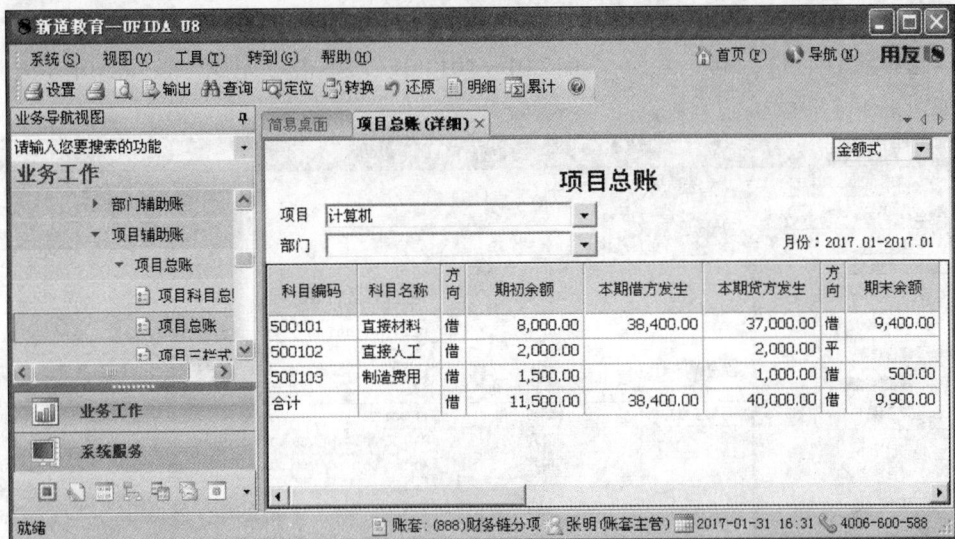

图 4-4-15 项目总账

③将光标定位在某笔业务上,单击工具栏的"明细"按钮,可以联查明细账;将"项目明细账"窗口光标定位在某笔业务上,还可以联查凭证。

(2)查询项目多栏式明细账

①在总账系统中,执行"账表"→"项目辅助账"→"项目明细账"→"项目多栏式明细账"命令,进入"项目多栏明细账条件"窗口。

②"项目大类"栏选择"生产成本","项目"栏选择"1计算机",单击"确定"按钮,显示项目多栏账查询结果,如图4-4-16所示。

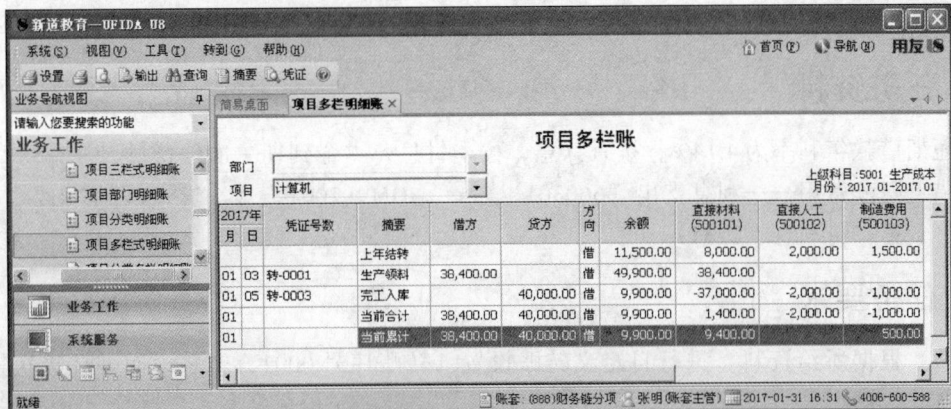

图 4-4-16 项目多栏账

③将光标置于多栏账的某笔业务上，单击工具栏的"凭证"按钮，可以联查该笔业务的凭证。

（3）项目统计分析

①在总账系统中，执行"账表"→"项目辅助账"→"项目统计分析"命令，进入"项目统计条件"窗口。

②选择统计项目："项目大类"栏选择"生产成本"，单击"下一步"按钮。

③选择统计科目：选择所有的科目，单击"下一步"按钮。

④选择统计月份：起止月份"2017.01—2017.01"，单击"完成"按钮，显示查询结果，如图4-4-17所示。

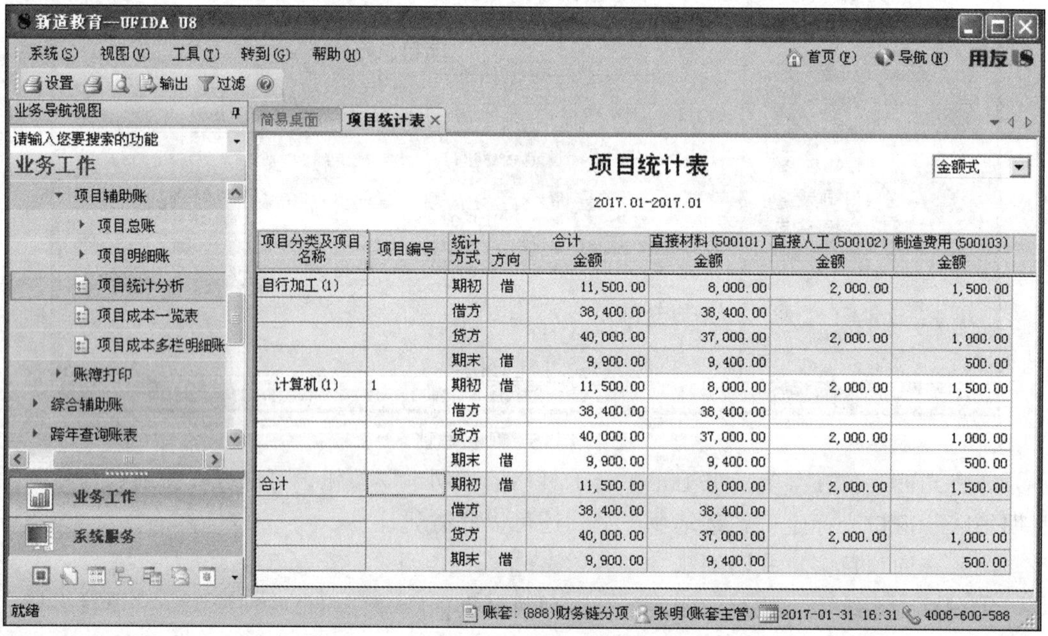

图4-4-17　项目统计表

任务五　期末处理

任务资料

短期借款年利率为4.14%，按月计息，按季付息，本金到期一次性偿付。

借：财务费用——利息支出（660301）　　　　QM（2001，月，贷）*4.14%/12

　贷：应付利息（2231）　　　　　　　　　　　　　　　　　　　　JG（）

任务要求

（1）根据所给资料，进行自定义转账设置（转账序号0001，转账说明：计提短期借款利息）。

（2）将本期损益类科目余额结转至"本年利润"科目，进行期间损益结转设置。

（3）进行自定义转账生成和期间损益收入和支出结转生成。

（4）进行期末对账操作。

（5）进行期末结账与取消结账操作。

▶ **知识导航**

总账管理子系统月末处理主要包括自动转账凭证的定义、自动转账凭证的生成、对账、结账。由于各会计期间的许多期末业务均具有较强的规律性，因此由计算机来处理期末会计业务，不但可以规范会计业务的处理还可以大大提高处理期末业务的工作效率。

一、定义转账凭证

转账凭证的定义提供了自定义转账凭证、对应结转、销售成本结转及期间损益结转等功能。

（一）自定义转账凭证设置

由于各个企业的情况不同，因此必然会造成各个企业对各类成本费用的分摊结转方式不同。在电算化方式下，为了实现各个企业不同时期期末会计业务处理的通用性，用户可以自行定义转账凭证，以完成每个会计期末固定会计业务的自动转账。自定义转账凭证功能可以完成对各种费用的分配、分摊、计提，以及税金的计算、期间损益转账凭证的设置等。

（二）对应结转设置

对应结转不仅可以进行两个科目的一对一结转，还可以进行科目的一对多结转。对应结转的科目可以是上级科目，但其下级科目的科目结构必须一致（相同明细科目）。

（三）销售成本结转设置

销售成本结转设置功能主要用来辅助没有启用购销存业务模块的企业完成销售成本的计算和结转。

（四）期间损益结转设置

期间损益结转设置功能用于在一个会计期间终了时将损益类科目的余额结转到"本年利润"科目中，从而及时反映企业利润的盈亏情况。

二、转账生成

在定义完转账凭证后，每月月末只需要执行本功能即可快速生成转账凭证，在此生成的转账凭证将自动追加到未记账凭证中去。由于转账是按照已记账凭证的数据进行计算的，因此在进行月末转账工作之前，必须先将所有未记账凭证记账；否则，将影响生成的转账凭证数据的准确性。

三、月末结账

在会计期末，除了要对收入、费用类账户余额进行结转外，还要进行对账、结账，并在结账之前进行试算平衡。

（一）对账

对账是指对账簿数据进行核对，以检查记账是否正确，以及账簿是否平衡。用户可通过核对总账与明细账、总账与辅助账数据来完成账账核对。为了保证账证相符、账账相符，用户应经常使用"对账"功能，至少一个月一次，一般可在月末结账前进行。

（二）结账

结账是指每月月末计算和结转各账簿的本期发生额和期末余额，并终止本期账务处理工作的过程。结账只能每月进行一次，要顺利完成结账工作，必须符合系统对结账工作的要求。

▶ 任务实施

1.自定义转账设置

（1）在总账系统中，执行"期末"→"转账定义"→"自定义转账"命令，进入"自定义转账设置"窗口。

（2）单击"增加"按钮，打开"转账目录"设置对话框，输入转账序号"0001"，转账说明"计提短期借款利息"，选择凭证类别为"转 转账凭证"，如图4-5-1所示。

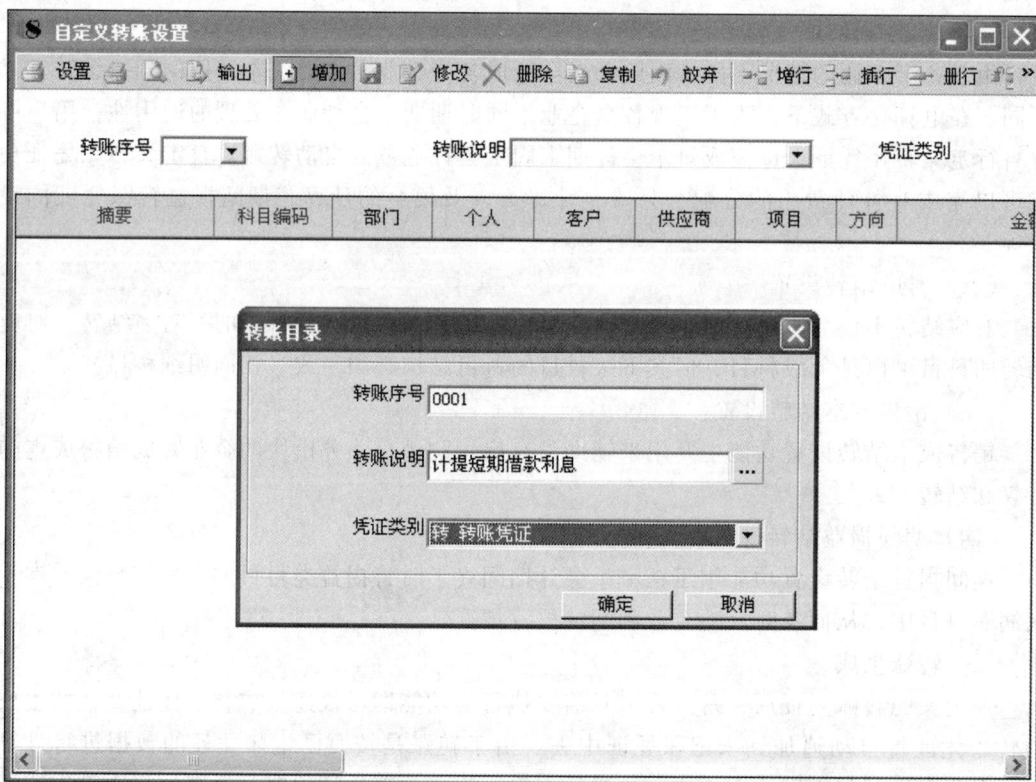

图 4-5-1 转账目录

（3）单击"确定"按钮，进入"自定义转账设置"窗口。

（4）单击工具栏的"增行"按钮，选择科目编码"660301"，方向"借"，单击"金额公式"栏参照按钮，打开"公式向导"窗口，选择"期末余额[QM（）]"函数，单击"下一步"按钮，选择科目"2001"，其他默认，运算符选择"*（乘）"，勾选"继续输入公式"，单击"下一步"按钮，如图4-5-2所示。

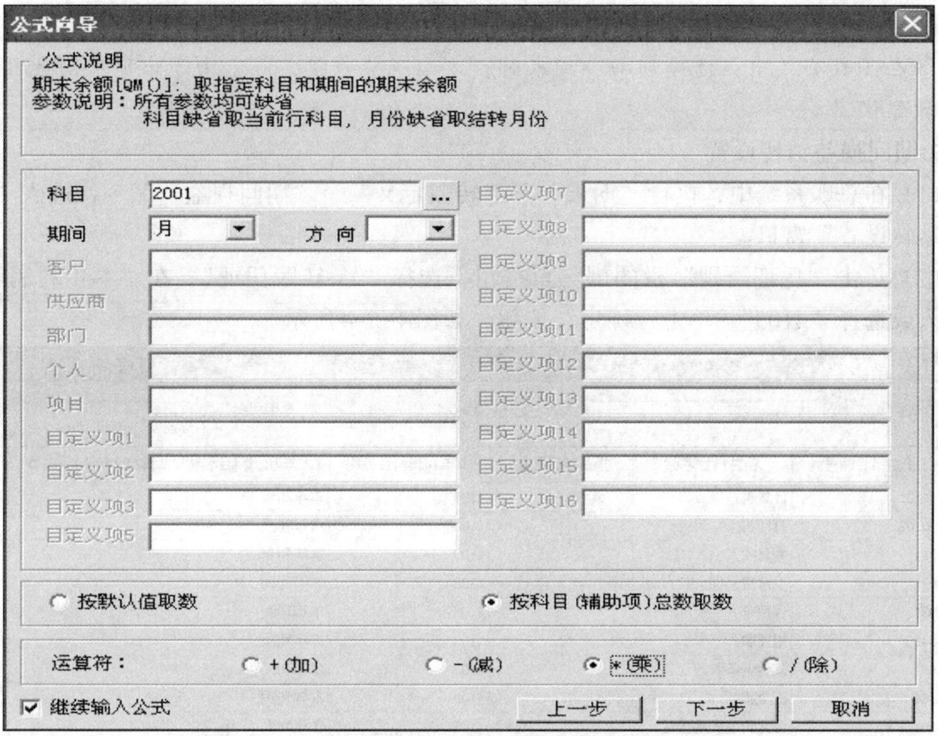

图4-5-2 公式向导

（5）在返回的"公式向导"窗口，选择公式名称"常数"，单击"下一步"按钮，输入常数"0.0414/12"，单击"完成"按钮。

（6）在返回的"自定义转账设置"窗口，继续单击工具栏的"增行"按钮，选择科目编码"2231"，方向"贷"，在"金额公式"栏输入"JG（）"或单击"金额公式"栏参照按钮，打开"公式向导"窗口，选择"取对方科目计算结果JG（）"函数，单击"下一步"按钮，单击"完成"按钮，如图4-5-3所示。

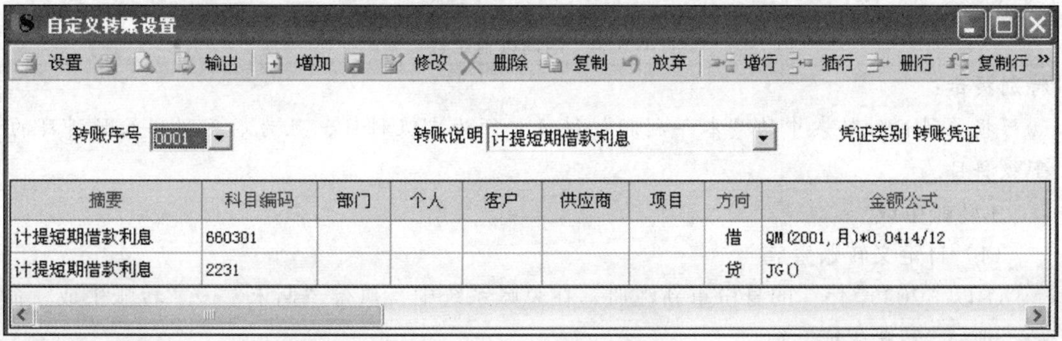

摘要	科目编码	部门	个人	客户	供应商	项目	方向	金额公式
计提短期借款利息	660301						借	QM(2001,月)*0.0414/12
计提短期借款利息	2231						贷	JG()

图4-5-3 自定义转账设置

（7）单击"保存"按钮，再单击"退出"按钮。

特别提示：

①进行转账定义的操作必须由具有转账定义权限的用户进行。

②输入转账计算公式有两种方法：如果公式的表达式不太明确，可采用向导方式录

163

入公式；如果公式的表达式明确，可直接输入计算公式。

③在函数公式中，选择期初、期末时，方向一般为空，避免由于出现反向余额时发生取数错误。

2.期间损益结转设置

（1）在总账系统中，执行"期末"→"转账定义"→"期间损益"命令，进入"期间损益结转设置"窗口。

（2）单击"凭证类别"栏的倒三角按钮，选择"转 转账凭证"，在"本年利润科目"栏录入或选择"4103"，单击"确定"按钮，如图4-5-4所示。

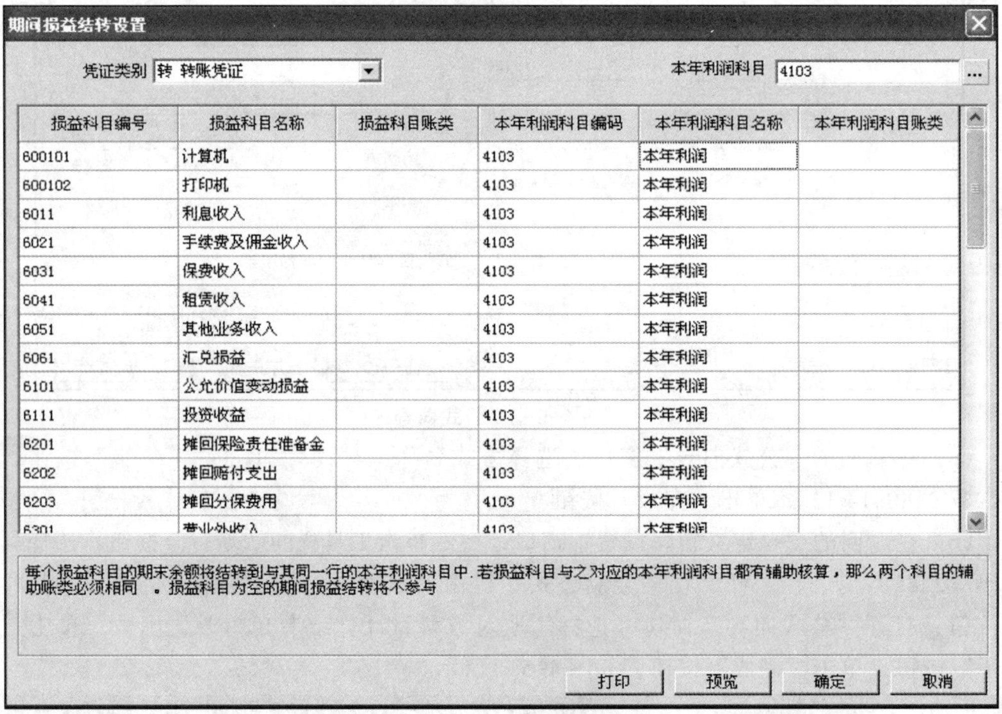

损益科目编号	损益科目名称	损益科目账类	本年利润科目编码	本年利润科目名称	本年利润科目账类
600101	计算机		4103	本年利润	
600102	打印机		4103	本年利润	
6011	利息收入		4103	本年利润	
6021	手续费及佣金收入		4103	本年利润	
6031	保费收入		4103	本年利润	
6041	租赁收入		4103	本年利润	
6051	其他业务收入		4103	本年利润	
6061	汇兑损益		4103	本年利润	
6101	公允价值变动损益		4103	本年利润	
6111	投资收益		4103	本年利润	
6201	摊回保险责任准备金		4103	本年利润	
6202	摊回赔付支出		4103	本年利润	
6203	摊回分保费用		4103	本年利润	
6301	营业外收入		4103	本年利润	

每个损益科目的期末余额将结转到与其同一行的本年利润科目中.若损益科目与之对应的本年利润科目都有辅助核算,那么两个科目的辅助账类必须相同 .损益科目为空的期间损益结转将不参与

图4-5-4 期间损益结转设置

特别提示：

损益科目结转表中的"本年利润"科目必须为末级科目，且为本年利润入账科目的下级科目。

3.转账生成

（1）自定义转账生成

①以"202李伟"的身份重新注册，在总账系统中，执行"期末"→"转账生成"命令，进入"转账生成"窗口。

②选中"自定义转账"单选按钮，单击"全选"按钮（或者双击选中要结转的凭证所在行），单击"确定"按钮，系统生成计提短期借款利息的转账凭证。

③单击"保存"按钮，凭证上出现"已生成"的标志，如图4-5-5所示。

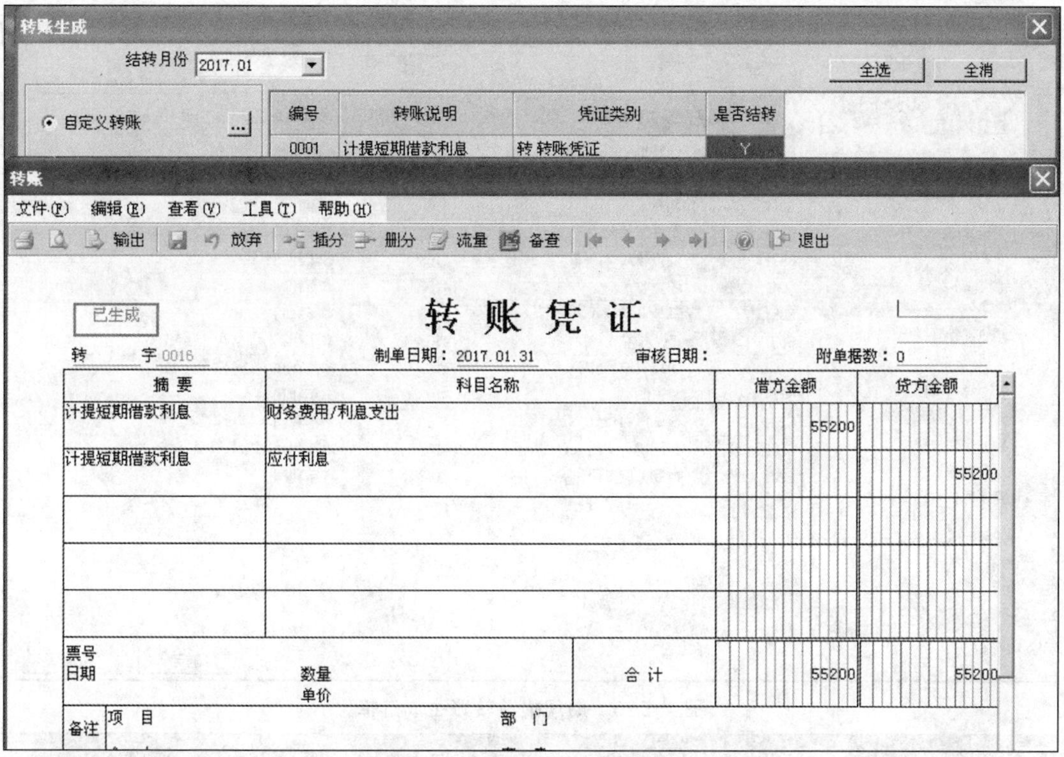

图4-5-5 自定义转账生成

④单击"退出"按钮，返回"转账生成"窗口，单击"关闭"按钮。

特别提示：

①由于期末转账业务的数据来自账簿，因此，为了保证数据的准确性，应在所有业务都记账后，再进行期末转账业务的操作。

②进行转账生成的操作必须由具有制单权限的用户进行。生成的转账凭证必须保存，否则视同放弃。

③转账凭证每月只生成一次，不要重复生成。如果已生成的转账凭证有误，必须删除后重新生成。

④生成的凭证仍需审核、记账。

⑤转账生成的工作应在月末进行。如果有多种转账凭证形式，特别是涉及多项转账业务时，一定要注意转账的先后次序，否则计算金额时会发生错误。

（2）期间损益结转生成

①在总账系统中，执行"期末"→"转账生成"命令，进入"转账生成"窗口。

②选中"期间损益结转"单选按钮，单击"类型"栏的倒三角按钮，选择"收入"，单击"全选"按钮，如图4-5-6所示。

③单击"确定"按钮，系统生成期间损益收入结转的转账凭证。单击"保存"按钮，凭证上出现"已生成"标志，如图4-5-7所示。

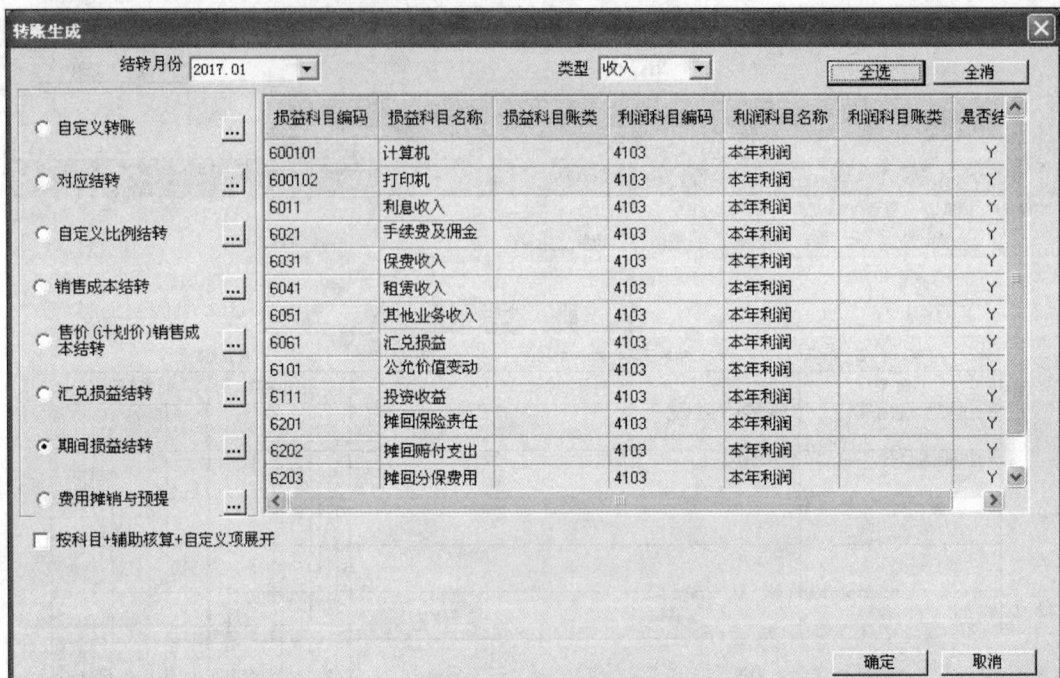

图 4-5-6 期间损益转账生成选择

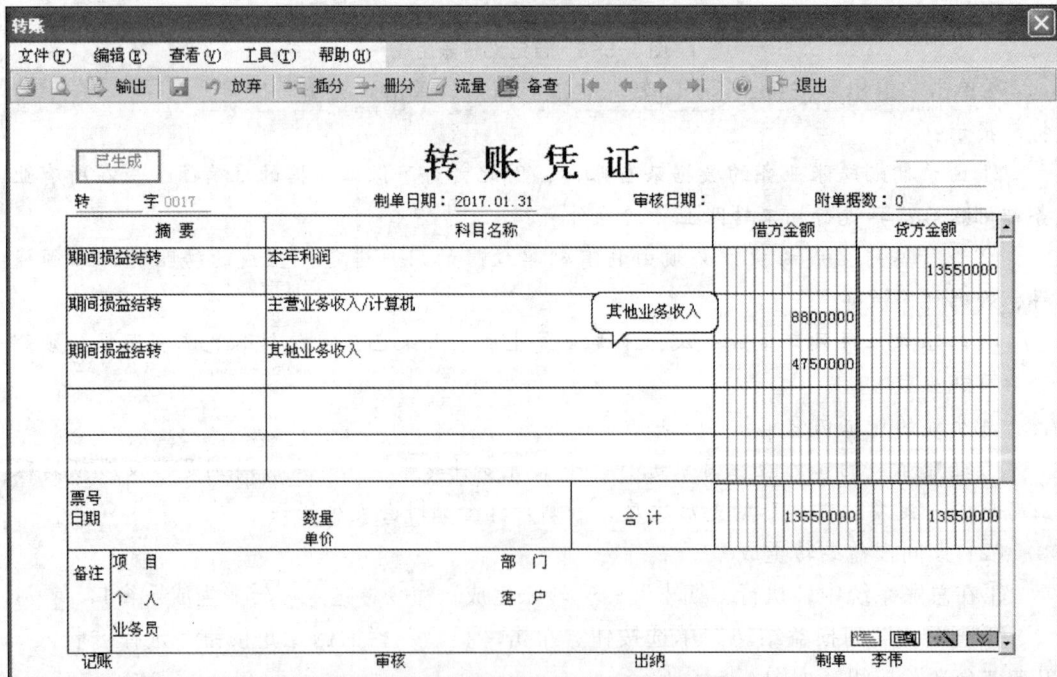

图 4-5-7 期间损益收入转账生成

（3）单击"退出"按钮，返回"转账生成"窗口，同理生成期间损益支出结转的转账凭证。单击"保存"按钮，凭证上出现"已生成"的标志，如图 4-5-8 所示。

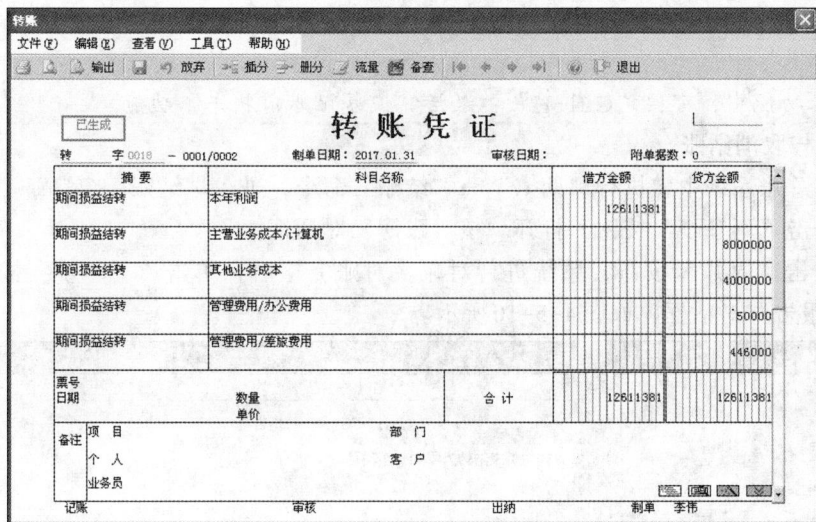

图 4-5-8 期间损益支出转账生成

（4）单击"退出"按钮，返回"转账生成"窗口，再单击"关闭"按钮。

特别提示：

①在期间损益结转之前，需要将本月所有未记账凭证进行记账（包括自定义转账生成的凭证），以保证损益类科目的完整性；否则，系统会提示"2017.01 月之前有未记账凭证，是否继续结转？"。

②生成的期间损益结转凭证仍需要执行审核、记账，否则账簿信息不全，也无法进行月末结账。

③期间损益结转可以针对"收入"和"支出"类型分别结转，也可以按"全部"类型进行一次性结转。

4.对账

（1）在总账系统中，执行"期末"→"对账"命令，进入"对账"窗口。

（2）单击工具栏的"试算"按钮，出现"2017.01试算平衡表"。

（3）单击"确定"按钮，再单击"选择"按钮，在"是否对账"栏出现"Y"标志。

（4）单击"对账"按钮，系统开始对账，并显示对账结果，如图4-5-9所示。

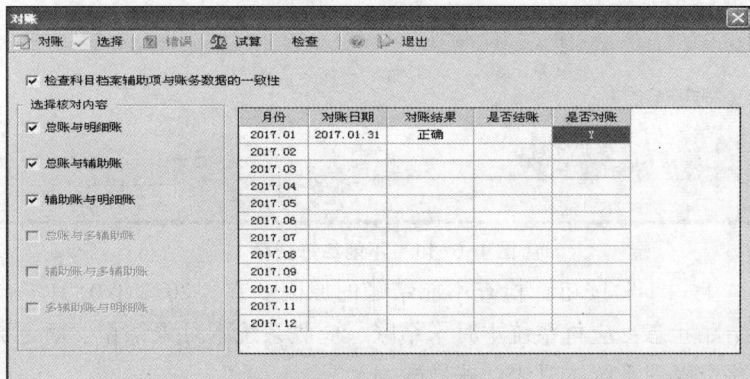

图 4-5-9 对账结果

（5）单击"退出"按钮。

特别提示：

在对账功能中，可按"Ctrl+H"键激活"恢复记账前状态"功能。

5.结账与取消结账

（1）在总账系统中，执行"期末"→"结账"命令，进入"结账"窗口。

（2）单击"下一步"按钮，打开"核对账簿"对话框。

（3）单击"对账"按钮，系统进行对账。对账完毕后，单击"下一步"按钮，打开"月度工作报告"对话框，如图4-5-10所示。

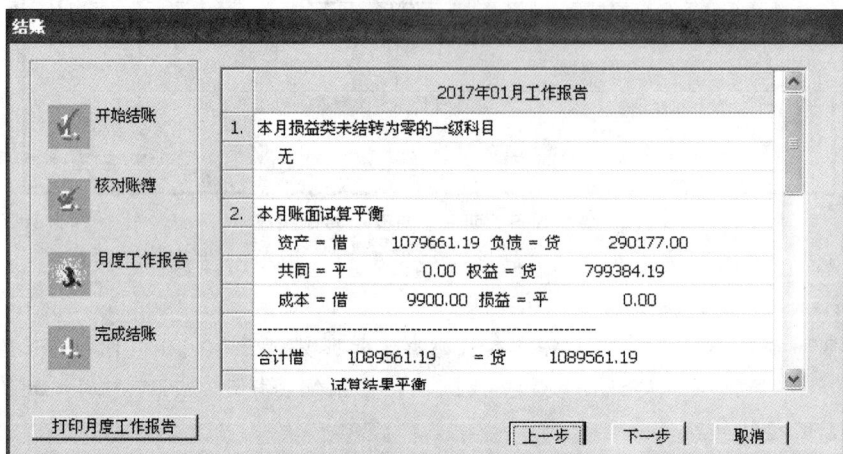

图4-5-10 月度工作报告

（4）单击"下一步"按钮，出现"2017年01月 未通过工作检查，不可以结账！"提示框，如图4-5-11所示。

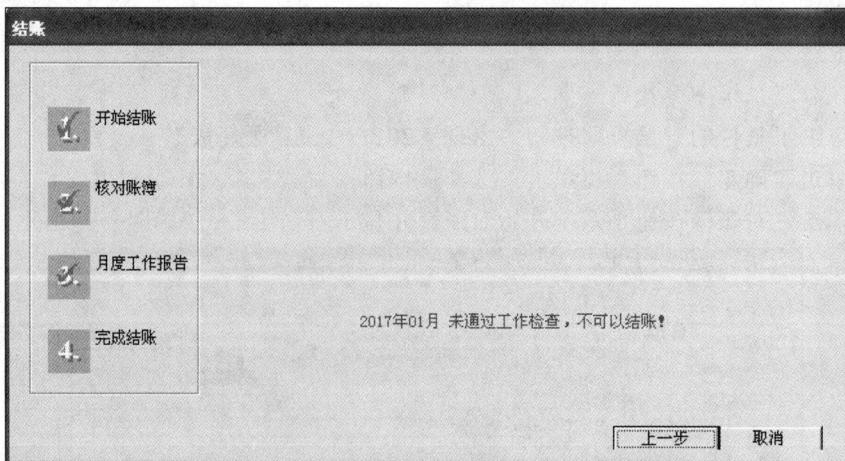

图4-5-11 不能结账提示

（5）单击"上一步"按钮，检查不能结账的原因。在"2017年01月工作报告"中检查出其他系统结账状态：应付系统本月未结账、应收系统本月未结账、固定资产管理系统本月未结账、薪资管理系统本月未结账。

（6）单击"取消"按钮，取消本次结账操作。

（7）以"201张明"的身份登录企业应用平台，在"基础设置"选项卡下，执行"基本信息"→"系统启用"命令，打开"系统启用"对话框。取消应付系统、应收系统、固定资产管理系统、薪资管理系统的启用。

（8）在总账系统中，重新进行结账操作，结账完成后，系统提示如图4-5-12所示。

图4-5-12　完成结账

特别提示：

①结账必须按月连续进行，上月未结账，本月不能结账，但可以填制、审核凭证。

②本月还有未记账的凭证不能结账；账账不符不能结账；损益类账户未全部结转完毕不能结账；其他业务子系统未全部结账时，总账系统不能结账。

③结账前，要进行数据备份，在结账过程中，可以单击"取消"按钮，取消正在进行的结账操作。

④结账后除查询外，不得再对本月业务进行任何操作。

⑤在结账时，在"开始结账"对话框中，选择要取消结账的月份，按"Ctrl+Shift+F6"组合键可进行反结账，如图4-5-13所示。反结账操作只能由账套主管进行。

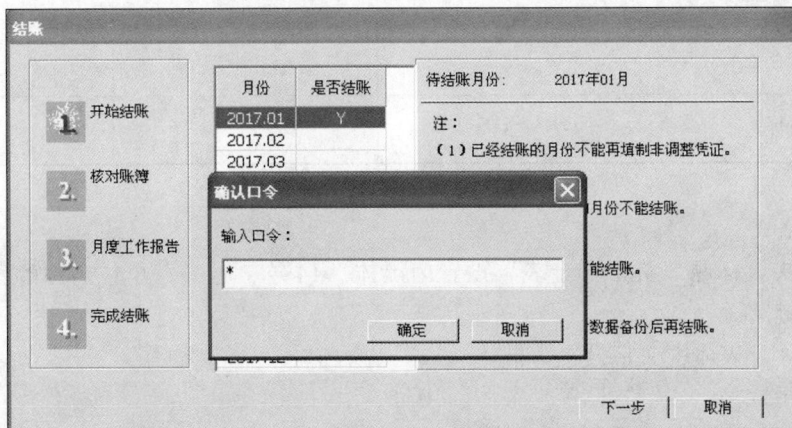

图4-5-13　取消结账

报表管理系统

知识目标

通过本项目的学习，了解报表管理系统的特点和功能，了解会计信息化环境下报表管理系统的有关基本概念，掌握报表格式设计和公式设置的方法。

能力目标

通过本项目的实训，能结合企业实际，利用报表模板生成报表数据和通过自定义报表生成报表数据。

任务一　　自定义报表

▶ 任务资料

货币资金表见表5-1-1。

表5-1-1

货币资金表

单位名称：　　　　　　　　　　年　　月　　日　　　　　　　　　　单位：元

项目	行次	期初数	期末数
库存现金	1		
银行存款	2		
合计	3		

制表人：

1. 报表格式

（1）表头。标题"货币资金表"设置为黑体、14号、居中；单位名称和年、月、日应设置为关键字。

（2）表体。表体中文字设置为楷体、12号、居中。

（3）表尾。"制表人："设置为宋体、10号、居右。

（4）设置第一行行高为7毫米，A列列宽为50毫米，B列列宽为15毫米，C列列宽为50毫米，D列列宽为50毫米。

2.报表公式

库存现金期初数：C4=QC（"1001",月）

库存现金期末数：D4=QM（"1001",月）

银行存款期初数：C5=QC（"1002",月）

银行存款期末数：D5=QM（"1002",月）

期初数合计：C6=C4+C5

期末数合计：D6=D4+D5

▶ 任务要求

（1）根据所给资料，自定义货币资金表格式。

（2）进行货币资金表数据生成及输出操作。

▶ 知识导航

用友ERP-U8管理软件中的UFO报表子系统主要完成报表格式设计和报表数据处理，它可以从账务子系统或其他业务系统中取得有关会计核算的信息，进而生成会计报表，进行报表汇总，以及生成各种分析图，并按预定格式输出各种会计报表。UFO报表子系统与用友管理软件中的各业务系统都有完善的接口，同时内置多个行业的常用会计报表，具有方便的自定义报表功能、数据处理功能；同时，该系统也可以独立运行，用于处理日常办公事务。

一、UFO报表子系统的主要功能

（一）报表格式设计功能

报表格式设计是指在计算机系统中建立一张报表中相对固定的部分，相当于在计算机中建立一个报表模板，供以后编制此类报表时调用。UFO报表子系统提供了丰富的格式设计功能，包括设置报表尺寸、组合单元、画表格线、调整行高列宽、设置字体和颜色等。同时，为方便用户制作标准报表，UFO报表子系统还内置了11种套用格式和33个行业的标准财务报表模板。

（二）数据处理功能

数据处理是指根据预先设置的报表格式和报表公式进行数据采集、计算、汇总等，生成会计报表。除此之外，UFO报表子系统还提供了排序、查询、审核、舍位平衡、汇总等功能。

（三）图表功能

UFO报表子系统可以对数据进行图形组织和分析，制作包括直方图、立体图、圆饼图、折线图等多种分析图表，并能编辑图表的位置、大小、标题、字体、颜色。

（四）文件管理功能

UFO报表子系统提供了文件管理功能，不仅能够创建、保存报表文件，而且能够将报表文件转换成不同格式的文件，如文本文件、mdb文件、xls文件等。此外，通过UFO报表子系统提供的"导入"和"导出"功能，可以实现和其他流行财务软件之间的数据交换。

（五）打印功能

采用"所见即所得"的打印，报表和图形都可以打印输出。通过"打印预览"功能，用户可以随时观看报表或图形的打印效果。

打印报表时，用户可以打印格式或数据，可以设置表头和表尾，可以在0.3倍到3倍之间缩放打印，可以横向或纵向打印。

此外，UFO报表子系统还提供了强大的二次开发功能，用户利用该功能可以开发出适合本企业的专用系统。

二、UFO报表子系统的基本概念

（一）格式状态和数据状态

UFO报表子系统将含有数据的报表分为两大部分来处理，即报表格式设计工作与报表数据处理工作。报表格式设计工作和报表数据处理工作是在不同的状态下进行的。报表工作区左下角的"格式/数据"按钮，可以实现格式状态和数据状态之间的切换。

1.格式状态

在格式状态下可以设计报表的格式，如表尺寸、行高列宽、单元风格、组合单元、关键字、可变区等。报表的三类公式——单元公式（计算公式）、审核公式、舍位平衡公式也在格式状态下定义。在格式状态下所做的操作对本报表所有的表页都发生作用。在格式状态下不能进行数据的录入、计算等操作，报表的数据全部都隐藏了。

2.数据状态

在数据状态下可以管理报表的数据，如输入数据、增加或删除表页、审核、舍位平衡、制作图形、汇总及合并报表等。在数据状态下不能修改报表的格式，但是可以看到报表的全部内容，包括格式和数据。

（二）单元

单元是组成报表的最小单位，单元名称由所在行、列标识。行号用数字表示，列标用字母表示。单元有以下三种类型：

1.数值单元

数值单元是报表的数据，在数据状态下（"格式/数据"按钮显示为"数据"时）输入。数值单元的内容可以直接输入或由单元中存放的单元公式运算生成。建立一个新表时，所有单元的类型缺省为数值。

2.字符单元

字符单元是报表的数据，在数据状态下输入。字符单元的内容可以是汉字、字母、数字及各种键盘可输入的符号组成的一串字符，一个单元中最多可输入255个字符。字符单元的内容也可以由单元公式生成。

3.表样单元

表样单元是报表的格式，是定义一个没有数据的空表所需的所有文字、符号或数字。一旦单元被定义为表样，那么在其中输入的内容对所有表页都有效。表样在格式状态下（"格式/数据"按钮显示为"格式"时）输入和修改，在数据状态下不允许修改。

（三）组合单元

组合单元由相邻的两个或更多的单元组成，这些单元必须是同一种单元类型（表样、数值、字符），UFO报表子系统在处理报表时将组合单元视为一个单元。用户可以组合同一行相邻的几个单元，可以组合同一列相邻的几个单元，也可以把一个多行多列的平面区域设为一个组合单元。组合单元的名称可以用区域的名称或区域中的单元的名称来表示。

（四）区域

区域由一张表页上的一组单元组成，自起点单元至终点单元是一个完整的方形矩阵。

在 UFO 报表子系统中，区域是二维的，最大的区域是一个二维表的所有单元（整个表页），最小的区域是一个单元。

（五）表页

一个 UFO 报表最多可容纳 99 999 张表页，每张表页都是由许多单元组成的。一个报表中的所有表页都具有相同的格式，但其中的数据不同。表页在报表中的序号在表页的下方以标签的形式出现，称为"页标"。

（六）固定区与可变区

固定区是指组成一个区域的行数和列数是固定的。固定区一旦设定好，则其内单元总数是不变的。可变区是指组成一个区域的行数或列数不是固定的。在一个报表中，只能设置一个可变区。

有可变区的报表称为可变表。没有可变区的报表称为固定表。

（七）关键字

关键字是游离于单元之外的特殊数据单元，是表页的唯一标识，用于在大量表页中快速选择某张表页。UFO 报表子系统提供了"单位名称""单位编号""年""季""月""日""日期"七种关键字，除此之外，还有自定义关键字功能。

关键字的显示位置在格式状态下设置，关键字的内容则在数据状态下录入，每个报表可以定义多个关键字。

三、自定义报表的应用流程

第一步，启动 UFO 报表子系统，新建报表；

第二步，报表格式设计；

第三步，报表公式定义；

第四步，报表数据处理；

第五步，报表图形处理；

第六步，打印报表。

其中，重要的操作步骤是启动系统建立报表、报表格式设计、报表公式定义、报表数据处理。

▶ **任务实施**

1. 启动 UFO 报表子系统

（1）执行"开始"→"程序"→"用友 ERP-U8 V10.1"→"企业应用平台"命令，打开"登录"对话框。输入操作员"201"或"张明"，输入密码"1"，在"账套"下拉列表框中选择"[888]（default）财务链分项"，更改"操作日期"为"2017-01-31"，单击"登录"按钮，进入企业应用平台。

（2）在"业务工作"选项卡中，执行"财务会计"→"UFO报表"命令，进入"UFO报表"窗口，如图5-1-1所示。

图5-1-1　进入UFO报表

（3）执行"文件"→"新建"命令，建立一张空白报表，报表名默认为"report1"。

2.定义报表格式

（1）设置报表尺寸

①执行"格式"→"表尺寸"命令，打开"表尺寸"对话框。

②在"行数"栏输入"7"，在"列数"栏输入"4"，单击"确认"按钮，如图5-1-2所示。

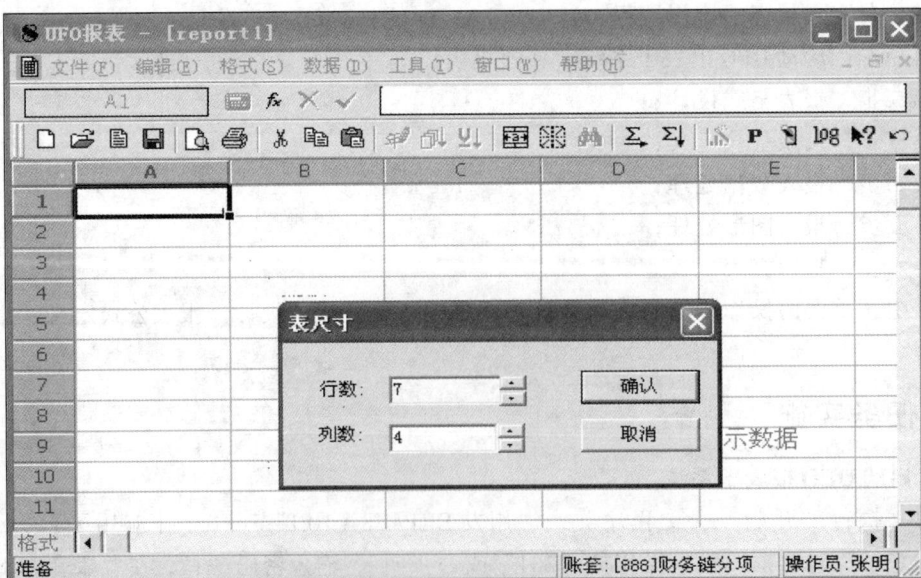

图5-1-2　设置报表尺寸

（2）定义组合单元

①选择单元格区域 A1:D1。

②执行"格式"→"组合单元"命令，打开"组合单元"对话框，如图5-1-3所示。

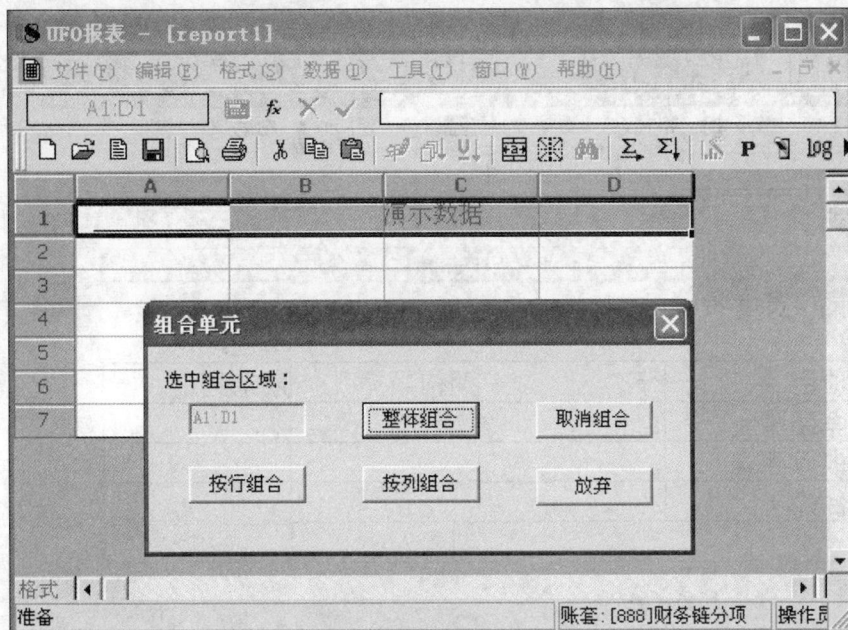

图5-1-3 定义组合单元

③选择"整体组合"或"按行组合"，该区域即合并成一个单元。

（3）画表格线

①选中报表中需要画线的区域 A3:D6。

②执行"格式"→"区域画线"命令，打开"区域画线"对话框，如图5-1-4所示。

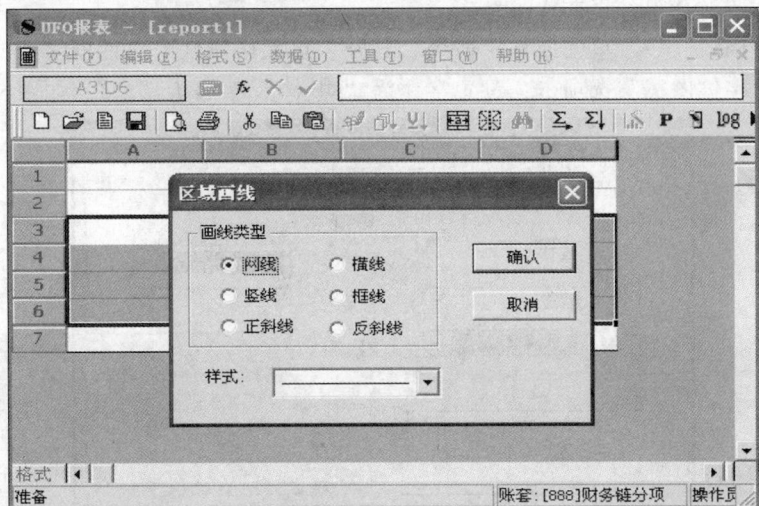

图5-1-4 区域画线

③选择"网线"单选按钮，单击"确认"按钮，将所选区域画上表格线。

（4）输入报表项目

①选中需要输入内容的单元或组合单元。

②在该单元或组合单元中输入相关文字内容。例如，在A1组合单元中输入"货币资金表"字样，如图5-1-5所示。

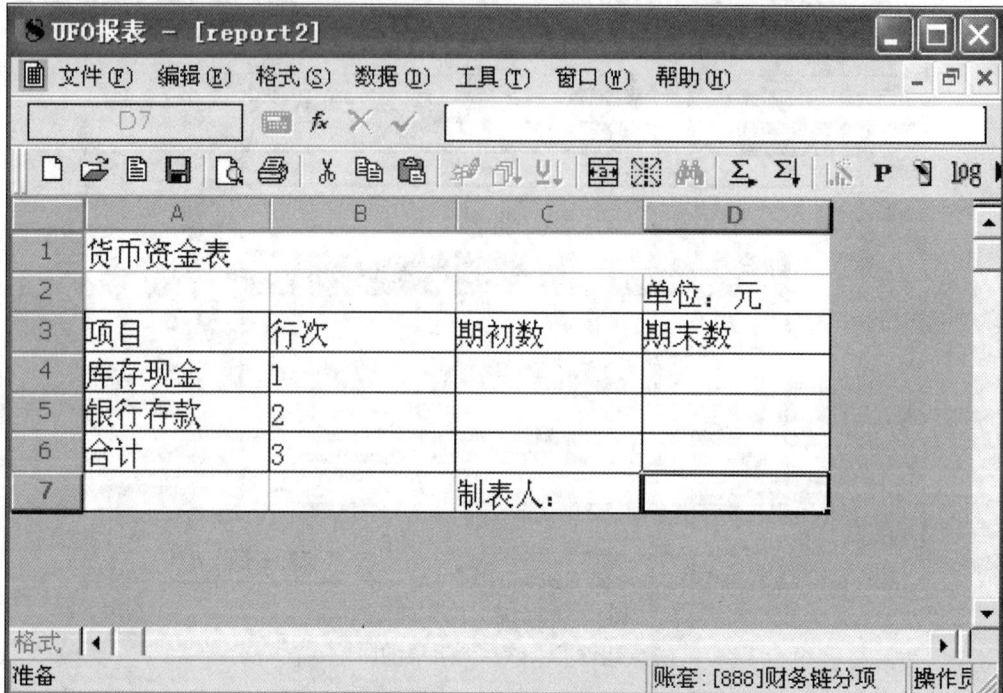

图5-1-5　输入报表项目

（5）设置单元风格

①选中标题所在组合单元A1。

②执行"格式"→"单元属性"命令，打开"单元格属性"对话框。

③打开"字体图案"选项卡，设置字体为"黑体"，字号为"14"，如图5-1-6所示。

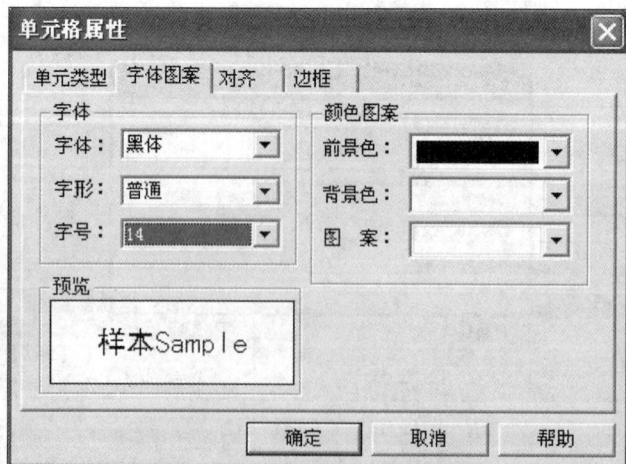

图5-1-6　设置单元格字体图案

④打开"对齐"选项卡，设置"水平方向"和"垂直方向"的对齐方式都为"居中"，如图5-1-7所示，单击"确定"按钮。

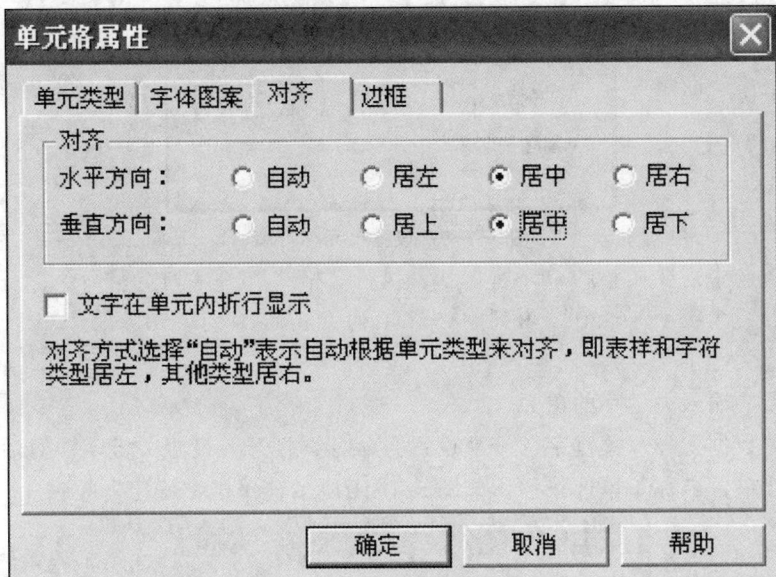

图5-1-7 设置单元格对齐方式

⑤同理，表体中文字设置为楷体、12号、居中。

⑥表尾设置为宋体、10号、居右。定位D7单元格，执行"格式"→"单元属性"命令，打开"单元格属性"对话框，选择"单元类型"选项卡，设置单元类型为"字符"，如图5-1-8所示。

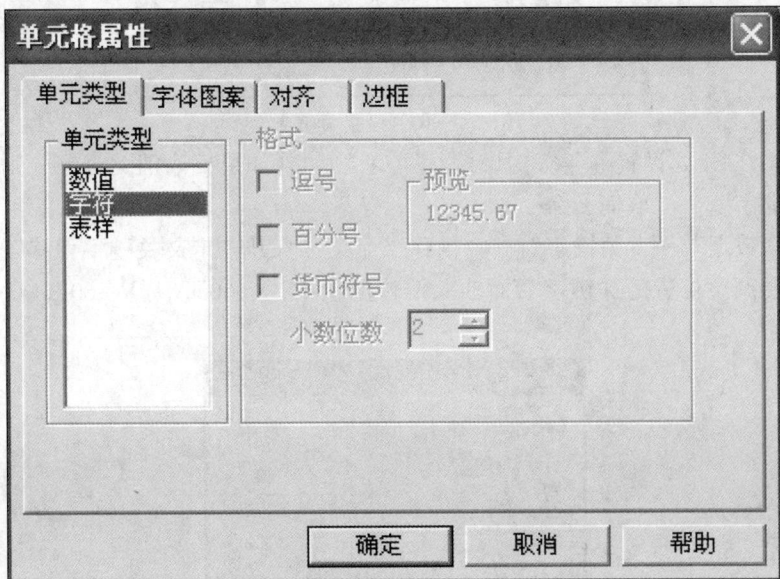

图5-1-8 设置单元格单元类型

（6）定义报表行高和列宽

①选中需要调整的单元所在行A1。

②执行"格式"→"行高"命令，打开"行高"对话框。

③输入行高为"7"，如图5-1-9所示，单击"确认"按钮。

图5-1-9 设置单元格行高

④同理，选中需要调整的单元所在列，执行"格式"→"列宽"命令，可设置该列的宽度。本例设置为：A列"50"，B列"15"，C列"50"，D列"50"。

（7）设置关键字

①选中需要输入关键字的单元A2。

②执行"数据"→"关键字"→"设置"命令，打开"设置关键字"对话框。

③选择"单位名称"单选按钮，如图5-1-10所示，单击"确定"按钮。

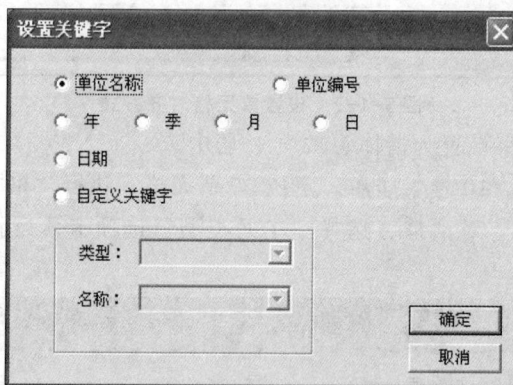

图5-1-10 设置关键字

④同理，在C2处设置"年""月""日"关键字。（如果要取消关键字，则应执行"数据"→"关键字"→"取消"命令）

⑤执行"数据"→"关键字"→"偏移"命令，打开"定义关键字偏移"对话框。

⑥在需要调整位置的关键字后面输入偏移量，年"-100"，月"-60"，日"-20"，如图5-1-11所示。

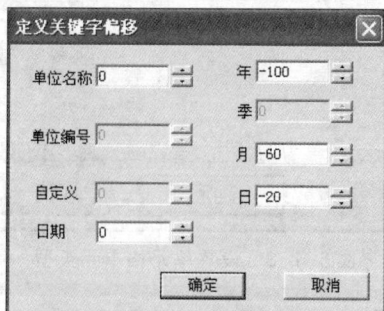

图5-1-11 定义关键字偏移

特别提示：

关键字的位置可以用偏移量来表示，负数表示向左移，正数表示向右移。在调整时，只需要输入正数或负数即可。

⑦单击"确定"按钮。格式设置完毕的货币资金表如图5-1-12所示。

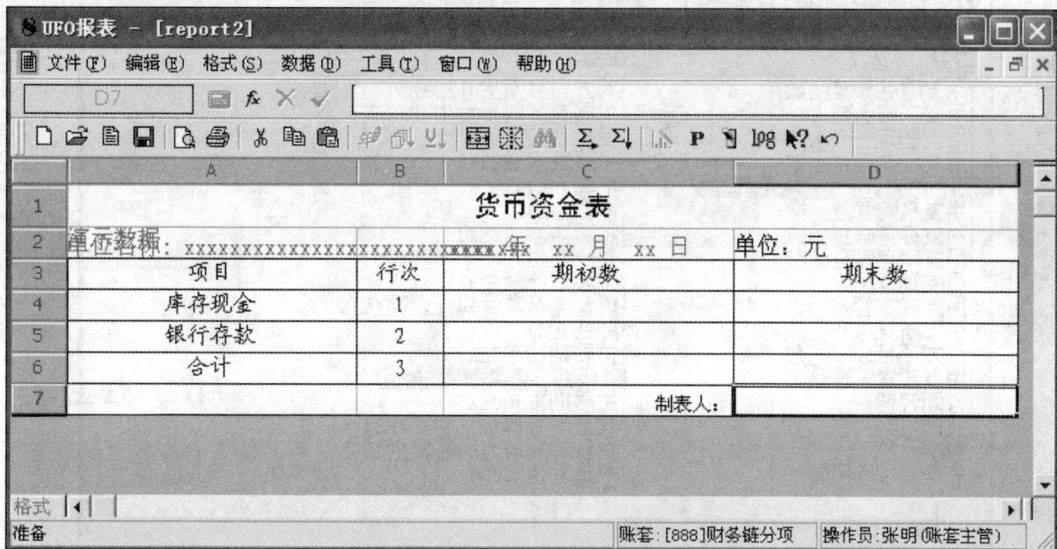

图5-1-12　货币资金表格式

3.定义报表公式

（1）定义单元公式——直接输入公式

①选定需要定义公式的单元C4，即"库存现金"的期初数。

②执行"数据"→"编辑公式"→"单元公式"命令，打开"定义公式"对话框，如图5-1-13所示。（单击"*fx*"按钮或按"="键，都可以打开"定义公式"对话框）

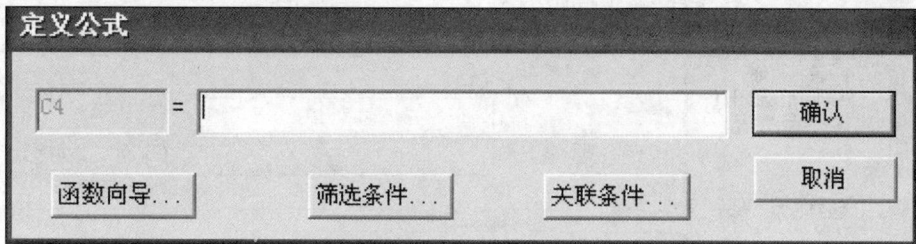

图5-1-13　定义公式

③在"定义公式"对话框中直接输入总账期初函数公式：QC（"1001",月），单击"确认"按钮；选定C5单元格，在"定义公式"对话框中直接输入总账期初函数公式：QC（"1002",月），单击"确认"按钮。

（2）定义单元公式——引导输入公式

①选中需要定义公式的单元D4，即"库存现金"期末数。

②单击"*fx*"按钮，打开"定义公式"对话框。

③单击"函数向导"按钮，打开"函数向导"对话框。

④在"函数分类"列表框中选择"用友账务函数"，在右侧的"函数名"列表框中选择"期末（QM）"，如图5-1-14所示，单击"下一步"按钮。

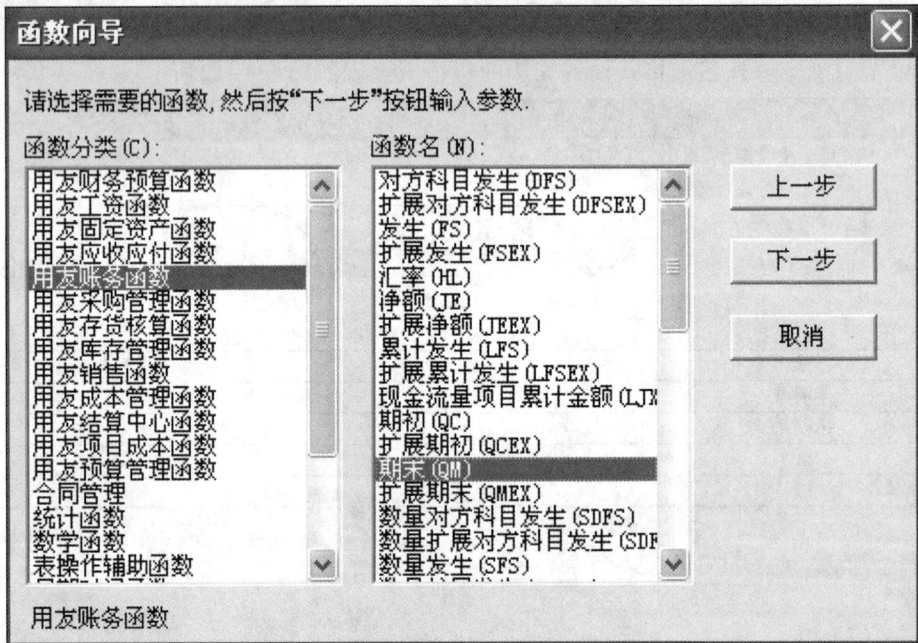

图5-1-14 函数向导

⑤单击"参照"按钮，在"科目"处选择"1001"，在"期间"处选择"月"，如图5-1-15所示。

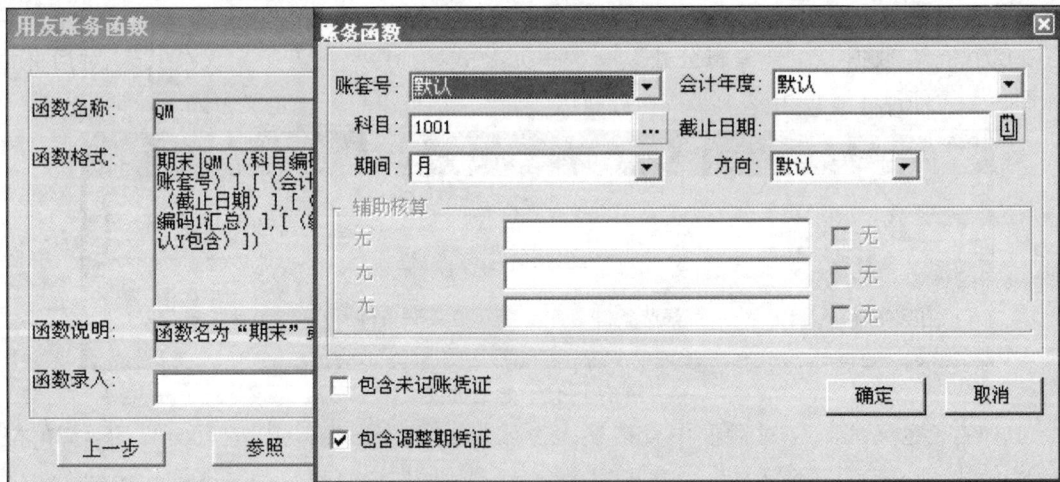

图5-1-15 用友账务函数向导

⑥其余均采用系统默认值，单击"确定"按钮，返回"用友账务函数"对话框。

⑦单击"确定"按钮，返回"定义公式"对话框，单击"确认"按钮。

⑧同理，输入D5的单元公式。

⑨在单元C6处定义"C6=C4+C5"的单元公式。

⑩在单元D6处定义"D6=D4+D5"的单元公式。

定义完的公式在单元中显示为"公式单元",在页面上方的编辑栏显示公式的具体内容,最后结果如图5-1-16所示。

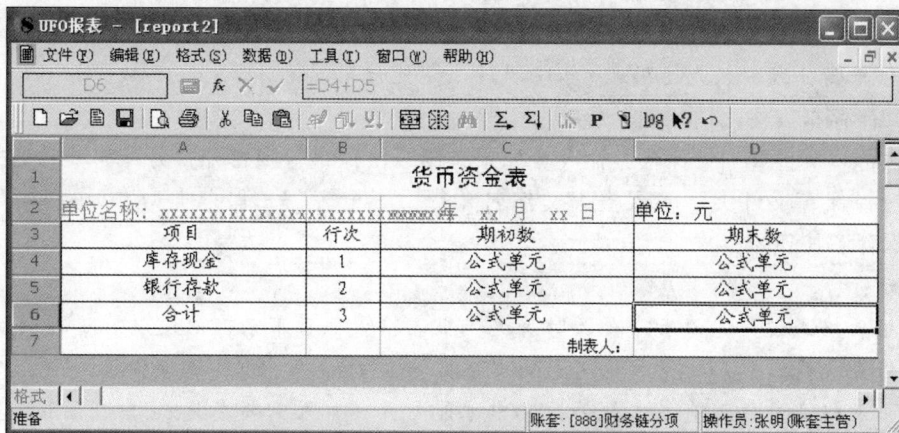

图5-1-16 定义完公式的货币资金表

特别提示:

如果未进行账套初始设置,那么账套号和会计年度需要直接输入。

(3)定义审核公式

审核公式用于审核报表内或报表之间的钩稽关系是否正确。例如,在资产负债表中,资产总计=负债合计+所有者权益合计。本案例的"货币资金表"中不存在这种钩稽关系。若要定义审核公式,则应在格式状态下,执行"数据"→"编辑公式"→"审核公式"命令,然后输入审核公式的内容即可。

(4)定义舍位平衡公式

对报表数据进行汇总时,如果得到的汇总数据位数很多,则需要把以"元"为单位的报表转换为以"千元"或"万元"为单位的报表。这时可以执行"数据"→"编辑公式"→"舍位公式"命令,打开"舍位平衡公式"对话框,然后输入相关内容即可。例如,若要将本例中以"元"为单位的货币资金表转换为以"百元"为单位的表1,则可以在"舍位平衡公式"对话框中录入相关信息,如图5-1-17所示。

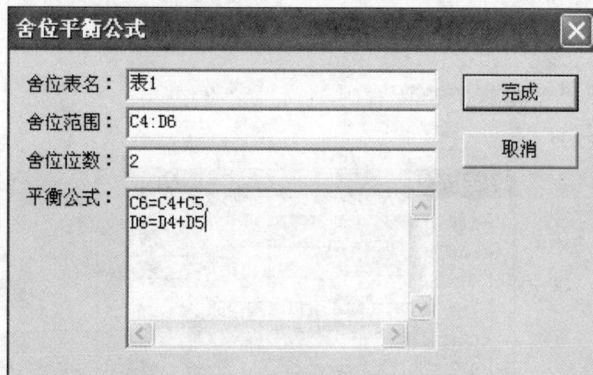

图5-1-17 定义舍位平衡公式

特别提示：

舍位平衡公式是指用于重新调整报表数据进位后的小数位平衡关系的公式。每个公式占一行，各公式之间用逗号“,”（半角）隔开，最后一个公式后不用写逗号，否则公式无法执行。等号左边只能为一个单元（不带页号和表名）。

舍位平衡公式中只能使用“+”或“-”，不能使用其他运算符及函数。

（5）保存报表格式

①执行“文件”→“保存”命令。如果是第一次保存，则打开“另存为”对话框。

②选择保存文件夹，输入报表文件名“货币资金表”，“保存类型”处选择“.rep”，单击“保存”按钮。

特别提示：

①报表格式设置完以后，要及时将这张报表格式保存下来，以便以后随时调用。如果没有保存就退出，系统会出现“是否保存报表?”提示框，以防止误操作。

②报表格式文件只有在本软件系统中才能打开，如果需要在Excel中查看报表数据，则需要在“保存类型”处选择“.xls”。

4.报表数据处理

（1）打开报表

①启动UFO报表子系统，执行“文件”→“打开”命令。

②选择已保存的报表文件“货币资金表”，单击“打开”按钮。

③单击空白报表底部左下角的“格式/数据”按钮，使当前处于数据状态。

特别提示：

报表数据处理必须在数据状态下进行。

（2）增加表页

①执行“编辑”→“追加”→“表页”命令，打开“追加表页”对话框。

②输入需要增加的表页数“2”，单击“确认”按钮。

特别提示：

追加表页是在最后一张表页后追加n张空表页，插入表页是在当前表页后面插入一张空表页。一张报表最多只能管理99 999张表页。不同的表页具有相同的格式，但数据不同。

（3）输入关键字值

①执行“数据”→“关键字”→“录入”命令，打开“录入关键字”对话框。

②输入单位名称“武汉顺达科技有限公司”，“年”为“2017”，“月”为“1”，“日”为“31”，如图5-1-18所示。

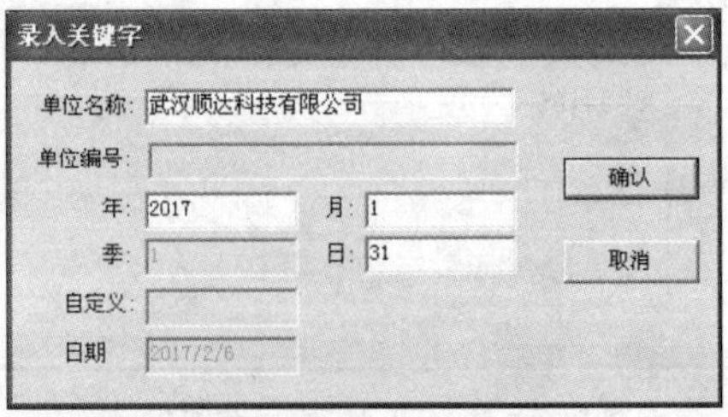

图5-1-18　录入关键字

③单击"确认"按钮，系统弹出"是否重算第1页？"提示框。

④单击"是"按钮，系统自动根据单元公式计算1月份的数据；单击"否"按钮，系统不计算1月份的数据，以后可利用"表页重算"功能生成1月份的数据。

特别提示：

每一张表页均对应不同的关键字，输出时随同单元一起显示。日期关键字可以确认报表数据取数的时间范围，即确定数据生成的具体日期。

（4）生成报表

①执行"数据"→"表页重算"命令，系统弹出"是否重算第1页？"提示框。

②单击"是"按钮，系统会自动在初始账套和会计年度范围内根据单元公式计算生成数据。

③在数据状态下，定位D7单元格，录入本月制表人"王刚"，完整的1月货币资金表如图5-1-19所示。

图5-1-19　1月货币资金表

④执行"文件"→"保存"命令，此次保存的报表文件既包含格式，也包含数据，是一张完整的货币资金表。

5.表页管理及报表输出

（1）表页排序

①执行"数据"→"排序"→"表页"命令，打开"表页排序"对话框。

②在"第一关键值"处选择"年"，排序方向选择"递增"；在"第二关键值"处选择"月"，排序方向选择"递增"，如图5-1-20所示。

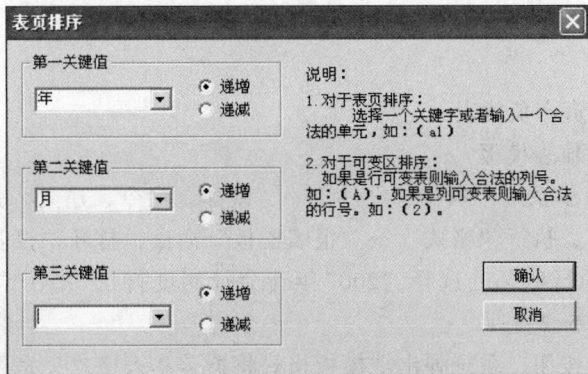

图5-1-20　表页排序

③单击"确认"按钮。系统将自动将表页按年份递增的顺序重新排列；如果年份相同，则按月份递增的顺序排列。

（2）表页查找

①执行"编辑"→"查找"命令，打开"查找"对话框。

②确定查找内容为"表页"，确定查找条件为"月=1"。

③单击"查找"按钮，查找到符合条件的表页作为当前表页。

任务二　利用报表模板生成报表

▶ 任务资料

资料内容见前述项目。

▶ 任务要求

（1）利用报表模板，生成2017年1月31日资产负债表。

（2）利用报表模板，生成2017年1月利润表。

▶ 知识导航

UFO报表子系统中提供了不同行业的标准财务报表模板，利用报表模板可以迅速建立一张符合需要的财务报表，从而简化了用户的报表格式设计工作。另外，对于一些本企业常用但报表模板中没有提供的报表，在自定义完这些报表的格式和公式后，用户还可以将其定义为报表模板，以后可以直接调用。利用报表模板生成报表的应用流程为：

（1）启用UFO报表子系统，新建报表；

（2）调用报表模板；

（3）报表数据处理；

（4）报表图形处理；

（5）打印报表。

▶ 任务实施

1.利用模板生成资产负债表

（1）调用资产负债表模板

①启动UFO报表子系统，执行"文件"→"新建"命令，建立一张空白报表。

②在格式状态下，执行"格式"→"报表模板"命令，打开"报表模板"对话框。

③在"您所在的行业"处选择"2007年新会计制度科目"，在"财务报表"处选择"资产负债表"，如图5-2-1所示。

④单击"确认"按钮，系统弹出"模板格式将覆盖本表格式！是否继续？"提示框。

⑤单击"确定"按钮，即可打开"资产负债表"模板。

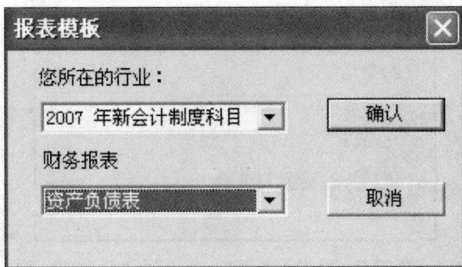

图 5-2-1　报表模板——资产负债表选择

（2）调整报表模板

①单击"数据/格式"按钮，使"资产负债表"处于格式状态。

②在格式状态下，选择 A3 单元格，执行"数据"→"关键字"→"设置"命令，设置"单位名称"为关键字，同时将"年""月""日"三个关键字进行位置偏移，并调至理想状态。

③另存调整后的报表模板，文件名为"资产负债表.rep"。

（3）生成资产负债表数据

①在数据状态下，执行"数据"→"关键字"→"录入"命令，打开"录入关键字"对话框。

②输入关键字"武汉顺达科技有限公司"，"年"为"2017"，"月"为"1"，"日"为"31"。

③单击"确认"按钮，系统弹出"是否重算第1页?"提示框。

④击"是"按钮，系统自动根据单元公式计算1月份的数据。

⑤单击工具栏上的"保存"按钮，将生成的报表数据保存，如图5-2-2所示。

图 5-2-2　2017年1月31日资产负债表（部分）

2.利用模板生成利润表

（1）调用利润表模板

①在格式状态下，执行"格式"→"报表模板"命令，打开"报表模板"对话框。

②在"您所在的行业"处选择"2007年新会计制度科目"，在"财务报表"处选择"利润表"，如图5-2-3所示。

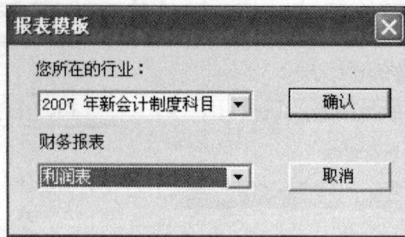

图 5-2-3　报表模板——利润表选择

③单击"确认"按钮，系统弹出"模板格式将覆盖本表格式！是否继续？"提示框。

④单击"确定"按钮，即可打开"利润表"模板。

（2）调整报表模板

①单击"数据/格式"按钮，使"利润表"处于格式状态。

②在格式状态下，选择A3单元格，执行"数据"→"关键字"→"设置"命令，设置"单位名称"为关键字，同时将"年""月"两个关键字进行位置偏移，并调至理想状态。

③另存调整后的报表模板，文件名为"利润表.rep"。

（3）生成利润表数据

①在数据状态下，执行"数据"→"关键字"→"录入"命令，打开"录入关键字"对话框。

②输入关键字"武汉顺达科技有限公司"，"年"为"2017"，"月"为"1"。

③单击"确认"按钮，系统弹出"是否重算第1页？"提示框。

④单击"是"按钮，系统自动根据单元公式计算1月份的数据。

⑤单击工具栏上的"保存"按钮，将生成的报表数据保存，如图5-2-4所示。

图 5-2-4　2017年1月利润表（部分）

薪资管理系统

知识目标

通过本项目的学习，了解薪资管理系统的任务、处理流程、基本功能结构，理解工资账套和企业账套的区别，明确薪资管理系统的初始设置、日常处理和期末处理的主要内容。

能力目标

通过本项目的实训，掌握建立工资账套，设置基本分类档案、工资项目和计算公式的操作方法；熟悉个人所得税计算、工资数据计算和汇总的操作方法；学会工资分配与计提、工资转账凭证生成的操作方法。

任务一　　　　　初始设置

▶ 任务资料

资料一：账套信息

工资类别个数：多类别（正式职工和临时工）。

核算币种：人民币。

要求代扣个人所得税，费用扣除基数为3 500元。

不进行扣零处理。

人员编码长度：3位。

启用日期：2017年1月。

资料二：公共基础信息

1.部门档案（见表3-2-1）

企业的部门包括管理部（经理办公室、人事部）、财务部、销售部（销售一部、销售二部）、采购部和组装部。

2.人员类别（见表3-2-2）

企业的在职人员包括管理人员、生产人员、采购人员、销售人员四种。

3.工资项目设置（见表6-1-1）

表6-1-1 工资项目设置

项目名称	数据类型	长度（位）	小数（位）	增减项
基本工资	数值	8	2	增项
岗位工资	数值	8	2	增项
奖　金	数值	8	2	增项
交　补	数值	8	2	增项
应发合计	数值	10	2	增项
养老保险	数值	8	2	减项
事假天数	数值	8	0	其他
事假扣款	数值	8	2	减项
代扣税	数值	10	2	减项
扣款合计	数值	10	2	减项
实发合计	数值	10	2	增项
计件工资	数值	8	2	增项

4.银行设置

增加银行档案资料，工行湖北分行徐东支行（05），账号长度为11位。

5.设置操作员

设置操作员"202李伟"为001正式职工和002临时工工资类别主管。

资料三：正式职工工资类别设置

1.正式职工人员档案（见表6-1-2）

表6-1-2 正式职工人员档案

职员编号	人员姓名	性别	年龄	所属部门	代发银行	银行账号
101	李德宝	男	32岁	经理办公室	工行湖北分行徐东支行	10000000001
102	何林	女	30岁	人事部	工行湖北分行徐东支行	10000000002
201	张明	男	23岁	财务部	工行湖北分行徐东支行	10000000003
202	李伟	女	40岁	财务部	工行湖北分行徐东支行	10000000004
203	王刚	男	30岁	财务部	工行湖北分行徐东支行	10000000005
204	刘云	男	26岁	财务部	工行湖北分行徐东支行	10000000006
205	赵亮	男	45岁	财务部	工行湖北分行徐东支行	10000000007
301	赵军	男	38岁	销售一部	工行湖北分行徐东支行	10000000008
302	宋飞	女	40岁	销售二部	工行湖北分行徐东支行	10000000009
401	周军	男	43岁	采购部	工行湖北分行徐东支行	10000000010
501	孙朋	男	29岁	组装部	工行湖北分行徐东支行	10000000011

以上人员全部为中方人员，计税，不核算计件工资。

2.部门选择

所有部门。

3.工资项目

表6-1-1中除计件工资以外的所有工资项目。

4.计算公式

事假扣款=事假天数*80

养老保险=（基本工资+岗位工资）*0.05

交补=iff(人员类别="销售人员",800,iff(人员类别="采购人员",700,IFF(人员类别="管理人员",600,500)))

应发合计=基本工资+岗位工资+奖金+交补

扣款合计=事假扣款+养老保险+代扣税

实发合计=应发合计-扣款合计

资料四：临时工工资类别设置

1.设置"核算计件工资"标志

2.临时工人员档案（见表6-1-3）

表6-1-3　　　　　　　　　　　　　**临时工人员档案**

职员编号	人员姓名	核算计件工资	性别	年龄	所属部门	银行账号
502	张军	是	男	30岁	组装部	10000000021
503	王强	是	男	30岁	组装部	10000000022

3.部门选择

组装部。

4.工资项目

计件工资。

5.计件工资

个人计件。

6.计件要素设置（见表6-1-4）

表6-1-4　　　　　　　　　　　　　**计件要素设置**

名称	类型	数据类型	长度（位）	小数（位）	启用
工时	数量	数值	12	2	是

查看是否包括"工序"计件要素并为"启用"状态。

7.工序设置

增加"01组装"和"02检验"两种工序。

8.计件工价设置

组装计件单价35元，检验计件单价20元。

9.计件项目设置

个人计件公式：

计件工资=计件工资明细表.工价*计件工资明细表.工时

工废扣款=计件工资明细表.工废扣款

计件工资合计=计件工资明细表.计件工资-计件工资明细表.工废扣款

▶ 任务要求

（1）注册薪资管理系统。

（2）根据资料一，建立薪资管理账套。

（3）根据资料二，录入公共基础信息。

（4）根据资料三，进行正式职工工资类别设置。

（5）根据资料四，进行临时工工资类别设置。

▶ 知识导航

一、薪资管理系统的主要功能

在用友 ERP-U8 V10.1 管理软件中，薪资管理系统是人力资源管理系统的一个子系统，它的主要功能包括以下方面：

（一）薪资类别管理

薪资管理系统提供处理多个工资类别的功能。如果单位按周或月多次发放工资，或者单位中有多种不同类别（部门）的人员，并且工资发放项目不同、工资计算公式也不同，但需要进行统一工资核算管理，则应选择建立多个工资类别。

如果单位中所有人员的工资统一管理，并且人员的工资项目、工资计算公式全部相同，则只需要建立单个工资类别，以提高系统的运行效率。

（二）人员档案管理

薪资管理系统提供设置人员的基础信息并对人员变动进行调整的功能，以及设置人员附加信息的功能。

（三）薪资数据管理

在薪资管理系统中，用户可以进行薪资数据管理，包括：根据不同企业的需要设计工资项目和计算公式；管理所有人员的工资数据，并对平时发生的工资变动进行调整；自动计算个人所得税，结合工资发放形式进行扣零处理或向代发工资的银行传输工资数据；自动计算、汇总工资数据；自动完成工资分摊、计提转账业务。

（四）薪资报表管理

薪资管理系统提供多层次、多角度的工资数据查询功能。

二、薪资管理系统与其他系统的关系

薪资管理系统与总账管理系统共享基础数据；薪资管理系统将工资分摊的结果生成转账凭证，传递到总账管理系统中；薪资管理系统向成本管理系统传送相关费用的合计数据。

三、薪资管理系统的业务处理流程

薪资管理系统的业务处理流程如图 6-1-1 所示。

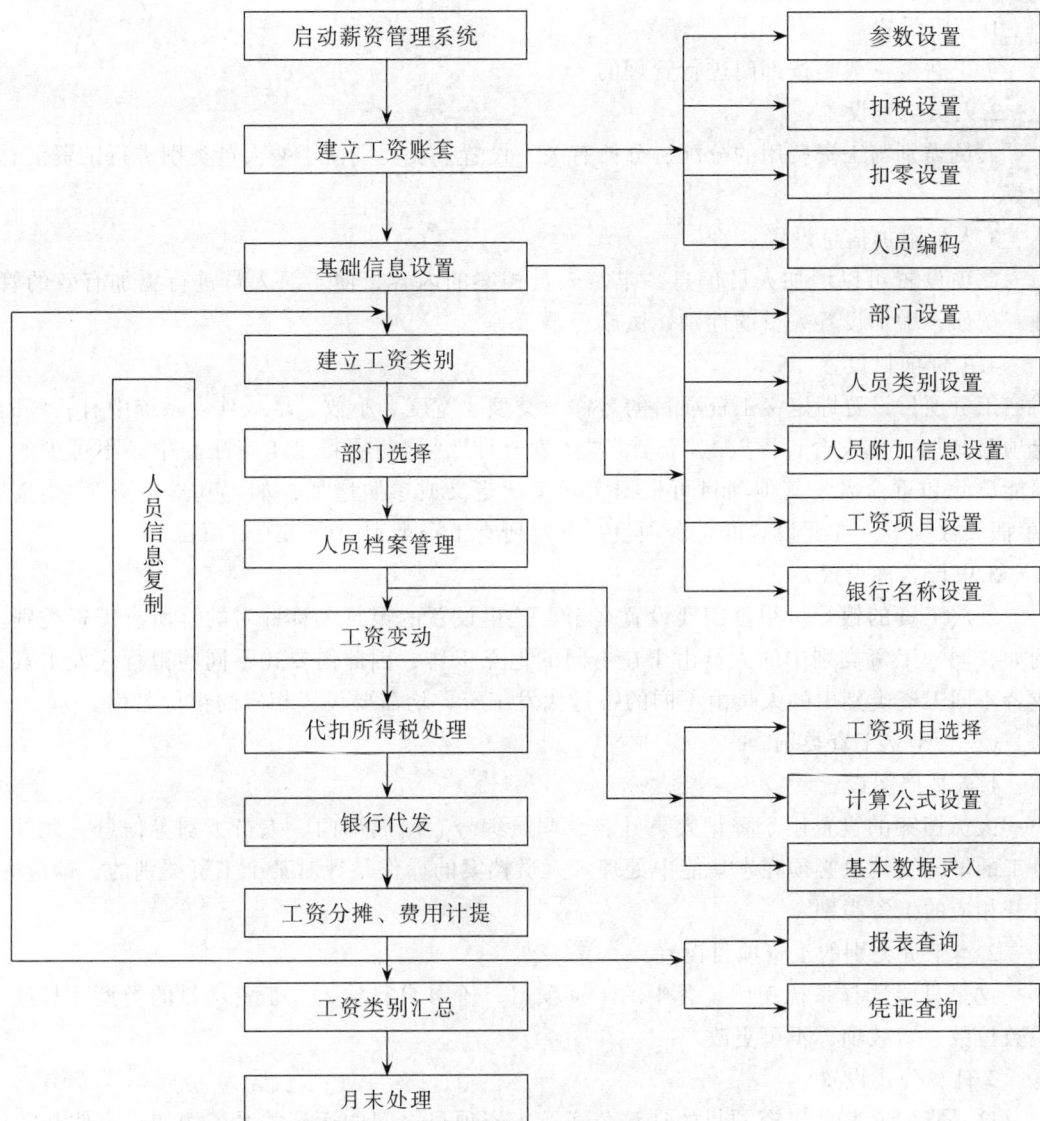

图 6-1-1　薪资管理系统的业务处理流程

四、初始设置

薪资管理系统的初始设置包括建立工资账套、基础信息设置和建立工资类别三部分。

（一）建立工资账套

工资账套与"系统管理"中的账套是不同的概念。"系统管理"中的账套针对的是整个核算系统，而工资账套针对的是薪资管理系统。要建立工资账套，前提是在"系统管理"中首先建立本单位的核算账套。建立工资账套时可以根据建账向导分四步进行，即参数设置、扣税设置、扣零设置、人员编码。

（二）基础信息设置

建立工资账套以后，用户要对系统运行所需的一些基础信息进行设置，主要包括以下几项：

1.部门设置

员工薪资一般是按部门进行管理的。

2.人员类别设置

人员类别与工资费用的分配、分摊有关，设置人员类别便于按人员类别进行工资汇总计算。

3.人员附加信息设置

此项设置可以增加人员信息，丰富人员档案的内容，便于对人员进行更加有效的管理。例如，增加设置人员的性别、民族、婚否等。

4.工资项目设置

工资项目设置即定义工资项目的名称、类型、宽度、小数、增减项。系统中有一些固定项目，如"应发合计""扣款合计""实发合计"，这些项目是工资账套中必不可少的，不能删除和重命名。其他项目可根据实际情况定义或参照增加，如"基本工资""奖金""事假天数"等。在此设置的工资项目是针对所有工资类别的全部工资项目。

5.银行名称设置

发放工资的银行可根据需要设置多个，这里设置的银行名称针对的是所有工资类别。例如，同一工资类别中的人员由于在不同的地点工作，因此需要在不同的银行代发工资；或者不同工资类别中的人员由不同的银行代发工资，均需要设置相应的银行名称。

（三）建立工资类别

1.人员档案设置

人员档案的设置用于登记人员姓名、职员编号、所属部门、人员类别等信息。此外，员工的增减变动也必须在本功能中处理。人员档案的操作是针对某个工资类别的，即应先打开相应的工资类别。

2.本工资类别的工资项目设置

这里只能选择系统初始设置中的工资项目，不可自行输入。工资项目的类型、长度、小数位数、增减项等不可更改。

3.计算公式设置

这是指定义某些工资项目的计算公式及工资项目之间的运算关系。例如，事假扣款=基本工资/月工作日×事假天数。运用公式可以直观地表达工资项目的实际运算过程，灵活地进行工资计算处理。定义公式可通过选择工资项目、运算符、关系符、函数等组合完成。

"应发合计""扣款合计""实发合计"等固定工资项目的计算公式，由系统根据工资项目设置的"增减项"自动给出。用户只能增加、修改、删除其他工资项目的计算公式。

工资项目的计算公式要符合逻辑，系统会对计算公式进行合法性检查，对于不符合逻辑的计算公式，系统将给出错误提示。定义公式时要注意先后顺序，先得到的数据应先设置公式。"应发合计""扣款合计""实发合计"的公式应是公式定义框中最后3个公式，并且"实发合计"的公式要在"应发合计"和"扣款合计"的公式之后。如果出现计算公式超长的情况，可将对应的工资项目名称缩短（减少字符），或者设置过渡项。定义公式时还可以使用"函数公式向导输入"。

任务实施

【操作步骤】

1.启用薪资管理系统

（1）执行"开始"→"程序"→"用友 ERP-U8 V10.1"→"企业应用平台"命令，打开"登录"对话框。

（2）输入操作员"201"或"张明"，输入密码"1"，在"账套"下拉列表框中选择"[888]（default）财务链分项"，更改"操作日期"为"2017-01-01"，单击"登录"按钮，进入企业应用平台。

> **特别提示：**
>
> 　　如果薪资管理系统还没有启用，可执行"基础设置"→"基本信息"→"系统启用"命令，打开"系统启用"对话框，选中"WA 薪资管理"复选框，弹出"日历"对话框，选择薪资管理系统启用日期为 2017 年 1 月 1 日，单击"确定"按钮，系统弹出"确实要启用当前系统吗？"提示框，单击"是"按钮返回。

2.建立工资账套

（1）在企业应用平台中，执行"人力资源"→"薪资管理"命令，系统弹出"建立工资套"对话框。

（2）在"参数设置"中，选择本账套所需处理的工资类别个数为"多个"，默认币别名称为"人民币 RMB"，选中"是否核算计件工资"复选框，如图 6-1-2 所示。

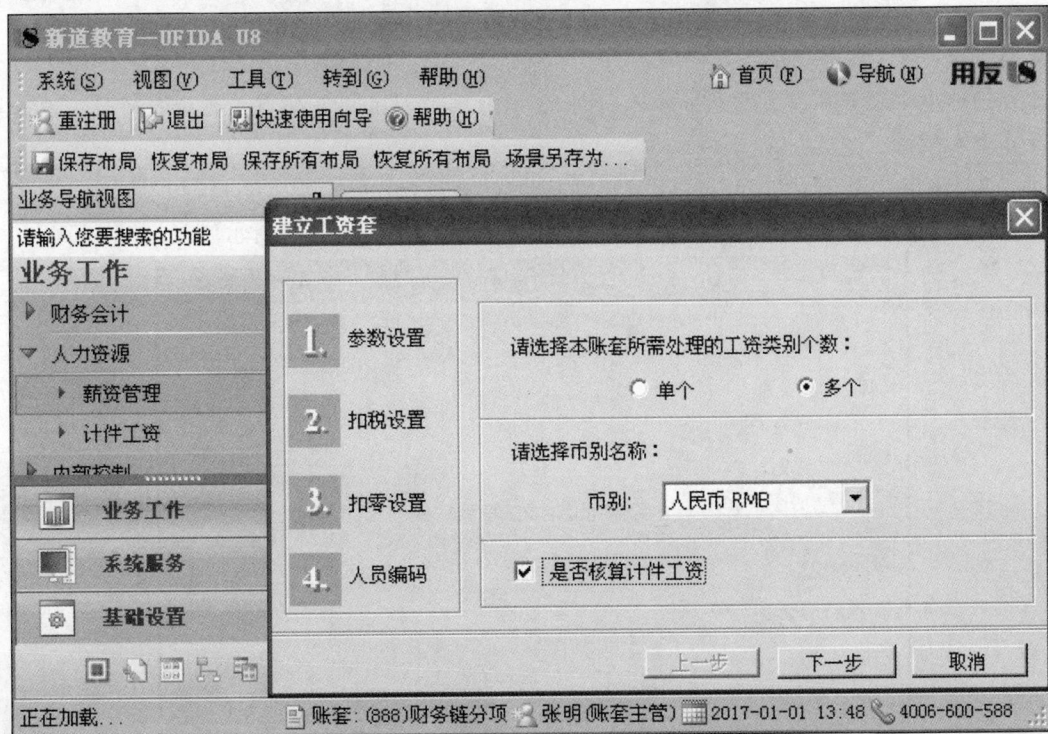

图 6-1-2　建立工资套——参数设置

特别提示：

①本例中对正式职工和临时职工分别进行核算，所以工资类别应选择"多个"。

②计件工资是按计件单价支付劳动报酬的一种形式。由于对计时工资和计件工资的核算方法不同，因此薪资管理系统对于企业是否存在计件工资特别设置了确认选项。选中该项，系统自动在工资项目设置中显示"计件工资"项目，在人员档案中显示"核算计件工资"选项。

（3）单击"下一步"按钮，进入"扣税设置"对话框，选中"是否从工资中代扣个人所得税"复选框，如图6-1-3所示。

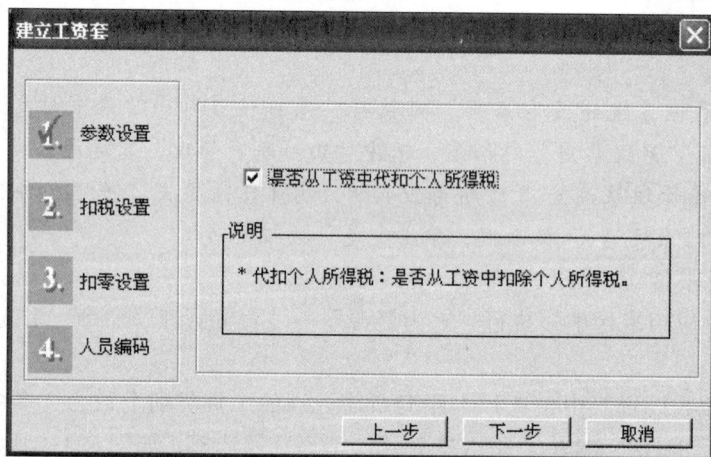

图6-1-3　建立工资套——扣税设置

特别提示：

若选中"是否从工资中代扣个人所得税"，则工资核算时系统会根据输入的税率自动计算个人所得税。

（4）单击"下一步"按钮，进入"扣零设置"对话框，本例中不进行扣零处理，所以直接单击"下一步"按钮，进入"人员编码"对话框，如图6-1-4所示。

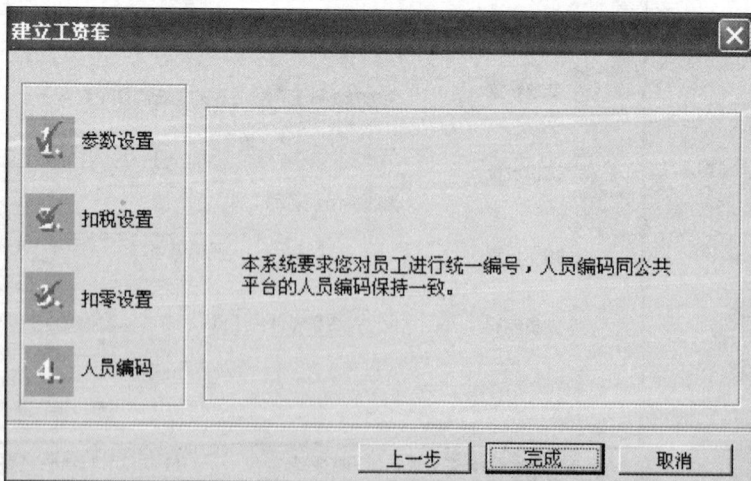

图6-1-4　建立工资套——人员编码

（5）单击"完成"按钮，完成建立工资账套的过程。

3.设置人员附加信息

（1）执行"设置"→"人员附加信息设置"命令，打开"人员附加信息设置"对话框。

（2）单击"增加"按钮，单击"栏目参照"栏的倒三角按钮，选择"性别"；同理，增加"年龄"，如图6-1-5所示。

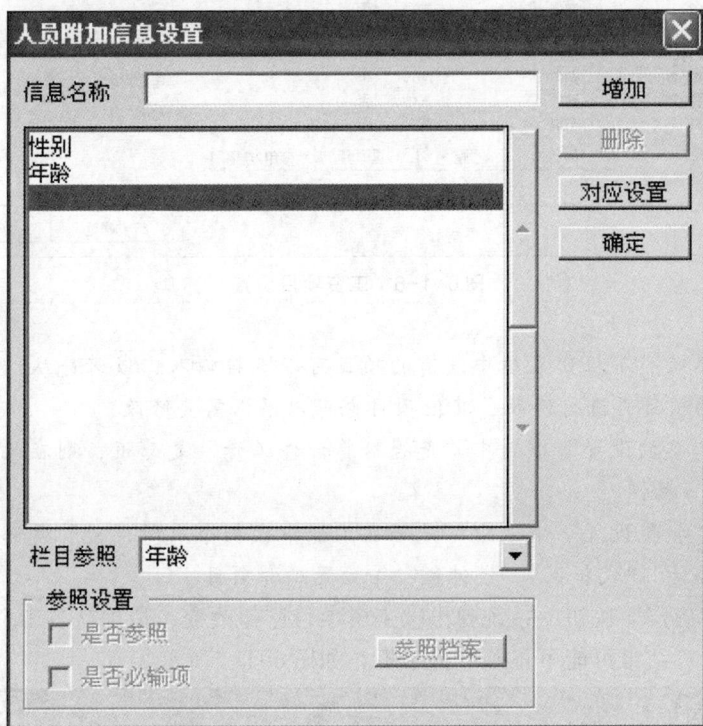

图6-1-5 人员附加信息设置

4.设置工资项目

（1）执行"设置"→"工资项目设置"命令，打开"工资项目设置"对话框。

（2）单击"增加"按钮，从"名称参照"下拉列表框中选择"基本工资"，默认类型为"数值"，小数位为"2"，增减项为"增项"。以此方法继续增加其他工资项目，并通过"上移"或"下移"等按钮进行排序，如图6-1-6所示。

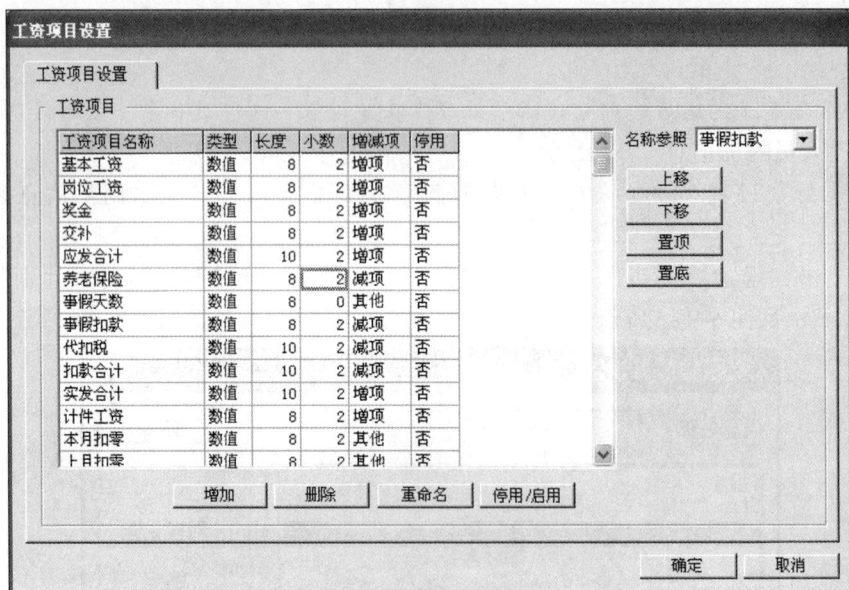

图6-1-6 工资项目设置

特别提示：

①"名称参照"下拉列表框中没有的项目可以直接输入，或者先从"名称参照"中选择一个类似的项目再进行修改，其他项目也可以根据需要修改。

②如果在"参数设置"中选中"是否核算计件工资"复选框，则在此界面可以看到"计件工资"项目属性。

③如果在"扣税设置"中选中"是否从工资中代扣个人所得税"复选框，则在此可以看到"扣税合计""代扣税""代付税"等预置工资项目。

（3）单击"确定"按钮，系统弹出"工资项目已经改变，请确认各工资类别的公式是否正确。否则计算结果可能不正确"提示框，如图6-1-7所示。

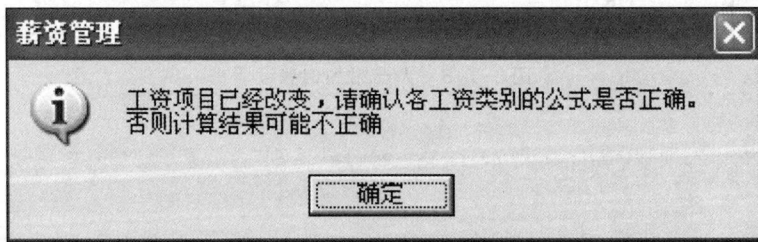

图6-1-7 薪资管理提示

（4）单击"确定"按钮。

特别提示：

①此处设置的工资项目是针对所有工资类别的全部工资项目。

②系统提供的固定工资项目不能修改、删除。

5.设置银行名称

（1）在企业应用平台的"基础设置"选项卡中，执行"基础档案"→"收付结算"→"银行档案"命令，单击"增加"按钮，打开"增加银行档案"对话框。

（2）根据资料增加银行名称信息，如图6-1-8所示。

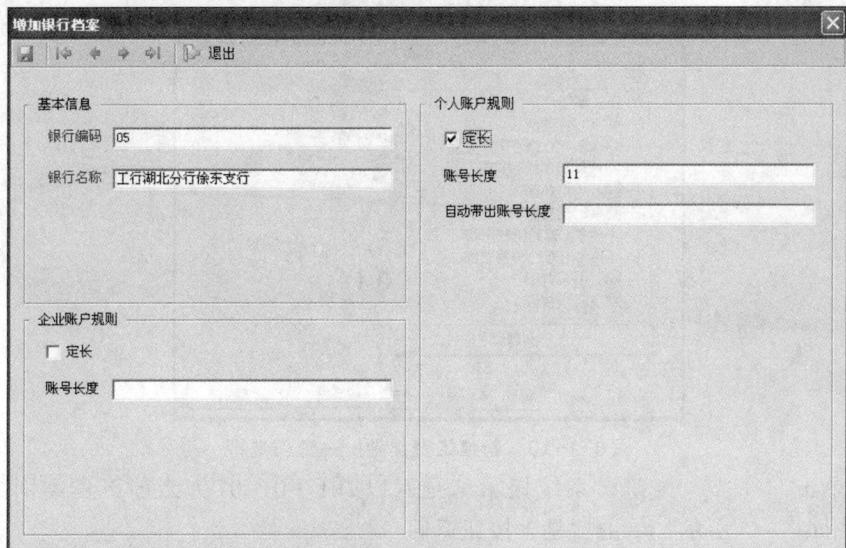

图6-1-8　设置银行名称

（3）单击"保存"按钮并退出。

特别提示：

①系统预置了17个银行名称，如果不能满足需要，可以在此基础上删除或增加新的银行名称。

②要求个人账户账号定长，是指此银行所有人员的账号长度必须相同。

6.建立工资类别

（1）在薪资管理系统中，执行"工资类别"→"新建工资类别"命令，打开"新建工资类别"对话框。

（2）输入工资类别名称为"正式职工"，如图6-1-9所示。

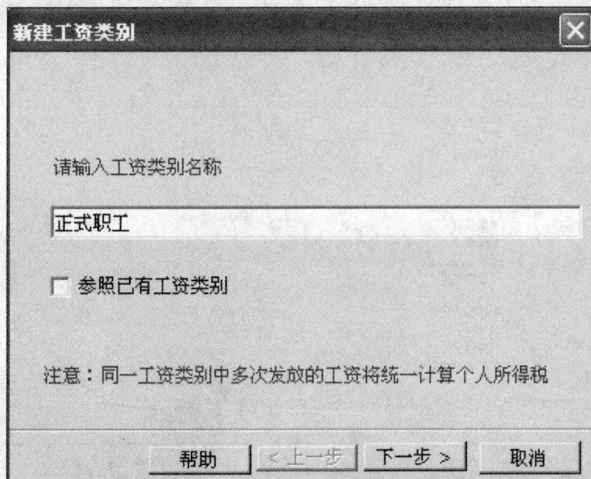

图6-1-9　新建工资类别

（3）单击"下一步"按钮，在"请选择部门"对话框中分别单击选中各部门，也可单击"选定全部部门"按钮，如图6-1-10所示。

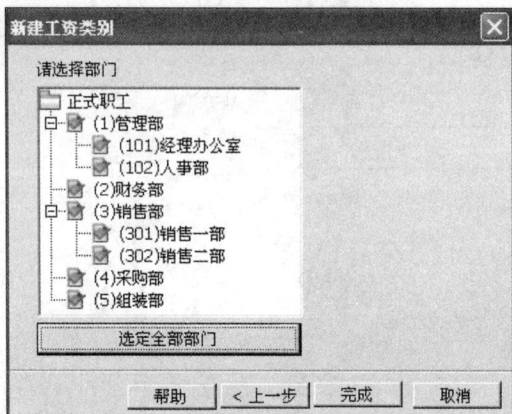

图6-1-10　新建工资类别——部门选择

（4）单击"完成"按钮，系统提示"是否以2017-01-01为当前工资类别的启用日期？"，如图6-1-11所示，单击"是"按钮返回。

图6-1-11　工资类别启用日期提示

（5）执行"工资类别"→"关闭工资类别"命令，关闭"正式职工"工资类别窗口。

（6）执行"工资类别"→"新建工资类别"命令，同理建立"临时工"工资类别。

7.设置工资类别主管

（1）执行"系统服务"→"权限"→"数据权限控制设置"命令，进入"数据权限控制设置"窗口，如图6-1-12所示，单击"确定"按钮。

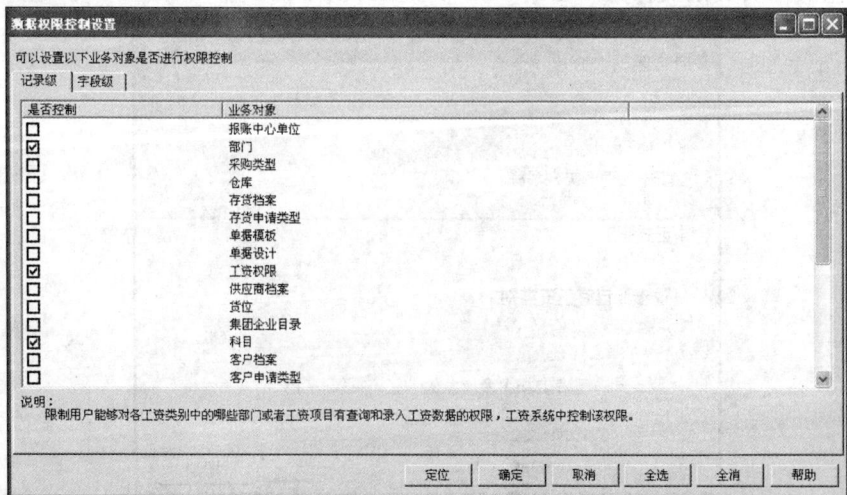

图6-1-12　数据权限控制设置

（2）在"权限浏览"窗口选定用户"李伟"，单击"授权"按钮，打开"记录权限设置"对话框，点击"业务对象"栏下的倒三角按钮，选择"工资权限"。

（3）点击对话框右侧的倒三角按钮，选择"001 正式职工"。

（4）选中"工资类别主管"，如图6-1-13所示。

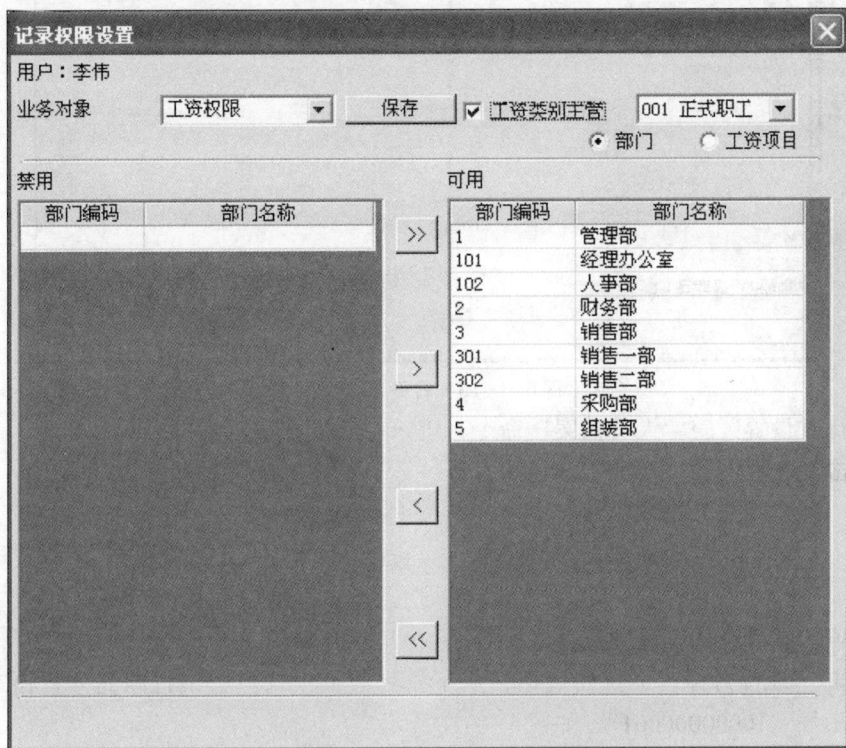

图6-1-13 工资类别主管设置

（5）同理，点击对话框右侧的倒三角按钮，选择"002 临时工"。

（6）选中"工资类别主管"。

（7）单击"保存"按钮，系统弹出"保存成功，重新登录门户，此配置才能生效！"提示框，如图6-1-14所示。

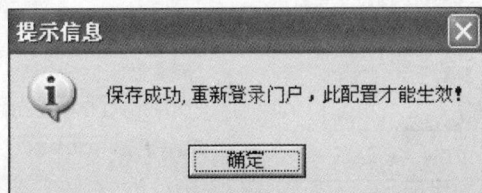

图6-1-14 工资类别主管设置完毕提示

（8）单击"确定"按钮。

8.正式职工工资类别设置

（1）设置正式职工人员档案

①执行"工资类别"→"打开工资类别"命令，进入"打开工资类别"对话框，如图6-1-15所示。选择"001 正式职工"工资类别，单击"确定"按钮。

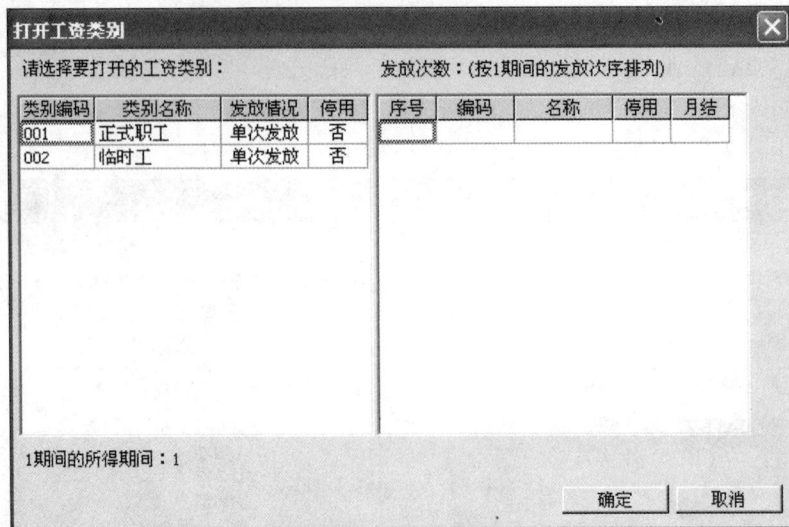

图6-1-15　打开工资类别

②执行"设置"→"人员档案"命令，进入"人员档案"窗口。

③单击工具栏上的"增加"按钮，打开"人员档案明细"对话框。

④在"基本信息"选项卡中，单击"人员姓名"参照按钮，选择"李德宝"，人员编号"101"自动带出，薪资部门名称选择"经理办公室"，人员类别"管理人员"自动带出。

⑤去掉"核算计件工资"选项。

⑥单击"银行名称"下拉列表框，从下拉列表框中选择"工行湖北分行徐东支行"，输入银行账号"10000000001"，如图6-1-16所示。

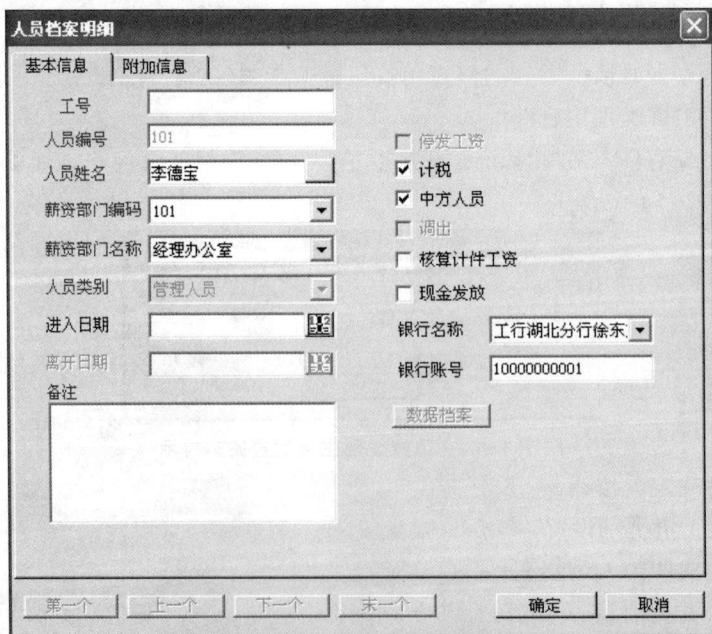

图6-1-16　人员档案明细

⑦单击"附加信息",输入"性别"为"男",输入"年龄"为"32",如图6-1-17所示,单击"确定"按钮。

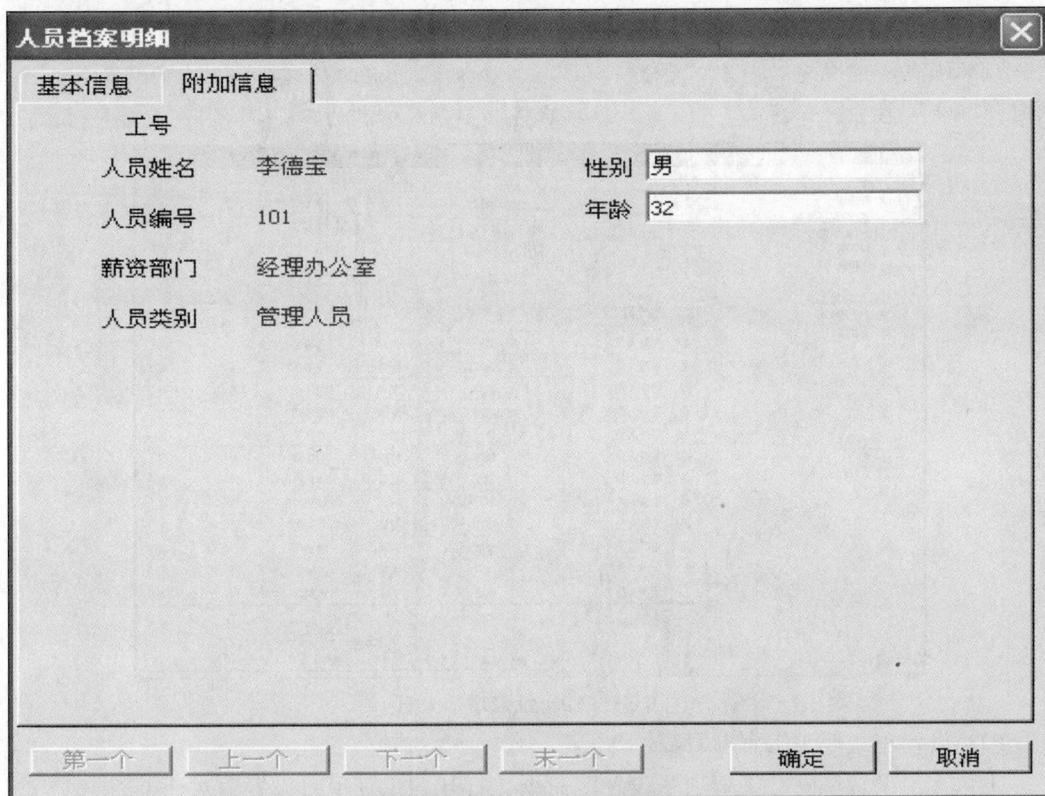

图6-1-17 人员档案附加信息

⑧依上述顺序输入所有人员档案,输入结果如图6-1-18所示,最后单击工具栏上的"退出"按钮。

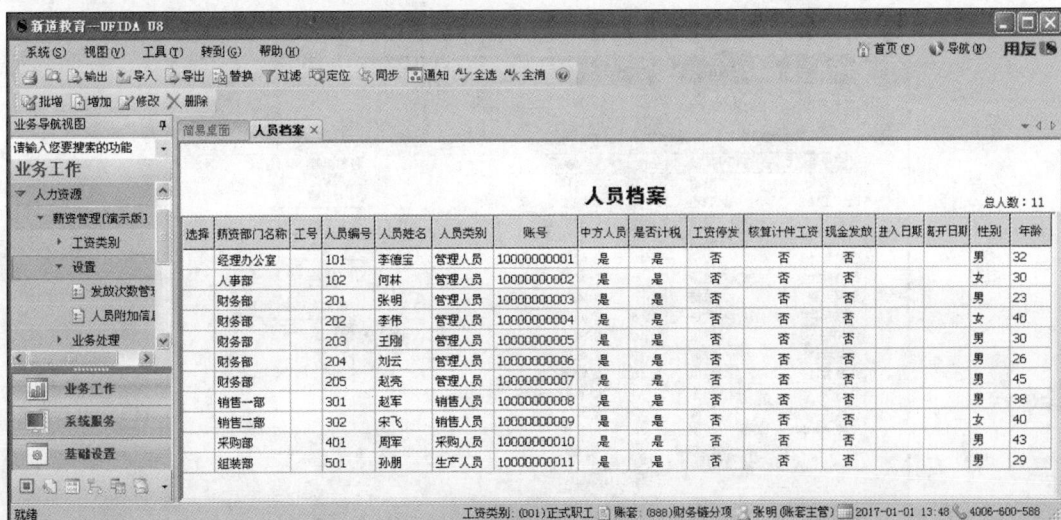

图6-1-18 人员档案

会计信息化实务（财务链篇）

特别提示：

人员档案也可以选择采用批增的方式，一次性全部增加。执行"批增"命令，在"人员批量增加"窗口，分别单击人员所在部门，然后单击"查询"按钮，系统会列示基础档案中所有人员的档案信息，将本工资类别不需要增加的人员前的"选择"栏中的"是"去掉，单击"确定"按钮，如图6-1-19所示，然后将批量导入信息的不足部分补充完善即可。

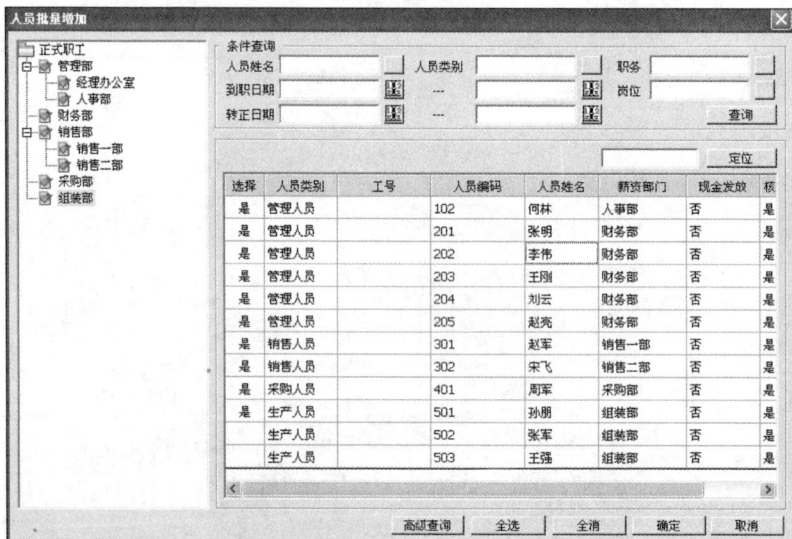

图6-1-19　批量增加人员

（2）设置正式职工工资项目

①执行"设置"→"工资项目设置"命令，打开"工资项目设置"对话框。

②单击"增加"按钮，然后单击"名称参照"栏的倒三角按钮，选择"基本工资"，以此方法增加其他工资项目。

③选中"基本工资"，单击"上移"按钮，将基本工资移动到工资项目名称栏的第一行，然后继续移动其他工资项目到相应的位置，如图6-1-20所示。

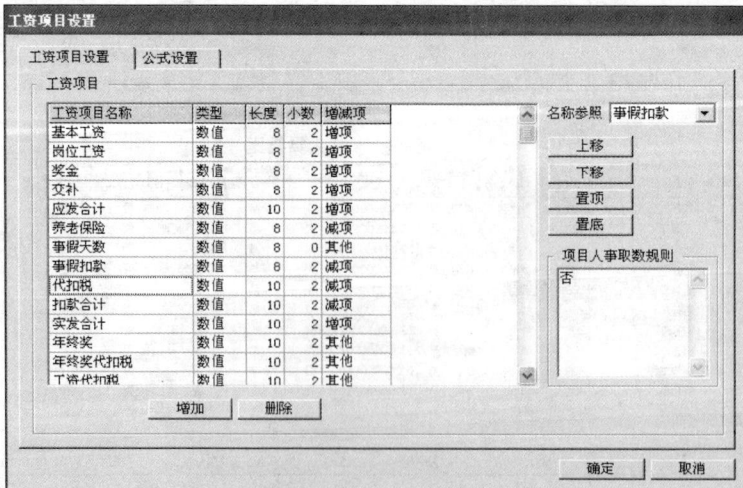

图6-1-20　正式职工工资项目设置

（3）设置"事假扣款"和"养老保险"的计算公式

①在"工资项目设置"对话框中打开"公式设置"选项卡。

②单击"增加"按钮，在"工资项目"列表中增加一个空行，单击该行，如图6-1-21所示，然后在下拉列表框中选择"事假扣款"选项。

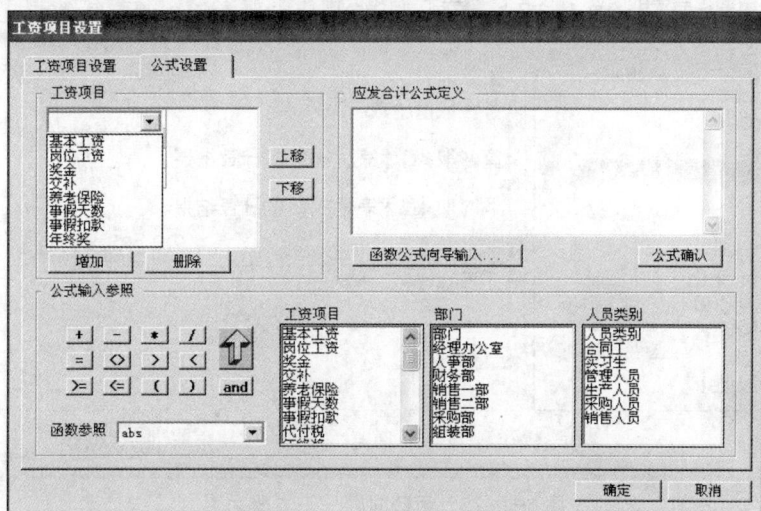

图6-1-21　公式设置项目选择

③单击"事假扣款公式定义"文本框，然后单击工资项目列表中的"事假天数"。

④单击运算符"*"，在"*"后输入数字"80"，单击"公式确认"按钮，如图6-1-22所示。

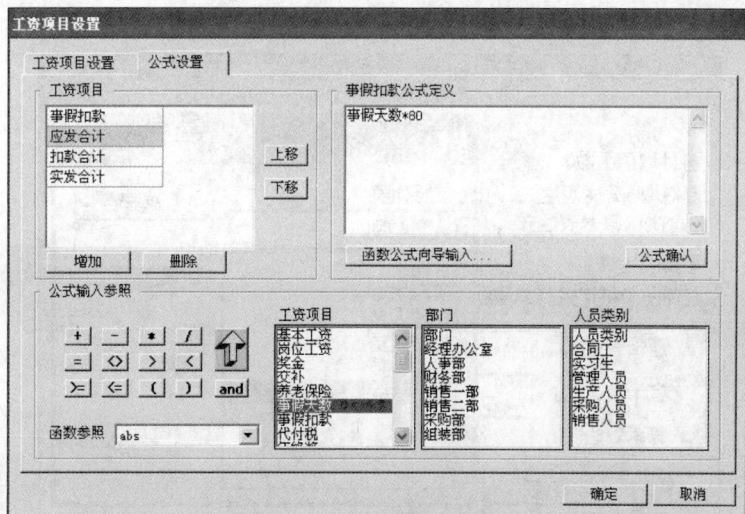

图6-1-22　事假扣款设置结果窗口

⑤同理，设置"养老保险"计算公式。

（4）设置"交补"计算公式

①单击"增加"按钮，在"工资项目"列表中增加一个空行，单击该行，在下拉列表框中选择"交补"。

②单击"函数公式向导输入"按钮，打开"函数向导——步骤之1"对话框，如图6-1-23所示。

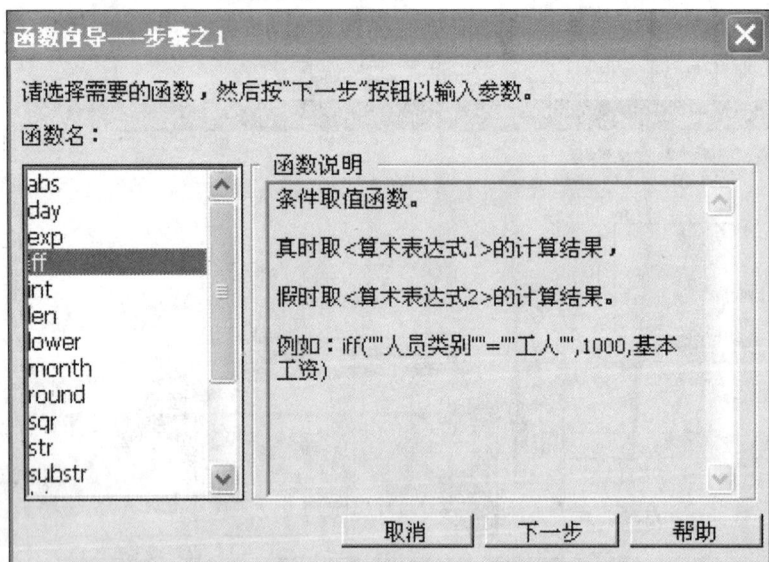

图6-1-23　函数向导——步骤之1

③从"函数名"列表中选择iff，单击"下一步"按钮，打开"函数向导——步骤之2"对话框。

④单击"逻辑表达式"参照按钮，打开"参照"对话框，从"参照列表"的下拉列表框中选择"人员类别"选项，然后选择"销售人员"，单击"确定"按钮，如图6-1-24所示。

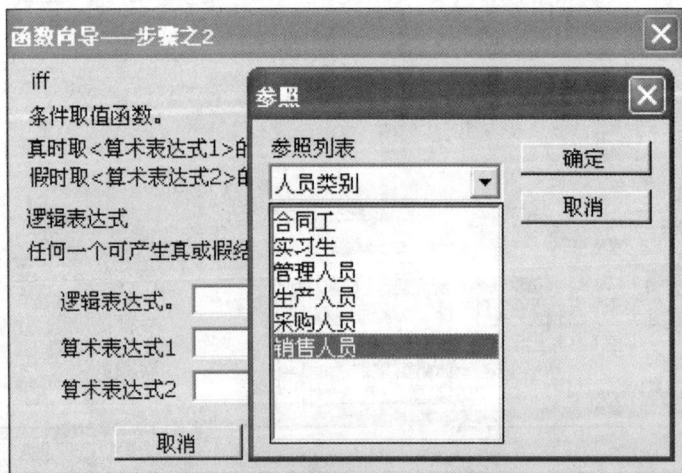

图6-1-24　函数向导——步骤之2

⑤在"算术表达式1"后的文本框中输入"800",单击"完成"按钮返回"公式设置"界面,如图6-1-25所示。

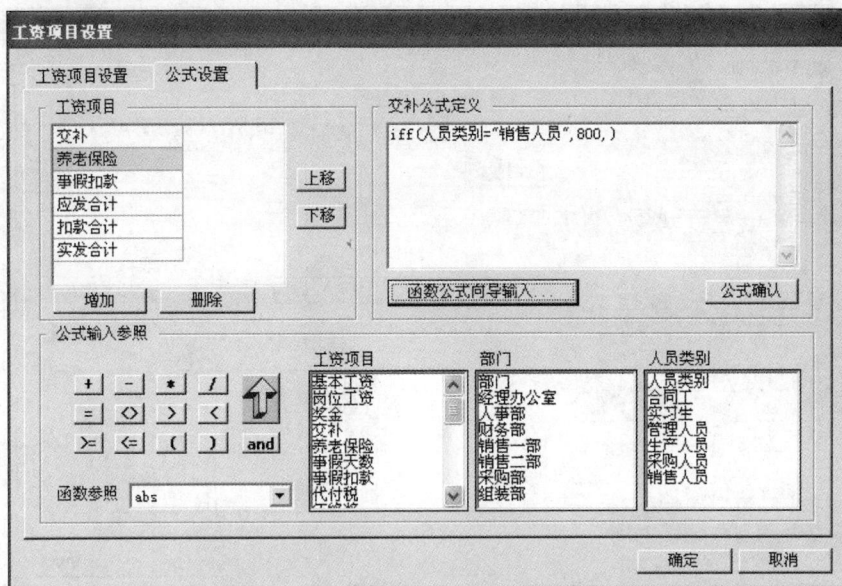

图6-1-25 "交补"计算公式设置之一

⑥将鼠标放在第一个算数表达式"800,"之后,然后按这种方式设置"iff(人员类别="采购人员",700,)"。

⑦将鼠标放在"700,"之后,单击"函数公式向导输入"按钮,打开"函数向导——步骤之1"对话框。

⑧从"函数名"列表中选择"iff",单击"下一步"按钮,打开"函数向导——步骤之2"对话框。

⑨单击"逻辑表达式"参照按钮,打开"参照"对话框,从"参照"下拉列表框中选择"人员类别"选项,然后选择"管理人员",单击"确定"按钮。

⑩在"算术表达式1"后的文本框中输入"600",在"算术表达式2"后的文本框中输入"500",如图6-1-26所示。

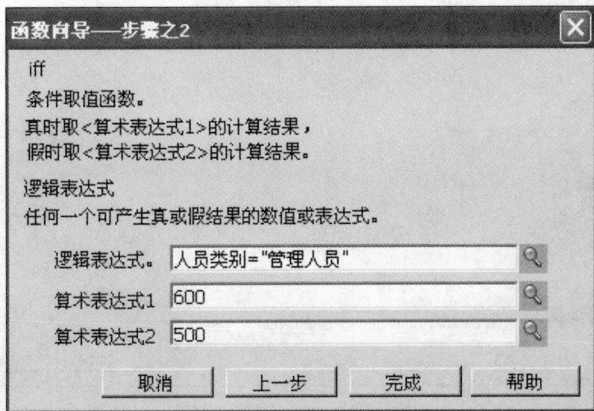

图6-1-26 设置算术表达式

⑪单击"完成"按钮，返回"公式设置"窗口，单击"公式确认"按钮。公式结果如图6-1-27所示。

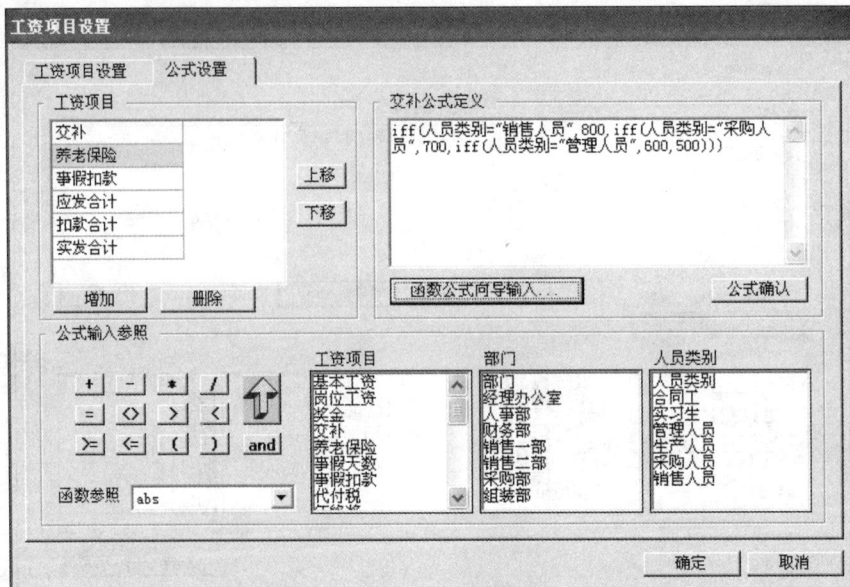

图6-1-27　"交补"计算公式设置之二

特别提示：

　　每一个算术表达式之间需要用"，"隔开。依上述方法分别输入其他工资计算公式。单击"确定"按钮，退出公式设置。如果公式不合法，在公式确认时会有提示。

9.临时工工资类别设置

（1）设置临时工人员档案

①执行"工资类别"→"打开工资类别"命令，进入"打开工资类别"对话框。

②选择"002临时工"工资类别，单击"确定"按钮，如图6-1-28所示。

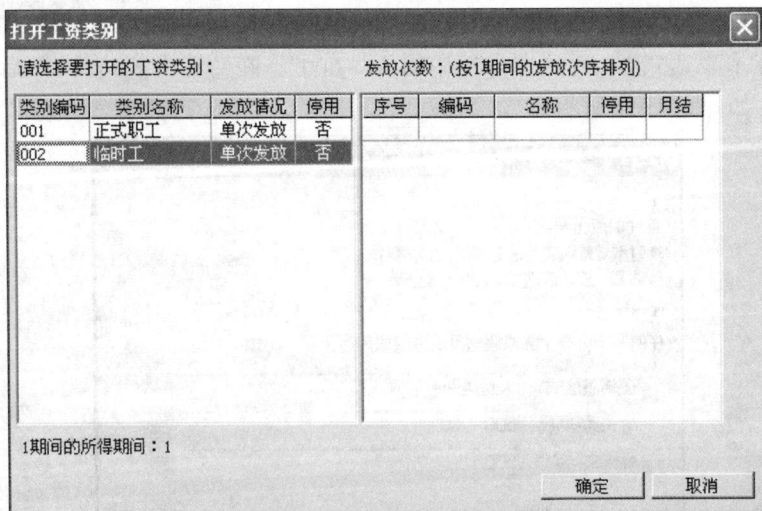

图6-1-28　打开工资类别

③增加临时工人员档案与增加正式职工人员档案的方法相同，过程不再叙述，结果如图6-1-29所示。

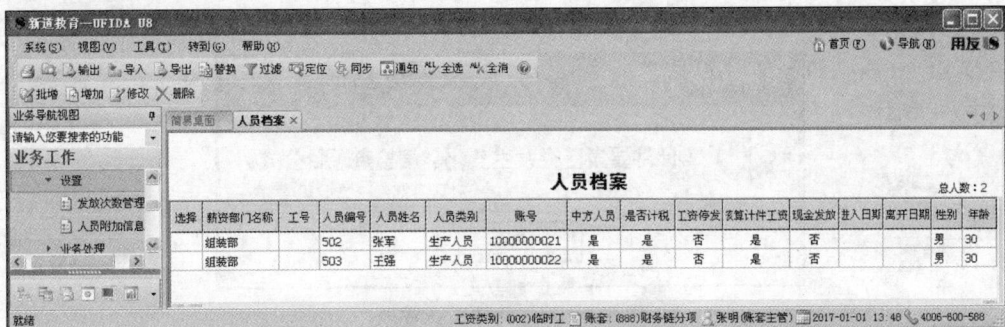

图6-1-29　临时职工人员档案

（2）设置临时工计件工资

①在企业应用平台中执行"人力资源"→"计件工资"命令，单击"选项"按钮，弹出"选项"对话框，如图6-1-30所示。

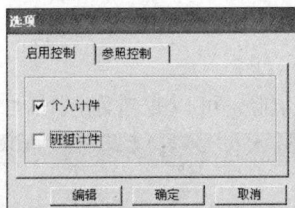

图6-1-30　计件工资选项

②选择"个人计件"，单击"确定"按钮。

（3）设置计件要素

①执行"设置"→"计件要素设置"命令，打开"计件要素设置"对话框。

②单击"编辑"按钮，再单击"增加"按钮。

③在最末一行，分别输入"工时"，类型选择"数量"，数据类型选择"数值型"，后面选择系统默认即可，如图6-1-31所示。

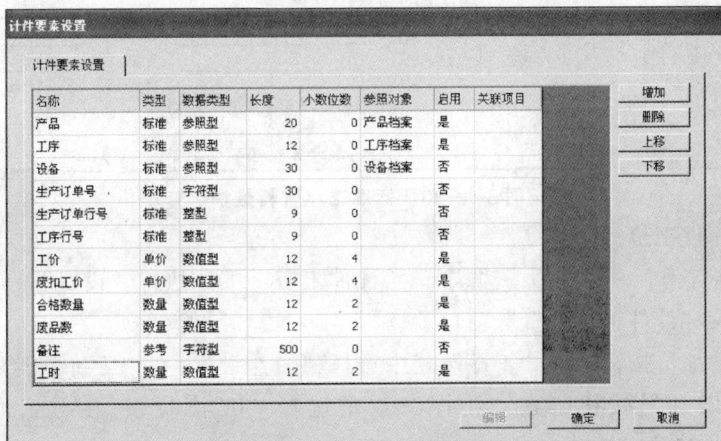

图6-1-31　计件要素设置

④查看是否包括"工序"计件要素，并且为"启用"状态。单击"确定"按钮，弹出"计件要素已经发生变化，请检查项目公式。"对话框，如图6-1-32所示，单击"确定"按钮。

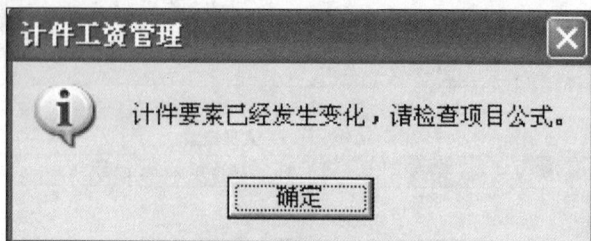

图6-1-32　计件工资管理

（4）设置工序

①执行"生产制造"→"标准工序资料维护"命令，进入"标准工序资料维护"窗口。

②单击"增加"按钮，在"工序代号"中输入"01"，在"工序说明"中输入"组装"。

③单击工具栏上的"保存"按钮。

④以此方式增加"02检验"工序。

⑤增加完工序后，通过查询功能，可以查看刚刚增加的两道工序，如图6-1-33所示。

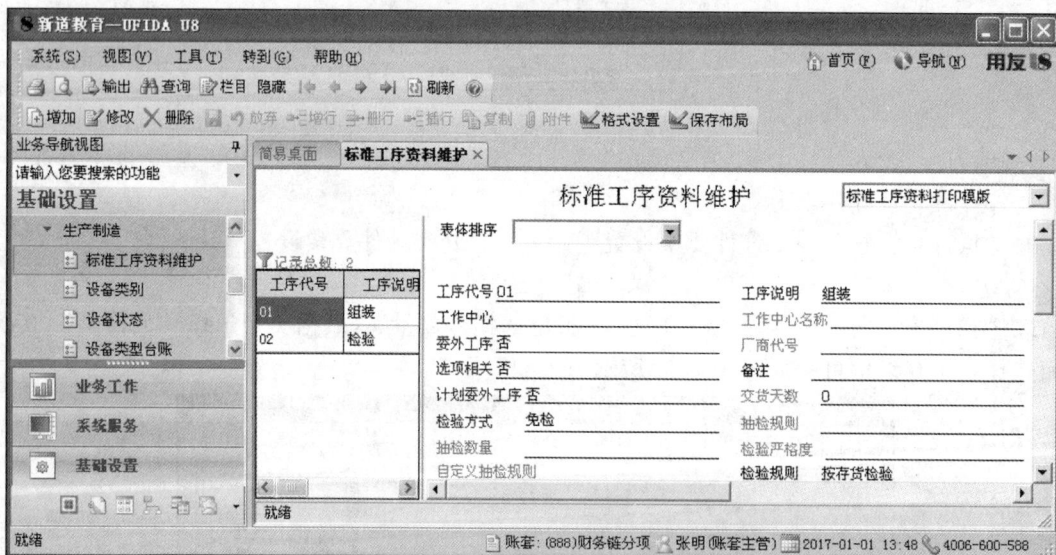

图6-1-33　标准工序资料维护

（5）设置计件工价

①在"业务工作"→"人力资源"→"计件工资"下，执行"设置"→"计件工价设置"命令，进入"计件工价设置"窗口。

②单击"增加"按钮，在"工序"栏中选择"01组装"，在"工价"栏中输入"35"。

③单击"增加"按钮，在"工序"栏中选择"02检验"，在"工价"栏中输入"20"，如图6-1-34所示。

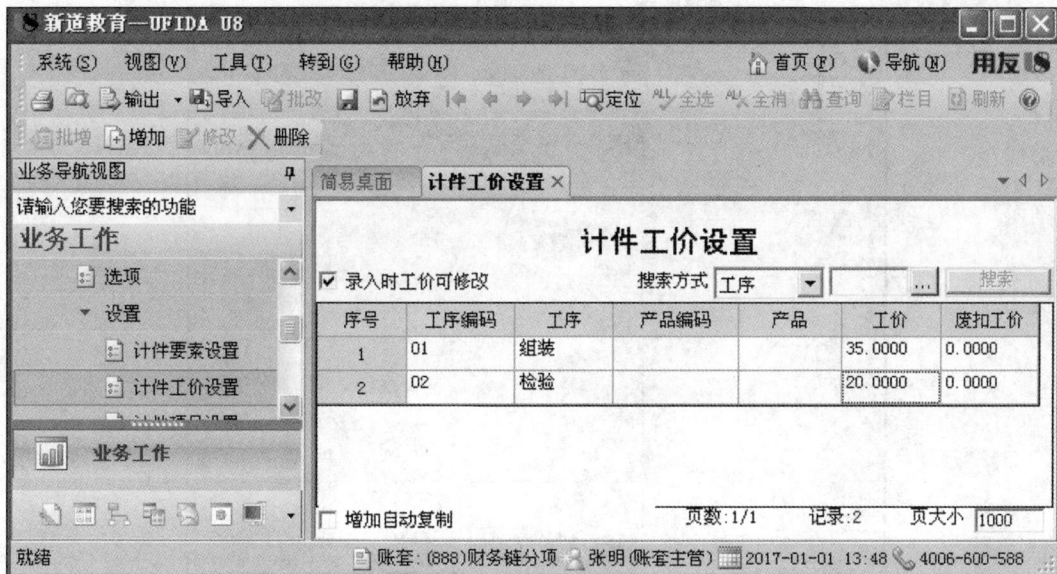

图 6-1-34　计件工价设置

④单击工具栏上的"保存"按钮。

（6）设置计件项目

①在"计件工资"下，执行"设置"→"计件项目设置"命令，进入"计件项目设置"对话框，如图 6-1-35 所示。

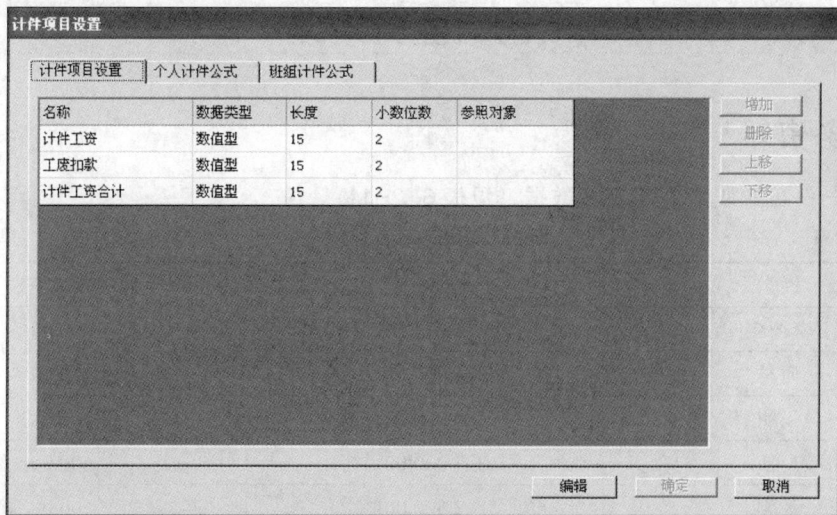

图 6-1-35　计件项目设置

②单击"个人计件公式"，选中"计件工资"，单击"编辑"按钮，然后单击"公式定义"按钮，进入"查询定义"窗口，如图 6-1-36 所示。

③在"内容"后的编辑框中输入取值公式"计件工资明细表.工价*计件工资明细表.工时"，然后单击"确定"按钮。

④以同样的方式对"工废扣款"和"计件工资合计"公式进行设置。

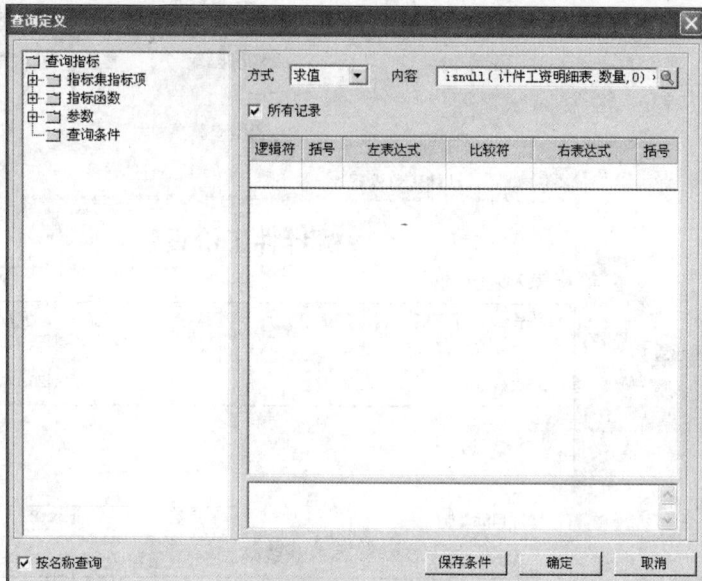

图6-1-36　查询定义

特别提示：

　　如果公式比较复杂，可点击内容编辑区后的"🔍"按钮，进入"查询表达式"窗口。

任务二　　　　　日常业务处理

任务资料

资料一：正式职工固定工资数据（见表6-2-1）

表6-2-1　　　　　　　　　　正式职工固定工资数据　　　　　　　　　　单位：元/月

姓名	基本工资	岗位工资
李德宝	6 000.00	1 000.00
何林	4 000.00	700.00
张明	4 000.00	700.00
李伟	3 000.00	600.00
王刚	2 500.00	500.00
刘云	3 000.00	600.00
赵亮	3 000.00	700.00
赵军	4 000.00	600.00
宋飞	4 000.00	600.00
周军	3 500.00	700.00
孙朋	3 000.00	500.00

资料二：本月工资变动信息

（1）本月孙朋请假3天，李伟请假2天。

（2）销售部岗位工资在原有基础上增加200.00元。

（3）本月销售业绩较好，销售人员每人发放奖金2 000元，其余人员每人发放奖金800元。

（4）本月临时工张军完成组装工时160小时，王强完成检验工时220小时。

任务要求

（1）根据资料一，录入正式职工固定工资数据。

（2）根据资料二，录入本月工资变动数据。

（3）进行本月工资计算与汇总。

（4）查看本月个人所得税。

（5）生成本月工资银行代发文件。

知识导航

薪资管理系统的日常处理包括工资类别管理、工资数据管理、工资分钱清单、个人所得税的计算与申报、银行代发、工资数据查询统计等内容。

一、工资类别管理

薪资管理系统是按工资类别进行管理的。每个工资类别下有职工档案、工资变动、工资数据、报税处理、银行代发等项目。对工资类别的日常维护包括打开工资类别、删除工资类别、关闭工资类别和汇总工资类别等。

二、工资数据管理

第一次使用薪资管理系统必须将所有人员的基本工资数据录入计算机，每月发生的工资数据变动也在此进行调整。为了快速、准确地录入工资数据，系统提供以下功能：

（一）筛选和定位

如果要对部分人员的工资数据进行修改，可以先将需要修改的人员筛选出来，然后进行工资数据修改。修改完毕后进行"重新计算"和"汇总"。

（二）页编辑

"工资变动"窗口中的"编辑"按钮可以对选定的个人进行快速录入。单击"上一人"或"下一人"按钮可变更人员，录入或修改其他人员的工资数据。

（三）替换

将符合条件的人员的某个工资项目的数据统一替换成某个数据，如将管理人员的奖金上调100元。

（四）过滤器

如果只对工资项目中的某一个或几个项目进行修改，可将需要修改的项目过滤出来。例如，只对"事假天数"和"病假天数"两个工资项目的数据进行修改。对于常用的过滤项目，可以在项目过滤后，输入一个名称进行保存，以后可通过过滤项目名称调用，不用时也可以删除。

三、工资分钱清单

工资分钱清单是指按单位计算的工资发放分钱票面额清单，会计人员根据此清单从银行取款发给各部门。系统提供了票面额设置的功能，用户可根据单位需要自由设置，系统可根据实发工资项目自动计算出按部门、按人员、按企业各种面额的张数。

四、个人所得税的计算与申报

鉴于许多企事业单位计算职工个人所得税的工作量较大，系统特别提供了个人所得税自动计算功能，用户只需要定义所得税税率即可。

五、银行代发

银行代发业务处理是指每月月末单位应向银行提供银行给定文件格式的软盘。这样做既减轻了财务部门发放工资的繁重工作，又有效避免了财务人员去银行提取大笔款项所承担的风险。

六、工资数据查询统计

工资数据的处理结果最终要通过工资报表的形式反映出来，薪资管理系统提供了主要的工资报表。如果对系统内置工资报表的固定格式不满意，用户可以通过"修改表"和"新建表"功能自行设计。

（一）工资表

工资表包括工资发放签名表、工资发放条、工资卡、部门工资汇总表、人员类别工资汇总表、条件汇总表、条件统计表、条件明细表、工资变动明细表、工资变动汇总表等，主要用于本月工资发放和统计。工资表可以进行修改和重建。

（二）工资分析表

工资分析表是以工资数据为基础，通过对部门、人员类别的工资数据进行分析和比较而产生的各种分析表，主要供决策人员使用。

▶ 任务实施

【操作步骤】

1.正式职工工资类别日常业务

（1）录入正式职工固定工资数据

①更换操作员，以"202 李伟"的身份注册登录，打开"正式职工"工资类别，执行"业务处理"→"工资变动"命令，进入"工资变动"窗口。

②单击"过滤器"下拉列表框，选择"过滤设置"选项，打开"项目过滤"对话框。

③选择"工资项目"列表框中的"基本工资"和"岗位工资"选项，单击">"按钮，将选项移入"已选项目"列表框中，如图6-2-1所示。

④单击"确定"按钮，返回"工资变动"窗口，此时每个人的工资项目只显示两项。

⑤根据资料输入"正式职工"固定工资数据，如图6-2-2所示。

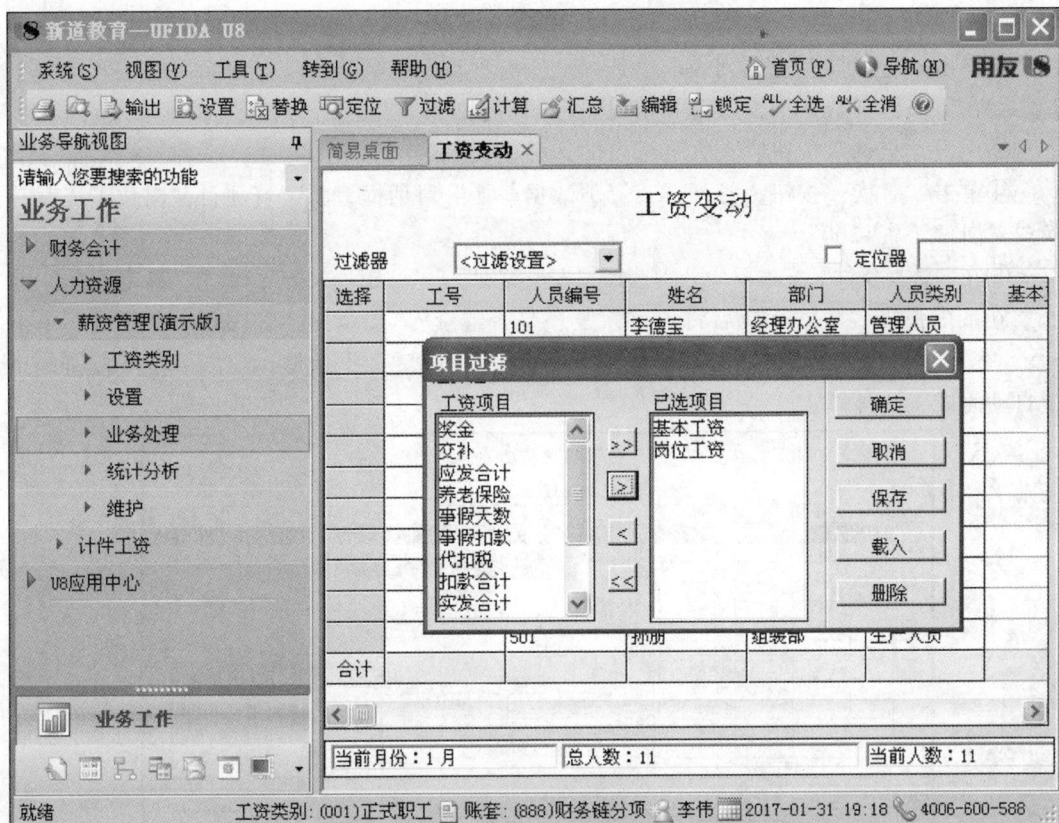

图 6-2-1　工资项目过滤

图 6-2-2　正式职工固定工资数据录入

特别提示：

　　这里只需要输入没有进行公式设定的项目，如"基本工资"、"岗位工资"和"请假天数"，其余各项由系统根据计算公式自动计算生成。

（2）录入正式职工工资变动数据

①单击"过滤器"下拉列表框，选择"所有项目"选项，屏幕上显示所有工资项目。

②在"事假天数"下输入考勤情况：孙朋请假3天，李伟请假2天。

③单击"全选"按钮，在人员记录的选择栏出现选中标记"Y"。

④单击"替换"按钮，打开"工资项数据替换"对话框，将工资项目"岗位工资"替换成"岗位工资+200"。

⑤在"替换条件"文本框中分别选择"人员类别""="销售人员"，单击"确定"按钮。

⑥系统弹出"数据替换后将不可恢复。是否继续？"提示框，如图6-2-3所示，单击"是"按钮，系统弹出"2条记录被替换，是否重新计算？"提示框，单击"是"按钮，系统自动完成工资计算。

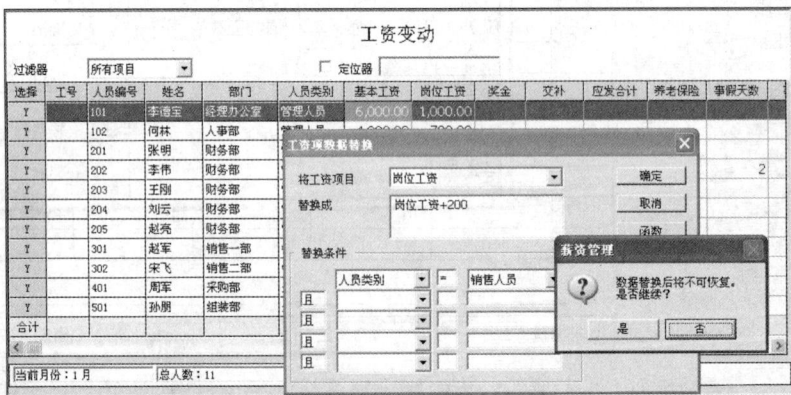

图6-2-3　岗位工资数据替换

⑦以同样的方式将销售人员的"奖金"替换为"2000"。

⑧将其余人员的"奖金"替换为"800"。在"工资变动"界面中，单击"全选"按钮，单击"替换"按钮，打开"工资项数据替换"对话框，将工资项目"奖金"替换成"800"。在"替换条件"文本框中分别选择"人员类别""<>""销售人员"。

⑨单击"确定"按钮，系统弹出"数据替换后将不可恢复。是否继续？"提示框，如图6-2-4所示，单击"是"按钮，系统继续提示"9条记录被替换，是否重新计算？"，单击"是"按钮返回。

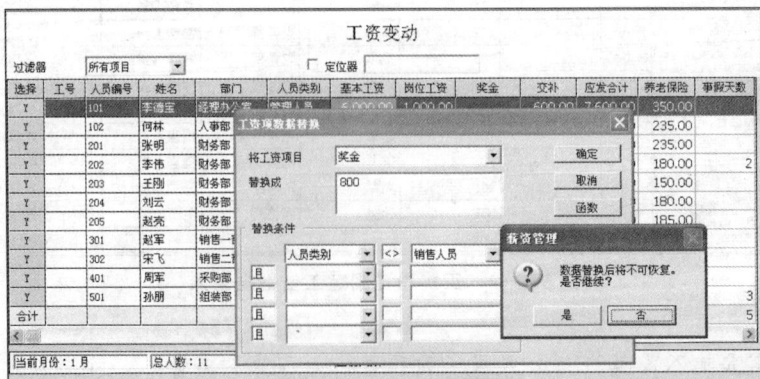

图6-2-4　奖金数据替换

特别提示：

①第一次使用薪资管理系统时，必须将所有人员的基本工资数据录入系统。工资数据可以在录入人员档案时直接录入，需要计算的内容在"工资变动"功能中生成；也可以在"工资变动"功能中录入，当工资数据发生变动时也应在此录入。

②如果工资数据的变化具有规律性，则可以使用"替换"功能进行成批数据替换。

（3）工资计算与汇总

①在"工资变动"窗口中，单击工具栏上的"计算"按钮，计算工资数据。

②单击工具栏上的"汇总"按钮，汇总工资数据，如图6-2-5所示。

选择	工号	人员编号	姓名	部门	人员类别	基本工资	岗位工资	奖金	交补	应发合计	养老保险	事假天数	事假扣款	代扣税	扣款合计	实发合计
		101	李清宝	经理办公室	管理人员	6,000.00	1,000.00	800.00	600.00	8,400.00	350.00			355.00	705.00	7,695.00
		102	何林	人事部	管理人员	4,000.00	700.00	800.00	600.00	6,100.00	235.00			131.50	366.50	5,733.50
		201	张明	财务部	管理人员	4,000.00	700.00	800.00	600.00	6,100.00	235.00			131.50	366.50	5,733.50
		202	李伟	财务部	管理人员	3,000.00	600.00	800.00	600.00	5,000.00	180.00	2	160.00	34.80	374.80	4,625.20
		203	王刚	财务部	管理人员	2,500.00	500.00	800.00	600.00	4,400.00	150.00			22.50	172.50	4,227.50
		204	刘云	财务部	管理人员	3,000.00	600.00	800.00	600.00	5,000.00	180.00			39.60	219.60	4,780.40
		205	赵亮	财务部	管理人员	3,000.00	700.00	800.00	600.00	5,100.00	185.00			42.45	227.45	4,872.55
		301	赵军	销售一部	销售人员	4,000.00	800.00	2,000.00	800.00	7,600.00	240.00			281.00	521.00	7,079.00
		302	宋飞	销售二部	销售人员	4,000.00	800.00	2,000.00	800.00	7,600.00	240.00			281.00	521.00	7,079.00
		401	周军	采购部	采购人员	3,500.00	700.00	800.00	700.00	5,700.00	210.00			94.00	304.00	5,396.00
		501	孙朋	组装部	生产人员	3,000.00	500.00	800.00	500.00	4,800.00	175.00	3	240.00	26.55	441.55	4,358.45
合计						40,000.00	7,600.00	1,200.00	000.00	65,800.00	2,380.00	5	400.00	1,439.90	4,219.90	61,580.10

图6-2-5　正式职工工资计算与汇总结果

③单击右上角的"×"按钮，退出"工资变动"窗口。

特别提示：

①在修改了某些数据、重新设置了计算公式、进行了数据替换或在个人所得税中执行了自动扣税等操作后，必须调用"计算"和"汇总"功能对个人工资数据重新进行计算，以保证数据的准确性。

②如果对工资数据只进行了"计算"的操作，而未进行"汇总"操作，则退出时系统会提示"数据发生变动后尚未进行汇总，是否进行汇总？"，如果需要汇总则单击"是"按钮，否则单击"否"按钮。

（4）查看个人所得税

①执行"业务处理"→"扣缴所得税"命令，系统弹出"个人所得税申报模板"，如图6-2-6所示。

②单击"打开"按钮，进入"所得税申报"窗口，默认各项设置，如图6-2-7所示。

③单击"确定"按钮，系统将自动计算个人所得税金额，如图6-2-8所示。如果不需要修改税率和扣除额，则单击"退出"按钮。

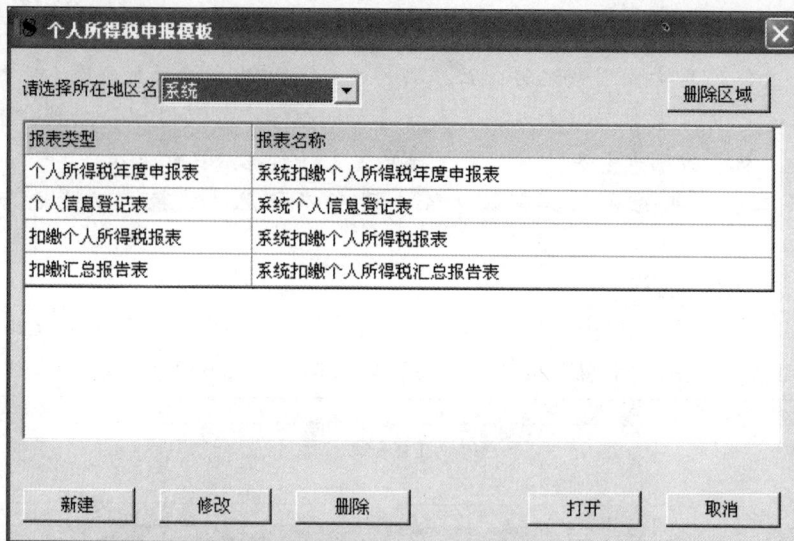

图6-2-6　个人所得税申报模板

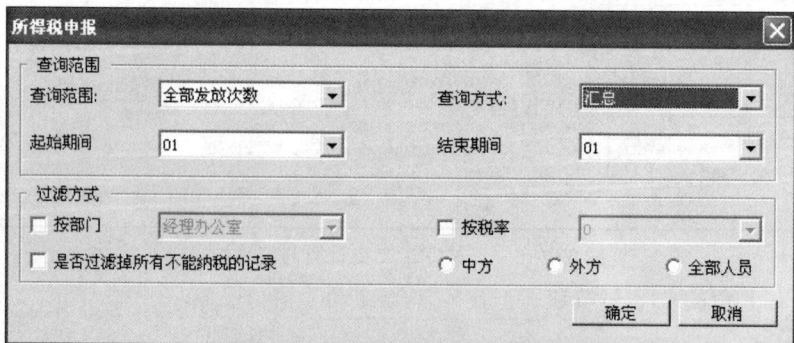

图6-2-7　个人所得税申报设置

系统扣缴个人所得税年度申报表

2017年1月 -- 2017年1月

总人数：11

姓名	证件号码	所得项目	所属期间...	所属期间...	收入额	减费用额	应纳税所...	税率	速算扣除数	应纳税额	已扣缴税款
李德宝		工资	20170101	20171231			4550.00	20	555.00	355.00	355.00
何林		工资	20170101	20171231			2365.00	10	105.00	131.50	131.50
张明		工资	20170101	20171231			2365.00	10	105.00	131.50	131.50
李伟		工资	20170101	20171231			1160.00	3	0.00	34.80	34.80
王刚		工资	20170101	20171231			750.00	3	0.00	22.50	22.50
刘云		工资	20170101	20171231			1320.00	3	0.00	39.60	39.60
赵亮		工资	20170101	20171231			1415.00	3	0.00	42.45	42.45
赵军		工资	20170101	20171231			3860.00	10	105.00	281.00	281.00
宋飞		工资	20170101	20171231			3860.00	10	105.00	281.00	281.00
周军		工资	20170101	20171231			1990.00	10	105.00	94.00	94.00
孙朋		工资	20170101	20171231			885.00	3	0.00	26.55	26.55
合计							24520.00		1080.00	1439.90	1439.90

图6-2-8　正式职工个人所得税申报表

（5）银行代发

①执行"业务处理"→"银行代发"命令，首先选择部门，如图6-2-9所示。

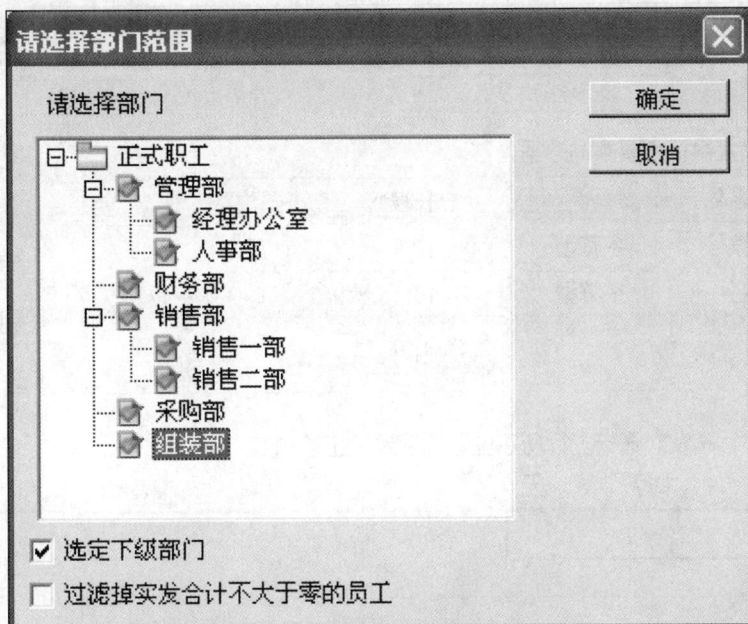

图6-2-9　银行代发部门选择

②单击"确定"按钮，打开"银行文件格式设置"对话框，如图6-2-10所示，选择"工行湖北分行徐东支行"。

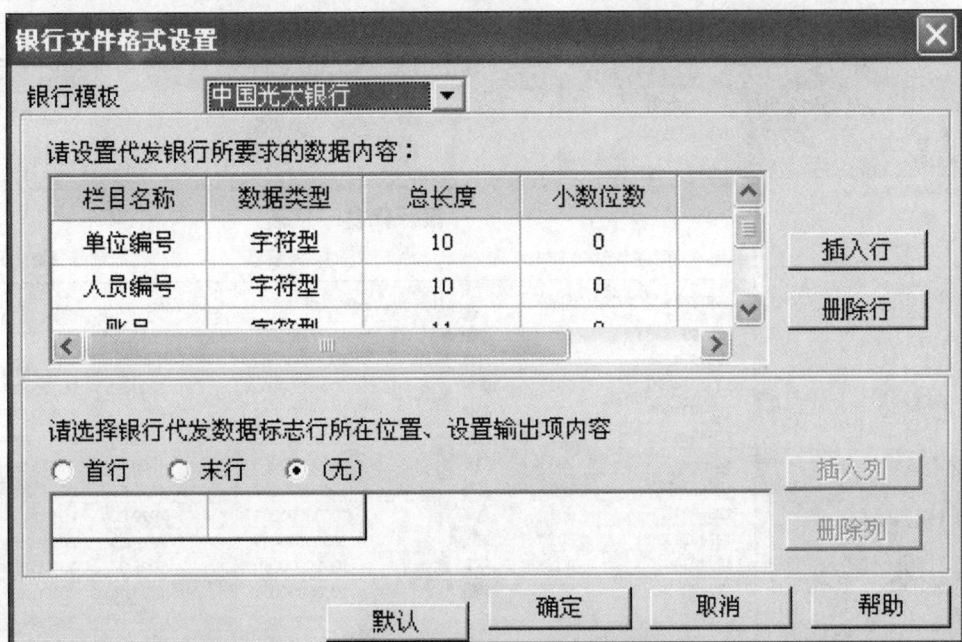

图6-2-10　银行文件格式设置

③在"人员编号"栏，单击"插入行"。在"栏目名称"处输入"姓名"，在"数据类

型"处选择"字符型"，在"总长度"处输入"16"，在"数据来源"处选择"人员姓名"，如图 6-2-11 所示。

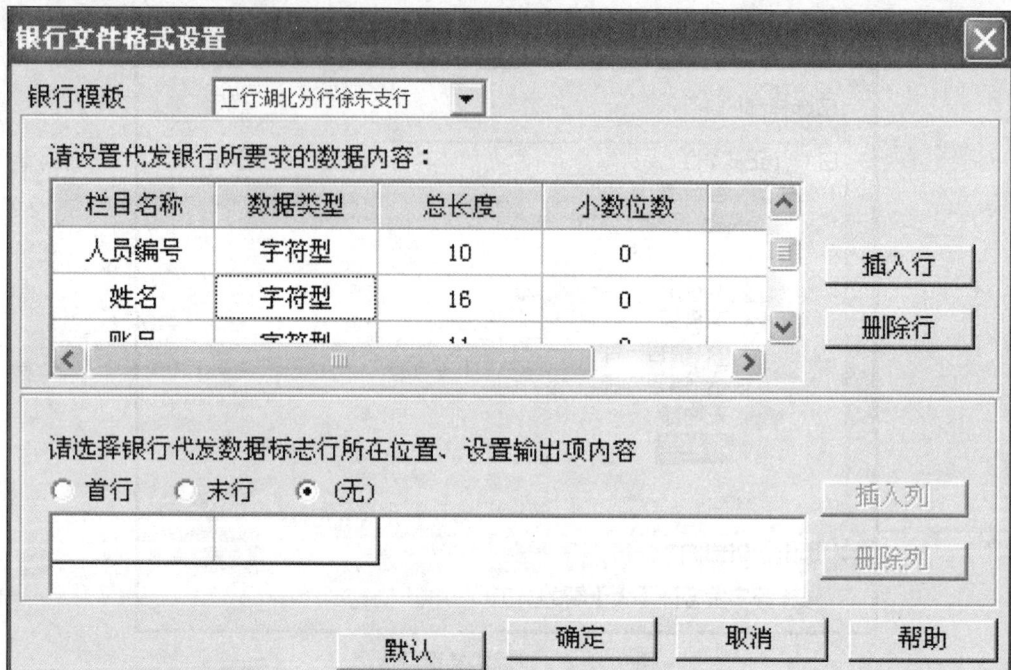

图 6-2-11　银行文件格式设置

④单击"确定"按钮，系统提示"确认设置的银行文件格式？"，单击"是"按钮，如图 6-2-12 所示。

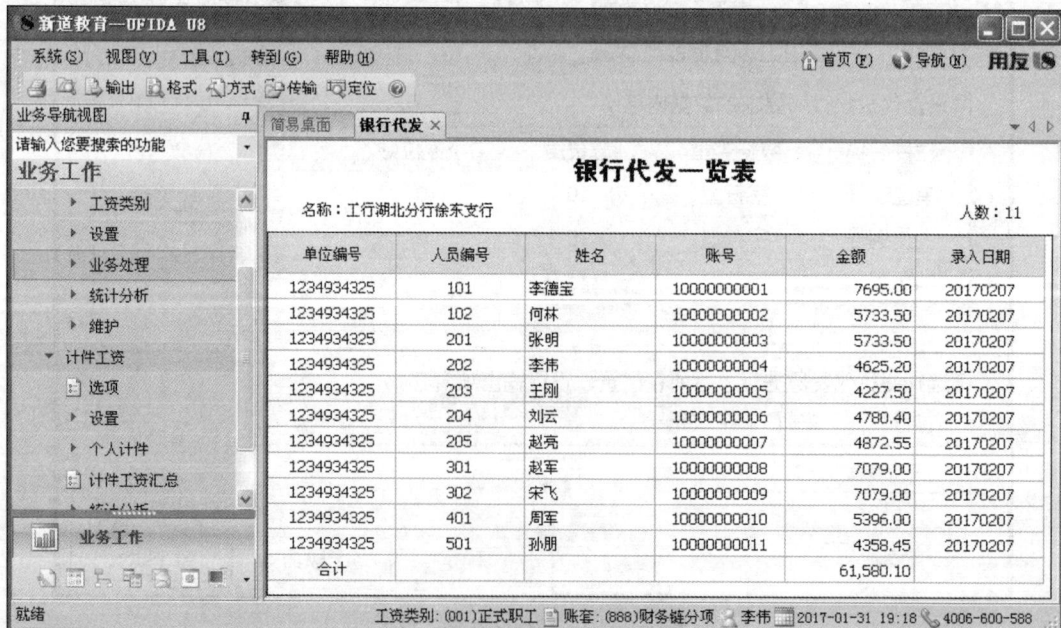

银行代发一览表

名称：工行湖北分行徐东支行　　　　　　　　　　　　　　　　　　　　人数：11

单位编号	人员编号	姓名	账号	金额	录入日期
1234934325	101	李德宝	10000000001	7695.00	20170207
1234934325	102	何林	10000000002	5733.50	20170207
1234934325	201	张明	10000000003	5733.50	20170207
1234934325	202	李伟	10000000004	4625.20	20170207
1234934325	203	王刚	10000000005	4227.50	20170207
1234934325	204	刘云	10000000006	4780.40	20170207
1234934325	205	赵亮	10000000007	4872.55	20170207
1234934325	301	赵军	10000000008	7079.00	20170207
1234934325	302	宋飞	10000000009	7079.00	20170207
1234934325	401	周军	10000000010	5396.00	20170207
1234934325	501	孙朋	10000000011	4358.45	20170207
合计				61,580.10	

图 6-2-12　正式职工银行代发一览表

2.临时工工资类别日常业务

（1）计件工资统计

①在计件工资中，执行"个人计件"→"计件工资录入"命令，进入"计件工资录入"窗口。

②选择工资类别为"临时工"，部门为"（5）组装部"，单击"批增"按钮，进入"计件数据录入"窗口。

③输入"姓名"为"张军"，"计件日期"为"2017-01-31"，单击"增行"按钮，输入组装工时为"160"，如图6-2-13所示。单击"计算"按钮，再单击"确定"按钮。

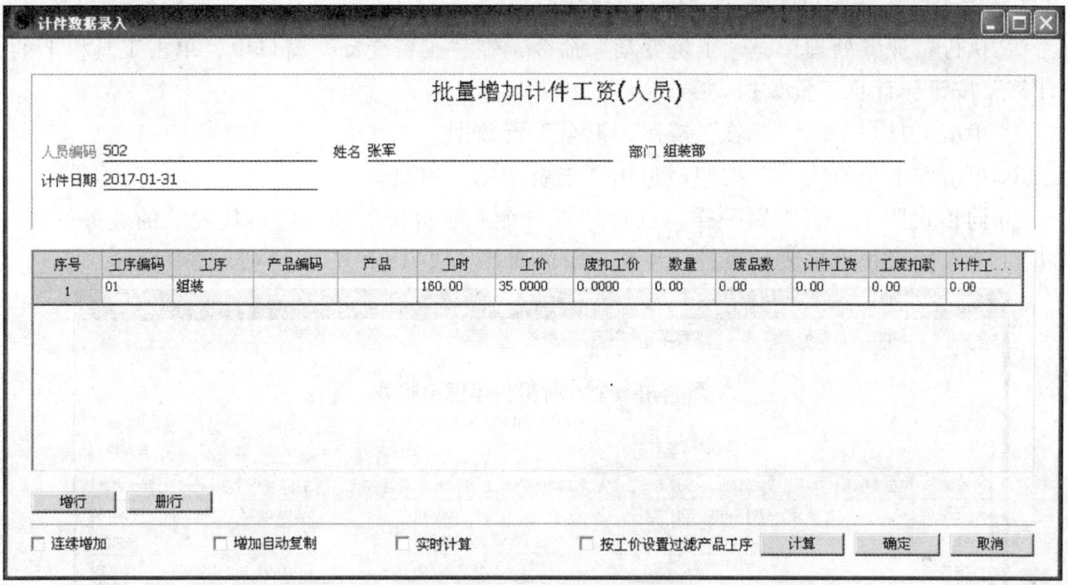

图6-2-13　批量增加计件工资

④同理，输入其他计件工资统计数据，最终结果如图6-2-14所示。

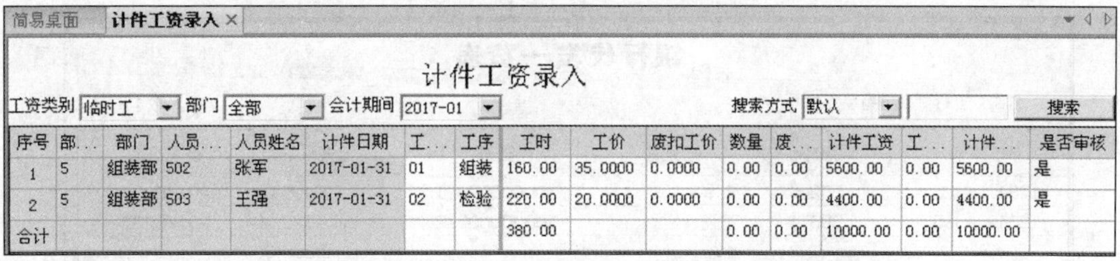

图6-2-14　计件工资录入结果

⑤全部输入完成后，单击"全选"按钮，再单击"审核"按钮，对录入的计件工资数据进行审核。

（2）计件工资汇总处理

执行"计件工资汇总"命令，选择工资类别为"临时工"，部门为"（5）组装部"，单击"汇总"按钮，进行计件工资汇总处理，如图6-2-15所示。

计件工资汇总

工资类别 临时工 ▼ 部门 (5)组装窗 ▼ 会计期间 2017-01 ▼ 汇总日期 2017-1-1 至 2017-1-31

序号	部…	部门	人员编码	人员	数量	废品数	工时	计件工资	计废扣款	计件工资…	新员…	班长提成	工种…	分配…	出勤…	班…	工资合计
1	5	组装部	502	张军	0.00	0.00	160.00	5600.00	0.00	5600.00	0.00	0.00			0.00…	0.00	5600.00
2	5	组装部	503	王强	0.00	0.00	220.00	4400.00	0.00	4400.00	0.00	0.00			0.00…	0.00	4400.00
合计					0.00	0.00	380.00	10000.00	0.00	10000.00	0.00	0.00			0.00…	0.00	10000.00

图6-2-15 计件工资汇总结果

（3）临时工工资计算与汇总

①执行"工资类别"→"打开工资类别"命令，进入"打开工资类别"对话框，选择"002临时工"工资类别，单击"确认"按钮。

②执行"业务处理"→"工资变动"命令，在"工资变动"窗口中，单击工具栏上的"计算"按钮，计算工资数据。

③单击工具栏上的"汇总"按钮，汇总工资数据。

④单击右上角的"×"按钮，退出"工资变动"窗口。

⑤同正式职工工资类别一样，进行"查看个人所得税"和"银行代发"的业务处理。临时工个人所得税申报表和银行代发文件分别如图6-2-16和6-2-17所示。

所得税申报 输出 税率 栏目 内容 邮件 过滤 定位 退出

系统扣缴个人所得税年度申报表

2017年1月 -- 2017年1月

总人数：2

姓名	证件号码	所得…	所属期…	所属期…	收入额	减费用额	应纳税所…	税率	速算扣除数	应纳税额	已扣缴税款
张军		工资	20170101	20171231			2100.00	10	105.00	105.00	105.00
王强		工资	20170101	20171231			900.00	3	0.00	27.00	27.00
合计							3000.00		105.00	132.00	132.00

图6-2-16 临时工个人所得税申报表

银行代发一览表

名称：工行湖北分行徐东支行

人数：2

单位编号	人员编号	姓名	账号	金额	录入日期
1234934325	502	张军	10000000021	5495.00	20170207
1234934325	503	王强	10000000022	4373.00	20170207
合计				9,868.00	

图6-2-17 临时工银行代发一览表

任务三　　工资分摊及期末处理

▶ **任务资料**

福利费、养老保险以应付工资总额为基数计提。

工资分摊表见表6-3-1。

表6-3-1 工资分摊表

部门	人员类别	应付工资（100%）		应付福利费（14%）		计提养老保险（20%）	
经理办公室	管理人员	660201	221101	660201	221102	660201	221103
人事部	管理人员	660201	221101	660201	221102	660201	221103
财务部	管理人员	660201	221101	660201	221102	660201	221103
组装部	生产人员	500102	221101	500102	221102	500102	221103
采购部	采购人员	660201	221101	660201	221102	660201	221103
销售一部	销售人员	660102	221101	660102	221102	660102	221103
销售二部	销售人员	660102	221101	660102	221102	660102	221103

▶ 任务要求

（1）根据所给资料，进行工资分摊设置。

（2）分摊本月工资费用。

（3）进行本月工资类别汇总。

（4）查看人员类别汇总表。

（5）进行月末处理，并进行变动工资项目清零处理。

▶ 知识导航

薪资管理系统的期末处理主要包括月末结转和年末结转。

一、月末结转

月末结转是将当月数据经过处理后结转至下月。每月工资数据处理完毕后均可进行月末结转。由于在工资项目中，有的项目是变动的，即每月的数据均不相同，因此在每月工资处理时，均需要将其数据清零，然后输入当月数据，此类项目即为清零项目。

月末结转只能在会计年度的1月至11月进行，并且只有在当月工资数据处理完毕后才可进行。如果本月工资数据未汇总，则系统不允许进行月末结转。

二、年末结转

年末结转是将工资数据经过处理后结转至下年。进行年末结转后，新年度账将自动建立。只有处理完所有工资类别的工资数据，然后在"系统管理"中选择"年度账"菜单，才能进行上年数据结转。其他操作与月末处理类似。

年末结转只有在当月工资数据处理完毕后才能进行。如果当月工资数据未汇总，则系统不允许进行年末结转。进行年末结转后，本年各月数据将不允许变动。如果用户跨月进行年末结转，则系统会给予提示。

▶ 任务实施

【操作步骤】

1.正式职工类别工资分摊

（1）工资分摊类型设置

①打开"正式职工"工资类别，执行"业务处理"→"工资分摊"命令，打开"工资分摊"对话框，如图6-3-1所示。

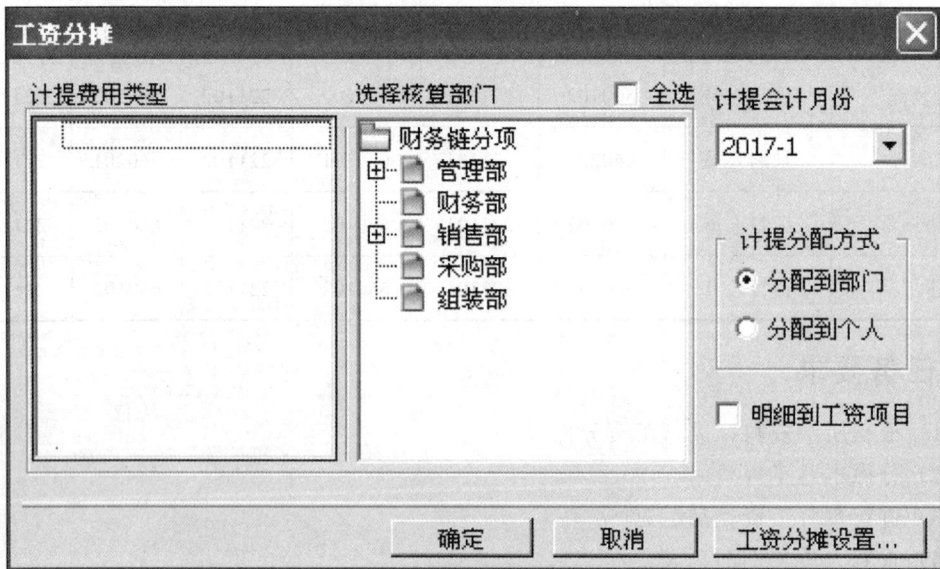

图6-3-1　工资分摊

②单击"工资分摊设置…"按钮，打开"分摊类型设置"对话框。

③单击"增加"按钮，打开"分摊计提比例设置"对话框。

④在"计提类型名称"栏输入"应付工资"，在"分摊计提比例"栏输入"100%"，如图6-3-2所示。

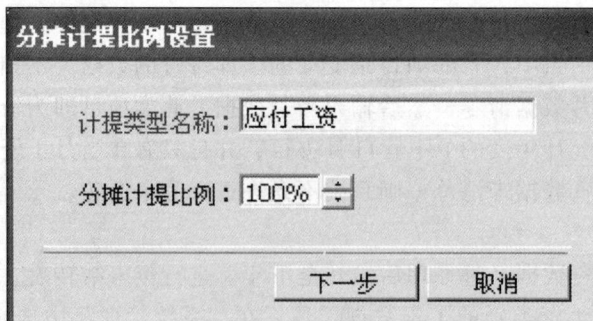

图6-3-2　应付工资分摊计提比例设置

⑤单击"下一步"按钮，打开"分摊构成设置"对话框。根据资料内容进行设置，设置完成后，结果如图6-3-3所示。

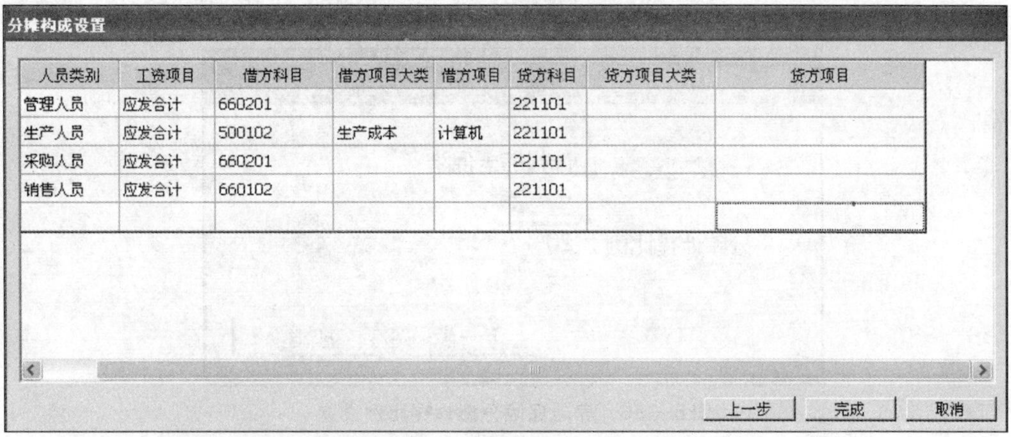

人员类别	工资项目	借方科目	借方项目大类	借方项目	贷方科目	贷方项目大类	贷方项目
管理人员	应发合计	660201			221101		
生产人员	应发合计	500102	生产成本	计算机	221101		
采购人员	应发合计	660201			221101		
销售人员	应发合计	660102			221101		

图6-3-3　应付工资分摊构成设置

⑥单击"完成"按钮，返回"分摊类型设置"对话框。单击"增加"按钮，在"计提类型名称"栏输入"应付福利费"，在"分摊计提比例"栏输入"14%"，如图6-3-4所示。

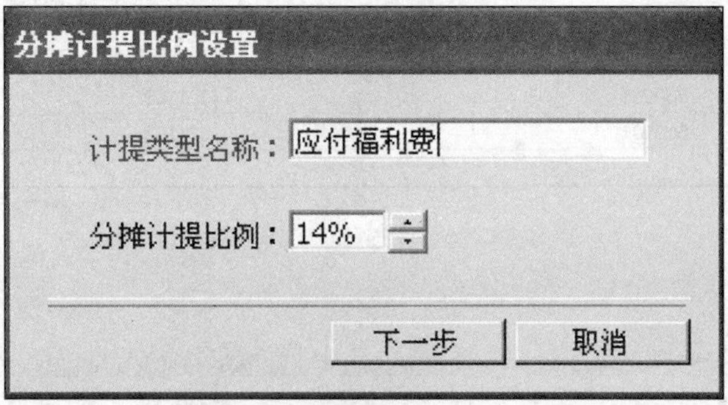

图6-3-4　福利费分摊计提比例设置

⑦单击"下一步"按钮，打开"分摊构成设置"对话框，分别选择分摊构成的各个项目内容，如图6-3-5所示。

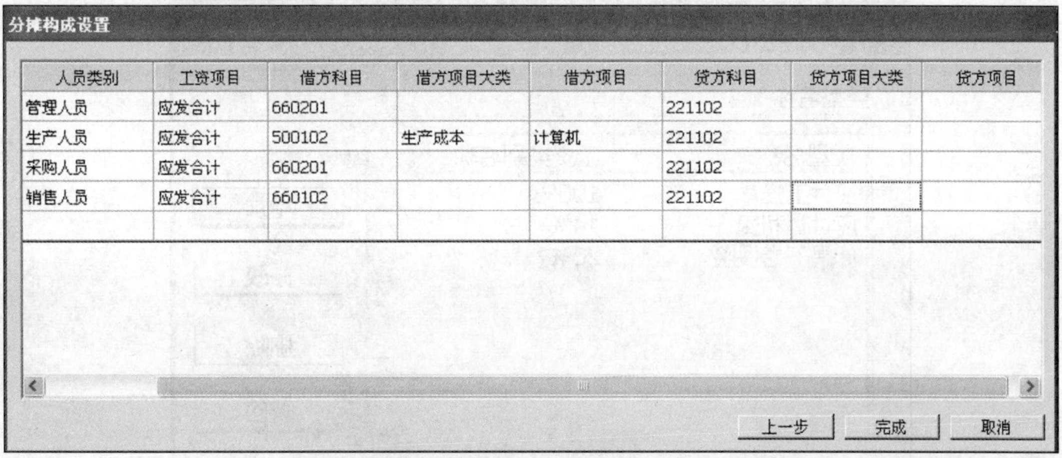

人员类别	工资项目	借方科目	借方项目大类	借方项目	贷方科目	贷方项目大类	贷方项目
管理人员	应发合计	660201			221102		
生产人员	应发合计	500102	生产成本	计算机	221102		
采购人员	应发合计	660201			221102		
销售人员	应发合计	660102			221102		

图6-3-5　福利费分摊构成设置

⑧以同样的方式继续增加“养老保险”，如图6-3-6所示。

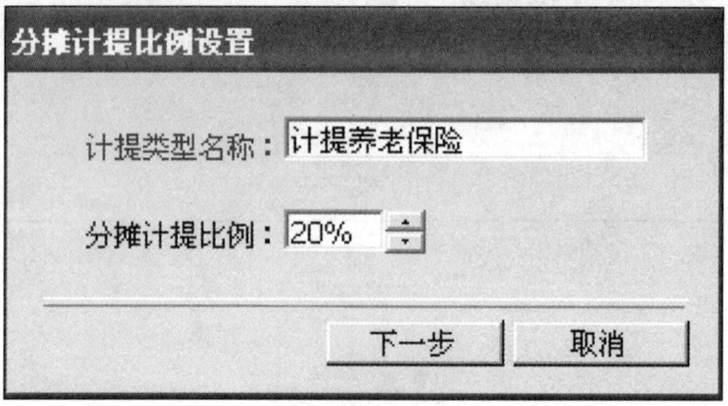

图6-3-6　养老保险分摊计提比例设置

⑨单击“下一步”按钮，打开“分摊构成设置”对话框，分别选择分摊构成的各项内容，如图6-3-7所示。

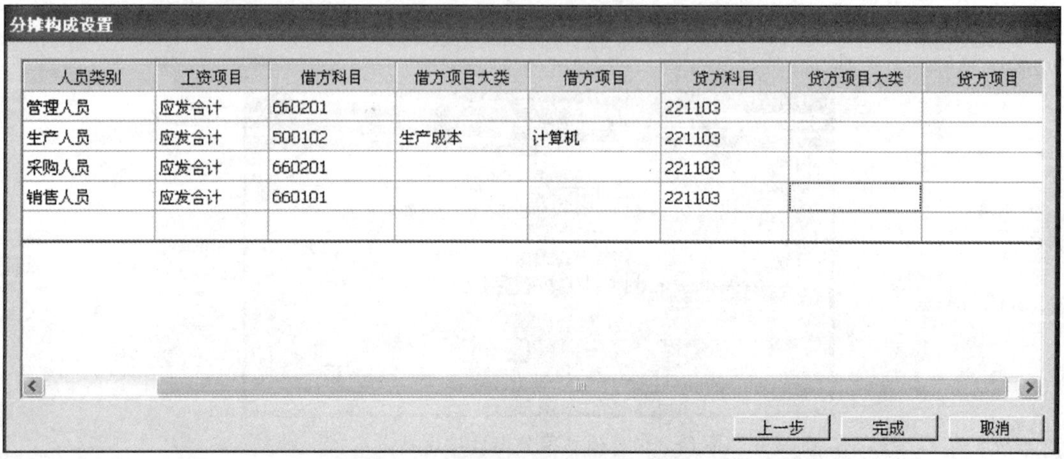

分摊构成设置

人员类别	工资项目	借方科目	借方项目大类	借方项目	贷方科目	贷方项目大类	贷方项目
管理人员	应发合计	660201			221103		
生产人员	应发合计	500102	生产成本	计算机	221103		
采购人员	应发合计	660201			221103		
销售人员	应发合计	660101			221103		

上一步　完成　取消

图6-3-7　养老保险分摊构成设置

⑩单击“完成”按钮，返回“分摊类型设置”对话框，如图6-3-6所示。

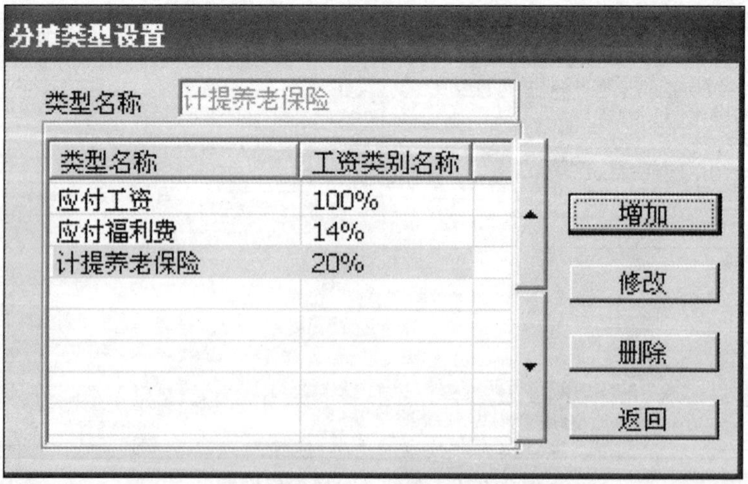

图6-3-8　分摊类型设置

（2）分摊工资费用

①执行"业务处理"→"工资分摊"命令，打开"工资分摊"对话框。

②选择需要分摊的计提费用类型，分别选择"应付工资"、"应付福利费"及"计提养老保险"前的复选框，确定分摊计提的月份为"2017-1"。

③选择核算部门：管理部、财务部、销售部、采购部、组装部。

④选中"明细到工资项目"复选框，如图6-3-9所示。

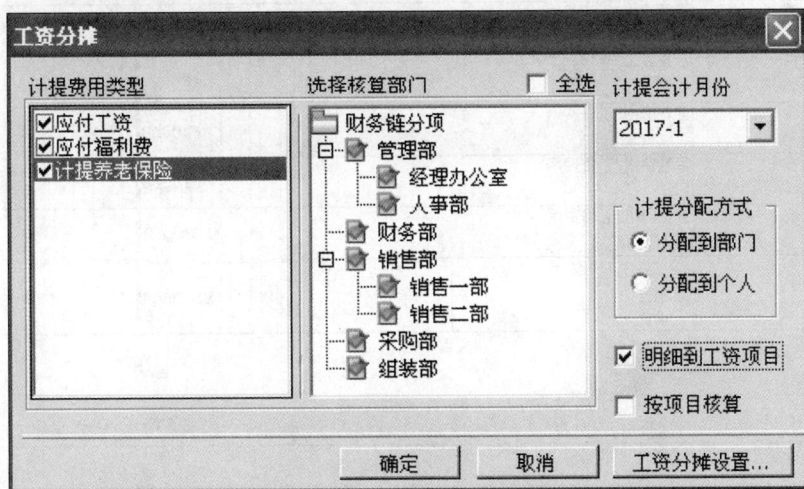

图6-3-9 工资分摊选择

⑤单击"确定"按钮，打开"工资分摊明细"对话框，屏幕显示"应付工资一览表"。

⑥选中"合并科目相同、辅助项相同的分录"复选框，如图6-3-10所示。

部门名称	人员类别	应发合计		
		分配金额	借方科目	贷方科目
经理办公室	管理人员	8400.00	660201	221101
人事部		6100.00	660201	221101
财务部		25600.00	660201	221101
销售一部	销售人员	7600.00	660102	221101
销售二部		7600.00	660102	221101

记录数：7

图6-3-10 应付工资一览表

⑦单击工具栏上的"制单"按钮，选择凭证类别为"转账凭证"，单击"保存"按钮，结果如图6-3-11所示。

转账凭证				
已生成				
转　字 0001 － 0001/0002	制单日期：2017.01.31		审核日期附单据数：0	
摘　要	科目名称		借方金额	贷方金额
应付工资	销售费用/工资费用		1520000	
应付工资	生产成本/直接人工		480000	
应付工资	管理费用/工资费用		840000	
应付工资	管理费用/工资费用		610000	
应付工资	管理费用/工资费用		2560000	
票号 日期	数量 单价	合计	6580000	6580000
备注	项　目　计算机	部　门		
	个　人	客　户		
	业务员			
记账	审核		出纳　制单	

图6-3-11　正式职工应付工资转账凭证生成

⑧单击"退出"按钮，返回"应付工资一览表"窗口。

⑨单击"类型"栏下的倒三角按钮，选择"应付福利费"，生成应付福利费分摊转账凭证，如图6-3-12所示。

转账凭证				
已生成				
转　字 0002 － 0001/0002	制单日期：2017.01.31		审核日期附单据数：0	
摘　要	科目名称		借方金额	贷方金额
应付福利费	销售费用/工资费用		212800	
应付福利费	生产成本/直接人工		67200	
应付福利费	管理费用/工资费用		117600	
应付福利费	管理费用/工资费用		85400	
应付福利费	管理费用/工资费用		358400	000
票号 日期	数量 单价	合计	921200	921200
备注	项　目	部　门　财务部		
	个　人	客　户		
	业务员			
记账	审核		出纳　制单	

图6-3-12　正式职工应付福利费转账凭证生成

⑩以同样的方式生成养老保险分摊转账凭证，如图6-3-13所示。

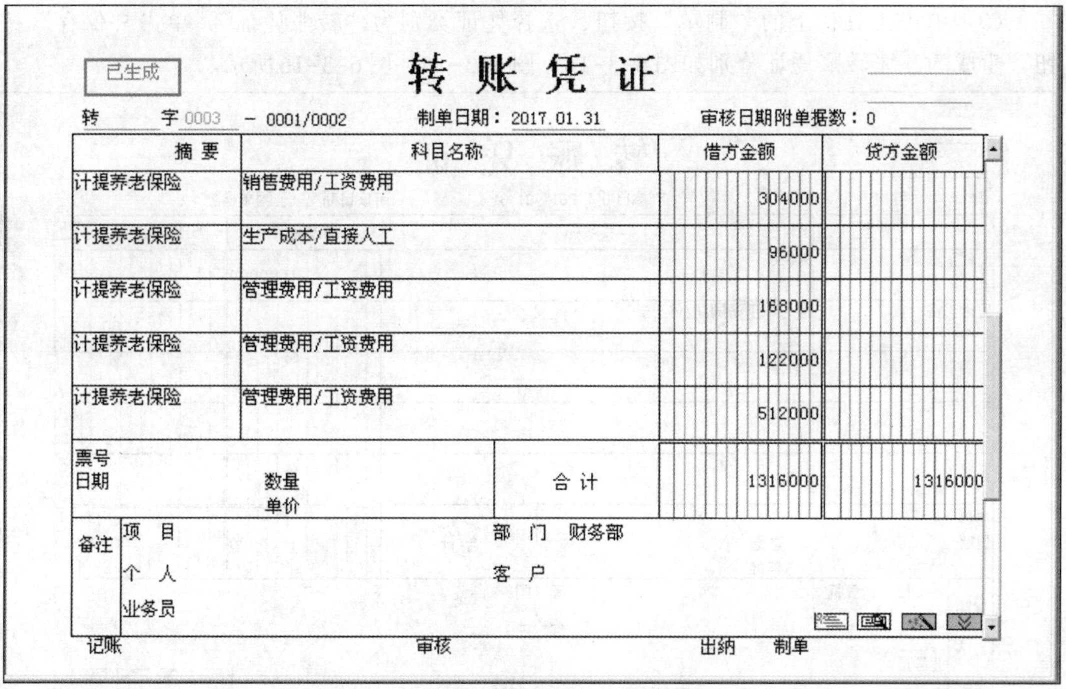

摘 要	科目名称	借方金额	贷方金额
计提养老保险	销售费用/工资费用	304000	
计提养老保险	生产成本/直接人工	96000	
计提养老保险	管理费用/工资费用	168000	
计提养老保险	管理费用/工资费用	122000	
计提养老保险	管理费用/工资费用	512000	

转账凭证
转 字0003 - 0001/0002　制单日期：2017.01.31　审核日期附单据数：0
已生成

合 计：1316000 1316000

备注 项目　部门 财务部
个人　客户
业务员

记账　　审核　　出纳　制单

图6-3-13　正式职工养老保险转账凭证生成

特别提示：

①"生产成本——直接人工"是项目辅助核算科目，必须输入"辅助核算项目"，本例选择"计算机"。

②工资分摊应按分摊类型依次进行。

③在进行工资分摊时，如果不选择"合并科目相同、辅助项相同的分录"，则在生成凭证时每一条分录都将对应一个贷方科目；如果单击"批制"按钮，可以一次将所有参与本次分摊的"分摊类型"所对应的凭证全部生成。

2.临时工类别工资分摊

（1）执行"工资类别"→"打开工资类别"命令，进入"打开工资类别"对话框，选择"002临时工"，单击"确定"按钮。

（2）执行"业务处理"→"工资分摊"命令，打开"工资分摊"对话框。

（3）和正式职工工资分摊的操作方法一致，先进行工资分摊类型设置，不再赘述。

（4）分摊类型设置完成后，在"工资分摊"窗口，分别选择"应付工资"、"应付福利费"及"计提养老保险"前的复选框，确定分摊计提的月份为"2017-1"。

（5）选择核算部门：组装部。

（6）选中"明细到工资项目"复选框。

（7）单击"确定"按钮，打开"工资分摊明细"对话框，屏幕显示"应付工资一览表"。

（8）选中"合并科目相同、辅助项相同的分录"复选框。

（9）单击工具栏上的"制单"按钮，选择凭证类别为"转账凭证"，单击"保存"按钮。生成的三张转账凭证分别如图6-3-14、图6-3-15、图6-3-16所示。

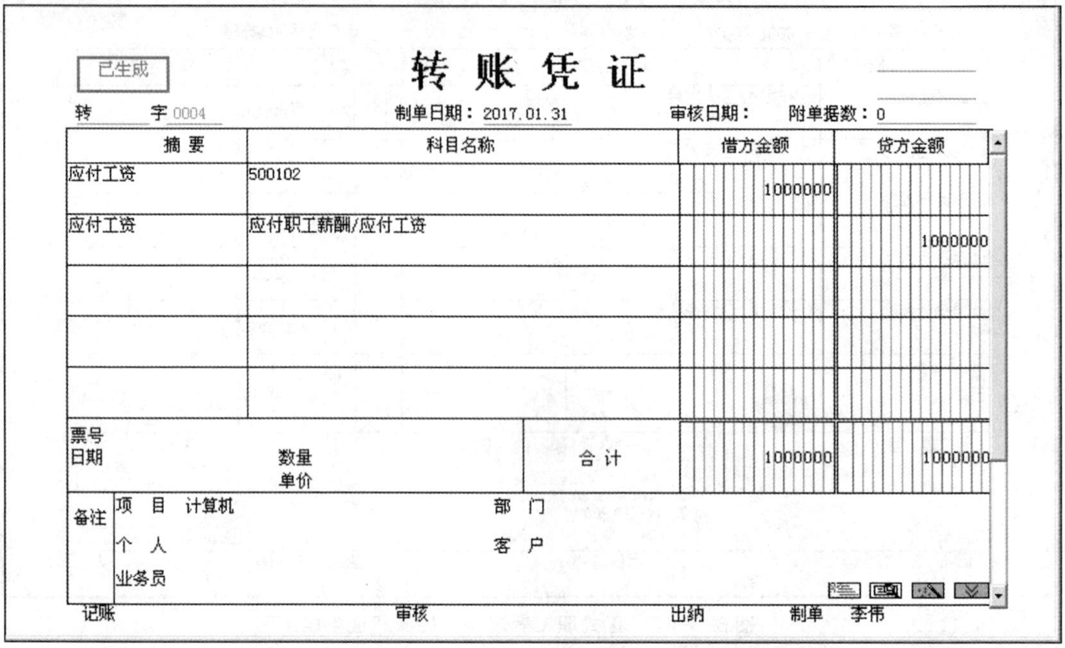

图6-3-14 临时工应付工资转账凭证

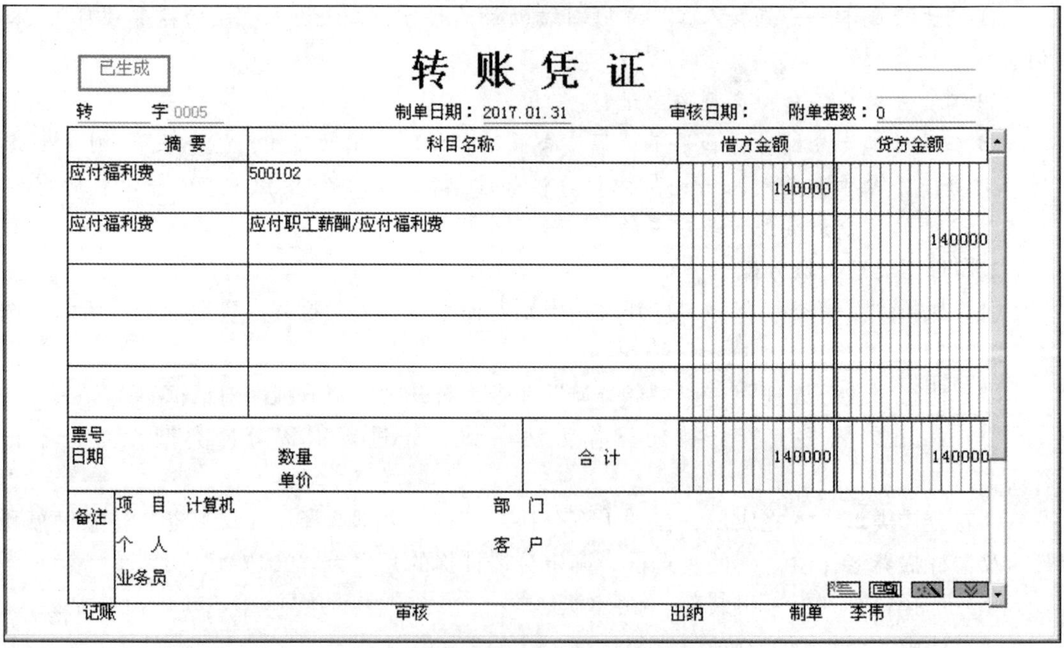

图6-3-15 临时工应付福利费转账凭证

图6-3-16 临时工养老保险转账凭证

3.汇总工资类别

（1）执行"工资类别"→"关闭工资类别"命令。

（2）执行"维护"→"工资类别汇总"命令，打开"工资类别汇总"对话框。

（3）选择要汇总的工资类别，如图6-3-17所示，单击"确定"按钮，完成工资类别汇总。

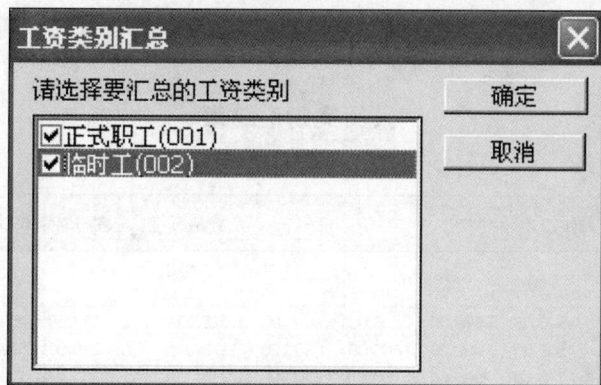

图6-3-17 工资类别汇总

特别提示：

①该功能必须在关闭所有工资类别时才可以使用。所选工资类别中必须有汇总月份的工资数据。

②如果是第一次进行工资类别汇总，则需要在汇总工资类别中设置工资项目计算公式。如果每次汇总的工资类别一致，则计算公式无须重新设置；如果与上一次所选择的工资类别不一致，则必须重新设置计算公式。

4.查看工资表

（1）执行"工资类别"→"打开工资类别"命令，进入"打开工资类别"对话框。

（2）选择"001正式职工"，单击"确定"按钮，进入"正式职工"类别。

（3）执行"统计分析"→"账表"→"工资表"命令，打开"工资表"窗口，如图6-3-18所示。

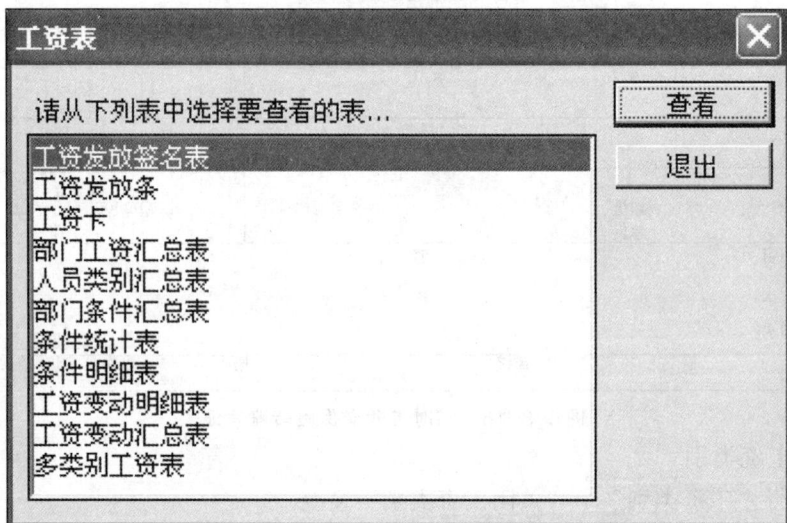

图6-3-18　工资表

（4）选择"人员类别汇总表"，单击"查看"按钮，进入"人员类别汇总表"窗口，如图6-3-19所示。

人员类别汇总表
2017 年 1 月

会计月份　一月

类别	人数	基本工资	岗位工资	奖金	交补	应发合计	养老保险	事假天数	事假扣款	代扣税	扣款合计	实发合计
合同工	0											
实习生	0											
管理人员	7	25,500.00	4,800.00	5,600.00	4,200.00	40,100.00	1,515.00	2	160.00	757.35	2,432.35	37,667.65
生产人员	1	3,000.00	500.00	800.00	500.00	4,800.00	175.00	3	240.00	26.55	441.55	4,358.45
采购人员	1	3,500.00	700.00	800.00	700.00	5,700.00	210.00			94.00	304.00	5,396.00
销售人员	2	8,000.00	1,600.00	4,000.00	1,600.00	15,200.00	480.00			562.00	1,042.00	14,158.00
合计	11	40,000.00	7,600.00	11,200.00	7,000.00	65,800.00	2,380.00	5	400.00	1,439.90	4,219.90	61,580.10

制表　　　　　审核　　　　　复核：

图6-3-19　正式职工人员类别汇总表

（5）以同样的方式查看临时工人员类别汇总表，如图6-3-20所示。

图 6-3-20 临时工人员类别汇总表

5. 月末处理

（1）执行"工资类别"→"打开工资类别"命令，选择"001 正式职工"。

（2）执行"业务处理"→"月末处理"命令，打开"月末处理"对话框，如图 6-3-21 所示。

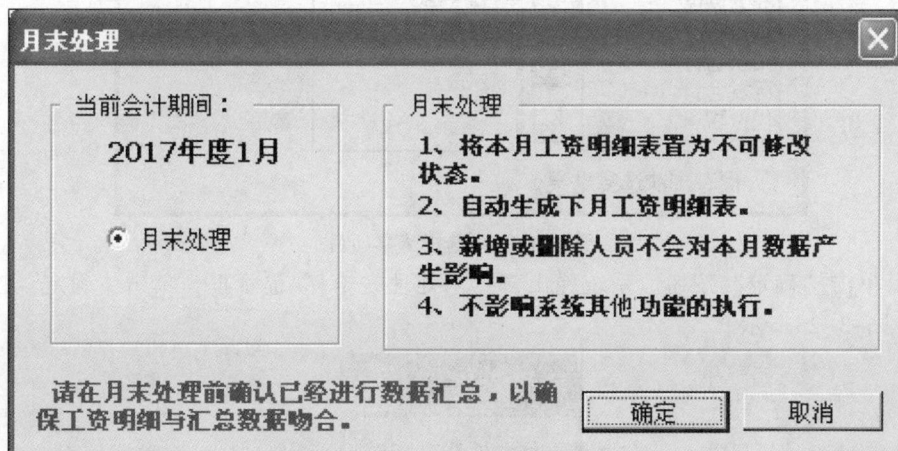

图 6-3-21 月末处理

（3）单击"确定"按钮，系统弹出"月末处理之后，本月工资将不许变动！继续月末处理吗？"提示框，如图 6-3-22 所示。

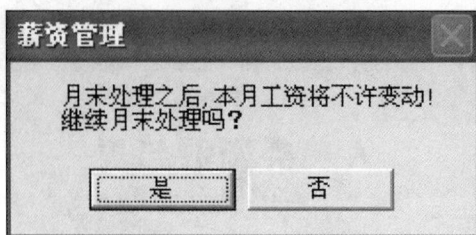

图6-3-22　月末处理提示

（4）单击"是"按钮，系统继续弹出"是否选择清零项？"提示框，如图6-3-23所示。

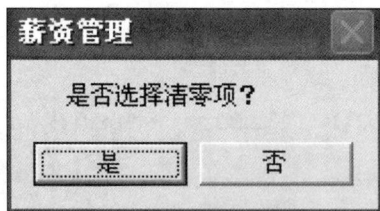

图6-3-23　"是否选择清零项"提示

（5）单击"是"按钮，打开"选择清零项目"对话框，单击选择"事假天数"、"事假扣款"、"岗位工资"和"奖金"项目，单击">"按钮，将所选项目移入右侧列表框中，如图6-3-24所示。

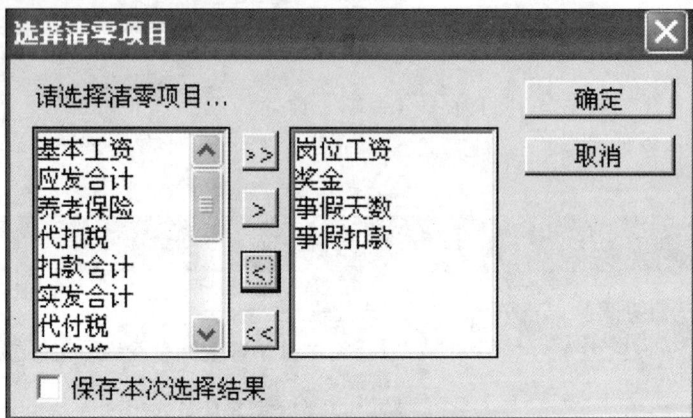

图6-3-24　选择清零项目

（6）单击"确定"按钮，系统弹出"月末处理完毕！"提示框，单击"确定"按钮返回，如图6-3-25所示。

图6-3-25　月末处理完毕

（7）同理，完成"临时工"工资类别的月末处理。

特别提示：

①如果需要处理多个工资类别，则应打开"工资类别"窗口，分别进行月末结转。

②进行月末处理后，当月数据不允许再变动。

固定资产管理系统

知识目标

通过本项目的学习，了解固定资产管理系统业务处理的基本流程，掌握固定资产管理系统基础设置的内容和方法，掌握固定资产增减变动的类型和处理方法。

能力目标

通过本项目的实训，掌握用友软件中有关固定资产管理系统的相关内容，掌握固定资产管理系统初始化、日常业务处理、月末处理的操作。

任务一　　　　　　　　初始设置

▶ **任务资料**

资料一：账套参数

1.约定及说明

我同意。

2.启用月份

2017-01。

3.折旧信息

本账套计提折旧。

主要折旧方法：平均年限法（一）。

汇总分配周期：1个月，当（月初已计提月份=可使用月份-1）时，将剩余折旧全部提足。

4.编码方式

资产类别编码方式：2-1-1-2。

固定资产编码方式：按"类别编号+部门编号+序号"自动编码。

序号长度：5位。

5.账务接口

与账务系统对账。

固定资产对账科目："1601，固定资产"。

累计折旧对账科目："1602，累计折旧"。

在对账不平的情况下不允许固定资产月末结账。

6.补充参数

选择业务发生后立即制单。

月末结账前一定要完成制单登账业务。

固定资产缺省入账科目："1601，固定资产"。

累计折旧缺省入账科目："1602，累计折旧"。

固定资产清理缺省入账科目："1606，固定资产清理"。

增值税进项税额缺省入账科目："22210101，增值税进项税额"。

资料二：基础设置

1.部门对应折旧科目（见表7-1-1）

表7-1-1 部门对应折旧科目

部门编码	部门名称	折旧科目
1	管理部	
101	经理办公室	660204
102	人事部	660204
2	财务部	660204
3	销售部	
301	销售一部	660103
302	销售二部	660103
4	采购部	660204
5	组装部	5101

2.固定资产类别（见表7-1-2）

表7-1-2 固定资产类别

类别编码	类别名称	计提属性	折旧方法	净残值率
01	交通运输设备	正常计提	平均年限法（一）	5%
011	经营用设备	正常计提	平均年限法（一）	5%
012	非经营用设备	正常计提	平均年限法（一）	5%
02	电子设备及其他	正常计提	平均年限法（一）	4%
021	经营用设备	正常计提	平均年限法（一）	4%
022	非经营用设备	正常计提	平均年限法（一）	4%

3.增减方式及对应科目（见表7-1-3）

表7-1-3 增减方式及对应科目

增加方式			减少方式		
编码	方式	对应科目	编码	方式	对应科目
101	直接购入	100201	201	出售	1606
102	投资者投入	4001	202	盘亏	190102
104	盘盈	6901	205	报废	1606
105	在建工程转入	1604	206	毁损	1606

4.原始卡片（见表7-1-4）

表7-1-4 原始卡片

名称	类别编号	原值（元）	部门	累计折旧（元）	预计残值率	年限（年）	开始日期
轿车	012	250 000.00	经理办公室	71 250.00	5%	10	2013.12.20
笔记本电脑	022	28 900.00	经理办公室	13 872.00	4%	5	2013.12.20
台式机	022	4 000.00	人事部	1 920.00	4%	5	2014.6.30
台式机	022	6 000.00	财务部	2 880.00	4%	5	2014.6.30
台式机	022	4 000.00	财务部	1 920.00	4%	5	2014.6.30
打印机	022	3 500.00	财务部	1 680.00	4%	5	2014.6.30
台式机	022	4 000.00	销售一部	1 920.00	4%	5	2014.6.30
传真机	022	4 000.00	销售一部、销售二部	1 920.00	4%	5	2014.6.30
台式机	022	4 000.00	采购部	1 920.00	4%	5	2014.6.30
台式机	021	4 000.00	组装部	1 920.00	4%	5	2014.6.30
合计		312 400.00		101 202.00			

系统默认固定资产卡片项目、卡片样式，所有固定资产增加方式均为直接购入，使用状态均为在用。传真机由销售一部、销售二部共用，使用比例各为50%。

▶ **任务要求**

（1）注册固定资产管理系统。

（2）根据资料一，建立固定资产管理账套。

（3）根据资料二，录入固定资产基础设置资料。

（4）进行总账与固定资产管理系统对账。

▶ 知识导航

一、固定资产管理系统的功能

在用友 ERP-U8 管理软件中，固定资产管理系统主要用于完成企业固定资产日常业务的核算和管理，生成固定资产卡片，按月反映固定资产的增加、减少、原值变化及其他变动，并输出相应的增减变动明细账，按月自动计提折旧，生成折旧分配凭证，同时输出一些同设备管理相关的报表和账簿。

二、固定资产管理系统与其他系统的关系

固定资产管理系统中资产的增加和减少、原值和累计折旧的调整、折旧的计提等，都要将有关数据以记账凭证的形式传输到总账管理系统中；同时，通过对账保持固定资产账目与总账的平衡，并可以修改、删除、以及查询凭证。固定资产管理系统为成本管理系统提供有关折旧费用的数据。UFO 报表子系统也可以通过相应的取数函数从固定资产管理系统中提取分析数据。

三、固定资产管理系统的业务处理流程

固定资产管理系统的业务处理流程如图 7-1-1 所示。

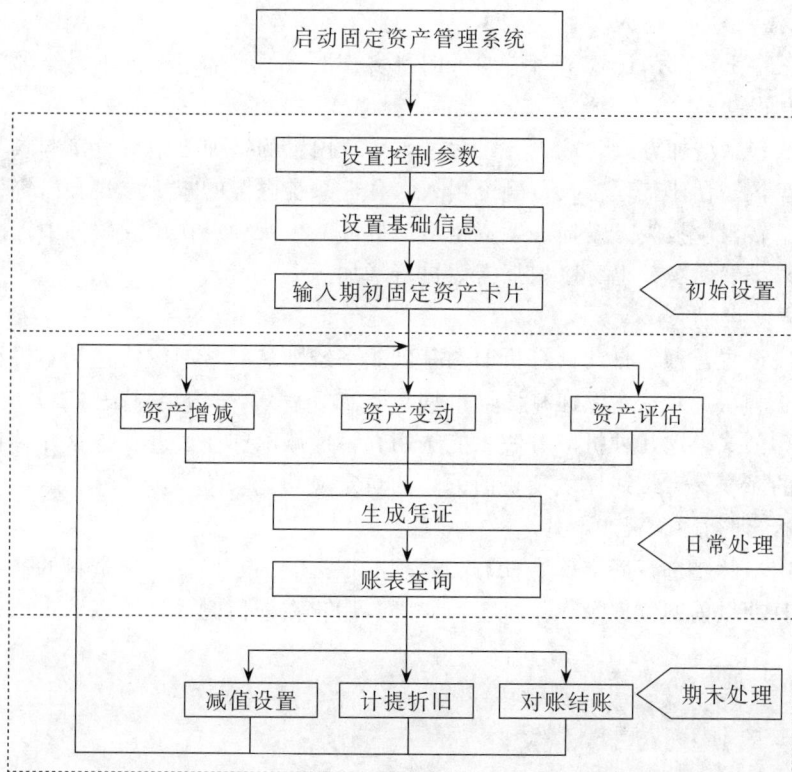

图 7-1-1　固定资产管理系统的业务处理流程

四、初始设置

固定资产管理系统初始设置是根据用户单位的具体情况，建立一个适用的固定资产子账套的过程。初始设置的内容包括设置控制参数、设置基础信息、输入期初固定资产

卡片。

（一）设置控制参数

控制参数包括约定及说明、启用月份、折旧信息、编码方式、账务接口等。这些参数在初次启用固定资产管理系统时设置，其他参数可以在"选项"命令中补充。

（二）设置基础信息

1.资产类别设置

固定资产的种类繁多、规格不一，单位要强化固定资产管理，及时、准确地做好固定资产核算，必须科学设置固定资产分类，从而为固定资产的核算和统计提供依据。

2.部门设置

在部门设置中，用户可以对单位的所有部门进行设置，以便确定固定资产的归属。企业应用平台的"基础设置"中的部门设置是共享的。

3.部门对应折旧科目设置

对应折旧科目是指折旧费用的入账科目。资产计提折旧后，必须把折旧归入成本或费用。根据不同企业的具体情况，折旧有按部门归集的，也有按类别归集的。部门对应折旧科目的设置就是给每个部门选择一个折旧科目，这样在输入卡片时，该科目可以自动添入卡片中，不必一个一个输入。

如果对某一上级部门设置了对应的折旧科目，那么下级部门将继承上级部门的设置。

4.增减方式设置

增减方式包括增加方式和减少方式两种。系统内置的增加方式有直接购入、投资者投入、捐赠、盘盈、在建工程转入、融资租入六种。系统内置的减少方式有出售、盘亏、投资转出、捐赠转出、报废、毁损、融资租出、拆分减少八种。在用友软件中，固定资产的增减方式可以设置两级，也可以根据需要自行增加。

5.折旧方法设置

折旧方法设置是系统自动计算折旧的基础。系统默认的折旧方法包括不提折旧、工作量法、年数总和法、双倍余额递减法、平均年限法（一）、平均年限法（二），并列出了相应的折旧计算公式。这几种折旧方法只能选用，不能删除和修改。如果这几种折旧方法不能满足企业的需要，系统还提供了折旧方法的自定义功能。

（三）输入期初固定资产卡片

固定资产卡片是进行固定资产核算和管理的依据。为了保证历史资料的连续性，用户必须将建账日期以前的数据录入系统中。此外，用户在任何时候都可以输入原始卡片。

▶ 任务实施

【操作步骤】

1.启用并注册固定资产管理系统

（1）执行"开始"→"程序"→"用友 ERP-U8 V10.1"→"企业应用平台"命令，打开"登录"窗口。

（2）输入操作员"201"或"张明"，输入密码"1"，在"账套"下拉列表框中选择

"[888]（default）财务链分项"，输入操作日期"2017-01-01"，单击"登录"按钮，进入企业应用平台。

（3）如果没有启用固定资产管理系统，则执行"基础设置"→"基本信息"→"系统启用"命令，打开"系统启用"对话框，选中"FA固定资产管理"复选框，弹出"日历"对话框，选择固定资产管理系统启用日期为2017年1月1日，单击"确定"按钮，系统弹出"确实要启用当前系统吗？"提示框，单击"是"按钮返回。

（4）执行"财务会计"→"固定资产"命令，系统弹出"这是第一次打开此账套，还未进行过初始化，是否进行初始化？"提示框，如图7-1-2所示。

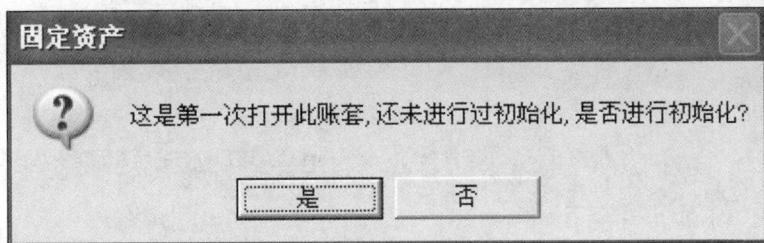

图7-1-2　固定资产系统初始化

2.设置控制参数

（1）单击"是"按钮，打开"初始化账套向导"对话框，选择"我同意"，如图7-1-3所示。

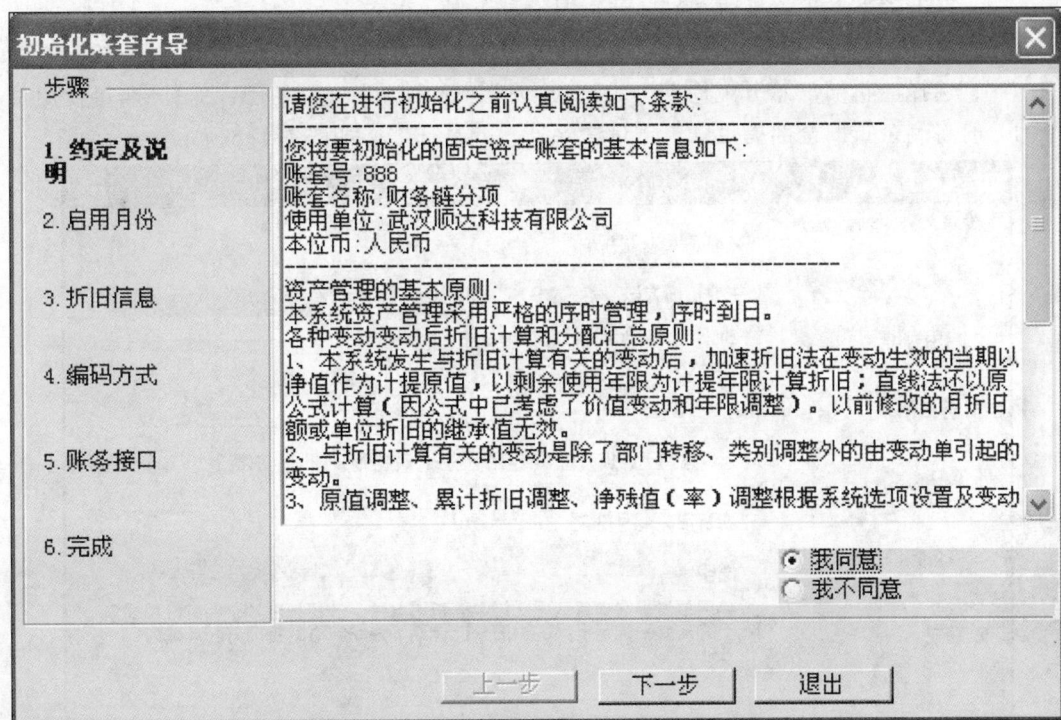

图7-1-3　初始化账套向导——约定及说明

（2）单击"下一步"按钮，打开"启用月份"对话框。

（3）确认启用月份为"2017.01"，如图7-1-4所示。

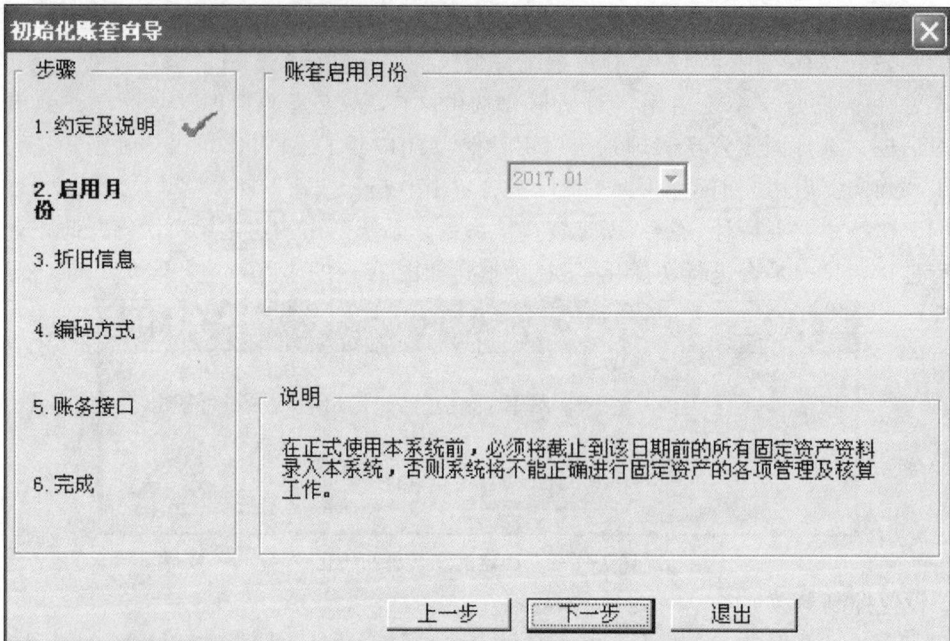

图7-1-4　初始化账套向导——启用月份

（4）单击"下一步"按钮，打开"折旧信息"对话框。

（5）选中"本账套计提折旧"复选框；选择"主要折旧方法"为"平均年限法（一）"，选择"折旧汇总分配周期"为"1个月"；选中"当（月初已计提月份=可使用月份-1）时将剩余折旧全部提足（工作量法除外）"复选框，如图7-1-5所示。

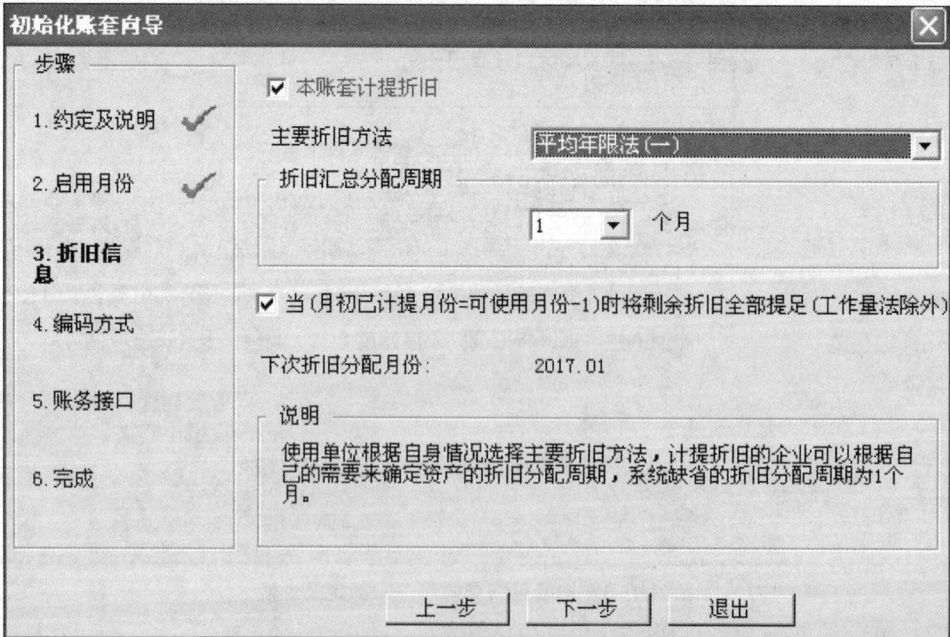

图7-1-5　初始化账套向导——折旧信息

（6）单击"下一步"按钮，打开"编码方式"对话框。

（7）确定资产类别编码长度为"2112"，选择"自动编码"单选按钮，选择"固定资产编码方式"为"类别编号+部门编号+序号"，选择"序号长度"为"5"，如图7-1-6所示。

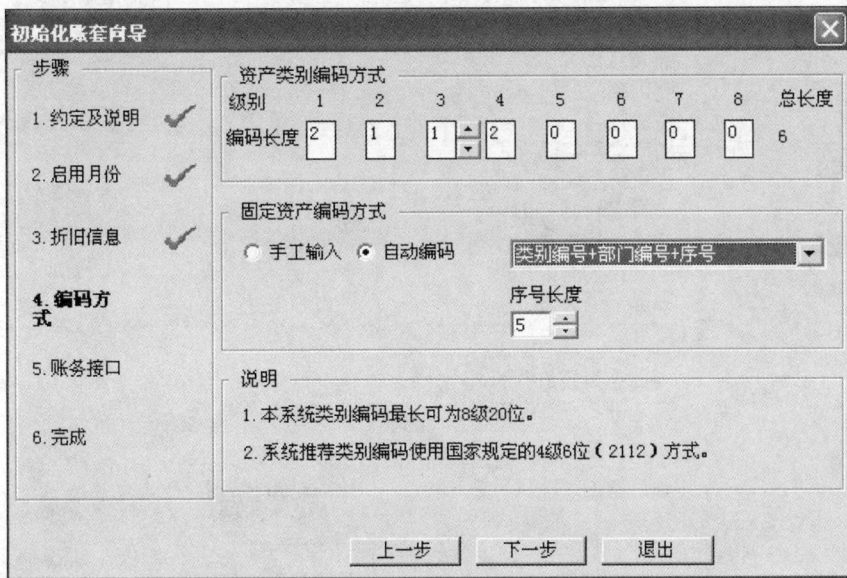

图7-1-6　初始化账套向导——编码方式

（8）单击"下一步"按钮，打开"账务接口"对话框。

（9）选中"与账务系统进行对账"复选框，选择"固定资产对账科目"为"1601,固定资产"，选择"累计折旧对账科目"为"1602,累计折旧"，不选择"在对账不平情况下允许固定资产月末结账"，如图7-1-7所示。

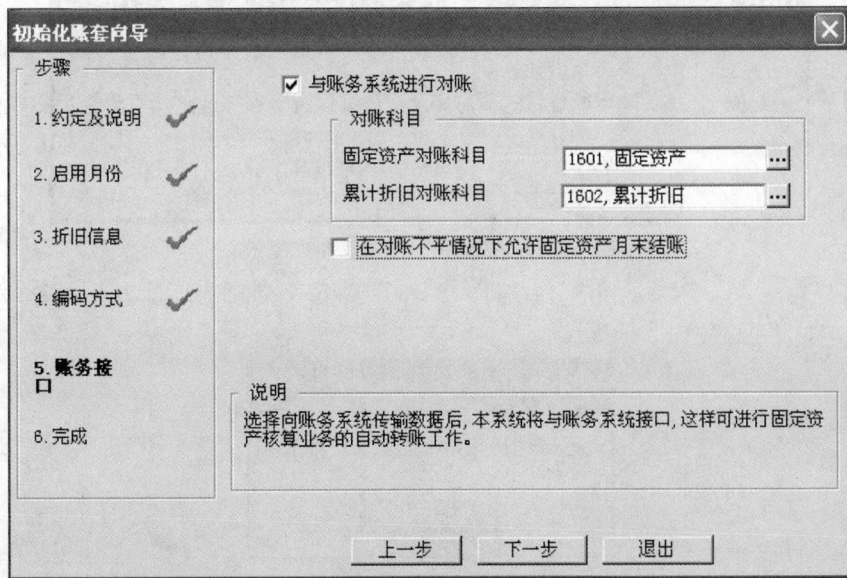

图7-1-7　初始化账套向导——账务接口

（10）单击"下一步"按钮，打开"完成"对话框，如图7-1-8所示。

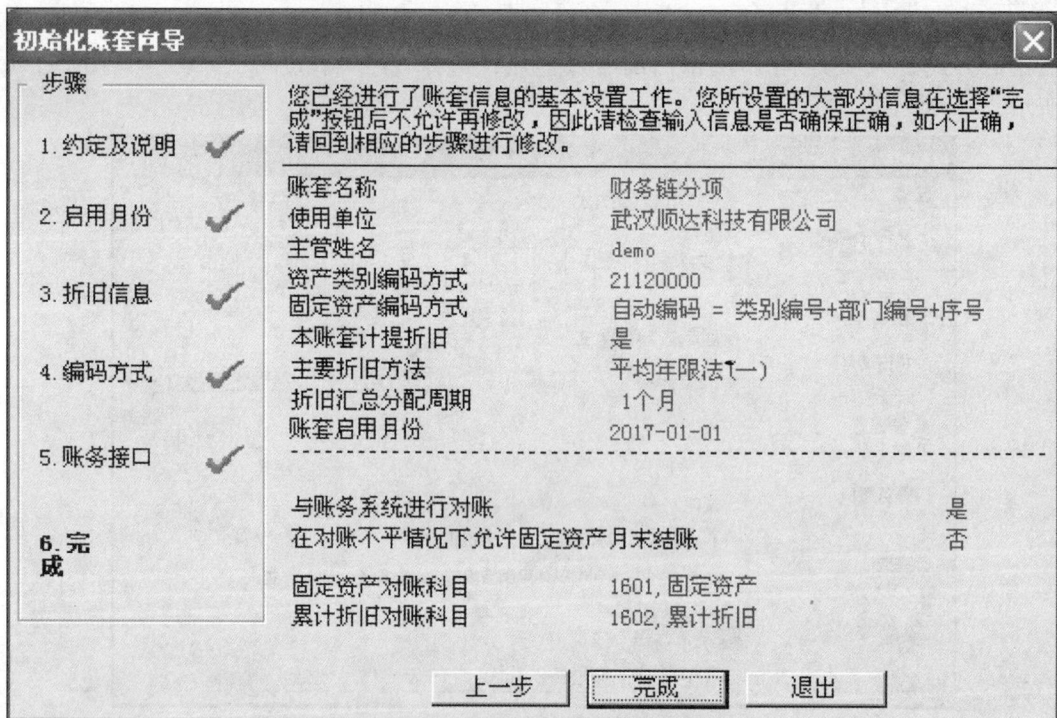

图7-1-8　初始化账套向导——完成

（11）单击"完成"按钮，完成本账套的初始化，系统弹出"已经完成了新账套的所有设置工作。是否确定所设置的信息完全正确并保存对新账套的所有设置？"提示框，如图7-1-9所示。

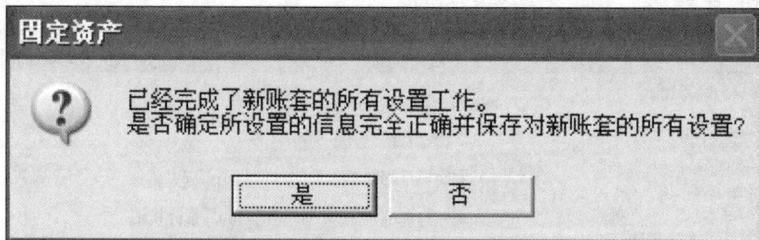

图7-1-9　初始化账套向导完成提示

（12）单击"是"按钮，系统弹出"已成功初始化本固定资产账套！"提示框，如图7-1-10所示，单击"确定"按钮。

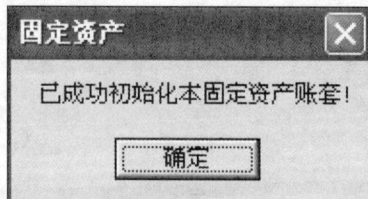

图7-1-10　成功初始化固定资产账套

特别提示：

①初始化设置完成后，有些参数不能修改，所以要慎重。

②如果发现参数有错，必须改正，则只能通过固定资产管理系统的"工具"→"重新初始化账套功能"命令实现，该操作将清空对该子账套所做的一切工作。

3.补充参数设置

（1）执行"设置"→"选项"命令，进入"选项"窗口。

（2）单击"编辑"按钮，打开"与账务系统进行对账"选项卡。

（3）选中"业务发生后立即制单"和"月末结账前一定要完成制单登账业务"复选框，选择缺省入账科目为"1601,固定资产""1602,累计折旧""22210101,进项税额""1606,固定资产清理"，单击"确定"按钮，如图7-1-11所示。

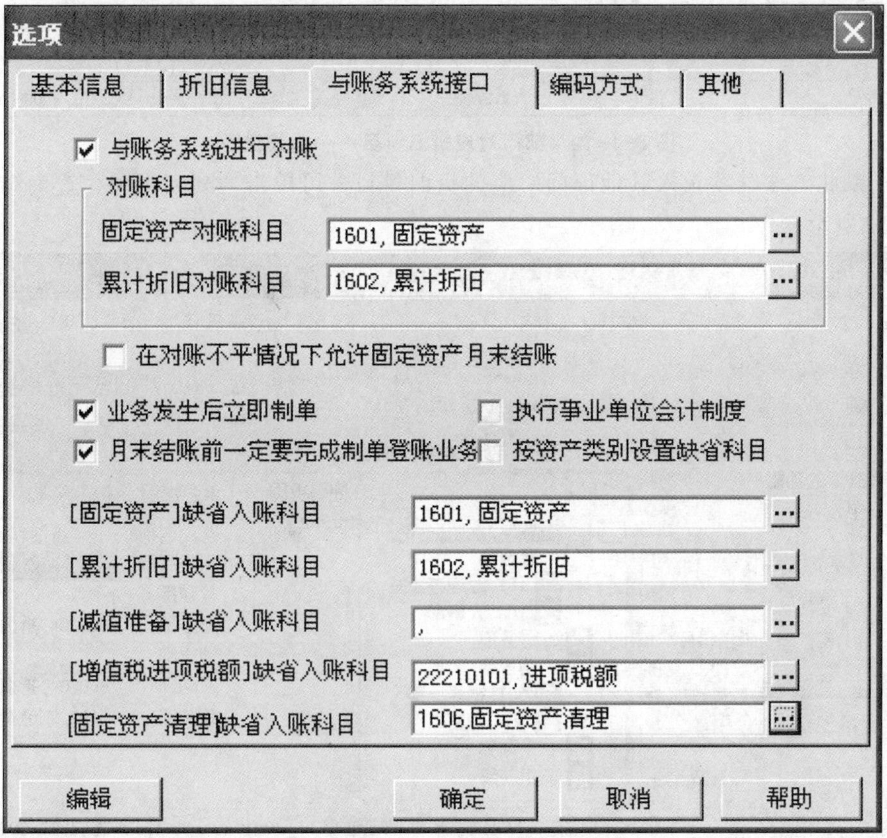

图7-1-11 选项

4.部门对应折旧科目设置

（1）执行"设置"→"部门对应折旧科目设置"命令，进入"部门对应折旧科目"窗口。

（2）选择部门"101经理办公室"，单击"修改"按钮。

（3）选择折旧科目"660204,折旧费用"，如图7-1-12所示，单击"保存"按钮。

图7-1-12 部门对应折旧科目——单张视图

（4）以此方法继续录入其他部门对应的折旧科目，可单击"列表视图"查询结果，如图7-1-13所示。

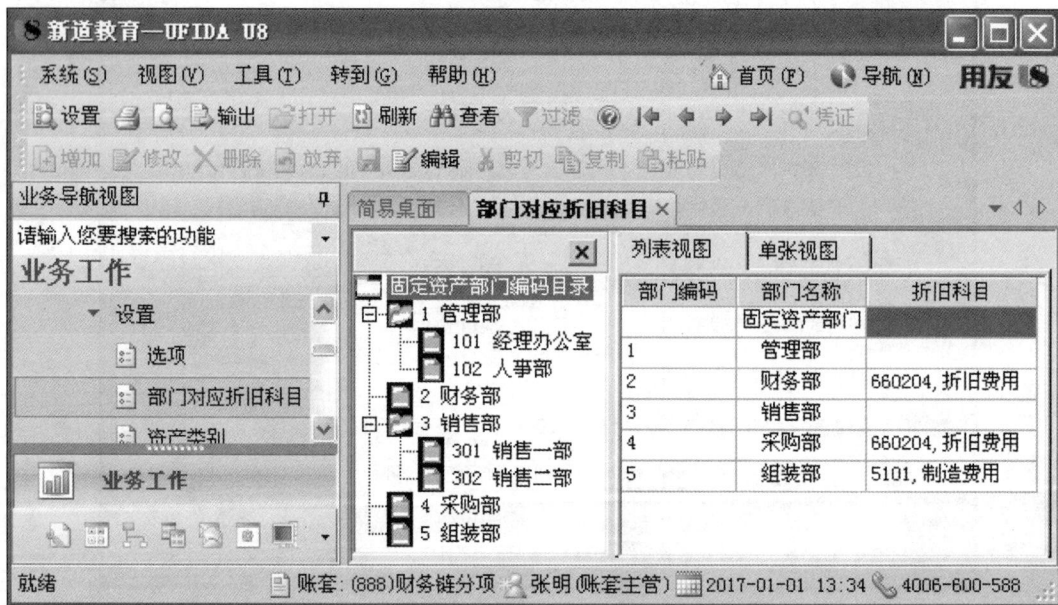

图7-1-13 部门对应折旧科目——列表视图

特别提示：

①用户也可以对上级部门设置对应折旧科目，如本例选择"销售部"，设置对应折旧科目为"660103,折旧费用"，单击"保存"按钮，系统会提示"是否将[销售部]部门的所有下级部门的折旧科目替换为[折旧费用]？如果选择是，请在成功保存后点[刷新]查看"，如图7-1-14所示。选择"是"，用户可以批量设置下级部门对应折旧科目，从而提高工作效率。如果下级部门折旧科目有所不同，则不适用批量替换。

图 7-1-14　部门对应折旧科目——批量设置

②如果部门对应折旧科目没有设置或者设置有错误，则期末计提折旧时，系统自动生成的记账凭证科目会出现缺失或错误。

5.设置资产类别

（1）执行"设置"→"资产类别"命令，进入"资产类别"窗口。

（2）单击"增加"按钮，输入"类别编码"为"01"，输入"类别名称"为"交通运输设备"，输入"净残值率"为"5%"，选择"计提属性"为"正常计提"，选择"折旧方法"为"平均年限法（一）"，选择"卡片样式"为"通用样式"，如图7-1-15所示，单击"保存"按钮。

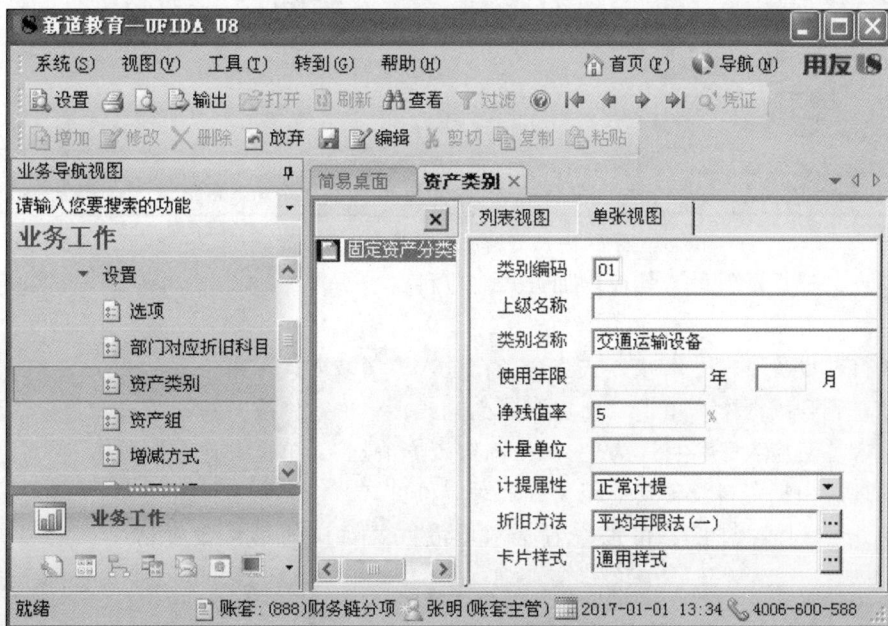

图 7-1-15　资产类别设置

（3）同理，完成其他资产类别的设置。

特别提示：

①资产类别编码不能重复，同一级的类别名称不能相同。

②类别编码、类别名称、计提属性、卡片样式不能为空。

③已使用过的类别不能设置新下级。

6.设置增减方式的对应科目

（1）增加方式对应科目设置

①执行"设置"→"增减方式"命令，进入"增减方式"窗口。

②在左侧列表框中，单击"直接购入"增加方式，单击"修改"按钮。

③输入"对应入账科目"为"100201，工行存款"，单击"保存"按钮，如图7-1-16所示。

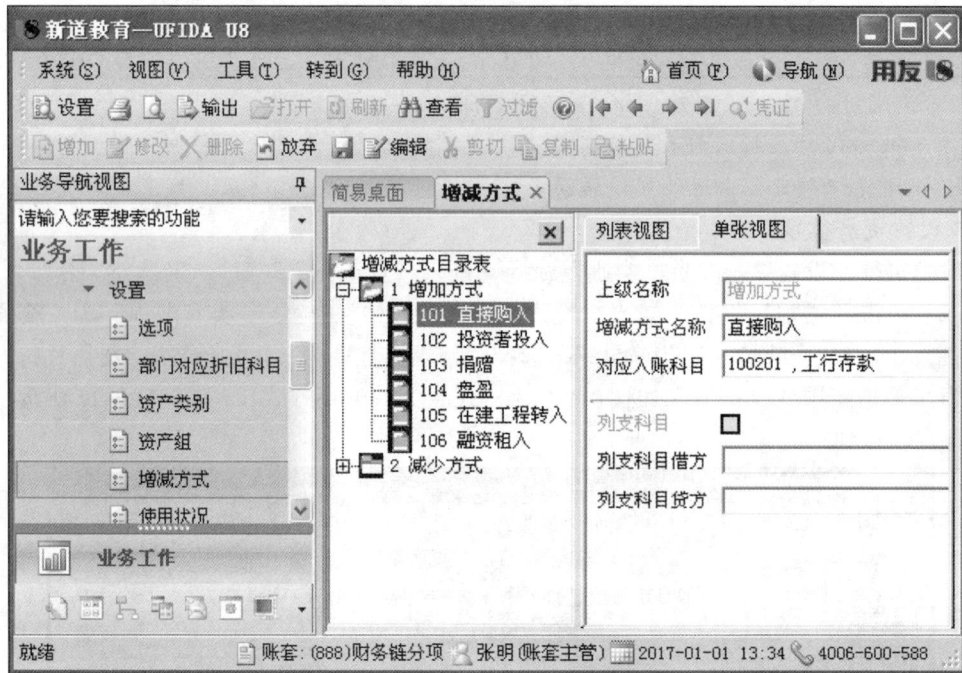

图7-1-16 增加方式对应科目设置

④同理，根据资料设置其他增加方式对应科目。

（2）减少方式

①执行"设置"→"增减方式"命令，进入"增减方式"窗口。

②在左侧列表框中，单击"出售"减少方式，单击"修改"按钮。

③输入"对应入账科目"为"1606，固定资产清理"，单击"保存"按钮。

④同理，根据资料设置其他减少方式对应科目。

⑤单击"列表视图"，可以查看全部增减方式对应的科目设置情况，如图7-1-17所示。

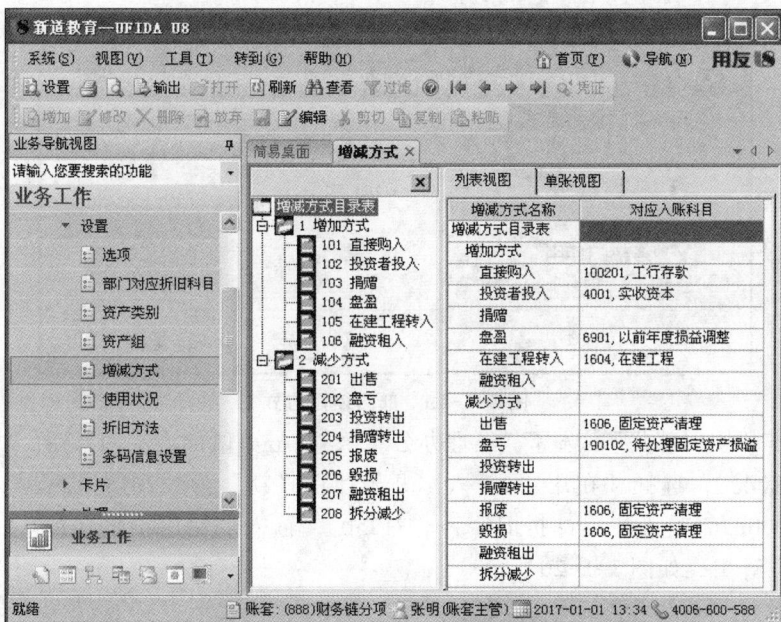

图 7-1-17　增减方式对应科目列表

特别提示：

①系统已经预设了六种增加方式和八种减少方式，如果所设置的增减方式在列表中已经存在，则设置科目时不能单击"增加"按钮，只能选择"修改"按钮。

②增减方式对应科目如果设置完毕，那么日常资产增减时，系统会根据增减方式自动生成凭证，凭证中科目的设置与此处一致。

7.录入原始卡片

（1）执行"卡片"→"录入原始卡片"命令，进入"固定资产类别档案"窗口。

（2）选择"012非经营用设备"，如图7-1-18所示。单击"确定"按钮，进入"固定资产卡片"窗口。

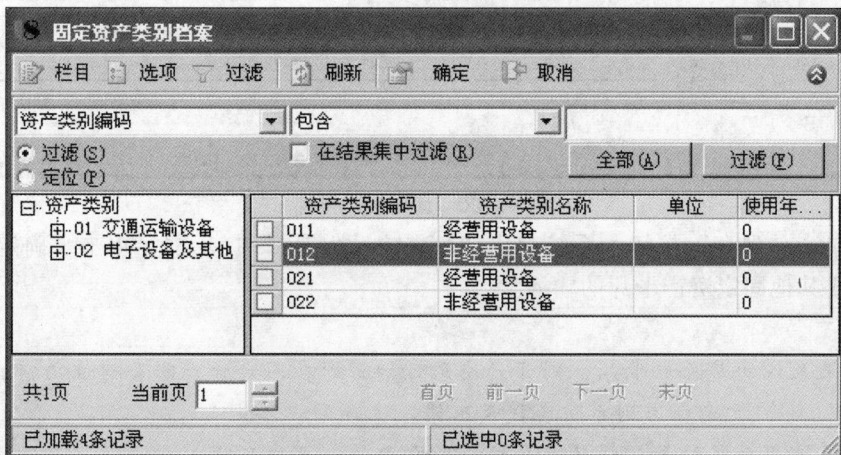

图 7-1-18　固定资产类别档案

（3）输入"固定资产名称"为"轿车"，单击"使用部门"，弹出"固定资产"对话框，选择"单部门使用"，如图7-1-19所示，单击"确定"按钮。

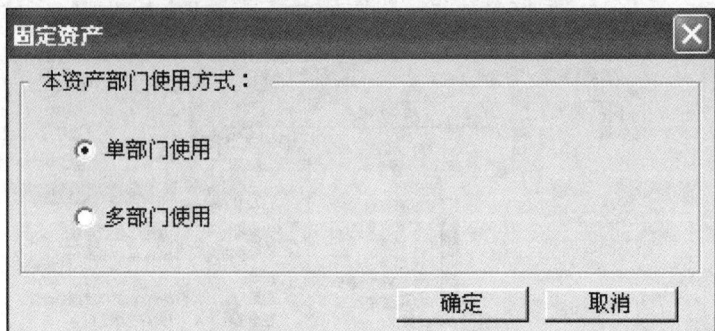

图7-1-19　部门使用方式

（4）双击"使用部门"，选择"经理办公室"；双击"增加方式"，选择"直接购入"；双击"使用状况"，选择"在用"；输入"开始使用日期"为"2013-12-20"，输入"原值"为"250000"，输入"累计折旧"为"71250"，输入"使用年限（月）"为"120"；其他信息自动算出，如图7-1-20所示。

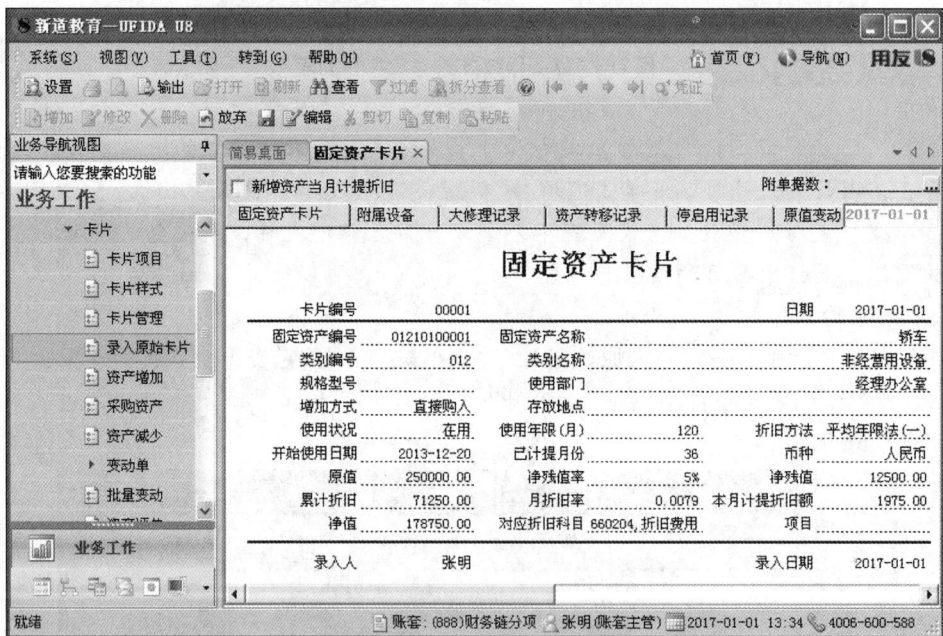

图7-1-20　固定资产卡片

（5）单击"保存"按钮，系统弹出"数据成功保存！"提示框，单击"确定"按钮。同理，完成其他固定资产卡片的输入。

特别提示：

①如果录入的是原始卡片，则开始使用日期必须在固定资产账套建立之前，本例必须在2017-01-01之前，否则系统会提示出错。

②如果使用系统编号，则只有在编号所需要的全部信息录入完成后，系统才会显示编号。

③如果某项资产为多部门共用，那么在录入使用部门时，应选择"多部门使用"，同时选择共用的部门和各自使用比例，如图7-1-21所示。系统会将此项资产每月折旧按此比例分配到相应部门。

序号	使用部门	使用比例%	对应折旧科目	项目大类	对应项目	部门编码
1	销售一部	50.0000	660103,折旧费用			301
2	销售二部	50.0000	660103,折旧费用			302

使用部门

使用部门有效数量范围:2 ～ 999个

图7-1-21 多部门使用选择

④已计提月份由系统根据开始使用日期自动计算出。

⑤与计算折旧有关的项目输入后，系统会按照输入的内容自动计算出月折旧率、本月计提折旧额，并显示在相应的项目内，用户可以将其与手工计算的值进行比较，以核对是否有错误。

8.与账务系统对账

执行"处理"→"对账"命令，系统会将录入的固定资产明细资料汇总并与账务核对，显示"与账务对账结果"，如图7-1-22所示，单击"确定"按钮返回。

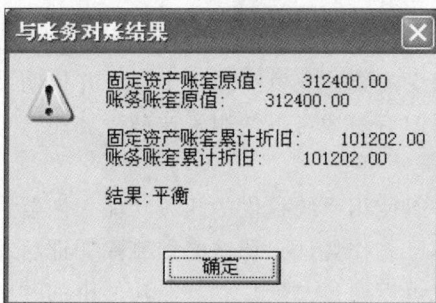

与账务对账结果

固定资产账套原值: 312400.00
账务账套原值: 312400.00

固定资产账套累计折旧: 101202.00
账务账套累计折旧: 101202.00

结果:平衡

确定

图7-1-22 与账务对账结果

特别提示：

①如果此处对账不平衡，在固定资产选项中又没有勾选"在对账不平情况下允许固定资产月末结账"，则本系统月末不能进行结账。

②在实际工作中，刚开始使用固定资产管理系统时，原始卡片录入的工作量很大，当月如果无法录入完成，则与账务对账肯定不平衡，但这不是录入错误。为了不影响其他日常处理，用户可以勾选"在对账不平情况下允许固定资产月末结账"，允许本月先行结账，待全部卡片录入完成后，再取消此选项，严格进行控制。

任务二　日常业务处理

▶ 任务资料

资料一：购入扫描仪

1月10日，经理办公室购入扫描仪1台，价值4 000.00元，预计使用5年，净残值率为4%。

资料二：添置笔记本电脑配件

1月20日，经理办公室添置笔记本电脑配件，价值1 000元。

资料三：评估轿车

1月25日，对经理办公室的轿车进行评估，评估结果为原值220 000元，累计折旧71 250元。

▶ 任务要求

（1）根据资料一，进行资产增加操作。

（2）根据资料二，进行相关资产变动处理。

（3）根据资料三，进行资产评估处理。

（4）进行卡片查询管理操作。

▶ 知识导航

一、资产增减

资产增加是指通过购进或其他方式增加企业资产。资产增加需要输入一张新的固定资产卡片，并与固定资产期初相对应。

资产减少是指资产在使用过程中，会由于毁损、出售、盘亏等原因而退出企业，此时要做资产减少处理。资产减少需要输入资产减少卡片，并说明减少原因。

只有当账套开始计提折旧后，才可以使用资产减少功能；否则，减少资产只能通过删除卡片来完成。

对于误减少的资产，可以使用系统提供的纠错功能来恢复。只有当月减少的资产才可以恢复。如果资产减少操作已制作凭证，那么必须删除凭证后才能恢复。

只要卡片未被删除，就可以通过"卡片管理"功能中的"已减少资产"功能来查看减少的资产。

二、资产变动

资产变动包括原值变动、部门转移、使用状况调整、使用年限调整、折旧方法调整、净残值（率）调整、工作总量调整、累计折旧调整、资产类别调整、变动单管理等内容。其他项目如名称、编号、自定义项目等的变动，可直接在卡片上修改。

资产变动要求输入相应的"变动单"，以记录资产调整结果。

（一）原值变动

具体来说，资产在使用过程中，其原值的变动有五种情况：

第一，根据国家规定对固定资产重新估价；

第二，增加补充设备或改良设备；

第三，将固定资产的一部分拆除；

第四，根据实际价值调整原来的暂估价值；

第五，原来记录的固定资产价值有误。

（二）部门转移

资产在使用过程中，因内部调配而发生的部门变动应及时处理，否则会影响部门的折旧计算。

（三）使用状况调整

资产的使用状况分为在用、未使用、不需用、停用、封存五种。资产在使用过程中，受某些因素的影响，其使用状况可能会发生变化，这种变化会影响到设备折旧的计算，因此应及时调整。

（四）使用年限调整

资产在使用过程中，可能会由于重估、大修等原因而调整使用年限。进行使用年限调整的资产在调整的当月，就应按调整后的使用年限计提折旧。

（五）折旧方法调整

一般来说，折旧方法在一年之内很少改变，但是当有特殊情况确需调整时，用户也可以调整折旧方法。

（六）变动单管理

使用变动单管理功能，用户可以对系统制作的变动单进行查询、修改、制单、删除等处理。

三、资产评估

固定资产管理系统提供了对固定资产评估作业的功能，主要包括以下步骤：

（1）将评估机构的评估数据手工录入或定义公式录入系统中。

（2）根据国家要求手工录入评估结果，或根据定义的评估公式生成评估结果。

（3）对评估单进行管理。

固定资产管理系统可评估的资产内容包括：原值、累计折旧、净值、使用年限、工作总量、净残值率。

四、资产盘点

固定资产管理系统提供了对固定资产盘点的功能，主要包括以下步骤：

（1）在"卡片管理"中打印输出固定资产盘点单。

（2）在"资产盘点"中选择按部门或按类别等对固定资产进行盘点，录入盘点数据，与固定资产盘点单进行核对，检查资产的完整性。

五、账务处理

固定资产管理系统和总账管理系统之间存在着数据传输关系，这种传输是由固定资产管理系统通过记账凭证向总账管理系统传递有关数据。制作记账凭证可以采取"立即制单"或"批量制单"的方法实现。

六、账表管理

用户可以通过系统提供的账表管理功能，及时掌握资产的统计、汇总和其他各方面的信息。账表包括账簿、折旧表、统计表、分析表四类。此外，当系统提供的账表种类不能满足用户的需要时，用户也可以自定义报表。

（一）账簿

系统自动生成的账簿有（单个）固定资产明细账、（部门、类别）明细账、固定资产登记簿、固定资产总账。这些账簿以不同的方式序时反映了资产的变化情况，用户在查询过程中可以联查某时期（部门、类别）明细账及相应的原始凭证，从而获得所需财务信息。

（二）折旧表

系统提供了四种折旧表，即（部门）折旧计提汇总表、固定资产折旧计算明细表、固定资产及累计折旧表（一）和（二）。通过查看折旧表，用户可以了解并掌握本企业所有资产本期、本年的明细情况。

（三）统计表

统计表是出于管理资产的需要而制作的账表。系统提供了七种统计表，即固定资产原值一览表、固定资产统计表、评估汇总表、评估变动表、盘盈盘亏报告表、逾龄资产统计表、役龄资产统计表。

（四）分析表

分析表主要通过对固定资产的综合分析，为管理者提供管理和决策依据。系统提供了四种分析表，即价值结构分析表、固定资产使用状况分析表、部门构成分析表、类别构成分析表。管理者可以通过分析表了解本企业资产计提折旧的程度和剩余价值的大小。

▶ 任务实施

【操作步骤】

1.资产增加

（1）以"202李伟"的身份登录系统，选择操作日期为"2017-01-10"，执行"卡片"→"资产增加"命令，进入"固定资产类别档案"窗口。

（2）选择"022非经营用设备"，单击"确定"按钮，进入"固定资产卡片"窗口。

（3）输入"固定资产名称"为"扫描仪"，单击"使用部门"，选择"单部门使用"，然后单击"确定"按钮。

（4）双击"使用部门"，选择"经理办公室"；双击"增加方式"，选择"直接购入"；双击"使用状况"，选择"在用"；输入"原值"为"4 000"，输入"使用年限（月）"为"60"，输入"开始使用日期"为"2017-01-10"，如图7-2-1所示。

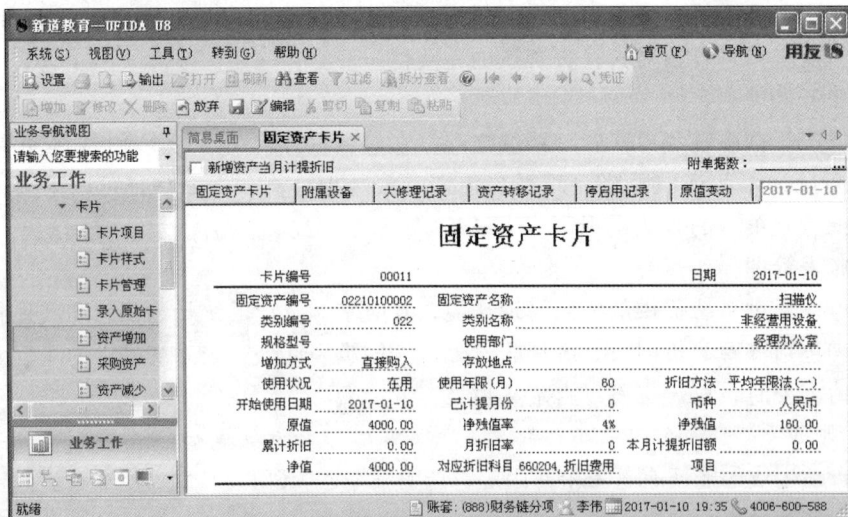

图7-2-1　资产增加——固定资产卡片

（5）单击"保存"按钮，进入"填制凭证"窗口。

（6）选择凭证类型为"付款凭证"，修改制单日期，如图7-2-2所示。单击"保存"按钮。

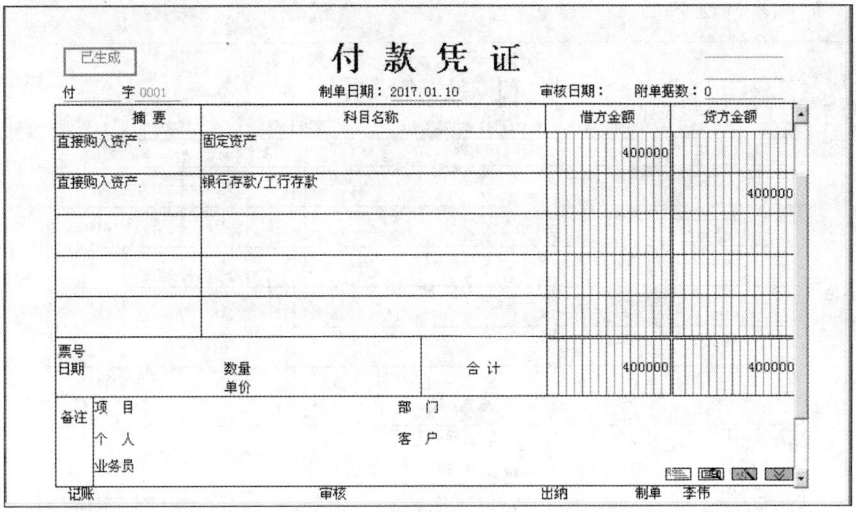

图7-2-2 资产增加——生成凭证

> **特别提示：**
> ①新卡片第一个月不计提折旧，累计折旧为空或0。
> ②卡片输入完以后，也可以不立即制单，月末可以批量制单。
> ③通过"资产增加"录入的卡片不同于原始卡片，开始使用日期一定在固定资产账套启用之后。

2.资产原值变动

（1）更改操作日期为"2017-01-20"，执行"卡片"→"变动单"→"原值增加"命令，进入"固定资产变动单"窗口。

（2）输入或参照选择卡片编号"00002"，输入"增加金额"为"1 000"，输入"变动原因"为"增加配件"，如图7-2-3所示。

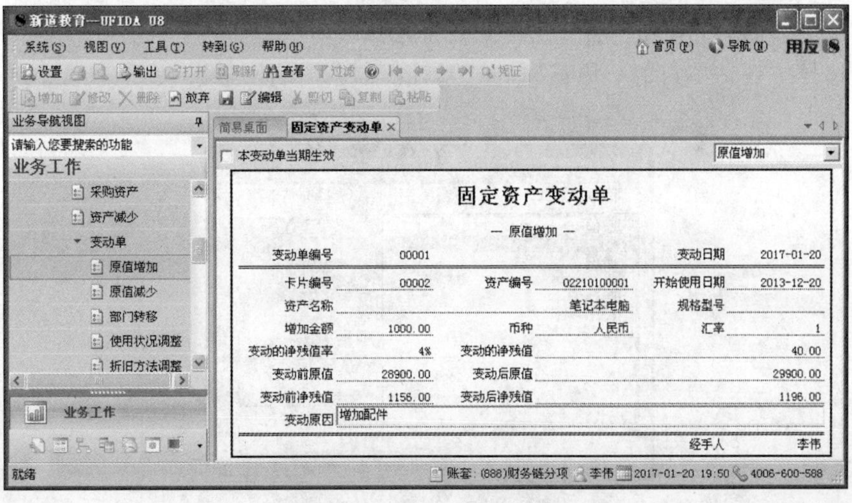

图7-2-3 固定资产变动单

（3）单击"保存"按钮，进入"填制凭证"窗口。

（4）选择凭证类型为"付款凭证"，补充贷方科目"银行存款/工行存款"，单击"保存"按钮，如图7-2-4所示。

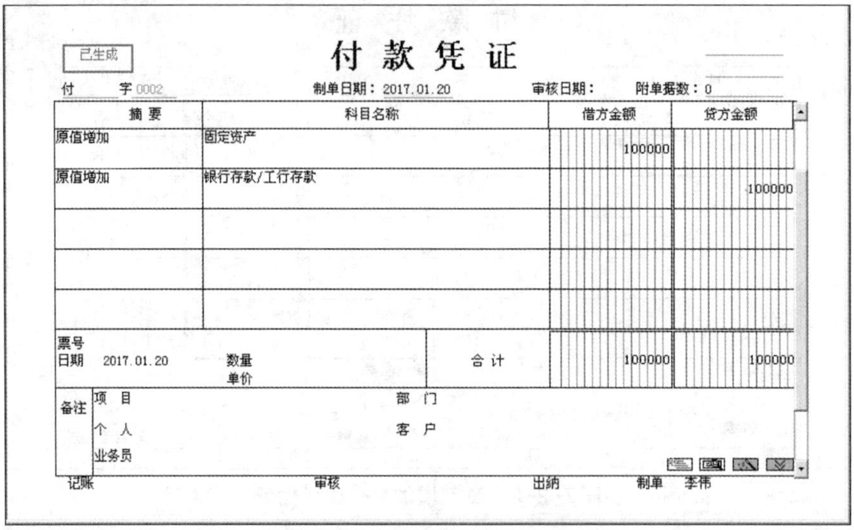

图7-2-4 资产变动——生成凭证

特别提示：

①系统对于已做出变动的资产，要求输入相应的变动单来记录资产调整结果。

②变动单不能修改，只有当月可删除重做，所以请仔细检查后再保存。

③必须保证变动后的净值大于变动后的净残值。

④并非所有变动单都要产生记账凭证，只有固定资产原值、累计折旧等与账务系统有关的要素发生变动时，才可能产生凭证。

3.资产评估

（1）更改操作日期为"2017-01-25"，执行"卡片"→"资产评估"命令，进入"资产评估"窗口。

（2）单击"增加"按钮，打开"评估资产选择"对话框。

（3）选择要评估项目的"原值"和"累计折旧"，其他选项为系统默认，如图7-2-5所示。

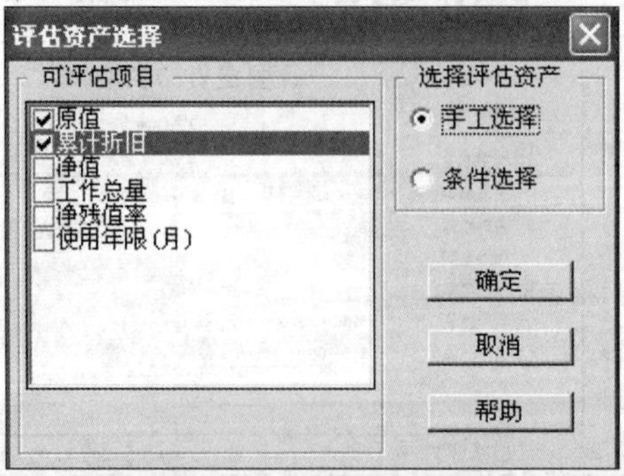

图7-2-5 资产评估选择

（4）单击"确定"按钮，返回"资产评估"窗口，选择要评估资产"轿车"的卡片编号"00001"，输入评估后的数据。在"评估后原值"处输入"220 000"，在"评估后累计折旧"处输入"71 250"，如图7-2-6所示。

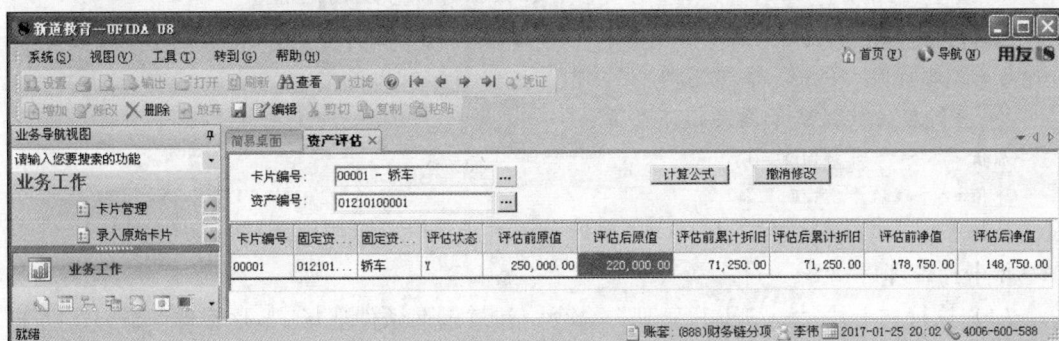

图7-2-6 资产评估

（5）单击"保存"按钮，弹出"是否确认要进行资产评估？"窗口，如图7-2-7所示。

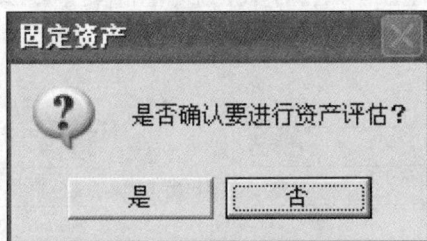

图7-2-7 资产评估确认

（6）单击"是"按钮，进入"填制凭证"窗口，补充对方科目"资本公积"，单击"保存"按钮，如图7-2-8所示。

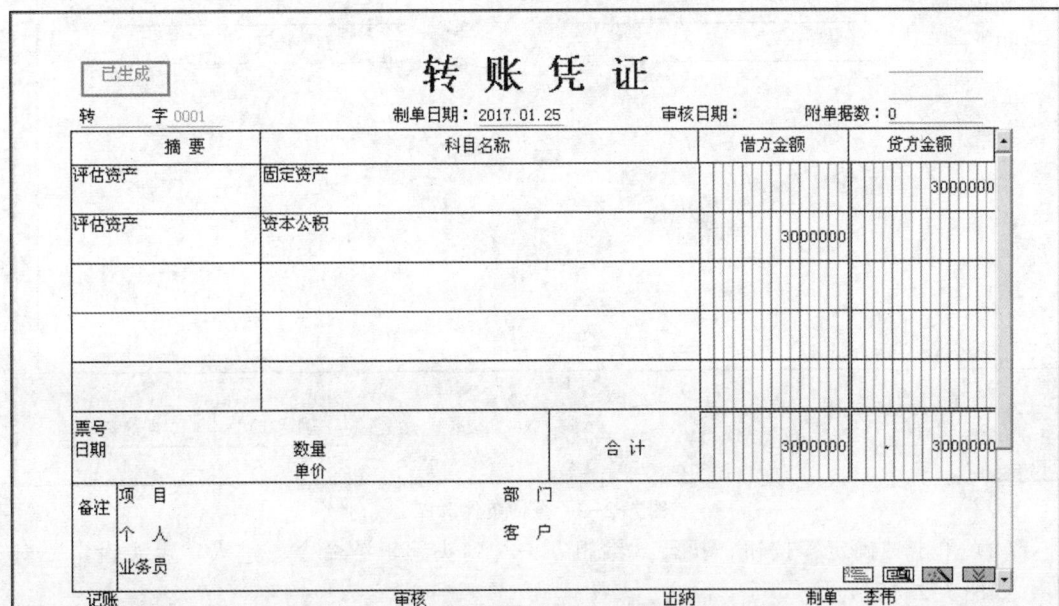

图7-2-8 资产评估——生成凭证

特别提示：

　　①只有当月制作的评估单才可以删除。

　　②既做过变动单又做过评估单的资产，应按操作顺序反向删除。

　　③原值、累计折旧和净值三个项目中只能并且必须输入两个，另一个项目通过公式"原值-累计折旧=净值"推算得到。

　　④评估后的数据必须满足以下公式：

原值-净值=累计折旧 > =0

净值>=净残值率*原值

工作总量>=累计工作量

4.卡片管理

（1）执行"卡片"→"卡片管理"命令，在"查询条件选择-卡片管理"窗口，将开始使用日期改为"2013-01-01"，如图7-2-9所示。

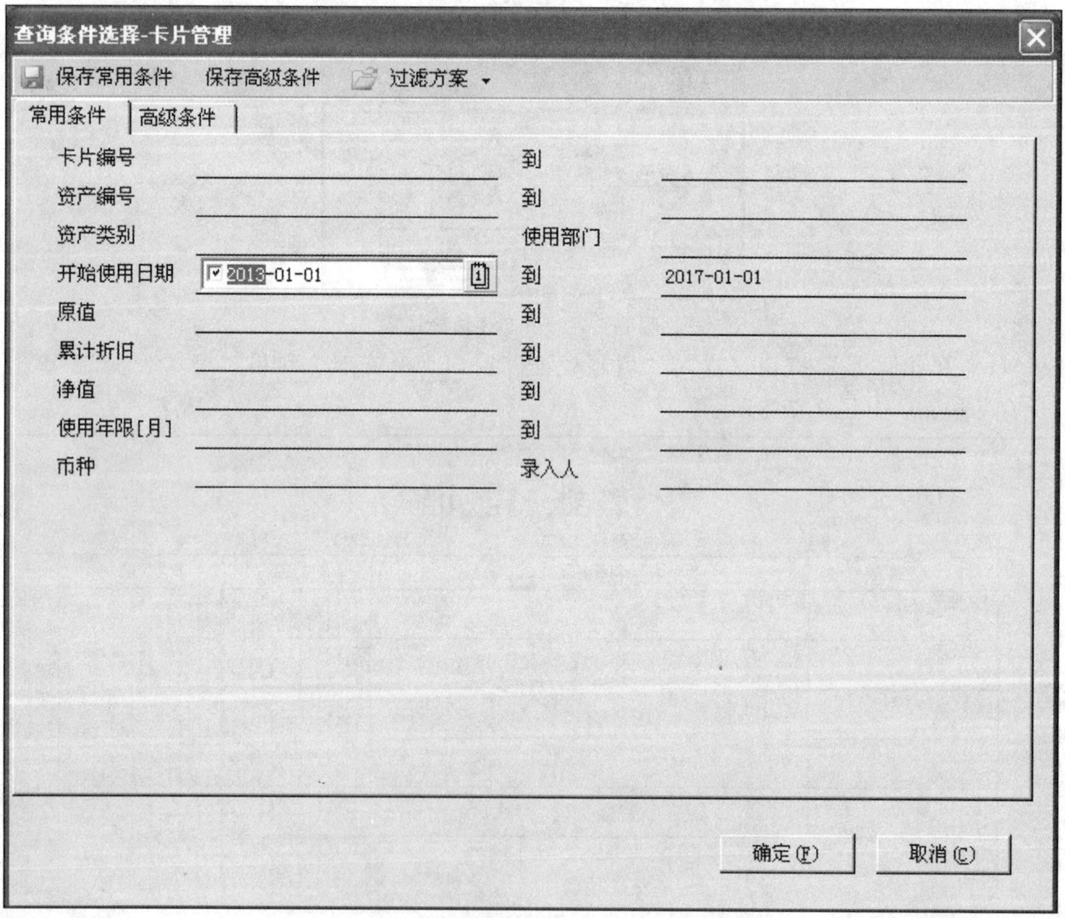

查询条件选择-卡片管理	
保存常用条件　保存高级条件　过滤方案 ▾	
常用条件 ｜ 高级条件	
卡片编号 _____ 到 _____	
资产编号 _____ 到 _____	
资产类别 _____ 使用部门	
开始使用日期 ☑2013-01-01 到 2017-01-01	
原值 _____ 到 _____	
累计折旧 _____ 到 _____	
净值 _____ 到 _____	
使用年限[月] _____ 到 _____	
币种 _____ 录入人	
确定(F)　取消(C)	

图7-2-9　查询条件选择

（2）单击"确定"按钮，执行"编辑"→"列头编辑"命令，进入"表头设定"窗口，如图7-2-10所示。

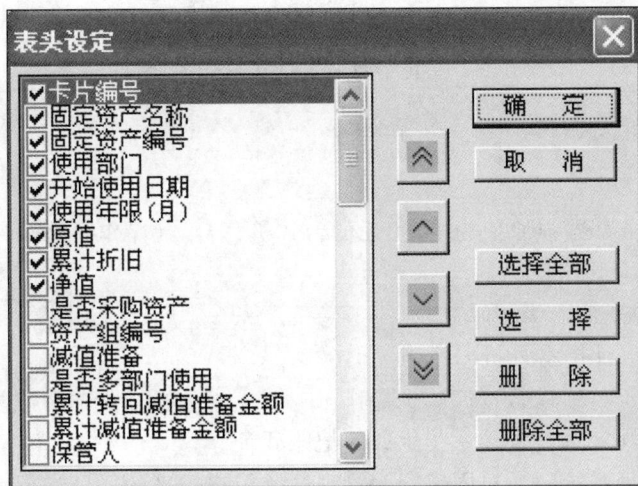

图 7-2-10　表头设定

（3）选择"卡片编号""固定资产名称""固定资产编号""使用部门""开始使用日期""使用年限（月）""原值""累计折旧""净值"等表头信息，并通过上翻、下翻按钮进行排序。表头设定完毕后，单击"确定"按钮，可查看所需要的卡片信息，如图 7-2-11 所示。

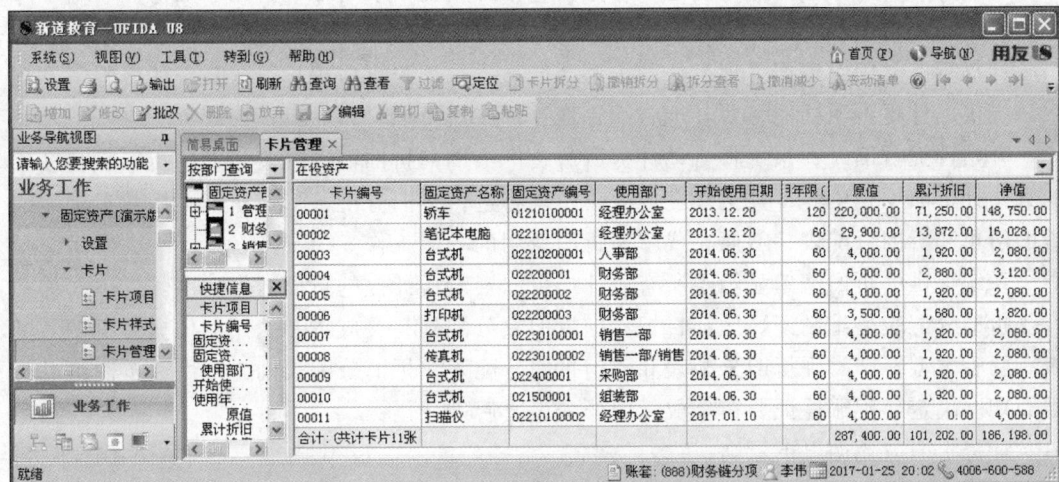

图 7-2-11　卡片管理列表

特别提示：

①当月增加的固定资产卡片如果发现有错，可以在"卡片管理"功能中找到并进行修改，即进行无痕迹修改。已经做过一次记账处理的卡片，只能通过变动单的形式进行修改，即有痕迹修改。

②当月增加的固定资产卡片如果发现有错需要删除，可以在"卡片管理"功能中找到并进行删除。已经做过一次记账处理的卡片，只能通过资产减少的形式进行删除。

任务三 　　　　　　　　　　**期末处理**

▶ **任务资料**

　　1月15日，财务部毁损原值为4 000元的台式机一台。（操作时间改为1月31日）

▶ **任务要求**

　　（1）1月31日，计提本月折旧费用。
　　（2）根据所给资料，进行资产减少操作。
　　（3）查看本月固定资产管理系统生成的记账凭证。
　　（4）在总账管理系统中，对固定资产管理系统传递过来的凭证进行审核、记账。
　　（5）进行固定资产管理系统与总账管理系统月末对账操作。
　　（6）进行固定资产管理系统月末结账与取消结账操作。

▶ **知识导航**

　　固定资产管理系统的期末处理工作主要包括计提折旧、对账、月末结账等。

一、计提折旧

　　计提折旧是固定资产管理系统的主要功能之一。用户可以根据录入系统的资料，利用系统提供的计提折旧功能，对各项资产每期计提一次折旧。

　　开始计提折旧时，系统将自动计提所有资产当期的折旧额，并将当期的折旧额自动累加到累计折旧项目中。计提工作完成后，系统将进行折旧分配，形成折旧费用，自动生成折旧清单和折旧分配表，从而完成本期折旧费用的登账工作。

　　系统提供的折旧清单显示了所有应计提折旧资产所计提的折旧数据信息。

　　折旧分配表是编制记账凭证，把计提折旧额分配到有关成本和费用的依据。折旧分配表有两种类型，即类别折旧分配表和部门折旧分配表。折旧分配表的生成由"折旧汇总分配周期"决定，记账凭证要在生成折旧分配表之后进行。

　　计提折旧应遵循以下原则：

　　（1）在一个期间内可以多次计提折旧，每次计提折旧后，只是将计提的折旧累加到月初的累计折旧上，不会重复累计。

　　（2）若上次计提折旧已制单并传递到总账管理系统，则必须删除该凭证才能重新计提折旧。

　　（3）若计提折旧后又对账套进行了影响折旧计算或分配的操作，则必须重新计提折旧，否则系统不允许结账。

　　（4）在自定义的折旧方法下，若月折旧率或月折旧额出现负数，则系统会自动终止计提。

　　（5）资产的使用部门和资产折旧要汇总的部门可能不同，为了加强资产管理，资产的使用部门必须是明细部门，而折旧分配部门不一定是明细部门。

二、对账

为了保证固定资产管理系统中的资产价值与总账管理系统中固定资产科目的数值相等，用户可随时使用对账功能对两个系统进行审查。系统在执行月末结账时自动对账一次，并给出对账结果。

三、月末结账

当固定资产管理系统完成了本月全部制单业务以后，就可以进行月末结账了。月末结账每月进行一次，结账后当期数据不能修改。如果有错误必须修改，可通过系统提供的"恢复月末结账前状态"功能反结账，再进行相应的修改。

本期不结账，将不能处理下期的数据。结账前一定要进行数据备份，否则数据一旦丢失，将造成无法挽回的结果。

▶ **任务实施**

【操作步骤】

1.折旧处理

（1）以"202 李伟"的身份登录企业应用平台，选择操作日期为"2017-01-31"，执行"业务工作"→"财务会计"→"固定资产"→"处理"→"计提本月折旧"命令，系统弹出"是否要查看折旧清单？"提示框，如图 7-3-1 所示。

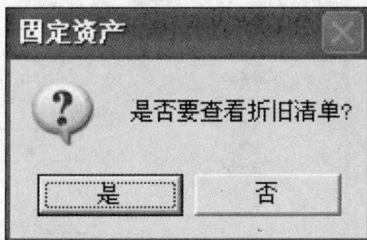

图 7-3-1　是否要查看折旧清单提示

（2）单击"是"按钮，系统继续弹出"本操作将计提本月折旧，并花费一定时间，是否要继续？"提示框，如图 7-3-2 所示。

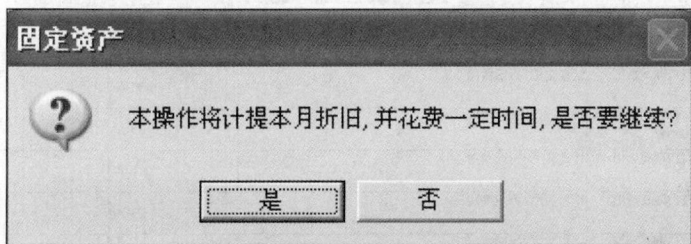

图 7-3-2　是否要继续计提折旧提示

（3）单击"是"按钮，进入"折旧清单"窗口，如图 7-3-3 所示。

（4）单击"退出"按钮，进入"折旧分配表"，如图 7-3-4 所示。

（5）单击"凭证"按钮，进入"填制凭证"窗口，选择"转账凭证"。

（6）单击"保存"按钮，凭证左上角出现"已生成"字样，表示凭证已传递到总账系统，如图 7-3-5 所示。

折旧清单 [2017.01]

输出　退出

2017.01 (登录) (最新)

卡片编号	资产编号	资产名称	原值	计提原值	本月计提折旧额	累计折旧	本年计提折旧	净值	净残值	折旧率
00001	0121010000	轿车	220,000.00	250,000.00	1,975.00	73,225.00	1,975.00	146,775.00	1,000.00	0.0079
00002	0221010000	笔记本电脑	29,900.00	28,900.00	462.40	14,334.40	462.40	15,565.60	1,196.00	0.0160
00003	0221020000	台式机	4,000.00	4,000.00	64.00	1,984.00	64.00	2,016.00	160.00	0.0160
00004	022200001	台式机	6,000.00	6,000.00	96.00	2,976.00	96.00	3,024.00	240.00	0.0160
00005	022200002	台式机	4,000.00	4,000.00	64.00	1,984.00	64.00	2,016.00	160.00	0.0160
00006	022200003	打印机	3,500.00	3,500.00	56.00	1,736.00	56.00	1,764.00	140.00	0.0160
00007	0223010000	台式机	4,000.00	4,000.00	64.00	1,984.00	64.00	2,016.00	160.00	0.0160
00008	0223010000	传真机	4,000.00	4,000.00	64.00	1,984.00	64.00	2,016.00	160.00	0.0160
00009	022400001	台式机	4,000.00	4,000.00	64.00	1,984.00	64.00	2,016.00	160.00	0.0160
00010	021500001	台式机	4,000.00	4,000.00	64.00	1,984.00	64.00	2,016.00	160.00	0.0160
合计			283,400.00	312,400.00	2,973.40	104,175.40	2,973.40	179,224.60	3,536.00	

按部门查询
固定资产部
管理部
财务部
销售部
采购部
组装部

图 7-3-3　折旧清单

新道教育——UFIDA U8

系统(S)　视图(V)　工具(T)　转到(G)　帮助(H)　　首页(E)　导航(H)　用友U8

输出　凭证

修改

业务导航视图

请输入您要搜索的功能

业务工作

▼ 处理
　工作量输入
　计提本月折旧
　折旧清单
　折旧分配表
　对账

业务工作

简易桌面　折旧分配表　**折旧分配表** ×

○ 按部门分配
○ 按类别分配

01 (2017.01-->2017.01)

部门编号	部门名称	项目编号	项目名称	科目编号	科目名称	折旧额
101	经理办公室			660204	折旧费用	2,437.40
102	人事部			660204	折旧费用	64.00
2	财务部			660204	折旧费用	216.00
301	销售一部			660103	折旧费用	96.00
302	销售二部			660103	折旧费用	32.00
4	采购部			660204	折旧费用	64.00
5	组装部			5101	制造费用	64.00
合计						2,973.40

就绪　　账套: (888)财务链分项　李伟　2017-01-31 20:55　4006-600-588

图 7-3-4　折旧分配表

转 账 凭 证

已生成

转　字 0002　- 0001/0002　　制单日期: 2017.01.31　　审核日期:　　附单据数: 0

摘要	科目名称	借方金额	贷方金额
计提第[1]期间折旧	管理费用/折旧费用	243740	
计提第[1]期间折旧	管理费用/折旧费用	6400	
计提第[1]期间折旧	管理费用/折旧费用	21600	
计提第[1]期间折旧	销售费用/折旧费用	9600	
计提第[1]期间折旧	销售费用/折旧费用	3200	

票号
日期　　数量　单价　　合计　297340　297340

备注　项目　　　部门　经理办公室
　　　个人　　　客户
　　　业务员

记账　　　审核　　　出纳　　　制单　李伟

图 7-3-5　计提折旧凭证

（7）单击"退出"按钮。

> **特别提示：**
>
> 在"折旧分配表"界面中，可以单击"凭证"按钮制单，也可以以后利用"批量制单"功能进行制单。

2.资产减少

会计制度规定，本月减少的固定资产照提折旧，因此本账套需要进行计提折旧后，才能减少资产。

（1）执行"卡片"→"资产减少"命令，进入"资产减少"窗口。

（2）选择卡片编号"00005"，单击"增加"按钮。

（3）选择"减少方式"为"毁损"，如图7-3-6所示。

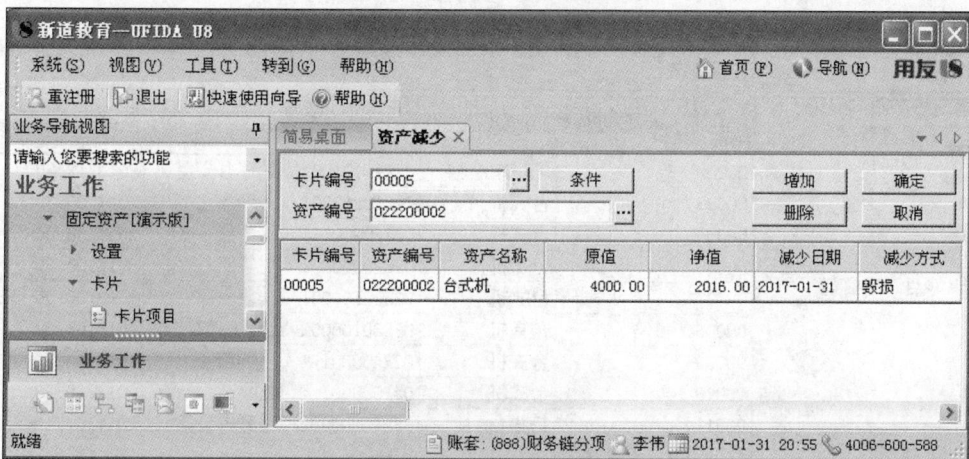

图7-3-6 资产减少

（4）单击"确定"按钮，进入"填制凭证"窗口。选择"转账凭证"，单击"保存"按钮，如图7-3-7所示。

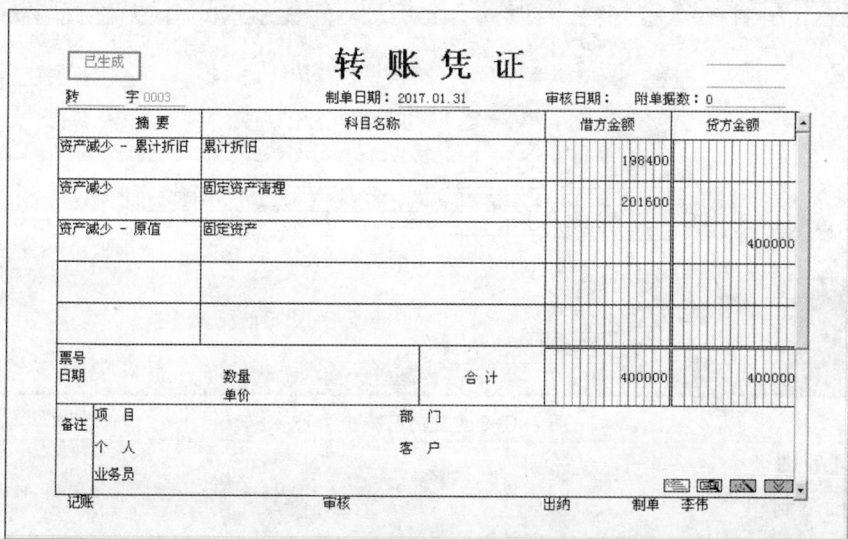

图7-3-7 资产减少凭证

（5）系统提示"所选卡片减少成功"，单击"确定"按钮。

特别提示：

①由于当月减少的固定资产当月仍计提折旧，因此只有当资产在当月计提折旧以后，才可以使用资产减少功能。

②固定资产减少时，首先要将该资产卡片从固定资产卡片中删除，然后才能进行凭证处理。

③已减少的资产，在卡片管理的"在役资产"中不再列示。如果发生误减少操作，可以在卡片管理的"已减少资产"中将其找到，如图7-3-8所示。定位该项资产，单击页面上方的"撤销减少"按钮，如图7-3-9所示，系统会将其恢复至"在役资产"中；如果已经生成凭证，则需要先删除凭证。

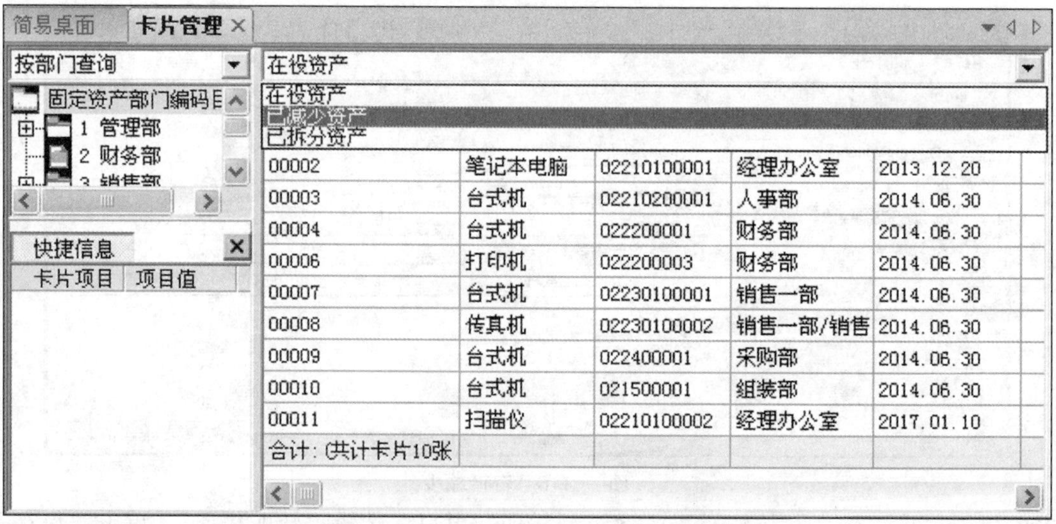

图7-3-8 已减少资产

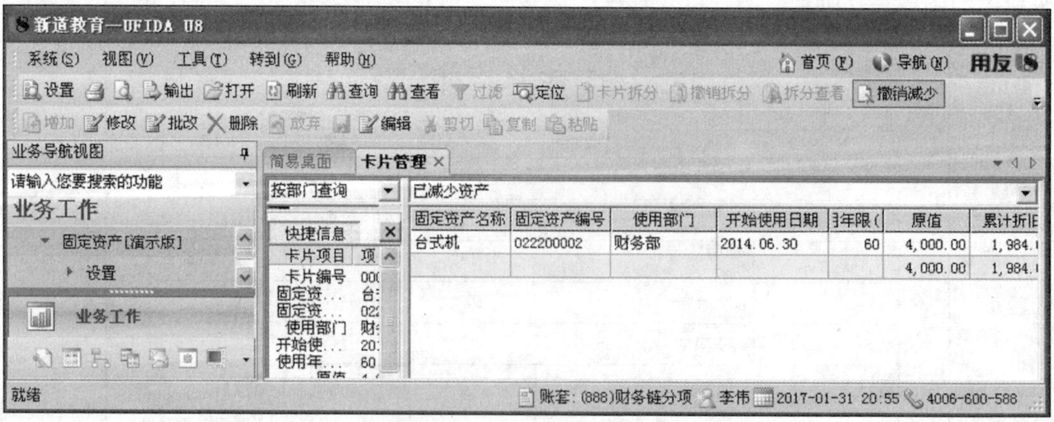

图7-3-9 撤销已减少资产

3.凭证处理

（1）批量制单

固定资产管理系统提供了两种制单方式，即立即制单和批量制单。

①立即制单。如果在"选项"中已经选择了"业务发生后立即制单",则在卡片处理完毕后,系统会自动进入凭证页面,补充完善并保存后,即可显示"已生成"字样。如果没有保存,该项制单任务将会列示在"批量制单"任务栏。前面的操作即采用此种方法,不再赘述。

②批量制单。如果在"选项"中没有选择"业务发生后立即制单",则在卡片处理完毕后,系统不会自动进入凭证页面,制单任务可以在月末批量进行。

A.执行"处理"→"批量制单"命令,进入"批量制单"窗口,单击"确定"按钮,进入批量制单任务列表,如图7-3-10所示。

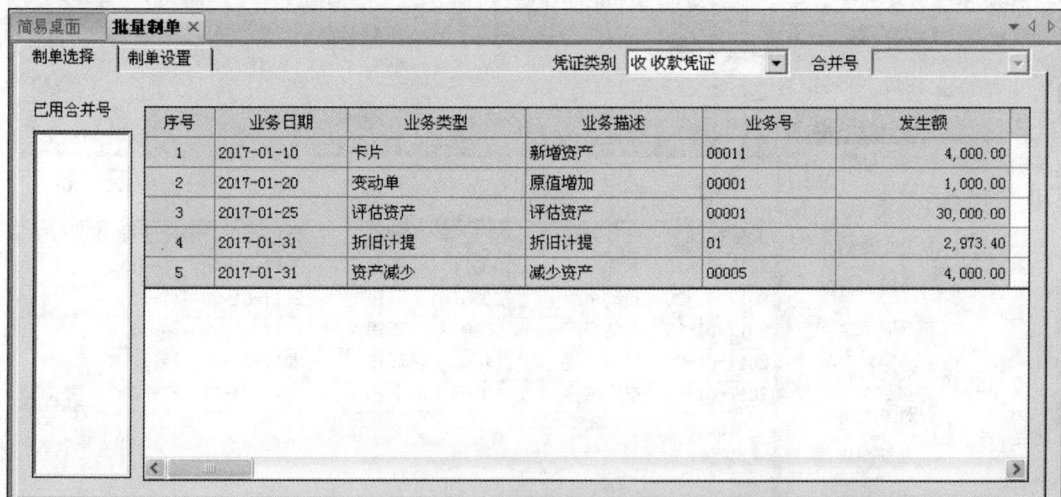

图7-3-10 批量制单任务列表

B.选择需要制单的任务栏,点击"制单设置"按钮,选择正确的凭证类别,如图7-3-11所示。

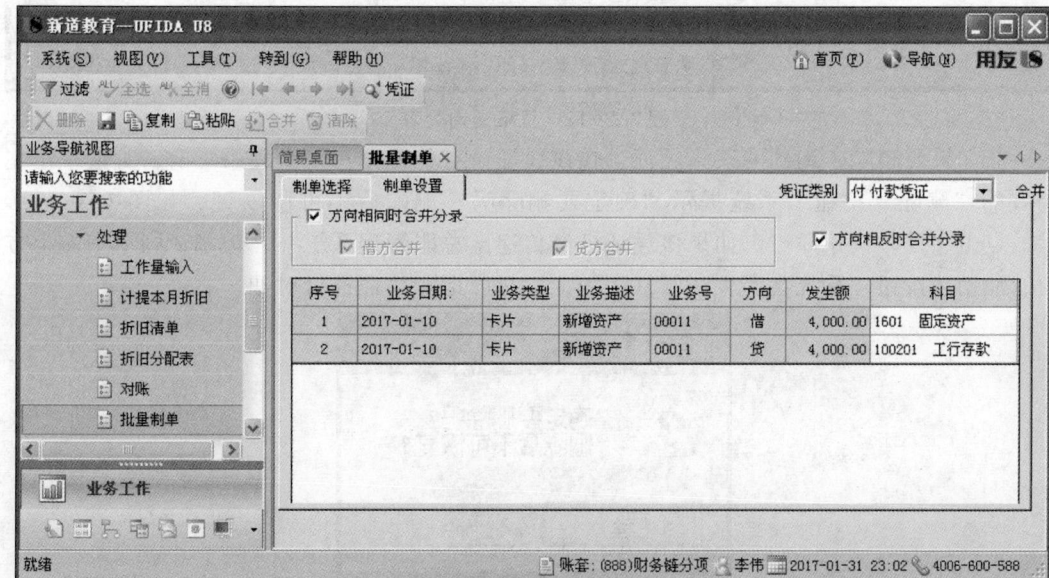

图7-3-11 制单设置

C.检查借贷方会计科目，单击"凭证"按钮，系统自动生成凭证，单击"保存"按钮，系统在凭证上显示"已生成"字样，该项制单任务即从批量制单任务列表中消失。

（2）凭证查询、删除与冲销

①执行"处理"→"凭证查询"命令，进入"凭证查询"窗口，如图7-3-12所示。定位至某行，单击"凭证"按钮，可以联查该凭证内容。

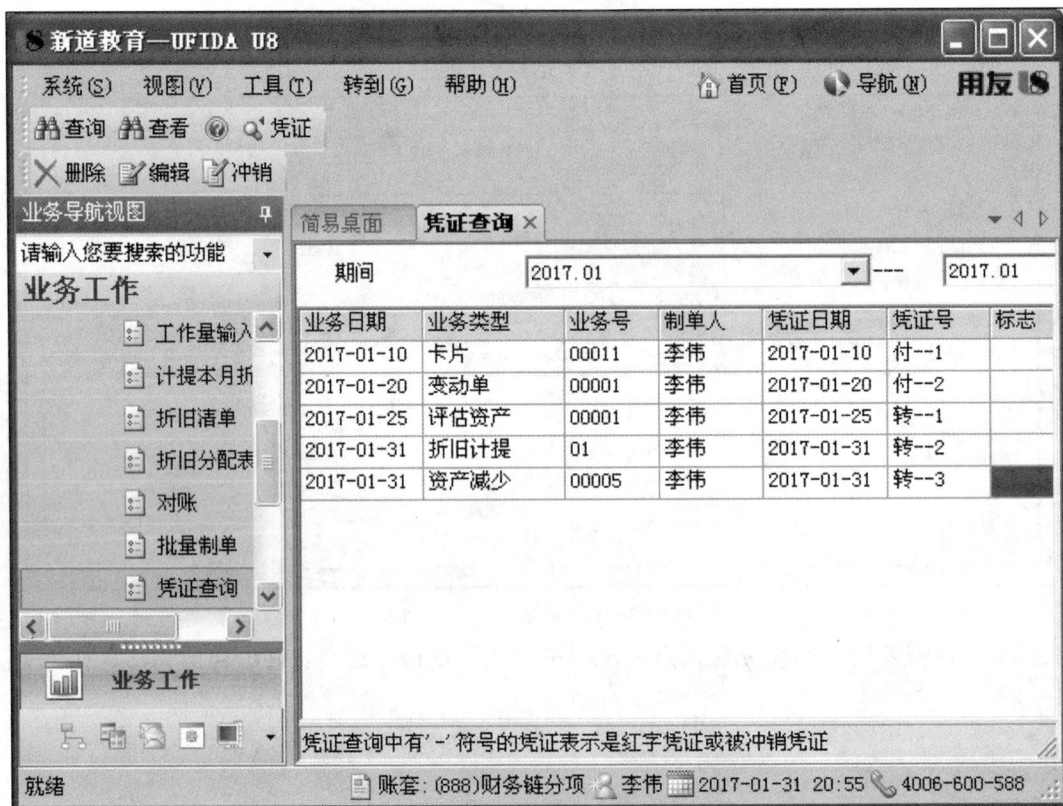

图7-3-12　凭证查询列表

②如果要删除查询到的某张凭证，在该凭证没有传递至总账管理系统前，直接单击左上方的"删除"按钮，系统提示"确定要删除吗？删除后不可恢复！"，如图7-3-13所示，点击"是"按钮即可。如果该凭证已经传递至总账管理系统并已记账，则单击左上方的"冲销"按钮，系统会产生一张红字凭证，与已记账凭证进行对冲。

图7-3-13　凭证删除提示

特别提示：

①固定资产管理系统产生的凭证修改或删除操作只能在本系统中进行，不能在总账管理系统中处理。

②固定资产管理系统生成的凭证会自动传递到总账管理系统中，总账管理系统对于传递过来的凭证要进行审核和记账。

（3）凭证审核（含出纳签字）

①以"203王刚"的身份登录总账管理系统，执行"凭证"→"出纳签字"命令，进入"出纳签字"窗口，单击"确定"按钮，进入"出纳签字列表"窗口，如图7-3-14所示。

制单日期	凭证编号	摘要	借方金额合计	贷方金额合计	制单人	签字人	系统名
2017-01-10	付 - 0001	直接购入资产	4,000.00	4,000.00	李伟		固定资产系统
2017-01-20	付 - 0002	原值增加	1,000.00	1,000.00	李伟		固定资产系统

图7-3-14 出纳签字列表

②双击"付-0001"凭证，进入"出纳签字"窗口，单击"签字"按钮，凭证底部的"出纳"位置自动签上出纳人姓名。单击"下张"按钮，依次对其他凭证进行签字，最后单击"退出"按钮。也可以执行"批处理"命令，进行"成批出纳签字"。

③以"201张明"的身份登录总账管理系统，执行"凭证"→"审核凭证"命令，打开"凭证审核"窗口，单击"确定"按钮，进入"凭证审核列表"窗口，如图7-3-15所示。

制单日期	凭证编号	摘要	借方金额合计	贷方金额合计	制单人	审核人	系统名
2017-01-10	付 - 0001	直接购入资产	4,000.00	4,000.00	李伟		固定资产系统
2017-01-20	付 - 0002	原值增加	1,000.00	1,000.00	李伟		固定资产系统
2017-01-25	转 - 0001	评估资产	30,000.00	30,000.00	李伟		固定资产系统
2017-01-31	转 - 0002	计提第[1]期间折旧	2,973.40	2,973.40	李伟		固定资产系统
2017-01-31	转 - 0003	资产减少 - 累计折旧	4,000.00	4,000.00	李伟		固定资产系统

图7-3-15 凭证审核列表

④双击"付-0001"凭证，进入"审核凭证"窗口。检查要审核的凭证，确认无误后，单击"审核"按钮，凭证底部的"审核"位置自动签上审核人姓名。单击"下张"按钮，对其他凭证进行审核，最后单击"退出"按钮。也可以执行"批处理"命令，进行"成批审核签字"。

（4）凭证记账

①以"201 张明"的身份登录总账管理系统，执行"凭证"→"记账"命令，进入"记账"窗口。

②单击"全选"按钮，选择所有凭证，单击"记账"按钮，打开"期初试算平衡表"窗口，单击"确定"按钮，系统开始登录有关的总账和明细账、辅助账。登记完以后，系统弹出"记账完毕！"提示框，单击"确定"按钮，记账完毕。

4.对账

（1）在固定资产管理系统，执行"处理"→"对账"命令，系统弹出"与账务对账结果"信息提示对话框，如图7-3-16所示。

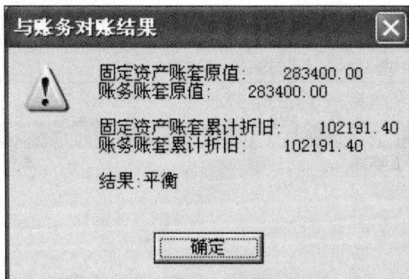

图7-3-16　与账务对账结果

（2）单击"确定"按钮。

特别提示：

①只有总账管理系统记账完毕后，固定资产管理系统才可以进行对账。对账平衡，开始月末结账。

②如果在初始设置时，选择了"与账务系统对账"功能，则对账的操作不限制执行时间，任何时候都可以进行对账。

③若在"账务接口"中选中"在对账不平情况下允许固定资产月末结账"复选框，则可以直接进行月末结账。

5.结账

（1）执行"处理"→"月末结账"命令，打开"月末结账"对话框，如图7-3-17所示。

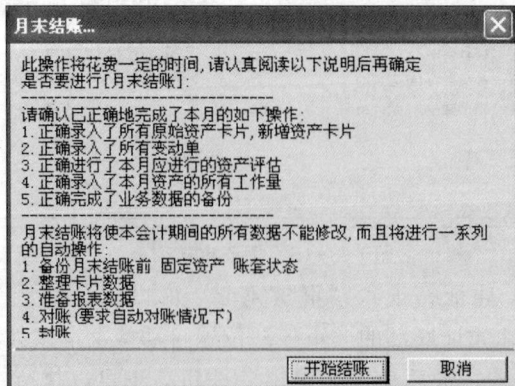

图7-3-17　月末结账前提示

（2）单击"开始结账"按钮，系统弹出"月末结账成功完成！"提示框。

（3）单击"确定"按钮，系统提示结账后不能进行本月数据修改。

特别提示：

①本会计期间做完月末结账工作后，所有数据资料将不能再进行修改。

②本会计期间不做完月末结账工作，系统将不允许处理下一个会计期间的数据。

③月末结账前一定要进行数据备份，否则数据一旦丢失，将造成无法挽回的后果。

6.取消结账

（1）执行"处理"→"恢复月末结账前状态"命令，系统弹出"此操作将恢复本账套2017.01月末结转前操作状态，并花费一定时间！是否继续？"提示框，如图7-3-18所示。

图7-3-18 取消结账

（2）单击"是"按钮，系统弹出"成功恢复月末结账前状态！"提示框。

（3）单击"确定"按钮。

特别提示：

①如果在结账后发现结账前操作有误，必须修改结账前的数据，则可以使用"恢复结账前状态"功能，又称"反结账"，即将数据恢复到月末结账前状态，结账时所做的所有工作都被无痕迹删除。

②在总账管理系统未进行月末结账时，才可以使用"恢复月末结账前状态"功能。

③如果当前的账套已经做了年末处理，则不允许再执行恢复月初状态功能。

应付款管理系统

知识目标

通过本项目的学习，掌握用友ERP-U8管理软件中应付款管理系统的相关内容，理解应付款业务在总账管理系统核算与在应付款管理系统核算的区别。

能力目标

通过本项目的实训，掌握应付款管理系统初始设置、日常业务处理以及期末处理的操作。

任务一　初始设置

▶ 任务资料

资料一：参数设置

1.控制参数

应付款核销方式：按单据。

2.设置科目（见表8-1-1）

表8-1-1　　　　　　　　　　　　　　设置科目

科目类别	设置方式
基本科目设置	应付科目（本币）：2202
	预付科目（本币）：1123
	采购科目：1402
	税金科目：22210101
	银行承兑科目：2201
	商业承兑科目：2201
结算方式科目设置	现金结算：1001
	支票结算：100201
	汇票结算：100201

3.账期内账龄区间（见表8-1-2）

表8-1-2 账期内账龄区间

序号	起止天数	总天数
01	0 ~ 30	30
02	31 ~ 60	60
03	61 ~ 90	90
04	91以上	

4.逾期账龄区间（见表8-1-3）

表8-1-3 逾期账龄区间

序号	起止天数	总天数
01	1 ~ 30	30
02	31 ~ 60	60
03	61 ~ 90	90
04	91以上	

5.单据编号设置

设置采购管理系统中的"采购专用发票"和应付款管理系统中的"其他应付单""付款单"的单据编号为"手工改动，重号时自动重取"。

资料二：期初余额

"应付账款"科目的期初余额为165 000元。

其他应付单相关数据见表8-1-4。

表8-1-4 应付账款期初余额

日期	供应商	采购部门	摘要	金额	业务员
2016-11-18	武汉兴隆	采购部	采购物资	165 000元	周军

▶ **任务要求**

（1）注册应付款管理系统。

（2）根据资料一，进行系统参数设置。

（3）根据资料二，进行应付款管理系统期初余额录入，并与总账管理系统进行对账。

▶ **知识导航**

一、应付款管理系统的主要功能

应付款管理系统通过发票、其他应付单、付款单等单据的录入，对企业的往来账款进行综合管理，及时、准确地提供供应商的往来账款余额资料，提供各种分析报表，帮助企业合理进行资金调配，提高资金的利用效率。

应付款管理系统根据对供应商往来款项核算和管理程度的不同，提供了应付款详细核算和简单核算两种方案。

（一）应付款详细核算方案

如果企业的采购业务及应付款业务繁多，需要追踪每一笔业务的应付款、付款等情况，或者需要将应付款核算到产品一级，则可以选择该方案，即在应付款管理系统中核算并管理往来供应商的款项。在该方案下，所有的供应商往来凭证全部由应付款管理系统生成，其他系统不再生成这类凭证。该方案能够帮助企业了解每一个供应商每笔业务详细的应付情况、付款情况，并进行账龄分析，进行供应商及往来款项的管理，根据供应商的具体情况制订付款方案。应付款管理系统的主要功能如下：

（1）根据输入的单据或由采购管理系统传递过来的单据，记录应付款项的形成。

（2）处理应付项目的付款以及转账业务。

（3）对应付票据进行记录和管理。

（4）在应付项目的处理过程中生成凭证，并向总账管理系统进行传递。

（5）对外币业务及汇兑损益进行处理。

（6）根据所提供的条件，提供各种查询及分析。

（二）应付款简单核算方案

如果企业的采购业务及应付款核算业务比较简单，或者现结业务较多，则可以选择在总账管理系统中核算并管理往来款项。其主要功能如下：

（1）若同时使用采购管理系统，则可以接受采购管理系统的发票，并对其进行制单处理。

（2）供应商往来业务在总账管理系统中生成凭证后，可以在应付款管理系统中进行查询。

具体选择哪一种方案，可在应付款管理系统中通过"应付账款核算模型"功能进行设置。本项目采用第一种方案介绍应付款管理系统的功能。

二、应付款管理系统与其他系统的关系

应付款管理系统与其他系统的关系如图8-1-1所示。

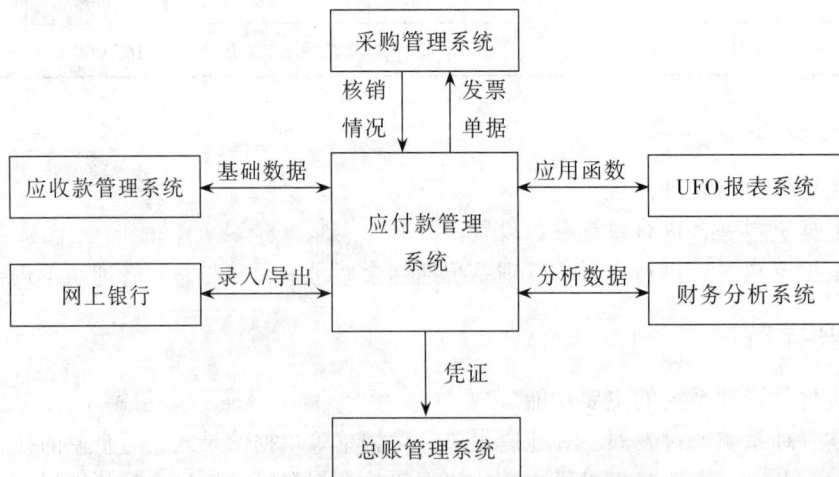

图8-1-1　应付款管理系统与其他系统的关系

三、应付款管理系统的业务处理流程

应付款管理系统的业务处理流程如图8-1-2所示。

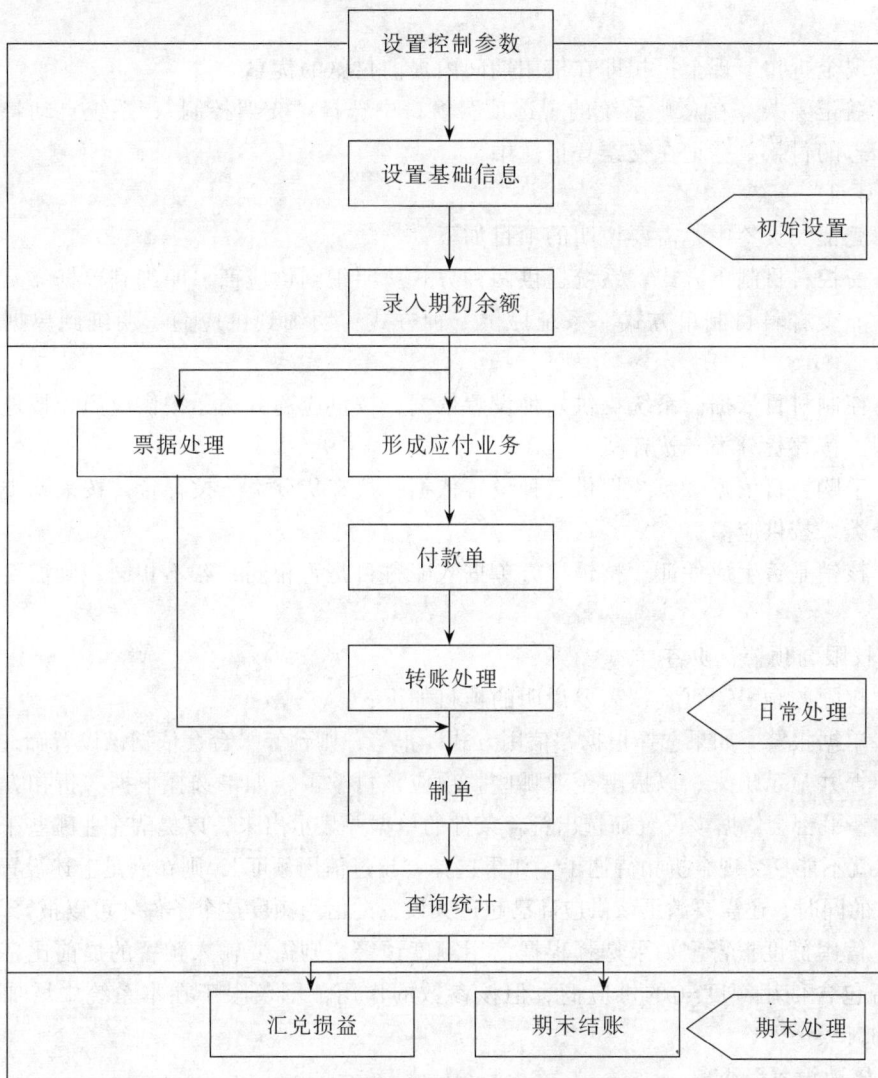

图8-1-2 应付款管理系统的业务处理流程

四、初始设置

（一）设置控制参数

在运行本系统前，应在此设置运行所需要的账套参数。控制参数各项目说明如下：

1.“常规”页签

在“常规”页签中，需要说明的项目如下：

（1）单据审核日期。单据审核日期决定了业务总账、业务明细账、余额表等的查询期间取值，一般建议选用“业务期间”。

（2）汇兑损益方式。系统提供两种汇兑损益的处理方法，企业可根据需要选择。外币余额结清时计算，即仅当某种外币余额结清时才计算汇兑损益，在计算汇兑损益时，

界面中仅显示外币余额为0且本币余额不为0的外币单据；月末处理，即月末计算汇兑损益，在计算汇兑损益时，界面中显示所有外币余额不为0或者本币余额不为0的外币单据。

（3）现金折扣。现金折扣即在信用期间内提前付款的优惠。

（4）登记支票。在总账系统的"选项"窗口中选择"支票控制"，系统自动将具有票据管理标志的付款单登记在支票登记簿中。

2."凭证"页签

在"凭证"页签中，需要说明的项目如下：

（1）受控科目制单方式。系统提供两种方式：明细到供应商、明细到单据。

（2）非受控科目制单方式。系统提供三种方式：明细到供应商、明细到单据、汇总制单。

（3）控制科目依据。系统提供六种设置依据：按供应商分类、按供应商、按地区、按采购类型、按存货分类、按存货。

（4）采购科目依据。系统提供五种设置依据：按存货分类、按存货、按采购类型、按供应商分类、按供应商。

（5）核销是否生成凭证。核销双方单据入账科目是否相同，若不相同，则需要生成调整凭证。

3."权限与预警"页签

在"权限与预警"页签，需要说明的项目如下：

（1）单据报警。如果选择根据"信用方式"报警，则预警平台会依据该设置筛选出符合条件的单据并显示出来，以提醒企业哪些款项应该付款了；如果选择根据"折扣方式"报警，则预警平台会依据该设置筛选出符合条件的单据并显示出来，以提醒企业哪些采购业务再不付款就不能享受现金折扣待遇了。如果选择"超过信用额度"，则在满足上述设置的单据报警条件的同时，还需要满足该供应商已超过其设置的信用额度这个条件才可以报警。

（2）信用额度报警。如果选择根据信用额度预警，则需要输入预警的提前比率，并且选择是否包含信用额度=0的供应商，但该参数的作用范围仅限于在本系统中增加发票和应付单的时候。

4."核销设置"页签

在"核销设置"页签中，需要说明的项目如下：

系统提供两种应付款核销方式：按单据、按产品。选择的核销方式不同，账龄分析的精确性也不同。

5."收付款控制"页签

在"收付款控制"页签中，需要说明的项目如下：

启用"付款申请单"后，付款单必须参照付款申请单生成，系统自动生成的付款单和红字付款单不受此限制。采购管理等系统中付款申请的操作受此选项控制。

（二）设置基础信息

在使用应付款管理系统之前，需要在"初始设置"中设置基础信息。基础信息包括建立应付款管理的基础数据、确定使用哪些单据处理应付业务、确定需要进行账龄管理的账龄区间等。

1.设置科目

按照已定义的科目体系，依据业务类型预先设置好凭证中的常用科目，在制单时按制单业务规则自动带出科目，这样可以简化凭证生成操作。

2.设置账龄区间

设置账期内、逾期的账龄区间，用于对应付账款的账龄进行分析，以随时掌握应付账款的动态变化。

3.设置报警级别

将供应商按照对其欠款余额与其授信额度的比例分为不同类型，以便掌握各个科目的信用情况。

4.设置单据类型

系统提供发票、应付单两大类型单据。

如果同时使用采购管理系统，则发票的类型包括采购专用发票、普通发票、运费发票和废旧物资收购凭证等。如果单独使用应付款管理系统，则发票的类型只包括前两种。发票的类型不能修改、删除。

应付单记录了采购业务以外的应付款情况，用户可以依据业务情况设置应付单的不同类型，如应付费用款、应付利息款、应付罚款、其他应付款等。

（三）录入期初余额

在初次使用本系统时，用户需要将上期未处理完的单据（包括未结算完的发票、应付单、预付款等）都录入进来作为期初余额，这样既可以保证数据的连续性、完整性，也便于以后的处理。

当进入第二年处理时，系统会自动将上年未处理完的单据转成下一年的期初余额。

▶ 任务实施

【操作步骤】

1.注册应付款管理系统

（1）以"205 赵亮"的身份登录企业应用平台，如图8-1-3所示。

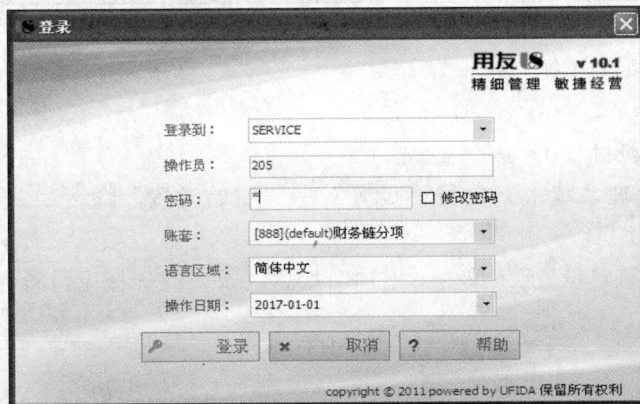

图8-1-3 应付款管理系统登录窗口

会计信息化实务（财务链篇）

（2）在企业应用平台的"业务工作"选项卡中，选择"财务会计"→"应付款管理"选项，打开"应付款管理"菜单。

2.设置控制参数

（1）在企业应用平台中，执行"财务会计"→"应付款管理"→"设置"→"选项"命令，打开"账套参数设置"对话框。

（2）单击"编辑"按钮，打开"核销设置"选项卡，确定"应付款核销方式"为"按单据"，如图8-1-4所示。

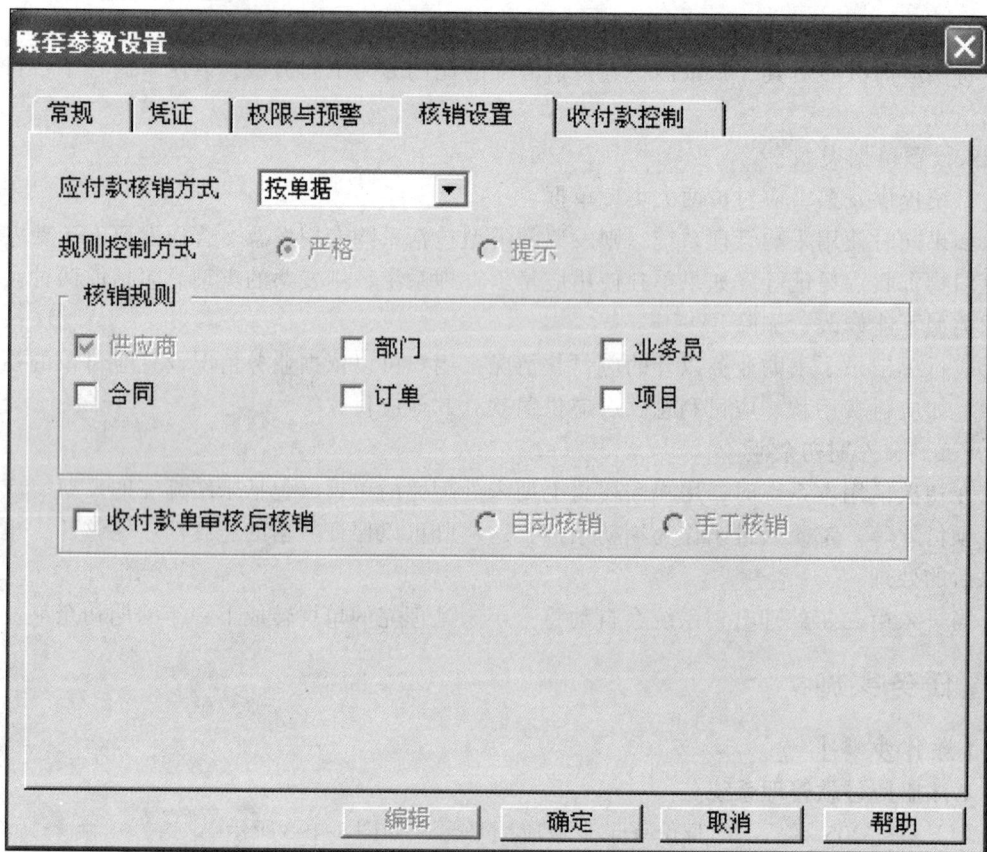

图8-1-4 账套参数设置——核销设置

（3）单击"确定"按钮。

3.设置科目

（1）设置基本科目

①在应付款管理系统中，执行"设置"→"初始设置"命令，进入"初始设置"窗口。

②选择"基本科目设置"，单击"增加"按钮，录入或选择应付科目"2202"及其他基本科目，如图8-1-5所示。

274

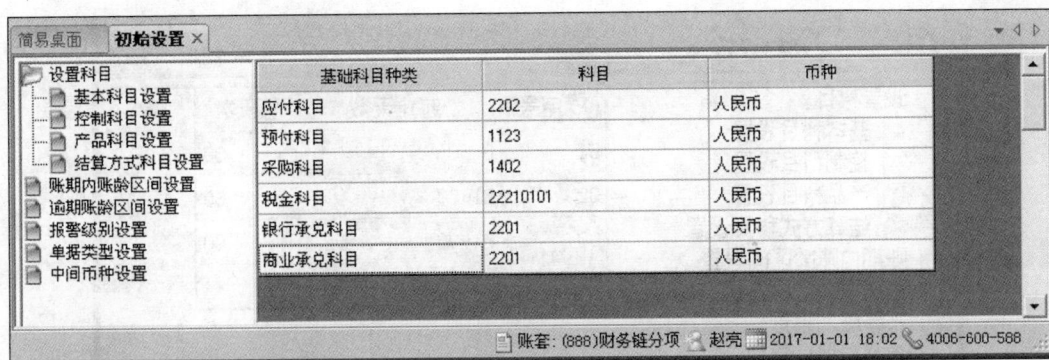

图 8-1-5 基本科目设置

特别提示：

①在"基本科目设置"中设置的应付科目"2202应付账款"、预付科目"1123预付账款"、银行承兑科目"2201应付票据"、商业承兑科目"2201应付票据"，应在总账管理系统中设置辅助核算内容为"供应商往来"，并且其受控系统为"应付系统"，否则在此不能被选中。

②只有在此设置了基本科目，在生成凭证时才能直接生成凭证中的会计科目，否则凭证中将没有会计科目，相应的会计科目只能手工录入。

（2）设置结算方式科目

①在"初始设置"窗口中，选择"结算方式科目设置"选项。

②单击"结算方式"栏，选择"现金结算"；单击"币种"栏，选择"人民币"；在"科目"栏录入或选择"1001"，按"Enter"键。按此方法继续录入其他结算方式科目，如图8-1-6所示。

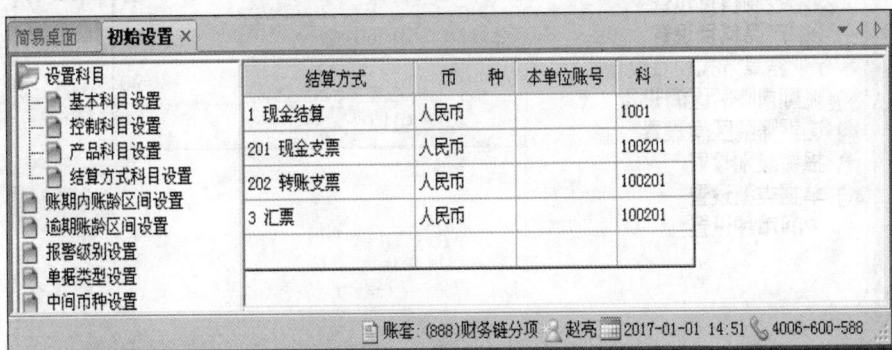

图 8-1-6 结算方式科目设置

特别提示：

科目核算的币种必须与输入的币种一致。结算科目不能是已经在科目档案中指定为应收系统或者应付系统的受控科目。

4.设置账期内账龄区间

（1）在"初始设置"窗口，选择"账期内账龄区间设置"选项。

（2）在"总天数"栏输入"30"，按"Enter"键，接着在"总天数"栏输入"60"，按此方法输入其他内容，如图8-1-7所示。

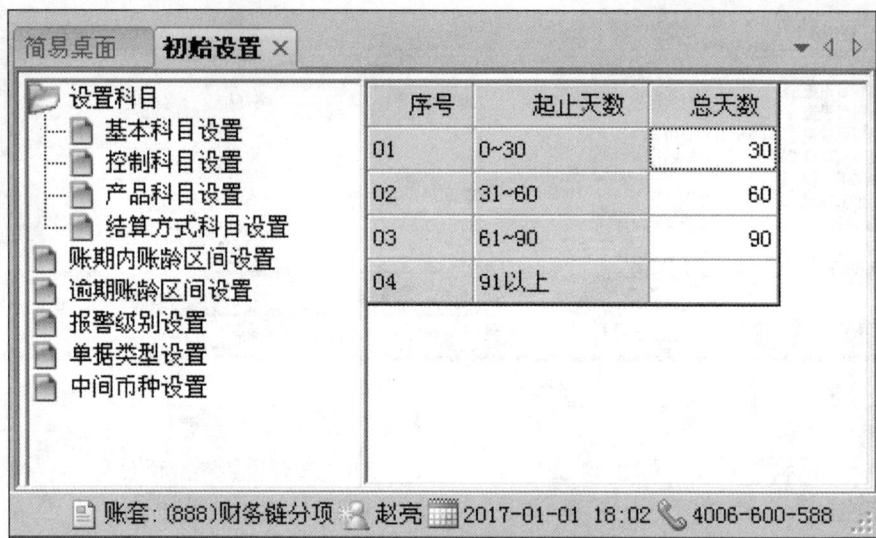

图 8-1-7　账期内账龄区间设置

5.设置逾期账龄区间

（1）在"初始设置"窗口中，选择"逾期账龄区间设置"选项。

（2）在"总天数"栏输入"30"，按"Enter"键，接着在"总天数"栏输入"60"，按此方法输入其他内容，如图 8-1-8 所示。

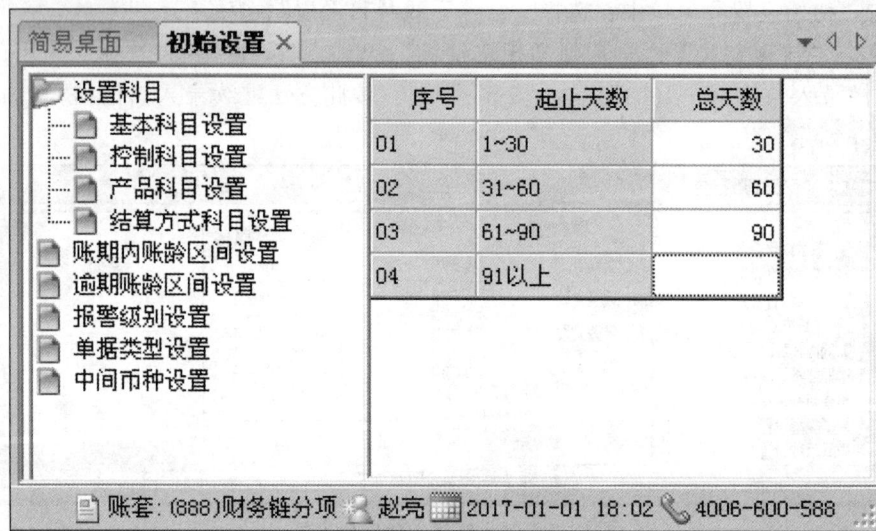

图 8-1-8　逾期账龄区间设置

6.设置单据编号

（1）在"企业应用平台"中，执行"基础设置"→"单据设置"→"单据编号设置"命令，打开"单据编号设置"窗口。

（2）执行"单据类型"→"采购管理"→"采购专用发票"命令，打开"单据编号设置-[采购专用发票]"窗口。

（3）单击"修改"按钮，选择"手工改动，重号时自动重取"复选框，如图 8-1-9 所示。

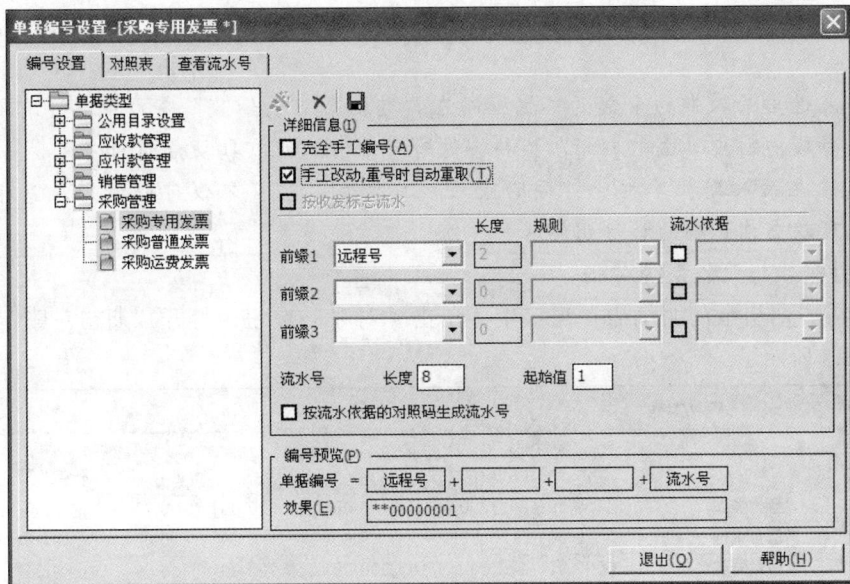

图 8-1-9　设置采购专用发票编号

（4）单击"保存"按钮，单击"退出"按钮。按此方法设置应付款管理系统中的"其他应付单""付款单"，编号允许修改。

7.录入期初其他应付单

（1）执行"设置"→"期初余额"命令，进入"期初余额-查询"窗口。单击"确定"按钮，进入"期初余额明细表"窗口。

（2）单击"增加"按钮，打开"单据类别"窗口，选择"单据名称"为"应付单"，选择"单据类型"为"其他应付单"，选择"方向"为"正向"，单击"确定"按钮，进入"单据录入"窗口。

（3）单击"增加"按钮，修改"单据日期"为"2016-11-18"，在"供应商"栏选择"武汉兴隆"，在"科目"栏录入"2202"，在"金额"栏录入"165 000"，在"部门"栏选择"采购部"，在"业务员"栏选择"周军"，在"摘要"栏录入"采购物资"，如图8-1-10所示。

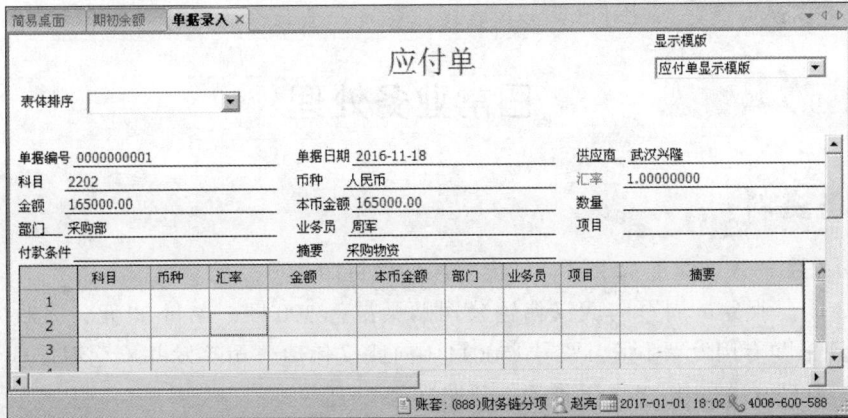

图 8-1-10　期初其他应付单

（4）单击"保存"按钮，单击"退出"按钮，完成期初其他应付单的数据录入。

特别提示：

①如果退出录入期初余额的单据，而在"期初余额明细表"窗口中并没有看到新录入的期初余额，则应单击"刷新"按钮，这时可以看到所有期初余额的内容。

②建议在录入期初单据时，同时录入科目信息，这样不仅可以执行与总账对账功能，而且可以查询正确的科目明细账、总账。

8.应付账款与总账系统对账

（1）在"期初余额明细表"窗口中，单击"对账"按钮，打开"期初对账"选项卡，如图8-1-11所示。

科目		应付期初		总账期初		差额	
编号	名称	原币	本币	原币	本币	原币	本币
1123	预付账款	0.00	0.00	0.00	0.00	0.00	0.00
2201	应付票据	0.00	0.00	0.00	0.00	0.00	0.00
2202	应付账款	165,000.00	165,000.00	165,000.00	165,000.00	0.00	0.00
	合计		165,000.00		165,000.00		0.00

账套：(888)财务链分项　赵亮　2017-01-01 18:02　4006-600-588

图8-1-11　期初对账

（2）单击"退出"按钮，完成期初对账。

特别提示：

①完成全部应付系统期初余额的录入后，应通过"对账"功能将应付系统期初余额与总账系统期初余额进行核对。

②期初余额所录入的票据保存后，系统会自动进行审核。

③应付系统与总账系统对账，必须在总账系统与应付系统同时启用后才可以进行。

任务二　　日常业务处理

▶ 任务资料

1月份发生的采购业务如下（详细内容参见项目四任务二的资料二）：

（1）3日，业务员周军向武汉伟达公司购买鼠标300只，单价50元，验收入配套件库，并收到采购专用发票1张，票号150011。向武汉伟达公司签发并承兑不带息商业承兑汇票1张，票号H123，用以支付货款，到期日为13日。

（2）7日，业务员周军向武汉伟达公司采购键盘250只，单价100元，将所收到的键盘验收入配套件库。当日收到该货物的专用发票1张，票号150022。采购部将采购发票交给财务部门，财务部门据此确认应付账款和采购成本。

（3）8日，向武汉伟达公司购买内存条100盒，单价180元，验收入配套件库。收到专用发票1张，票号150033。另外，在采购过程中，由天达运输公司承运，武汉伟达先代垫运费。收到天达运输公司开出运费增值税专用发票1张，不含税运费500元，票号150044。

（4）10日，发现7日从武汉伟达公司购入的键盘质量有问题，退回10只，单价100元，同时收到票号为150055的红字专用发票1张。

（5）12日，以转账支票支付武汉兴隆公司前期货款165 000元（前期票号C51），转账支票票号Z0011。

（6）13日，将3日向武汉伟达公司签发并承兑的不带息商业承兑汇票（票号H123）结算。

任务要求

（1）进行本月各项业务应付款单据的处理。

（2）根据各种应付与付款单据，生成相关凭证，并在总账系统中进行审核、记账操作。

（3）查询本系统1月生成的凭证。

知识导航

日常业务主要包括应付业务、付款业务、往来核销、转账业务、票据管理、制单处理和查询统计等。

一、应付业务

（一）应付单据录入

本系统可以录入采购业务中的各类发票以及采购业务以外的应付单。

如果同时使用应付款管理系统和采购管理系统，则发票由采购系统录入，在本系统可以对这些单据进行审核、弃审、查询、核销、制单等操作。此时，在本系统中需要录入的单据仅限于应付单。如果没有使用采购管理系统，则各类发票和应付单均应在本系统录入。

（二）应付单据审核

应付单据审核分为单张审核和批量审核。

1.单张审核

单张审核是指在应付单据界面，直接单击"审核"按钮，将当前单据审核。

2.批量审核

批量审核是指通过"应付单据审核"功能对所有显示单据进行审核，在"应付单据审核"界面中显示的单据，可以包括所有已审核、未审核的应付单据，以及从采购管理系统传入的单据。

二、付款业务

付款业务主要是对结算单据（付款单、收款单）进行管理，包括付款单、收款单的录入、审核。

付款单用来记录企业支付的供应商款项；收款单用来记录在发生采购退货时企业收到的供应商退款。

三、往来核销

核销是指确定收/付款单与原始发票、应付单之间对应关系的操作，即需要指明每次付款付的是哪几笔采购业务的款项。往来核销是往来会计日常工作之一，有利于加强对往来款项的管理。

四、转账业务

在日常业务处理中，以下几种转账业务经常发生：

（一）应付冲应付

当两个供应商之间有债权债务关系时，可能会发生应付冲应付的情况。

本功能可以使应付款业务在供应商、部门、业务员、项目和合同之间进行转入、转出，实现应付款业务的调整，解决应付款业务在不同供应商、部门、业务员、项目和合同之间入错户或合并户的问题。

（二）预付冲应付

当企业对某供应商有预付款时，可以用该供应商的一笔预付款冲一笔应付款。本功能可以处理企业的预付款和应付款间的转账核销业务。

（三）应付冲应收

若某供应商还是企业的销售客户，则可能会发生应付款冲应收款的情况。本功能可以实现应付款业务的调整，进行应收债权与应付债务的冲抵。

（四）红票对冲

采购退货时，企业可以用红字发票对冲蓝字发票。本功能可以实现某客户的红字应收单与其蓝字应收单、收款单与付款单冲抵的操作。

五、票据管理

一般情况下，企业都有应付票据。本系统提供了强大的票据管理功能，用户可以在此对银行承兑汇票和商业承兑汇票进行管理，记录票据详细信息和票据处理情况，包括票据计息、结算、转出等情况。

六、制单处理

制单处理分为立即制单和批量制单。

立即制单是指在单据处理、转账处理、票据处理等功能操作中，有许多地方系统会询问是否立即制单，选择"是"按钮，可立即生成凭证。

批量制单是指在所有业务处理完毕后，使用"批量制单"功能批处理制单。

七、查询统计

应付款管理系统的查询统计功能主要有：单据查询、业务账表查询、业务分析和科目账表查询。

（一）单据查询

单据查询功能包括发票、应付单、收付款单和凭证等的查询。

（二）业务账表查询

使用业务账表查询功能可以进行总账、明细账、余额表和对账单的查询，并可以实现总账、明细账、单据之间的联查。

（三）业务分析

使用业务分析功能可以进行应付款账龄分析、付款账龄分析、欠款分析和付款预测。

（四）科目账表查询

科目账表查询功能包括科目余额表查询和科目明细表查询，并且可以实现总账、明细账、凭证的联查。

▶ 任务实施

【操作步骤】

1.业务1：输入审核专用发票并制单

（1）在应付款管理系统中，执行"应付单据处理"→"应付单据录入"命令，打开"单据类别"窗口，如图8-2-1所示。

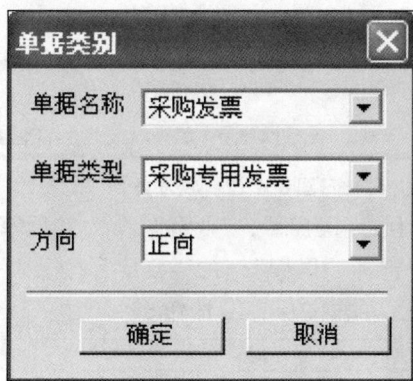

图8-2-1 单据类别

（2）单击"确定"按钮，进入"采购发票"窗口。单击"增加"按钮，输入发票日期为"2017-01-03"，录入发票号"150011"，选择供应商为"武汉伟达公司"。

（3）单击"采购类型"参照按钮，进入"采购类型基本参照"窗口，单击"编辑"按钮，进入"采购类型"窗口；单击"增加"按钮，输入"采购类型编码"为"01"，"采购类型名称"为"普通采购"。单击"入库类别"参照按钮，进入"收发类别档案基本参照"窗口；单击"编辑"按钮，进入"收发类别"窗口；单击"增加"按钮，输入"收发类别编码"为"1"，"收发类别名称"为"采购入库"，选择"收发标志"为"收"，如图8-2-2所示，单击"保存"按钮。

（4）单击"退出"按钮，回到"收发类别档案基本参照"窗口。选择"采购入库"，单击"确定"按钮，回到"采购类型"窗口，单击"保存"按钮。

（5）单击"退出"按钮，关闭该窗口。

（6）回到"采购类型基本参照"窗口，选择"普通采购"。

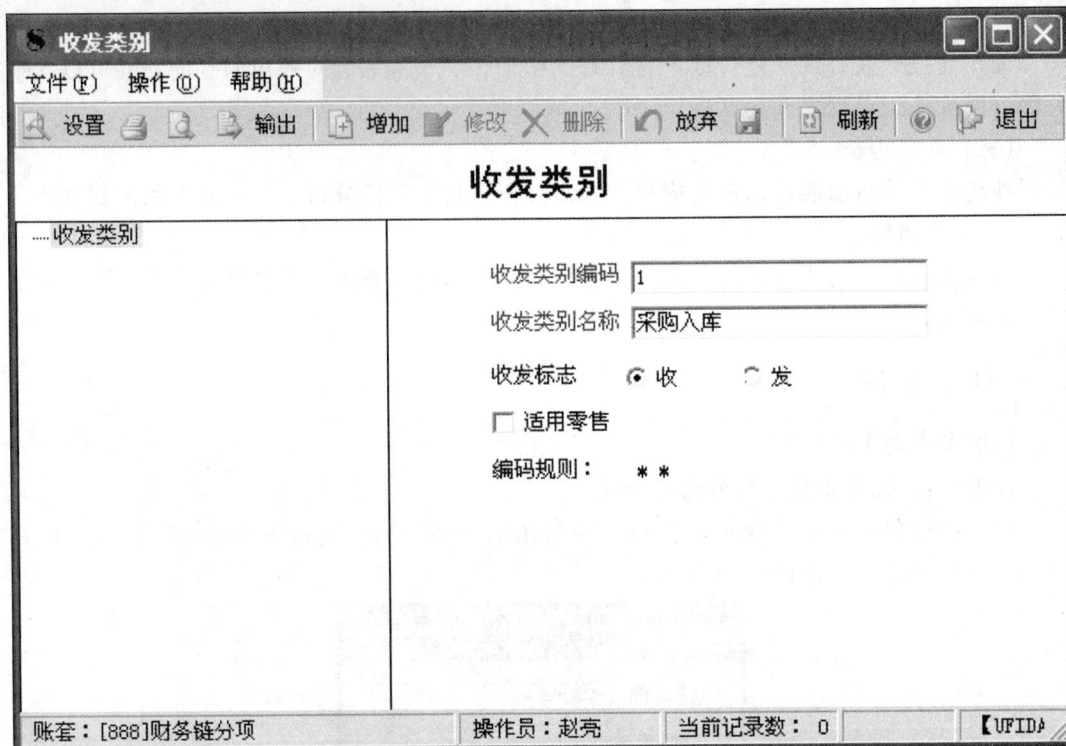

图 8-2-2 收发类别

（7）选择"部门名称"为"采购部"，"业务员"为"周军"，在"存货编码"栏录入"011"，或单击"参照"按钮选择"鼠标"，在"数量"栏录入"300"，在"原币单价"栏录入"50"，如图 8-2-3 所示，单击"保存"按钮。

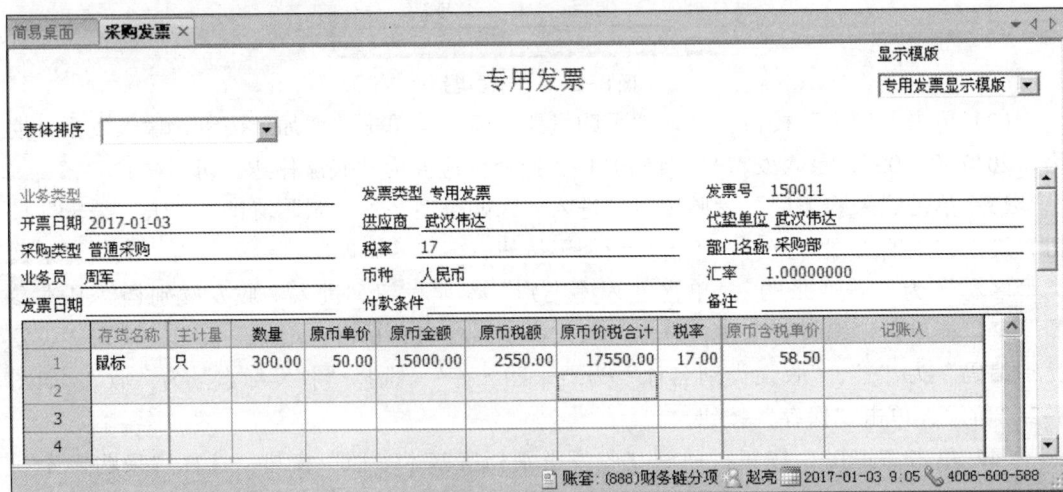

图 8-2-3 采购专用发票

（8）单击"审核"按钮，系统弹出"是否立即制单？"提示框，如图 8-2-4 所示。

图 8-2-4 制单提示对话框

（9）单击"是"按钮生成凭证，修改凭证类别为"转账凭证"，将会计科目"1402 在途物资"修改为"140311 原材料/鼠标"，弹出"辅助项"对话框，输入"数量"为"300"，"单价"为"50"，如图 8-2-5 所示，单击"确定"按钮，单击"保存"按钮，结果如图 8-2-6 所示。

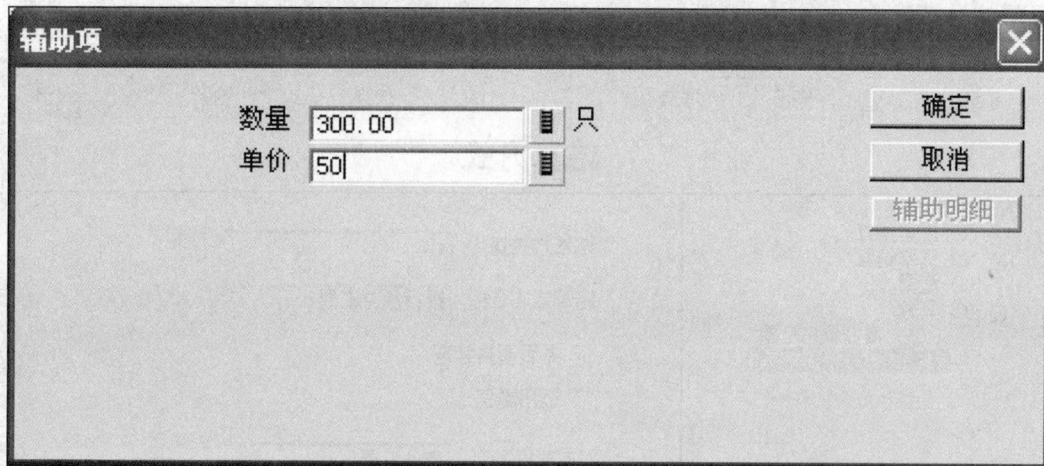

图 8-2-5 "辅助项"对话框

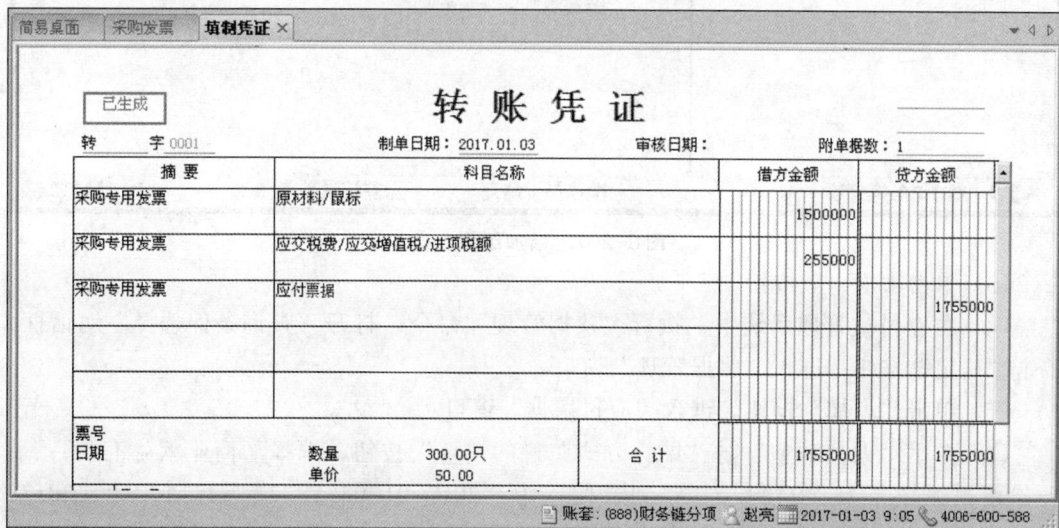

图 8-2-6 生成转账凭证

（10）单击"关闭"按钮退出。

2.业务1：填制审核商业承兑汇票并制单后核销

（1）在"基础设置"选项卡中，执行"基础档案"→"收付结算"→"结算方式"命令，进入"结算方式"窗口。

（2）选择"结算方式"为"（4）其他"，单击"增加"按钮，录入"（401）商业承兑汇票"和"（402）银行承兑汇票"结算方式，如图8-2-7所示。

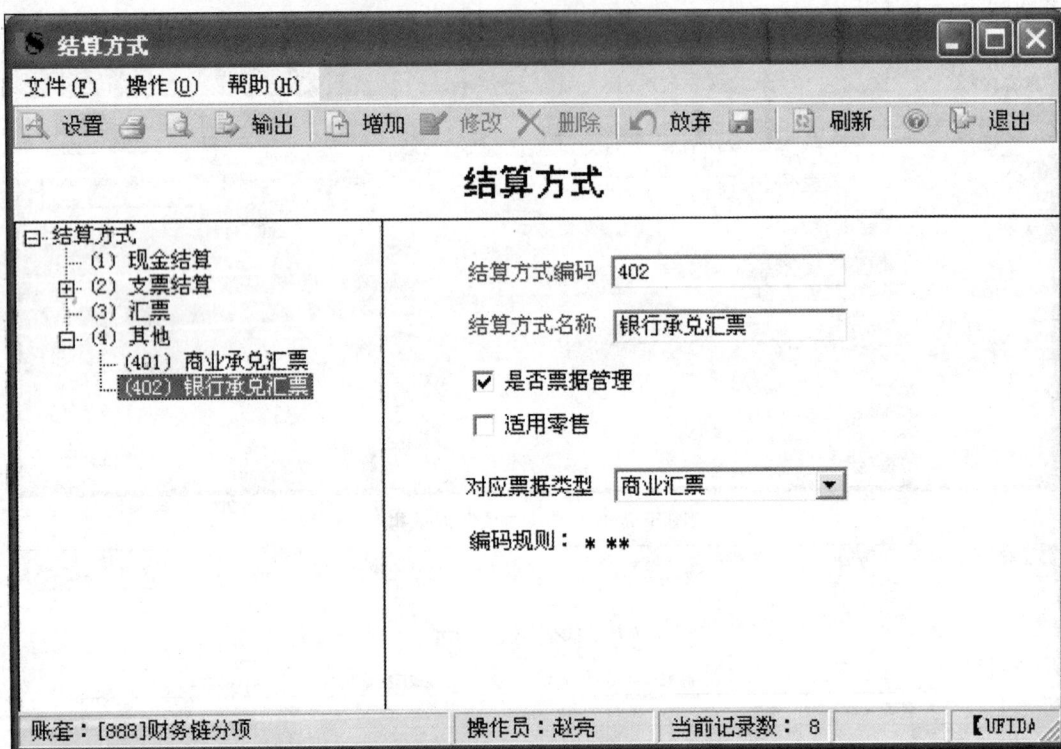

图8-2-7 增加结算方式

（3）单击"退出"按钮。

（4）在应付款管理系统中，执行"票据管理"命令，打开"查询条件选择"对话框，单击"确定"按钮，进入"票据管理"窗口。

（5）单击"增加"按钮，进入"应付票据"窗口。

（6）单击"票据类型"与"结算方式"栏的"···"按钮，选择"商业承兑汇票"；录入"票据编号"为"H123"，"收到日期"为"2017-01-03"，"出票日期"为"2017-01-03"，"到期日"为"2017-01-13"，"收款人"为"武汉伟达公司"，"金额"为"17 550"，"票据摘要"为"签发商业承兑汇票"，如图8-2-8所示，单击"保存"按钮。

单击"关闭"按钮退出。

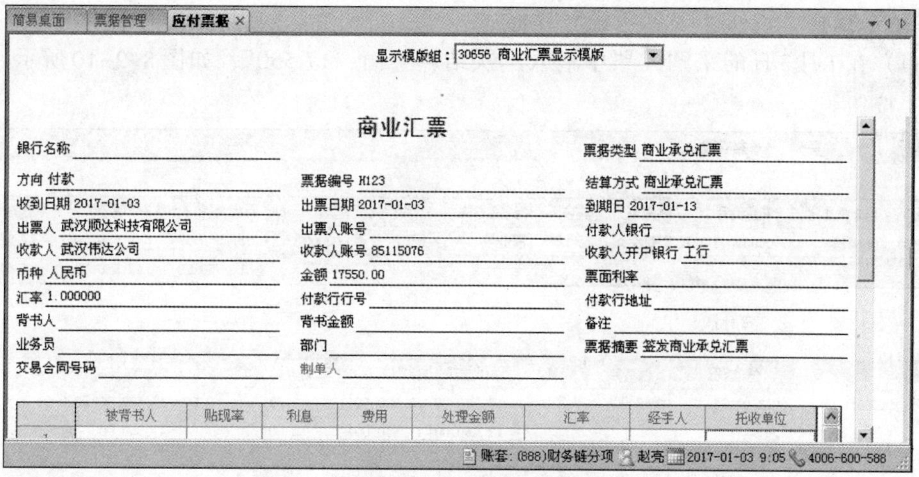

图 8-2-8 商业汇票

特别提示：

①如果选中"应付票据直接生成付款单"，则系统保存当前票据，同时生成一张付款单。如果该选项未选中，则需要点"付款"按钮，才能生成付款单。付款单经过审核之后，才能生成记账凭证。

②由票据生成的付款单不能修改。

（7）执行"付款单据处理"→"付款单据审核"命令，打开"付款单查询条件"对话框，单击"确定"按钮，进入"收付款单列表"窗口。

（8）双击需要审核的单据，进入"收付款单录入"窗口，单击"审核"按钮，系统弹出"是否立即制单?"提示框。

（9）单击"是"按钮生成凭证，修改凭证类别为"转账凭证"，单击"保存"按钮，如图 8-2-9 所示。

图 8-2-9 生成转账凭证

（10）在“收付款单录入”窗口，单击“核销”按钮，打开“核销条件”对话框，单击“确定”按钮，进入“单据核销”界面。

（11）在1月3日的采购发票中输入本次结算金额“17 550”，如图8-2-10所示。单击“保存”按钮。

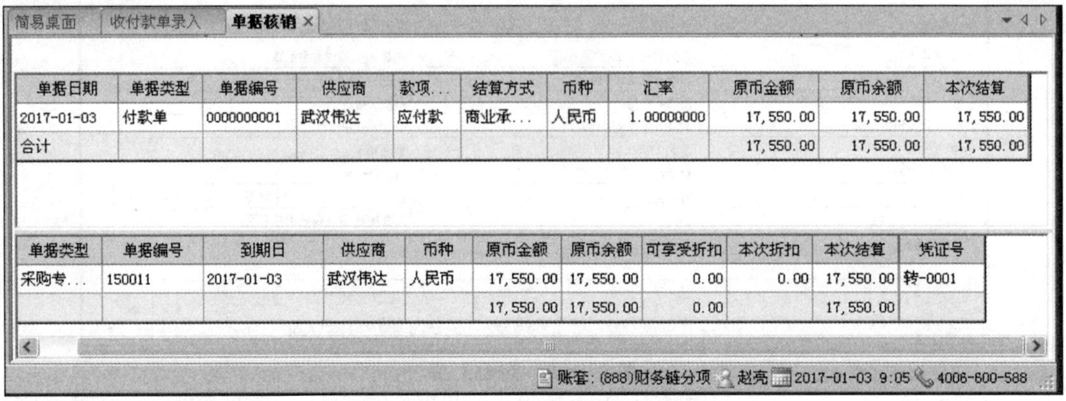
简易桌面
收付款单录入
单据核销
单据日期 单据类型 单据编号 供应商 款项... 结算方式 币种 汇率 原币金额 原币余额 本次结算
2017-01-03 付款单 0000000001 武汉伟达 应付款 商业承... 人民币 1.00000000 17,550.00 17,550.00 17,550.00
合计 17,550.00 17,550.00 17,550.00
单据类型 单据编号 到期日 供应商 币种 原币金额 原币余额 可享受折扣 本次折扣 本次结算 凭证号
采购专... 150011 2017-01-03 武汉伟达 人民币 17,550.00 17,550.00 0.00 0.00 17,550.00 转-0001
17,550.00 17,550.00 0.00 17,550.00
账套:(888)财务链分项 赵亮 2017-01-03 9:05 4006-600-588

图8-2-10　发票与付款单核销

（12）单击“关闭”按钮退出。

特别提示：

①在保存核销内容后，“单据核销”窗口将不再显示已被核销的内容。

②付款单与蓝字采购发票、蓝字应付单、收款单核销；收款单与红字采购发票、红字应付单、付款单核销。

3.业务2：输入、审核专用发票并制单

操作步骤同业务1，采购专用发票如图8-2-11所示，生成转账凭证如图8-2-12所示。

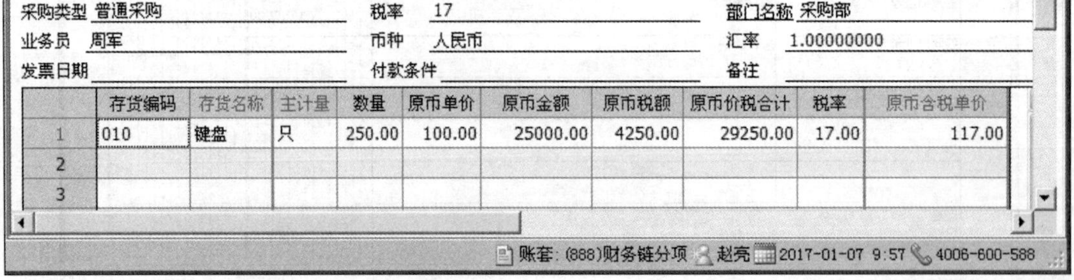
简易桌面
采购发票
专用发票
显示模版
专用发票显示模版
表体排序
业务类型
发票类型 专用发票
发票号 150022
开票日期 2017-01-07
供应商 武汉伟达
代垫单位 武汉伟达
采购类型 普通采购
税率 17
部门名称 采购部
业务员 周军
币种 人民币
汇率 1.00000000
发票日期
付款条件
备注
存货编码 存货名称 主计量 数量 原币单价 原币金额 原币税额 原币价税合计 税率 原币含税单价
1 010 键盘 只 250.00 100.00 25000.00 4250.00 29250.00 17.00 117.00
2
3
账套:(888)财务链分项 赵亮 2017-01-07 9:57 4006-600-588

图8-2-11　采购专用发票

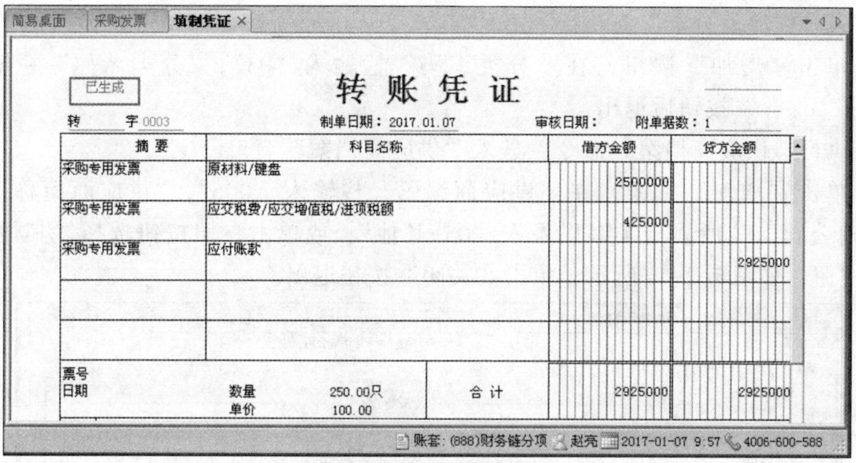

图8-2-12 生成转账凭证

4.业务3：填制审核采购专用发票并制单

操作步骤同业务1，采购专用发票如图8-2-13所示，生成转账凭证如图8-2-14所示。

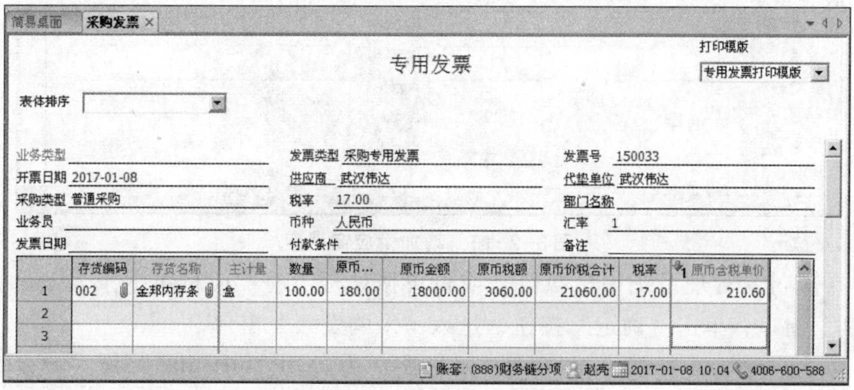

图8-2-13 采购专用发票

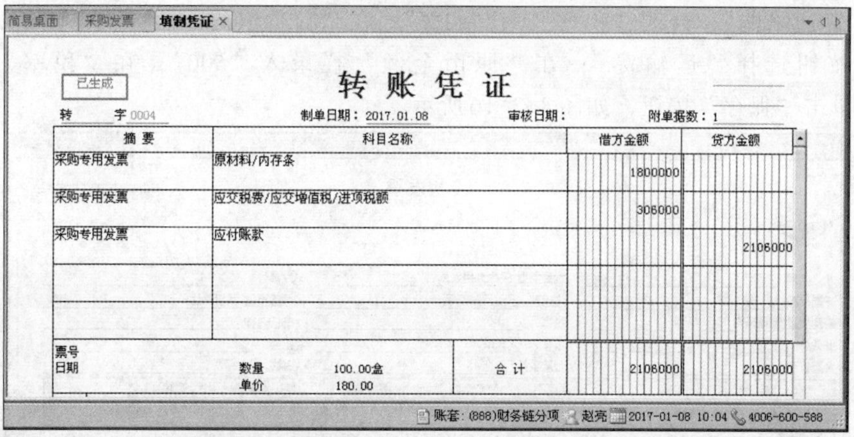

图8-2-14 生成转账凭证

5.业务3：填制运费发票并制单

（1）在"基础设置"选项卡中，执行"基础档案"→"客商信息"→"供应商分类"

命令，进入"供应商分类"窗口。

（2）单击"增加"按钮，在"分类编码"栏输入"03"，"分类名称"栏输入"其他"，单击"保存"按钮后退出。

（3）执行"供应商档案"命令，进入"供应商档案"窗口。

（4）单击"增加"按钮，在"供应商编码"栏输入"006"，"供应商简称"栏输入"天达运输公司"，"所属分类"栏录入"03-其他"，或单击参照按钮选择"其他"，单击"保存"按钮，如图8-2-15所示，单击"关闭"按钮退出。

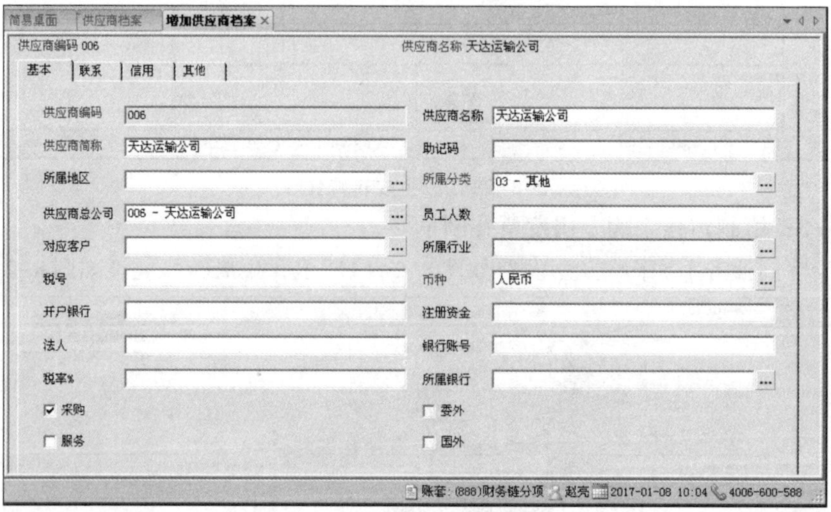

图8-2-15　增加供应商档案

（5）在应付款管理系统中，执行"应付单据处理"→"应付单据录入"命令，打开"单据类别"窗口，单击"确定"按钮，进入"采购发票"窗口。

（6）单击"增加"按钮，输入"开票日期"为"2017-01-08"，录入"发票号"为"150044"；选择"供应商"为"天达运输公司"，"代垫单位"为"武汉伟达"，"采购类型"为"普通采购"；修改"税率"为"11%"；在"存货编码"栏录入"014"，或单击"参照"按钮选择"运输费"；在"原币金额"栏录入"500"；在"税率"栏录入"11%"。单击"保存"按钮，如图8-2-16所示。

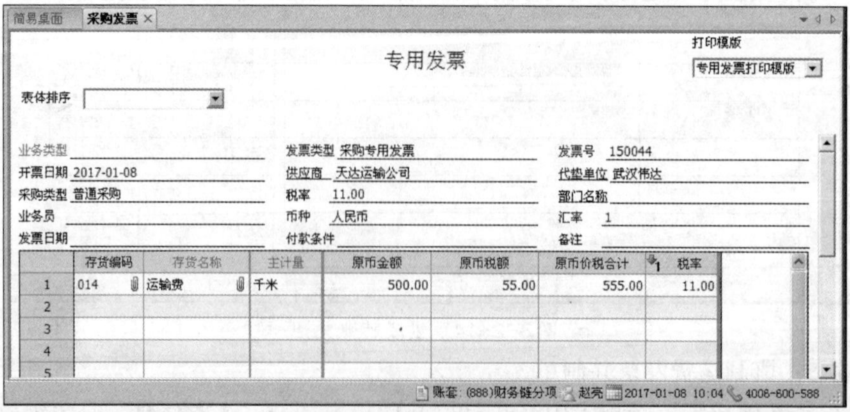

图8-2-16　采购运费发票

（7）单击"审核"按钮，系统弹出"是否立即制单？"提示框。

（8）单击"是"按钮生成凭证，修改凭证类别为"转账凭证"，修改科目"1402 在途物资"为"140302 原材料/内存条"，弹出"辅助项"对话框，不录入，直接单击"确定"按钮，再单击"保存"按钮，如图8-2-17所示。

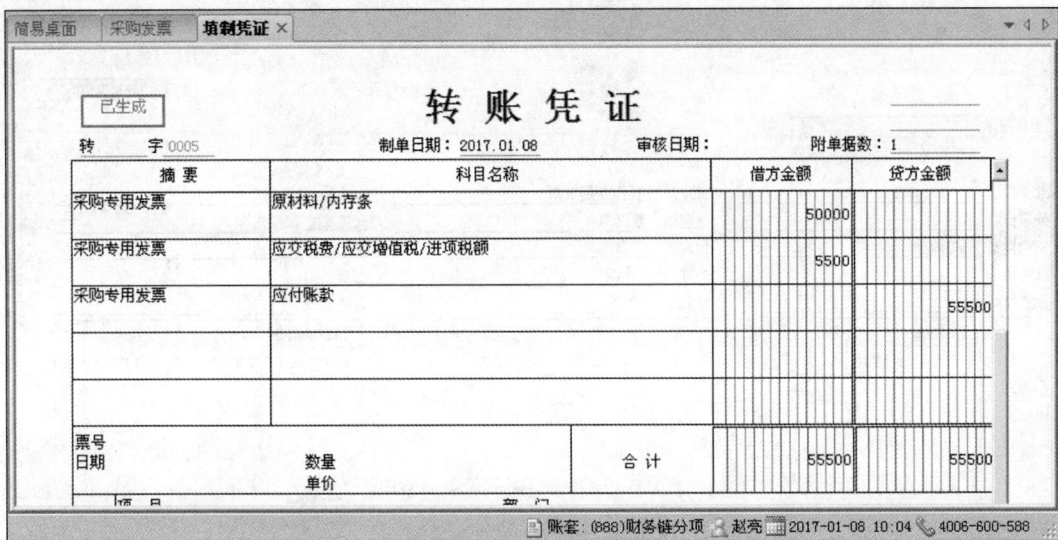

图8-2-17　生成转账凭证

（9）单击"关闭"按钮退出。

特别提示：

①交通运输业营业税改征增值税后，增值税税率为11%。

②本例中的供应商和代垫单位不是同一公司。

③本例中将科目"在途物资"修改为"原材料/内存条"，可不录入辅助项，也可以录入"数量"为"0"。

6.业务4：填制审核红字专用发票并制单

（1）执行"应付单据处理"→"应付单据录入"命令，打开"单据类别"窗口，选择"方向"为"负向"，如图8-2-18所示，单击"确定"按钮，进入"采购发票"界面。

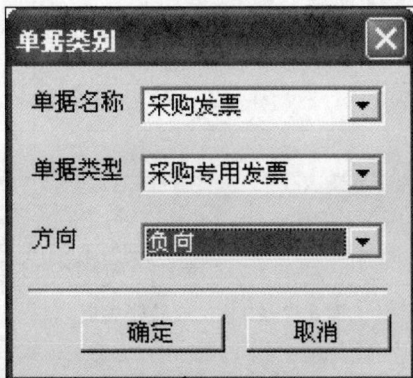

图8-2-18　单据类别

（2）单击"增加"按钮，输入"开票日期"为"2017-01-10"，录入"发票号"为"150055"；选择"供应商"为"武汉伟达"，"采购类型"为"普通采购"；录入"存货编码"为"010"，或单击"参照"按钮选择"键盘"；在"数量"栏录入"-10"；在"原币单价"栏录入"100"。单击"保存"按钮，如图8-2-19所示。

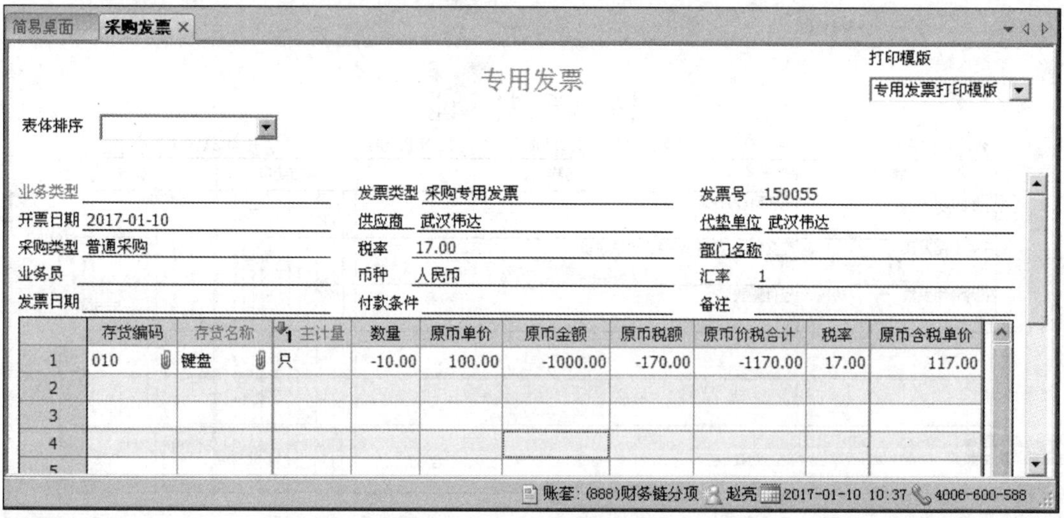

图8-2-19　红字专用发票

（3）单击"审核"按钮，系统弹出"是否立即制单？"提示框。

（4）单击"是"按钮生成凭证，修改凭证类别为"转账凭证"，修改科目"1402 在途物资"为"140310 原材料/键盘"，弹出"辅助项"对话框，录入"数量"为"-10"，"单价"为"100"，单击"确定"按钮，再单击"保存"按钮，如图8-2-20所示。

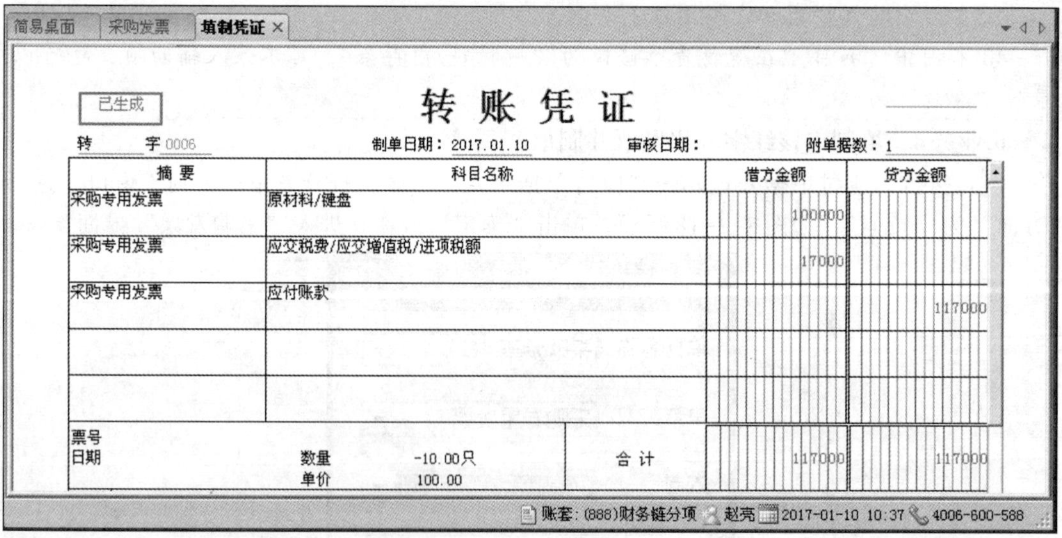

图8-2-20　生成转账凭证

（5）单击"关闭"按钮退出。

7. 业务5：填制审核付款单并制单后核销

（1）执行"付款单据处理"→"付款单据录入"命令，进入"收付款单录入"窗口。

(2) 单击“增加”按钮，输入“日期”为“2017-01-12”，选择“供应商”为“武汉兴隆”，“结算方式”为“转账支票”，“金额”为“165000”，“票据号”为“Z0011”，在“摘要”栏录入“偿还前欠货款”，单击“保存”按钮，如图8-2-21所示。

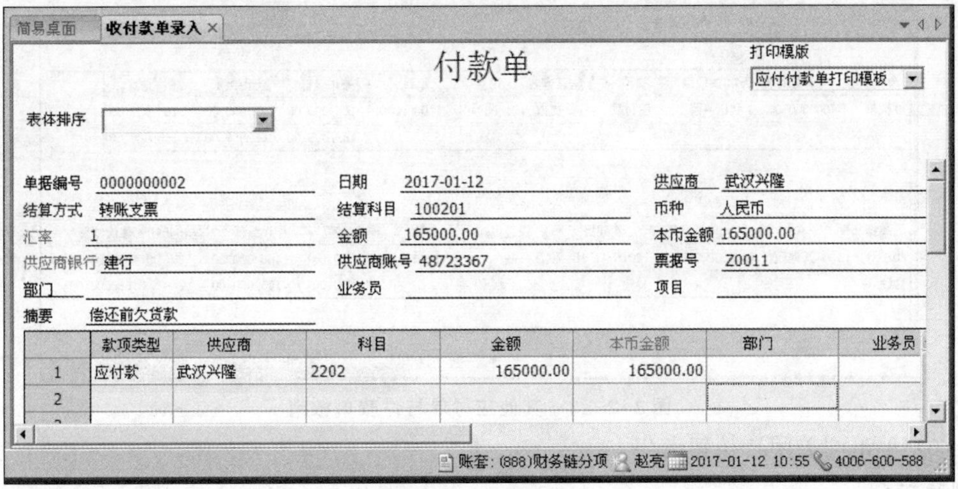

图8-2-21　付款单

特别提示：

①录入付款单内容时，结算方式、结算科目及金额不能为空。

②系统自动生成的结算单据号不能进行修改。

③已核销的付款单不允许修改和删除。

(3) 单击“审核”按钮，系统弹出“是否立即制单?”提示框。

(4) 单击“是”按钮生成凭证，修改凭证类别为“付款凭证”，单击“保存”按钮，如图8-2-22所示。

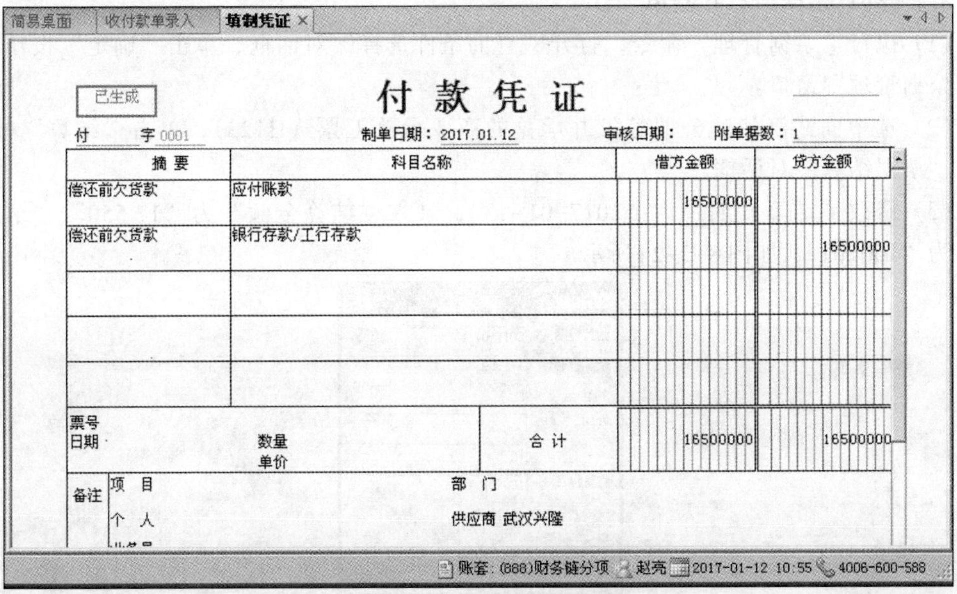

图8-2-22　生成付款凭证

（5）在"收款单录入"窗口，单击"核销"按钮，弹出"核销条件"对话框，单击"确定"按钮，进入"单据核销"界面。在期初其他应付单中输入本次结算金额"165 000"，如图8-2-23所示。单击"保存"按钮。

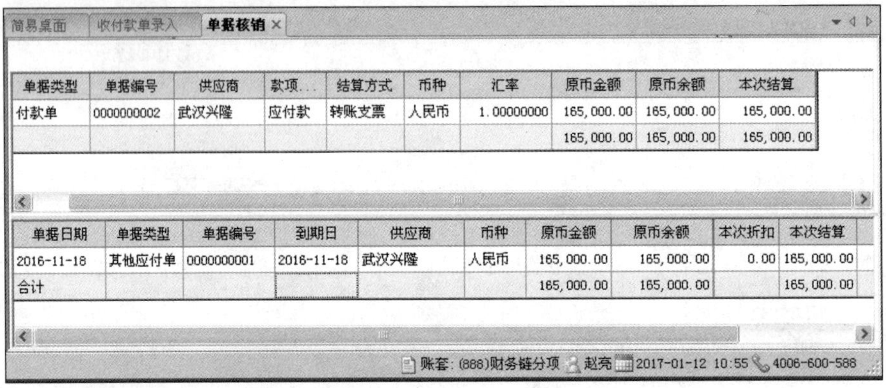

单据类型	单据编号	供应商	款项...	结算方式	币种	汇率	原币金额	原币余额	本次结算
付款单	0000000002	武汉兴隆	应付款	转账支票	人民币	1.00000000	165,000.00	165,000.00	165,000.00
							165,000.00	165,000.00	165,000.00

单据日期	单据类型	单据编号	到期日	供应商	币种	原币金额	原币余额	本次折扣	本次结算
2016-11-18	其他应付单	0000000001	2016-11-18	武汉兴隆	人民币	165,000.00	165,000.00	0.00	165,000.00
合计						165,000.00	165,000.00		165,000.00

账套：(888)财务链分项　赵亮　2017-01-12 10:55　4006-600-588

图8-2-23　其他应付单与付款单核销

（6）单击"关闭"按钮退出。

特别提示：

①在保存核销内容后，"单据核销"窗口将不再显示已被核销的内容。

②核销时，结算单列表中的款项类型为应付款的记录默认本次结算金额为该记录中的原币金额；款项类型为预付款的记录默认本次结算金额为空。核销时可以修改本次结算金额，但是本次结算金额不能大于该记录的原币金额。

③在结算单列表中，单击"分摊"按钮，系统将当前结算单列表中的本次结算金额合计自动分摊到被核销单据列表的"本次结算"栏中。

④如果核销后未进行其他处理，则可以在期末处理的"取消操作"功能中取消核销操作。

8. 业务6：票据结算并制单

（1）执行"票据管理"命令，打开"查询条件选择"对话框，单击"确定"按钮，进入"票据管理"窗口。

（2）选中向武汉伟达公司签发并承兑的商业承兑汇票（H123），单击"结算"按钮，打开"票据结算"对话框。

（3）修改"结算日期"为"2017-01-13"，录入"结算金额"为"17 550"，"结算科目"为"100201"，如图8-2-24所示。

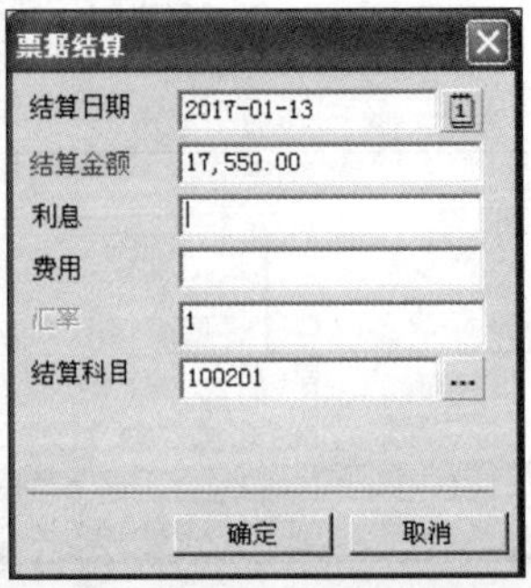

票据结算

结算日期	2017-01-13
结算金额	17,550.00
利息	
费用	
汇率	1
结算科目	100201

确定　取消

图8-2-24　票据结算

（4）单击"确定"按钮，出现"是否立即制单？"提示框。

（5）单击"是"按钮生成凭证，修改凭证类别为"付款凭证"，单击"保存"按钮，如图 8-2-25 所示。

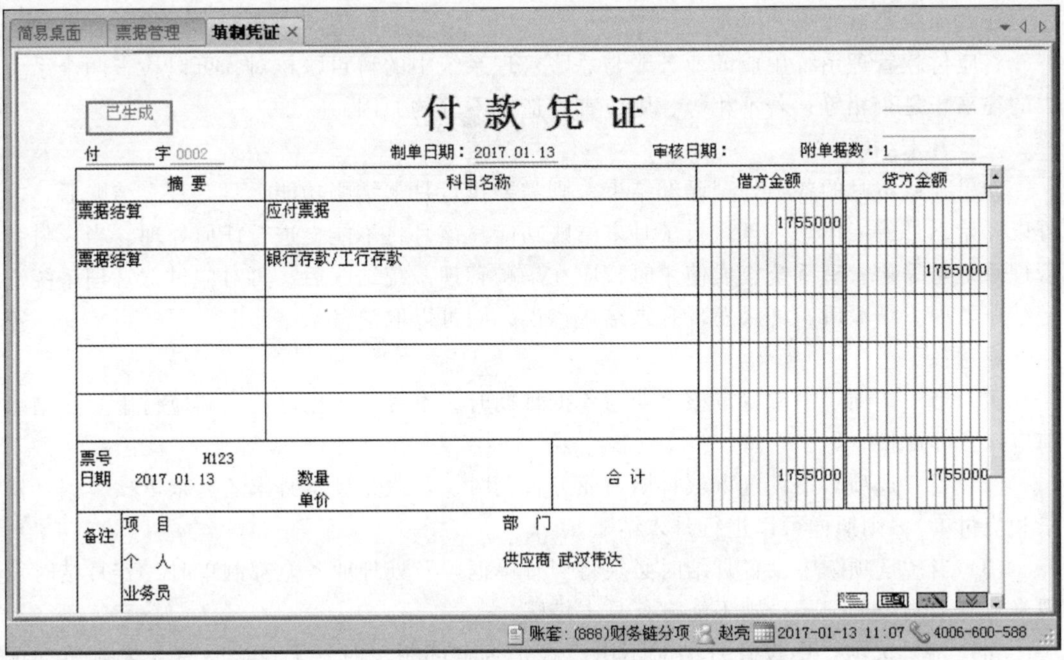

图 8-2-25　生成付款凭证

（6）单击"关闭"按钮退出。

特别提示：

①当票据到期付款时，应进行票据结算处理。

②进行票据结算时，结算金额应为通过结算实际支付的金额。

③票据结算后，不能再进行其他与票据相关的处理。

任务三　　期末处理

▶ 任务资料

资料内容见前述项目。

▶ 任务要求

（1）与总账管理系统进行对账操作。

（2）进行本系统期末结账与取消结账操作。

▶ 知识导航

应付款管理系统的期末处理工作主要包括汇兑损益、与总账对账和月末结账。

一、汇兑损益

如果供应商往来有外币核算，且在总账管理系统的"账簿选项"中选取供应商往来由"应付系统"核算，则应对外币单据的汇兑损益进行相应的处理。

二、与总账对账

将应付款管理系统生成的业务账与总账管理系统中的科目账核对，可以检查两个系统中的往来账是否相等；若不相等，则应查看造成不等的原因。

三、月末结账

如果确认本月的各项处理已经结束，则需要执行月末结账功能，只有月末结账后，才可以开始下月的工作。一旦执行了月末结账功能，该月将不能再进行任何处理。当应付款管理系统与采购管理系统集成使用时，应在采购管理系统结账后，再对应付款管理系统进行结账处理。结账后，如果发现月末结账错误，则可以取消月末结账。

注意：

（1）当"选项"中设置审核日期为单据日期时，本月的单据（发票和应付单）在结账前应该全部审核。

（2）当"选项"中设置审核日期为业务日期时，若截止到本月末还有未审核单据（发票和应付单），则照样可以进行月末结账。

（3）当"选项"中设置月结时必须将当月单据以及处理业务全部制单时，若月结时发现当月有未制单的记录，则不能进行月末结账。

（4）当"选项"中设置月结时不用检查是否全部制单时，无论当月有无未制单的记录，均可以进行月末结账。

▶ 任务实施

【操作步骤】

1.与总账对账

（1）在应付款管理系统中，执行"账表管理"→"业务账表"→"与总账对账"命令，进入"对账条件"窗口，如图 8-3-1 所示。

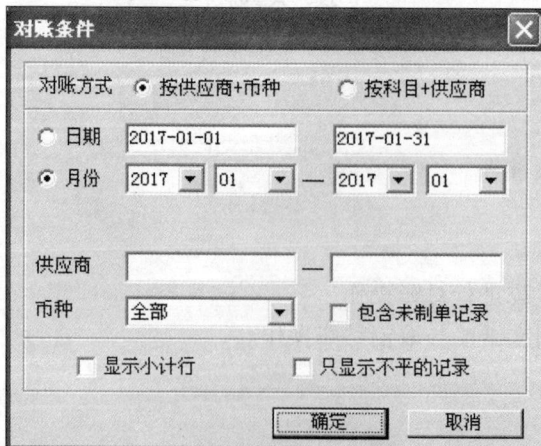

图 8-3-1　对账条件

（2）单击"确定"按钮，进入"对账结果"界面，如图8-3-2所示。

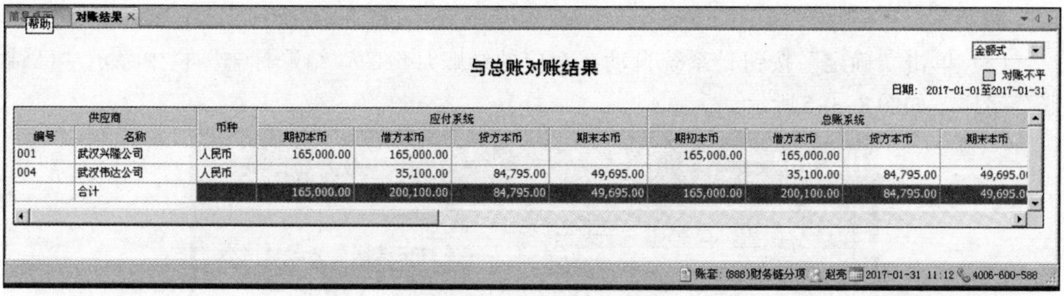

图8-3-2　与总账对账结果

（3）单击"关闭"按钮退出，完成与总账对账。

2.月末结账

（1）执行"期末处理"→"月末结账"命令，打开"月末处理"对话框。

（2）双击一月份的"结账标志"栏，如图8-3-3所示。

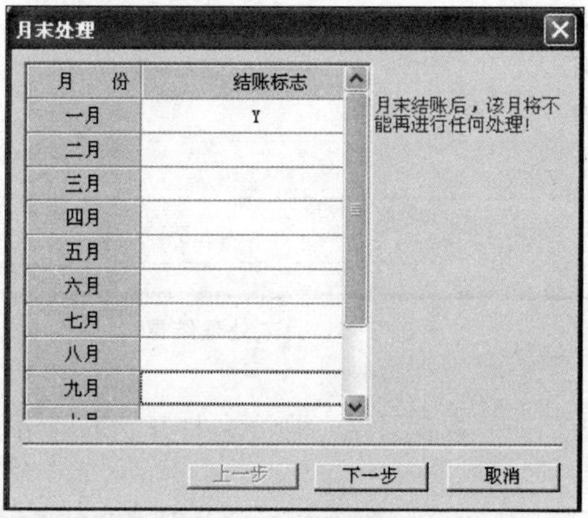

图8-3-3　月末处理

（3）单击"下一步"按钮，屏幕显示各处理类型的处理情况，如图8-3-4所示。

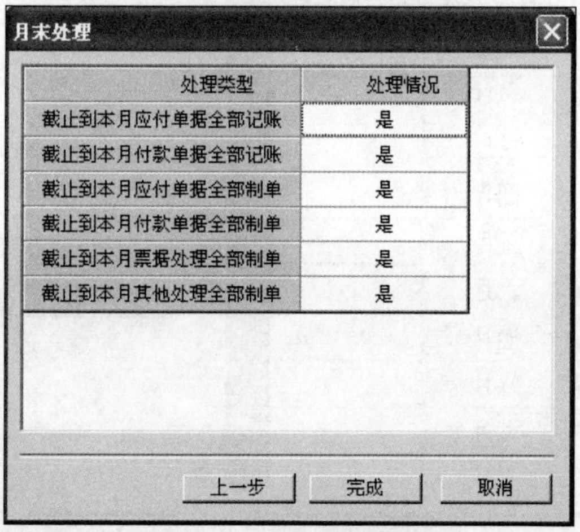

图8-3-4　月末处理情况

（4）在处理情况都是"是"的情况下，单击"完成"按钮，系统弹出"1月份结账成功"提示框。

（5）单击"确定"按钮，系统自动在对应的结账月份的"结账标志"栏中显示"已结账"字样，如图8-3-5所示。

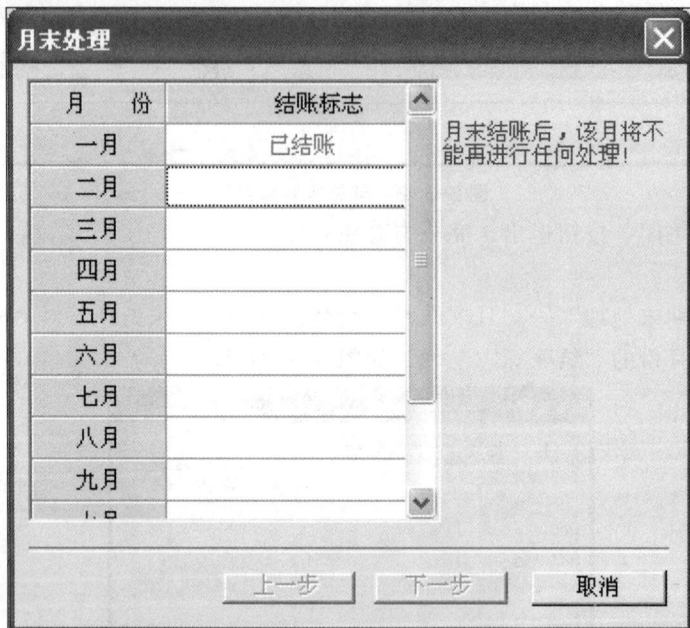

图8-3-5　月末处理结果

3.取消结账

（1）执行"期末处理"→"取消月结"命令，打开"取消结账"对话框，如图8-3-6所示。

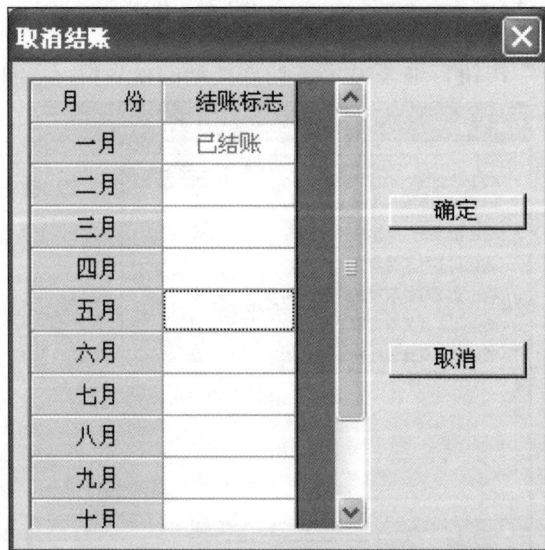

图8-3-6　取消结账

（2）选择"已结账"月份。

（3）单击"确定"按钮，系统弹出"取消结账成功"提示框。

（4）单击"确定"按钮，当月结账标志被取消，如图 8-3-7 所示。

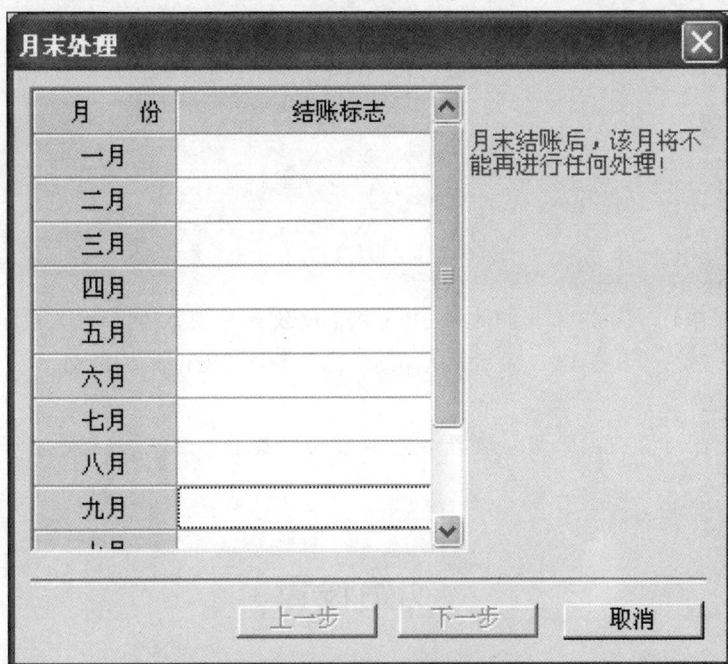

图 8-3-7 取消结账结果

应收款管理系统

知识目标

通过本项目的学习，掌握用友ERP-U8管理软件中应收款管理系统的相关内容，理解应收款业务在总账管理系统核算与在应收款管理系统核算的区别。

能力目标

通过本项目的实训，掌握应收款管理系统初始设置、日常业务处理以及期末处理的操作。

任务一　　　　　　初始设置

▶ 任务资料

资料一：参数设置

1.控制参数

坏账处理方式：应收余额百分比法。

应收款核销方式：按单据。

2.科目设置（见表9-1-1）

表9-1-1　　　　　　　　　　　科目设置

科目类别	设置方式
基本科目设置	应收科目（本币）：1122 预收科目（本币）：2203 销售收入科目：600101 税金科目：22210105 商业承兑科目：1121 银行承兑科目：1121
控制科目设置	所有客户的控制科目： 应收科目：1122 预收科目：2203
结算方式科目设置	现金结算：1001 支票结算：100201 汇票结算：100201

3. 坏账准备设置（见表9-1-2）

表9-1-2 坏账准备设置

控制参数	参数设置
提取比例	0.5%
期初余额	770元
坏账准备科目	1231
对方科目	6701

4. 账期内账龄区间（见表9-1-3）

表9-1-3 账期内账龄区间

序号	起止天数	总天数
01	0～30	30
02	31～60	60
03	61～90	90
04	91以上	

5. 逾期账龄区间（见表9-1-4）

表9-1-4 逾期账龄区间

序号	起止天数	总天数
01	1～30	30
02	31～60	60
03	61～90	90
04	91以上	

6. 单据编号设置

设置销售管理系统中的"销售专用发票"和应收款管理系统中的"其他应收单""收款单"单据编号为"手工改动，重号时自动重取"。

资料二：期初余额

应收账款科目的期初余额为154 000元。

其中，普通发票相关数据见表9-1-5。

表9-1-5 普通发票期初余额

日期	客户	销售部门	摘要	科目	货物名称	数量	单价	金额
2016-12-12	武汉精益	销售二部	销售商品	1122	奔腾CPU	200盒	480元	96 000元

增值税专用发票相关数据见表9-1-6。

表9-1-6 　　　　　　　　　　　　　增值税专用发票期初余额

日　期	客户	销售部门	摘要	科目	货物名称	数量	单价	税率	金额
2016-11-12	讯达商城	销售一部	销售商品	1122	计算机	10台	4 500元	17%	52 650元

其他应收单相关数据见表9-1-7。

表9-1-7 　　　　　　　　　　　　　其他应收单期初余额

日　期	科目编号	客户	销售部门	金额	摘要
2016-11-12	1122	讯达商城	销售一部	5 350元	代垫运费

▶ 任务要求

（1）注册应收款管理系统。

（2）根据资料一，进行系统参数设置。

（3）根据资料二，进行应收款管理系统期初余额录入，并与总账管理系统进行对账。

▶ 知识导航

在用友ERP-U8管理软件中，应收款管理系统主要用于核算和管理客户往来款项。应收款管理系统与应付款管理系统在初始设置、系统功能、系统应用方案、业务流程上都极为相似，因此，本项目在对应收款管理系统各业务内容进行描述时会简略与应付款管理系统相同的内容。

一、应收款管理系统的主要功能

应收款管理系统以发票、运费单、其他应收单等原始单据为依据，记录销售业务及其他业务形成的往来款项，处理应收款项的收回及坏账、转账等情况，同时提供票据处理功能。

应收款管理系统根据对供应商往来款项核算和管理程度的不同，提供了应收款详细核算和简单核算两种方案。

（一）应收款详细核算方案

如果企业的应收款核算管理内容比较复杂，需要追踪每笔业务的应收款、收款等情况，或者需要将应收款核算到产品级，则可以选择该方案。在该方案下，所有往来凭证全部由应收款管理系统生成，其他系统不再生成这类凭证。

（二）应收款简单核算方案

如果企业的应收款业务比较简单，或者现销业务很多，则可以选择在总账管理系统中核算并管理往来款项。

二、应收款管理系统与其他系统的关系

应收款管理系统与其他系统的关系如图9-1-1所示。

三、应收款管理系统的业务处理流程

应收款管理系统的业务处理流程如图9-1-2所示。

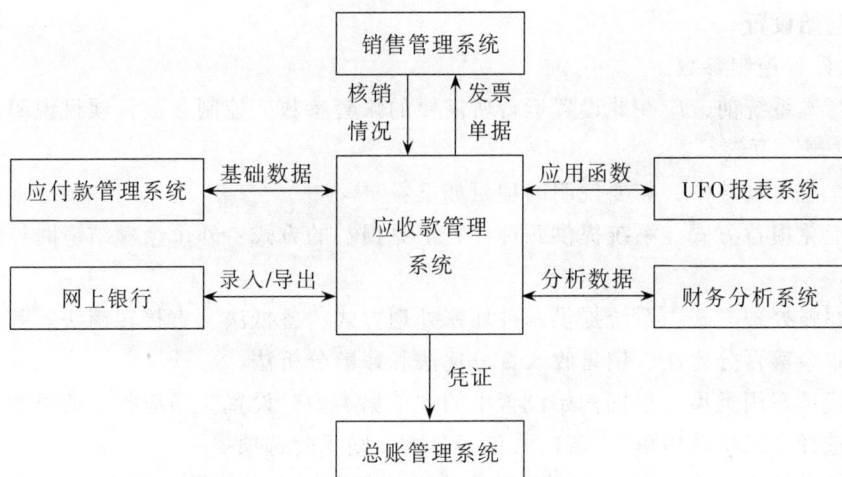

图 9-1-1 应收款管理系统与其他系统的关系

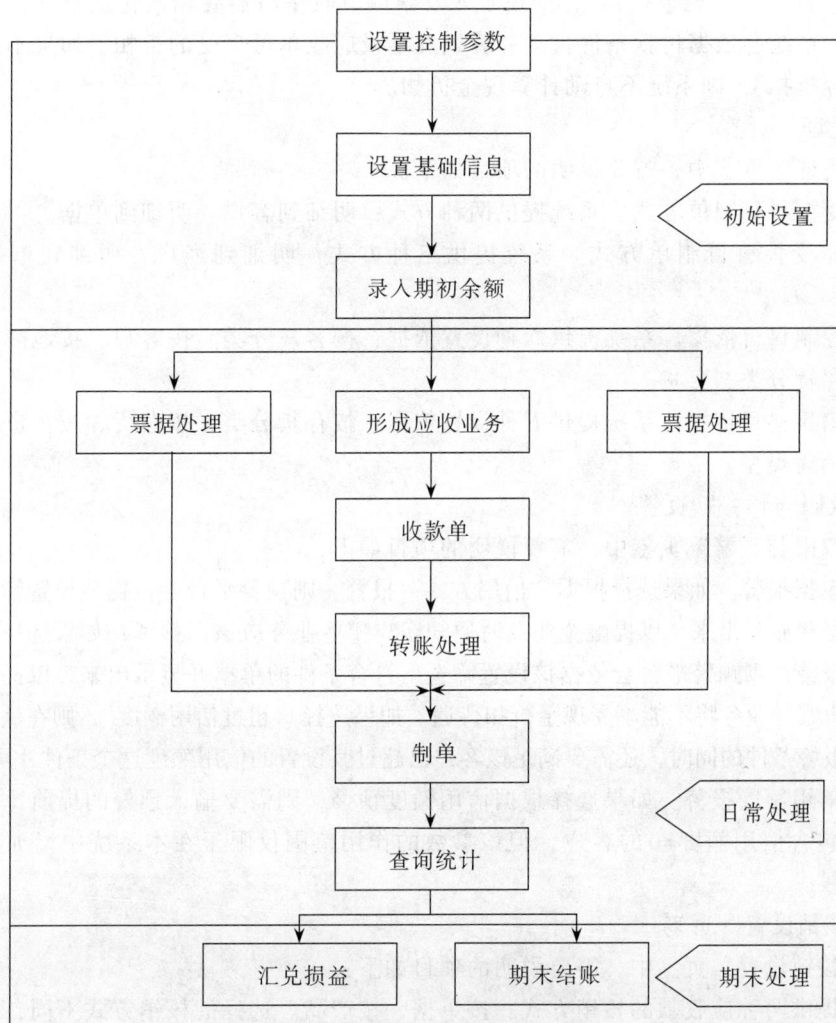

图 9-1-2 应收款管理系统的业务处理流程

四、初始设置

（一）设置控制参数

在运行本系统前，应在此设置运行所需要的账套参数。控制参数各项目说明如下：

1. "常规"页签

在"常规"页签中，需要说明的项目如下：

（1）汇兑损益方式。系统提供两种计算汇兑损益的方式：外币余额结清时计算、月末处理。

（2）坏账处理方式。系统提供两种坏账处理方式：备抵法、直接转销法。其中，备抵法包括应收余额百分比法、销售收入百分比法和账龄分析法。

（3）代垫费用类型。根据初始设置中的"单据类型"设置。当应收单的类型分为多种时，在此选择"代垫费用单"；若应收单不分类，则无此选项。

（4）自动计算现金折扣。为了鼓励客户在信用期间内提前付款而采用现金折扣政策。如果选择"自动计算现金折扣"，则在录入发票或应收单时需要输入付款条件，在核销处理界面中，系统会依据付款条件自动计算该发票或应收单可享受的折扣。如果不选择"自动计算现金折扣"，则系统不自动计算现金折扣。

2. "凭证"页签

在"凭证"页签中，需要说明的项目如下：

（1）受控科目制单方式。系统提供两种方式：明细到客户、明细到单据。

（2）非受控科目制单方式。系统提供三种方式：明细到客户、明细到单据、汇总制单。

（3）控制科目依据。系统提供六种设置依据：按客户分类、按客户、按地区、按销售类型、按存货分类、存货。

（4）销售科目依据。系统提供五种设置依据：按存货分类、按存货、按客户、按客户分类、按销售类型。

3. "权限与预警"页签

在"权限与预警"页签中，需要说明的项目如下：

（1）单据报警。如果选择根据"信用方式"报警，则预警平台会依据该设置筛选出符合条件的单据并显示出来，以提醒企业及时通知客户哪些业务应该回款了；如果选择根据"折扣方式"报警，则预警平台会依据该设置筛选出符合条件的单据并显示出来，以提醒企业及时通知客户哪些业务将不能享受现金折扣待遇。如果选择"超过信用额度"，则在满足上述设置的单据报警条件的同时，还需要满足该客户已超过其设置的信用额度这个条件才可以报警。

（2）信用额度报警。如果选择根据信用额度预警，则需要输入预警的提前比率，并且选择是否包含信用额度=0的客户，但该参数的作用范围仅限于在本系统中增加发票和应收单的时候。

4. "核销设置"页签

在"核销设置"页签中，需要说明的项目如下：

系统提供两种应收款的核销方式：按单据、按产品。选择的核销方式不同，账龄分析的精确性也不同。

（二）设置基础信息

基础信息包括设置科目、设置坏账准备、设置账龄区间、设置报警级别、设置存货分类档案、设置单据类型和设计单据格式等。其他公共信息（会计科目、部门档案、职员档案、外币及汇率、结算方式、付款条件、地区分类、客户分类及档案）已在总账管理系统初始设置中完成。

1.设置科目

如果企业的应收业务类型比较固定，生成的凭证类型也比较固定，则为了简化凭证生成操作，可以在此处将各业务类型凭证中的常用科目预先设置好。

2.设置坏账准备

应收款管理系统可以根据发生的应收业务情况，自动计提坏账准备。计提坏账的处理方法包括应收余额百分比法、销售收入百分比法、账龄分析法。

3.设置账龄区间

为了对应收账款进行账龄分析，评估客户信誉，并按一定比例估计坏账损失，应首先在此设置账龄区间。应收账款的账龄设置分为两部分：一是账期内账龄区间设置；二是逾期账龄区间设置。

4.设置报警级别

通过对报警级别的设置，将客户按照客户欠款余额与其授信额度的比例分为不同的类型，以便于掌握各个客户的信用情况。

5.设置单据类型

系统提供了发票和应收单两大类型票据。

如果同时使用销售管理系统，则发票的类型包括增值税专用发票、普通发票、销售调拨单和销售日报。如果单独使用应收款管理系统，则发票的类型只包括前两种。发票的类型不能修改和删除。

应收单记录了销售业务之外的应收款情况。在本功能中，用户只能增加应收单。应收单可划分为不同的类型，如应收代垫费用款、应收利息款、应收罚款、其他应收款等，以区分应收货款之外的其他应收款。应收单的对应科目由用户自己定义。

（三）录入期初余额

在初次使用本系统时，用户需要将上期未处理完的单据都录入进来作为期初余额，以便于以后的核销处理。当进入第二年处理时，系统会自动将上年未处理完的单据转为下一年的期初余额。在下一年的第一个会计期间里，可以进行期初余额调整。

▶ **任务实施**

【操作步骤】

1.注册应收款管理系统

（1）以"204刘云"的身份登录企业应用平台，如图9-1-3所示。

（2）在企业应用平台的"业务工作"选项卡中，选择"财务会计"→"应收款管理"选项，打开"应收款管理"菜单。

图9-1-3 应收款管理系统登录窗口

2.设置控制参数

（1）在企业应用平台中，执行"财务会计"→"应收款管理"→"设置"→"选项"命令，打开"账套参数设置"对话框。

（2）单击"编辑"按钮，打开"常规"选项卡，确定"坏账处理方式"为"应收余额百分比法"，如图9-1-4所示。

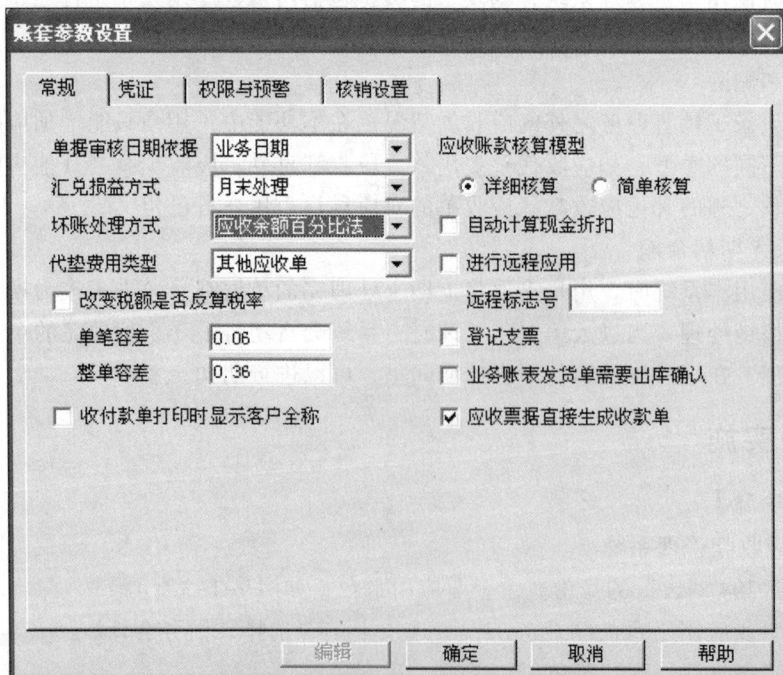

图9-1-4 账套参数设置——常规

（3）打开"核销设置"选项卡，确定"应收款核销方式"为"按单据"，单击"确定"按钮后退出。

3.设置科目

（1）设置基本科目

①在应收款管理系统中，执行"设置"→"初始设置"命令，进入"初始设置"窗口。

②选择"基本科目设置"，单击"增加"按钮，输入或选择应收科目"1122"及其他基本科目，如图9-1-5所示。

基础科目种类	科目	币种
应收科目	1122	人民币
预收科目	2203	人民币
销售收入科目	600101	人民币
税金科目	22210105	人民币
商业承兑科目	1121	人民币
银行承兑科目	1121	人民币

账套:(888)财务链分项 刘云 2017-01-01 18:42 4006-600-588

图9-1-5 基本科目设置

特别提示：

①在"基本科目设置"中设置的应收科目"1122应收账款"、预收科目"2203预收账款"及"1121应收票据"，应在总账管理系统中设置辅助核算内容为"客户往来"，并且其受控系统为"应收系统"，否则在此不能被选中。

②如果应收科目、预收科目按不同的客户或客户分类分别设置，则可在"控制科目设置"中设置，在此可不设置。

③如果针对不同的存货分别设置销售收入核算科目，则在此不用设置，可以在"产品科目设置"中进行设置。

（2）设置控制科目

①在"初始设置"窗口中，选择"控制科目设置"选项。

②在第一行客户"001武汉精益"栏，选择"应收科目"为"1122"，"预收科目"为"2203"；同理增加其他客户的控制科目，如图9-1-6所示。

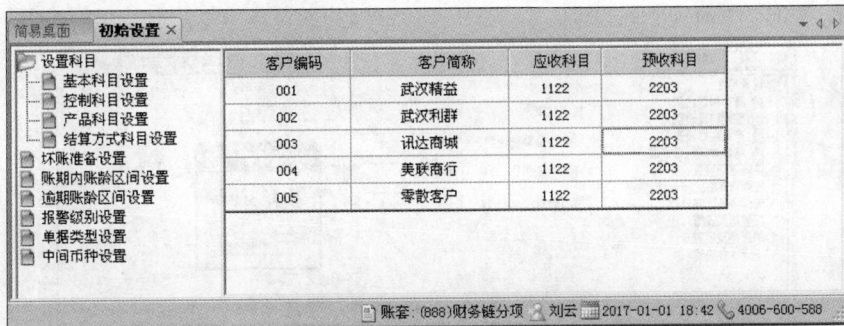

客户编码	客户简称	应收科目	预收科目
001	武汉精益	1122	2203
002	武汉利群	1122	2203
003	讯达商城	1122	2203
004	美联商行	1122	2203
005	零散客户	1122	2203

账套:(888)财务链分项 刘云 2017-01-01 18:42 4006-600-588

图9-1-6 控制科目设置

特别提示：

①如果企业在核算客户的赊销欠款时，针对不同的客户（客户分类、地区分类）分别设置了不同的应收科目和预收科目，则可以先在账套参数中选择设置的依据（即选择是针对不同的客户设置，还是针对不同的客户分类设置，或者是针对不同的地区分类设置），然后在此处进行设置。系统将依据制单规则在生成凭证时自动带入。

②应收科目和预收科目必须已经在科目档案中指定为应收系统的受控科目。

（3）设置结算方式科目

①在"初始设置"窗口中，选择"结算方式科目设置"选项。

②单击"结算方式"栏，选择"现金结算"；单击"币种"栏，选择"人民币"；在"科目"栏录入或选择"1001"，按"Enter"键。按此方法继续录入其他结算方式科目，如图9-1-7所示。

结算方式	币　种	本单位账号	科　目
1 现金结算	人民币		1001
201 现金支票	人民币		100201
202 转账支票	人民币		100201
3 汇票	人民币		100201

图9-1-7　结算方式科目设置

特别提示：

①结算方式科目设置是针对已经设置的结算方式设置相应的结算科目，即在收款或付款时只要告诉系统结算时使用的结算方式，就可以由系统自动生成该种结算方式所使用的会计科目。

②如果在此不设置结算方式科目，则在收款或付款时可以手工输入不同结算方式对应的会计科目。

4.设置坏账准备

（1）在"初始设置"窗口中，选择"坏账准备设置"选项。

（2）录入"提取比率"为"0.5"，"坏账准备期初余额"为"770"，"坏账准备科目"为"1231"，"对方科目"为"6701"，单击"确定"按钮，系统提示"储存完毕"，如图9-1-8所示，单击"确定"按钮。

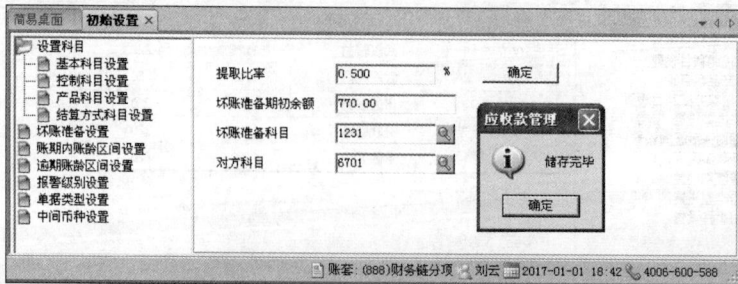

图9-1-8　坏账准备设置

5.设置账期内账龄区间

（1）在"初始设置"窗口中，选择"账期内账龄区间设置"选项。

（2）在"总天数"栏输入"30"，按"Enter"键，接着在"总天数"栏输入"60"，按此方法输入其他内容，如图9-1-9所示。

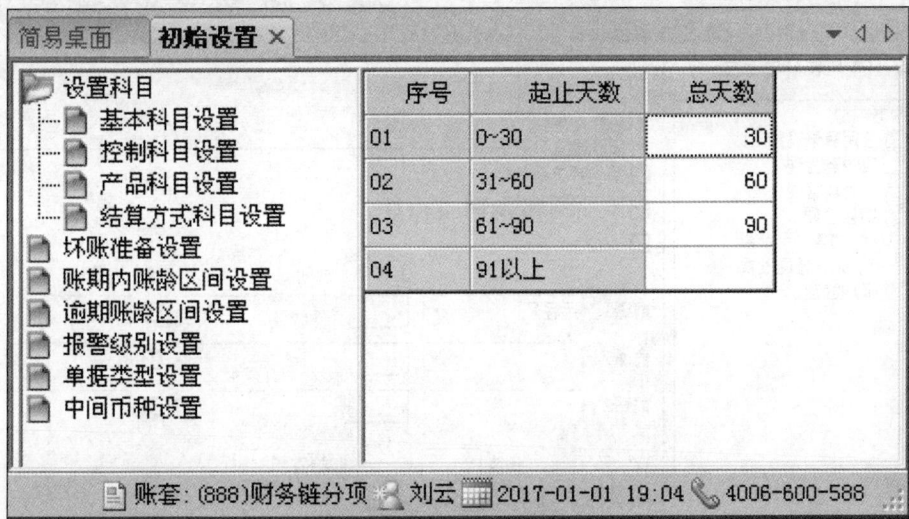

图9-1-9 账期内账龄区间设置

6.设置逾期账龄区间

（1）在"初始设置"窗口中，选择"逾期账龄区间设置"选项。

（2）在"总天数"栏输入"30"，按"Enter"键，接着在"总天数"栏输入"60"，按此方法输入其他内容，如图9-1-10所示。

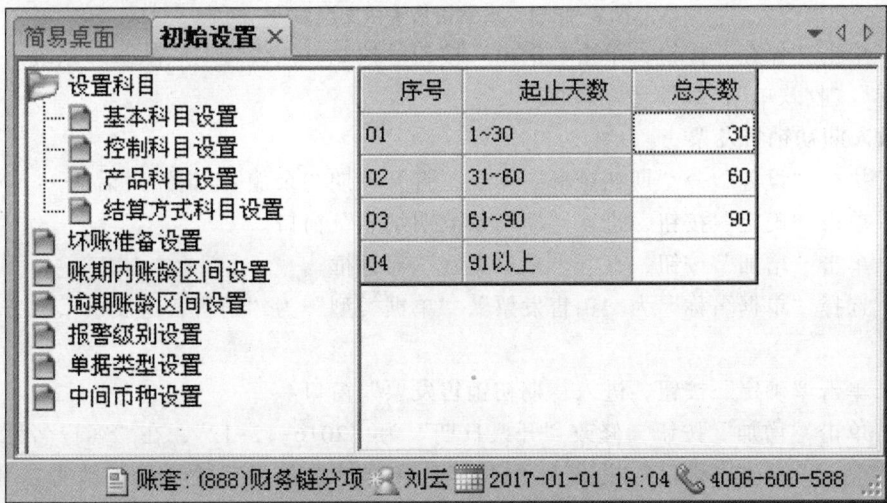

图9-1-10 逾期账龄区间设置

307

7.设置单据编号

（1）在"企业应用平台"中，执行"基础设置"→"单据设置"→"单据编号设置"命令，打开"单据编号设置"窗口。

（2）执行"单据类型"→"销售管理"→"销售专用发票"命令，打开"单据编号设置-[销售专用发票*]"窗口。

（3）单击"修改"按钮，选择"手工改动，重号时自动重取"复选框，如图9-1-11所示。

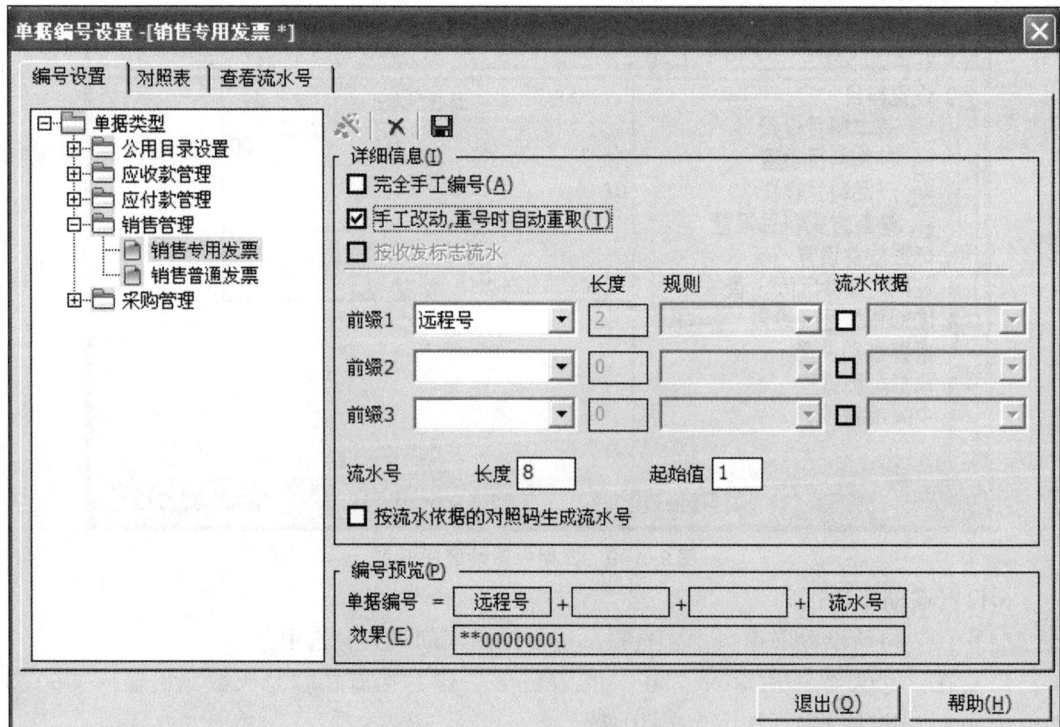

图9-1-11　设置销售专用发票编号

（4）单击"保存"按钮，单击"退出"按钮。按此方法设置应收款管理系统中的"其他应收单""收款单"，编号允许修改。

8.录入期初销售发票

（1）执行"设置"→"期初余额"命令，打开"期初余额-查询"对话框。

（2）单击"确定"按钮，进入"期初余额明细表"窗口。

（3）单击"增加"按钮，打开"单据类别"对话框。

（4）选择"单据名称"为"销售发票"，"单据类型"为"销售普通发票"，"方向"为"正向"。

（5）单击"确定"按钮，进入"期初销售发票"窗口。

（6）单击"增加"按钮，修改"开票日期"为"2016-12-12"，在"客户名称"栏选择"武汉精益"，在"科目"栏录入"1122"，在"销售部门"栏选择"销售二部"，在"备注"栏录入"销售商品"。

（7）选择"货物名称"为"奔腾 CPU"；输入"数量"为"200"，含税单价为"480"，如图 9-1-12 所示。

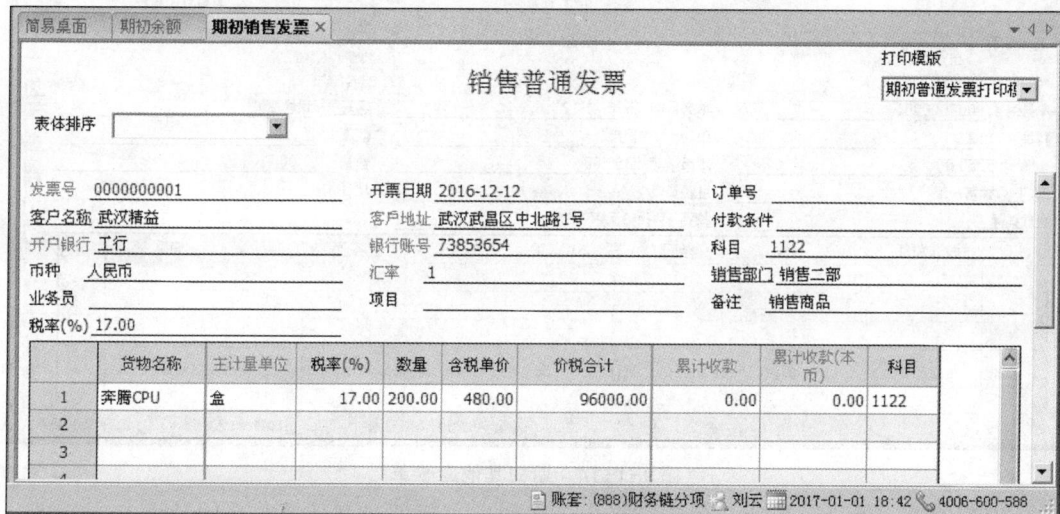

图 9-1-12 期初销售普通发票

（8）单击"保存"按钮。同理，输入增值税专用发票，如图 9-1-13 所示。

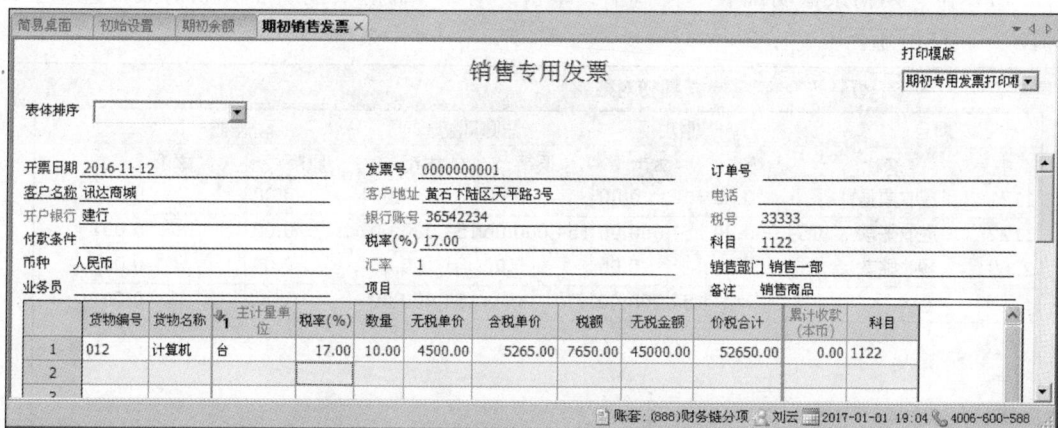

图 9-1-13 期初销售专用发票

特别提示：

输入期初销售发票时，要确定科目，以方便与总账管理系统的应收账款对账，并且可以查询正确的科目明细账。

9.录入期初其他应收单

（1）在"期初余额明细表"窗口中，单击"增加"按钮，打开"单据类别"窗口。

（2）选择"单据名称"为"应收单"，"单据类型"为"其他应收单"，"方向"为"正向"，单击"确认"按钮，进入"单据录入"窗口。

（3）单击"增加"按钮，修改"单据日期"为"2016-11-12"，"客户"为"讯达商城"，"科目"为"1122"，"金额"为"5 350"，"销售部门"为"销售一部"，"摘要"为"代垫运费"，如图 9-1-14 所示。

图9-1-14　期初其他应收单

（4）单击"保存"按钮，单击"退出"按钮，完成期初其他应收单的录入。

10. 应收款系统与总账系统对账

（1）在"期初余额明细表"窗口中，单击"对账"按钮，打开"期初对账"选项卡，如图9-1-15所示。

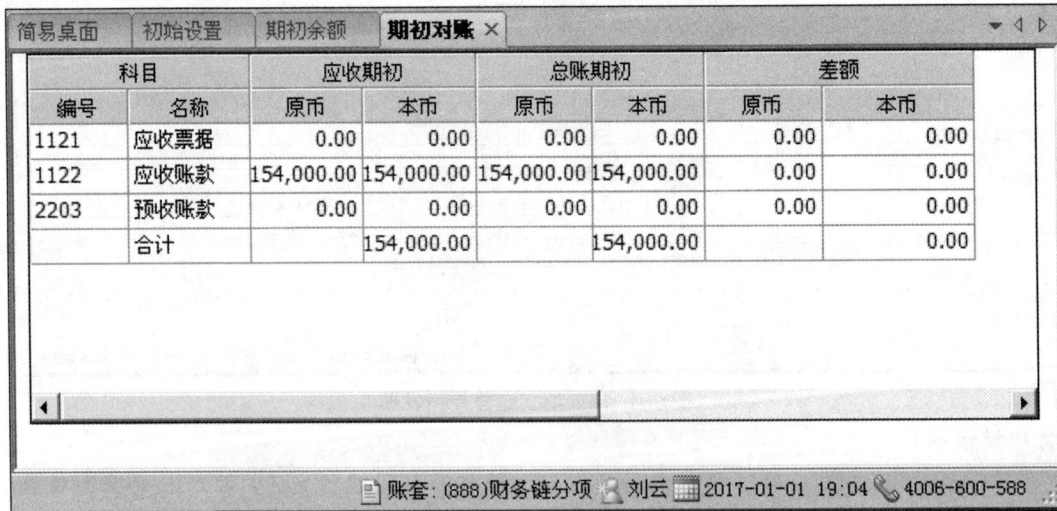

科目		应收期初		总账期初		差额	
编号	名称	原币	本币	原币	本币	原币	本币
1121	应收票据	0.00	0.00	0.00	0.00	0.00	0.00
1122	应收账款	154,000.00	154,000.00	154,000.00	154,000.00	0.00	0.00
2203	预收账款	0.00	0.00	0.00	0.00	0.00	0.00
	合计		154,000.00		154,000.00		0.00

图9-1-15　期初对账

（2）单击"关闭"按钮退出，完成期初对账。

特别提示：

应收款管理系统与总账管理系统的期初余额应为0，即两个系统的客户往来科目的期初余额应完全一致。

任务二　日常业务处理

▶ **任务资料**

1月份发生的销售业务如下（详细内容参见项目四任务二的资料二）：

（1）15日，销售一部向武汉精益公司出售计算机10台，无税单价4 500元，货物从成品库发出。当日根据上述发货单开具专用发票1张，票号250011。

（2）18日，销售一部从成品库向武汉利群公司销售10台计算机，无税单价4 500元，发出其所购货物，并据此开具专用发票1张，票号250022。销售一部将销售发票交给财务部门，财务部门据此确认收入。当日收到武汉利群公司开出不带息商业承兑汇票1张支付货款，票号HP123，到期日为28日。

（3）20日，销售二部向黄石讯达商城出售硬盘50盒，无税单价950元，货物从配套件库发出。当日，根据上述发货单开具专用发票1张，票号250033。同时，以现金支付了一笔代垫的运费500元。客户尚未支付该笔款项。

（4）24日，销售二部向黄石讯达商城出售硬盘20盒，无税单价900元，货物从配套件库发出。当日，根据上述发货单开具专用发票1张，票号250044。

（5）25日，发现1月15日向武汉精益公司出售计算机10台的号码为250011的专用发票的无税单价为4 300元。同时收到客户开出商业承兑汇票支付全部货款，票号为HP124，到期日为4月25日。

（6）26日，发现24日向黄石讯达商城出售硬盘20盒、无税单价900元、增值税率17%、号码为250044的专用发票填制错误，应该删除。

（7）27日，收到武汉精益公司以转账支票支付原欠款项96 000元，支票号ZP0011。

（8）28日，将18日收到的武汉利群公司签发并承兑的商业承兑汇票（票号HP123）进行结算。

（9）29日，收到黄石讯达商城以转账支票方式支付前欠款项58 000元，支票号ZP0022。

（10）30日，将收到的武汉精益公司签发并承兑的商业承兑汇票（票号HP124）送银行贴现，贴现率为5%。

（11）31日，确认本月20日为黄石讯达商城代垫的运费500元，作为坏账处理。

（12）31日，计提坏账准备。

▶ **任务要求**

（1）进行本月各项业务应收款单据的处理。

（2）根据各种应收与收款单据，生成相关凭证，并在总账系统中进行审核、记账操作。

（3）查询本系统1月生成的凭证。

（4）进行应收款账龄分析。

▶ **知识导航**

日常业务主要包括应收业务、坏账处理、收款业务、往来核销、票据管理、转账业务、制单处理和查询统计等。

一、应收业务

销售发票与应收单是应收账款管理系统日常核算的原始单据。销售发票是指销售业务中的各类普通发票和专用发票。应收单是指销售业务之外的应收单据（如代垫运费等）。

如果同时使用应收款管理系统和销售管理系统，则销售发票和代垫费用产生的单据由销售管理系统录入，在本系统中需要录入的单据仅限于应收单。如果没有使用销售管理系统，则各类发票和应收单均应在应收款管理系统中录入并审核。

二、坏账处理

坏账处理包括坏账发生、坏账收回、坏账计提。

系统提供的计提坏账的方法主要有销售收入百分比法、应收账款百分比法和账龄分析法。无论采取哪种方法，初次计提时，如果没有进行预先设置，则用户首先应在初始设置中进行设置。设置的内容包括提取比率、坏账准备期初余额。

采用销售收入百分比法时，销售总额默认值为本会计年度发票总额。采用应收账款百分比法时，应收账款余额默认值为本会计年度最后一天所有未结算完的发票和应收单余额之和减去预收款数额。采用账龄分析法时，各区间余额由系统生成（本会计年度最后一天所有未结算完的发票和应收单余额之和减去预收款数额）。这些金额均可以根据实际情况进行修改。

三、收款业务

收款业务主要是对结算单据（收款单、付款单）进行管理，包括收款单、付款单的录入、审核。

收款单用来记录企业所收到的客户款项，款项性质包括应收款、预收款、现款结算、其他费用等。付款单用来记录发生销售退货时，企业开具的退付给客户的款项。

四、往来核销

单据核销的作用是在收回客商款项时，核销该客商应收款项，建立收款与应收款的核销记录，监督应收款及时核销，从而加强往来款项的管理。

五、票据管理

一般情况下，企业都有应收票据。本系统提供了强大的票据管理功能，用户可以在此对银行承兑汇票和商业承兑汇票进行管理，记录票据详细信息和票据处理情况，包括票据贴现、背书、计息、结算、转出等情况。

六、转账业务

在日常业务处理中，以下几种转账业务经常发生：

（一）预收冲应收

当某客户有预收款时，可用该客户的一笔预收款冲一笔应收款。

（二）应收冲应付

若某客户既是销售客户又是供应商，则可能发生应收款冲应付款的情况。

（三）红票对冲

当发生退货时，用红字发票对冲蓝字发票。

（四）应收冲应收

当一个客户为另一个客户代付款时，会发生应收冲应收的情况。

七、制单处理

制单处理分为立即制单和批量制单。

八、查询统计

应收款管理系统的查询统计功能主要有：单据查询、业务账表查询、业务分析和科目账表查询。

（一）单据查询

单据查询功能包括发票、应收单、结算单和凭证等的查询。

（二）业务账表查询

业务账表查询功能可以进行总账、明细账、余额表和对账单的查询，并可以实现总账、明细账、单据之间的联查。

（三）业务分析

业务分析功能包括应收款账龄分析、收款账龄分析和欠款分析。

（四）科目账表查询

科目账表查询功能包括科目余额表查询和科目明细表查询，并且可以实现总账、明细账、凭证的联查。

▶ **任务实施**

【操作步骤】

1. 业务1：填制审核销售发票并制单

（1）在应收款管理系统中，执行"应收单据处理"→"应收单据录入"命令，打开"单据类别"窗口，如图9-2-1所示。

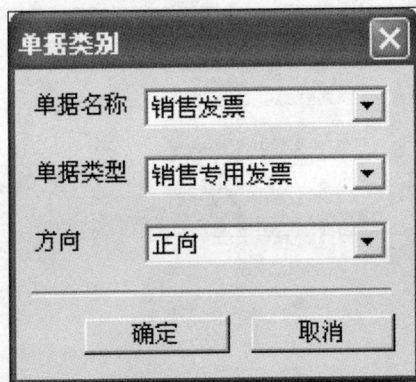

图9-2-1 单据类别

（2）单击"确定"按钮，进入"销售发票"窗口。单击"增加"按钮，修改发票日期为"2017-01-15"，录入发票号"250011"。

（3）单击"销售类型"参照按钮，进入"销售类型基本参照"窗口，单击"编辑"按钮，进入"销售类型"窗口；单击"增加"按钮，输入"销售类型编码"为"01"，"销售类型名称"为"批发销售"。单击"出库类别"参照按钮，进入"收发类别档案基本参照"窗口；单击"编辑"按钮，进入"收发类别"窗口；单击"增加"按钮，输入"收发类别编码"为"1"，"收发类别名称"为"销售出库"，选择"收发标志"为"发"，如图9-2-2所示，单击"保存"按钮。

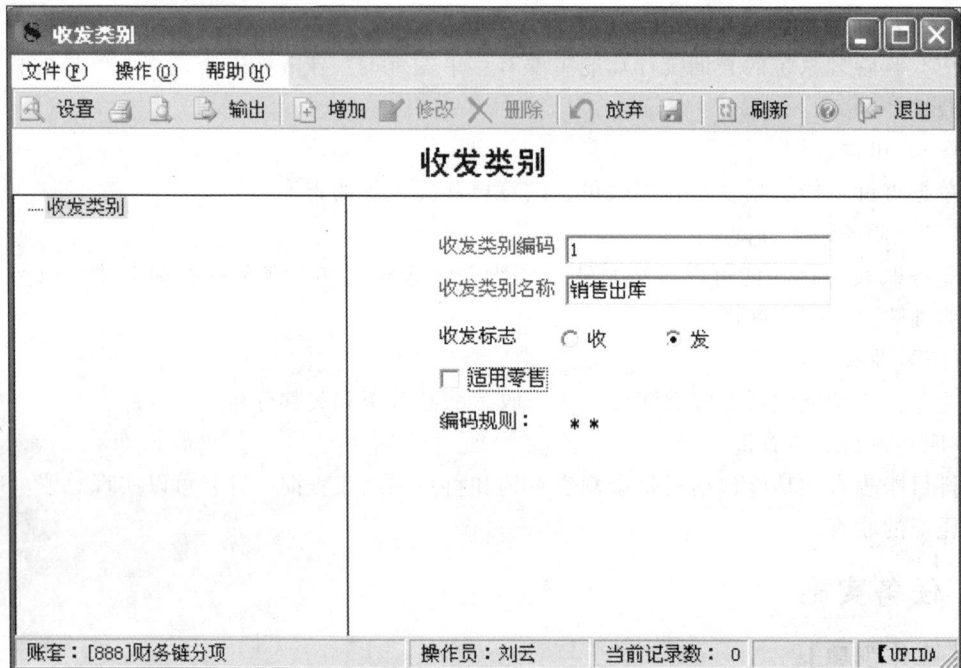

图9-2-2　收发类别

（4）单击"退出"按钮，回到"收发类别档案基本参照"窗口，如图9-2-3所示。选择"销售出库"，单击"确定"按钮，回到"销售类型"窗口，单击"保存"按钮。

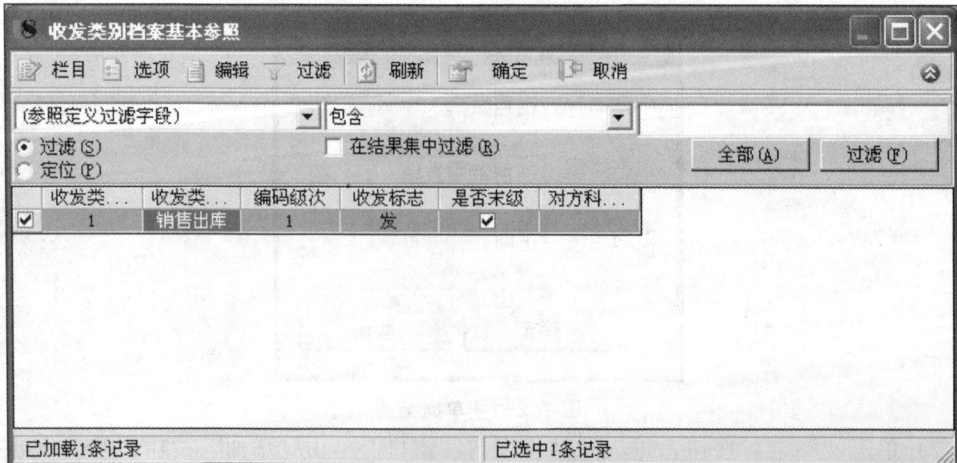

图9-2-3　收发类别档案基本参照

（5）单击"退出"按钮，关闭该窗口。

（6）回到"销售类型基本参照"窗口，选择"批发销售"，单击"确定"按钮。

（7）选择"客户简称"为"武汉精益"，"销售部门"为"销售一部"。

（8）在"存货编码"栏录入"012"，或单击"参照"按钮选择"计算机"；在"数量"栏录入"10"，在"无税单价"栏录入"4 500"，如图9-2-4所示，单击"保存"按钮。

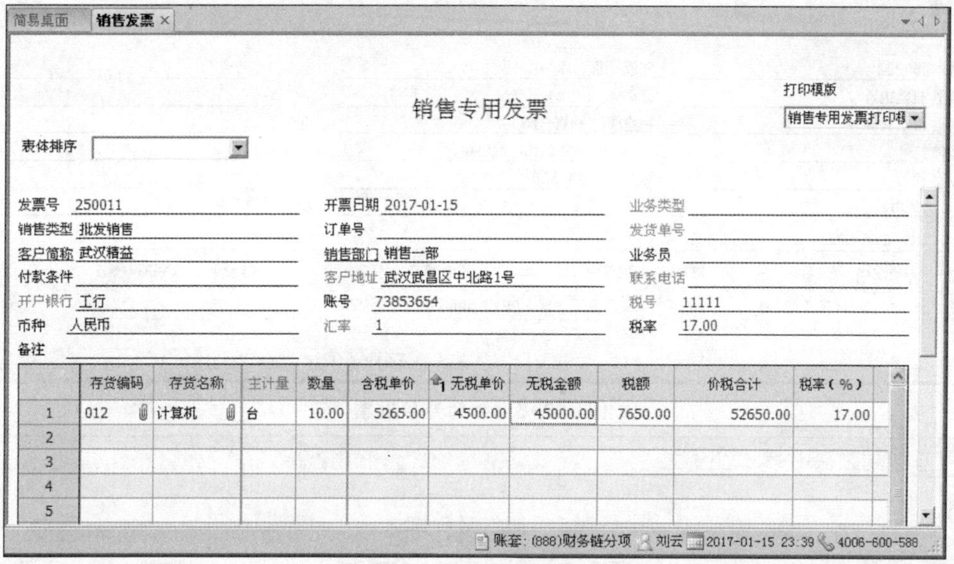

图9-2-4　销售专用发票

（9）单击"审核"按钮，系统弹出"是否立即制单？"提示框。

（10）单击"是"按钮生成凭证，修改凭证类别为"转账凭证"，单击"保存"按钮，如图9-2-5所示。

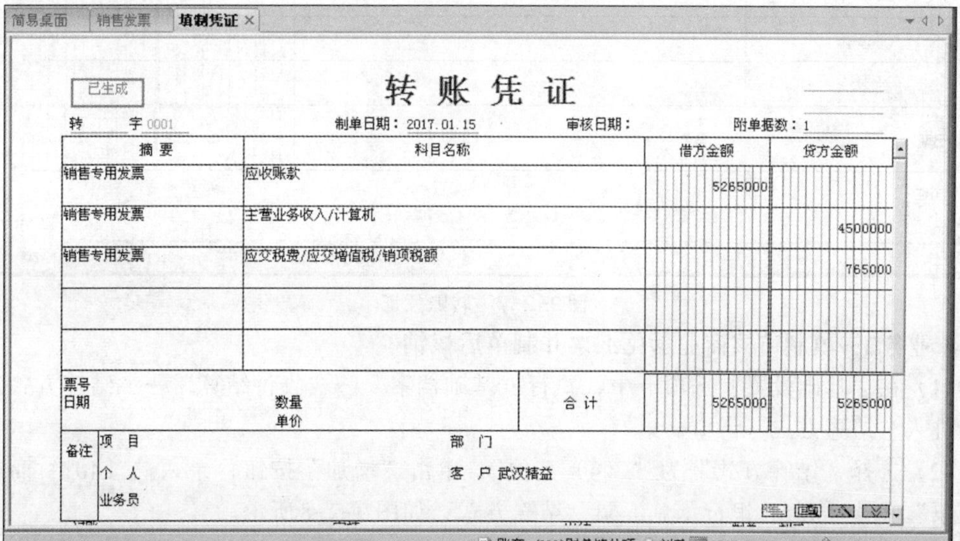

图9-2-5　生成转账凭证

2. 业务 2：输入审核专用发票并制单

操作步骤同业务 1，销售专用发票如图 9-2-6 所示，生成转账凭证如图 9-2-7 所示。

图 9-2-6　销售专用发票

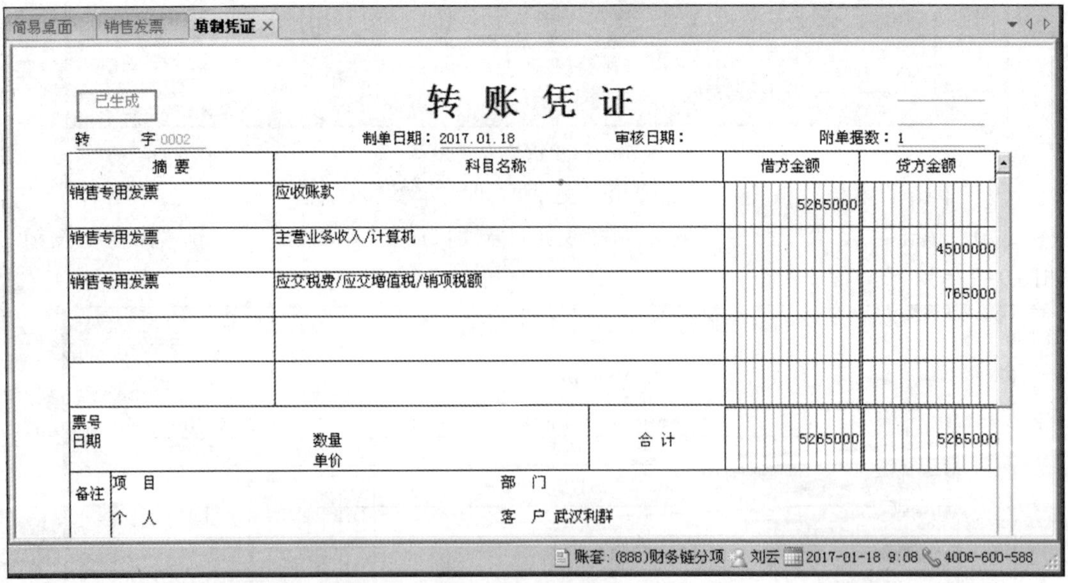

图 9-2-7　转账凭证

3. 业务 2：填制审核商业承兑汇票并制单后核销

（1）在"基础设置"选项卡中，执行"基础档案"→"收付结算"→"结算方式"命令，进入"结算方式"窗口。

（2）选择"结算方式"为"（4）其他"，单击"增加"按钮，录入"（401）商业承兑汇票"和"（402）银行承兑汇票"结算方式，如图 9-2-8 所示。

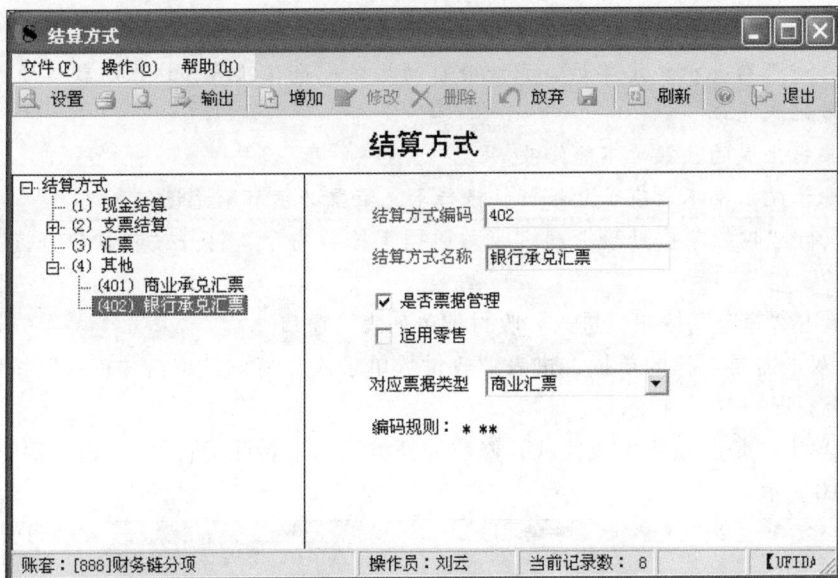

图9-2-8 增加结算方式

（3）单击"退出"按钮。

（4）在应收款管理系统中，执行"票据管理"命令，打开"查询条件选择"对话框。

（5）单击"确定"按钮，进入"票据管理"窗口。

（6）单击"增加"按钮，打开"应收票据"对话框。

（7）单击"票据类型"与"结算方式"栏的"···"按钮，选择"商业承兑汇票"；录入"票据编号"为"HP123"，"收到日期"为"2017-01-18"，"出票日期"为"2017-01-18"，"到期日"为"2017-01-28"，"出票人"为"武汉利群公司"，"金额"为"52 650"，"票据摘要"为"收到商业承兑汇票"，如图9-2-9所示，单击"保存"按钮。单击"关闭"按钮退出。

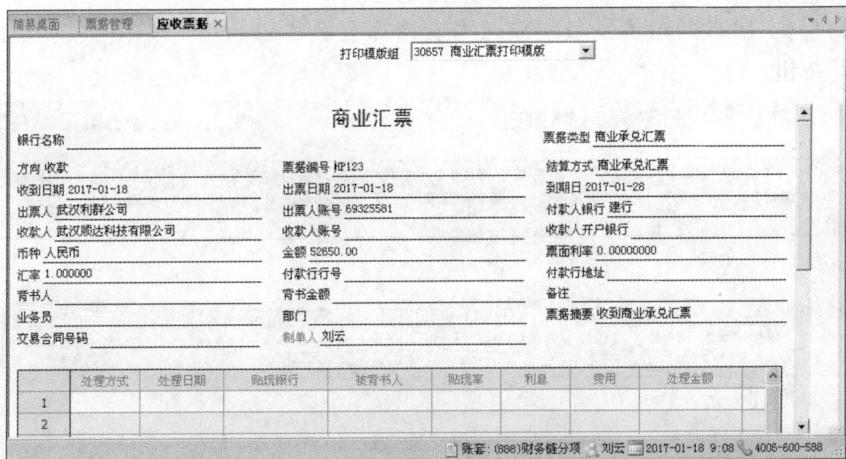

图9-2-9 商业汇票

（8）执行"收款单据处理"→"收款单据审核"命令，打开"收款单查询条件"对话框。

（9）单击"确定"按钮，进入"收付款单列表"窗口。

（10）双击需要审核的单据，进入"收付款单录入"窗口，单击"审核"按钮，系统弹出"是否立即制单？"提示框。

（11）单击"是"按钮生成凭证，修改凭证类别为"转账凭证"，单击"保存"按钮，如图9-2-10所示。

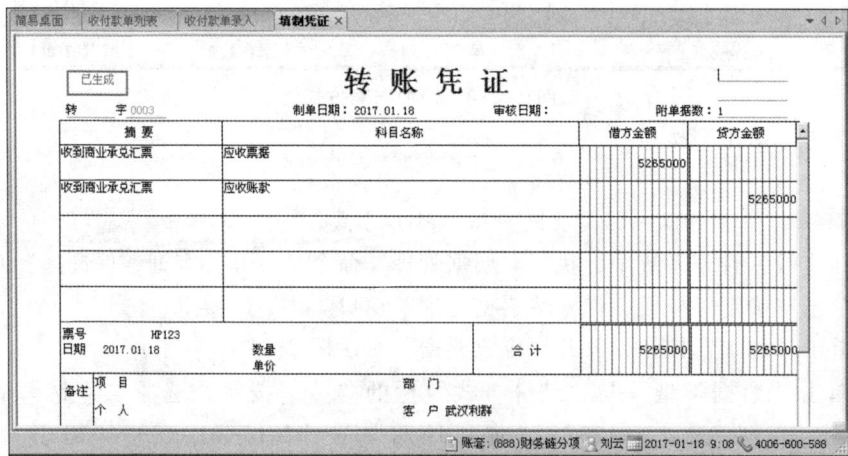

图9-2-10　生成转账凭证

（12）在"收付款录入"窗口，单击"核销"按钮，打开"核销条件"对话框，单击"确定"按钮，进入"单据核销"界面。

（13）在1月18日的销售发票中输入本次结算金额"52 560"，如图9-2-11所示。单击"保存"按钮。

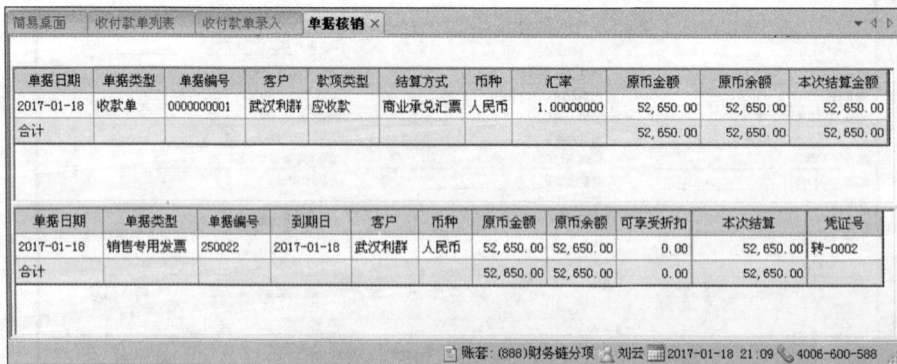

单据日期	单据类型	单据编号	客户	款项类型	结算方式	币种	汇率	原币金额	原币余额	本次结算金额
2017-01-18	收款单	0000000001	武汉利群	应收款	商业承兑汇票	人民币	1.00000000	52,650.00	52,650.00	52,650.00
合计								52,650.00	52,650.00	52,650.00

单据日期	单据类型	单据编号	到期日	客户	币种	原币金额	原币余额	可享受折扣	本次结算	凭证号
2017-01-18	销售专用发票	250022	2017-01-18	武汉利群	人民币	52,650.00	52,650.00	0.00	52,650.00	转-0002
合计						52,650.00	52,650.00	0.00	52,650.00	

图9-2-11　发票与收款单核销

（14）单击“关闭”按钮退出。

特别提示：

①在保存核销内容后，“单据核销”窗口将不再显示已被核销的内容。

②应收系统中选择的收付款单类型为收款单时，被核销单据列表中可以显示的记录有：蓝字应收单、蓝字发票、付款单；应收系统中选择的收付款单类型为付款单时，被核销单据列表中可以显示的记录有：红字应收单、红字发票、收款单。

4.业务3：输入、审核专用发票并制单

操作步骤同业务1，销售专用发票如图9-2-12，生成转账凭证如图9-2-13所示。

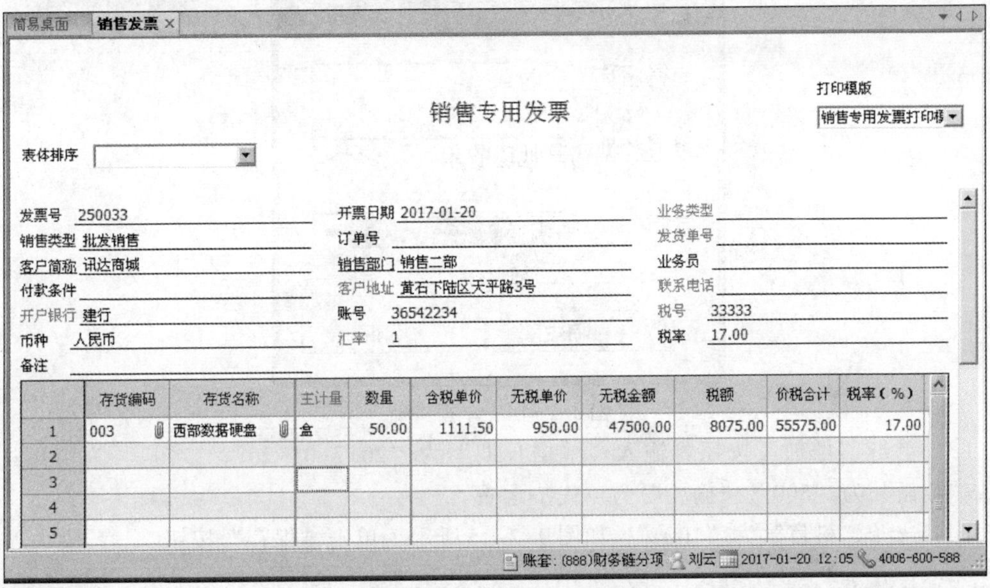

	存货编码	存货名称	主计量	数量	含税单价	无税单价	无税金额	税额	价税合计	税率（%）
1	003	西部数据硬盘	盒	50.00	1111.50	950.00	47500.00	8075.00	55575.00	17.00
2										
3										
4										
5										

图9-2-12 销售专用发票

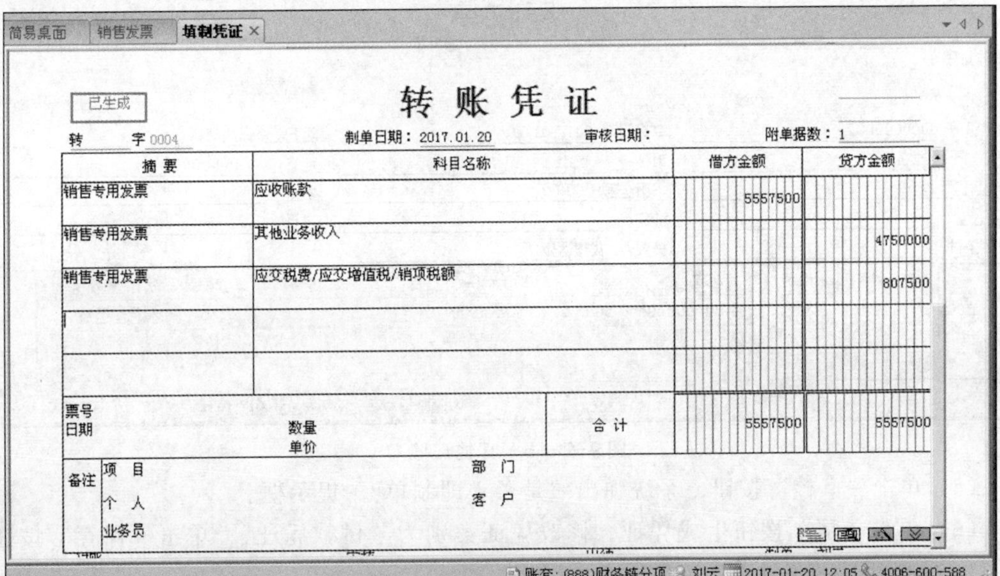

摘要	科目名称	借方金额	贷方金额
销售专用发票	应收账款	5557500	
销售专用发票	其他业务收入		4750000
销售专用发票	应交税费/应交增值税/销项税额		807500
票号 日期	数量 单价 合计	5557500	5557500

图9-2-13 生成转账凭证

特别提示：

　　本例中，销售商品为硬盘，并非企业生产的产成品，所以生成凭证后，要将科目"600101 主营业务收入/计算机"更改为"6051 其他业务收入"。

5.业务3：输入审核其他应收单并制单

（1）执行"应收单据处理"→"应收单据录入"命令，打开"单据类别"对话框。

（2）选择"单据名称"为"应收单"，"单据类型"为"其他应收单"，"方向"为"正向"，如图9-2-14所示。单击"确定"按钮，进入"应收单"窗口。

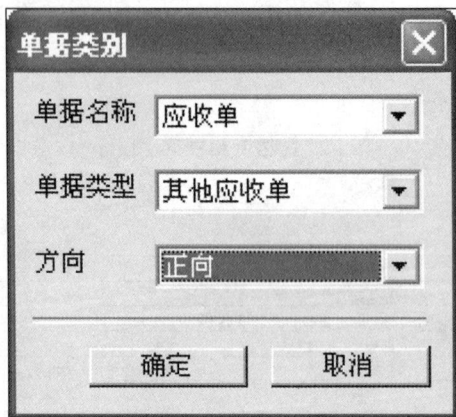

图9-2-14　单据类别

（3）单击"增加"按钮，输入"单据日期"为"2017-01-20"，"客户"为"讯达商城"，"金额"为"500"，"摘要"为"代垫运费"。

（4）选择"科目"为"1001"，如图9-2-15所示，单击"保存"按钮。

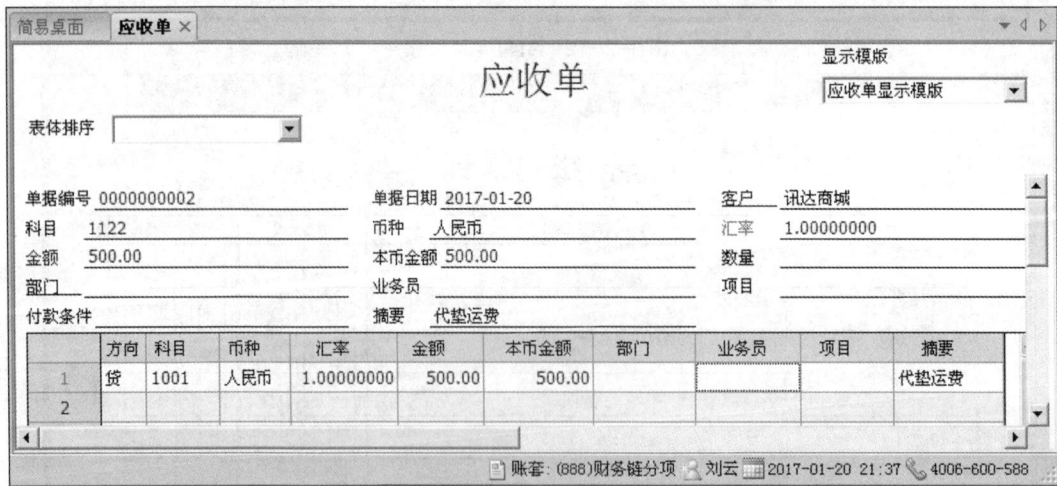

图9-2-15　其他应收单

（5）单击"审核"按钮，系统弹出"是否立即制单？"提示框。

（6）单击"是"按钮生成凭证，修改凭证类别为"付款凭证"，单击"保存"按钮，如图9-2-16所示。

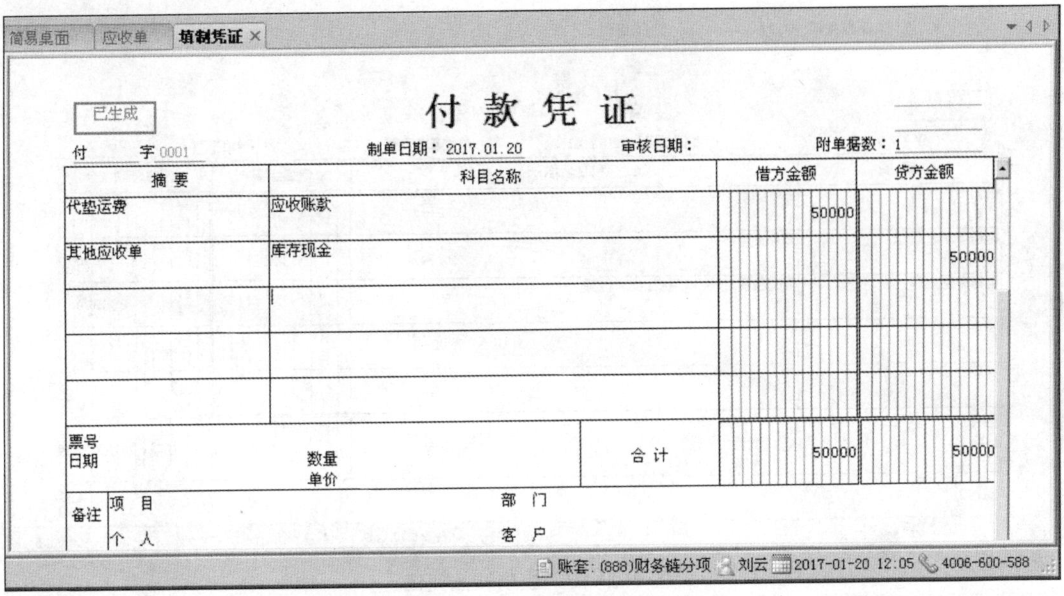

图 9-2-16　生成付款凭证

（7）单击"关闭"按钮退出。

特别提示：

①已审核和生成凭证的应收单不能修改或删除。若要修改或删除，必须取消相应的操作。

②应收款管理系统与销售管理系统集成使用时，需要对销售管理系统中代垫费用单据所形成的应收单据进行审核。

6.业务4：填制审核销售发票并制单

操作步骤同业务1，销售专用发票如图 9-2-17 所示，生成转账凭证如图 9-2-18 所示。

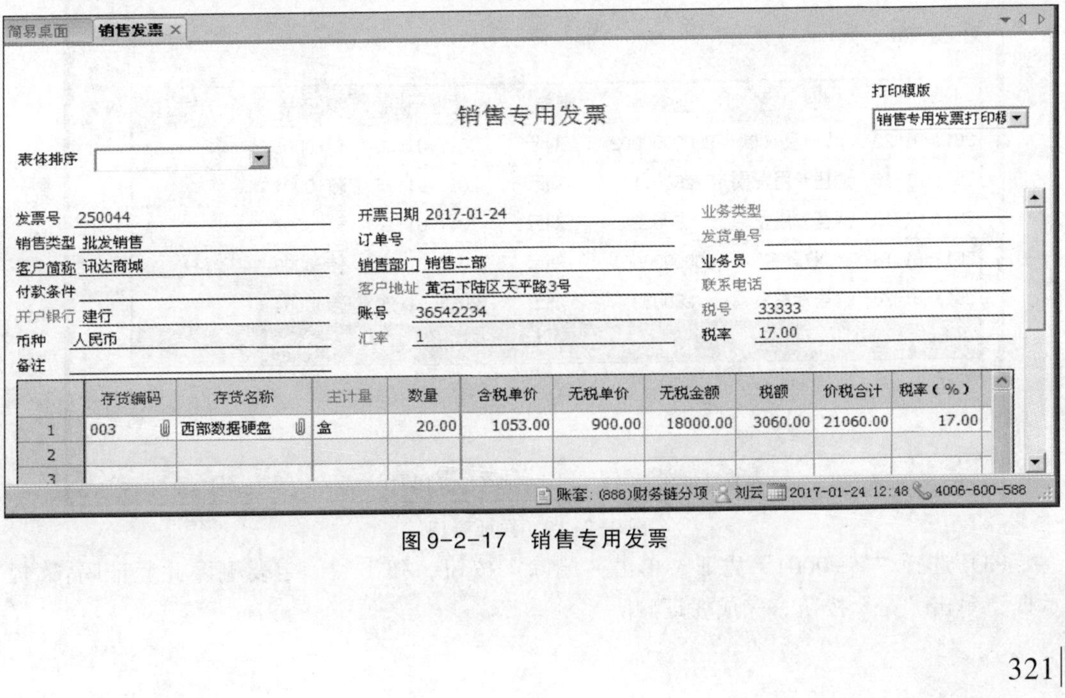

图 9-2-17　销售专用发票

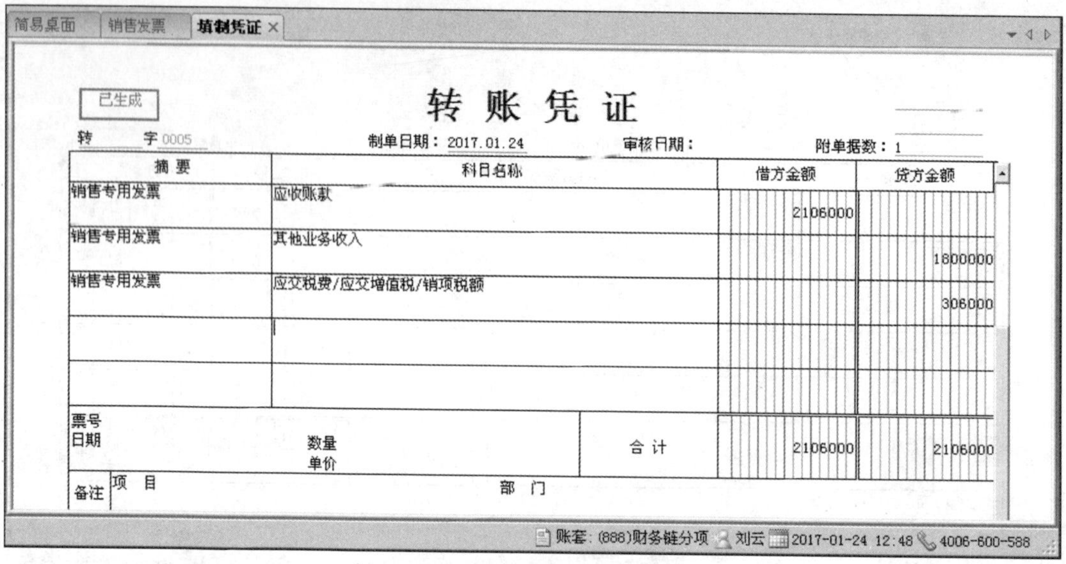

图 9-2-18　生成转账凭证

特别提示：

本例中，销售商品为硬盘，并非企业生产的产成品，所以生成凭证后，要将科目“600101 主营业务收入/计算机”更改为“6051 其他业务收入”。

7.业务 5：删除原转账凭证

（1）执行“单据查询”→“凭证查询”命令，进入“凭证查询条件”窗口。

（2）单击“确定”按钮，进入“凭证查询”界面，如图 9-2-19 所示。

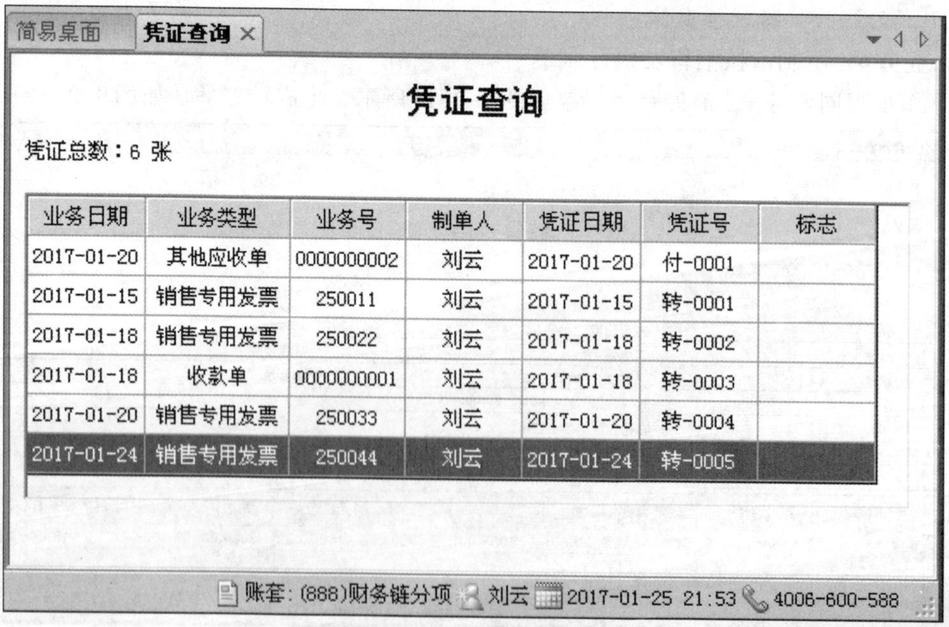

业务日期	业务类型	业务号	制单人	凭证日期	凭证号	标志
2017-01-20	其他应收单	0000000002	刘云	2017-01-20	付-0001	
2017-01-15	销售专用发票	250011	刘云	2017-01-15	转-0001	
2017-01-18	销售专用发票	250022	刘云	2017-01-18	转-0002	
2017-01-18	收款单	0000000001	刘云	2017-01-18	转-0003	
2017-01-20	销售专用发票	250033	刘云	2017-01-20	转-0004	
2017-01-24	销售专用发票	250044	刘云	2017-01-24	转-0005	

图 9-2-19　凭证查询

（3）选择“转-0001”凭证，单击“删除”按钮，弹出“确定要删除此凭证吗？”提示框，单击“是”按钮，完成凭证删除。

（4）单击"退出"按钮，退出凭证查询界面。

8.业务5：弃审、修改原错误发票并重新制单

（1）执行"应收单据处理"→"应收单据录入"命令，打开"单据类别"对话框。

（2）单击"确定"按钮，打开"销售发票"窗口。

（3）单击"首张"按钮，找到"250011"号销售专用发票。

（4）单击"弃审"按钮，弹出"是否弃审当前单据？"提示框，单击"是"按钮，完成单据弃审。

（5）单击"修改"按钮，将无税单价修改为"4 300"，如图9-2-20所示。单击"保存"按钮。

图9-2-20 销售专用发票

（6）单击"审核"按钮，系统弹出"是否立即制单？"提示框。

（7）单击"是"按钮生成凭证，修改凭证类别为"转账凭证"，单击"保存"按钮，如图9-2-21所示。

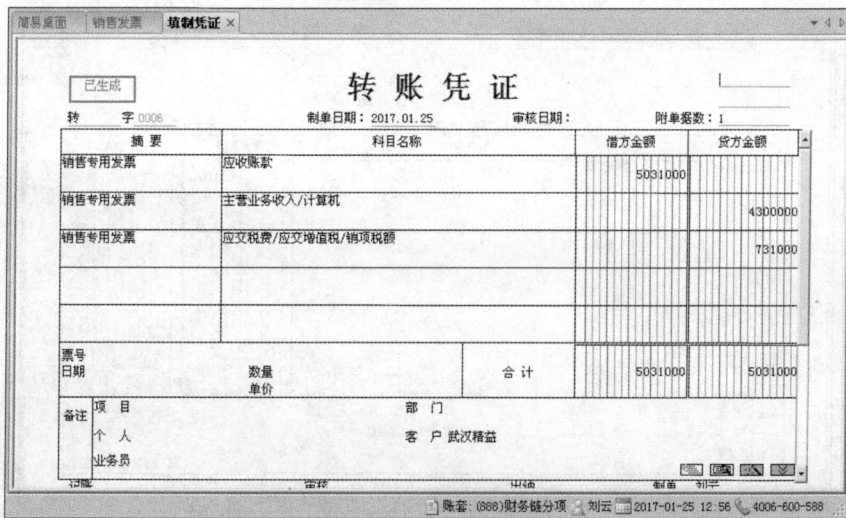

图9-2-21 生成转账凭证

（8）单击"关闭"按钮退出。

特别提示：

①已审核或生成凭证的应收单若要修改或删除，必须取消相应的操作。

②发票的弃审也可以在"应收单据审核"中进行。执行"应收单据处理"→"应收单据审核"命令，打开"应收单查询条件"对话框，单击"确定"，进入"单据处理"界面，选择相应的应收单后，单击"弃审"按钮。

③生成凭证也可以在"制单处理"中进行。执行"制单处理"命令，打开"制单查询"对话框，选择"发票制单"，单击"确定"按钮，进入"制单处理"界面，选择相应的销售发票后，单击"制单"按钮，生成凭证后，单击"保存"按钮。

9.业务5：填制审核商业承兑汇票并制单后核销

操作步骤同业务2，商业汇票如图9-2-22所示，生成转账凭证如图9-2-23所示，核销结果如图9-2-24所示。

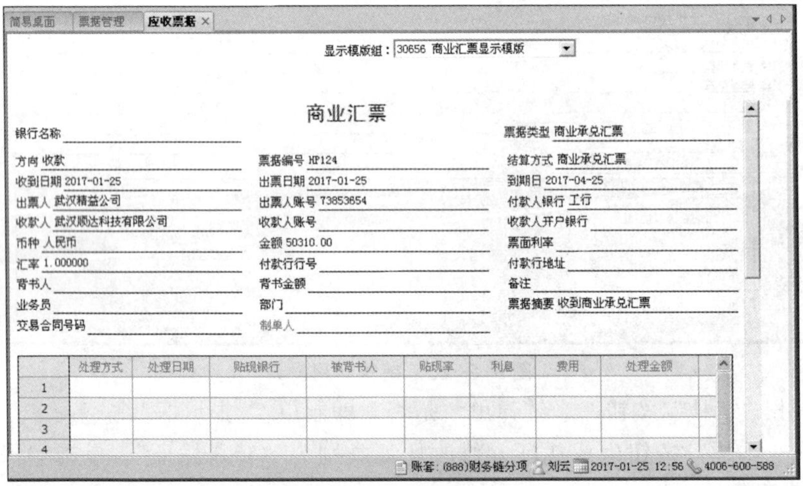

图9-2-22　商业汇票

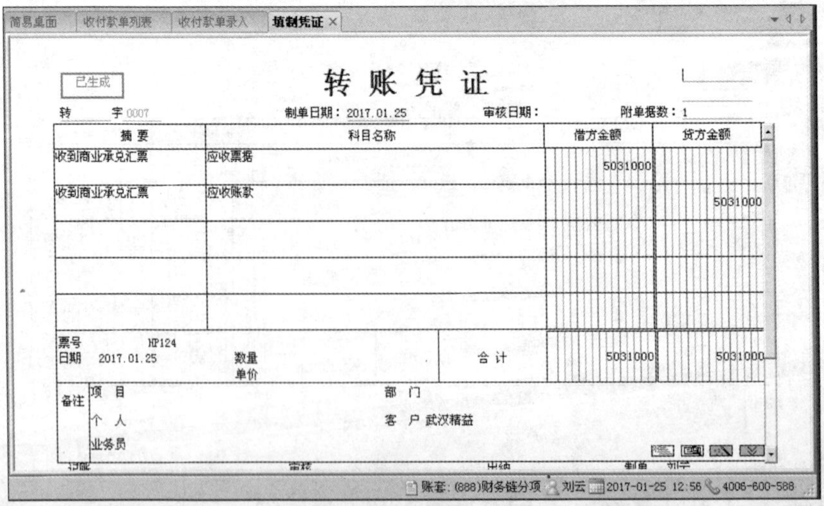

图9-2-23　生成转账凭证

单据日期	单据类型	单据编号	客户	款项类型	结算方式	币种	汇率	原币金额	原币余额	本次结算金额
2017-01-25	收款单	0000000002	武汉精益	应收款	商业承兑汇票	人民币	1.00000000	50,310.00	50,310.00	50,310.00
合计								50,310.00	50,310.00	50,310.00

单据日期	单据类型	单据编号	到期日	客户	币种	原币金额	原币余额	本次结算	凭证号
2016-12-12	销售普通发票	0000000001	2016-12-12	武汉精益	人民币	96,000.00	96,000.00		
2017-01-15	销售专用发票	250011	2017-01-15	武汉精益	人民币	50,310.00	50,310.00	50,310.00	转-0006
合计						146,310.00	146,310.00	50,310.00	

账套：(888)财务链分项　刘云　2017-01-25 21:53　4006-600-588

图9-2-24　发票与收款单核销

10. 业务6：删除原转账凭证

操作步骤同业务5。

11. 业务6：弃审并删除原错误发票

（1）执行"应收单据处理"→"应收单据录入"命令，打开"单据类别"对话框。

（2）单击"确定"按钮，打开"销售发票"窗口。

（3）单击"末张"按钮，找到"250044"号销售专用发票。

（4）单击"弃审"按钮，弹出"是否弃审当前单据？"对话框，单击"是"按钮，完成单据弃审。

（5）单击"删除"按钮，弹出"单据删除后不能恢复，是否继续？"对话框，如图9-2-25所示，单击"是"按钮，完成单据删除。

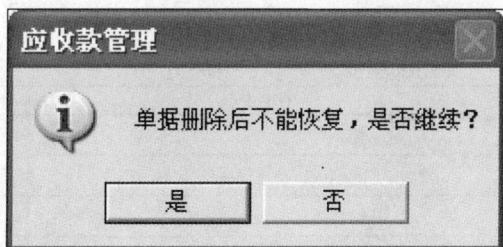

图9-2-25　应收款管理单据删除提示

（6）单击"关闭"按钮退出。

12. 业务7：填制审核收款单并制单后核销

（1）执行"收款单据处理"→"收款单据录入"命令，进入"收付款单录入"窗口。

（2）单击"增加"按钮。

（3）输入"日期"为"2017-01-27"，选择客户"武汉精益"，结算方式"转账支票"，金额"96 000"，票据号"ZP0011"，摘要"收到前欠货款"，如图9-2-26所示，单击"保存"按钮。

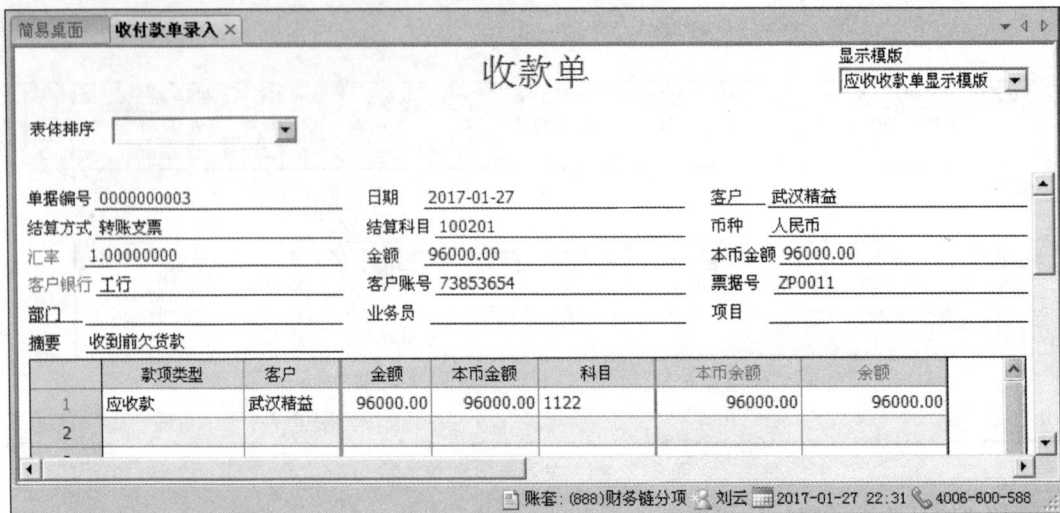

图 9-2-26　收款单

特别提示：

①表体记录的款项类型系统默认为"应收款"，可以修改。款项类型还包括"预收款"和"其他费用"。

②若一张收款单中，表头客户与表体客户不同，则视表体客户的款项为代付款。

（4）单击"审核"按钮，系统弹出"是否立即制单？"提示框。

（5）单击"是"按钮生成凭证，修改凭证类别为"收款凭证"，单击"保存"按钮，如图 9-2-27 所示。

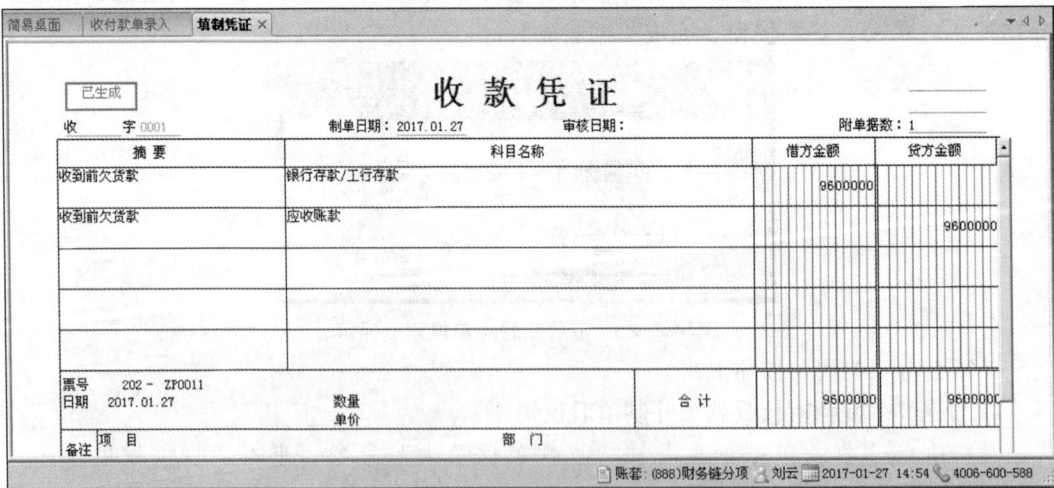

图 9-2-27　生成收款凭证

（6）在"收付款单录入"窗口，单击"核销"按钮，打开"核销条件"对话框，单击"确定"按钮，进入"单据核销"界面。

（7）在期初销售普通发票中输入本次结算金额"96 000"，如图 9-2-28 所示。单击"保存"按钮。

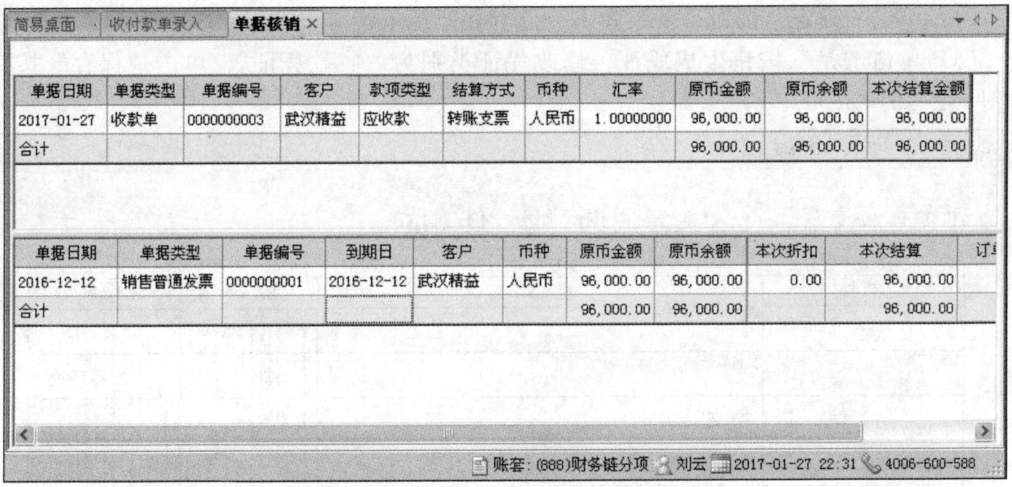

图 9-2-28　收款单与销售普通发票核销

（8）单击"关闭"按钮退出。

特别提示：

①在保存核销内容后，"单据核销"窗口将不再显示已被核销的内容。

②结算单列表显示的是款项类型为"应收款"和"预收款"的记录，而款项类型为"其他费用"的记录不允许在此作为核销记录。

③款型类型为"现款结算""销售定金""其他费用"的收款单，不参与核销处理。

④若发票中同时存在红蓝记录，则核销时先进行单据的内部对冲。

13. 业务8：票据结算并制单

（1）执行"票据管理"命令，打开"查询条件选择"对话框，单击"确定"按钮，进入"票据管理"窗口。

（2）选中武汉利群公司签发并承兑的商业承兑汇票（HP123），单击"结算"按钮，打开"票据结算"对话框。

（3）修改"结算日期"为"2017-01-28"，录入"结算金额"为"52 650"，"结算科目"为"100201"，如图 9-2-29 所示。

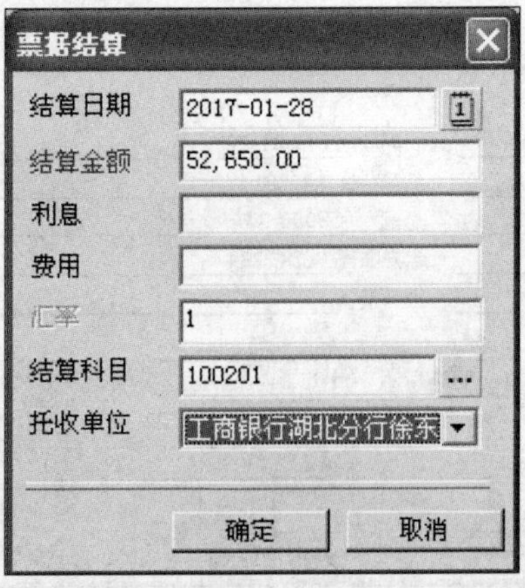

图 9-2-29　票据结算

（4）单击"确定"按钮，系统弹出"是否立即制单？"提示框。

（5）单击"是"按钮生成凭证，修改凭证类别为"收款凭证"，单击"保存"按钮，如图9-2-30所示。

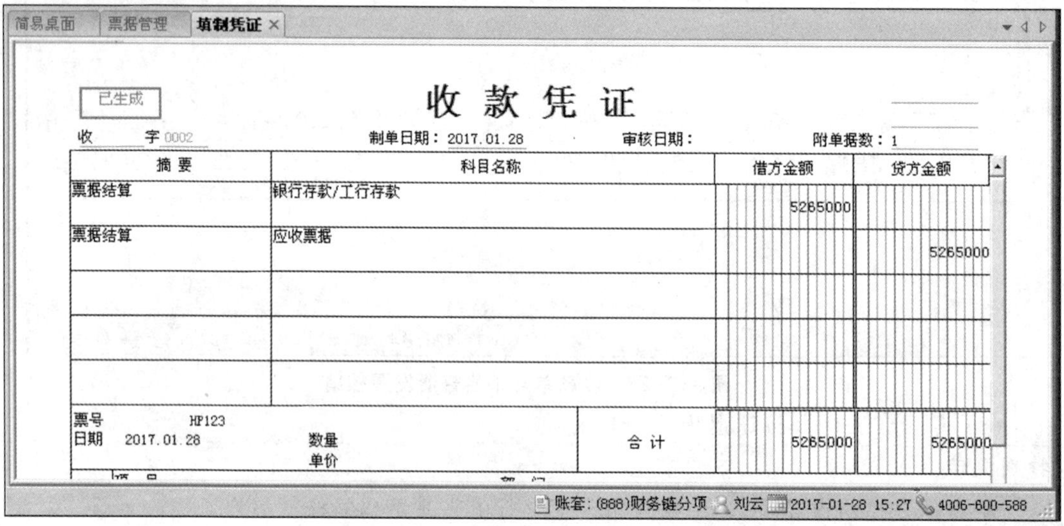

图9-2-30　生成收款凭证

（6）单击"关闭"按钮退出。

特别提示：

①当票据到期付款时，执行票据结算处理。

②进行票据结算时，结算金额应是通过结算实际支付的金额。

③票据结算后，不能再进行其他与票据相关的处理。

14. 业务9：填制审核收款单并制单后核销

操作步骤同业务7，收款单如图9-2-31所示，生成收款凭证如图9-2-32所示，核销结果如图9-2-33所示。

图9-2-31　收款单

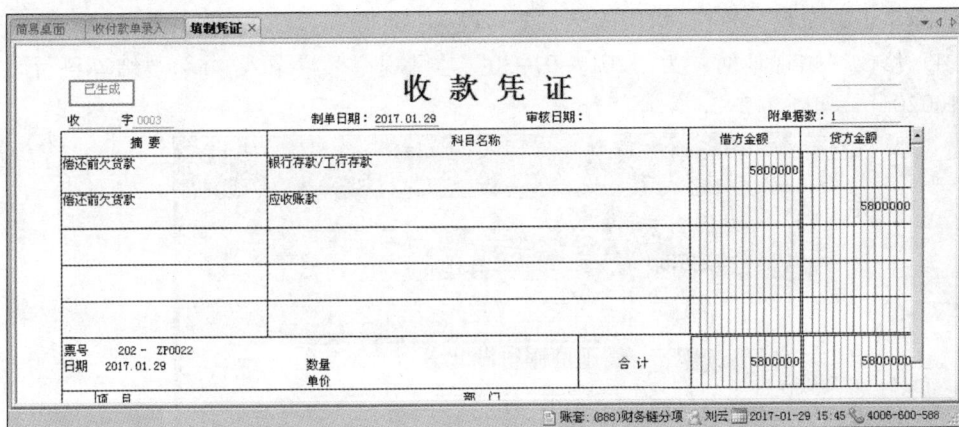

图 9-2-32　生成收款凭证

图 9-2-33　收款单与其他应收单及销售发票核销

特别提示：

在本例中，1 张收款单与 2 张应收单核销，所以要输入两行结算金额。

15. 业务 10：票据贴现并制单

（1）执行"票据管理"命令，打开"查询条件选择"对话框，单击"确定"按钮，进入"票据管理"窗口。

（2）在"票据管理"窗口，选中武汉精益公司签发并承兑的商业承兑汇票（HP124），如图 9-2-34 所示。

图 9-2-34　选中商业承兑汇票

（3）单击"贴现"按钮，打开"票据贴现"对话框。

（4）修改"贴现日期"为"2017-01-30"，"贴现率"栏录入"5"，"结算科目"栏录入"100201"，如图9-2-35所示。

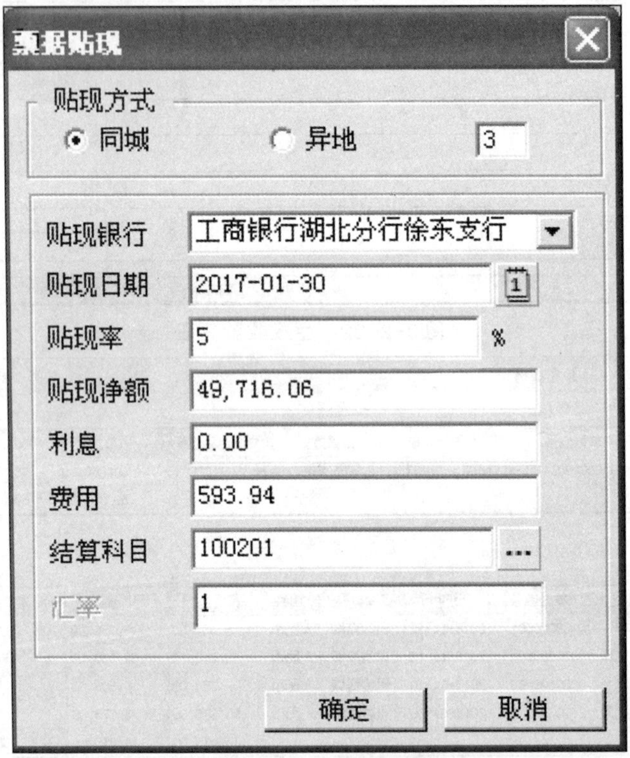

图9-2-35 票据贴现

（5）单击"确定"按钮，系统自动弹出"是否立即制单?"提示框。

（6）单击"是"按钮生成凭证，修改凭证类别为"收款凭证"，录入科目"660301利息支出"，单击"保存"按钮，如图9-2-36所示。

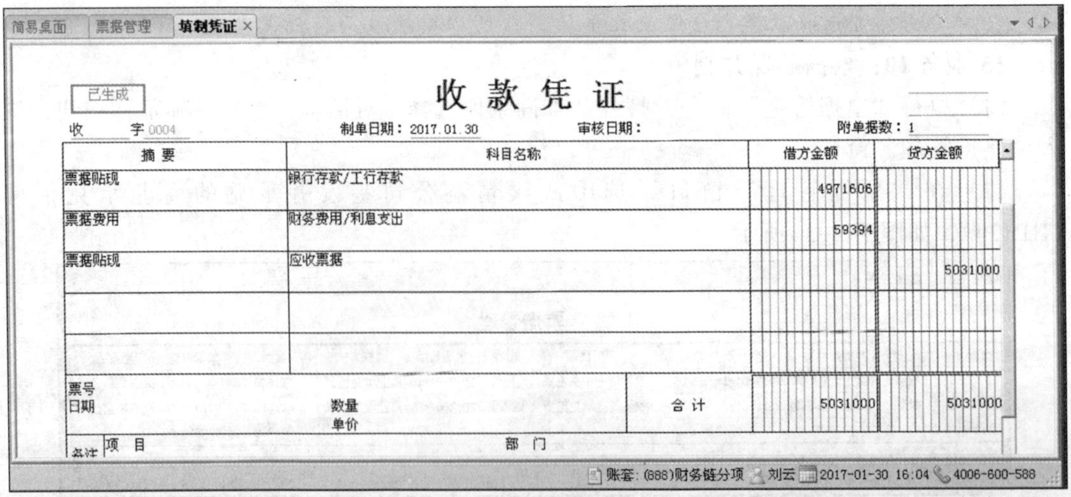

图9-2-36 生成收款凭证

（7）单击"关闭"按钮退出。

特别提示：

　　①如果贴现净额大于票面余额，则系统自动将其差额作为利息，不能修改；如果贴现净额小于票面余额，则系统将自动将其差额作为费用，不能修改。

　　②票据贴现后，将不能对其进行其他处理。

16.业务11：发生坏账并制单

（1）执行"坏账处理"→"坏账发生"命令，打开"坏账发生"对话框。

（2）选择"客户"为"003-黄石讯达商城"，如图9-2-37所示。

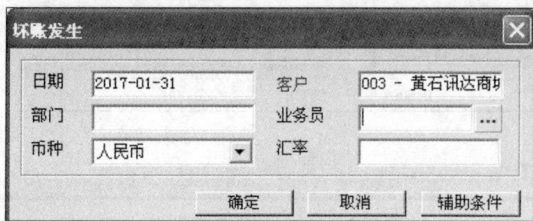

图9-2-37　坏账发生

（3）单击"确定"按钮，进入"发生坏账损失"窗口。

（4）在"本次发生坏账金额"栏第2行录入"500"，如图9-2-38所示。

图9-2-38　坏账发生明细

（5）单击"确认"按钮，系统弹出"是否立即制单？"提示框，单击"是"按钮生成凭证，修改凭证类别为"转账凭证"，单击"保存"按钮，如图9-2-39所示。

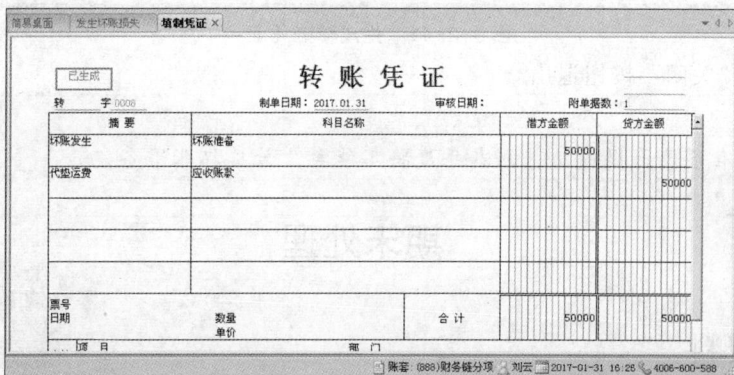

图9-2-39　生成转账凭证

331

（6）单击"关闭"按钮退出。

特别提示：

本次坏账发生金额只能小于等于单据余额。

---

17. 业务12：计提坏账准备并制单

（1）执行"坏账处理"→"计提坏账准备"命令，进入"应收账款百分比法"窗口。

（2）系统根据应收账款余额、坏账准备余额、坏账准备初始设置情况自动计算出本次计提金额，如图9-2-40所示。

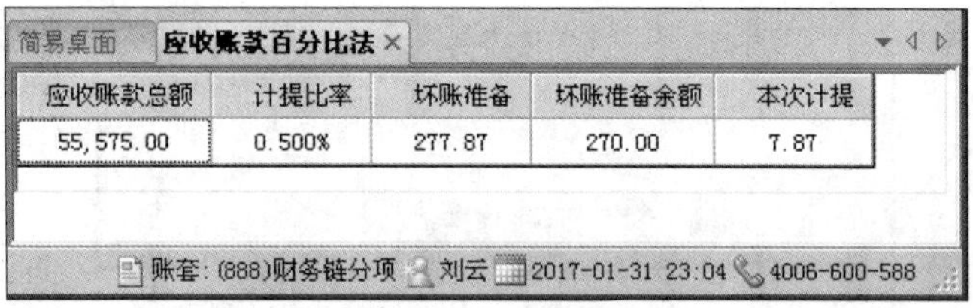

应收账款总额	计提比率	坏账准备	坏账准备余额	本次计提
55,575.00	0.500%	277.87	270.00	7.87

账套：(888)财务链分项 刘云 2017-01-31 23:04 4006-600-588

图9-2-40　计提坏账准备

（3）单击"确定"按钮，系统弹出"是否立即制单？"提示框，单击"是"按钮生成凭证，修改凭证类别为"转账凭证"，单击"保存"按钮，如图9-2-41所示。

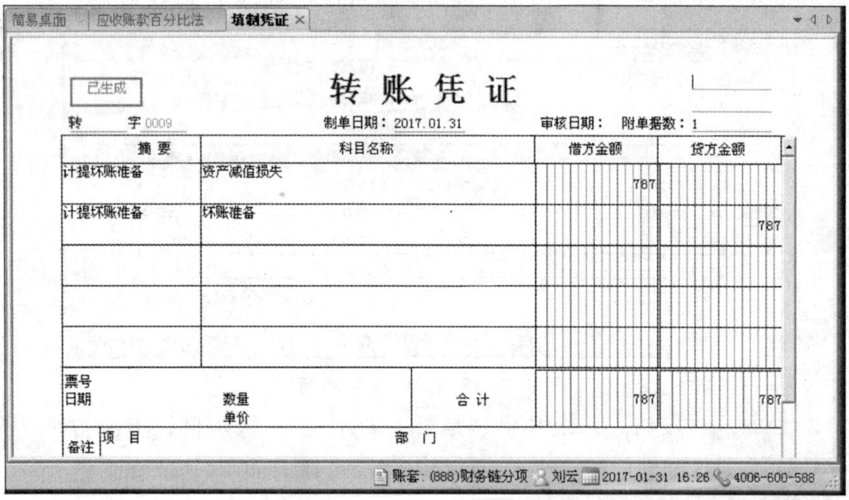

转 账 凭 证

已生成				
转　字 0009	制单日期：2017.01.31	审核日期：	附单据数：1	
摘　要	科目名称	借方金额	贷方金额	
计提坏账准备	资产减值损失	787		
计提坏账准备	坏账准备		787	
票号日期	数量单价	合　计	787	787
备注　项　目	部　门			

账套：(888)财务链分项 刘云 2017-01-31 16:26 4006-600-588

图9-2-41　生成转账凭证

（4）单击"关闭"按钮退出。

特别提示：

如果坏账准备已计提成功，则本年度将不能再次计提坏账准备。

任务三　　　　期末处理

▶ 任务资料

资料内容见前述项目。

▶ 任务要求

（1）与总账管理系统进行对账操作。

（2）进行本系统期末结账与取消结账操作。

▶ 知识导航

应收款管理系统的期末处理工作主要包括汇兑损益、与总账对账和月末结账。

一、汇兑损益

如果客户往来有外币核算，且在总账管理系统的"账簿选项"中选取客户往来由"应收系统"核算，则应对外币单据的汇兑损益进行相应的处理。

二、与总账对账

将应收款管理系统生成的业务账与总账管理系统中的科目账核对，可以检查两个系统中的往来账是否相等；若不相等，则应查看造成不等的原因。

三、月末结账

如果确认本月的各项处理工作已经结束，则需要执行月末结账功能，只有月末结账后，才可以开始下月的工作。一旦执行了月末结账功能，该月将不能再进行任何处理。当应收款管理系统与销售管理系统集成使用时，应在销售管理系统结账后，再对应收款管理系统进行结账处理。结账后，如果发现月末结账错误，则可以取消月末结账。

▶ 任务实施

【操作步骤】

1.与总账对账

（1）在应收款管理系统中，执行"账表管理"→"业务账表"→"与总账对账"命令，进入"对账条件"窗口。

（2）单击"确定"按钮，进入"对账结果"界面，如图9-3-1所示。

	客户		币种	应收系统				总账系统			
编号	名称			期初本币	借方本币	贷方本币	期末本币	期初本币	借方本币	贷方本币	期末本币
001	武汉精益公司		人民币	96,000.00	100,620.00	196,620.00		96,000.00	100,620.00	196,620.00	
002	武汉利群公司		人民币		105,300.00	105,300.00			105,300.00	105,300.00	
003	黄石讯达商城		人民币	58,000.00	56,075.00	58,500.00	55,575.00	58,000.00	56,075.00	58,500.00	55,575.00
	合计			154,000.00	261,995.00	360,420.00	55,575.00	154,000.00	261,995.00	360,420.00	55,575.00

图9-3-1 与总账对账结果

（3）单击"关闭"按钮退出，完成与总账对账。

2.月末结账

（1）执行"期末处理"→"月末结账"命令，打开"月末处理"对话框。

（2）双击一月份的"结账标志"栏，如图9-3-2所示。

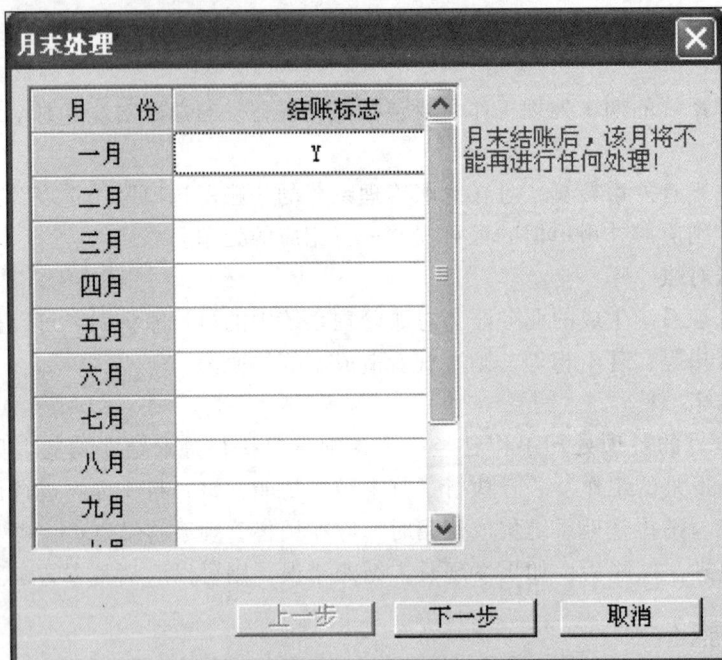

图9-3-2　月末处理

（3）单击"下一步"按钮，屏幕显示各处理类型的处理情况，如图9-3-3所示。

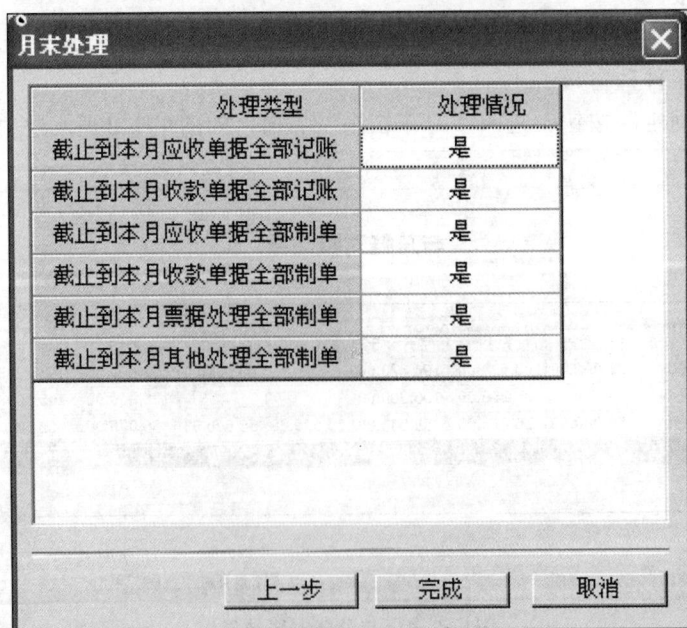

图9-3-3　月末处理情况表

（4）在处理情况都是"是"的情况下，单击"完成"按钮，系统弹出"1月份结账成功"提示框。

（5）单击"确定"按钮，系统自动在对应的结账月份的"结账标志"栏中显示"已结账"字样，如图9-3-4所示。

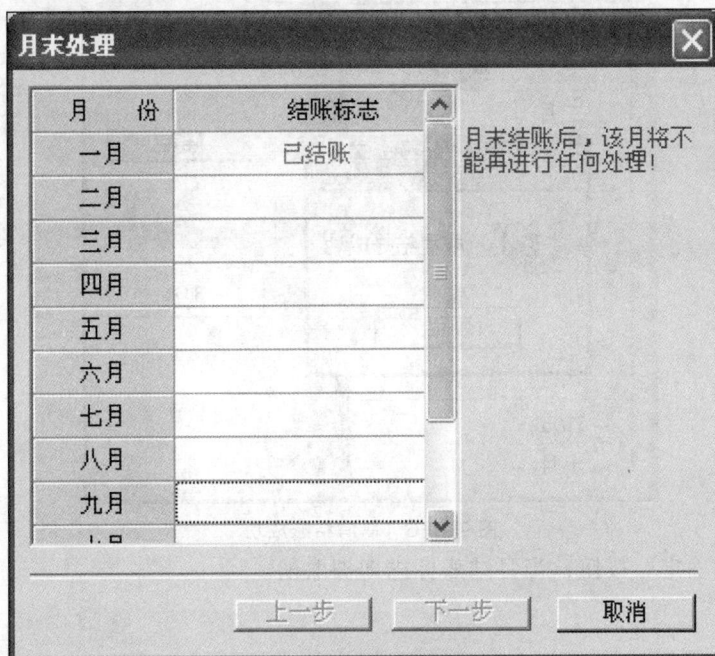

图9-3-4　月末处理结果

3.取消结账

（1）执行"期末处理"→"取消月结"命令，打开"取消结账"对话框，如图9-3-5所示。

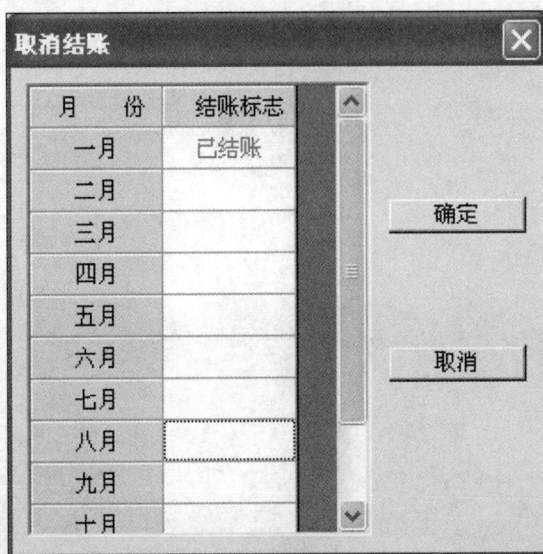

图9-3-5　取消结账

（2）选择"已结账"月份。

（3）单击"确定"按钮，系统弹出"取消结账成功"提示框，如图9-3-6所示。

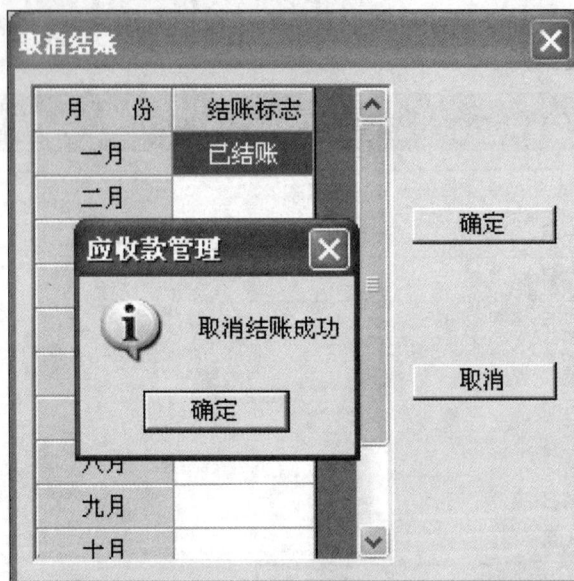

图9-3-6　取消结账成功

（4）单击"确定"按钮，当月结账标志即被取消。

会计信息化综合实训

一、企业概况

（一）企业基本情况

企业名称：北京神州顶尖科技有限公司（简称：神州顶尖）。

企业地址：北京市海淀区中关村西区。

企业类型：商业企业。

主营业务：批发零售手机产品。

法定代表人：张翔。

联系电话和传真：010-88668822。

纳税人识别号：010456883228。

（二）会计政策和核算方法

记账本位币：人民币。

行业性质：2007年新会计制度科目。

二、账套基础信息

（一）新建账套信息

账套号：007。

账套名称：北京神州。

启用日期：2017年1月1日。

基础信息：存货分类，客户、供应商不分类。有外币核算。

编码方案：科目编码级次为4-2-2-2-2；部门编码级次为2-2；收发类别编码级次为1-2；存货分类编码级次为2-2；其他采用系统默认。

数据精度：采用系统默认设置。

（二）设置操作员及其权限（见表10-1）

表10-1　　　　　　　　　　　　　　　操作员及其权限

操作员编号	操作员姓名	操作员密码	系统权限
BY	白燕	空	账套主管
LF	刘峰	空	拥有公用目录设置、公共单据、应收款管理系统、应付款管理系统、总账管理系统、固定资产管理系统、薪资管理系统中的所有权限

（三）系统启用

启用总账管理系统、应收款管理系统、应付款管理系统、固定资产管理系统、薪资管理系统，启用日期统一为 2017 年 1 月 1 日。

（四）基础档案

1.部门档案（见表 10-2）

表 10-2　　　　　　　　　　　部门档案

部门编码	部门名称
01	总经理办公室
02	财务中心
03	营销中心
04	人力资源部
05	采购中心
06	库管中心

2.人员类别及档案（见表 10-3）

在"正式工"类别下增加"在职人员"，编码为"10101"。

表 10-3　　　　　　　　　　人员类别及档案

人员编号	人员姓名	性别	行政部门	人员类别	是否业务员
001	张翔	男	总经理办公室	在职人员	是
002	张磊	男	总经理办公室	在职人员	是
003	康兵	女	财务中心	在职人员	是
004	邓森	男	财务中心	在职人员	是
005	赵艳	女	营销中心	在职人员	是
006	吴静	女	营销中心	在职人员	是
007	赵艳艳	女	营销中心	在职人员	是
008	孙明	男	人力资源部	在职人员	是
009	吴明	男	采购中心	在职人员	是
010	刘甜甜	女	采购中心	在职人员	是
011	张宇	男	库管中心	在职人员	是

3.供应商档案（见表 10-4）

表 10-4　　　　　　　　　　供应商档案

编号	供应商名称	简称
001	北京神州联想电脑科技公司	神州联想
002	数码视讯股份公司	数码视讯
003	上海丰盈科技中心	丰盈科技

4.客户档案（见表10-5）

表10-5 客户档案

编号	客户名称	简称
C01	北京飞扬通讯公司	飞扬通讯
C02	上海明讯信息公司	明讯信息
C03	深圳联易通公司	深圳联易通
C04	中关村手机商贸中心	手机商贸
C05	苏州迅捷公司	苏州迅捷

5.结算方式（见表10-6）

表10-6 结算方式

编号	结算方式名称
1	现金结算
2	现金支票
3	转账支票

6.凭证类别（见表10-7）

表10-7 凭证类别

类别	限制类型	限制科目
记账凭证	无限制	

7.科目及外币信息

定义外币：币符为\$；币名为美元；固定汇率为2017年1月记账汇率6.40；其他默认。

新增会计科目100201工行存款、100202建行存款，100202建行存款下新增美元户科目（10020201），要求美元外币核算。

新增会计科目222101应交增值税及下级会计科目22210101进项税额、22210102销项税额。

新增销售费用明细科目：660101办公费；660102工资费用；660103水电费；660104差旅费；660105广告费；660106折旧费用。

新增管理费用明细科目：660201办公费；660202工资费用；660203水电费；660204差旅费；660105税金；660106折旧费用；660207技术转让费；660208培训费；660209业务招待费。其中，办公费、工资费用、差旅费、培训费和业务招待费设置为部门辅助核算。

将应收账款与预收账款设置为"客户往来"辅助核算，并受控于应收系统，将应付账款与预付账款设置为"供应商往来"辅助核算，并受控于应付系统。

设置指定科目，指定"现金总账科目1001"及"银行总账科目1002"。

8.开户银行信息（见表10-8）

表10-8 开户银行信息

编号	银行账号	币种	开户银行/账户名称	所属银行编码
B01	874318964391	人民币	工行中关村西区支行	01 中国工商银行

9.存货分类（见表10-9）

表10-9 存货分类

存货分类编号	存货分类名称
01	手机
0101	苹果手机
0102	HTC手机
0103	诺基亚手机
02	配件

10.计量单位

计量单位组，01无换算组。

计量单位：01-部、02-台、03-个。

11.存货档案（见表10-10）

表10-10 存货档案

存货编码	存货名称	单位	税率	存货属性
0101001	苹果 iPhone 6S 16G	台	17%	内销、外购
0101002	苹果 iPhone 6S 32G	台	17%	内销、外购
0102001	HTC G14	台	17%	内销、外购
0102002	HTC G23 One X	台	17%	内销、外购
0103001	诺基亚 N9 16GB	台	17%	内销、外购
0103002	诺基亚 800	台	17%	内销、外购
02001	捷波朗 BT2080蓝牙耳机	个	17%	内销、外购
02002	三彩手机充电器	个	17%	内销、外购

（五）各系统初始设置

1.应收款管理系统

应收款核销方式：按单据；其他参数为系统默认。

坏账处理方式：应收账款余额百分比。

基本科目设置：应收科目为1122，预收科目为2203，销售收入科目为6001，税金科目为22210102，其他暂时不设。

结算方式科目设置：现金（人民币）对应1001；其他人民币的结算方式均对应100201。

坏账准备设置：提取比例为0.9%，坏账准备期初余额为800，坏账准备科目为1231，对方科目为6701。

2.应付款管理系统

应付款核销方式：按单据；其他参数为系统默认。

基本科目设置：应付科目为2202，预付科目为1123，采购科目为1402，税金科目为22210101，其他暂时不设。

结算方式科目设置：现金（人民币）对应1001；其他人民币结算方式均对应100201。

3.固定资产管理系统

（1）启用月份：2017-01。

资产类别编码方式：2-1-1-2。

固定资产编码方式：按"类别编号+序号"自动编码。

已注销的卡片5年后删除。

当（月初已计提月份=可使用月份-1）时，将剩余折旧全部提足。

（2）用平均年限法（二）按月计提折旧；卡片序号长度为5位。

（3）与账务系统进行对账。

固定资产对账科目："1601固定资产"。

累计折旧对账科目："1602累计折旧"。

业务发生后立即制单。

固定资产缺省入账科目："1601固定资产"。

累计折旧缺省入账科目："1602累计折旧"。

其他默认。

（4）设置资产类别（见表10-11）。

表10-11　　　　　　　　　资产类别

编码	类别名称	净残值率	计提属性	折旧方法	卡片式样
01	房屋建筑类	10%	正常计提	平均年限法（二）	通用
02	工器具	10%	正常计提	平均年限法（二）	通用
03	办公设备	10%	正常计提	平均年限法（二）	通用

（5）设置部门对应折旧科目（见表10-12）、增减方式及对应科目（见表10-13）。

表10-12　　　　　　　　　部门对应折旧科目

部门	对应折旧科目
总经理办公室	660206"管理费用/折旧费用"
采购中心	660206"管理费用/折旧费用"
营销中心	660106"销售费用/折旧费用"
库管中心	660206"管理费用/折旧费用"
人力资源部	660206"管理费用/折旧费用"

表10-13　　　　　　　　　　增减方式及对应科目

增减方式目录	对应入账科目
增加方式：直接购入	100201 "银行存款/工商银行"
减少方式：报废	1606 "固定资产清理"

（6）录入原始卡片（见表10-14）。

表10-14　　　　　　　　　　原始卡片

编号	固定资产名称	类别编号	使用部门	增加方式	使用年限（月）	开始使用日期	原值（元）	累计折旧（元）
0100001	房屋建筑物	01	除库管中心外，5个部门平均使用	直接购入	960	2013-08-01	750 000	320 000
0200001	信号测试仪	02	库管中心	直接购入	120	2015-03-12	62 300	12 100
0200002	功率测试器	02	库管中心	直接购入	96	2016-01-01	31 000	8 900
0200003	频率示波仪	02	采购中心	直接购入	60	2015-06-12	43 000	9 800
0300001	办公用电脑	03	人力资源部	直接购入	60	2015-11-01	6 500	1 300
0300002	复印机	03	总经理办公室	直接购入	72	2014-03-13	11 000	2 500
合计							903 800	354 600

固定资产使用状况均为在用；录入完原始卡片，进行固定资产对账。

4.薪资管理系统

（1）工资类别个数为"单个"，扣税，不扣零。

（2）个人所得税按"应发合计"扣除"3 500"元后计税。

（3）参照设置工资项目：基本工资（增项）、岗位工资（增项）、奖金（增项）、缺勤天数（其他）、缺勤扣款（减项）。

（4）公司规定，缺勤1天扣款50元，设置缺勤扣款公式。

（六）期初余额

2017年1月会计账户期初余额表见表10-15。

表10-15　　　　　　　　　　会计账户期初余额表

科目名称	方向	期初余额
库存现金（1001）	借	43 000.00
银行存款（1002）	借	1 080 000.00
工行存款（100201）	借	1 080 000.00
应收账款（1122）	借	237 340.00
应收股利（1131）	借	7 860.00
坏账准备（1231）	贷	800.00
在途物资（1402）	借	320 000.00
库存商品（1405）	借	2 500 000.00
固定资产（1601）	借	903 800.00
累计折旧（1602）	贷	354 600.00
应付账款（2202）	贷	46 600.00
应付职工薪酬（2211）	贷	10 800.00
长期借款（2501）	贷	800 000.00
实收资本（4001）	贷	3 000 000.00
利润分配（4104）	贷	459 800.00

应收账款（1122）期初余额表见表10-16。

表10-16　　　　　　　　应收账款（1122）期初余额表

日期	客户名称	摘要	方向	余额（元）
2016-08-05	中关村手机商贸中心	客户欠款	借	138 600.00
2016-11-24	苏州迅捷公司	客户欠款	借	98 740.00

应付账款（2202）期初余额表见表10-17。

表10-17　　　　　　　　应付账款（2202）期初余额表

日期	供应商名称	摘要	方向	余额（元）
2016-01-12	数码视讯股份公司	欠供应商款	贷	176 000.00
2016-11-23	北京神州联想产品有限公司	欠供应商款	贷	290 000.00

期初余额录入完毕，请进行试算平衡。

三、日常业务信息（制单和单据业务由刘峰进行）

（1）2017/01/01，公司从工商银行提取现金21 000元作为备用金，现金支票票号6488。

（2）2017/01/02，营销中心吴静报销业务招待费680元，以现金付讫。

（3）2017/01/03，由于公司使用外单位高新技术，需要每月用工商银行现金支票（本月票号5566）支付技术转让费6 800元，填写本月凭证，并生成常用凭证（代号001，说明即摘要），以便日后使用。

（4）2017/01/03，财务中心用现金支付本公司上月水电费500元。

（5）2017/01/05，银行代发上月工资10 800元（现金支票，票号2867）。

（6）2017/01/05，张磊报销参加项目管理培训的培训费3 000元，通过工商银行支付，现金支票票号3513。

（7）2017/01/06，计提坏账准备，请在应收款管理系统中处理。

（8）2017/01/06，采购中心刘甜甜因去杭州考察，预借费用2 000元，以现金支付。

（9）2017/01/06，公司各个部门购买办公用品，发生金额分别为：总经理办公室1 800元；财务中心520元；采购中心1 200元；人力资源部1 800元；营销中心1 500元；库管中心920元。财务以现金付讫。

（10）2017/01/08，采购中心刘甜甜从供应商神州联想采购20台HTC G23 One X，原币单价3 200元，货款未支付，刘甜甜将采购普通发票交给财务中心，财务中心暂不支付货款，生成应付款凭证。

（11）2017/01/09，营销中心吴静销售给中关村手机商贸中心100个捷波朗BT2080蓝牙耳机，含税单价650元，货款未收，根据业务录入销售普通发票，生成应收账款凭证。

（12）2017/01/10，采购中心吴明向数码视讯采购苹果iPhone 6S 32G 30台，单价3 800元；货已到库，采购发票已经收到，但财务中心暂不能支付货款，录入采购专用发票，并生成相关应付凭证。

（13）2017/01/12，财务中心对1月8日采购神州联想20台HTC G23 One X进行全额付款，付款方式为工商银行现金支票，结算票号008925，请填写并审核付款单，生成相关财务凭证，并进行核销处理。

（14）2017/01/14，营销中心吴静销售给飞扬通讯诺基亚800手机50台，含税单价3 500元；HTC G14手机20台，含税单价2 200元。货款暂未收到，根据业务录入销售专用发票，生成应收账款凭证。

（15）2017/01/16，采购中心刘甜甜从丰盈科技采购诺基亚800手机50台，原币单价2 500元；货已入库，货款1个月后付。根据业务录入采购专用发票，生成应付账款凭证。

（16）2017/01/18，财务中心对1月10日采购数码视讯30台苹果iPhone 6S 32G进行付款，付款方式为工商银行现金支票，结算票号0135。填写并审核付款单，生成相关财务凭证，并进行核销处理。

（17）2017/01/18，参照工资信息（见表10-18）录入本月工资变动信息，并进行工资分摊设置和工资分摊凭证生成（除营销中心的工资费用科目为"销售费用/工资费用"外，其他部门的工资费用科目均为"管理费用/工资费用"）。

表10-18　　　　　　　　　　　　工资信息表

人员编号	姓名	部门	人员类别	基本工资（元）	岗位工资（元）	奖金（元）	缺勤天数
001	张翔	总经理办公室	在职人员	6 000	2 000	1 200	
002	张磊	总经理办公室	在职人员	3 500	1 500	1 000	2
003	康兵	财务中心	在职人员	3 500	1 500	800	
004	邓森	财务中心	在职人员	2 000	1 000	600	1
005	赵艳	营销中心	在职人员	4 000	1 500	1 200	
006	吴静	营销中心	在职人员	2 000	1 000	800	
007	赵艳艳	营销中心	在职人员	2 000	1 000	600	
008	孙明	人力资源部	在职人员	3 500	1 500	800	
009	吴明	采购中心	在职人员	3 500	1 500	600	
010	刘甜甜	采购中心	在职人员	2 000	1 000	400	
011	张宇	库管中心	在职人员	3 500	1 500	600	

（18）2017/01/22，营销中心吴静报销差旅费2 000元，以现金付讫。

（19）2017/01/24，财务中心收到飞扬通讯的现金支票，货款10 000元，其他货款下月付清，填写收款单，生成收款凭证，并进行核销处理。

（20）2017/01/25，由于苏州迅捷经营不善，已经倒闭，欠公司货款无法追回，因此财务中心做全额坏账发生业务处理，生成坏账发生业务凭证。

（21）2017/01/27，营销中心赵艳销售给明讯信息三彩手机充电器50个，含税单价300元，货款未收，根据业务录入销售专用发票，生成应收账款凭证。

（22）2017/01/27，总经理办公室购入办公用固定资产DELL服务器1台，使用年限5

年，净残值率10%，存放在办公室，价值11 900元，以工商银行现金支票支付，票号66892；生成资产购入凭证。

（23）2017/01/27，在卡片管理中，设置卡片列头编辑，要求显示卡片编号、固定资产名称、使用部门、原值、累计折旧、净残值。

（24）2017/01/27，计提1月份折旧，生成折旧凭证。

（25）2017/01/31，由操作员白燕对所有业务凭证进行出纳签字、审核凭证、记账的业务处理，并查询已记账凭证列表。

（26）2017/01/31，由操作员刘峰设置期间损益结转并结转本年利润，收入、支出类分别生成凭证，并由白燕进行审核、记账的操作。

（27）2017/01/31，所有业务模块结账，总账模块结账。

（28）2017/01/31，查询1月份发生额及余额表。

（29）2017/01/31，操作员白燕在UFO报表中，利用报表模板编制1月份资产负债表，并另存为“1月资产负债表.xls”。

（30）2017/01/31，操作员白燕在UFO报表中，利用报表模板编制1月份利润表，并另存为“1月利润表.xls”。

四、实训要求

（1）为单位建立账套，并对操作员进行分工。

（2）进行各子系统初始化设置。

（3）进行各子系统日常业务处理。

（4）进行各子系统期末处理。

（5）按要求生成本月财务报表。

五、业务指导

（1）2017/01/01，公司从工商银行提取现金21 000元作为备用金，现金支票票号6488。

操作步骤：

第一步，业务工作→财务会计→总账→凭证→填制凭证。

第二步，增加→按照题目要求填写日期、摘要、科目、金额→保存。

记账凭证如图10-1所示。

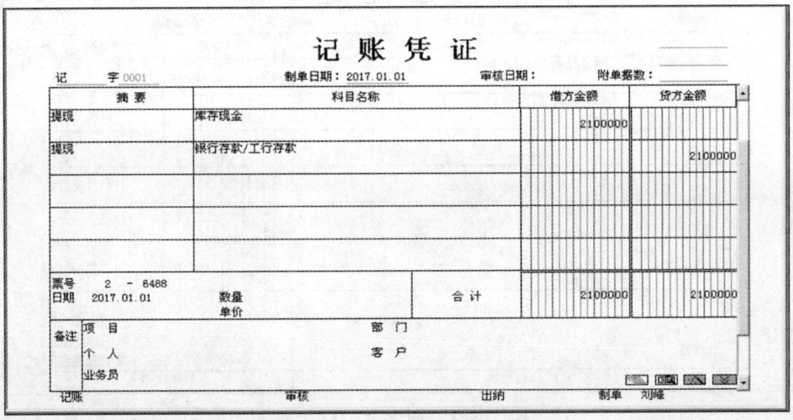
记账凭证

记 字 0001　　制单日期：2017.01.01　　审核日期：　　附单据数：

摘要	科目名称	借方金额	贷方金额
提现	库存现金	2100000	
提现	银行存款/工行存款		2100000
票号 2 - 6488 日期 2017.01.01	数量 单价　　合计	2100000	2100000

备注　项目　　部门
　　　个人　　客户
　　　业务员

记账　　审核　　出纳　　制单 刘峰

图10-1　业务1记账凭证

（2）2017/01/02，营销中心吴静报销业务招待费680元，以现金付讫。

操作步骤：

第一步，业务工作→财务会计→总账→凭证→填制凭证。

第二步，增加→按照题目要求填写日期、摘要、科目、辅助核算项、金额→保存。

记账凭证如图10-2所示。

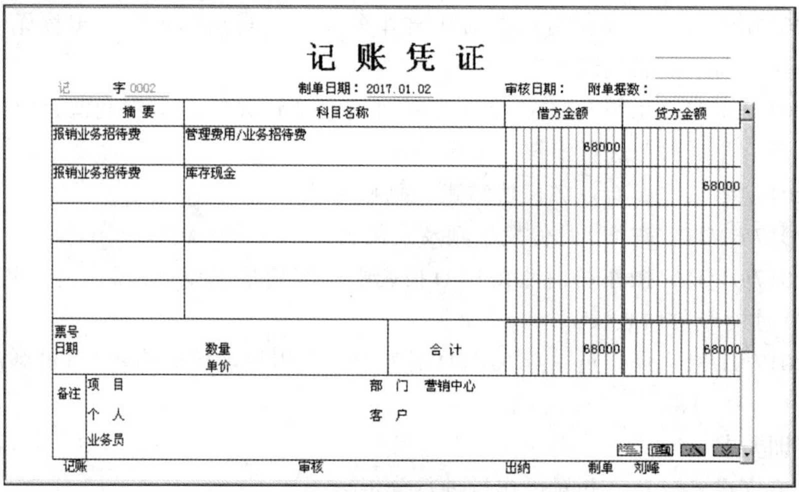
记账凭证

记 字 0002 制单日期：2017.01.02 审核日期： 附单据数：

摘要	科目名称	借方金额	贷方金额
报销业务招待费	管理费用/业务招待费	68000	
报销业务招待费	库存现金		68000
票号 日期 数量 单价	合计	68000	68000

备注 项目 部门 营销中心 个人 客户 业务员

记账 审核 出纳 制单 刘峰

图10-2 业务2记账凭证

（3）2017/01/03，由于公司使用外单位高新技术，需要每月用工商银行现金支票（本月票号5566）支付技术转让费6 800元，填写本月凭证，并生成常用凭证（代号001，说明即摘要），以便日后使用。

操作步骤：

第一步，业务工作→财务会计→总账→凭证→填制凭证。

第二步，增加→按照题目要求填写日期、摘要、科目、票号、金额→保存。

第三步，制单→生成常用凭证→输入代号及说明→保存。

记账凭证如图10-3所示。

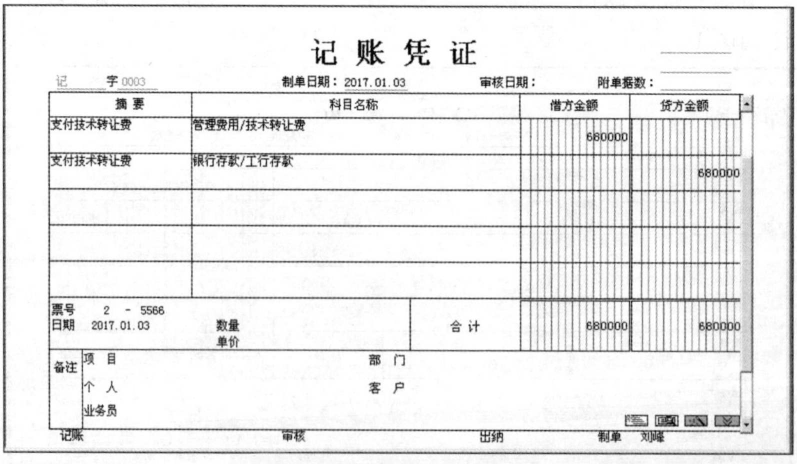
记账凭证

记 字 0003 制单日期：2017.01.03 审核日期： 附单据数：

摘要	科目名称	借方金额	贷方金额
支付技术转让费	管理费用/技术转让费	680000	
支付技术转让费	银行存款/工行存款		680000
票号 2 - 5566 日期 2017.01.03 数量 单价	合计	680000	680000

备注 项目 部门 个人 客户 业务员

记账 审核 出纳 制单 刘峰

图10-3 业务3记账凭证

（4）2017/01/03，财务中心以现金支付本公司上月水电费500元。

操作步骤：

第一步，业务工作→财务会计→总账→凭证→填制凭证。

第二步，增加→按照题目要求填写日期、摘要、科目、金额→保存。

记账凭证如图10-4所示。

记 账 凭 证

记　字 0004　　制单日期：2017.01.03　　审核日期：　　附单据数：

摘要	科目名称		借方金额	贷方金额
支付上月水费	管理费用/水电费		50000	000
支付上月水费	库存现金			50000
票号 - 日期	数量 单价	合计	50000	50000
备注	项目 个人 业务员	部门 客户		

记账　　审核　　出纳　　制单　刘峰

图10-4　业务4记账凭证

（5）2017/01/05，银行代发上月工资10 800元（现金支票，票号2867）。

操作步骤：

第一步，业务工作→财务会计→总账→凭证→填制凭证。

第二步，增加→按照题目要求填写日期、摘要、科目、金额→保存。

记账凭证如图10-5所示。

记 账 凭 证

记　字 0005　　制单日期：2017.01.05　　审核日期：　　附单据数：

摘要	科目名称		借方金额	贷方金额
代发上月工资	应付职工薪酬		1080000	
代发上月工资	银行存款/工行存款			1080000
票号 2 - 2867 日期 2017.01.05	数量 单价	合计	1080000	1080000
备注	项目 个人 业务员	部门 客户		

记账　　审核　　出纳　　制单　刘峰

图10-5　业务5记账凭证

（6）2017/01/05，张磊报销参加项目管理培训的培训费3 000元，通过工商银行支付，现金支票票号3513。

操作步骤：

第一步，业务工作→财务会计→总账→凭证→填制凭证。

第二步，增加→按照题目要求填写日期、摘要、科目、金额、辅助核算项、票号→保存。

记账凭证如图10-6所示。

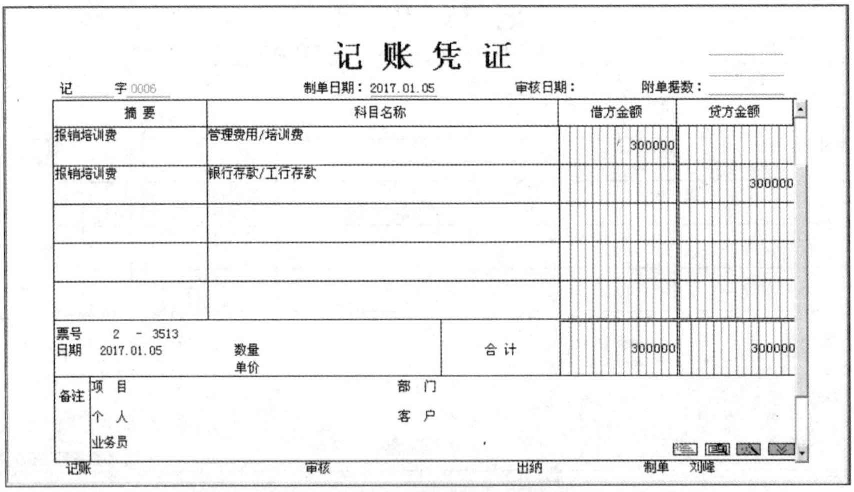

记账凭证

记　字 0006　制单日期：2017.01.05　审核日期：　附单据数：

摘要	科目名称	借方金额	贷方金额
报销培训费	管理费用/培训费	300000	
报销培训费	银行存款/工行存款		300000
票号 2 - 3513 日期 2017.01.05　数量 单价	合计	300000	300000

备注　项目　部门
个人　客户
业务员

记账　审核　出纳　制单 刘峰

图10-6　业务6记账凭证

（7）2017/01/06，计提坏账准备，请在应收款管理系统中处理。

操作步骤：

第一步，业务工作→财务会计→应收款管理→坏账处理→计提坏账准备。

第二步，是否立即制单→是→按照题目要求确认日期、摘要、科目、金额→保存。

记账凭证如图10-7所示。

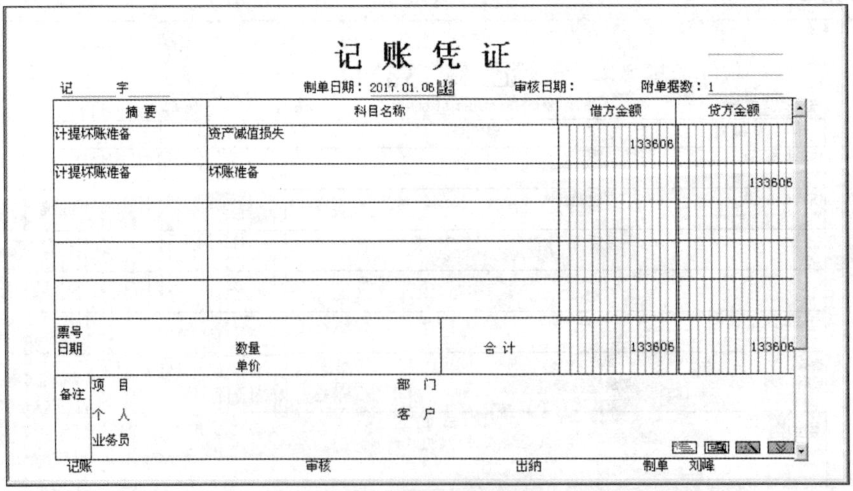

记账凭证

记　字　制单日期：2017.01.06　审核日期：　附单据数：1

摘要	科目名称	借方金额	贷方金额
计提坏账准备	资产减值损失	133606	
计提坏账准备	坏账准备		133606
票号 日期　数量 单价	合计	133606	133606

备注　项目　部门
个人　客户
业务员

记账　审核　出纳　制单 刘峰

图10-7　业务7记账凭证

（8）2017/01/06，采购中心刘甜甜因去杭州考察，预借费用2 000元，以现金支付。

操作步骤：

第一步，基础设置→基础档案→财务→会计科目→新增→按照题目要求录入新增科目。

第二步，业务工作→财务会计→总账→凭证→填制凭证。

第三步，增加→按照题目要求填写日期、摘要、科目、金额→保存。

记账凭证如图10-8所示。

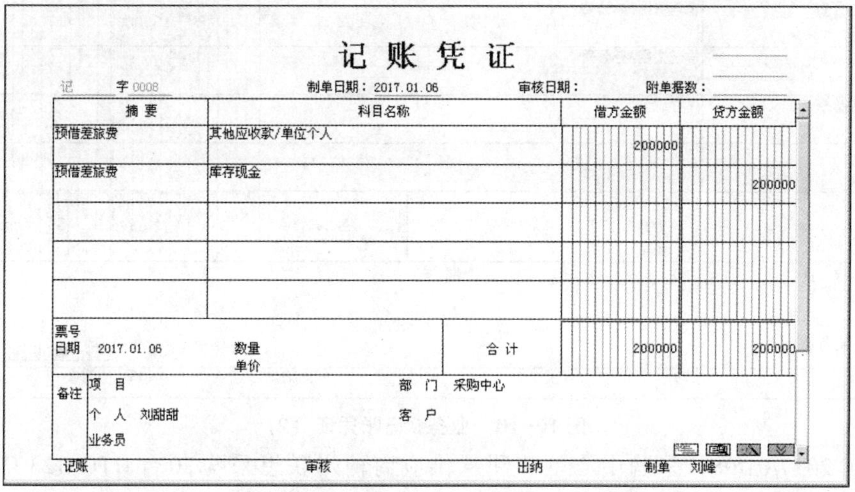

图10-8 业务8记账凭证

（9）2017/01/06，公司各个部门购买办公用品，发生金额分别为：总经理办公室1 800元；财务中心520元；采购中心1 200元；人力资源部1 800元；营销中心1 500元；库管中心920元。财务以现金付讫。

操作步骤：

第一步，业务工作→财务会计→总账→凭证→填制凭证。

第二步，增加→按照题目要求填写日期、摘要、科目、金额→保存。

记账凭证如图10-9和图10-10所示。

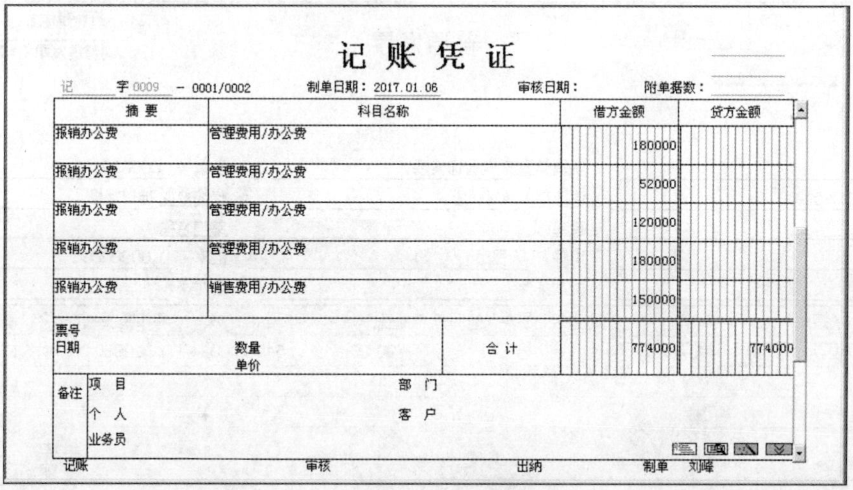

图10-9 业务9记账凭证（1）

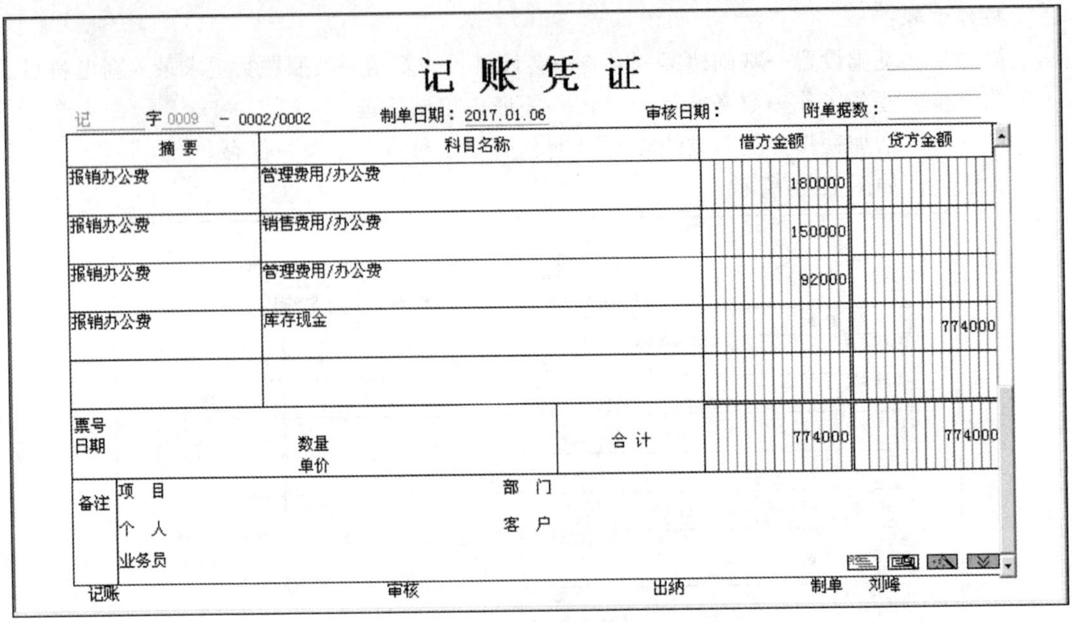

图 10-10　业务9记账凭证（2）

（10）2017/01/08，采购中心刘甜甜从供应商神州联想采购20台HTC G23 One X，原币单价3 200元，货款未支付，刘甜甜将采购普通发票交给财务中心，财务中心暂不支付货款，生成应付款凭证。

操作步骤：（首先取消数据权限控制）

第一步，业务工作→财务会计→应付款管理→应付单据处理→应付单据录入→选择采购普通发票→按照题目要求正确填写采购普通发票信息。

第二步，应付单据处理→应付单据审核。

第三步，制单处理：生成凭证→检查凭证内容→保存。

普通发票及记账凭证如图10-11和图10-12所示。

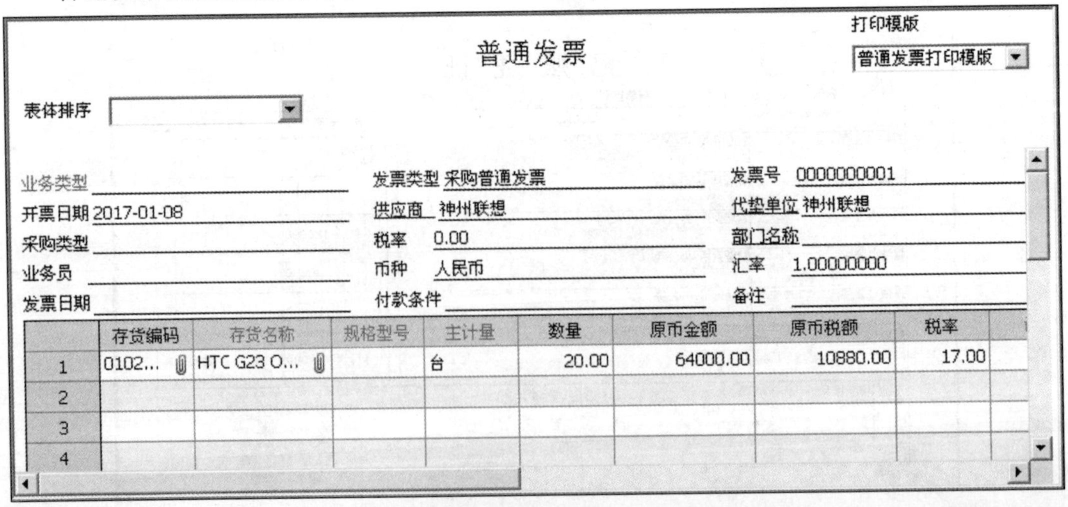

图 10-11　业务10（1）普通发票

记 账 凭 证

制单日期：2017.01.08　　　审核日期：　附单据数：1

摘　要	科目名称	借方金额	贷方金额
采购普通发票	库存商品	5312000	
采购普通发票	应交税费/应交增值税/进项税额	1088000	
采购普通发票	应付账款		6400000
	合　计	6400000	6400000

票号
日期　　　数量　　　单价

备注　项　目　　　　　　　部　门
　　　个　人　　　　　　　客　户
　　　业务员

记账　　　　　审核　　　　　出纳　　　制单　刘峰

图 10-12　业务 10（2）记账凭证

（11）2017/01/09，营销中心吴静销售给中关村手机商贸中心 100 个捷波朗 BT2080 蓝牙耳机，含税单价 650 元，货款未收，根据业务录入销售普通发票，生成应收账款凭证。

操作步骤：

第一步，增加出库类别：1 销售出库。增加销售类型：01 普通销售。

第二步，业务工作→财务会计→应收款管理→应收单据处理→应收单据录入→选择销售普通发票→按照题目要求正确填写销售普通发票。

第三步，应收单据审核。

第四步，生成凭证→检查凭证内容→保存。

销售普通发票及记账凭证如图 10-13 和图 10-14 所示。

销售普通发票

打印模版
销售普通发票打印模版 ▼

发票号 0000000001　　　开票日期 2017-01-09　　　业务类型
销售类型 普通销售　　　订单号　　　　　　　　发货单号
客户简称 手机商贸　　　销售部门 营销中心　　　业务员
付款条件　　　　　　　客户地址　　　　　　　联系电话
开户银行　　　　　　　银行账号　　　　　　　税率　17.00
币种　人民币　　　　　汇率　1.00000000　　　备注

	仓库名称	存货编码	存货名称	规格型号	数量	报价	含税单价	无税单价	无税金额	税额	价税合计	税率（%）
1		02001	捷波朗BT2080蓝牙耳机		100.00	0.00	650.00	555.56	55555.56	9444.44	65000.00	17.00
2												
3												
4												
5												
6												

图 10-13　业务 11（1）销售普通发票

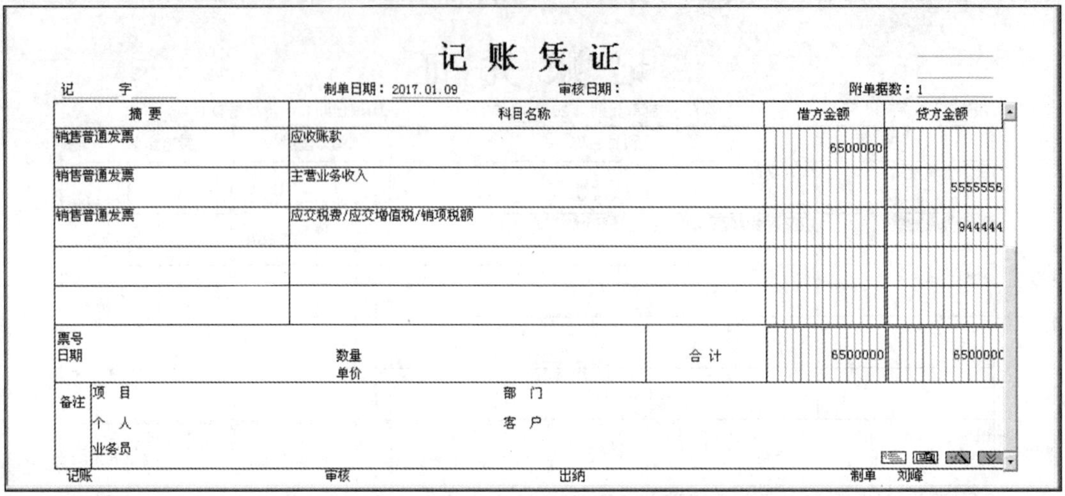

图 10-14　业务 11（2）记账凭证

（12）2017/01/10，采购中心吴明向数码视讯采购苹果 iphone 6S 32G 30 台，单价 3 800 元；货已到库，采购发票已经收到，但财务中心暂不能支付货款，录入采购专用发票，并生成相关应付凭证。

操作步骤：

第一步，业务工作→财务会计→应付款管理→应付单据处理→应付单据录入→选择采购专用发票→按照题目要求正确填写采购专用发票。

第二步，应付单据审核。

第三步，生成凭证→检查凭证内容→保存。

专用发票及记账凭证如图 10-15 和图 10-16 所示。

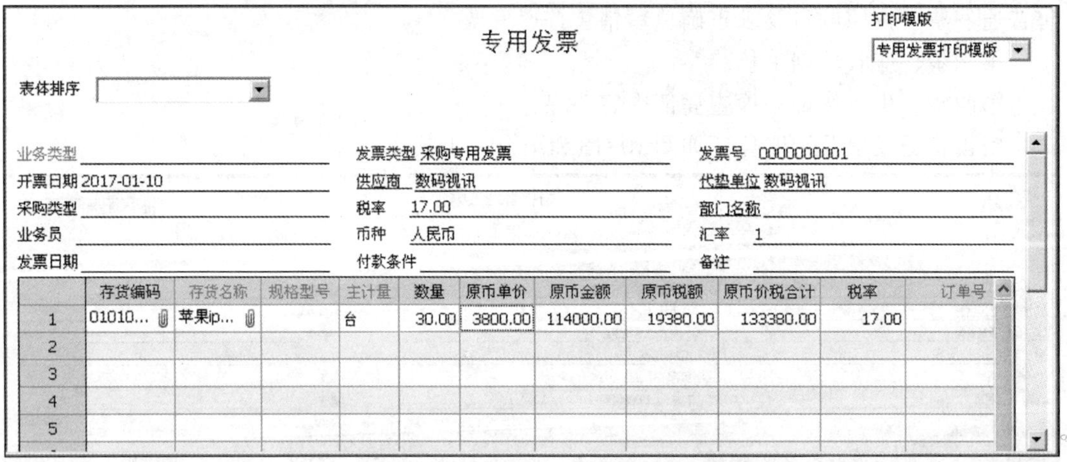

图 10-15　业务 12（1）专用发票

（13）2017/01/12，财务中心对 1 月 8 日采购神州联想 20 台 HTC G23 One X 进行全额付款，付款方式为工商银行现金支票，结算票号 008925，请填写并审核付款单，生成相关财务凭证，并进行核销处理。

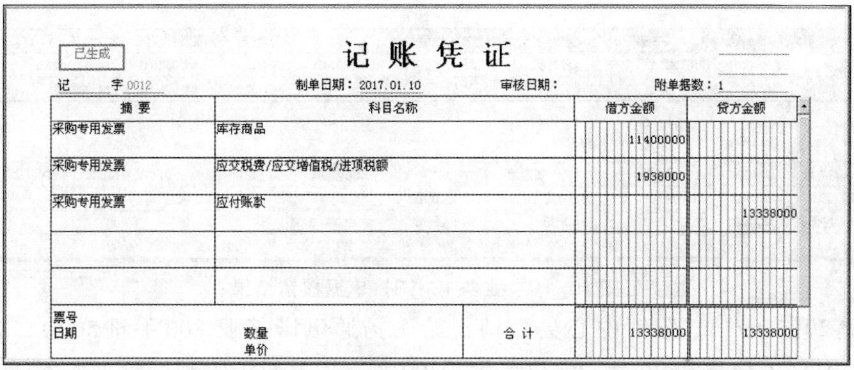

图 10-16 业务 12（2）记账凭证

操作步骤：

第一步，业务工作→财务会计→应付款管理→付款单据处理→付款单据录入→按照题目要求正确填写付款单。

第二步，保存→审核→生成凭证。

第三步，核销处理→手工核销→输入核销条件→输入此次结算金额，进行核销。

付款单、记账凭证及单据销核结果如图 10-17、图 10-18 和图 10-19 所示。

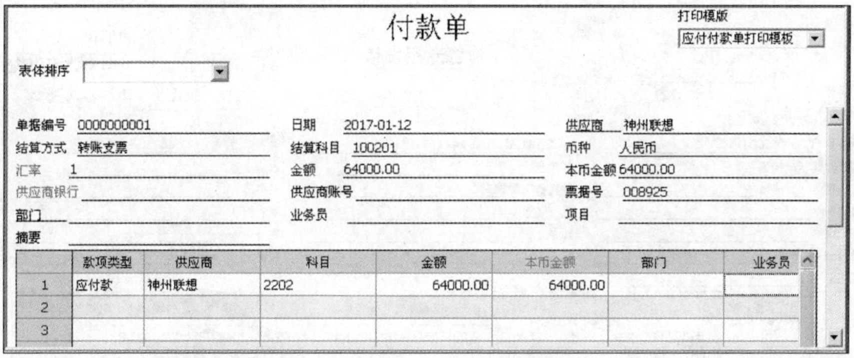

图 10-17 业务 13（1）付款单

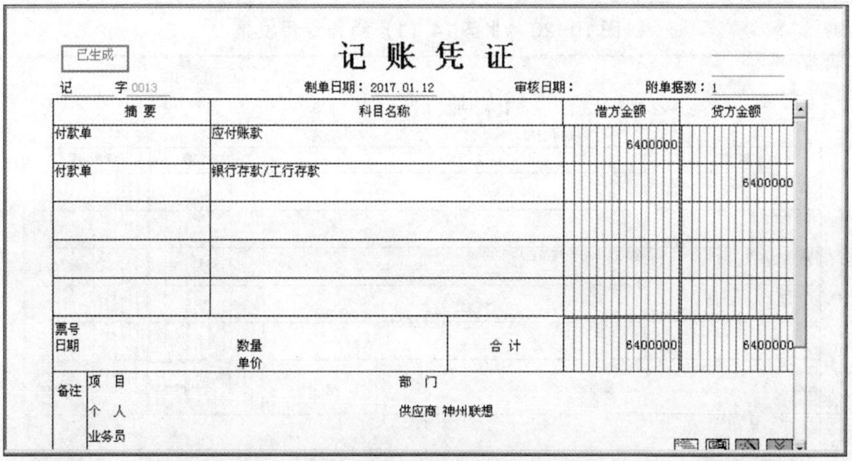

图 10-18 业务 13（2）记账凭证

单据日期	单据类型	单据编号	供应商	款项	结算方式	币种	汇率	原币金额	原币余额	本次结算	订单号
2017-01-12	付款单	0000000001	神州联想	应付款	转账支票	人民币	1.0000000	64,000.00	64,000.00	64,000.00	
合计								64,000.00	64,000.00	64,000.00	

单据日期	单据类型	单据编号	到期日	供应商	币种	原币金额	原币金额	可享受折扣	本次折扣	本次结算	订单号
2017-01-08	采购普...	0000000001	2017-01-08	神州联想	人民币	64,000.00	64,000.00	0.00			64000
2016-11-23	其他应付单	0000000002	2016-11-23	神州联想	人民币	290,000.00	290,000.00	0.00			
合计						354,000.00	354,000.00	0.00			

图 10-19　业务 13（3）单据核销结果

（14）2017/01/14，营销中心吴静销售给飞扬通讯诺基亚 800 手机 50 台，含税单价 3 500 元；HTC G14 手机 20 台，含税单价 2 200 元。货款暂未收到，根据业务录入销售专用发票，生成应收账款凭证。

操作步骤：

第一步，业务工作→财务会计→应收款管理→应收单据处理→应收单据录入→选择销售专用发票→按照题目要求正确填写销售专用发票。

第二步，审核→生成凭证→检查凭证内容→保存。

销售专用发票及记账凭证如图 10-20 和图 10-21 所示。

销售专用发票

打印模版　销售专用发票打印移▼

表体排序 [　　　　　▼]

发票号　0000000001	开票日期 2017-01-14	业务类型	
销售类型　普通销售	订单号	发货单号	
客户简称　飞扬通讯	销售部门 营销中心	业务员	
付款条件	客户地址	联系电话	
开户银行	账号	税号	
币种　人民币	汇率　1	税率　17.00	
备注			

	仓库名称	存货编码	存货名称	规格型号	主计量	数量	报价	含税单价	无税单价	无税金额	税额	价税合计	税率（%）
1		0103...	诺基亚 800		台	50.00	0.00	3500.00	2991.45	149572.65	25427.35	175000.00	17.00
2		0102...	HTC G14		台	20.00	0.00	2200.00	1880.34	37606.84	6393.16	44000.00	17.00
3													

图 10-20　业务 14（1）销售专用发票

记 账 凭 证

已生成

记　字 0014　　制单日期：2017.01.14　　审核日期：　　　　附单据数：1

摘要	科目名称	借方金额	贷方金额
销售专用发票	应收账款	21900000	
销售专用发票	主营业务收入		18717949
销售专用发票	应交税费/应交增值税/销项税额		3182051
票号日期	数量单价	合计　21900000	21900000
备注	项目　　　部门		
	个人	客　户 飞扬通讯	

图 10-21　业务 14（2）记账凭证

（15）2017/01/16，采购中心刘甜甜从丰盈科技采购诺基亚800手机50台，原币单价2 500元；货已入库，货款1个月后付。根据业务录入采购专用发票，生成应付账款凭证。

操作步骤：

第一步，业务工作→财务会计→应付款管理→应付单据处理→应付单据录入→选择采购专用发票→按照题目要求正确填写采购专用发票。

第二步，审核→生成凭证→检查凭证内容→保存。

专用发票及记账凭证如图10-22和图10-23所示。

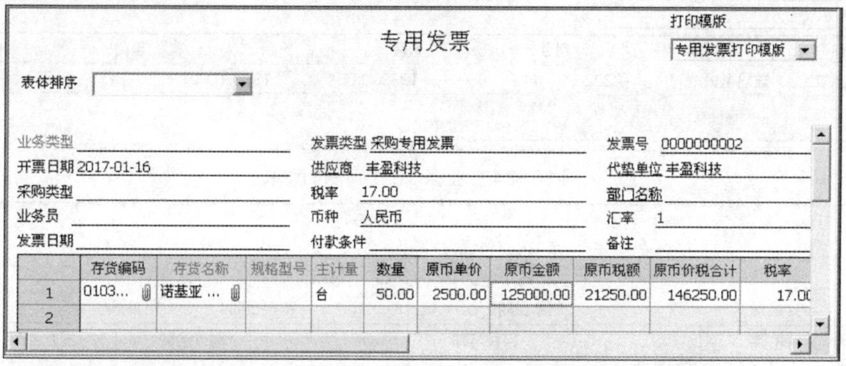

图10-22　业务15（1）专用发票

图10-23　业务15（2）记账凭证

（16）2017/01/18，财务中心对1月10日采购数码视讯30台苹果iPhone 6S 32G进行付款，付款方式为工商银行现金支票，结算票号0135。填写并审核付款单，生成相关财务凭证，并进行核销处理。

操作步骤：

第一步，业务工作→财务会计→应付款管理→付款单据处理→付款单据录入→按照题目要求正确填写付款单。

第二步，保存→审核→生成凭证。

第三步，核销处理→手工核销→输入核销条件→输入此次结算金额，进行核销。

付款单、记账凭证及单据销核结果如图10-24、图10-25和图10-26所示。

付款单

打印模版
应付付款单打印模版 ▼

表体排序 ▼

单据编号 0000000002　　　　　日期 2017-01-18　　　　供应商 数码视讯
结算方式 转账支票　　　　　　结算科目 100201　　　　　币种 人民币
汇率 1　　　　　　　　　　金额 133380.00　　　　　本币金额 133380.00
供应商银行 ＿＿＿＿＿　　　供应商账号 ＿＿＿＿＿　　　票据号 0135
部门 ＿＿＿　　　　　　　业务员 ＿＿＿　　　　　　项目 ＿＿＿
摘要

	款项类型	供应商	科目	金额	本币金额	部门	业务员
1	应付款	数码视讯	2202	133380.00	133380.00		
2							

图 10-24　业务 16（1）付款单

记 账 凭 证

已生成

记　字 0016　　　　制单日期：2017.01.18　　　审核日期：　　附单据数：1

摘　要	科目名称	借方金额	贷方金额
付款单	应付账款	13338000	
付款单	银行存款/工行存款		13338000
票号 日期	数量 单价	合　计 13338000	13338000
备注 项　目 个　人	部　门 供应商 数码视讯		

图 10-25　业务 16（2）记账凭证

单据日期	单据类型	单据编号	供应商	款项…	结算方式	币种	汇率	原币金额	原币余额	本次结算	订单号
2017-01-18	付款单	0000000002	数码视讯	应付款	转账支票	人民币	1.00000000	133,380.00	133,380.00	133,380.00	
合计								133,380.00	133,380.00	133,380.00	

单据日期	单据类型	单据编号	到期日	供应商	币种	原币金额	原币余额	可享受折扣	本次折扣	本次结算
2017-01-10	采购专…	0000000001	2017-01-10	数码视讯	人民币	133,380.00	133,380.00	0.00	0.00	133,380.00
2016-01-12	其他应付单	0000000001	2016-01-12	数码视讯	人民币	176,000.00	176,000.00	0.00		
合计						309,380.00	309,380.00	0.00		133,380.00

图 10-26　业务 16（3）单据核销结果

（17）2017/01/18，参照工资信息（见表 10-18）录入本月工资变动信息，并进行工资分摊设置和工资分摊凭证生成（除营销中心的工资费用科目为"销售费用/工资费用"外，其他部门的工资费用科目均为"管理费用/工资费用"）。

操作步骤：

第一步，业务工作→人力资源→薪资管理→业务处理→工资变动→按照题目要求录入数据。

第二步，计算→汇总。

第三步，业务处理→工资分摊→工资分摊设置→按要求设置工资分摊类型。

第四步，工资分摊→选择所有部门→勾选“合并科目相同、辅助项相同的分录”→制单→按照题目要求选择凭证类型、填写日期→保存。

工资变动及工资分摊凭证如图10-27、图10-28和图10-29所示。

工资变动

过滤器 所有项目　　□ 定位器

选择	工号	人员编号	姓名	部门	人员类别	基本工资	岗位工资	奖金	应发合计	缺勤扣款	代扣税	扣款合计	实发合计	缺勤天数
		001	张翔	总经理办公室	在职人员	6,000.00	2,000.00	1,200.00	9,200.00		585.00	585.00	8,615.00	
		002	张磊	总经理办公室	在职人员	3,500.00	1,500.00	1,000.00	6,000.00	100.00	135.00	235.00	5,765.00	2.00
		003	康兵	财务中心	在职人员	3,500.00	1,500.00	800.00	5,800.00		125.00	125.00	5,675.00	
		004	邓森	财务中心	在职人员	2,000.00	1,000.00	600.00	3,600.00	50.00	1.50	51.50	3,548.50	1.00
		005	赵艳	营销中心	在职人员	4,000.00	1,500.00	1,200.00	6,700.00		215.00	215.00	6,485.00	
		006	吴静	营销中心	在职人员	2,000.00	1,000.00	800.00	3,800.00		9.00	9.00	3,791.00	
		007	赵艳艳	营销中心	在职人员	2,000.00	1,000.00	600.00	3,600.00		3.00	3.00	3,597.00	
		008	孙明	人力资源部	在职人员	3,500.00	1,500.00	800.00	5,800.00		125.00	125.00	5,675.00	
		009	吴明	采购中心	在职人员	3,500.00	1,500.00	600.00	5,600.00		105.00	105.00	5,495.00	
		010	刘甜甜	采购中心	在职人员	2,000.00	1,000.00	400.00	3,400.00				3,400.00	
		011	张宇	库管中心	在职人员	3,500.00	1,500.00	600.00	5,600.00		105.00	105.00	5,495.00	
合计						35,500.00	15,000.00	8,600.00	59,100.00	150.00	1,408.50	1,558.50	57,541.50	3.00

图10-27　业务17（1）工资变动结果

已生成

记 账 凭 证

记　字 0017　- 0001/0002　　制单日期：2017.01.18　　审核日期：　　附单据数：0

摘要	科目名称	借方金额	贷方金额
应付工资	660102	1410000	
应付工资	管理费用/工资费用	1520000	
应付工资	管理费用/工资费用	940000	
应付工资	管理费用/工资费用	580000	
应付工资	管理费用/工资费用	900000	
票号 日期	数量 单价　　合计	5910000	5910000

备注　项目　　部门 人力资源部
　　　个人　　客户
　　　业务员

记账　审核　出纳　制单 刘娜

图10-28　业务17（2）工资分摊凭证（1）

已生成

记 账 凭 证

记　字 0017　- 0002/0002　　制单日期：2017.01.18　　审核日期：　　附单据数：0

摘要	科目名称	借方金额	贷方金额
应付工资	管理费用/工资费用	580000	
应付工资	管理费用/工资费用	900000	
应付工资	管理费用/工资费用	560000	
应付工资	应付职工薪酬		5910000
票号 日期	数量 单价　　合计	5910000	5910000

备注　项目　　部门
　　　个人　　客户
　　　业务员

记账　审核　出纳　制单 刘娜

图10-29　业务17（2）工资分摊凭证（2）

（18）2017/01/22，营销中心吴静报销差旅费 2 000 元，以现金付讫。

操作步骤：

第一步，业务工作→财务会计→总账→凭证→填制凭证。

第二步，增加→按照题目要求填写日期、摘要、科目、金额→保存。

记账凭证如图 10-30 所示。

图 10-30　业务 18 记账凭证

（19）2017/01/24，财务中心收到飞扬通讯的现金支票，货款 10 000 元，其他货款下月付清，填写收款单，生成收款凭证，并进行核销处理。

操作步骤：

第一步，业务工作→财务会计→应收款管理→收款单据处理→收款单据录入→按照题目要求正确填写收款单。

第二步，保存→审核→生成凭证。

第三步，核销处理→手工核销→输入核销条件→输入此次收款金额并进行核销。

收款单、记账凭证及销核处理结果如图 10-31、图 10-32 和图 10-33 所示。

图 10-31　业务 19（1）收款单

记 账 凭 证

已生成						

记 字 0019　　　　　制单日期：2017.01.24　　　审核日期：附单据数：1

摘　要	科目名称	借方金额	贷方金额
收款单	银行存款/工行存款	1000000	
收款单	应收账款		1000000
票号 日期	—		
数量 单价	合计	1000000	1000000
备注 项　目 个　人 业务员	部　门 客　户 飞扬通讯		

图 10-32　业务 19（2）记账凭证

单据日期	单据类型	单据编号	客户	款项类型	结算方式	币种	汇率	原币金额	原币余额	本次结算金额	订单号
2017-01-24	收款单	0000000001	飞扬通讯	应收款	转账支票	人民币	1.00000000	10,000.00	10,000.00	10,000.00	
合计								10,000.00	10,000.00	10,000.00	

单据日期	单据类型	单据编号	到期日	客户	币种	原币金额	原币余额	可享受折扣	本次折扣	本次结算
2017-01-14	销售专...	0000000001	2017-01-14	飞扬通讯	人民币	219,000.00	219,000.00	0.00		10000
合计						219,000.00	219,000.00	0.00		

图 10-33　业务 19（3）核销处理结果

（20）2017/01/25，由于苏州迅捷经营不善，已经倒闭，欠公司货款无法追回，因此财务中心做全额坏账发生业务处理，生成坏账发生业务凭证。

操作步骤：

第一步，业务工作→财务会计→应收款管理→坏账处理→坏账发生→保存。

第二步，生成凭证→检查凭证内容→保存。

坏账发生单据明细及记账凭证如图 10-34 和图 10-35 所示。

坏账发生单据明细

单据类型	单据编号	单据日期	合同号	合同名称	到期日	余　额	部　门	业务员	本次发生坏账金额
其他应收单	0000000002	2016-11-24			2016-11-24	98,740.00			98740
合　计						98,740.00			98,740.00

图 10-34　业务 20（1）坏账发生单据明细

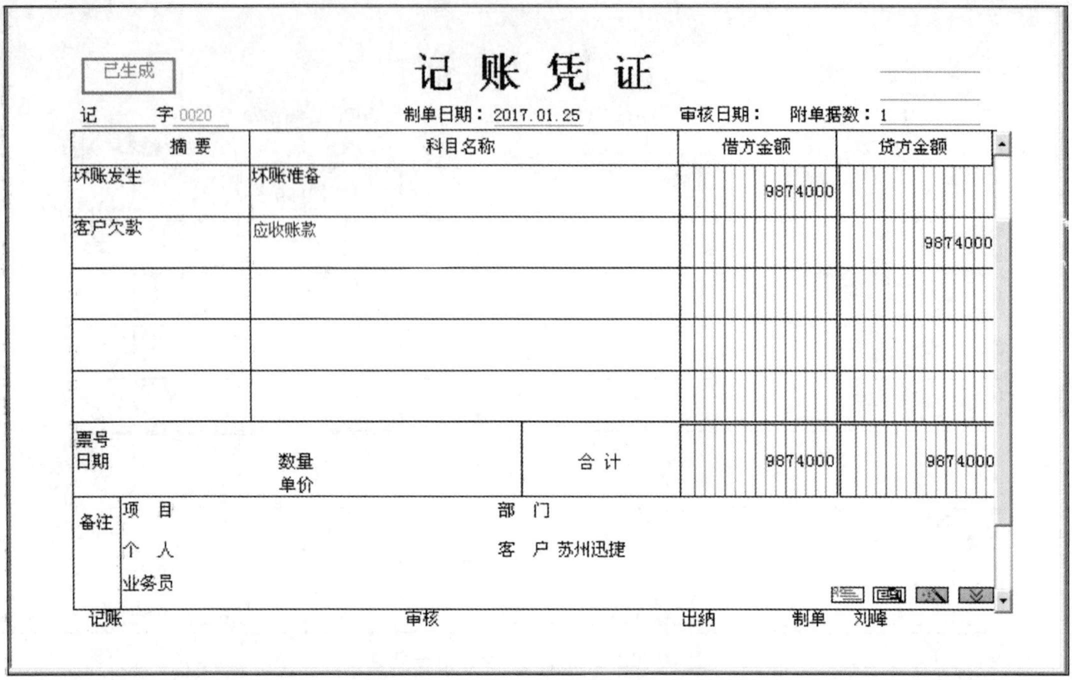

已生成

记账凭证

记 字 0020　　制单日期：2017.01.25　　审核日期：　　附单据数：1

摘要	科目名称	借方金额	贷方金额
坏账发生	坏账准备	9874000	
客户欠款	应收账款		9874000
票号 日期　数量 单价	合计	9874000	9874000

备注　项目　　部门

个人　　客户 苏州迅捷

业务员

记账　审核　出纳　制单 刘峰

图10-35　业务20（2）记账凭证

（21）2017/01/27，营销中心赵艳销售给明讯信息三彩手机充电器50个，含税单价300元，货款未收，根据业务录入销售专用发票，生成应收账款凭证。

操作步骤：

第一步，业务工作→财务会计→应收款管理→应收单据处理→应收单据录入→选择销售专用发票→按照题目要求正确填写销售专用发票。

第二步，审核→生成凭证→检查凭证内容→保存。

销售专用发票及记账凭证如图10-36和图10-37所示。

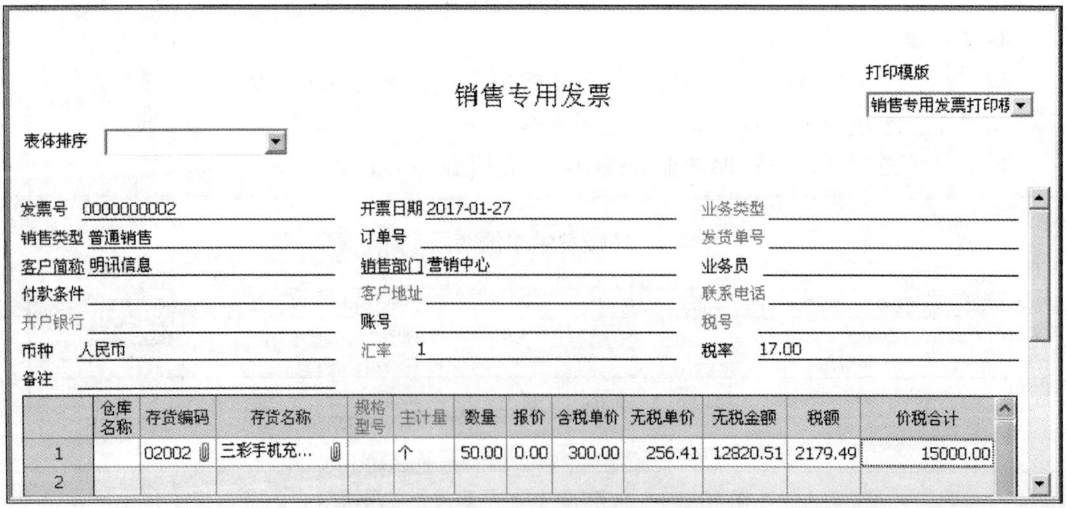

销售专用发票

打印模版 销售专用发票打印模

表体排序

发票号 0000000002　开票日期 2017-01-27　业务类型

销售类型 普通销售　订单号　发货单号

客户简称 明讯信息　销售部门 营销中心　业务员

付款条件　客户地址　联系电话

开户银行　账号　税号

币种 人民币　汇率 1　税率 17.00

备注

	仓库名称	存货编码	存货名称	规格型号	主计量	数量	报价	含税单价	无税单价	无税金额	税额	价税合计
1		02002	三彩手机充…		个	50.00	0.00	300.00	256.41	12820.51	2179.49	15000.00
2												

图10-36　业务21（1）销售专用发票

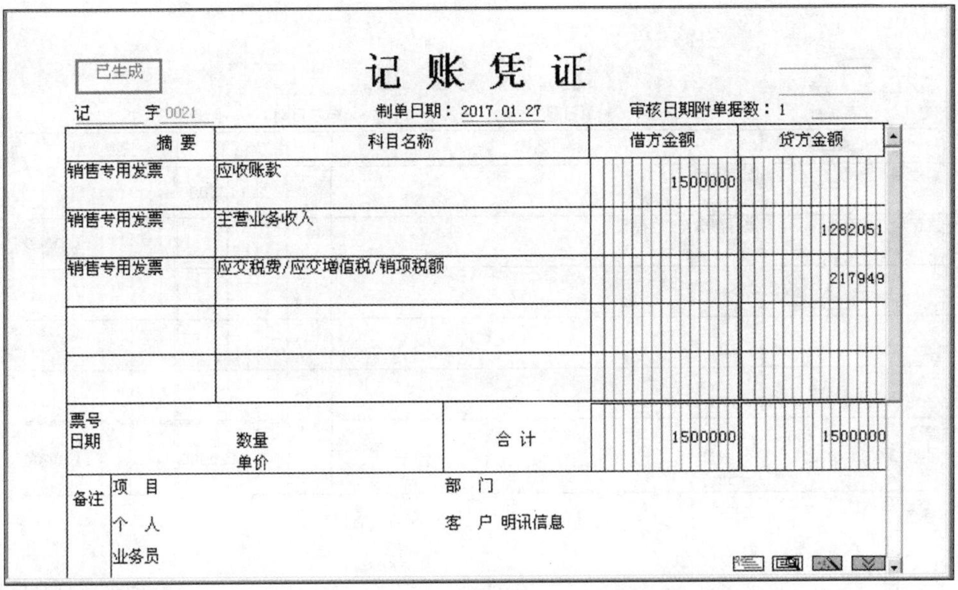

已生成

记 账 凭 证

记 字 0021 制单日期：2017.01.27 审核日期 附单据数：1

摘要	科目名称	借方金额	贷方金额
销售专用发票	应收账款	1500000	
销售专用发票	主营业务收入		1282051
销售专用发票	应交税费/应交增值税/销项税额		217949
票号 日期 数量 单价	合计	1500000	1500000

备注 项 目 部 门

个 人 客 户 明讯信息

业务员

图10-37 业务21（2）记账凭证

（22）2017/01/27，总经理办公室购入办公用固定资产 DELL 服务器 1 台，使用年限 5 年，净残值率 10%，存放在办公室，价值 11 900 元，以工商银行现金支票支付，票号 66892；生成资产购入凭证。

操作步骤：

第一步，业务工作→财务会计→固定资产→卡片→资产增加→选择资产类别→按照题目要求正确填写固定资产卡片。

第二步，保存卡片→生成凭证→检查凭证内容→保存凭证。

固定资产卡片及记账凭证如图 10-38 和图 10-39 所示。

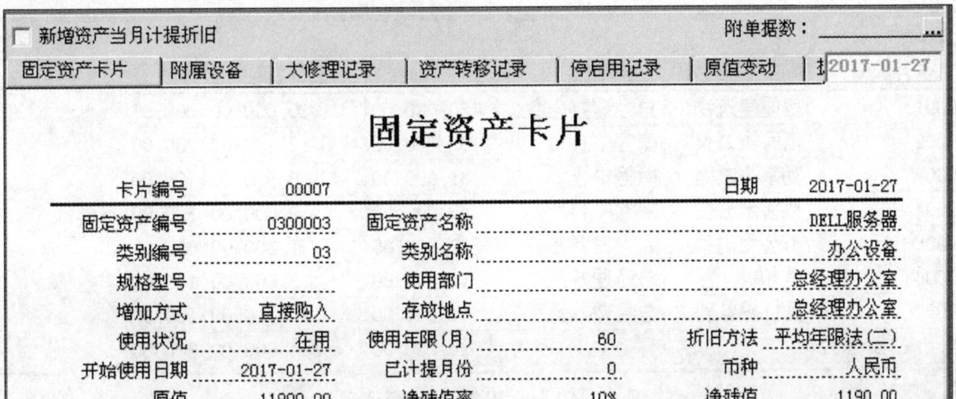

新增资产当月计提折旧 附单据数：

固定资产卡片 | 附属设备 | 大修理记录 | 资产转移记录 | 停启用记录 | 原值变动 | 2017-01-27

固定资产卡片

卡片编号	00007			日期	2017-01-27
固定资产编号	0300003	固定资产名称			DELL服务器
类别编号	03	类别名称			办公设备
规格型号		使用部门			总经理办公室
增加方式	直接购入	存放地点			总经理办公室
使用状况	在用	使用年限(月)	60	折旧方法	平均年限法(二)
开始使用日期	2017-01-27	已计提月份	0	币种	人民币
原值	11900.00	净残值率	10%	净残值	1190.00
累计折旧	0.00	月折旧率	0	本月计提折旧额	0.00
净值	11900.00	对应折旧科目	660206，折旧费用	项目	
录入人	刘峰			录入日期	2017-01-27

图10-38 业务22（1）固定资产卡片

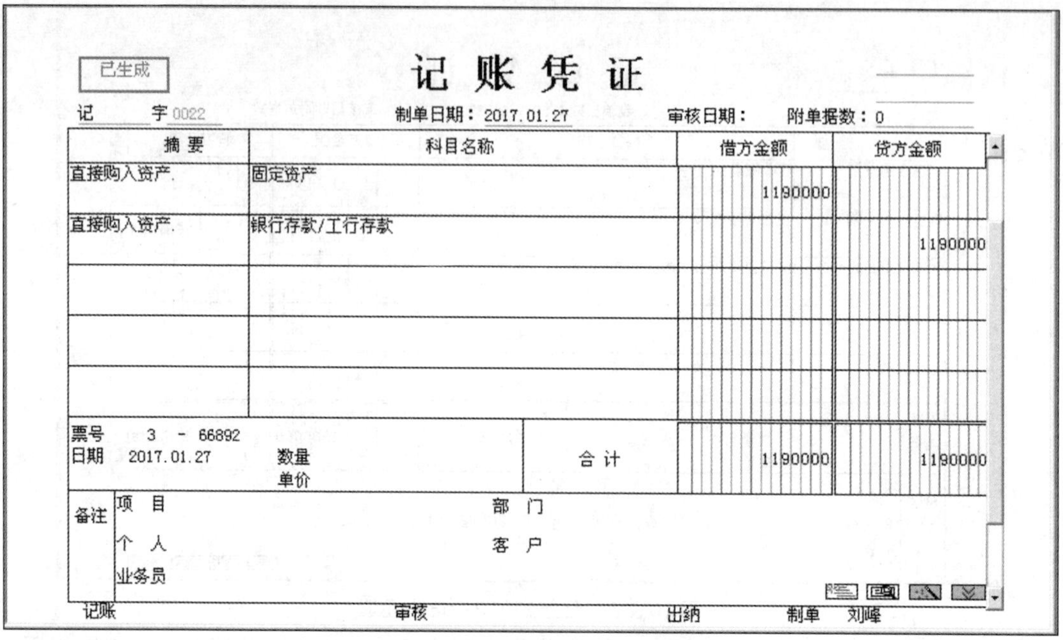

图10-39 业务22（2）记账凭证

（23）2017/01/27，在卡片管理中，设置卡片列头编辑，要求显示卡片编号、固定资产名称、使用部门、原值、累计折旧、净残值。

操作步骤：

第一步，业务工作→财务会计→固定资产→卡片→卡片管理→选择开始使用时间为2013年8月1日→编辑→列头编辑→在表头设定页面按照题目要求勾选相关内容并排序。

第二步，确定→按规定表头内容显示在役资产列表。

卡片管理列表如图10-40所示。

卡片编号	固定资产名称	使用部门	原值	累计折旧	净残值
00001	房屋建筑物	总经理办公室	750,000.00	320,000.00	000.00
00002	信号测试仪	库管中心	62,300.00	12,100.00	230.00
00003	功率测试器	库管中心	31,000.00	8,900.00	100.00
00004	频率示波仪	采购中心	43,000.00	9,800.00	300.00
00005	办公用电脑	人力资源部	6,500.00	1,300.00	650.00
00006	复印机	总经理办公室	11,000.00	2,500.00	100.00
00007	DELL服务器	总经理办公室	11,900.00	0.00	190.00
合计:(共计卡片			915,700.00	354,600.00	570.00

图10-40 业务23卡片管理列表

（24）2017/01/27，计提1月份折旧，生成折旧凭证。

操作步骤：

第一步，业务工作→财务会计→固定资产→处理→计提本月折旧→查看折旧清单→查看折旧分配表。

第二步，点击"凭证"按钮→补充凭证字、凭证日期并保存。

折旧清单、折旧分配表及折旧凭证如图10-41至图10-44所示。

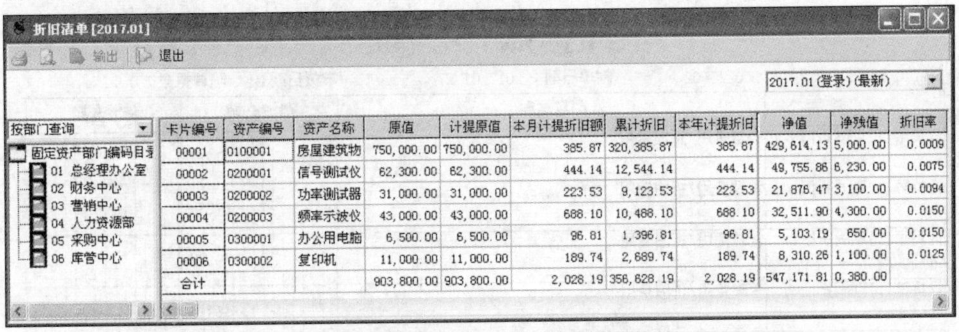

图10-41　业务24（1）折旧清单

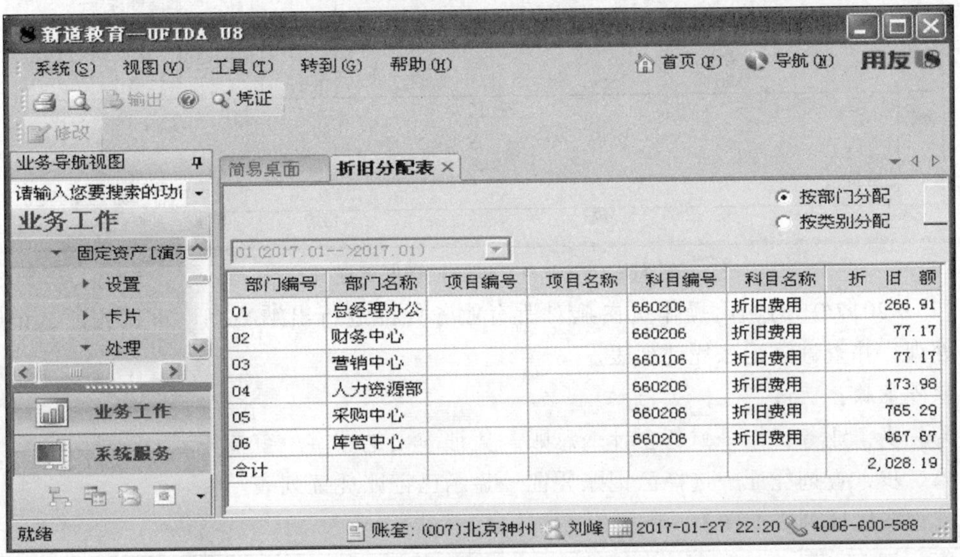

图10-42　业务24（2）折旧分配表

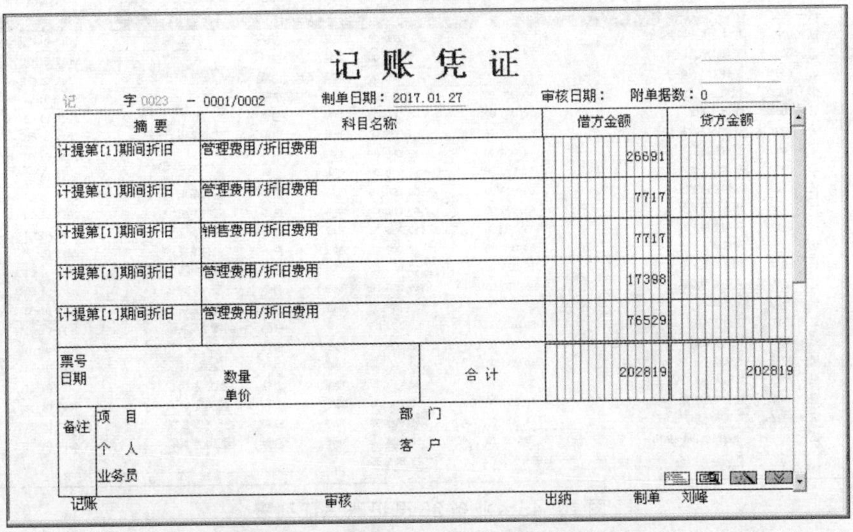

图10-43　业务24（3）折旧凭证（1）

记 账 凭 证

记 字 0023 — 0002/0002　　制单日期：2017.01.27　　审核日期：　附单据数：0

摘　要	科目名称	借方金额	贷方金额
计提第[1]期间折旧	销售费用/折旧费用		7717
计提第[1]期间折旧	管理费用/折旧费用		17398
计提第[1]期间折旧	管理费用/折旧费用		76529
计提第[1]期间折旧	管理费用/折旧费用		66767
计提第[1]期间折旧	累计折旧		202819
票号 日期	数量 单价　　　　合 计	202819	202819
备注	项　目　　　　　　部　门 个　人　　　　　　客　户 业务员		

记账　　　　　　审核　　　　　　出纳　　　制单　刘峰

图10-44　业务24（3）折旧凭证（2）

（25）2017/01/31，由操作员白燕对所有业务凭证进行出纳签字、审核凭证、记账的业务处理，并查询已记账凭证列表。

操作步骤：

第一步，业务工作→财务会计→总账→凭证→出纳签字→审核凭证→记账。

第二步，查询凭证→选择已记账凭证→显示已记账凭证列表。

已记账凭证列表如图10-45所示。

制单日期	凭证编号	摘要	借方金额合计	贷方金额合计	制单人	审核人	系统名	备注	审核日期	年度
2017-01-01	记-0001	提现	21,000.00	21,000.00	刘峰	白燕			2017-01-31	2017
2017-01-02	记-0002	报销业务招待费	680.00	680.00	刘峰	白燕			2017-01-31	2017
2017-01-03	记-0003	支付技术转让费	6,800.00	6,800.00	刘峰	白燕			2017-01-31	2017
2017-01-04	记-0004	支付上月水电费	500.00	500.00	刘峰	白燕			2017-01-31	2017
2017-01-05	记-0005	代发上月工资	10,800.00	10,800.00	刘峰	白燕			2017-01-31	2017
2017-01-05	记-0006	报销培训费	3,000.00	3,000.00	刘峰	白燕			2017-01-31	2017
2017-01-06	记-0007	计提坏账准备	1,336.06	1,336.06	刘峰	白燕	应收系统		2017-01-31	2017
2017-01-06	记-0008	预借差旅费	2,000.00	2,000.00	刘峰	白燕			2017-01-31	2017
2017-01-06	记-0009	报销办公费	7,740.00	7,740.00	刘峰	白燕			2017-01-31	2017
2017-01-08	记-0010	采购普通发票	64,000.00	64,000.00	刘峰	白燕	应付系统		2017-01-31	2017
2017-01-09	记-0011	销售普通发票	65,000.00	65,000.00	刘峰	白燕	应收系统		2017-01-31	2017
2017-01-10	记-0012	采购专用发票	133,380.00	133,380.00	刘峰	白燕	应付系统		2017-01-31	2017
2017-01-12	记-0013	付款单	64,000.00	64,000.00	刘峰	白燕	应付系统		2017-01-31	2017
2017-01-14	记-0014	销售专用发票	219,000.00	219,000.00	刘峰	白燕	应收系统		2017-01-31	2017
2017-01-16	记-0015	采购专用发票	146,250.00	146,250.00	刘峰	白燕	应付系统		2017-01-31	2017
2017-01-18	记-0016	付款单	133,380.00	133,380.00	刘峰	白燕	应付系统		2017-01-31	2017
2017-01-21	记-0017	应付工资	59,100.00	59,100.00	刘峰	白燕	薪资管理系统		2017-01-31	2017
2017-01-22	记-0018	报销差旅费	2,000.00	2,000.00	刘峰	白燕			2017-01-31	2017
2017-01-24	记-0019	收款单	10,000.00	10,000.00	刘峰	白燕	应收系统		2017-01-31	2017
2017-01-25	记-0020	坏账发生	98,740.00	98,740.00	刘峰	白燕	应收系统		2017-01-31	2017
2017-01-27	记-0021	销售专用发票	15,000.00	15,000.00	刘峰	白燕	应收系统		2017-01-31	2017
2017-01-27	记-0022	直接购入资产	11,900.00	11,900.00	刘峰	白燕	固定资产系统		2017-01-31	2017
2017-01-27	记-0023	计提第[1]期间折旧	2,028.19	2,028.19	刘峰	白燕	固定资产系统		2017-01-31	2017
	合计		1,077,634.25	1,077,634.25						

图10-45　业务25已记账凭证列表

（26）2017/01/31，由操作员刘峰设置期间损益结转并结转本年利润，收入、支出类分别生成凭证，并由白燕进行审核、记账的操作。

操作步骤：

第一步，业务工作→财务会计→总账→期末→转账定义→期间损益→设置"4103 本年利润"科目。

第二步，转账生成→选择期间损益结转→类型选择"收入"→全选→确定并保存收入类凭证→类型选择"支出"→全选→确定并保存支出类凭证。

第三步，更换操作员为"白燕"，总账→凭证→审核凭证→记账。

收入结转凭证如图 10-46 所示，支出结转凭证如图 10-47 至图 10-51 所示。

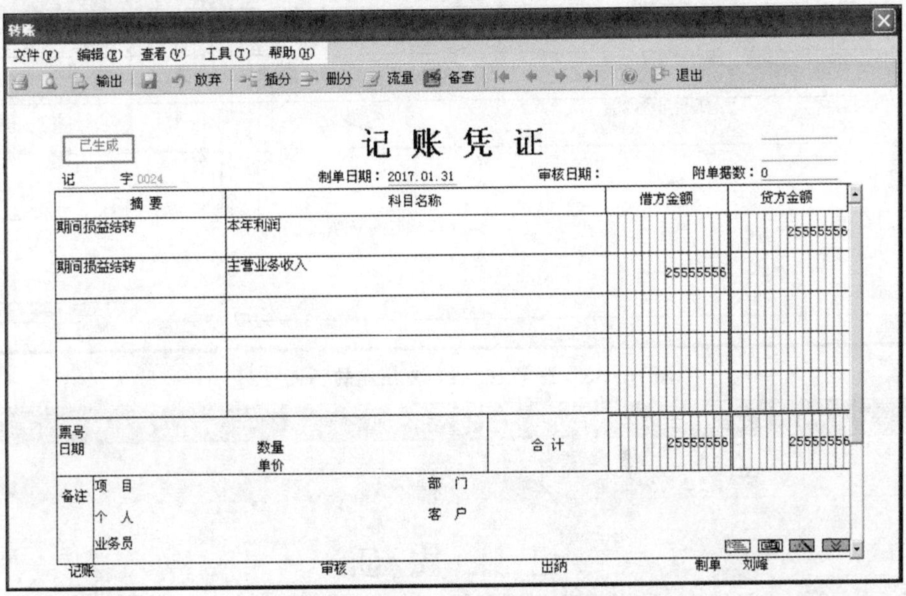

图 10-46 业务 26（1）收入结转凭证

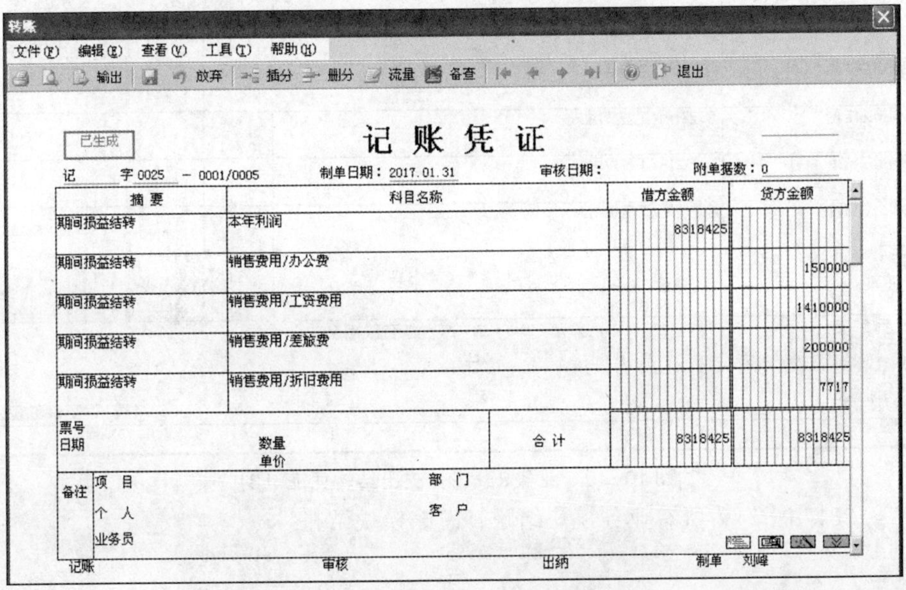

图 10-47 业务 26（2）支出结转凭证（1）

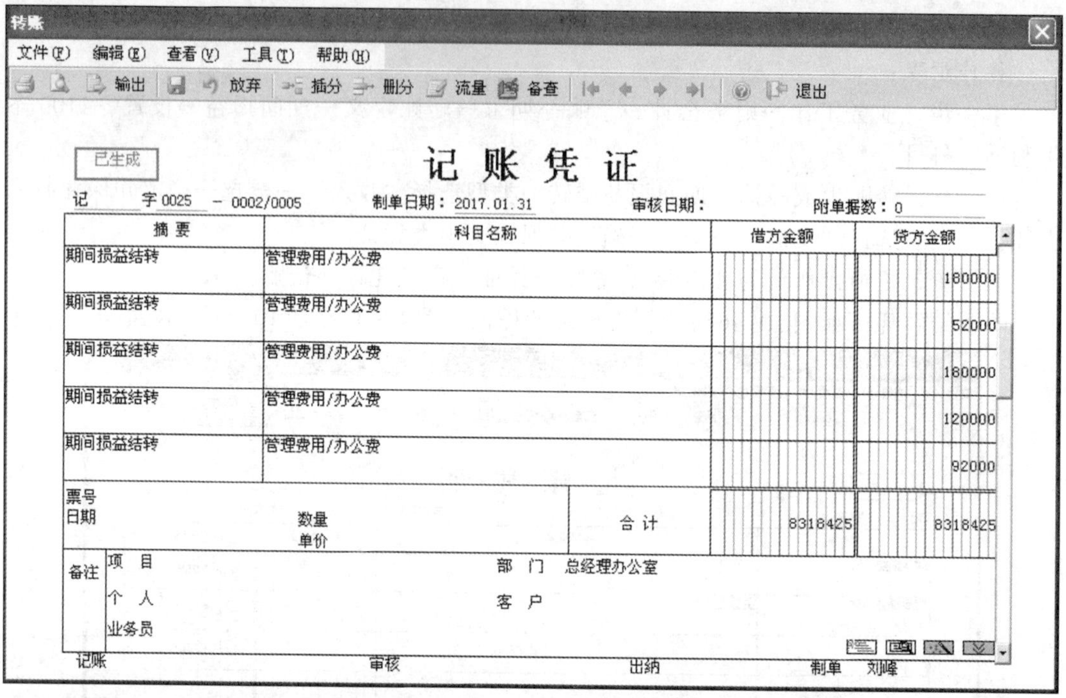

转账

文件(F) 编辑(E) 查看(V) 工具(T) 帮助(H)

输出 放弃 插分 删分 流量 备查 退出

已生成

记账凭证

记 字 0025 - 0002/0005 制单日期：2017.01.31 审核日期： 附单据数：0

摘要	科目名称	借方金额	贷方金额
期间损益结转	管理费用/办公费		180000
期间损益结转	管理费用/办公费		52000
期间损益结转	管理费用/办公费		180000
期间损益结转	管理费用/办公费		120000
期间损益结转	管理费用/办公费		92000
票号 日期	数量 单价 合计	8318425	8318425

备注 项目 部门 总经理办公室

个人 客户

业务员

记账 审核 出纳 制单 刘峰

图 10-48 业务26（2）支出结转凭证（2）

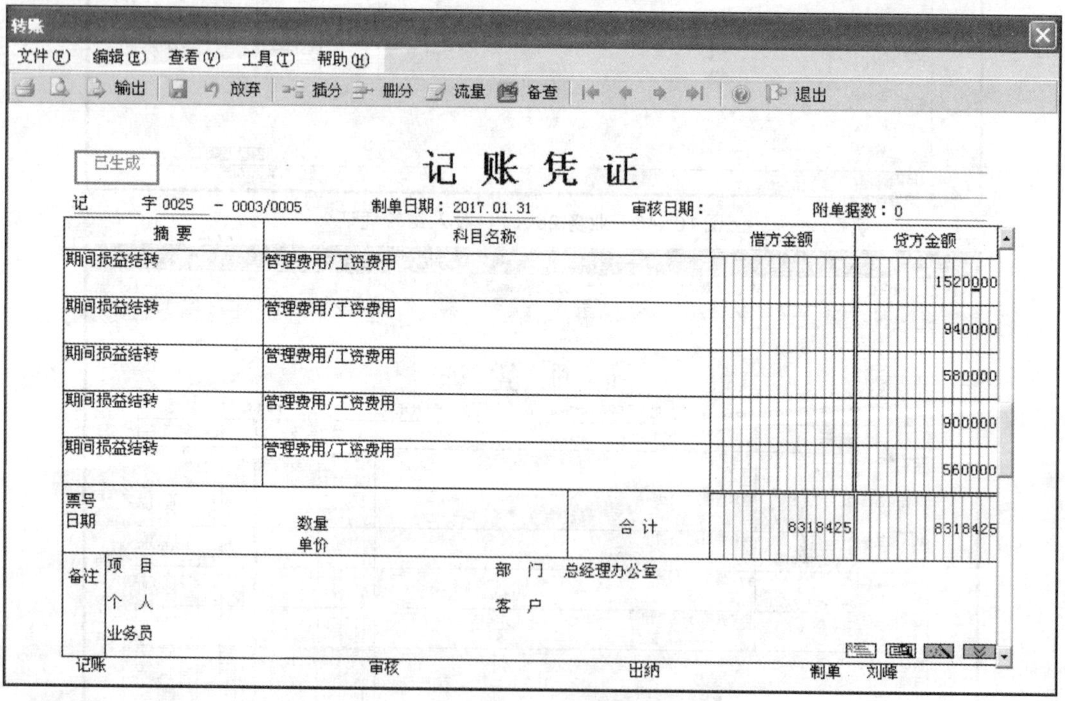

转账

文件(F) 编辑(E) 查看(V) 工具(T) 帮助(H)

输出 放弃 插分 删分 流量 备查 退出

已生成

记账凭证

记 字 0025 - 0003/0005 制单日期：2017.01.31 审核日期： 附单据数：0

摘要	科目名称	借方金额	贷方金额
期间损益结转	管理费用/工资费用		1520000
期间损益结转	管理费用/工资费用		940000
期间损益结转	管理费用/工资费用		580000
期间损益结转	管理费用/工资费用		900000
期间损益结转	管理费用/工资费用		560000
票号 日期	数量 单价 合计	8318425	8318425

备注 项目 部门 总经理办公室

个人 客户

业务员

记账 审核 出纳 制单 刘峰

图 10-49 业务26（2）支出结转凭证（3）

（27）2017/01/31，所有业务模块结账，总账模块结账。

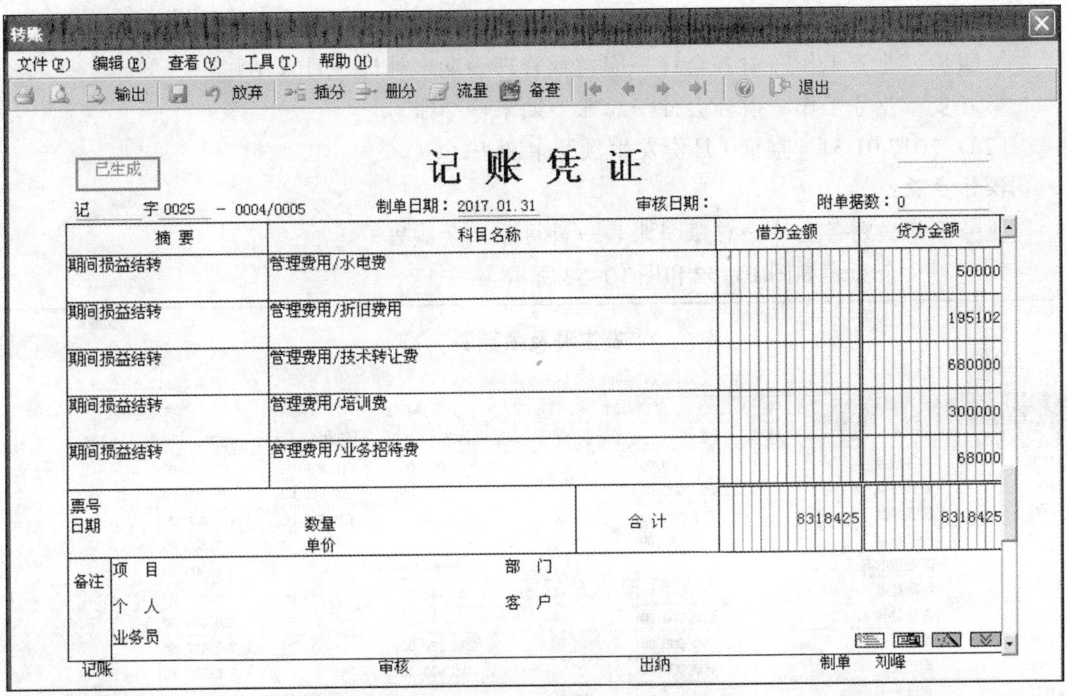

转账

文件(F) 编辑(E) 查看(V) 工具(T) 帮助(H)

输出 放弃 插分 删分 流量 备查 退出

已生成

记 账 凭 证

记 字 0025 - 0004/0005 制单日期：2017.01.31 审核日期： 附单据数：0

摘 要	科目名称	借方金额	贷方金额
期间损益结转	管理费用/水电费		50000
期间损益结转	管理费用/折旧费用		195102
期间损益结转	管理费用/技术转让费		680000
期间损益结转	管理费用/培训费		300000
期间损益结转	管理费用/业务招待费		68000
票号 日期	数量 单价 合 计	8318425	8318425

备注 项 目 部 门 个 人 客 户 业务员

记账 审核 出纳 制单 刘峰

图10-50 业务26（2）支出结转凭证（4）

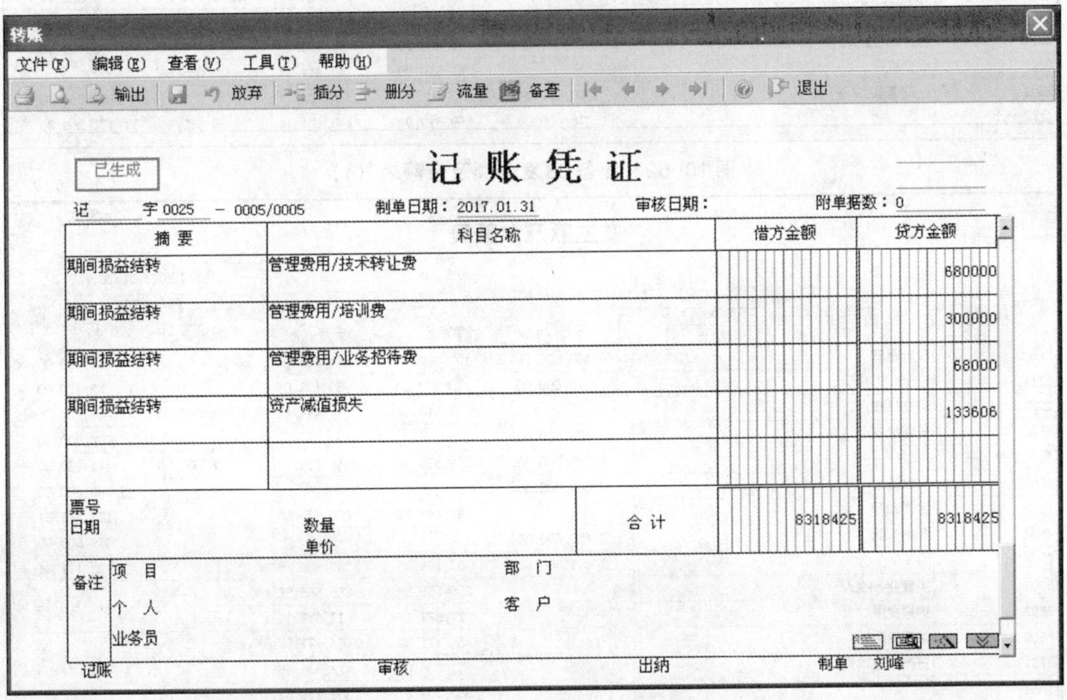

转账

文件(F) 编辑(E) 查看(V) 工具(T) 帮助(H)

输出 放弃 插分 删分 流量 备查 退出

已生成

记 账 凭 证

记 字 0025 - 0005/0005 制单日期：2017.01.31 审核日期： 附单据数：0

摘 要	科目名称	借方金额	贷方金额
期间损益结转	管理费用/技术转让费		680000
期间损益结转	管理费用/培训费		300000
期间损益结转	管理费用/业务招待费		68000
期间损益结转	资产减值损失		133606
票号 日期	数量 单价 合 计	8318425	8318425

备注 项 目 部 门 个 人 客 户 业务员

记账 审核 出纳 制单 刘峰

图10-51 业务26（2）支出结转凭证（5）

操作步骤：

第一步，业务工作→人力资源→薪资管理→业务处理→月末处理。

第二步，业务工作→财务会计→固定资产→处理→月末结账。

第三步，业务工作→财务会计→应收款管理→期末处理→月末结账。

第四步，业务工作→财务会计→应付款管理→期末处理→月末结账。

第五步，业务工作→财务会计→总账→期末→结账。

（28）2017/01/31，查询1月份发生额及余额表。

操作步骤：

业务工作→财务会计→总账→账表→科目账→余额表。

发生额及余额表如图10-52和图10-53所示。

金额式 ▼

发生额及余额表

月份：2017.01-2017.01

科目编码	科目名称	期初余额		本期发生		期末余额	
		借方	贷方	借方	贷方	借方	贷方
1001	库存现金	43,000.00		21,000.00	12,920.00	51,080.00	
1002	银行存款	1,080,000.00		10,000.00	250,880.00	839,120.00	
1122	应收账款	237,340.00		299,000.00	108,740.00	427,600.00	
1131	应收股利	7,860.00				7,860.00	
1221	其他应收款			2,000.00		2,000.00	
1231	坏账准备		800.00	98,740.00	1,336.06	96,603.94	
1402	在途物资	320,000.00				320,000.00	
1405	库存商品	2,500,000.00		292,120.00		2,792,120.00	
1601	固定资产	903,800.00		11,900.00		915,700.00	
1602	累计折旧		354,600.00		2,028.19		356,628.19
资产小计		5,092,000.00	355,400.00	734,760.00	375,904.25	5,452,083.94	356,628.19
2202	应付账款		466,000.00	197,380.00	343,630.00		612,250.00
2211	应付职工薪酬		10,800.00	10,800.00	59,100.00		59,100.00
2221	应交税费			51,510.00	43,444.44	8,065.56	
2501	长期借款		800,000.00				800,000.00
负债小计			1,276,800.00	259,690.00	446,174.44	8,065.56	1,471,350.00

图10-52　业务28发生额及余额表（1）

金额式 ▼

发生额及余额表

月份：2017.01-2017.01

科目编码	科目名称	期初余额		本期发生		期末余额	
		借方	贷方	借方	贷方	借方	贷方
2202	应付账款		466,000.00	197,380.00	343,630.00		612,250.00
2211	应付职工薪酬		10,800.00	10,800.00	59,100.00		59,100.00
2221	应交税费			51,510.00	43,444.44	8,065.56	
2501	长期借款		800,000.00				800,000.00
负债小计			1,276,800.00	259,690.00	446,174.44	8,065.56	1,471,350.00
4001	实收资本		3,000,000.00				3,000,000.00
4103	本年利润			83,184.25	255,555.56		172,371.31
4104	利润分配		459,800.00				459,800.00
权益小计			3,459,800.00	83,184.25	255,555.56		3,632,171.31
6001	主营业务收入			255,555.56	255,555.56		
6601	销售费用			17,677.17	17,677.17		
6602	管理费用			64,171.02	64,171.02		
6701	资产减值损失			1,336.06	1,336.06		
损益小计				338,739.81	338,739.81		
合计		5,092,000.00	5,092,000.00	1,416,374.06	1,416,374.06	5,460,149.50	5,460,149.50

图10-53　业务28发生额及余额表（2）

（29）2017/01/31，操作员白燕在UFO报表中，利用报表模板编制1月份资产负债表，并另存为"1月资产负债表.xls"。

操作步骤:

第一步,业务工作→财务会计→UFO报表→文件→新建→格式→报表模板→选择资产负债表。

第二步,点击数据状态→录入关键字的值→表页重算→另存为→以"1月资产负债表.xls"为文件名加以保存。

1月资产负债表如图10-54所示。

资产负债表							
							会企01表 单位:元
编制单位:			2017 年	1 月		31 日	
资　产	行次	期末余额	年初余额	负债和所有者权益 (或股东权益)	行次	期末余额	年初余额
流动资产:				流动负债:			
货币资金	1	890,200.00	1,123,000.00	短期借款	32		
以公允价值计量且其变动计入当期损益的金融资产	2			以公允价值计量且其变动计入当期损益的金融负债	33		
应收票据	3			应付票据	34		
应收账款	4	524,203.94	236,540.00	应付账款	35	612,250.00	466,000.00
预付款项	5			预收款项	36		
应收利息	6			应付职工薪酬	37	59,100.00	10,800.00
应收股利	7	7,860.00	7,860.00	应交税费	38	-8,065.56	
其他应收款	8	2,000.00		应付利息	39		
存货	9	3,112,120.00	2,820,000.00	应付股利	40		
一年内到期的非流动资产	10			其他应付款	41		
其他流动资产	11			一年内到期的非流动负债	42		
流动资产合计	12	4,536,383.94	4,187,400.00	其他流动负债	43		
非流动资产:				流动负债合计	44	663,284.44	476,800.00
可供出售金融资产	13			非流动负债:			
持有至到期投资	14			长期借款	45	800000.00	800000.00
长期应收款	15			应付债券	46		
长期股权投资	16			长期应付款	47		
投资性房地产	17			专项应付款	48		
固定资产	18	559,071.81	549,200.00	预计负债	49		
在建工程	19			递延所得税负债	50		
工程物资	20			其他非流动负债	51		
固定资产清理	21			非流动负债合计	52	800000.00	800000.00
生产性生物资产	22			负债合计	53	1463284.44	1276800.00
油气资产	23			所有者权益(或股东权益):			
无形资产	24			实收资本(或股本)	54	3,000,000.00	3,000,000.00
开发支出	25			资本公积	55		
商誉	26			减:库存股	56		
长期待摊费用	27			盈余公积	57		
递延所得税资产	28			未分配利润	58	632,171.31	459,800.00
其他非流动资产	29			所有者权益(或股东权益)合计	59	3,632,171.31	3,459,800.00
非流动资产合计	30	559071.81	549200.00				
资产总计	31	5095455.75	4736600.00	负债和所有者权益(或股东权益)总计	60	5,095,455.75	4,736,600.00

图10-54　业务29　1月资产负债表

(30) 2017/01/31,操作员白燕在UFO报表中,利用报表模板编制1月份利润表,并另存为"1月利润表.xls"。

操作步骤:

第一步,业务工作财务会计→UFO报表→文件→新建→格式→报表模板→选择利润表。

第二步,点击数据状态→录入关键字的值→表页重算→另存为→以"1月利润表.xls"为文件名加以保存。

1月利润表如图10-55所示。

利润表

会企02表

编制单位：　　　　　　　　　　2017 年　　　　　　1 月　　　　　　　单位:元

项　　目	行数	本期金额	上期金额
一、营业收入	1	255,555.56	
减：营业成本	2		
税金及附加	3		
销售费用	4	17,677.17	
管理费用	5	64,171.02	
财务费用	6		
资产减值损失	7	1,336.06	
加：公允价值变动收益（损失以"－"号填列）	8		
投资收益（损失以"－"号填列）	9		
其中:对联营企业和合营企业的投资收益	10		
二、营业利润（亏损以"－"号填列）	11	172371.31	
加：营业外收入	12		
减：营业外支出	13		
其中：非流动资产处置损失	14		
三、利润总额（亏损总额以"－"号填列）	15	172371.31	
减：所得税费用	16		
四、净利润（净亏损以"－"号填列）	17	172371.31	
五、其他综合收益的税后净额	18		

图 10-55　业务30 1月利润表